研究&方法

SPSS（PASW）
與統計應用分析I

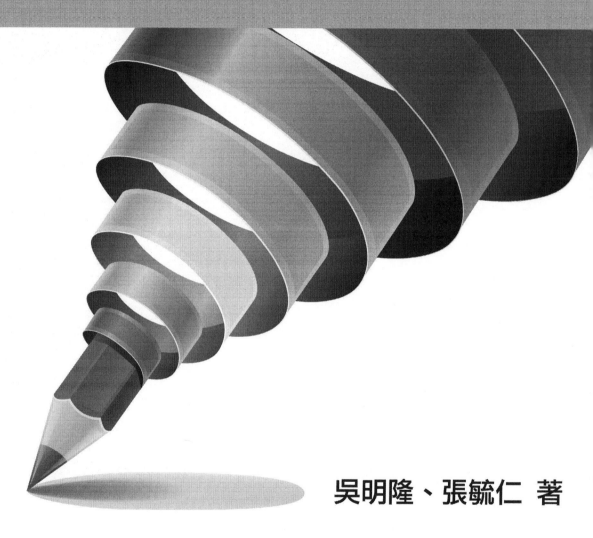

吳明隆、張毓仁 著

五南圖書出版公司 印行

序　言

　　《SPSS 與統計應用分析》一書於 2005 年出版上市後一直受到許多研究生或讀者的喜愛，除了作為高等統計學領域的課堂用書，也成為許多研究生或從事量化研究者自學的工具書，筆者常收到許多讀者對於書籍內容的讚賞與肯定，「淺顯化、明白化、完整化、易懂性與高可讀性」是讀者共同反映的心聲。

　　SPSS 統計分析軟體是「社會科學統計套裝軟體」(Statistical Package for the Social Science) 的簡稱，從視窗版軟體 (SPSS for Windows) 界面的問世，資料處理速度更快，富人性化的視窗操作，讓統計軟體使用的普及率更大，應用範圍更廣，後來雖更名為「Statistical Products and Services Solutions」，但視窗界面與功能大同小異。2009 年由 IBM 公司收購後，又將 SPSS 作一次更名，改以 PASW (Predictive Analysis SoftWare) 名稱出現，其實 SPSS、SPSS (PASW)、PASW 等名稱之統計軟體應用，所指的都是同一軟體，軟體的差異只在於版本不同而已。

　　有效的教師除具備愛心與榜樣外，最重要的是還有要策略方法，才能達到有效能與高效率的目標；學習量化研究與資料處理，除要有耐心與策略外，最重要的是還有要一本相關量化研究的工具書，此書內容經由自學也可看得懂，如此，工具書才能突顯其價值性與實用性。筆者撰述統計應用相關書籍即以「使用者導向」為出發點，儘量以淺顯易懂的範例或說明來解析統計內涵，輔以完整的圖表加以說明，讓使用者自學也能熟悉量化研究與資料處理的知能。

　　考量讀者的需求與便利，《SPSS (PASW) 與統計應用分析》的再版改以上、下二冊出版，《SPSS (PASW) 與統計應用分析 I》為初等統計與高等統計學內涵，《SPSS (PASW) 與統計應用分析 II》為進階統計學內涵，上、下二冊各成一個獨立而系統的內容，但上、下二冊又構成完整有系統的連結。

　　本書得以順利出版，首先要感謝五南圖書公司持續鼎力的支持與協助，其次是感謝許多的讀者來信的支持與鼓勵，這是激發筆者撰寫書籍的動力。期望本書的再版，對正在習作研究論文研究生或對量化統計應用分析有興趣的初學者，或正從事量化研究的研究者，提供實質上的幫助。由於筆者所學有限，拙作歷經一

年多的琢磨,著述雖經校對再三,謬誤或疏漏之處在所難免,尚祈各方先進及學者專家不吝指正。

吳明隆　張毓仁　謹誌於

2011 年 9 月 1 日

CONTENTS 目 錄

第 **01** 章

研究設計與量表分析

　　「對研究方法可能有所偏好，但不能有所偏見」，量的研究重視研究工具的信效度、資料的正確檢核、採用適切的統計分析方法、合宜的解釋與歸納推論。

第一節　研究設計的基本概念

　　社會科學 (social science) 領域中，量的資料 (quantitative data) 分析與質的研究 (qualitative research)，是研究的二個主要範疇，量的資料分析，受到資訊科學進步的影響，資料的處理更為簡易也較為客觀，因而社會科學中多數研究論文仍傾向於量的研究。然而，量的研究與質的研究各有其適用時機與特色，研究者對其中一種方法不能有偏見，最主要的是根據自己研究所長，研究目的所需，以挑選適合的研究方法。量的研究與質的研究之特色對照如下表 (Merrian, 1988；邱兆偉，民 84)：

關注焦點	量的研究	質的研究
研究焦點	數量、多少、數目	品質、性質、本質
哲理根源	實證論、邏輯經驗論	現象學、符號互動論、自然論
相關術語	實驗的、實徵的、統計的	田野工作、民俗誌的、自然取向、主觀的
探討目標	預測、控制、敘述、證實、假設檢定 (驗證假設)	理解、敘述、發現、形成假設
設計特徵	先決的、結構的	彈性的、開展的、較無結構的
研究情境	不熟悉的、人為的	自然的、熟悉的
研究樣本	大規模的、隨機的、代表的	小規模的、非隨機的、理論性的
資料搜集	無生命的工具、如量尺、測驗、調查、問卷、電腦	研究者作為研究工具、晤談、觀察
分析態式	演繹的 (借助統計方法)	歸納的 (研究者進行歸納)
研究結果	精確的、窄化的、歸約取向	綜合的、全觀的、擴張的

　　量的研究常與「統計學」(statistics) 相關聯，統計學是一門應用數量的方法 (quantitative method) 來搜集、整理、統整、分析和解釋研究資料 (data)，使之變成有意義的資訊 (information)，並由研究樣本 (sample) 的性質來推論未知的母群體 (population) 性質 (余民寧，民 86)。統計學為搜集、整理、分析及推論數字資料 (numerical data) 的科學方法 (朱經明，民 92)。統計學根據其統計推

論，可區分為「敘述統計學」(descriptive statistics) 及「推論統計學」(inferential statistics)。敘述統計學旨在整理凌亂的資料，使之變成有意義的資訊，使得原始資料變得有系統、有組織而可以解釋，敘述統計並沒有由樣本推論到母群體或由已知推論到未知的意涵。簡言之，敘述統計包括搜集、整理、表現、分析與解釋資料，它係討論如何搜集調查資料，以及將所獲得的資料，加以整理表現解釋與分析，敘述統計學幫助人們了解資料的特性，並由資料的特性得到某些結論 (林惠玲、陳正倉，民 92)。

從樣本所搜集的資料結果來推論母群體的特性，且附帶陳述這種推論正確的可能性和可能犯錯的機率 (probability) 有多大，便是「推論統計學」(inferential statistics)，推論統計學又稱為「歸納統計學」(inductive statistics)。推論統計學包括估計與考驗 (test；或譯為檢定)，估計又包含點估計及區間估計，估計或考驗的目的希望經由樣本的性質，來推論母群體的性質，樣本的統計指標或量數稱作「統計量」或「統計數」(statistic)，一般以英文字母來表示：如 $\bar{X}$ 或 M (表示平均數)、SD 或 s (表示標準差)、s^2 (表示變異數)、r (表示相關係數)、b (表示迴歸係數)；說明或表示母群體真實性質的統計指標或量數，一般稱作「母數」或「參數」(parameter)，一般以希臘字母表示，如 μ (表示平均數)、σ (表示標準差)、σ^2 (表示變異數)、ρ (表示相關係數)、β (表示迴歸係數)。至於樣本之觀察值總數以 n 表示，而母群體觀察值總數則以 N 表示，但行為及社會科學相關期刊論文，也以符號 N 代表樣本之觀察值總數。母群參數一般是未知的，研究者必須以「統計數」來估計參數，其估計數值的大小就稱為「估計值」(estimate)。推論統計的意義可以以下圖表示，從圖中可以發現，要從樣本統計值有效至樣本所在母群的參數，抽取的樣本屬性要能有效反映母群的特徵，即抽取的樣本要有足夠代表性。

量化研究的分析態式雖然採用的是演繹法，但其實量化研究的流程也統合運

用了歸納法，量化研究所指的演繹推理是指由抽取樣本得到的統計量數推估樣本母群體參數的一種歷程，因為是推估 / 推論，所以會有錯誤率的產生 (第一類型錯誤或第二類型錯誤)。統計分析數據得到的結果為研究的主要研究發現，研究發現是根據研究假設採用相對應的統計方法程序而得，其實徵結果比較零散，研究者最後要把主要研究發現統合歸納為數條具體的項目，才能作為研究結論，從主要研究發現轉換為研究結論的歷程即是一種「歸納法」的應用。量化研究歷程中演繹法與歸納法統合應用的解析圖如下 (吳明隆，民 100)：

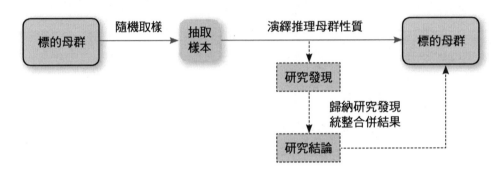

圖 1-1　量化研究採用演繹 － 歸納統合圖

　　當研究探究的對象是「特殊群體」或是標的受試者的母群有其範圍限制，此種樣本所歸屬的母群體總個數不多，研究者只能採取普測方法，就統計理論層面而言，普測方法不用進行推論統計，但就統計應用層面而言，普測也可以採用推論統計進行假設檢定。普測之所以能夠採用統計推論，其所持的理由是從有形母群體中普測所得的統計量數，可以推估到樣本延展的母群體 (抽象母群體)，樣本產製的抽象母群體的屬性與特徵與原先普測之有形母群體的屬性或特徵差不多，因為抽象母群體是由抽取全部樣本產製而成的。抽象母群體的推論範例再如研究者想探究某一縣市國民小學主任的角色衝突與工作壓力情形，此一縣市國民小學全部有 60 所，全部的主任有 124 位，由於母群體總人數遠少於 300 位，因而研究者採用普測方式，數據資料的有效樣本數為 124 位，統計分析結果發現：女性主任的工作壓力與角色衝突均顯著高於男性主任，對於此種現象，研究者推估此一縣市國民小學教師兼主任者，與男性主任工作相較之下，女性主任的工作壓力較大、角色衝突也較為高。範例中的國民小學主任產製了一個抽象母群體作為普測推估的母群體 (吳明隆，民 100)。

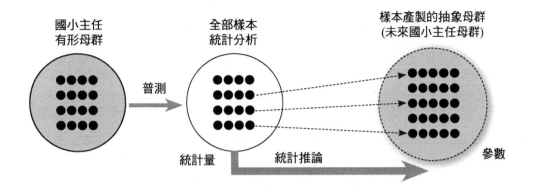

再以學校行動研究為例，某高職學校輔導主任想探究該校三年級單親家庭學生的生活壓力與憂鬱傾向的情形，因為研究的對象界定為「單親家庭」，因而輔導主任採用普測的方法讓三年級所有 160 位單親家庭學生填答問卷，其中男生樣本有 75 位、女生樣本有 85 位。研究發現，單親家庭學生感受的生活壓力在中高度以上，生活壓力與憂鬱傾向有顯著正相關，單親家庭的女學生感受的生活壓力顯著高於單親家庭的男學生。研究者之所以採用統計推論，表示此次對三年級單親家庭普測的結果，可以推估至目前所有樣本數產製的未來抽象母群，即以後該校三年級單親家庭的所有學生。

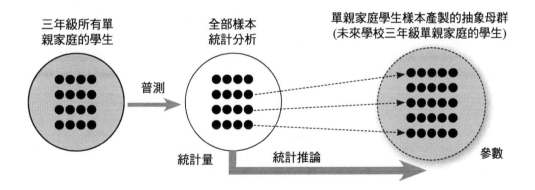

行為及社會科學領域許多所謂理論，皆是根據抽象普通研究方法建構出來的，理論彼此間的觀點也未必完全一致。因而行為及社會科學領域多以較低層次理論來解釋許多特殊現象，如投票行為、犯罪行為、攻擊行為等。社會科學理論要更具說服與解釋力，就應多以直接實證研究結果，作為立論基礎，但這種方式，也使得理論類推性受到很大的限制。因而在社會科學理論部份，研究者應多

從其它理論文獻中獲取與研究主題最有密切關係之「資料」，加以歸納統整為有用「資訊」(實徵研究發現的結果)。理論階段包括文獻資料的搜集、整理與歸納，研究者之研究主題最好與研究者的實務經驗、學術理論、相關研究或重要議題有關，研究主題要考量價值性、創新性、實用性與可行性。

行為及社會科學領域之研究設計，心理學家傾向採用實驗設計；社會學家較偏愛採用調查研究或相關研究，不論是實驗設計或調查研究/相關研究，資料或數據的分析，皆要以電腦及統計分析軟體為工具(目前使用最廣的為 SPSS/PASW)，根據變項屬性，選用適當的統計方法來考驗假設，進行假設檢定。原始資料搜集的常用方法包括訪問、問卷調查及觀察等。不論是實驗研究、調查研究、相關研究或後設分析研究，均是一種實證研究模式。實驗研究的單向直線模式如下圖(此模式也是行為及科學研究為最多研究者採用的模式)：當研究採取不同的方式搜集到有效度的資料後，要分析資料、驗證假設就要採用適宜的統計方法，如果統計方法選用錯誤或對統計結果報表解釋不當，則會造成研究結論的偏誤。因而實證或量化的研究與統計方法的應用息息相關。

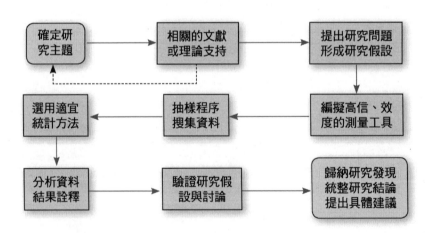

上述研究流程圖測量工具必須有良好的效度與信度，效度指的是測量指標變項可以有效反映潛在特質或心理構念、信度指的是測驗的一致性或穩定性；抽樣程序中研究者最好採用機率取樣法，抽取出來的樣本要能有效代表樣本所在的母群，如果抽取分析的樣本無法有效代表母群，則推論統計的效度令人質疑；統計方法的選用必須根據變項測量的尺度，及研究者所擬定的假設與資料分配型態，選用母數統計法或無母數統計法、單變量統計法或多變量統計法等。

　　學者 Kirk (1995) 認為研究者如採實驗研究時，應當把握以下四大原則：1. 要有適切的統計考驗力，使 μ 和 μ_0 間差異，有實質意義存在；2. 使用最小資源、人數；3. 提供適當的保護，以防止第一類型的錯誤；4. 無關干擾變項的影響要最小。在實驗研究情境中，各種變項均可以分析，且彼此獨立，實驗情境有自變項與依變項，自變項又稱實驗變項 (experimental variable)，是研究設計中可操弄的變項；而依變項 (dependent variable) 乃根據自變項而來，可對之觀察或評量，以決定實驗效果的變項，又稱之為「結果變項」(outcome variable) 或「效標變項」(criterion variable) 或依變項。至於干擾變項 (extraneous variable) 亦屬自變項之一，但此變項並非實驗處理變項，干擾變項的變異也可能影響依變項的變異。干擾變項通常可區分為情境變項 (situational variables) 與個體變項 (individual variables)，情境變項如時間、實驗情境的物理環境、人為的偏見；個體變項如個人身心特質的差異、心理態度的感受、動機、智力等。實驗設計時最重要的就是要把握：使實驗變項的變異量最大、控制無關干擾變項對依變項變異量的影響、使誤差的變異數變為最小 (林生傳，民 92；林清山，民 92)。嚴謹的實驗設計應採用「真正實驗設計」，能利用各種策略去控制實驗的情境，減少或排除干擾因素的影響，以提高實驗的效度，此方法採用的是「實驗控制」(experimental control)。但在行為及社會科學研究中，比較接近實際情境的研究，則為「準實驗設計」，研究者明知干擾因素會影響實驗結果，但無法在實驗進行時加以排除或控制，此種情形，只有在實驗之後採用統計分析的方法，把影響結果的因素抽離出來，此方法採用的是「統計控制」(statistical control)，統計控制使用的統計方法為「共變數分析」(analysis of covariance)。不論是實驗控制或統計控制，要得知自變項對依變項變異的影響是否顯著，皆要運用使用量化統計分析方法。

　　在實驗設計的選擇上，除把握 Kirk (1995) 所提的以上四個原則外，也要考量到下列五個方面：

1. 這個設計能夠有效計算出實驗效果與誤差效果值？因為由這二個效果值才能得知實驗處理是否有效。

2. 所搜集的資料足以產生可靠的結果？如果所搜集的資料有偏誤，統計結果自然不正確。此部份為研究內在效度問題，內在效度關注的是在排除干擾變項的影響後，依變項的差異是否真正由實驗處理所造成。

3. 設計是否可運用適當的統計方法加以考驗，而考驗結果是否具有足夠的統計考驗力？量化的數據如果不能以統計方法考驗，則無法驗證；此外，統計考驗力太低，也代表正確裁決率不高。

4. 在實驗情境限制下，此設計是否是最有效率，也最富經濟化的設計，實驗程序的進行是否有違反研究倫理的行為。

5. 實驗程序是否具體可行？在研究領域中所學的方法是否可以使用？在研究情境類似下，研究者之研究結果應能與其它研究者之發現作一比較 (吳明隆，民 91)。

賦予概念的操作型定義，才能具體表達概念所代表的意義，也才能藉由外在的觀察與測量，而得知概念的層次。量化研究的概念的操作型定義如：「本研究所稱的數學焦慮是指受試者在研究者編製之數學焦慮量表上的得分，分數愈高，表示受試者感受的數學焦慮程度愈高；分數愈低，表示受試者感受的數學焦慮程度愈低，其中數學焦慮又分為四個向度：壓力懼怕、情緒擔憂、考試焦慮、課堂焦慮。」在樣本的選擇上，最重要的是樣本要有高的代表性，愈有代表性的樣本，類推樣本母群的性質就愈正確。對母群體而言，選取的樣本是否具有代表性，根據下列三項因素而定：一是選取的樣本大小是否足夠；二是樣本選取時抽樣的方法是否適切；三是從樣本處所獲得的資料是否精確。樣本愈大，抽樣誤差率愈小、樣本愈有代表性愈能反映母群體的特性，從樣本統計量推估到母群參數的效度愈高。代表性是取樣的基本準則，也是判定受試者適當與否的主要依據，常用的取樣方法有三種 (Gay, 1992)：

1. 隨機抽樣 (random sampling)：依據機率理論，以隨機原則方式從母群體中抽取一定比例的受試者 (取樣對象為觀察值個體)，使用方法如抽籤法、隨機亂數表 (random numbers table) 抽樣等。隨機抽樣常用的的方法有「簡單隨機抽樣」與「分層隨機抽樣」。簡單隨機取樣實例：某校長想探究該校六年級男學生的體重與身高發展情形是否與全國六年級男學生與體重、身高是否有所差異，從該校六年級十個班級中，每個班級隨機抽取十位男學生。該校長在抽取每班十名男學生時應採隨機原則 (依亂數表或編號抽籤等方式)，這樣樣本才能有代表性。簡單隨機抽樣程序如下：

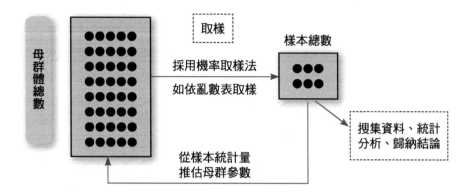

　　隨機抽樣必須合乎二個原則：「均等的概率」(equal probability) 原則和「獨立的概率」(independent) 原則。在抽樣時，母群體內的每一個個體被抽取為樣本的機率均相等，即合乎「均等的概率」原則，如一個學校有九十八教師，要抽取二十名教師填答問卷，則抽取第一人時，每名教師被抽取的機率為 $\frac{1}{98}$，第一人抽完，要抽第二人時，剩下的九十七名教師，每人被抽取為樣本的機率相等，均為 $\frac{1}{97}$。如果母群內的某一個體被取為樣本時，並不會影響到其它個體被抽為樣本的機率時，就合乎「獨立性」原則。

　　與隨機取樣 (機率取樣) 相對的抽樣方法為「非隨機抽樣法」。在量化的研究中非隨機抽樣法常用的方法有二：一為「立意取樣」(purposive sampling) 與「便利取樣」(convenience sampling)。立意取樣乃研究者根據對群體的了解、研究目的與主觀的判斷，認為不按隨機取樣方式，而改循刻意、有目的性的抽樣方式，更能有效地取得研究所需的資料，回答待答問題與驗證假設，以達到研究目的；而便利取樣，乃研究者以方便易行為抽樣的主要考量，常為爭取時效或達特殊目的，即時進行訪談或實施問卷調查 (林生傳，民 91)。立意取樣與便利取樣，考量的因素多為時間、受試樣本與人力，採取這二種抽樣方式，由於是不是隨機抽樣法，在研究推論－外在效度上要特別加以留意，因為非隨機抽樣之抽樣誤差 (sampling error) 較隨機抽樣之抽樣誤差大很多，所謂抽樣誤差指的是抽取出樣本的統計量數與母群體參數間的差異值。「研究歷程取樣方法，考量到研究可行性與研究的推估的效度，研究者最好不要採用便利取樣法，非機率抽樣中研究者有時可採用立意抽樣法，至少立意抽樣的立論基礎較便利取樣更能說明他人」。便利取樣或立意取樣的原理與程序如下：

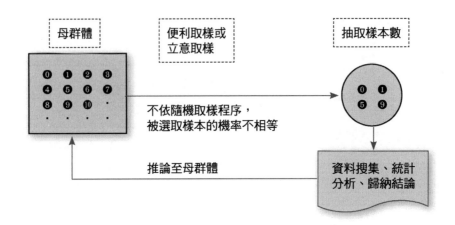

2. 分層隨機抽樣 (stratified random sampling)：研究設計中，如果受試者母群間的差異很大 (異質性很高)，或某些樣本點很少，為顧及小群體的樣本點也能被抽取，應採用分層隨機抽樣較為適宜。在實施上，研究者根據研究關注的準則，先將母群體分成幾個互斥的若干層 (不同的小群體)，各層之間盡可能異質、而各層內盡可能同質，然後從每層中利用隨機取樣方式，依一定比例各抽取若干樣本數。

分層隨機抽樣適用的時機，在於母群體的結構較為複雜，母群體有很高的異質性，此時如果採取隨機抽樣方法，恐怕某些主要群組的樣本數很少，如某社會學者想調查不同成年人的婚姻狀態與其生活滿意度的關係，如果此社會學者根據某一行政區的成人採取隨機取樣的方法抽取樣本，可能無法真實反映婚姻狀態與其生活滿意度的關係，因為婚姻狀態的組別間 (已婚、未婚、離異、喪偶四組) 人數差異可能很大，可能造成統計上的偏誤，此時就應採取分層隨機取樣方法。分層隨機抽樣法又可分為「比率分配抽樣」(proportional allocation sampling) 與「等量分配抽樣」(equal allocation sampling)；「比率分配抽樣」根據各分層的人數，選取一定的比例樣本，如研究者想從各分層中選取百分之十的樣本，甲分層中的母群體為 350 人，則甲分層中應隨機抽取 35 人，而乙分層中的母群體有 400 人，則乙分層中應隨機抽取 40 人，抽取的樣本數均為各分層母群體的 $\frac{10}{100}$。比例分配抽樣再如依學校班級數分成大型學校 (50 班以上)、中型學校 (25 班 - 49 班)、小型學校 (24 班以下)，要抽取 1000 位國小教師、母群體人數共 6000 人，則分層抽取比例分配如下：

	小型學校 (24 班以下)	中型學校 (25 班 - 49 班)	大型學校 (50 班以上)	合計
學校數	20 所	25 所	35 所	80 班
教師人數	600 人	1800 人	3600 人	6000 人
抽取教師人數	100 人	300 人	600 人	1000 人
依教師人數抽取比例	$\frac{1}{10} = (\frac{600}{6000})$	$\frac{3}{10} = (\frac{1800}{6000})$	$\frac{6}{10} = (\frac{3600}{6000})$	$\frac{10}{10} = 1(1000$ 位$)$

　　「等量分配抽樣」則從各分層中各抽取相等人數的樣本，如在某一地區之婚姻狀態與生活滿意度調查研究中，成年人的婚姻態度分成四個子群體：已婚、未婚、離婚、喪偶等四個，抽樣時各從四個子群體中隨機抽取 40 名，總樣本數為 160 位，此為「等量分配抽樣」，等量分配抽樣可以控制各子群體 (各組) 的人數，不致相差太懸殊。

　　分層隨機抽樣的步驟如下 (Gay, 1992)：1. 確認與界定研究的母群體；2. 決定所需樣本的大小；3. 確認變項與各子群 (階層)，以確保取樣的代表性；4. 依實際研究情形，把母群體的所有成員劃分成數個階層；5. 使用隨機方式從每個子群中，選取適當的個體；適當的個體意指按照一定的比例人數或相等人數。分層隨機取樣的一個重要準則，就是分層的依據，如研究者想探究明星高中與非明星高中學生學生壓力的差異，抽取的樣本觀察值中就必須同時有明星高中與非明星高中學生，且二個群組的學生不應差距太大，抽樣時，研究者可將明星高中的學生界定為一個次母群體、非明星高中的學生界定為一個次母群體，即以明星高中與否分成二個階層，之後從二個次母群體中各抽取一定比例的觀察值，如此，抽取的樣本學生中，會同時包含有明星高中與非明星高中的學生，且二個比較群組學生的觀察值人數會較為接近。

　　分層隨機抽樣的原則：「抽樣之前很明顯指出階層的界限，階層與階層之間的變異儘量要大 (層次間異質性要大)，但階層本身之內的變異要儘量小 (層次內同質性要高)」。

　　分層隨機抽樣的圖示如下：

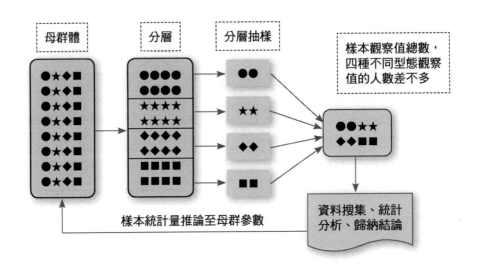

3. **叢集取樣法 (cluster sampling)**：如果樣本所屬母群體的很大或含括的地理位置很廣，則採用叢集取樣法較為簡宜。叢集取樣法是以一個群組 (cluster) 或一個團體為抽取單位，而不以個人為取樣單位，因而採用叢集取樣法時，抽取的樣本點是一個群組、一個群組，群組與群組間的特徵非常接近，同質性很高；而群組內彼此成員的差異較大，異質性高。在行為及社會科學領域中，叢集取樣的群組如班級、學校、組別、部門、科別、學區等。

以叢集為抽選單位，並使每一叢集者均有相等的機率被抽選的抽樣方式，稱為叢集隨機抽樣。叢集抽樣主要運用於二種情況：第一種情況是由於行政的原因，執事者不同意將一個叢集內的個體隨機抽選而被支解分散，如行政人員或任課教師不願意將原任課班級打散接受實驗或受測；第二種情況是母群體數量龐大，且分佈範圍頗廣，交通不便，人力、財力不足，如擬施測於全部群體 (叢集)，每個群體只有少數人接受施測，費時費力，可行性不大，此時可改只抽選若干群體，被抽選的所有個體都接受施測 (林生傳，民 91)。如某教育學者想調查國中教師對九年一貫統整課程實施的看法，擬以全國教師為母群體，如果隨機抽取六十所學校，每校再隨機抽取二十名教師，恐怕時間及人力不許可，基於各國中教師對九年一貫統整課程的看法差異應不致太大，為求研究的可行性，乃改採叢集抽樣的方法，自全國學校中隨機抽取十五所學校 (學校數減少四分之一)，每所抽選到的學校之教師皆為受試對象，如此，取樣的學校數較少，對研究的程序較為可行與有時效

性。

　　叢集取樣的步驟如下：1. 確認與界定母群體；2. 決定研究所需的樣本大小；3. 確認與定義合理的組群；4. 列出母群體所包括的所有組群；5. 估計每個組群中平均母群成員的個體數；6. 以抽取的樣本總數除以組群平均個體數，以決定要選取的組群數目；7. 隨機取樣方式，選取所需的組群數；8. 每個被選取之組群中的所有成員即成為研究樣本。叢集取樣的準則是「每個叢集間有很高的同質性，而叢集內觀察值分配大致呈常態，有較大的異質性」。叢集取樣的原理與程序圖示如下：

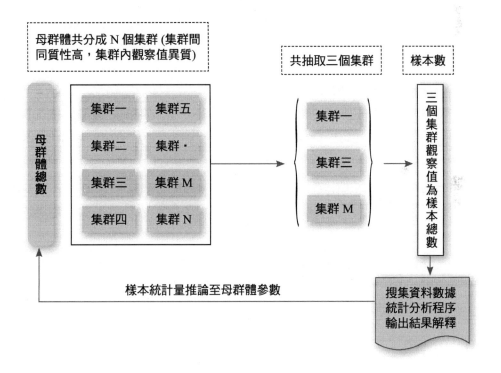

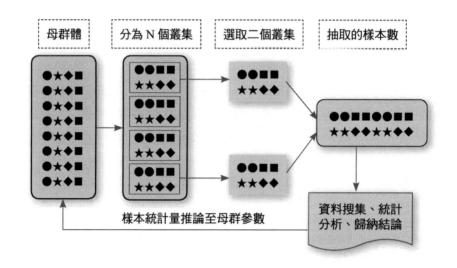

採用單一叢集抽樣方法，雖有其便利性，但有時可能「代表性」不夠，因而進一步可採用二階段隨機抽樣，第一階段從母群體中隨機抽選叢集之後，第二階段再從這些叢集群體隨機抽取若干樣本，而非是叢集內的所有樣本均為受試者。如研究者想從高高屏三縣市抽取五百位教師為樣本，從高高屏三縣市中隨機抽取二十五所學校 (第一階段叢集取樣)，每校再依簡單隨機取樣或分層隨機取樣方法抽取二十名教師為樣本 (第二階段隨機抽樣)，如此，可增加樣本的代表性。

在推論統計中主要經由抽樣的方法，以取得代表性的樣本，經由樣本資料以推論至母群資料。因為樣本不等於母群，致由樣本資料的分析結果與母群體實際的結果間會有一定的誤差存在。造成樣本資料與母群體資料之間誤差的成因很多，其中最主要的一個原因是「抽樣誤差」(sampling error)。所謂抽樣誤差，是指抽樣樣本不能反映出真正母群體的性質而產生的誤差 (張春興，民 78)，相對於抽樣造成的誤差，另一個誤差為「非抽樣誤差」，非抽樣誤差所指的誤差來源並非導致於抽樣程序，可能是測量工具編製不當、資料鍵入的錯誤、資料運算及轉換錯誤等。理論上，假如合乎抽樣原理的話，那麼樣本愈大，則抽樣誤差率 α 值愈小；當採取適切的取樣方法，取樣的人數愈多，則抽樣調查結果的代表性與正確性愈高，在研究實務上，常用「抽樣誤差率」(sampling error rate) 來說明抽樣誤差的現象。正常情況下，限於時間、財力與取樣的限制，很少有人會對母群體進行普查以搜集資料，

因而也無從了解抽樣誤差率的精確值 (周文欽，民 93)。在 95% 的信賴水準下 (α = .05)，一般研究以下列公式來估計抽樣誤差率：抽樣誤差率 = $\dfrac{1}{\sqrt{N}}$；N 為樣本大小。舉例而言，在調查研究中，有效樣本數為 800 人，在 95% 的信賴水準下，抽樣誤差率 = $\dfrac{1}{\sqrt{800}}$ ≒ ±0.035355 ≒ ±0.035 = 3.5%，因而有效樣本 800 人，在 95% 的信賴水準下，其「取樣誤差率為正負三點五個百分點」。當取樣有效觀察值增加至 1600 人時，抽樣誤差率 = $\dfrac{1}{\sqrt{1600}}$ ±0.025 = 2.5%，可見，當樣本人數變大時，其抽樣誤差率會相對地變小。當 N 增大至無限大時，抽樣誤差率會趨近於 0 = $\dfrac{1}{\sqrt{\infty}}$ ≒ $\dfrac{1}{\infty}$ ≒ 0，此時所用的取樣方法即是普查。

在行為及社會科學研究中，有效樣本數愈多時，則抽樣所得之數據結果的誤差會愈小，有學者將此種誤差稱為統計誤差 (儲存滋，民 81)，統計誤差主要源自於母群的定義不當，及以不適當的抽樣調查所得的樣本資料代表母群體。因而在量化研究中，選取具代表性而一定數目的樣本數非常重要。樣本選取時，最重要的是樣本要有代表性，才能從受試樣本群推論到其母群的性質，以實驗設計而言，受試樣本要有代表性，最重要的方法就是要把握「隨機取樣」與「隨機分派」二個原則，如此才能有良好的外在效度。

此外，研究設計與資料處理時，應考量到以下幾個問題：

⮞ 一、取樣的樣本要多少才算「夠大」？

在研究設計中，受試者的數目要多大才算具有代表性？多少位樣本才算「夠大」(large enough)？這個議題，社會科學研究領域中，似乎無一致結論。其中，學者 Sudman (1976) 提出的看法，可供研究者參考。Sudman (1976) 認為：1. 初學者進行與前人相類似的研究時，可參考別人樣本數，作為自己取樣的參考；2. 如果是地區性的研究，平均樣本人數在 500 至 1000 人之間較為適合；而如果是全國性研究，平均樣本人數約在 1500 至 2500 人之間較為適宜。學者 Gay (1992) 對於樣本數多少，則提出以下之看法：1. 描述研究 (descriptive research) 時，樣本數最少佔母群體的 10%，如果母群體較小，則最小的樣本數最好為母群

體的 20%；2. 相關研究 (correlational studies) 的目的在於探究變項間的有無關係
存在，受試者至少須在 30 人以上；3. 因果比較研究 (causal-comparative studies)
與許多實驗研究，各組的人數至少要有 30 位；4. 如果實驗研究設計得宜，有嚴
密的實驗控制，每組受試者至少在 15 人以上，但權威學者還是認為每組受試者
最少應有 30 人，最為適宜。

　　如果研究者要進行複迴歸分析，考量到效果值，可採用以下公式推估樣本
數是否足夠：$N \geq 50 + 8 \times m$ (m 是自變項的個數)，此式子可以檢定多元相關係
數，如果要考驗個別預測變項是否達到 .05 顯著水準，則須採用下列公式推估樣
本數：$N \geq 104 + m$ (m 是自變項的個數)。這個判斷準則假定自變項與依變項間
的效果值是中度關係，顯著水準 α 設為 .05、β 定為 .20。如研究者於迴歸模式程
序中有 7 個預測變項，整體迴歸模式考驗時最少需要 $50 + 8 \times 7 = 106$ 位觀察值
或樣本數；進行個別預測變項顯著性考驗時，最少需要 $104 + 7 = 111$ 位觀察值
或樣本數，複迴歸程序一般都會同時進行整體多元相關係數及個別預測變項顯
著性考驗，因而所需觀察值與樣本數必須是二者之中較大的數值，範例中較大
的數值為 111。若是依變項偏態、預測的效果值為微弱關係，或減少測量誤差，
則樣本數與自變項的比例值要提高。依變項量測值 (或測量值分數) 如果不是呈
常態分配，又不進行資料結構轉換時 (一般採平方根轉換法)，複迴歸統計程序
所需的樣本數要更多，同時考量到效果值的大小，複迴歸判斷的另一準則公式
是：$N \geq (8 \div f^2) + (m - 1)$，$f^2$ 是小效果值、中效果值、大效果值的量數，分別
為 .02、.15、.35，$f^2 = (pr^2) \div (1 - pr^2)$，$pr^2$ 是自變項最小預期效果之期望淨相
關平方值。研究者如果採用逐步迴歸分析法進行複迴歸程序，則觀察值與自變項
的比至少要為 40：1，此種情形下，得到的統計迴歸係數才是可靠的，而進行跨
效度的統計迴歸分析，大樣本數的要求更是必要的 (Tabachnick & Fidell, 2007)。

　　綜合相關學者論點與經驗法則，問卷調查中對於抽樣樣本數的大小，若是知
道母群體的大小，可以套用學者 Dillman (2000) 所提估算方法來抽取適宜的樣本
數，此為統計法則的應用。但多數的問卷調查中，研究者對於母群體真正的大
小或數目很難確定，此時統計法則便無法應用，但研究者可採用傳統可接受的
數量 (經驗法則) 與統計分析法來決定抽樣樣本大小，若是小區域型的研究，適
當抽樣樣本數的大小約為 300 至 500；若是中區域型的研究，適當抽樣樣本數的
大小約為 400 至 600；若是大區域型的研究，適當抽樣樣本數的大小約為 500 至

800；如果是全國性的調查研究，適當抽樣樣本數的大小約為 800 至 1200。就準實驗設計而言，各組的人數至少要在 15 位以上，若是能達 30 位以上更佳。上述抽樣樣本數的大小乃是針對母群體為一般的樣本而言，若是研究者研究的是特殊的群體，抽樣樣本數可以不受上述統計法則與經驗法則的限制。如果研究主題的受試者為特殊群體，群體母體總數介於 400 至 500 位，正式問卷抽取的樣本數最好能佔母體總數的 50% 以上；如果群體母體總數少於 400 或 300 位，研究者最好能全部抽取，至於統計分析方法可採用「一階段的抽樣 (全部施測)、二階段的統計分析」。二階段的統計分析包括階段一的預試分析、階段二的統計分析與假設檢定 (吳明隆，民 100)。

綜合相關學者論點與問卷調查的實況，正式問卷樣本施測時所需的樣本數，筆者將之統整以下摘要表供研究者參考 (吳明隆，民 100)：

母群類型	性質	抽樣樣本數
一般母群體	小區域型研究	300 至 500 位
一般母群體	中區域型研究	400 至 600 位
一般母群體	大區域型研究	500 至 800 位
一般母群體	全國性研究	900 至 1100 位
特殊母群體	母體總數介於 400 至 500 位	母群的 50% 以上 (200 位以上)
特殊母群體	母體總數介於 200 至 400 位	母群的 80% 以上 (160 位以上)
特殊母群體	母體總數少於 300 位	全部施測

當研究者大致確定研究抽樣本大小後，要根據相關抽樣方法抽取樣本大小，如果研究者未依抽樣方法抽取具代表性的樣本，即使樣本數目再多也無法有效代表母群體真正的性質。如甲研究者為快速抽取到樣本，直接採用便利取樣方法，抽取 1000 位樣本，乙研究者則採用隨機取樣方法抽取 400 位樣本，甲研究者抽取的樣本數雖然是乙研究者樣本數的 2.5 倍，但就代表性與統計推論效度而言，乙研究者從簡單隨機抽樣抽取的 400 位樣本可能較能真正反映出母群體的性質，因為其抽樣誤差顯著較小。因而就資料統計分析結果的正確性而言，乙研究者統計分析結果推論的外在效度較為可靠而精確。從圖示中可以發現，抽取分析樣本的成員種類型態只有二種或一種，但標的母群的成員型態有五種，研究者抽取樣本的屬性的代表性明顯不足。以樣本統計量數來推估母群體的參數偏誤很大，其推估效度很低 (以實驗設計的效度而言，外在效度欠佳)。

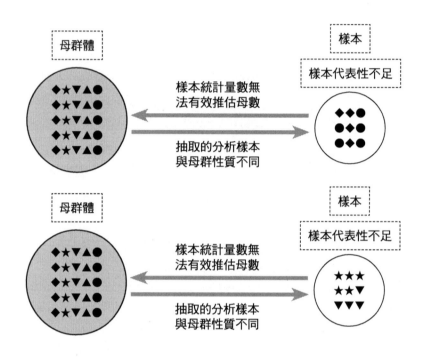

　　考量研究實際情境與研究間差異，抽取樣本時如侷限於「絕對數量」多少，較為不宜，因為各母群體性質不同，異質性很高，包含個體數差異也很大。所以可接受之受試樣本數準則只是一種參考指標，因為「如果取樣方式不當，雖然抽取了很大的樣本，其代表性還是很低，抽樣誤差很大，樣本特徵無法有效反映母群的特性，還不如採用機率而適當的抽樣方法，選取有代表性的較小樣本」。不論樣本數的多寡，最重要的是樣本要有足夠的代表性，所謂代表性表示從抽取的樣本數要能正確反映其母群體的特性，如此進行統計分析之推論統計才能有高的效度。此外，如果是特殊母群體，則取樣的人數自然會較少。

　　樣本大小問題之所以受到重視，是因為樣本大小與推論統計顯著性有密切的關係，很多期刊都只接受統計顯著的研究 (Kazdin & Bass, 1989) 或假設模型與樣本資料可以適配的結果。如果沒有足夠的樣本大小，行為及社會科學研究中的一些差異現象就無法偵測出來，如果受試者夠多，不管內容是否有意義，任何研究大都可以達到 .05 顯著水準 (Hays, 1994)。在推論統計考驗中，足夠的樣本大小仍然有其需要，統計學者 Hinkle 與 Oliver (1983) 曾明確指出：1. 在其它條件保持不變時，較大樣本所得到的研究發現，會比小樣本所得到的研究發現更為可信；2. 如果樣本太小，推論統計結果比較不易拒絕虛無假設；3. 即使在一項設計

良善的研究中，效標變項的變異數也可能會很大而處理效果卻很小，因而較大樣本的選取是適切而必要的 (張漢宜，民 92)。

樣本數的多寡會影響統計方法的選用，如樣本數太少，則不宜進行母數統計，而應採用「無母數統計法」(nonparametric statistical test)。學者 Borg 與 Gall (1983) 二者即認為，樣本數多少受到多種變項的影響，在下列幾種條件或情境中，要採較大的樣本數：1. 編製之測量工具的「信度」(可靠性) 較低時；2. 研究進行中有較多變項無法控制時；3. 母群體的同質性很低時；4. 統計分析時，受試者須再細分為較小的各群組來分析比較時；5. 實驗設計時，預期會有較多受試者中途退出時。此外，採用結構方程模式進行因果模型的驗證時，也需要較大的樣本數。

二、變項屬性是否正確界定？

不同變項屬性，所適用的統計方法也不同，研究者對於變項的屬性如何，應該能清楚掌握，否則可能會誤用統計方法。一個常見的例子是，多元迴歸分析的自變項與依變項均應是「連續變項」，自變項如果是類別變項或次序變項應該先轉換為虛擬變項 (dummy variable)，才能投入迴歸方程式，但部份研究者往往未將類別變項或次序變項轉換，而直接投入迴歸方程式中或預測變項中投入過多的類別或次序變項，這樣的統計方法，雖然結果也可以解釋，但可能會造成結果解釋的偏誤。

資料分析之變項屬性的分類中，多採納學者 Stevens (1946、1951) 的觀點，Stevens 的看法中，乃根據測量量表或測量水準的基準，將變項屬性類別劃分成以下幾種：

(一) 名義變項 (nominal variable) 或稱類別變項 (categorical variable)

主要在於分類物件，把物件轉變為間斷類別，變項主要屬性只是用來辨識事物或表示事物的類別而已，如性別、種族、年齡、婚姻狀況、學校規模、縣市別、宗教別、職業別等。名義變項資料只是用來表示類別或辨識事物而已，不能表示類別間的大小、次序、優劣或差異。類別變項不能進行算術中的四則運算，即此變項不能進行加、減、乘、除的數學運算。名義變項必須符合二個原則：一是「互斥」(mutually exclusive) 性，不同類別之間 (不同水準數) 必須完全互斥，

沒有交集或相互重疊之處；第二是「完整」(exhaustive categories) 性，水準數 (類別) 必須包含所有可能的範圍，如婚姻狀態的水準數 (level)，研究者只分為未婚、已婚、離婚三者，受試樣本如為喪偶者，則無法勾選，此為未具完整性的原則，在水準數的分類中，如果無法包括樣本者的所有屬性，則應在此類別變項中增列「其它」一項。問卷或調查研究中，常有背景變項一項，在劃分背景變項的水準組別時，應該把握「互斥」與「完整」的原則，才能搜集到完整而正確的資料。二個類別變項間的關係一般採用卡方檢定。

(二) 次序變項 (ordinal variable)

變項除具有分類特性外，又具有等級排序關係。變項間根據某個準則，可將物件由最高至最低作有規則的排序，變項主要屬性在於可用數值表示物件間之優劣、多少、高低、次序或等第等。如社經地位變項，分為高、中、低三個水準；教育程度變項，分為碩士以上、大學、專科、高中職以下等四個水準；學業成就變項，分為優、甲、乙、丙、丁等五個水準。次序變項資料除了可用來辨識類別之外，還可以用數值來表示或比較類別間的大小方向及次序。名義變項所測得的數值雖具有前後順序的關係，但由於沒有特定的單位，與類別變項相同，數值間不能進行數學邏輯運算的功能。二個次序變項間的關係一般採用等級相關。

(三) 等距 / 比率變項 (interval/ratio variable)

等距變項除可表示物件類別及比較大小次序外，物件類別間距離是相等的，因而變項間有「可加性」(additivity)，如溫度、學業成績、智商、李克特量表所測得的數據。如果物件類別間存有絕對的零點 (logical zero points)，則稱為比率變項，比率變項間有「可乘性」(multiplicativity)，二者均屬連續變項 (continuous variables)。由於智商或一般測驗分數不具有相等單性 (equal unit) 的特性，實際的分類上應屬次序變項，但行為及社會科學領域內，為了研究方便，將其歸類於「等距變項」，否則無法進行各種母數統計及多變量統計。

測量變項尺度、適用的算術運算與統計型態可以統整為下表 (Warner, 2008, p.7)：

Stevens 之測量尺度	可以應用的邏輯及算術運算式	傳統方法或保守建議	二個變項型態的簡單區別
名義 (類別) 變項	＝、≠	只能用無母數統計法	類別的
次序變項	＝、≠、＜、＞	只能用無母數統計法	計量的
等距變項	＝、≠、＜、＞、＋、－	母數統計法	計量的
比率變項	＝、≠、＜、＞、＋、－、×、÷	母數統計法	計量的

　　行為及社會科學領域中，學者不會特別在意等距變項與比率變項間劃分，因為社會科學中，真正的等距變項往往也是比率變項，如收入、評定量表填答的資料等；加上等距變項與比率變項所適用的統計方法並無不同，二者均含有算術計算特性，因而二個變項常被合而為一，資料分析中，似乎不必嚴格區分變項是屬等距變項或比率變項。在變項的分類上，又把等距變項或比率變項稱為「連續變數」(continuous variable) 或「計量變數」或「數量變數」(quantitative variable)，因其具有相等單位與一般數字之性質類似；而把名義變項及次序變項稱為「間斷變項」(discrete variable) 或「質的變數」(qualitative variable)。

　　行為及社會科學研究中，常用的李克特式之多選項量表 (multiple-item scales)，嚴格說起來，量表之變項性質是一種「次序變項」，但次序變項與名義變項均屬「間斷變項」(discrete variable)，間斷變項無法求其平均數、或進行相關、迴歸等統計分析，因而無法驗證相關的研究假設，所以多數研究者在編製多選項量表時，皆把量表視為等距變項來設計，此類等距變項也可轉化為不同類別，它雖然不是「真正」等距變項，但多假定具有真正等距變項的性質，如此，才能進行有意義的資料統計分析與歸納出合理的結論 (Bryman & Cramer, 1997)。變項尺度的型態與本身可用的統計量表可以統整為下列圖示：

變項尺度本身屬性的統計量數

```
                                        ┌─ 等距尺度 ----- 平均數&標準差
                          連續變項 ──────┤
                          (計量變項)      └─ 比率尺度 ----- 平均數&標準差
         變項
         尺度 ──────────┤
         型態
                          間斷變項 ──────┬─ 類別尺度 ----- 次數&百分比
                          (計質變項)      │
                                        └─ 次序尺度 ----- 次數&百分比
```

此外，在社會科學領域中，另一個常見的變項為「二分變項」(dichotomous variables)，此變項被視為名義變項或次序變項，均屬於間斷變項 (discrete variable)(凡測量資料的屬性只能以一種特定的數值來表示，而無法進行無限分割者，又稱非連續變項)，物件屬性只分為二大類別，如「男」、「女」；「及格」、「不及格」等。如果間斷變項有三大類或三個水準時，則稱為「三分變項」(trichotomous variable)，如以學校規模變項而言，水準數值 1 代表「大型規模學校」、水準數值 2 代表「中型規模學校」、水準數值 3 代表「小型規模學校」；以家庭社經地位而言，劃分為高社經地位、中社經地位、低社經地位等均為三分名義變項。如果變項包含三個類別以上或三個水準以上的間斷變項，又稱為「多分變項」(multichotomous variable)。而等距或比率變項則歸類為「連續變項」(continuous variable)，在 t 檢定或 F 統計分法、迴歸分析、共變數分析等母數統計法中，依變項均必須為連續變項 (計量變項)。

在變項屬性的轉換上，等距 / 比率變項可轉化為次序變項或名義變項，如依某一分量表之得分高低，將樣本分成「高分組」、「中分組」、「低分組」，但次序變項或名義變項不能轉換為等距變項 / 比率變項，如要轉換，常用者為以虛擬變項方式出現，人口變項 / 背景變項如果沒有經過轉換，不能直接投入於迴歸模式之中。

➲ 三、統計結論效度

所謂「統計結論效度」(statistical conclusion validity) 是指能正確運用統計方法解釋研究結果的程度 (周文欽，民 93)。量化研究或推論考驗常被人批評的一

點是玩數字遊戲，統計結論效度不高。然而，如果要解釋假設性的母群之母數，以其所對應的樣本統計值來進行推論考驗，在實務的情境仍有其必要性，因為人力、物力、財力與實際情境的限制，要進行普查並非容易，也不是多數研究者能力所及，因而量化研究中的推論考驗仍是無可替代的方法 (Hinkle & Oliver, 1983)。在量化研究的統計分析中，根據之前的經驗法則，不當的統計考驗或誤用統計方法有以下幾點：

1. 在準實驗設計中，直接以 T 檢定或變異數分析考驗實驗組與控制組的實驗處理效果差異，而沒有採用統計控制之共變數分析法 (若違反組內迴歸同質性假定，不能採用傳統共變數分析法，而要改採詹森內曼校正法)。

2. 在線性迴歸分析中，投入過多的背景變項 / 人口變項 (均屬間斷變項)，且未將背景變項 / 人口變項轉化虛擬變項，而是將背景變項照原先資料檔的水準編碼投入於迴歸模式中，造成結果分析的偏誤。

3. 小樣本的調查研究中，有效觀察值或樣本數少於 30 位，或資料結構可能違反母數統計法中之母群的基本假定時 (如常態性假定)，或依變項為名義變項或次序變項時，沒有採用「無母數統計法」，而直接使用「母數統計法」。

4. 統計邏輯順序顛倒，如相同的變項第一部份先用單因子變異數分析、第二部份採用雙因子變異數分析，而非直接先使用雙因子變異數分析進行考驗。

　　單變量獨立樣本雙因子變異數程序中有二個因子自變項，有一個依變項、二個因子自變項均為類別變項。假設二個因子一為「學生性別」(內有二個水準數值，水準數值 1 為男生、水準數值 2 為女生)、一為「學生年級」(內有三個水準數值，水準數值 1 為高職一年級、水準數值 2 為高職二年級，水準數值 3 為高職三年級)，如果研究者直接進行「學生性別」與「學生年級」在依變項「生活壓力」的交互作用檢定，若是交互作用顯著，表示「學生性別」在「生活壓力」的差異會隨「學生年級」變項而有不同；或「學生年級」在「生活壓力」的差異會隨「學生性別」變項而有不同，交互作用顯著，表示因子自變項一對依變項的影響會受到因子自變項二的影響，而因子自變項二對依變項的影響也會受到因子自變項一的影響，此時，研究者要進行是單純主要效果檢定，之前進行的單因子變異數分析程序是沒有意義的 (學生性別在生活壓力的差異比較或學生性別在生活壓力的差異比較)。相

對的，如果交互作用不顯著，表示學生性別與學生年級二個因子的交互作用項未達 .05 顯著水準，此時，研究者可以直接從交互作用摘要表中查看二個因子在依變項差異比較的主效果，這與之前進行學生性別在生活壓力的差異比較或學生性別在生活壓力的差異比較結果又重複。因而相同的變數，若是直接進行雙因子變異數分析，就不用探討個別因子在依變項的差異考驗。

5. 對於統計檢定過份重視其是否達「顯著性」，對於未達顯著的部份沒有進一步加以詮釋。此外，對於達到顯著性者，甚少交代效果值 (或關聯強度) 與統計考驗力。統計分析結果表格包含統計量數及統計量數的顯著性機率值 (p)，當樣本數愈大時，多數的統計量數多會達到 .05 顯著水準，即使統計量數很小而得到拒絕虛無假設的結果，但統計量數值太小，相對的，統計所得的效果值或關聯強度值也會很小，此時因子自變項對依變項的解釋變異量很小，統計分析結果只有「統計顯著性」，「實務顯著性 / 臨床顯著性」欠佳。

6. 結果解釋有誤，直接以統計量數的高低進行結果詮釋，未考量到統計量數的顯著性 p 值。如在男女生的學習焦慮平均數差異的 t 檢定中，二者的平均數分別為 78.87、80.90，平均差異 t 值統計量為 1.967；顯著性機率值 p ＝ .078 ＞ .05，部份研究者會於論文作成如下解釋：

「雖然男女生的 t 值未達顯著水準，但從平均數來看，女生學習焦慮的平均數 (M ＝ 80.90) 還是高於男生的學習焦慮 (M ＝ 78.87)，可見與男生相較之下，女生的學習焦慮較高」，此乃對推論統計內涵未完全理解之故。正確的解釋如下列所述：「雖然女生學習焦慮的平均數高於男生的學習焦慮，但二者平均數差異的 t 檢定值卻未達顯著水準，可見男、女生的學習焦慮並沒有顯著的不同」。當顯著性機率值 p 未達 .05 顯著水準，表示二個群體的平均數差異為 0，輸出結果中二個群體平均數之所以不相等，乃是抽樣誤差或機遇造成的，若是研究者增加樣本數或進行普測，則二個群體的平均數差異會趨近 0，t 值統計量也會趨近於 0。因而若是研究者進行推論統計程序，要先判別「顯著性機率值 p 是否小於或等於顯著水準 α 值 (一般定為 .05)，若是顯著性機率值 p ＞ .05，則統計量數是沒有意義的；相對的，顯著性機率值 p ≤ .05，則統計量數是有意義的」。一般判斷的準則是先檢核顯著性機率值 p，決定拒絕虛無假設或接受虛無假設，再判別統計量數在統計上有

意義存在。其判別流程圖如下：

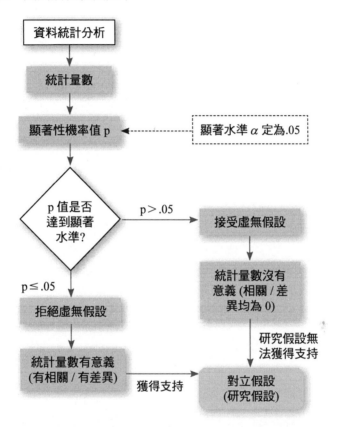

7. 背景變項中水準數組別觀察值人數差異太大，而未將組別合併，直接進行背景變項各組別在依變項上的差異比較，如學歷背景變項中，研究者分成四個水準：高中職以下組、專科組、大學組、研究所以上組，隨機取樣調查後四個組別的觀察值人數分別為 89、102、178、11，其中研究所以上組的樣本數太少，與其它組別人數相差太大，分析時宜將組別合併，而非分成原四個水準數，合併後的人口變項由四分類別變項變為三分類別變項，三個水準數值 (三個群組) 觀察值個數分別為 89、102、189。

8. 二變項間不是呈線性關係，而只以積差相關考驗二個變數間的關係，以致無法拒絕虛無假設，如學習焦慮與學習成就間的關係，可能呈一種 U 形關係 (曲線相關)，高、低學習焦慮觀察值群體的學業成就分數均較中學習焦慮觀察值群體為低，此種情形不宜採用積差相關或線性迴歸模式，宜用曲線迴歸估計分析，判別二個變項是否呈線性關係，可用散佈圖來檢核。

9. 進行卡方考驗時，當自由度等於 1，而有細格期望次數小於 5 時，未看耶茲氏校正列 (Yate's correction for continuity) 之卡方值或進行費雪爾正確概率檢定 (Fisher's exact probability test)，直接引用 Pearson 卡方值，形成相反的結論。

10. 自變項為類別變項、依變項為數個計量變項，數個計量依變項間有某種程度關係，研究者採用單因子多變量變異數分析方法進行群組平均數的差異檢定，多變量 Λ 值達到 .05 顯著水準後，研究者進一步以單變量進行個別依變項平均數的差異檢定，顯著水準未採用定族系錯誤率，而將個別顯著水準 α 定為 .05，造成第一類型錯誤率的膨脹。

此外，在單因子變異數分析中，有時會讓研究者困惑的一點是：變異數分析的 F 值雖達到顯著水準，但採用 Scheffe 法進行事後比較，結果卻未發現有任何二組間的差異達到顯著，此種情形通常發生整體考驗的 F 值不大，其顯著性機率值在 .05 附近，而研究者又採用較為保守的多重比較法 (Scheffe 法) 導致。碰到此種情形時，因為組別間的差異不顯著，無法獲知那一配對組在依變項的差異達到顯著水準，因而最好接受虛無假設 (組別間的差異不顯著) 或改採用其它較不保守的事後比較分析法，如 Tukey 法 (HSD 法)、S-N-K 法。

上述所介紹之統計方法的誤用及其正確的統計程序在書中後面的章節均會詳細介紹，本節旨在釐清一些統計應用的概念，以便研究者更能採用適切的應用統計方法以分析搜集到的資料，提高統計結論的效度。

第二節　量表或測驗試題品質分析的步驟

在問卷調查法 (questionnaire survey) 或實驗研究法 (experimental method) 中，研究或調查之測量工具編製 (量表或測驗) 甚為重要，問卷如果編製或選用得宜，則研究才更具可靠性與價值性。量化研究之測量工具的編製步驟，大致可簡要分述如下：

一、編擬預試問卷

在預試問卷的編製或修訂上，應根據研究目的、相關文獻資料與研究架構等方面加以考量，如果有類似的研究工具，可根據研究當時的實際情形，加以修

訂、增刪；如果是自己重新編製問卷，問卷內容應依據研究架構的層面，加以編製。在編製問卷時，應注意：

(一) 視問卷題項性質增加測謊題或反向題

如果問卷的題項內容過於敏感 (如當事者婚前性行為的調查研究、有關學生偏差與不當行為的研究等等)，應在問卷中穿插數題「測謊題」，以探知填答者是否據實填答。測謊題只在判定受試者回答的真實性，在統計分析中不納入分析的題項內；此外，在問卷編製中除了正向題項外，也可根據各構念的意涵編製反向題，以測知觀察值對問卷題項回答的可靠性。反向題在日後統計分析中只要反向計分即可 (反向計分即重新編碼)，至於反向題題項的多寡，學者間並未提出相關的論點或確切的看法。研究者編製的題項內容重點在於能否真正測量出所要測量的心理特質，或真正有效達研究所列的研究目的。

(二) 李克特量表以採用四點量表至六點量表法最佳

態度或心理特質行為量表測量通常採用的是「李克特式量表」(Likert-type Scale) 法，量表填答方式以四點量表法至六點量表法，最為多人或研究者所採用。對於應採用幾點量表法，學者 Berdie (1994) 根據研究經驗，綜合提出以下看法，可供研究者參考：

1. 在大多數的情況下，五點量表 (points) 是最可靠的，選項超過五點，一般人難有足夠的辨別力；2. 三點量表限制了溫和意見與強烈意見的表達，五點量表則正好可以表示溫和意見與強烈意見之間的區別；3. 由於人口變項的異質性關係，對於沒有足夠辨別力的人而言，使用七點量表法，會導致信度的喪失；對於具有足夠辨別力的人而言，使用五點量表，又令人有受限的不適感。以上問題至目前還沒有一個很好的解釋理由，然而透過預試 (pretesting)，可以發現這些問題的存在；4. 量表的點數愈多，選答分佈的情形就愈廣，變異數也會變得更大，有些人認為這種情形在統計考驗上會具有很好的區別力，然而，(1) 這種選答很廣的分佈缺乏可信度，故完全沒有意義；(2) 較大的選答變異數，表示也會有較大的抽樣誤差，就統計資料分析的意義而言，是不該有太大的變異數的 (彭仁信，民 83)。

李克特式量表法，重視其「內在一致性程度」，這是量表題項兩兩之間關係強度的函數，也是題項與潛在變項間的關係指標，函數值大小與題項數多寡有密

切關係，題項數愈多，愈有可能含括所要測量的潛在變項。不過，題項數過多，在實際研究情境中多數會有實際的困難，如受試者時間不允許或造成填答者不用心作答等。學者 DeVellis (1991) 對於預試問卷題項數提出以下二點看法，可作為研究者參考：

1. 如果研究者是編製或發展一個正式的測驗或量表，作為其它心理測量之用，則預試題項數最好是將來所需正式題項總數的 3-4 倍。

2. 在某些特定內容範圍中，有些量表題項的發展不容易；或先前相關的研究顯示，這些構念不需要過多的題項即可獲得良好的內在一致性，預試量表的題項數約為正式量表題項數的 1.5 倍即可，如正式量表題項數預計在 20 題附近，則預試問卷時，其預試題項數大約為 30 題，上述為分量表的題項數，非問卷的總題項數。如果某研究者想探討企業員工組織承諾與組織氣氛之關係，編製一份「工作態度知覺問卷」，此問卷包括員工組織承諾與組織氣氛知覺二種量表，研究者計畫正式問卷題項數以 70 題為限，員工組織承諾量表約 30 題、組織氣氛知覺量表約 40 題，則問卷編擬時員工組織承諾量表約為 36 題 (1.2 倍) 至 45 題 (1.5 倍) 間，組織氣氛知覺量表約在 48 題 (1.2 倍) 至 60 題 (1.5 倍) 間較為恰當。

● 二、建構專家效度

問卷或測驗之效度乃指一份測驗或量表能正確測量到所要測量特質的程度，效度也就是測驗內容的正確性、可靠性或有效性。在行為科學研究中，效度通常分為內容效度 (content validity)、效標關聯效度 (criterion-related validity)、建構效度 (construct validity) 與專家效度。在成就測驗中，大都使用「雙向細目表」來描述測驗所欲測量特質的內容領域；在態度量表編製中，會使用「內容效度比」(content validity ratio) 來代表專家判斷內容效度程度的量數，編製好問卷後敦請學者專家及該領域之實務工作者審核，以判斷構念 (construct) 及所包含的題項內容是否適切，此種經專家學者審核判斷題項的適切性，作為初步題項篩選及題項詞句語義修飾修改的參考，稱為「專家效度」。雖然專家效度只是專家之間判斷的一致性指標，而非內容效度本身 (Murphy & Davidshofer, 1994)，但卻可作為構念與題項適切性的參考。近年來，以專家效度作為問卷效度建構之一的研究，愈

來愈普遍。至於專家效度一致性判斷指標的準則，並沒有確切的標準，但總結起來有二個判斷依據：一是根據「題項適合」被勾選的百分比，如題項被判定「適合」的百分比在 70% 或 80% 以上；二是根據「題項適合」及「題項修正後適合」的累積百分比，如題項被判定「適合」或「修正後適合」的累積百分比在 80% 或 90% 以上。進行專家效度時，若是某個題項只有一位專家提出內容修改時，題項內容是否要加以修改由研究者自行決定，如果某個題項有二位以上專家提出內容修改時，表示專家間有共同一致的看法，此時，題項最好進行內容或詞句修訂。

⊃ 三、實施預試

　　預試問卷編擬完後，應實施預試，預試對象的性質應與將來正式問卷要抽取的對象性質相同，如研究對象為國中學生，則預試之受試者也應為國中學生，預試對象人數以問卷中包括最多題項之「分量表」的 3 至 5 倍人數為原則，如調查預試問卷中，包括三種不同型態量表，每個量表包含的題項分別為 40 題、35 題、25 題，則預試對象最好在 120 至 200 位中間，如果樣本較為特殊，在預試人數的選取上可考慮再酌減一些。

　　預試時選取樣本數應該多大最為適宜？應考量問卷量表是否進行因素分析。因為因素分析時，以較大樣本分析所呈現的因素組型 (factor pattern)，比一個只用較小樣本所出現的因素組型要來得穩定。進行因素分析時，量表的題項數愈多及預期要有較多的因素層面的話，進行因素分析時，應包括愈多的受試者 (DeVellis, 1991)。學者 Comrey (1973) 認為如果預試問卷要進行因素分析，以求其建構效度，則樣本數最好在 300 位以上，如果取樣之觀察值少於 100，則不宜進行因素分析。學者 Tinsley 和 Tinsley (1987) 建議，進行因素分析時，每個題項數與預試樣本數的比例大約為 1：5 至 1：10 之間，如果受試者總數在 300 人以上時，這個比例便不是那麼重要；而學者 Gorsuch (1983) 則建議進行因素分析時，有效樣本數最少為量表題項數的五倍，且有效樣本數要大於 100。最近，學者 Comrey (1988) 也提出另一觀點，如果量表的題項數少於 40 題，中等樣本數約是 150 位，較佳的樣本數是 200 位。其觀點與 Tinsley 二者接近，亦即量表題項數與預試人數比例約為 1：5 最為適合，如有份「成人生活滿意度」預試問卷，內有三份量表，量表一為「社會參與量表」，包含二十五題題項、量表二為

「健康狀態知覺量表」，包含二十題題項、量表三為「生活滿意度量表」包含三十題項，則預試人數應在 30 至 150 人間，最佳的預試人數約為 150(30×5) 人附近。

⊃ 四、整理問卷、編號與建檔

　　問卷回收後，應一份一份檢查篩選，對於資料不全或不誠實填答之問卷，應考慮將之刪除；對於填答時皆填同一性答案者，是否刪除，研究者應考量問卷題項本身的內容與描述，自行審慎判斷。上述所提的測謊題與反向題可作為問卷是否有效判斷的參考指標，如測謊題中當事人回答背離實際的經驗法則，則此問卷可視為無效問卷；此外，反向題與正向題的填答相互矛盾，也可視為無效問卷，因為當事者未據實回答問卷題項，會造成「垃圾進、垃圾出」的資料，即使採用多變量與高等統計法，分析結果的可信度也很低。

　　篩選完後的問卷應加以編號，以便將來核對資料之用，問卷的編碼如0001、0002、……、0989 或 950001、950002、……、950003；之後再給予各變數、各題項一個不同代碼，並依問卷內容，有順序的鍵入電腦。其中單選題與複選題的編碼不相同，如果是單選題，每個題項應給予一個變數名稱；如果是複選題或排序勾選等級的題項，每個「選項」即應給予一個變數名稱，如在「高中職學校行政主管時間管理問卷」中第五題為「主管時間分配」(陳明華，民93)，其內涵如下：

> 　　由下列項目中，排列出最能反映您平日工作時間分配的情況，請將數字依序填入□內，時間花費最多的填 1，其次填 2，以此類推……排至 8。

□組織發展	(包括：擬訂校務發展方針、規劃學校業務進度、評鑑同仁工作績效、提供教育發展與趨勢、實現教育目標與政策……)
□行政領導	(包括：激勵員工士氣，處理或避免員工衝突，適當授權及合理做決定，分配並監督同仁工作，主持或參加會議……)
□事務管理	(包括：經費編列與執行、文書處理與核閱、校園規劃與執行、校舍興建與維護、設備購置與管理……)
□教學視導	(包括：推動教師研究與進修、監督教學計畫與過程、溝通教學理念與作法、查閱學生作業與試卷……)
□學生輔導	(包括：增進教師輔導知能、督辦學生自治活動、規劃學生生涯輔導、做好學生諮詢與諮商工作……)

口公共關係	(包括：擬訂公關計畫、與長官、社區人士、家長等保持密切聯繫、提供社區參與學校活動的機會、建立學校良好形象……)
口研習進修	(包括：參與教學有關的進修活動、參加校內外進階成長研習以及自學輔導等……)
口偶發事件	(包括：意外事件、非正式造訪、臨時交辦事項、家庭問題、不可抗力事故等……)

　　此題包含八個選項，變數編碼時應有八個，因為其屬於排序題項，如果只給予一個變數名稱，則無法鍵入資料與分析資料，適當的變數編碼如：A5M1、A5M2、A5M3、A5M4、A5M5、A5M6、A5M7、A5M8。資料分析時只要求出每個變項的描述性統計量，求出其平均數，則平均數最小者為學校行政主管時間運用時花費最多的事項。

敘述統計

選項	個數	最小值	最大值	平均數	標準差	排序
A5M1	465	1	8	3.50	2.07	3
A5M2	465	1	8	2.73	1.60	1
A5M3	465	1	8	3.04	1.93	2
A5M4	465	1	8	4.46	2.04	4
A5M5	465	1	8	4.78	2.22	5
A5M6	465	1	9	5.23	1.77	6
A5M7	465	1	8	5.93	1.77	7
A5M8	465	1	9	6.42	1.87	8

　　視窗版 SPSS/PASW 可以直接讀取傳統文書檔的資料，也可以配合簡短語法檔程式讀取文書檔資料。此外，也可以讀取微軟 Office 應用軟體中 Excel、Access 之檔案、傳統資料庫檔案等，研究者可依自己的習慣，挑選一種自己最熟悉的應用軟體，以快速、有效的方式將資料鍵入電腦當中。研究者最好是選用一種 Office 軟體輸入資料或直接在 SPSS 資料視窗編輯區鍵入資料，根據應用軟體的屬性與相容性及使用者的習性，筆者建議以 Excel 試算表建立資料檔或直接於視窗版 SPSS 軟體中的「資料編輯視窗」中建檔最為便利。資料的建檔與編碼如果不適切，會影響之後統計分析的進行，如有些研究者將每筆觀察值 (每份問卷) 以直欄式方式建檔 (此種方式要經過資料轉換程序才能進行統計分析) 或將

複選題勾選的選項全部鍵入在一個儲存格內 (此種方法要重新鍵入資料才能進行統計分析)、以中文名稱作為題項的編碼，以致造成數學運算加總的不便等。

⊃ 五、項目分析或試題分析

項目分析即在求出每一個題項的「決斷值」(critical ratio；簡稱 CR 值)，其求法是將所有受試者在預試量表的得分總和依高低排列，得分前 25 至 33% 者為高分組，得分後 25 至 33% 者為低分組，求出高低二組受試者在每題得分平均數差異的顯著性考驗 (多數資料分析時，均以測驗總分最高的 27% 及最低的 27%，作為高低分組界限)，如果題項之 CR 值達顯者水準 ($\alpha \leq .05$ 或 $\alpha \leq .01$)，即表示這個題項能鑑別不同受試者的反應程度，若是 CR 值未達 .05 顯著水準或 CR 值絕對值小於 3，題項可以考慮將之刪除。

項目分析又稱極端組檢驗法，其簡要步驟如下：1. 反向題重新編碼計分；2. 求出量表的總分；3. 根據量表總分排序，求出前、後 27% 樣本的臨界分數；4. 依高低 27% 臨界分數分成高低二組；5. 以獨立樣本 t 檢定考驗高低二組在量表題項上的平均數差異是否達到顯著；6. 根據顯著性或決斷值的高低篩選題項。除了項目分析外，在題項篩選的方法上，也可以將量表的題項加總求出量表總分，然後再以積差相關方法，求出每個題項與量表總分的積差相關係數，如果題項與量表總分的積差相關係數未達顯著，或其積差相關係數太低 (一般的篩選標準為 0.3 至 0.4 中度相關以上)，則此題項可以考慮刪除。在項目分析時如果決斷值均達顯著，而研究者因研究考量，想要刪除部份題項，以免量表題項太多而影響受試者填答的意願，可以設定一個較大臨界標準的決斷值，保留此決斷值以上的所有題項，至於決斷值訂定的標準，研究者可根據要保留的題項數而定。

除了上述的極端組檢驗法及同質性檢驗法 (題項與總分的相關) 外，也可以配合採用描述統計評估法。描述統計評估法主要利用各題項的描述統計量，來診斷題項的優劣。如題項平均數的評估法，認為適切的題項，其題項的平均數應趨於量表選填的中間值，過於極端的平均數代表偏態或不良的試題，無法反映題項的集中趨勢。而採用題項變異數的評法，則指出題項的變異數較大，愈能測出受試者在此題項的心理特質或反應，表示題目的鑑別度較大；若一個題項的變異數如果太小，表示受試者填答的情形趨於一致，題目的鑑別度太低，此題項屬不良的題目 (邱皓政，民 89)。

項目分析的方法如果用在測驗或成就測驗上，則是試題方法的分析，測驗試題的分析在於判別試題品質的優劣。試題品質的分析包括質的分析 (qualitative analysis) 與量的分析 (quantitative analysis)，質的分析通常包括內容效度的評鑑與有效命題的探究 (郭生玉，民 76)。量的分析包括試題難度與鑑別度的分析，難度指數 (item difficulty index) 為高分組答對的百分比與低分組答對百分比的平均值，難度指數值愈小，表示試題愈難 (答對者愈少)、難度指數值愈大，表示試題愈容易 (答對者愈多)，難度指數值等於 .50，表示試題難易適中 (答對與答錯者各佔一半)。鑑別力指數為高分組答對的百分比與低分組答對百分比的差值，鑑別力指數 (item discrimination index) 值愈大，表示試題愈佳，試題愈能區別高分組與低分組的填答反應，試題的鑑別力指數最好在 .30 以上。

項目分析中所選的高、低分組愈是極端，則其鑑別力愈大，但是太極端的話 (如高分組與低分組在 20% 以內)，則會因選取的受試者太少，影響分析結果的可靠性。在常態分配下，最適當的比率是高低分組各佔 27% (Kelley, 1939)；如果母群的分配較常態分配平坦，則高低分組所佔的比率宜高於 27%，大約是 33% (Cureton, 1957)。在一般的測驗與評量中只要介於 25 至 33% 均可，如果是標準化測驗的話，習慣上仍採用 27% 作為高、低組別分組的標準 (吳裕益、陳英豪，民 80)。

項目分析高低分組之比較差異圖示如下 (極端組獨立樣本 t 檢定法)，其中 H 分表示高分組臨界值、L 分表示低分組臨界值。

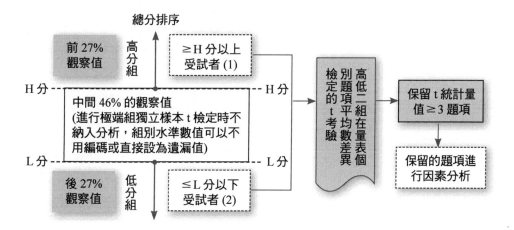

試題難度與鑑別度分析的流程如下：

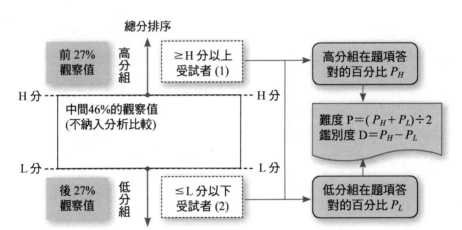

○ 六、因素分析

　　項目分析完後，為考驗量表的「建構效度」(construct validity)，應進行因素分析 (或稱共同因素分析 common factor analysis；CFA)。所謂建構效度係指態度量表能測量理論的概念或特質之程度。因素分析目的即在找出量表潛在的結構，減少題項的數目，使之變為一組較少而彼此相關較大的變項，此種因素分析方法，是一種「探索性的因素分析」(exploratory factor analysis)。探索性的因素分析即是將量表所有題項依其關係程度加以分組，同一組題項所反映的潛在特質或心理態度是相同的，此潛在心理特質策稱為因子 / 層面 / 構面 / 向度。因素分析的圖示如下，其中■為個別題項。○為因子 / 構面。

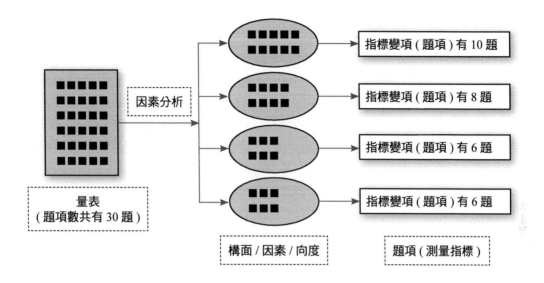

在社會科學研究中，研究變項的減縮 (reduction) 與量表的編製常用的方法常用「主成份分析法」(principal component analysis；簡稱為 PCA) 與「共同因素分析」(common factor analysis) 二種方法抽取成份或因素。主成份分析是假設所分析之變項不含誤差，樣本之相關係數矩陣即代表母群之相關係數矩陣。N 個變項經主成份分析會產生 N 個成份，一般而言，研究者會從 N 個成份中選取前面數個變異量較大之重要成份，而忽略變異量較小而不重要之成份 (Gorsuch, 1988)。於主成份分析中，可將 m 個變項加以轉換，使所得線性組合而得 P 個成份的變異數變為最大 (P＜m)，且成份間彼此無關，這特性也讓研究者將其用在多元迴歸分析中，解決預測變項間的多元共線性問題和在多變項變異數分析中，太多的依變項間具高相關情況下，利用 PCA 使變項變為無關的數個成份分數，以利後續的統計分析 (傅粹馨，民 91a)。

　　研究者如要進行因素分析，則預試樣本數最好為量表題項數的 5 倍，即比例為 5：1；如果預試樣本數與量表題項數的比例為 1：10，則結果會更有穩定性。其中量表的題項數非問卷的總題數，而是問卷中包含題項數最多的一份量表。在因素分析時，一項重要工作是要保留多少個共同因素，在探索性因素分析中，常用的篩選原則有二：

(一) Kaiser 的特徵值大於 1 的方法

　　根據 Kaiser (1960) 的觀點，保留特徵值 (eigenvalue) 大於 1 的因素，但此方法，題項如果太多，可能會抽出較多的共同因素。避免抽出過多的共同因素，研究者也可限定因素抽取的數目，但此方面通常多用於「驗證性因素分析」上面。

　　特徵值大於 1 之方法原是為分析「母群相關矩陣」(population correlation matrix) 主對角線為 1 而設計，且保留特徵值大於或等於 1 之成份。然而，此特徵值大於 1 之方法卻被用分析樣本相關矩陣以決定保留共同因素數目，因而在共同因素模式和「樣本資料」(sample data) 情境下，通常造成高估 (overestimate) 或偶而低估 (underestimate) 因素數目之情形 (Cliff, 1988)。雖然此法易於執行，且為統計電腦軟體中的內設選項，但使用時宜謹慎，因在某些情境下，此法會將差異微小的特徵值加以區分，如兩個連續的特徵值分別為 1.01 與 0.98，第一個因素成份得以保留，而第二個卻被淘汰，然而這二個成份的差異甚小，這是值得注意的一點。雖然 Kaiser 特徵值大於 1 之方法為部份學者所批評 (Cliff, 1988；Tzeng, 1992；Zwick & Velicer, 1986)，但此法仍是最常被用來決定成份或因素數目的方法 (Ford, MacCallum & Tait, 1986)，原因不外是特徵值大於 1 的方法為多數統計軟體之內設選項 (傅粹馨，民 91a)。

(二) 陡坡圖考驗法 (scree plot test)

　　根據陡坡圖 (scree plot) 因素變異量遞減情形來決定，陡坡圖的繪製，乃以因素變異量 (特徵值) 為縱軸，因素數目為橫軸。在陡坡圖中，如果因素變異量圖形呈現由斜坡轉為平坦，平坦狀態以後的共同因素可以去掉。假定有四個因素的變異量在陡坡圖上由高至低的速度下降很快，幾乎成鉛垂直線狀態，第五個因素以後的下降趨緩，幾乎成為平坦狀態，則研究者可考慮抽取四個共同因素為宜。

　　陡坡圖之形成乃是將未轉軸前之特徵值畫在 Y 軸，而因素數目依序畫在 X 軸，再以研究者主觀的判斷決定該圖之決斷點，此點以上的因素表示共同因素，以下的因素則是唯一 (unique) 的因素，不予採用。目視陡坡圖的方法有以下三個缺點：一是此法是用來決定母群相關係數矩陣之精確因素數目；二是當採用樣本資料作分析時，難以決定決斷點；三是由於涉及主觀的判斷與研究者經驗之多寡，因而造成因素數目頗不一致的情形 (傅粹馨，民 91a)。但學者 Zwick 與 Velicer (1986) 研究指出，利用陡坡圖所得的結果比用特徵值大於 1 或 Bartlett 卡

方考驗方法來得正確，亦即，當資料的結構適當 (如大樣本或變項之共同性高) 與具經驗的研究者作判斷，則陡坡圖也是一種更簡單且較其它方法更能提供準確因素數目的方法 (Tzeng, 1992)。

上述中採用 Kaiser (1960) 特徵值大於 1 之方法，如果題項數少於 20 時，有可能低估因數數目；而變項題項數大於 50 時，有可能抽出過多的共同因素，因而在共同因素數目的決定上，統計上的意義與實用上的意義有時要同時考慮。學者 Harman (1960) 強調，在共同因素數目的選取上，統計上的考驗必須與實用上的意義同時加以考慮。有時，在統計上發現有意義的共同因素，在實際應用上卻無意義性可言。例如，某一研究者用統計考驗的結果發現第三個共同因素的 λ 值達顯著水準，但研究者卻無法賦予第三個共同因素某種意義 (因素無法命名或命名的因素名稱無法包括第三個共同因素題項的內容)，或不能合理予以解釋，所以抽取此共同因素反而是一件困擾的事。但有時情形正好與此相反，亦即未達到顯著水準 (λ 值小於 1) 的某一共同因素反而具有實用上的意義。因而研究者在因素分析時，應根據研究的實際所需與統計分析的適切性，選取共同因素，才不至於失去因素分析的真正意義 (林清山，民 92)。

建構效度的建立程序一般要執行多次的因素分析，經由逐題刪除法不斷探索才能建構較佳的構念效度。如一份有 25 個題項的依附風格量表中，研究者根據理論文獻與之前研究結果，研究者將依附風格分為三大構面：安全依附 (第 1 題至第 9 題)、焦慮依附 (第 10 題至第 18 題)、逃避依附 (第 19 題至第 25 題)，量表經項目分析後 25 個題項均保留 (梁遠如，民 100)，研究者進一步執行因素分析程序以便求出量表的建構效度：執行功能表列「分析 (A)」/「維度縮減 (D)」/「因子 (F)」程序，共同因子萃取的方法選用「主軸法」，因素旋轉方法為直交轉軸法中的最大變異法，萃取的共同因子個數限定為 3 (預試問卷分析的有效樣本數 N = 203 位)。

轉軸後的因子矩陣 [a]

	因子		
	1	2	3
安全 03	.772	-.271	.300
安全 04	.763	-.295	.290
安全 06	.755	-.219	.190
安全 01	.719	-.280	.175
安全 05	.700	-.151	.046
安全 02	.698	-.263	.239
安全 08	.697	-.423	.202
安全 07	.672	-.271	.218
逃避 24	-.260	.818	.004
逃避 22	-.250	.790	-.076
逃避 20	-.252	.718	-.172
逃避 23	-.187	.695	-.085
逃避 21	-.056	.676	-.080
逃避 25	-.277	.669	-.219
逃避 19	-.167	.617	-.065
安全 09	.326	-.608	-.066
焦慮 10	.436	-.470	-.099
焦慮 17	.272	-.110	.765
焦慮 16	.189	.079	.760
焦慮 15	.222	.047	.756
焦慮 11	-.020	-.059	.740
焦慮 13	.315	-.098	.733
焦慮 14	.193	-.205	.691
焦慮 12	-.064	-.115	.644
焦慮 18	.405	-.092	.608

萃取方法：主軸因子。

旋轉方法：含 Kaiser 常態化的 Varimax 法。

　　第一次因素分析結果，第 9 題 (安全 09) 的歸類與原先編製架構不合 (且其因素負荷量為負值)，因而第二次因素分析程序中將第 9 題 (安全 09) 刪除。

轉軸後的因子矩陣 [a]

	因子		
	1	**2**	**3**
安全 03	.779	.293	-.265
安全 04	.770	.284	-.286
安全 06	.760	.188	-.203
安全 01	.725	.174	-.260
安全 08	.708	.194	-.412
安全 05	.704	.042	-.140
安全 02	.704	.237	-.248
安全 07	.679	.212	-.265
焦慮 10	.443	-.089	-.423
焦慮 17	.273	.767	-.109
焦慮 16	.185	.764	.076
焦慮 15	.219	.761	.046
焦慮 11	-.020	.737	-.075
焦慮 13	.316	.735	-.098
焦慮 14	.197	.683	-.221
焦慮 12	-.062	.642	-.127
焦慮 18	.405	.608	-.090
逃避 24	-.280	.019	.816
逃避 22	-.269	-.060	.794
逃避 20	-.271	-.164	.702
逃避 23	-.204	-.073	.695
逃避 21	-.074	-.067	.679
逃避 25	-.293	-.207	.671
逃避 19	-.182	-.055	.613

萃取方法：主軸因子。
旋轉方法：含 Kaiser 常態化的 Varimax 法。

　　第二次因素分析結果，第 10 題 (焦慮 10) 的歸類與原先編製架構不合，且其因素負荷量低於 .450，因而第三次因素分析程序中將第 10 題 (焦慮 10) 刪除。

轉軸後的因子矩陣 [a]

	因子		
	1	**2**	**3**
安全 03	.784	.280	-.267
安全 04	.776	.270	-.288
安全 06	.763	.176	-.204
安全 01	.717	.171	-.255
安全 08	.714	.179	-.415
安全 05	.708	.028	-.141
安全 02	.706	.226	-.248
安全 07	.688	.196	-.268
焦慮 17	.281	.765	-.112
焦慮 16	.193	.765	.073
焦慮 15	.224	.765	.045
焦慮 11	-.005	.731	-.082
焦慮 13	.327	.729	-.103
焦慮 14	.210	.676	-.227
焦慮 12	-.051	.639	-.131
焦慮 18	.416	.600	-.096
逃避 24	-.281	.030	.819
逃避 22	-.270	-.053	.793
逃避 23	-.205	-.065	.695
逃避 20	-.265	-.164	.694
逃避 21	-.074	-.063	.679
逃避 25	-.300	-.195	.676
逃避 19	-.186	-.045	.616

萃取方法：主軸因子。
旋轉方法：含 Kaiser 常態化的 Varimax 法。

　　第三次因素分析結果，各因素所包含的測量指標變項與原先研究者編製歸類的架構符合，所有題項的因素負荷量均大於 .600，且因素負荷量均為正值，表示同一共同因素的指標變項可以有效反映潛在特質。第一個因子名稱為「安全依附」、第二個因子名稱為「焦慮依附」、第三個因子名稱為「逃避依附」，「安全依附」構面有八個題項、「焦慮依附」構面有八個題項、「逃避依附」構面有七個題項，正式問卷施測時，「依附風格量表」共保留 23 個題項。

在統計分析中，因素層面是否加以限制，或由電腦自行抽取，研究者均要自行考量，如果早先在題項編製時，研究者已確定量表的層面數，在統計分析時可限定因素抽取的數目，以和文獻理論相互配合。在實際教育研究中，量表效度建構有時需要進行二至三次因素分析，因為部份量表在第一次因素分析時，因素層面所含括的題項內容差異太大，納入同一層面，解釋較不合理，因而可能需要刪除部份題項，由於刪除了題項，量表的效度要再重新建構。如果量表不採用建構效度考驗方法，研究者亦可考慮採用其它效度分析法，如「內容效度」(content validity)、「專家效度」、「效標關聯效度」等。

學者 Ford 等人 (1986) 檢視社會科學研究使用因素分析之研究，結果發現一般研究者進行因素分析時，通常以下述步驟進行分析：1. 使用主成份分析；2. 抽取特徵值大於 1 之成份；3. 正交轉軸 (最大變異法)(varimax)；4. 選取因素負荷量大於 .30 或 .40 的變項加以解釋。Ford 等人 (1986) 進一步提出其研究所得：進行因素分析時，有些研究者即使認知了因素間有相關或從文獻理論間得知因素間有相關，但仍會採用正交轉軸法，以致影響研究的結果。而上述第四項顯著因素負荷量數值之界定，若以負荷量大於 .40 之變項來界定因素，而捨棄負荷量為 .39 或 .38 之題項；或以負荷量大於 .30 之變項來界定因素，而捨棄負荷量為 .29 或 .28 之題項，其合理性令人質疑。此時，應配合陡坡圖的檢視與利用斜交轉軸法來選取題項，才不會過於武斷。

進行因素分析的統計程序不難，但根據實際資料進行探索性因素分析結果，往往會出現共同因素所包含的題項過於紛歧，共同因素無法命名的情形 (此種情形的出現率很高)；其次是依據特徵值大於 1 的原則，抽取過多的共同因素，與研究文獻與相關理論的探討相差甚大。對於後者，研究者可根據問卷編製的理論架構加以限制因素抽取的數目，以符合原先編製的架構；對於前者，研究者可能要經多次的探索，逐一刪除較不適切的題項，進行多次探索性因素分析，以求出最佳的建構效度，重要的是共同因素所包含的題項同質性要高，共同因素要能命名，同一因素構念所包含的測量題項反映的潛在特質或心理構念是相似的。

⊃ 七、信度分析

信度 (reliability) 可界定為真實分數 (true score) 的變異數與觀察分數 (observed score) 的變異數比例 (MacDonald, 1999；Sax, 1997)。信度是指測驗分數的特

性，而不是指測驗或測量工具本身 (Reinhart, 1996)。亦即，某測驗是可信賴的說法 (test reliable) 是不正確的，應該描述成「測驗分數是可信賴的 (scores are reliable)」，由此可知，信度適用於測驗分數，而非是測驗本身 (傅粹馨，民 87a)。信度亦可解釋為某一群特定受試之測驗分數的特性，分數會因受試之不同而有所不同。故許多學者指出，研究者每次施測量表後，應估計分數的特性，而不是只報告前人在信度研究之數值或測驗指導手冊上之數值 (Henson, 2001)。事實上，分數信度之改變是會受到受試樣本的性質與分數的變異性的影響，因此，也有學者認為除了提供目前研究所得分數之信度係數外，最好能提供「信度係數之信賴區間」(confidence interval for reliability coefficient)(Fan & Thompson, 2001)。

因素分析完後，繼續要進行分析的是量表各層面與總量表的信度考驗。所謂信度 (reliability)，就是量表的可靠性或穩定性，在態度量表法常用考驗信度的方法為 L. J. Cronbach 所創的內部一致性 α 係數。測驗或量表之內部一致性是表示題目間的關聯性 (interrelatedness)，但不必然是指試題所包括的向度 (dimensionality)。α 係數是內部一致性之函數，也是試題間相互關聯程度的函數，一組試題之間或許有相當的關聯性且是多向度的 (multidimensional)(Gardner, 1995)。α 係數被廣泛地用來估計內部一致性係數，學者 Gardner (1995) 闡明內部一致性與單一向度之區別，其認為一個量表具單一向度，則具有內部一致性，但反之則不然；亦即，一個量表具內部一致性，有高 α 值，則不盡然具有單一向度的特性。如果試題計分為二分名義變數時 (正確答案登錄為 1，錯誤登錄為 0)，則 α 係數之值與 KR20 之值是相同的。

$$\text{Cronbach } \alpha \text{ 係數之計算公式如下：} \alpha = \frac{K}{K-1}(1 - \frac{\sum S_i^2}{S^2})$$

其中 K 為量表所包括的總題數，S^2 為測驗量表總分的變異量。

S_i^2 為每個測驗題項總分的變異量。從上述公式可知，影響 α 係數大小的因素：一為樣本的特質 (與總分之變異數有關)；二為試題的特質 [與試題和各試題變異數之總和或試題難度之同質性 (homogeneity of difficulty) 有關]。就第一個因素而言，若一組受試者在所欲測量之特質的同質性愈高，則總分之變異數愈小，此時 α 係數愈小；若受試者之異質性愈大，總分之變異數愈大，此時 α 係

數愈大 (Thompson, 1994)。就第二個因素而言，欲改進分數的信度，一項常用的方法是增加題數，但其前提是增加試題後不會降低試題間相關係數之平均數。但也有可能，增加題數後之較長的測驗，分數之信度反而比之前較短測驗分數之信度為低 (Reinhart, 1996；傅粹馨，民 91b)。

α 係數值介於 0 至 1 之間，α 出現 0 或 1 兩個極端值的機率甚低，但究竟 α 係數要多大，才算有高的信度，不同的方法論學者對此看法也未盡相同，這與研究目的與測驗分數的運用有關。學者 Nunnally (1978) 認為 α 係數值等於 .70 是一個較低，但可以接受的量表邊界值，學者 DeVellis (1991) 也提出以下觀點，α 係數值如果在 .60 至 .65 之間最好不要；α 係數值介於 .65 至 .70 間是最小可接受值；α 係數值介於在 .70 至 .80 之間相當好；α 係數值介於 .80 至 .90 之間非常好。學者 Nunnally (1967) 則指出：如欲編製預試測驗 (predictor tests) 或測量某構念之初期研究，信度係數在 .50 或 .60 已足夠。當以基礎研究為目的時，α 係數以 .80 為宜。當測驗分數作為「截斷分數」(cutoff score) 之用而扮演重要角色時 (例如，是否接受特殊教育、作為通過入學考試指標等)，則信度係數至少在 .90，而 .95 是適宜可接受的標準 (desired standard)。Nunnally 又指出，以發展測量工具為目的時，信度係數應提高至 .70，其它標準不變 (引自 Henson, 2001)。學者 Loo (2001) 檢視《諮商發展的測量與評估》 (*Measurement and Evaluation in Counseling and Development*) 期刊研究中發現，對一般性的研究而言，內部一致性估計值普遍地可接受數值為 .80，當標準化測驗分數作為重要的臨床或教育決策時，則係數至少要在 .90 以上。

另外，亦可求出量表的折半信度 (split-half reliability)，所謂折半信度是將量表的題目分成二半計分，根據受試者在二半題項上所得的分數，計算二者的相關係數。在 PASW 統計軟體中，功能表列「分析 (A)」/「尺度 (A)」/「信度分析 (R)」程序中，「模式 (M)」方法選單中除了 Alpha 值外，也有折半信度，也提供了題項校正項目總分相關係數 (corrected item-total correlation)，此相關係數為該題項與其它題項加總後總分 (總分中不包含該題項本身) 的相關；此外也提供題項刪除後整個量表信度係數的變化情形，使研究者知道題項在整個量表中的同質性與重要性成份。範例表格為數學焦慮量表「壓力懼怕」構面六個題項信度檢定結果。

可靠性統計量

Cronbach's Alpha 值	項目的個數
.865	6

「壓力懼怕」構面包含六個題項 (測量變項)，內部一致性 α 係數為 .865，大於 .800，表示構面變項的信度良好。

項目整體統計量

	項目刪除時的尺度平均數	項目刪除時的尺度變異數	修正的項目總相關	項目刪除時的 Cronbach's Alpha 值
A14	14.48	31.100	.635	.846
A15	14.51	30.565	.649	.844
A19	13.83	31.624	.594	.853
A21	14.26	30.536	.623	.849
A22	14.36	29.583	.735	.829
A23	14.08	28.562	.724	.830

在「信度分析：統計量」次對話視窗勾選「☑ 刪除項目後之量尺摘要 (A)」選項，可以輸出「項目整體統計量」摘要表，表中的「修正的項目總相關」與「項目刪除時的 Cronbach's Alpha 值」二欄統計量數也可作為個別題項項目分析的指標。個別題項刪除後的信度係數如果較總量表或構面的 α 係數為大，表示此題項反映的潛在特質與其它題項共同反映的潛在特質的同質性較低，此種情況下，此題項可以考慮將之刪除。

學者 Schmitt (1996) 指出適當使用 α 係數之方法，應注意以下幾點：1. α 係數不適宜用來當作單一向度指數；2. 當 α 係數用來測量單一向度的量表時，校正後 (corrected) 之數值，才能提供構念 (construct) 間的真正關係；3. 無所謂可接受或不可接受之 α 係數數值，某些情境下，雖然量表之 α 係數不若傳統所設的標準高，但它仍是十分有用的；4. 報告中只呈現 α 係數是不夠的，量表間的相關和「校正後的交互相關」(corrected intercorrelation) 亦須呈現。

⊃ 八、再測信度

如果要繼續求出量表的再測信度 (test-retest reliability)，要以正式量表對同一

組受試者前後測驗二次，根據受試者前後二次測驗分數得分，求其積差相關係數。再測信度又稱「穩定係數」(coefficient of stability)，反映量表的穩定與一致性程度，一般而言，間隔時間愈長，穩定係數愈低。要求出量表的再測信度時，在資料建檔方面，每位受試者二次填答的資料要依序登錄。如包含七個題項的工作壓力量表，資料建檔的正確格式如下：

第一次填答的資料							第二次填答的資料						
Num	A1	A2	A3	A4	A5	A6	A7	Num	B1	B2	B3	B4	B5	B6	B7
001							001						
002							002						
003							003						

下表為錯誤的格式 (同一受試者前後的資料未鍵入在同一列上)：

第一次填答的資料							第二次填答的資料						
Num	A1	A2	A3	A4	A5	A6	A7	Num	B1	B2	B3	B4	B5	B6	B7
001							010						
002							012						
003							008						

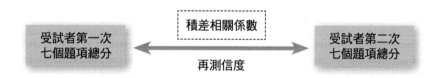

再測信度的求法程序如上圖所列。再測時間間隔時段，常為研究者使用者為一星期、二星期、三星期、一個月或二個月等，間隔時段為多久，研究者要根據其量表編製的目的與研究可行性等因素加以考量。在求量表的再測信度時，除求總量表的再測信度後，如果量表又分為數個構念因素，則層面構念間的再測信度也應一併呈現。

至於最後定稿的正式量表題項數，應該為多少題最為適宜，實無一定而絕對的標準。就一般情形而論，若該份量表是測量一種「普遍的」或多重向度的變項，其題數在 20-25 題，即已足夠；若要測量的是特定的變項，以 7-10 題為宜；若每個量表包括不同因素層面之子量表時，每個子量表 (因素層面) 所包括的題

項以 3-7 題較為適宜 (王文科，民 80)。

　　量表題項數的多少，應考量實際研究脈絡，如一份問卷共使用了幾種量表，受試對象的年齡與身心成熟度如何、受試者的時間是否許可等因素。如果問卷的題項數過多或問卷設計過於複雜，則對受試對象而言，是一種身心的煎熬，受試者在填答時可能較為馬虎，如此，則無法真正搜集到有正確的資訊。

　　茲將以上量表編製建構的流程圖，統整如下：

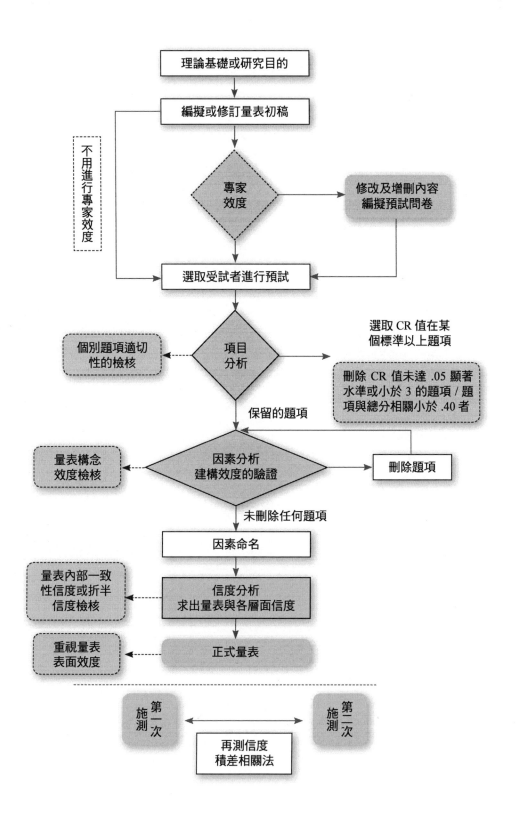

第**02**章

研究問題與統計方法解析

　　根據變項的尺度，二個變項間的關係及適用的統計方法可以整理如下表 (修改自 Warner, 2008, p.28)：

自變項測量尺度	依變項測量尺度	適用的統計方法
自變項為類別變項	依變項為類別變項	使用交叉表呈現細格的人次與百分比，使用母數卡方統計或無母數的卡方分配進行檢定。
自變項為計量變項	依變項為類別變項	使用邏輯斯迴歸分析或區別分析。
自變項為計量變項	依變項為計量變項	自變項及依變項均為等距 / 比率尺度變項，可使用 Pearson 積差相關，探討二個變項間的關係。
自變項為次序變項	自變項為次序變項	自變項及依變項均為次序變項，可使用無母數相關或 Spearman 等級相關，探討二個變項間的關係。
自變項為次序變項	依變項為計量變項	可採用下列決策樹之母數統計或無母數統計方法，進行自變項在依變項的差異比較。

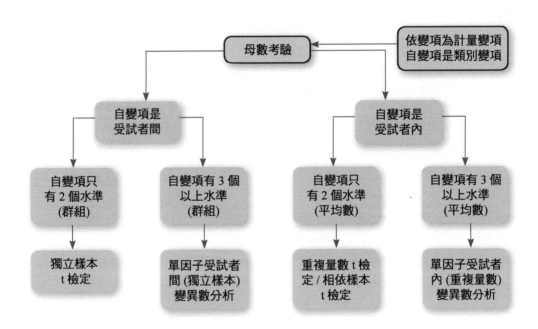

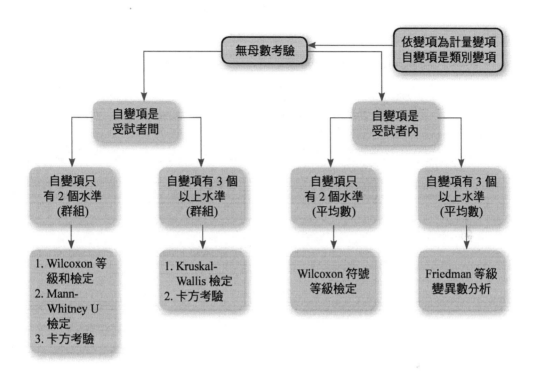

為了便於研究者熟悉假設與假設驗證方法,將研究問題、假設驗證與統計分析作有機連結,本書根據研究目的與相關理論,規劃一個研究之簡要架構圖,如下圖所示。以便研究者從實例中,能適切的應用各種不同的統計方法,真正了解統計方法的應用時機。

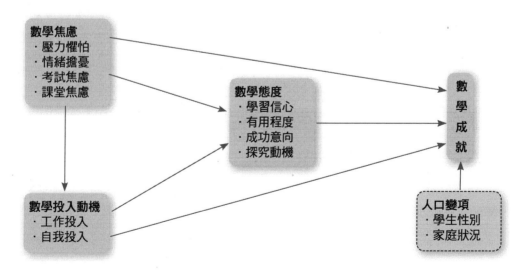

研究架構中，相關變項的性質如下 (括號內為統計分析時之變項代號)，其中「間斷變項」包括類別變項與名義變項；而連續變項則是指等距 / 比率變項。

⊃ 一、個人變項

個人變項又稱人口變項 / 背景變項，包括「學生性別」與「家庭狀況」二個類別變項。學生性別變項包含男生、女生二個類別，為二分類別變項，或稱二分名義變項，水準數值 1 為男生、水準數值 2 為女生；學生家庭狀況，包括單親家庭組 (勾選①只和父親住在一起、②只和母親住在一起)、他人照顧組 (勾選③和其它長輩住在一起)、雙親家庭組 (勾選④和父母親住在一起者)，屬三分類別變項。原始資料建檔中照問卷設計的方式，根據學生實際勾選的情形，輸入 1、2、3、4，之後再用重新編碼的方法，將選項 1、2 合併為 1、選項 3 編碼為 2、選項 4 編碼為 3。合併後的家庭狀況變項為三分類別變項，水準數值 1 為單親家庭群體、水準數值 2 為他人照顧家庭群體、水準數值 3 為雙親家庭群體。

⊃ 二、數學焦慮

數學焦慮量表共有 27 個題項，題項資料鍵入變項代號為 A1、A2 至 A27。量表包含壓力懼怕、情緒擔憂、考試焦慮、課堂焦慮四個因素層面，屬連續變項，四個構面加總的變項名稱為「整體數學焦慮」。

⊃ 三、數學態度

數學態度量表共有 30 個題項，資料鍵入變項代號為 B1、B2 至 B30，量表包括學習信心、有用程度、成功意向、探究動機四個因素層面，屬連續變項，四個構面加總的變項名稱為「整體數學態度」。

⊃ 四、數學投入動機

數學投入動機量表共有 14 個題項，資料鍵入變項代號為 C1 至 C14，量表包括工作投入、自我投入動機二個因素層面，屬連續變項，二個構面名稱的加總變項稱為「整體投入動機」，其中第 7 題為效度檢核題，統計分析時不納入計分。

○ 五、數學成就測驗

為自編之數學成就測驗，共四十五題 (滿分為 45 分)，屬連續變項，變項名稱為「數學成就」。完整的問卷內容請參考本章後面附錄之「學習經驗調查問卷」。

本研究共有三個量表：「數學焦慮量表」、「數學態度量表」、「數學投入動機量表」，三個量表的層面變項名稱與包含的題項如下：

量表 / 層面名稱	變項名稱	包含的題項	題項數
一、數學焦慮量表			
1. 壓力懼怕層面	壓力懼怕	A19+A15+A21+A23+A14+A22	6
2. 情緒擔憂層面	情緒擔憂	A10+A4+A11+A3+A12+A2+A7+A16	8
3. 考試焦慮層面	考試焦慮	A6+A13+A18+A9+A17+A8+A1+A5	8
4. 課堂焦慮層面	課堂焦慮	A25+A26+A24+A20+A27	5
數學焦慮量表總分	整體數學焦慮	SUM (A1 TO A27)	27
二、數學態度量表			
1. 學習信心層面	學習信心	B1+B2+B5+B6+B7+B10+B8+B24+B29+B18	10
2. 有用程度層面	有用程度	B9+B12+B13+B20+B17+B19+B15	7
3. 成功意向層面	成功意向	B25+B23+B22+B28+B21+B26+B27	7
4. 探究動機層面	探究動機	B4+B3+B6+B14+B11+B30	6
數學態度量表總分	整體數學態度	SUM (B1 TO B30)	30
三、數學投入動機量表			
1. 工作投入層面	工作投入	C1+C2+C3+C4+C5+C6+C9	7
2. 自我投入層面	自我投入	C8+C10+C11+C12+C13+C14	6
3. 投入動機量表總分	整體投入動機	SUM (C1 TO C14)-C7	13

三個量表構面、構面加總變項與數學成就等計量變項的描述性統計量如下：

敘述統計

變項名稱	個數	最小值	最大值	平均數	標準差
數學成就	300	0	44	24.72	10.583
壓力懼怕	300	6.00	30.00	17.1067	6.52102
情緒擔憂	300	8.00	40.00	24.9533	7.35696
考試焦慮	300	8.00	40.00	25.3400	7.80518
課堂焦慮	300	5.00	25.00	16.3800	4.97037
整體數學焦慮	300	27.00	135.00	83.7800	23.82064
學習信心	300	10.00	50.00	29.2700	8.12674
有用程度	300	13.00	35.00	26.0300	5.15600
成功意向	300	7.00	35.00	26.0467	5.58766
探究動機	300	9.00	30.00	20.5133	4.47847
整體數學態度	300	63.00	150.00	101.8600	17.48560
工作投入	300	7.00	35.00	23.0533	5.96005
自我投入	300	6.00	30.00	16.2300	4.60011
整體投入動機	300	13.00	65.00	39.2833	7.73147
有效的 N（完全排除）	300				

　　描述性統計量摘要表的第一欄位為變項名稱，第二欄位為各變項有效觀察值
個數，範例中有效樣本數為 300 位。

第一節　研究問題與統計方法的選用

【研究問題一】

　　國民小學五年級學生的數學焦慮、數學態度、數學投入動機與數學成就的現
況如何？

［方法分析］

　　研究問題一乃在探究學生數學學習行為之現況，以平均數、標準差等描述性
統計量表示最為適宜。由於量表中各層面所含括的題數不一樣，因而不能以層面
的平均數比較受試者在各層面得分高低，應將各層面平均得分再除以層面題數，
求出「層面中每題的平均得分」，再進行比較，才有實質意義。以數學焦慮四個
層面而言，要求出層面的描述性統計量，只要將每個層面所包括的題項加總即
可，如「壓力懼怕」層面＝ A19+A15+A21+A23+A14+A22，各層面加總後，執

行功能表列「分析 (A)」(Analyze) /「敘述統計 (E)」(Descriptive Statistics)/「描述性統計量 (D)」(Descriptives)」程序，按「選項」(Options) 鈕，選取適當的統計量即可，程序呈現的報表如下：

敘述統計量－層面的平均數

變項名稱	個數	最小值	最大值	平均數	標準差	錯誤排序
壓力懼怕	300	6.00	30.00	17.1067	6.5210	3
情緒擔憂	300	8.00	40.00	24.9533	7.3570	2
考試焦慮	300	8.00	40.00	25.3400	7.8052	1
課堂焦慮	300	5.00	25.00	16.3800	4.9704	4
整體數學焦慮	300	27.00	135.00	83.7800	23.8206	

上述報表只能呈現數學焦慮各層面及整體數學焦慮變項的描述性統計量，四個數學焦慮若以平均數高低排序，學生所知覺的數學焦慮層面依序為「考試焦慮」、「情緒擔憂」、「壓力懼怕」、「課堂焦慮」，其實這樣的呈現與描述是「沒有實質意義存在」的，因為各層面所包括的題項數並不相同，如果量表各構面所包含的指標變項 (題項) 個數相同，則可以直接以各構面的平均數得分高低進行排序。範例中數學焦慮量表四個構面所包含的題項數並非完全相同，不能直接以各構面的平均數高低進行排序，進一步的程序應將各層面的平均數除以層面所包括的題項數：

壓力懼怕單題平均＝壓力懼怕層面得分 ÷ 層面題項數＝ 17.1067÷6 ＝ 2.8511。
情緒擔憂單題平均＝情緒擔憂層面得分 ÷ 層面題項數＝ 24.9533÷8 ＝ 3.1192。
考試焦慮單題平均＝考試焦慮層面得分 ÷ 層面題項數＝ 25.3400÷8 ＝ 3.1675。
課堂焦慮單題平均＝課堂焦慮層面得分 ÷ 層面題項數＝ 16.3800÷5 ＝ 3.2760。
整體數學焦慮單題平均＝數學焦慮量表總得分 ÷ 量表總題項數＝ 83.7800÷27 ＝ 3.1030。

上述運算可執行功能表列「轉換」(Transform)/「計算」(Compute) 程序、再執行功能表列「分析 (A)」/「敘述統計 (E)」/「描述性統計量 (D)」程序即可求出。結果如下表所列：

○ 表 X　數學焦慮構面及整體數學焦慮單題平均之描述性統計量摘要表

變項名稱	個數	最小值	最大值	平均數	標準差	排序
壓力懼怕單題	300	1.00	5.00	2.8511	1.08684	4
情緒擔憂單題	300	1.00	5.00	3.1192	.91962	3
考試焦慮單題	300	1.00	5.00	3.1675	.97565	2
課堂焦慮單題	300	1.00	5.00	3.2760	.99407	1
整體焦慮單題	300	1.00	5.00	3.1030	.88225	

　　從上表中可以得知學生在數學焦慮四個層面的平均得分及其排序，其中以「課堂焦慮」的平均得分最高 (M = 3.2760)；而以「壓力懼怕」的平均得分最低 (M = 2.8511)，此描述統計量只能看出層面單題平均得分高低，無法看出層面中每題平均得分之差異情形，如果要了解四個層面單題平均得分間之差異是否有實質的意義，進一步應採用「相依樣本 t 檢定法」加以考驗。如果未經考驗，則研究者不能隨便下此結論：「學生所知覺的數學焦慮層面，以『課堂焦慮』層面的得分最高；而以『壓力懼怕』層面的得分最低」，因為未經考驗，其間分數的差異是否達到統計上的顯著水準無從得知，如單題平均得分間的差異均未達顯著，則測量分數的高低沒有實質意義。

　　由於數學焦慮量表有四個構面，要進行四個構面間平均數的差異檢定，研究者也可改用「單變量相依樣本變異數分析」，如果變異數分析的 F 值統計量達到 .05 顯著水準，多重比較發現：「課堂焦慮單題 > 考試焦慮單題」、「課堂焦慮單題 > 情緒擔憂單題」、「課堂焦慮單題 > 壓力懼怕單題」，則研究者可以下此結論：「學生所感受的數學焦慮構面中，以『課堂焦慮』構面的焦慮程度最高。」相對的，若是多重比較發現：「壓力懼怕單題 < 情緒擔憂單題」、「壓力懼怕單題 < 考試焦慮單題」、「壓力懼怕單題 < 課堂焦慮單題」，則研究者可以下此結論：「學生所感受的數學焦慮構面中，以『壓力懼怕』構面的焦慮程度最低。」

　　整體數學焦慮量表單題的平均得分為 3.1030，在五點量表中換成百分比值約等於：$\dfrac{3.103-1}{5-1} = .5257 = 53\%$，約居於中等程度。

　　李克特量表得分與百分比值換算的公式，以五點量表為例如下 (M 表量表單題平均得分)：$\dfrac{M-1}{5-1} = \dfrac{M-1}{4}$。上述計算式表示：(量表測量平均得分 − 1) ÷

(五點量表－ 1) = (量表測量平均得分－ 1)÷4；如果是採六點量表方式填答，則量表得分與百分比值換算的公式如下 (M 表量表單題平均得分)：$\dfrac{M-1}{6-1}=\dfrac{M-1}{5}$。

上述在五點量表填答中：如量表單題平均得分為 3 (中位數)，則百分比值為：(3-1)÷4 = 50%；如量表單題平均得分為 4，則百分比值為：(4-1)÷4 = 75%；如果要求百分比值為 70%，則量表單題平均得分須為 3.8 分，其求法如下：(M-1)÷4 = .70 → M -1 = .70×4 = 2.8 → M = 3.8；如果要求百分比值為 30%，則量表單題平均得分應為 2.2 分，其求法如下：(M -1)÷4 = .30 → M -1 = .30×4 = 1.2 → M = 2.2。

【研究問題二】

學生之數學焦慮、數學態度、數學投入動機、數學成就間是否有顯著的相關存在？

[方法分析]

研究問題二主要在探究「單一變項」與「單一變項」間兩兩相關，其變項間均屬連續變項 (continuous variable)，可以採用皮爾遜 (K. Pearson) 「積差相關」(product-moment correlation) 的方法加以考驗。

積差相關的基本假定有四：1. 受試樣本人數最好在 25 人以上；2. 變項間均為連續變項 (等距 / 比率變項)；3. 變項母群體均呈常態分配；4. 二者相關型態為直線相關，而非曲線相關。積差相關適用「雙變數資料」(bivariate data)，其適用時機為 X 變項為連續變項，Y 變項也為連續變項。

$$\boxed{\text{X (計量變項)}} \longleftrightarrow \boxed{\text{Y (計量變項)}}$$

如果 X 變項與 Y 變項並非皆是連續變項，其中有一個以上不是連續變項，就應採用其它統計方法。在其它相關統計方法上，所謂二分變項有二種：

1. 真正二分變項：變項屬性原來就是二分類別變項或二分次序變項，如性別 (分男生群體與女生群體)、地區 (分北區群體與南區群體)、大學打工經驗

(分有打工經驗群體與無打工經驗群體) 等。

2. 人為二分變項：變項屬性原來是等距 / 比率變項，經人為操控轉換為二分類別變項或二分次序變項。如學生成就測驗得分原為連續變項，因研究需要，將成績分為「及格」與「不及格」二類。

以下為變項屬性與適用相關方法摘要表：

X 變項	Y 變項	適用之相關方法
連續變項	連續變項	積差相關法
人為二分變項	人為二分變項	四分相關 (tetrachoric correlation)
真正二分變項	真正二分變項	ϕ (phi) 相關
人為二分變項	連續變項	二系列相關 (biserial correlation)
真正二分變項	連續變項	點二列相關 (point-biserial correlation)
二分以上名義變項	連續變項	多系列相關
次序變項	次序變項	Spearman 等級相關 Kendall 等級相關 Kendall 和諧係數
名義變項 (水準數 3 個以上)	名義變項 (水準數 3 個以上)	列聯相關 (適用正方形列聯表) Cramer's V 係數 (適用長方形列聯表)
名義變項	次序變項	卡方考驗

行為及社會科學領域中，四分相關法廣泛應用於心理計量學 (psychometrics) 方面，常見於試題反應理論 (IRT) 分析上；而「點二系列相關」應用於心理測驗之中，即是試題鑑別度指數 (discrimination index)，亦即作為某一試題 (非對即錯的試題，李克特量表式題目不適用) 答對與否跟測驗總分間的相關 (余民寧，民 84)，點二列系相關係數愈高，表示該試題的鑑別度愈佳。上述點二系列相關與二系列相關均適用於一個變項是「二分名義變項」、另外一個變項是「連續變項」，如果當名義變項的水準數在二個以上時 (三分名義變項或多分名義變項)，則應採用「多系列相關」，多系列相關與點二系列相關一樣，可用來作為題目的鑑別度指標。

【研究問題三】

不同性別的學生，其數學焦慮、數學態度、數學投入動機與數學成就是否有顯著差異。

[方法分析]

　　研究問題中，自變項為「學生性別」，屬類別變項 (nominal variable)，有二個「水準」(level)：男生群體、女生群體；依變項為連續變項，每個依變項分開考驗，可採用獨立樣本的 t-test。獨立樣本 t-test 的適用時機：

自變項為二分類別變項 (包括二個水準) -----> 一個依變項 (為連續變項)

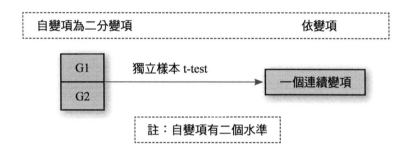

　　以上 G1、G2 二個組別觀察值是個別獨立的，彼此不受影響，如果樣本觀察值被歸於 G1 群體就不可能被歸於 G2 群體，相對的，樣本觀察值被歸於 G2 群體就不可能被歸於 G1 群體。所用的方法是獨立樣本 (independent sample) 的 t 考驗法，其目的在考驗二個獨立母群體平均數的差異情形。範例中以不同性別的學生在整體數學焦慮的差異比較而言，獨立樣本 t 檢定在考驗男生群體與女生群體在整體數學焦慮平均數的差異是否達到 .05 顯著水準。

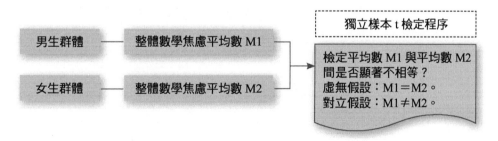

　　另外一種考驗兩個母群體參數的方法，稱為相依樣本 (dependent sample) t 考驗或稱重複量數 t 檢定。在相依樣本中，受試者是同一組受試者，此即為重複量數設計法。此外，實驗設計中之「配對組」法，也適用於相依樣本的 t 考驗，相依樣本適用時機圖：

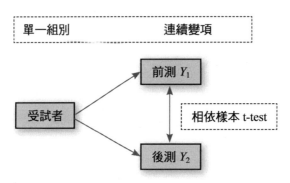

如果是同一受試者在幾項不同測驗分數得分之比較,則應採用「相依樣本單因子變異數分析」,以上述問題為例,研究者想要探究受試者在四個數學態度構面得分之差異情形,就應採用「相依樣本單因子變異數分析」。「相依樣本單因子變異數分析」的模式圖如下:

Y_1	Y_2	Y_3	...	Y_p
S1	S1	S1	S1	S1
S2	S2	S2	S2	S2
S3	S3	S3	S3	S3
S4	S4	S4	S4	S4
.	.	.	.	.
.	.	.	.	.
Sn	Sn	Sn	Sn	Sn

單因子相依樣本變異數分析程序圖示如下:

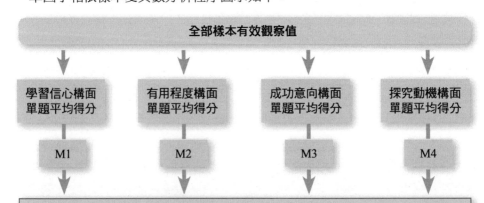

【研究問題四】

不同家庭狀況的學生，其數學成就、數學焦慮是否有顯著差異？

[方法分析]

研究問題中，自變項為家庭狀況，有三個水準：單親家庭組、他人照顧組、雙親家庭組；依變項為連續變項，每個依變項分開考驗，可採用獨立樣本單因子變異數分析 (one-way ANOVA)。獨立樣本單因子變異數分析的適用時機圖：

自變項為間斷變項 (三個水準以上)-----> 一個依變項 (為連續變項)

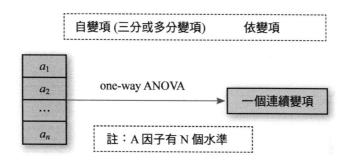

如果自變項為連續變項，應將此連續變項化為間斷變項 (類別變項或次序變項)，如：

研究問題為「不同數學工作投入組學生其數學成就是否有顯著差異？」

其中自變項為數學工作投入、依變項為數學成就，在統計方法應用上，除可用皮爾遜積差相關，求其二者之相關外，亦可將數學工作投入層面，依其得分高低劃分為「高分組」、「中分組」、「低分組」，如此，數學工作投入層面變項便具有間斷變項的性質，其中有三個水準，採用 one-way ANOVA 統計方法，便能求出不同數學工作投入組學生的數學成就差異情形。如果自變項只歸類為二組，如「高分組」、「低分組」，則可採用獨立樣本 t-test 法。

在組別的劃分中，三組人數最好不要差距太大，常用的方法如：

1. 以數學工作投入層面的平均數上下 0.5 個標準差為劃分組別界限，平均數 .5 個標準差以上者為高分組，平均數 .5 個標準差以下者為低分組，介於二者之間者為中分組。

2. 以數學工作投入層面的平均數上下 1 個標準差為劃分組別界限,平均數 1 個標準差以上者為高分組,平均數 1 個標準差以下者為低分組,介於二者之間者為中分組。

3. 將數學工作投入層面得分按高低排列,分數前 25-33% 者為高分組,分數後 25-33% 者為低分組,中間 34-50% 為中分組。

4. 如果研究者以量表單題平均數作為測量分數統計分析的依據,則在分組時可以以百分比值將此量表分組,以上述李克特五點量表為例,百分比值 30% 的平均得分為「2.20」分、百分比值 70% 的平均得分為「3.80」分,則量表或層面平均得分在 3.80 以上者為「高分組」、量表或層面平均得分在 2.20 以下者為「低分組」,介於 2.20 至 3.80 分者為「中分組」,此種分組稱為「絕對分組」。

範例中以不同家庭狀況因子變項在整體數學焦慮的差異比較為例,其圖示如下:

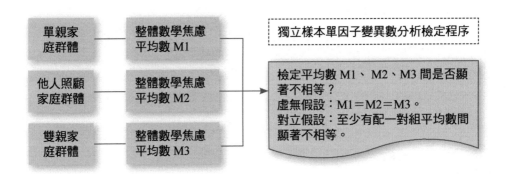

與獨立樣本單因子變異數分析模式甚為接近者為獨立樣本單因子共變數分析,共變數分析是一種統計控制法,共變項 (covariate) 必須為連續變項,且對依變項有一定程度影響,但不是實驗操弄的自變項,為探究實驗處理對依變項的真正影響效果,就要排除共變項對依變項的影響,共變數統計分析法通常用於「準實驗設計」的研究程序中,藉由統計控制方法來排除干擾變項的影響 (真正實驗設計,藉由實驗設計方法直接排除干擾變項對依變項的影響)。

準實驗設計中作為共變量變數者一般為前測成績,依變項為後測成績。共變量與實驗處理 (自變項) 之相關要盡量低,以避免所謂的「多元共線性」

(multicollinearity) 現象，但是共變量與依變項之相關卻要儘量高，否則便不使用共變數來排除它的影響 (林清山，民 81)。「獨立樣本單因子單共變量變異數」分析的圖示如下：

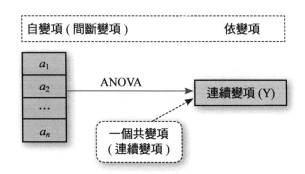

在實驗設計中，如果要排除的共變量有二個，則採用的統計分析方法為「獨立樣本單因子雙共變量變異數分析」，圖示如下：

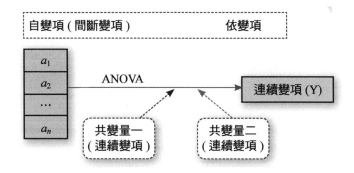

【研究問題五】

學生性別、數學焦慮、數學態度、數學投入動機是否可有效預測學生的數學成就？其預測力如何？

[方法分析]

研究問題中，由於預測變項包括「學生性別」(水準數值編碼改為 0、1)、「壓力懼怕」、「情緒擔憂」、「考試焦慮」、「課堂焦慮」、「學習信心」、「有用程度」、「成功意向」、「探究動機」、「工作投入」、「自我投入」等十一自變項 (三個量表構面加總變數沒有納入)，而依變項為「數學成就」變

項，因而可採用「多元迴歸分析法」或稱「複迴歸法」。「多元迴歸分析法」適用時機圖如下：

預測變項 (N 個連續變項) ----------- → 效標變項 (連續變項)

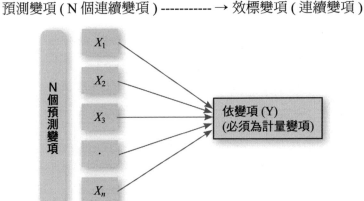

範例中複迴歸圖示如下：

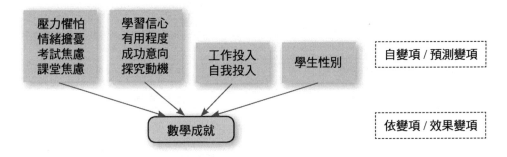

　　如果預測變項非連續變數 (非等距變項也非比率變項而是名義變項或次序變項)，則此預測變項要化為「虛擬變項」(dummy variable)，如「學生性別」乃是一個「類別變項」，要納入為預測變項，其數據資料要化為「0」、「1」，以虛擬變項方式轉化變項的方式，亦可將學生性別作為一個預測變項。

　　進行多元迴歸時，如果依變項不是連續變項，而是二分類別變項或二分次序變項時，應採用「區別分析」或「邏輯斯迴歸分析」(logistic regression analysis)，如果依變項是多分類別變項或多分次序變項 (水準數在三個以上)，則須進行區別分析。範例資料檔中，依變項「數學成就」為計量變數，如果研究者將觀察值依數學成就之得分高低區分為「高數學成就群體」、「低數學成就群

體」，以「學生性別」、「壓力懼怕」、「情緒擔憂」、「考試焦慮」、「課堂焦慮」、「學習信心」、「有用程度」、「成功意向」、「探究動機」、「工作投入」、「自我投入」等自變項來預測「高、低數學成就群體」，由於依變項為二分類別變項，因而不能採用複迴歸統計方法，而應改為邏輯斯迴歸分析。

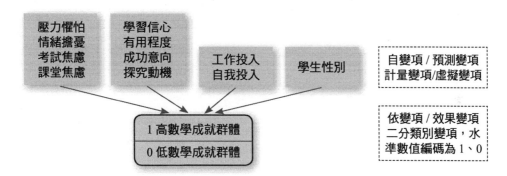

　　依變項為二分變項之區別分析結構圖，也可採用 Logistic 迴歸分析法，邏輯斯迴歸分析中的效標變項，水準數值 1 的群體一般為標的水準 (如有心臟病群體、有攻擊性行為群體、高生活壓力群體)，水準數值 0 的群體為標的水準對應的群體 (如沒有心臟病群體、沒有攻擊性行為群體、低生活壓力群體)。

預測變項 (N 個連續變項) →　效標變項 (二分變項)

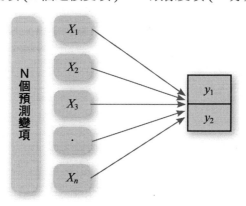

　　依變項為多分類別變項之區別分析結構圖如下，有 N 個自變項，一個依變項 Y，Y 變項有 k 個水準數：

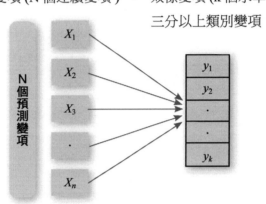

【研究問題六】

研究模式圖是否可以得到支持？

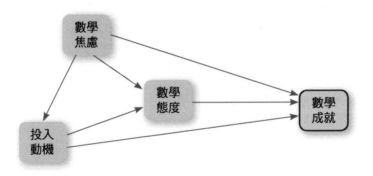

[方法分析]

研究根據理論與相關文獻提出可能的因果模式，並以「徑路圖」(path diagram) 說明各變項間可能的因果關係。在徑路圖中以矩形物件代表觀察變數，而以箭號表示變項的因果關係，箭號起始為「因」，箭號所指為「果」，此種統計方法稱為「徑路分析」(path analysis)。徑路分析之初始模式，應根據相關理論或經驗法則，提出一個可以考驗且合理的徑路圖 (path diagram)，初始模式的徑路圖為沒有包括徑路係數的模式假設圖，範例徑路圖中，「數學成就」變數為依變項、「數學焦慮」變數為自變項、「數學投入動機」、「數學態度」為中介變項。

以研究架構圖所提出的因果模式圖中，變數的影響有先後的次序關係，且此因果關係為單向，徑路圖上的徑路係數即迴歸方程式中的「標準化迴歸係數」(Beta 值)，所用的統計方法為多元迴歸分析法之「強迫輸入法」(Enter)。範例中執行三個複迴歸程序：

複迴歸程序一：依變項為「整體投入動機」；自變項為「整體數學焦慮」。

複迴歸程序二：依變項為「整體數學態度」；自變項為「整體數學焦慮」、「整體投入動機」二個。

複迴歸程序三：依變項為「數學成就」；自變項為「整體數學焦慮」、「整體投入動機」、「整體數學態度」三個。

【研究問題七】

學生性別與家庭狀況變項在數學成就上是否有顯著的交互作用？

[方法分析]

研究問題中的自變項有二個：學生性別、家庭狀況，學生性別有二個水準、家庭狀況有三個水準，二個自變項均屬間斷變項；而依變項有一個數學成就，為連續變項，採用「二因子變異數分析」(two-way ANOVA) 最為適宜。

在二因子變異數分析中，自變項也稱因子（A 因子、B 因子），二者是相互獨立的，因而，在實驗設計中也稱「二因子受試者間設計」，又稱「完全隨機化因子設計」(completely randomized factorial design)。獨立樣本二因子變異數分析適用時機：

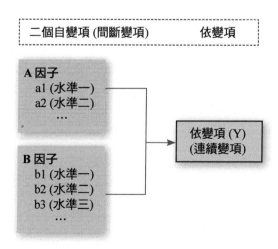

在二因子變異數分析中，研究者所關注的是 A 因子與 B 因子的交互作用情形，如果交互作用顯著，就要進行「單純主要效果」(simple main effects) 考驗，如果二因子交互作用不顯著，則要單獨考驗每一個自變項的「主要效果」(main effects)，主要效果考驗的結果，與單獨進行 t-test (二個水準時) 或 one-way ANOVA (三個水準時) 之結果是一樣的。

多數研究者在擬定研究問題時，常按照次序排列，同樣的變項先做 one-way ANOVA，再做 two-way ANOVA，這在研究方法上是多餘的，以探討相同變數而言，如果 two-way ANOVA 的交互作用顯著，則先前進行之 one-way ANOVA 事後比較之結果便沒有實質意義；如果 two-way ANOVA 交互作用不顯著，再進一步進行主要效果考驗時，便包含先前 one-way ANOVA 之結果。two-way ANOVA 交互作用不顯著，主要效果考驗之結果可與研究問題三、研究問題四相互對照。

在實驗設計中，如果同時考量二個自變項對依變項的影響，則應採用二因子變異數分析，如果有一個共變量，則分析模式變成「獨立樣本雙因子單共變量變異數分析」，其分析模式圖如下：

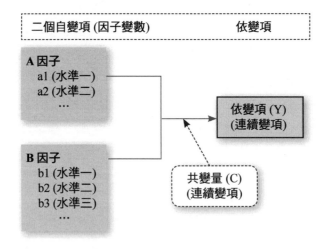

如果共變量有二個，則應採用「獨立樣本二因子雙共變量變異數分析」，其分析模式圖如下：

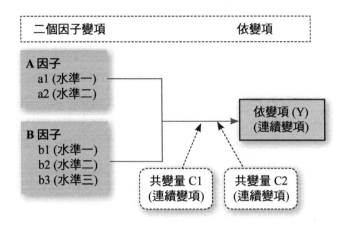

【研究問題八】

不同數學工作投入動機組的學生在數學態度四個層面是否有顯著差異？

[方法分析]

此一研究問題，自變項原先雖為連續變項，但依其得分高低劃分成「高分組」(前 30%)、「中分組」(中間 40%)、「低分組」(後 30%)，因而屬間斷變數(有三個水準)，而依變項(數學態度)包括四個層面：「學習信心」、「有用程度」、「成功意向」、「探究動機」，因而實際的依變項有四個，採用單因子多變量變異數分析(multiple analysis of variance；MANOVA)最為適宜。因為採用 MANOVA 方法可同時考驗數個依變項的平均數之差異情形，進而減少犯第一類型的錯誤率。

MANOVA 分析的步驟，要先進行整體效果考驗(overall test)，整體效果考驗值通常看 Wilks' Λ 值，因為整體考驗之 Wilks' Λ 值的強韌性較佳。整體效果考驗若達 .05 顯著水準，則繼續進行追蹤考驗(follow-up test)，追蹤考驗時亦可採用單變量變異數分析，其考驗程序結果與 ANOVA 一樣，只是要採用族系錯誤率，顯著水準＝ α ÷ 依變項個數＝ .05 ÷ 依變項個數。單因子 MANOVA 的適用時機如下：

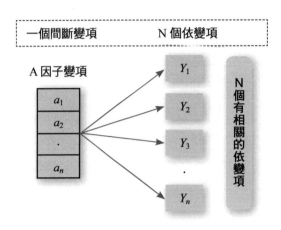

範例中的單因子多變量變異數分析程序圖示如下：

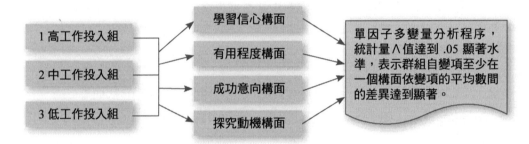

在單因子多變量分析中，如果自變項的水準數只有二個，即自變項為二分名義變項，而依變項有二個以上，除可採用 MANOVA 的統計方法外，亦可採用「Hotelling T^2」的考驗方法，在多變量分析中，Hotelling T^2 考驗是單變量 t 考驗的擴充，主要是用來分析一個樣本或二個樣本之多變量平均數的假設考驗。在 SPSS 的「分析」模組中，沒有提供專門處理 Hotelling T^2 考驗的指令，研究者可先採用「分析 (Analyze) / 一般線性模式 (General Linear Model) / 多變量 (Multivariate)」程序執行 MANOVA，再以下列公式求出 Hotelling T^2 值。$T^2 = \dfrac{(N-2) \times P}{N-P-1} \times F$ 其中 N 為有效觀察值人數、P 是依變項的個數、F 是統計量中的

F 值。

「Hotelling T^2」使用時機模式如下：

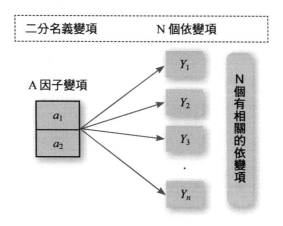

【研究問題九】

學生性別、家庭狀況在數學成就、整體數學焦慮、整體數學態度方面是否有顯著的交互作用？

[方法分析]

此問題中自變項有二個因子變數，一為二分名義變項、一為三分名義變項，均屬間斷變數，而依變項有三個，均屬連續變項，因而採用二因子多變量變異數分析法較為適宜。

獨立樣本二因子多變量變異數分析法適用時機如下圖所示，其中 A 因子有 p 個水準、B 因子有 q 個水準。

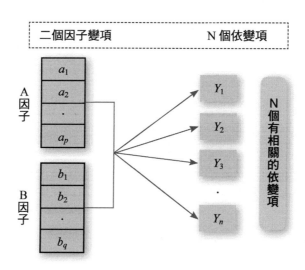

【研究問題十】

數學投入動機與數學態度間是否有顯著的典型相關存在？

[方法分析]

此一研究問題中，自變項為數學投入動機，包括二個層面：數學工作投入與數學自我投入動機；而依變項為數學態度，包括四個層面：學習信心、有用程度、成功意向與探究動機。在相關分析中，如果自變項只有一個連續變項，而依變項也只有一個連續變項，則採用積差相關；如果自變項在二個以上，而依變項也在二個以上，二者之間的相關應採用「典型相關」(canonical correlation)，其目的是找出這一組自變項的線性組合與另一組依變項的線性組合，使二組變項間的相關達到最大。如果有 p 個 X 變項、q 個 Y 變項，X 變項與 Y 變項均為計量變數，則典型相關分析主要目的在找出 p 個 X 變項的加權值 (weights) 與 q 個 Y 變項的加權值，使 p 個 X 變項的線性組合分數 (linear composite/synthetic score) 與 q 個 Y 變項之線性組合分數之相關達到最大值，複相關可視為典型相關的一個特例 (林清山，民 92)。典型相關的適用時機如下：

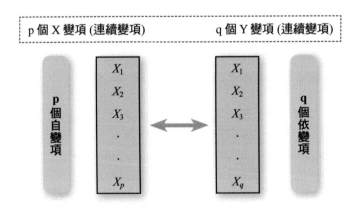

典型相關的結構圖有下列二種型態 (三個 X 變項、四個 Y 變項)：

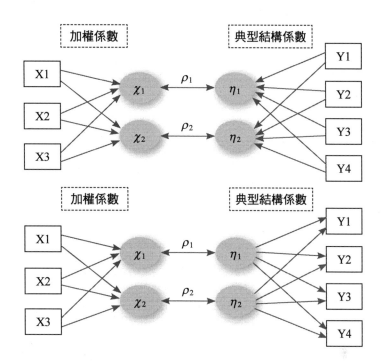

在研究中，如果要求 p 個自變項與 q 個依變項間的典型相關，就可以不必求 $X_1, X_2, \ldots\ldots, X_m$ 與 $Y_1, Y_2, \ldots\ldots, Y_n$ 間兩兩變項之積差相關，如果二者一起使用，則統計結果可能會重複，但如果研究者要進行交叉檢驗，以驗證假設，則同時使用積差相關與典型相關也可以，只是其最後得出的結果應該差異相同。

第二節 統計考驗與顯著水準

在統計方法應用上，主要分為二大類，一為母數統計 (parametric statistics tests)；一為無母數統計 (non-parametric statistics tests)。無母數統計法應用時機有四 (Conover, 1980)：1. 類別屬性之量尺；2. 次序屬性之量尺；3. 變項為等距 / 比率變項，但樣本母群體的分配特性未知或母群不是常態分配；4. 變項為等距 / 比率變項，但受試之樣本數很小。無母數統計法特別適用於類別或次序變項，這二個變項也稱為「弱量尺」(weaker scales)，而母數統計法則適用於「強量尺」(stronger scales)，亦即適用於等距 / 比率變項。資料分析時，當母數統計方法違背母數統計的基本假定 (常態分配、變異數同質性、獨立性等)，則應改用無母數統計法，因為無母數統計分析時的假定較為寬鬆，但大多數無母數統計法的統

計考驗力 (power) 均較母數統計法為低，且控制無關變項的方法也較少。

　　無母數統計法中，適用於二個獨立樣本時的方法有以下幾種：費雪爾正確概率檢定 (Fisher's exact probability test)、中數考驗 (median test)、柯 - 史二樣本考驗 (Kolmogorov-Smirnov two samples test)、曼 - 惠特尼 U 考驗 (Mann-Whitney U test)；適用於二個相依樣本的考驗方法有以下二種：符號考驗 (sign test)、魏可遜配對組符號等級檢定 (Wilcoxon matched-pairs signed-ranks test)。

　　「麥內瑪考驗」(McNemar test) 適用於二個關聯樣本的資料分析；「寇克蘭 Q 考驗法」(Cochran Q test) 考驗適用於 k 個關聯樣本的資料分析，包括同一群 N 個受試者重複在 k 個不同條件下接受觀察，或 N 個配對組，每配對組 k 個人各在其中一個條件下接受觀察，此種方法特別適用於類別變項或二分的次序變項資料。「克-瓦二氏單因子等級變異數分析」(Kruskal-Wallis one-way analysis of variance by ranks) 用以考驗 k 個獨立樣本是否來自同一母群或平均數相等的 k 個母群，其功能相當於母數統計法中的獨立樣本單因子變異數分析法。「弗里曼二因子等級變異數分析」(Friedman two-way analysis of variance by ranks) 適用於重複樣本次序變數資料的無母數統計法，相當於母數統計法中重複量數單因子變異數分析法 (林清山，民 81；Siegel & Castellan, 1988)。

　　統計考驗過程，主要由科學假設 (scientific hypothesis)，演繹出統計假設 (statistical hypothesis)，以確認虛無假設 (null hypothesis；以符號 H_0 表示)、對立假設 (alternative hypothesis；以符號 H_1 表示，對立假設其實是研究假設)，進而隨機方式選取受試者，進行統計考驗，配合變項屬性與樣本大小，採用母數統計法或無母數統計法，最後再歸納推論，上述對立假設依照研究者提出的研究假設企圖之不同，又分成「單尾」(one-tailed) 的對立假設與「雙尾」(two-tailed) 的對立假設。在統計考驗中，所要考驗 (拒絕或接受) 的假設是虛無假設，虛無假設是含等號「＝」的假設，以「虛無」方式呈現，代表的是變項間「沒有關聯」或「沒有差別」，如果統計考驗結果未達顯著，代表沒有足夠證據可以推翻虛無假設，那就要接受虛無假設，表示變項間沒有差別、沒有不同或沒有關聯；相對的，如果統計假設結果達到顯著 ($p \leq .05$ 或 $p \leq .01$)，就要拒絕虛無假設，接受對立假設，表示研究變項間有不同、有差別或彼此間有關聯存在。

　　某研究成人教育之學者想探究，已婚男性、已婚女性知覺的生活滿意度是否有所不同此謂「待答問題」，如果改成「研究假設」則描述變成如下：「已婚

男性、已婚女性知覺的生活滿意度有顯著的不同」或「已婚男性、已婚女性知覺的生活滿意度沒有顯著的不同」。研究假設通常根據理論文獻探討 (literature review) 或經驗法則所提出的一種臆測或邏輯判斷,「研究假設」又稱為「科學假設」(scientific hypothesis)。研究者在提出研究假設後,必須對所研究的變項提出所謂的「操作型定義」(operational definition),亦即對研究變項提出一種客觀、具體、可測量、可量化、可重複驗證的基本說明和解釋。如將研究假設以數量或統計學術語來表達,並對未知的母群體性質作有關的陳述,此種陳述即是「統計假設」。(余民寧,民 84)。上述研究者所要探討的問題轉成統計假設如下:「已婚男性生活滿意度得分平均數與已婚女性生活滿意度得分平均數間有顯著差異存在」,此種假設即是對立假設,以符號表示如下:$H_1:\mu_1 \neq \mu_2$ (雙尾檢定)。

上述假設即是研究者所欲支持或驗證的假設,但在統計檢定上,學者多半不是直接考驗或檢定對立假設,而是提出一個與對立假設完全相反的假設,此假設稱為「虛無假設」,上述對立假設的虛無假設表示如下:$H_0:\mu_1 = \mu_2$ (雙尾檢定)。虛無假設是研究者所要考驗的假設 (虛無假設定包含等號),然後依據搜集的資料去考驗分析虛無假設的真實性。如果搜集到的資料支持拒絕虛無假設,相對的可接受對立假設:「已婚男性、已婚女性知覺的生活滿意度有顯著的不同」;如果搜集的樣本資料無法拒絕虛無假設,則要接受此假設,拒絕對立假設:「已婚男性、已婚女性知覺的生活滿意度沒有顯著的不同」。

上述對立假設為雙尾檢定,所謂雙尾檢定又稱無方向性的考驗 (non-directional),研究旨在考驗二組受試者的統計量 (上述為平均數) 是否有所不同,並不是要考驗那一個受試者樣本的統計量比較大或比較小,此種考驗是沒有方向性的。如果研究者要探究的是那一個受試者樣本的統計量比較大或比較小的問題,則此種考驗是有方向性的,稱為單尾檢定,因為其有方向性又稱為「有方向性的考驗」(directional test)。單尾考驗如:「已婚成年男性所覺的生活滿意度顯著的高於已婚成年女性知覺的生活滿意度」或「已婚成年男性所覺的生活滿意度顯著的低於已婚成年女性知覺的生活滿意度」,此種單尾檢定的對立假設如下:

$H_1:\mu_1 > \mu_2$ (相對應的虛無假設為 $H_0:\mu_1 \leq \mu_2$),或

$H_1:\mu_1 < \mu_2$ (相對應的虛無假設為 $H_0:\mu_1 \geq \mu_2$)

再以企業員工之「工作滿意」與其「組織認同」之相關研究為例，沒有方向性的考驗即在探究「企業員工之『工作滿意』與其『組織認同』是否有顯著的相關」，研究者研究的企圖旨在探討受試樣本『工作滿意』與其『組織認同』是否存有某種程度的關聯，此關聯可能是正相關，也可能是負相關，此為雙尾檢定之考驗，其對立假設如下：$H_1 : \rho \neq 0$；虛無假設如下：$H_0 : \rho = 0$。如果搜集的樣本資料分析結果可以拒絕虛無假設，表示應接受對立假設，即企業員工之「工作滿意」與其「組織認同」間有顯著的相關存在。相對的，如果搜集的樣本資料分析結果無法拒絕虛無假設，就應接受它，表示企業員工之「工作滿意」與其「組織認同」間沒有顯著的相關存在。

如研究者根據文獻探討或經驗法則結果，認為企業員工之「工作滿意」愈高，與其「組織認同」感也應愈高，表示二者有正相關存在，此種對立假設的陳述，已強調所欲考驗問題的方向性，便是單側考驗 (one-tailed test) 問題。此單側考驗的對立假設與虛無假設分別陳述如下：$H_1 : \rho > 0$（對立假設為正相關）；$H_0 : \rho \leq 0$（虛無假設為沒有相關或呈負相關）。

研究假設與統計考驗流程，簡要圖示如下（修改自 Kirk, 1995, p.49)：

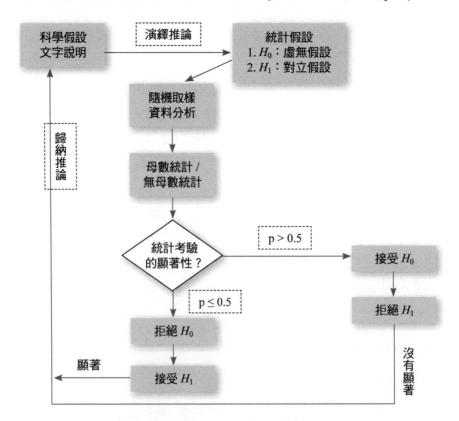

以下為統計方法實施時的流程舉例：

研究問題（文字說明）	國中退休教師的社會參與與其生活滿意度是否有所相關？
研究假設	國中退休教師的社會參與與其生活滿意度有顯著相關。
統計假設 1. 虛無假設 2. 對立假設	1. H_0：國中退休教師的社會參與與其生活滿意度間沒有顯著相關 ($\rho = 0$)。 2. H_1：國中退休教師的社會參與與其生活滿意度間有顯著相關存在 ($\rho \neq 0$)。
確定母群的範圍	國中退休教師母群體共 3000 人。
抽樣方法	採隨機抽樣方式，抽取母群體的百分之十五。
樣本人數	450 人。
樣本統計量──採用 母數統計	得出相關係數 r 值等於 .7892。
顯著性考驗	顯著性機率值班 (p 值) = .002 > .05，有足夠證據推斷虛無假設是錯誤的。
虛無假設的驗證	拒絕虛無假設 ($\rho = 0$) → 接受對立假設 ($\rho \neq 0$)。
歸納結果	國中退休教師的社會參與與其生活滿意度間有顯著的正相關存在。

　　對於假設檢定的判斷與解析以二個變項間的相關及獨立樣本 t 檢定的程序說明如下：

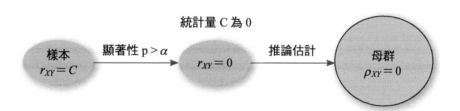

　　以 X Y 二變數的相關分析而言，樣本相關係數的統計量數為 C (相關係數 C 可能為正值、也可能為負值)，顯著性機率值 p > .05，接受虛無假設：母群體二個變數相關係數的參數為 0，樣本相關係數的統計量 C 為抽樣誤差造成的，也就是樣本統計量相關係數 C 是機遇所造成的，研究者若是將樣本數擴大，則相關係數統計量數 C 會趨近於 0，以樣本統計量數推估母群體 X 與 Y 二個變項間的相關時，母群體的相關係數 $\rho_{XY} = 0$。因而當顯著性機率值 p > .05，表示經由樣本資料計算所得的相關係數 r 推估母群體，不論相關係數 r 絕對值 (C 的數值) 多大，假設檢定時均將母群相關係數 ρ 視為 0。

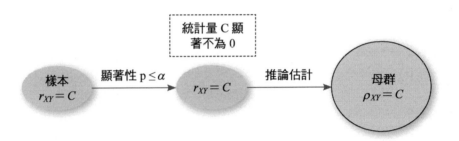

　　樣本相關係數的統計量數為 C ($r_{XY} = C$)，顯著性機率值 p 小於或等於 .05時，有足夠證據拒絕虛無假設，樣本相關係數統計量數 C 是有意義的，統計量數 C 並非是機率造成的 (統計軟體輸出的顯著性 p 數值若剛好為 .05，其真正數值可能為 .05003 或 .0502，因而顯著性 p 數值若為 .05，應視為 $p > \alpha$ 顯著水準)。檢定結果拒絕虛無假設，即相關係數 C 顯著不為 0，母群體 X 與 Y 二個變數的相關係數 ρ 顯著不等於 0，母群體 X 與 Y 二個變項的相關係數為 $\rho = C$，C 值若於大於 0，表示母群體中 X Y 二個變項成顯著正相關；C 值如果小於 0，表示母群體中 X Y 二個變項成顯著負相關。因而當顯著性機率值 $p \leq .05$，表示經由樣本資料計算所得的相關係數 r 推估母群體相關係數 ρ，相關係數參數 ρ 的數值就等於樣本統計量相關係數 r 的數值 C。

　　以二個群體在計量變項的平均數差異比較為例，二個群體平均數差異檢定的方法為獨立樣本 t 檢定，虛無假設與對立假設如下：虛無假設：$M_1 - M_2 = 0$ 或 $M_1 = M_2$；對立假設：$M_1 - M_2 \neq 0$ 或 $M_1 \neq M_2$。

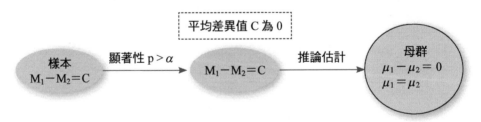

　　樣本統計量中二個群體的平均數分別為 M_1 與 M_2，$M_1 - M_2 = C$ (C 在樣本統計量中是一個不等於 0 的數值，數值即二個群組平均數的差異值)，平均數差異檢定之 t 統計量的顯著性機率值 p 若大於顯著水準 α，則接受虛無假設，表示二個群體平均數的差異值為 0 (二個群體平均數相同 $M_1 = M_2$)，樣本統計量數中二個群體平均數差異值為 C 而不是 0，只是抽樣誤差或機遇造成的，以樣本統計量推估母群二個群組平均數 μ_1、μ_2 的差異值應為 0 ($\mu_1 - \mu_2 = 0$)，二個群組平

均數 μ_1、μ_2 的差異值為 0，表示母群體中二個標的群組的平均數沒有顯著不同。因而當顯著性機率值 p 大於設定顯著水準 α 時，不論樣本統計量 M_1 與 M_2 差異值的數值 C 為多少，推估至母群體時均必須視為 0。

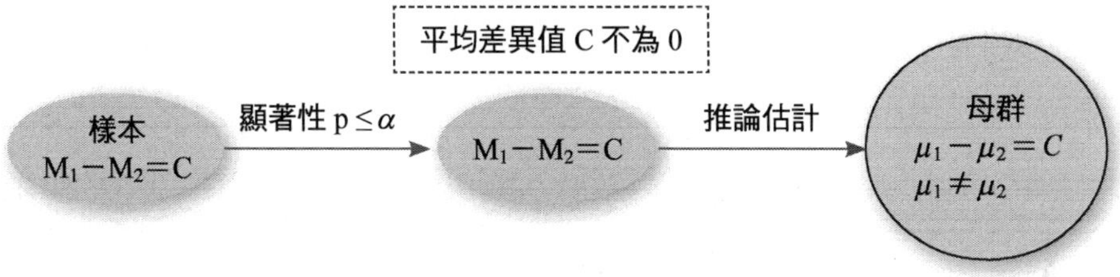

相反的，假設檢定，平均數差異檢定之 t 統計量的顯著性機率值 p 若小於或等於顯著水準 α，則有足夠證據拒絕虛無假設：二個群體平均數的差異值 C 顯著不等於 0，即 $M_1 - M_2 = C$ 算式中，二個群體平均數的差異值 C 是有意義的，有意義的表示數值並非純粹是機遇造成的，而是樣本二個群體間平均數顯著不相同導致的 ($M_1 \neq M_2$)。樣本統計量數中二個群體平均數差異值為 C，以樣本統計量推估母群二個群組平均數 μ_1、μ_2 的差異值也為 C ($\mu_1 - \mu_2 = C$)，當 C 值大於 0 時，表示第一個群組的平均數顯著高於第二個群組平均數；當 C 值小於 0 時，表示第一個群組的平均數顯著低於第二個群組平均數。

在推論統計中，由於未知母體參數的真正性質，而是根據樣本統計量來做推論或下決策，因而可能會發生錯誤。用來表示推論錯誤的機率值有以下二種：

1. 第一類型錯誤 (type I)，以符號 α 表示。
2. 第二類型錯誤 (type II)，以符號 β 表示。

它們與研究者做決定之關係圖如下：

母群真正的性質

		H_0 為真	H_0 為假
研究者決定	拒絕 H_0	α (第一類型錯誤)	$1 - \beta$(power) (統計考驗力)(裁決正確率)
	接受 H_0	$1 - \alpha$ (正確決定)	β (第二類型錯誤)

若將顯著水準定為 .05，則相關的細格機率如 (Tabachnick & Fidell, 2007, p.36)：

	母群真正的性質	
	H_0 為真	H_0 為假
拒絕 H_0	.05	.84
統計決策 接受 H_0	.95	.16
	1.00	1.00

所謂第一類型錯誤，為研究者拒絕虛無假設，但實際上虛無假設為真的情況下，所犯的錯誤率，第一類型錯誤的機率以 α 表示：$\alpha = P(I) = P(拒絕 \mid 為真)$，$\alpha$ 又稱為「顯著水準」(significance level)；而第二類型錯誤，是指當研究者接受虛無假設，但事實上虛無假設為假的情況下所犯的錯誤率。第二類型錯誤的機率以 β 表示：$\beta = P(II) = P(接受 \mid 為假)$ 或 $P(接受 \mid 為真)$。事實上，第一類型錯誤與第二類型錯誤並不是完全獨立的 (Kirk, 1995)。如將顯著水準 α 值定得較小，則統計決策時犯第一類型錯誤比較小；但相對的，犯第二類型之錯誤率反而變得比較大。如果虛無假設為假，而研究者又正確拒絕它，此種裁決正確率以 $1 - \beta$ 表示，這就是所謂的「統計考驗力」(power)，研究假設驗證方面，除避免犯第一類型錯誤外，也應該有較高的統計考驗力。

通常在實驗研究中 (尤其是有關性命的研究)，研究者認為觸犯第一類型錯誤是比較嚴重且不可原諒的，所以必須儘量避免。這就是研究者寧願冒觸犯第二類型錯誤，而不願冒觸犯第一類型錯誤的原因所在。在進行相關性或調查性的研究時，研究者則會認為觸犯第一類型錯誤是可以容忍的，因此選擇冒觸犯第一類型錯誤，而忽略第二類型錯誤的危險 (余民寧，民 84)。進行假設檢定時發生第一類型錯誤或第二類型錯誤是無可避免的，因此，研究者希望統計推論時錯誤的機率 α、β 愈小愈好，或正確機率 $(1 - \alpha)$ 與 $(1 - \beta)$ 愈大愈好，然而 α 變小、則會使 β 變大，亦即在其它條件固定下，調整決策法則 (臨界點) 無法同時使 α 與 β 都變小。此外，研究者在決定統計決策法則時，除必須考慮二種錯誤發生的機率的大小外，尚須考慮犯第一類型錯誤與犯第二類型錯誤可能造成的後果或損失的大小 (林惠玲、陳正倉，民 92)。

研究設計中，增加統計考驗力的方法：(Kirk, 1995)

1. 採用較大的 α 值：因為 α 值變大、β 值會變小，$1 - \beta$ 值相對的就變大。
2. 增加樣本人數：實驗設計或測量程序過程中，樣本人數愈多，抽樣分配的標準誤就愈低，統計考驗力就愈高。3. 減少母群的標準差：母群的標準差愈低 (或

變異數愈低)，抽樣分配的標準誤就愈小，統計考驗力就會提高。4. 增加 μ 和 μ_0 間差異： μ 和 μ_0 的差異愈大，亦即處理效果值就愈大，統計考驗力就愈高。推論統計中的 α，又被稱為「顯著水準」(level of significane)，所謂顯著水準就是研究者拒絕真的虛無假設之最大機率值，在行為及社會科學領域中，最大機率值 (α 值) 均採用 .05 或 .01，作為假設考驗的顯著水準。為何要以 .05 或 .01 為顯著水準值之大小，似無一定準則，可能是學者間約定俗成的習慣。根據相關的文獻指出：.05 顯著水準的訂定是 Fisher 在發展變異數分析 (analysis of variance) 時所建立的傳統，而且帶有一些武斷 (arbitrary) 成份在內 (Cowles & Davis, 1982)。Fisher 於 1925 年所出版的《研究工作者之統計方法》一書中，明確提到以 p = .05 作為決定顯著水準的標準，然而回顧機率與統計學的歷史卻可以發現，選擇 .05 作為顯著水準似並不是那麼武斷的，其中一個主要因素主要是受到之前科學傳統的影響。從機率與統計學的歷史來看，二項式 (binomial) 方法的出現，產生了鐘形分配曲線，後經統計學家 Karl Pearson 命名為常態分配，後經高登爵士 (Sir Fracis Galton) 組織搜集到的資料提出百分位數與 Q 的概念，Q 被定義為第三個四分差 (第 75 個百分位數) 與第一個四分差 (第 25 個百分位數) 的差異之半，其涵義為：在一個分數的分配中，有一半的離差 (deviations) 會落在平均數 (第二個四分位差) 的 $\pm Q$ 之中，這個變異測量值等同於機誤 (probable error；PE) (Cowles & Davis, 1982；張漢宜，民 92)。

在標準差未使用之前，機誤是普遍使用的單位，簡單的計算顯示：一個機誤等於 .6745 個標準差或約略為三分之二個標準差 (Huberty, 1993)。3 倍機誤約是 2 個標準差，約佔常態分配下 95% 的面積。學者 Gosset 在 1908 年以 Student 之名義發表 t 考驗時曾指出：「就大部份的目的而言，3 倍機誤是可以被考慮為顯著水準的」。在 Fisher 於 1925 年出版其第一本統計方法專書之前，3PE 即經常被用來作為決定統計顯著的傳統，3PE 等同於 2SD，如以百分比表示只有 4.56%，但 Fisher 可能將其進位為 5%。由於將顯著水準定在 .05 有其歷史淵源，久而久之變成一種約定成俗的用法。在社會及行為科學研究的實務中，研究者如果任意降低顯著水準的標準 (即 $\alpha > .05$)，則不會讓審稿者、期刊編輯者與其它研究者所同意 (Rossi, 1990；張漢宜，民 92)。

以 .05 顯著水準而言，表示進行統計考驗推論時，所犯的統計決策上錯誤率的大小。即虛無假設本來是真的，從搜集的資料分析進行統計考驗時，拒絕

此虛無假設時所犯的錯誤率。α 所在的區域稱作臨界區 (critical region) 或稱拒絕區，當假設考驗時所計算的統計量數如 z 值、t 值、χ^2 值、F 值等落入此一區域內，就應拒絕虛無假設，接受對立假設。在 SPSS 統計軟體中，有關推論統計的分析程序中，顯著水準 (Significance) 內定為 .05 或設定 95% 信賴區間估計值 (confidence intervals)，在『選項』次對話視窗中會出現以下二種內定情況：一為「差異信賴區間百分比：95%」；二為「顯著性 (雙尾)：.05」或呈現「顯著水準：.05 差異信賴區間百分比為 95%」，當然研究者也可將顯著水準設定小於 .05。

對於這種虛無假設原本是真的，卻因為我們搜集資料的代表性不夠或測量工具的信效度問題，反映出研究者必須拒絕虛無假設，接受對立假設，但實際上取樣樣本的資料可能無法正確反映母群體的真正性質，因而推論時會有錯誤率存在，此種錯誤容忍度即是顯著水準的大小。如在成年人社會參與其生活滿意度相關的調查研究中，研究者將顯著水準定在 .05 ($\alpha = .05$)，然後隨機取樣 200 位成年人填寫社會參與量表與生活滿意度量表，再根據搜集的資料分析，得出考驗值落入「拒絕區」(region of rejection；或稱危險區)，或 p 值小於 .05，因而研究者乃拒絕虛無假設 ($H_0 : \rho = 0$)、接受對立假設 ($H_1 : \rho \neq 0$)，得出下列統計分析結果：「成年人社會參與其生活滿意度有顯著正相關」，此一結論並不是成年人全部母群體的統計量，而是從抽取樣本數中分析而得，也許母群體的真正性質可能是「成年人社會參與其生活滿意度沒有顯著關聯存在」，因而當研究者歸納結論出：「成年人社會參與其生活滿意度有顯著正相關」，此推論的錯誤率有5%，即把 α 定在 .05 顯著水準時，研究者在拒絕虛無假設 H_0 時，可能有 5% 的機會犯了統計決策上的錯誤；如果把 α 定在 .01 顯著水準時，研究者在拒絕虛無假設 H_0 時，可能有 1% 的機會犯了統計決策上的錯誤。再以「不同收入所得之企業員工在工作滿意度上是否有所不同」的研究問題為例，其研究假設為「不同收入所得之企業員工在工作滿意度上有顯著差異」，研究者將 α 定在 .01 顯著水準，資料分析後假設檢定拒絕虛無假設 (p < .01)，接受對立假設，而得出「不同收入所得之企業員工在工作滿意度上有顯著差異」結論，當研究者下此結論時，可能有 1% 的機會犯了統計決策上的錯誤。由於此結論乃推論統計而得，抽樣樣本的性質可能與母群體的真正性質可能有所不同，不過此結果推論的統計決策錯誤率在行為及社會科學研究領域上是大眾可接受的範圍。

　　事實上，不論研究者所要考驗的統計假設是單尾考驗或雙尾考驗的對立假設，研究者進行統計考驗在理論上都應該有合理暨可以依據的判斷標準 (criterion)，以決定是否要拒絕或接受虛無假設。但在推論統計方法之應用上，我們並沒有絕對的判斷標準，可以作為統計決策的主要依據，然而，由於過去至今已有不少的統計學家根據他們個人的「經驗法則」(rule of thumb)，選定了三個大家比較常用的統計決策基準 (通常以希臘字母 α 表示)，即分別為 $\alpha = .05$、$\alpha = .01$、$\alpha = .001$(王國川，民 91)，這三個決策基準也是現今社會科學領域在推論統計上最常用及最常見的顯著水準，一般在進行差異或相關檢定時，顯著水準會定在 .05，而進行資料常態性檢定或同質性檢定時，會採用較保守的顯著水準，如 .01 或 .001。

　　另一個約定俗成的用法是將第二類型錯誤率 β 設定在小於或等於 .20，如果 β 值設為 .20，則考驗的統計考驗力為 $1 - \beta$，就等於 .80。統計考驗力在 .80 以上，是許多學者認為可接受的最小值 (Kenny, 1987；Kiess, 1989；Kirk, 1995)，如果一個研究的統計考驗力低於 .80，則最好重新設計實驗程序，以提高統計考驗力。當採納 α 值等於 .05，而 β 值等於 .20 的準則時，研究程序可接受的錯誤率關係是犯第一類型錯誤率為第二類型錯誤率的 $\frac{1}{4}$ 倍，亦即，普通在研究結果推論中，犯第一類型的錯誤率如為第二類型錯誤率的四倍以上，是較為嚴重之事 (Kirk, 1995)。

　　統計考驗力是否夠高的問題，通常是以 .80 作為決定高低的標準，以 .80 作為比較標準，是由於統計考驗力與第二類型錯誤的總和是 1.00 ($1 - \beta + \beta =$ 1)，因此犯第二類型錯誤的可能機率與犯第一類型錯誤的可能機率的比率將會是 $.20：.05 = 4：1$。以 .05 作為顯著水準的標準是源自於行為科學研究的傳統；而統計考驗力以 .80 作為標準，其實是為了反映出犯第二類型錯誤的機率不宜高於 .20，而使得犯第二類型錯誤的機率與犯第一類型錯誤機率的比率形成四比一的關係。在其它因素保持不變時，顯著水準訂得愈高，統計考驗力會愈高；然而，在社會及行為科學研究領域，總是認為犯第一類型錯誤的嚴重性大於犯第二類型錯誤，理由在於犯第一類型錯誤將會終止研究人員繼續研究相關主題，因此，在不改變以 .05 作為顯著水準的傳統要求下，犯第二類型錯誤的機率可以訂為 .20，此時統計考驗力為 .80，就是一般學者所要求的標準 (張漢宜，民 92)。

在 PASW 統計軟體中，可以直接求出統計考驗力，執行功能表列「分析 (A)」/「一般線性模式 (G)」/「單變量」程序或「分析 (A)」/「一般線性模式 (G)」/「多變量」程序，勾選『選項』(Options) 的次指令中之「觀察的檢定能力」(observed power) 選項即可。

在社會及行為科學研究中，很多研究對於統計考驗力未加以考量，對此，學者 Sedlmeier 與 Gigerenzer (1989) 曾歸納出二個主要的原因：一為歷史因素 (historical)；二為制度因素 (institutional)。歷史因素的癥結在於虛無假設的概念是由 Fisher 所提出的，而第二類型錯誤及統計考驗力的概念，則是出自於 Neyman 與 Pearson 二位學者。由於 Fisher 的理論比較早被心理學家所接受，所以當 Fisher 反對 Neyman 與 Pearson 的理論後，統計考驗力的概念也就因而受到了忽視。至於制度的因素方面，雖然二次世界大戰後，大多數的心理與教育統計教科書已將第二類型錯誤及統計考驗力的概念，融入虛無假設的理論中；然而這種混合 (hybrid) 理論，本身仍有許多矛盾的地方。同時因為許多教科書，並未提及如何計算第二類型錯誤及統計考驗力，因此也造成了統計考驗力的不受重視。Sedlmeier 與 Gigerenzer (1989) 認為除非各期刊的主編能要求作者估算其研究的統計考驗力，否則並不容易改善目前統計考驗力不受重視的現象。學者 Clark-Carter 則認為統計考驗力無法全面推廣的原因有二點：一為統計考驗力的計算，得先知道效果值 (effect size) 的大小，然而效果值的真正大小是在獲得研究結果時才能確定。因此，在計算統計考驗力時，必須先預估研究結果的臨界效果，此點不易為研究人員所接受；二為統計考驗力的求法，需要靠數學公式的推導，此點也不利統計考驗力的推廣 (謝季宏、涂金堂，民 87)。目前在視窗版 SPSS 統計軟體中，可以直接求出效果值及統計考驗力，研究者在統計分析中主要將二個選項勾選即可，不必再經複雜的數學公式換算，相信對於統計考驗力的推廣有正面積極的助益。

在研究設計與統計分析中，如果研究者把顯著水準之 α 值定得很小，則犯第一類型的錯誤率會減低，此時 α 值雖變小、但 β 值會變大，相對的，$1 - \beta$ 值也會變小，因而研究結論雖然犯第一類型的錯誤率很低，但研究結果之統計考驗力也會降低，亦即研究「裁決正確率」會變小。顯著水準與統計考驗力何者重要，端視研究性質與研究目的來考量，當然二者均能兼顧最好。

在 SPSS 電腦報表中，均會提供一個統計考驗量數 (z 值、t 值、 值、F 值)

之「精確機率值」(probability of value) 或簡稱 p 值。電腦報表中的 p 值指的是虛無假設為真的情況下，得到一個大於或等於此統計量數值大小的機率值。在判定準則上，如果小於或等於原先設定的顯著水準 (p 值 $\leq \alpha$)，則拒絕虛無假設，接受對立假設；如果 p 值大於設定的顯著水準 (p 值 $> \alpha$)，則要接受虛無假設，推翻對立假設，亦即處理效果或組間沒有差異存在。例如在問卷調查中，假定統計分析考驗結果之 t 值＝ 3.85，而電腦報表中所呈現的 p 值 (顯著性欄數值或 Sig. 欄的數值) 等於 .030，表示得到一個大於 3.85 的 t 值機率只有 .030，亦即表示顯著性機率值 p＜.05，研究者應拒絕虛無假設，接受對立假設，或者說此統計考驗達到 .05 的顯著水準。研究報告中之 p 值，對讀者而言，是一個非常有用的資訊，因為它是識別是否拒絕虛無假設的重要指標，論文報告中最好能提供此機率值的大小。或以論文通用格式符號表示：p＜.05 時統計量數旁加註「＊」符號、p＜.01 時統計量數旁加註「＊＊」符號、p＜.001 時統計量數旁加註「＊＊＊」符號。

推論統計判定準則應採精確的用語與絕對的準則，絕對的準則是當顯著性機率值 p 小於 .05 時，才會下拒絕虛無假設的結論，研究者不能以「接近 .05」或「與 .05 差異很小」作出拒絕虛無假設的結論，錯誤的描述如：

「高職一年級男生、女生英語課堂焦慮的平均數分別為 25.24、24.49，平均數差異 t 檢定的統計量為 1.95，顯著性機率值 p ＝ .052，雖然 p＞.05 顯著水準，但 p 值 .052 與顯著水準 α.05 相差甚小，表示也可拒絕虛無假設，從平均數高低來看，高職一年級男生的英語課堂焦慮顯著高於高職一年級女生的英語課堂焦慮。」顯著性機率值 p ＝ .052＞.05 (顯著水準 α) 下，就沒有足夠的證據說虛無假設是錯誤的，因而研究結果必須接受虛無假設 (二個群體平均數的差異值 ＝ 0)，即使顯著性機率值 p ＝ .052 只稍微高於臨界值 .05。統計判定準則必須採用「絕對的」準則，所謂絕對準則就是以 .05 為臨界值，其結果只有二種：當 p＞.05，接受虛無假設；當 p≤.05，拒絕虛無假設、接受對立假設。

以統計軟體輸出之顯著性 p 值作為判別準則時，有一點要注意的是，電腦報表中的 p 值是適用於雙側考驗的，如果虛無假設有方向性 (單側考驗)，則此雙側考驗之 p 值應該再除以 2。就推論統計本身而言，p 值所代表的只是「統計顯著性」(statistics significance)，而非是「實用顯著性」(practical significance)，統計顯著性在於導引 $\mu \neq \mu_0$ 的判斷決定，而實用顯著性則在於是 μ 與 μ_0 差異絕對值要夠大，在現實世界中才有實用性。因而即是 p 值很小，達到統計之顯著水

準，也不一定有實用意義存在。如果在假設檢定時，達到統計上的顯著水準，研究者可進一步考慮的是「效果值」的大小 (effect size)，效果項的大小統計量數常見的為「關聯強度」(strength of association) 與效果值。另外一個要注意的是若 p 值的數值剛好是 0.050，則其實際的數值可能為 0.05002 或 .050005，因而以真正 p 的實際數值而言，此時統計量的顯著性機率值 p 是大於 .050，研究假設檢定以接受虛無假設較為適宜，PASW 統計輸出雙尾顯著性欄 / 漸近顯著性欄的 p 值剛好為 .050 的情況很少。此外，若是輸出的 p 值為 .000，其實際的數值可能為 .00004 或 .000015，因而在說明上最好直接以「p < .001」表示，而不要以「p ＝ .000 < .001」表示。

所謂效果值是指虛無假設與對立假設之間的差距情形，也就是因自變項的不同而導致依變項的差異程度。假若有位研究者想從事高中物理科二種不同教學法之教學效果研究，在研究的過程中，除了教學法不同外，其它因素皆有良好的控制。經過一學年的實驗，研究者對二個接受不同教學法的實驗班級，施以標準化的高中物理成就測驗。倘若接受不同教學法的二個班級，其物理成就測驗得分的平均數差距愈大，則愈能支持「二種教學法的教學效果有差異」的假設，其統計考驗力也將愈高。也就是二個班級測驗得分的平均數差距愈大，其效果值就會愈大，統計考驗力也會相對地提高 (謝季宏、涂金堂，民 87)。效果值通常以希臘字母 γ (gamma) 或 η 平方表示，每種統計方法都有其各自效果值的計算公式。以 t 考驗之效果值為例：$\gamma = \dfrac{\mu_e - \mu_c}{\sigma}$；$\mu_e$ 為實驗組的樣本平均數、μ_c 為控制組的樣本平均數。σ 代表母群的標準差，若 σ 不知道，則以其不偏估計數 (unbiased estimator) －標準誤 (standard error ；SE) 表示，$\text{SE} = \sqrt{\dfrac{\sum X^2 - \dfrac{(\sum X)^2}{N}}{N-1}}$。當樣本數大小增大時，估計母數的標準誤會變得愈小。

對於效果大小，學者 Cohen (1988) 曾建議使用 d 為效果大小的指標，然而為了計算上的方便，研究者多數採用 η^2 (eta square) 來作為判斷效果大小之指標。效果大小指標 η^2，係指自變項可以解釋依變項之變異數多少百分比。效果大小指標之範圍從 0 至 1，愈接近 1，即表示效果大小愈大，反之則愈小。為了判斷效果大小指標之高低，Cohen 根據其個人之經驗法則，提出了三個大、中、小之分界點，效果值高於 14% 屬於大 (large)，效果值低於 14% 而高於 6% 屬於中

(medium)、低於 6% 屬於小 (王國川，民 91)。

　　顯著性差異除了察看 p 值外，電腦報表中也會出現「95% 的信賴區間」(95% Confidence interval)。當研究者說 μ 的 95% 的信賴區間為 $\left[\overline{X} - 1.96\dfrac{\sigma}{\sqrt{n}}, \overline{X} + 1.96\dfrac{\sigma}{\sqrt{n}}\right]$，它所代表的意義是，當研究者多次執行抽樣時，所產生的眾多上述信賴區間 (或隨機區間)，其中有 95% 的機率會包含所欲估計的 μ 值 (吳冬友、楊玉坤，民 92)。如果 95% 信賴區間的上 (Upper) 下 (Lower) 限值有包含「0」在內，表示組別差異性可能為 0，因而要接受虛無假設，考驗之結果不顯著；相對的，在 95% 信賴區間的上 (Upper) 下 (Lower) 限值中，如果未包含 0 這個數值，則應拒絕虛無假設，表示組間差異結果顯著。以獨立樣本 t 檢定而言，在考驗二個樣本平均數的差異時，如果 95% 的信賴區間數值為 [-1.992，1.233]，則此信賴區間可能包含 0 這個數值，亦即二個平均數差異可能為 0，因而須接受虛無假設，拒絕對立假設，而得出二組平均數沒有顯著差異存在。在 SPSS 報表中，當 95% 的信賴區間包含 0 時，其 p 值 (顯著性欄或 Sig. 欄) 會大於 .05；當 95% 的信賴區間未包含 0 時，其 p 值會小於 .05。

【附錄】國小學生學習經驗調查問卷

　　下表為一份國小學生學習經驗調查問卷及其編碼情形，其中「數學焦慮量表」中第 24、25、26 三題為反向題；「數學態度量表」中的第 3、8、11、14、15、16、19、24、27、30 等十題為反向題。

【基本資料部份】

(　) 1. 你的性別？　　①男生　②女生

(　) 2. 你在家的生活情形是　①只和父親住在一起　　②只和母親住在一起

　　　　　　　　　　　　　③和其他長輩住在一起　④和父母親住在一起

【第一部份——數學焦慮量表】

	完全不同意	少部份同意	一半同意	大部份同意	完全同意
	1	2	3	4	5
1. 數學考試時，我愈想考得好，我愈覺得慌亂。	1	2	3	4	5
2. 不管我如何用功準備數學，我仍然會害怕數學。	1	2	3	4	5
3. 數學考完後，我常常會為我的作答而後悔不已。	1	2	3	4	5
4. 即使我這次數學科考得很好，但是我仍然對下次考試沒有信心。	1	2	3	4	5
5. 數學考試最會使我驚慌。	1	2	3	4	5
6. 在所有科目中，我最害怕數學考試。	1	2	3	4	5
7. 考試時，我最擔心的的科目是數學。	1	2	3	4	5
8. 考數學的時候，我常想起過去的成績表現而感到緊張。	1	2	3	4	5
9. 我常擔心數學考試會不及格。	1	2	3	4	5
10. 我擔心父母對我的數學成績感到失望。	1	2	3	4	5
11. 我擔心老師對我的數學成績感到失望。	1	2	3	4	5
12. 在考數學的時候，我常因過度緊張而把應該會的都忘記了。	1	2	3	4	5
13. 考完數學後，我的心情仍然無法放鬆。	1	2	3	4	5

14. 當要做數學題目時，我的頭腦就一片空白。⋯⋯⋯⋯⋯⋯ 1　2　3　4　5

15. 只要看到「數學」這二個字，我就感到緊張。⋯⋯⋯⋯ 1　2　3　4　5

16. 我時常夢見數學考不好被父母責罰。⋯⋯⋯⋯⋯⋯⋯⋯ 1　2　3　4　5

17. 同學在討論數學時，我會感到緊張。⋯⋯⋯⋯⋯⋯⋯⋯ 1　2　3　4　5

18. 我擔心老師公佈數學成績。⋯⋯⋯⋯⋯⋯⋯⋯⋯⋯⋯⋯ 1　2　3　4　5

19. 我覺得數學比較深，不容易了解。⋯⋯⋯⋯⋯⋯⋯⋯⋯ 1　2　3　4　5

20. 上數學課的時候，我一直盼望下課的鐘聲趕快響。⋯⋯ 1　2　3　4　5

21. 我最害怕補上數學課。⋯⋯⋯⋯⋯⋯⋯⋯⋯⋯⋯⋯⋯⋯ 1　2　3　4　5

22. 我覺得自己比別的同學更害怕數學。⋯⋯⋯⋯⋯⋯⋯⋯ 1　2　3　4　5

23. 在所有的科目中我最害怕數學科。⋯⋯⋯⋯⋯⋯⋯⋯⋯ 1　2　3　4　5

24. 在數學課中，我常感到輕鬆自在。⋯⋯⋯⋯⋯⋯⋯⋯⋯ 1　2　3　4　5

25. 上數學課是一件令人愉快的事。⋯⋯⋯⋯⋯⋯⋯⋯⋯⋯ 1　2　3　4　5

26. 我希望每天都上數學課。⋯⋯⋯⋯⋯⋯⋯⋯⋯⋯⋯⋯⋯ 1　2　3　4　5

27. 寫數學作業是一件痛苦的事情。⋯⋯⋯⋯⋯⋯⋯⋯⋯⋯ 1　2　3　4　5

【第二部份──數學態度量表】

1. 學習數學通常不會令我感到擔心。⋯⋯⋯⋯⋯⋯⋯⋯⋯ 1　2　3　4　5

2. 我確信我可以做更深的數學作業。⋯⋯⋯⋯⋯⋯⋯⋯⋯ 1　2　3　4　5

3. 解數學問題並不合我的胃口。⋯⋯⋯⋯⋯⋯⋯⋯⋯⋯⋯ 1　2　3　4　5

4. 不能立即解出的數學題目對我來說是一種很好的挑戰。⋯ 1　2　3　4　5

5. 我確信我有數學的能力。⋯⋯⋯⋯⋯⋯⋯⋯⋯⋯⋯⋯⋯ 1　2　3　4　5

6. 我認為我可以處理更難的數學。⋯⋯⋯⋯⋯⋯⋯⋯⋯⋯ 1　2　3　4　5

7. 我能獲得好的數學成績。⋯⋯⋯⋯⋯⋯⋯⋯⋯⋯⋯⋯⋯ 1　2　3　4　5

8. 因為某些理由，我雖用功學習數學，但仍然感到困難。⋯ 1　2　3　4　5

9. 為了我未來的工作我需要學數學。⋯⋯⋯⋯⋯⋯⋯⋯⋯ 1　2　3　4　5

10. 對於數學我有很大的信心。⋯⋯⋯⋯⋯⋯⋯⋯⋯⋯⋯⋯ 1　2　3　4　5

11. 我寧可別人把數學難題的答案告訴我，而不願自己去解題。… 1　2　3　4　5

12. 因為我知道數學很有用，所以我學數學。…………………… 1　2　3　4　5

13. 懂得數學對謀生有幫助。……………………………………… 1　2　3　4　5

14. 數學難題是無聊的。…………………………………………… 1　2　3　4　5

15. 在學校裡把數學唸好對我長大以後的生活並不重要。……… 1　2　3　4　5

16. 數學題目所引起的挑戰我並不感興趣。……………………… 1　2　3　4　5

17. 長大後，在很多方面我都用得上數學。……………………… 1　2　3　4　5

18. 我喜歡解數學難題。…………………………………………… 1　2　3　4　5

19. 我認為數學是我長大以後很少會用得上的科目。…………… 1　2　3　4　5

20. 為了我未來的工作，我必須對數學十分精通。……………… 1　2　3　4　5

21. 數學考試時獲得第一名會令我很高興。……………………… 1　2　3　4　5

22. 數學成績名列前茅令我感到很高興。………………………… 1　2　3　4　5

23. 在數學上表現傑出令我感到光榮。…………………………… 1　2　3　4　5

24. 我不認為我能作更深的數學作業。…………………………… 1　2　3　4　5

25. 如果人家認為我在數學方面很優秀，我會感到很高興。…… 1　2　3　4　5

26. 數學方面被認為是突出的，是一件了不起的事。…………… 1　2　3　4　5

27. 我不喜歡人家認為我的數學很傑出。………………………… 1　2　3　4　5

28. 我認為在數學方面得到獎賞是了不起的。…………………… 1　2　3　4　5

29. 數學是有趣的，且對我有激發作用。………………………… 1　2　3　4　5

30. 我儘量少碰數學。……………………………………………… 1　2　3　4　5

【第三部份──數學投入動機量表】……………………………

1. 我學數學的原因是因為數學可使我的思考更為清晰。……… 1　2　3　4　5

2. 我學數學的原因是因為數學很有趣。………………………… 1　2　3　4　5

3. 我學數學的原因是因為數學很吸引我。……………………… 1　2　3　4　5

4. 學好數學是非常重要的。……………………………………… 1　2　3　4　5

5. 我學數學的原因是因為數學可增加我的推理能力。………… 1　2　3　4　5

6. 因為我喜歡數學所以我想把數學學好。⋯⋯⋯⋯⋯⋯⋯⋯ 1　2　3　4　5

7. 每次數學考試我都 100 分。⋯⋯⋯⋯⋯⋯⋯⋯⋯⋯⋯⋯ 1　2　3　4　5

8. 我學數學的原因是因為我想在數學課堂中表現良好。⋯⋯⋯ 1　2　3　4　5

9. 如果我不學數學的話，我會遇上很多困難。⋯⋯⋯⋯⋯⋯ 1　2　3　4　5

10. 因為想讓老師認為我是位好學生所以我學數學。⋯⋯⋯⋯ 1　2　3　4　5

11. 因為我不想被看起來笨笨的，所以我學數學。⋯⋯⋯⋯⋯ 1　2　3　4　5

12. 如果我不能了解數學的話，我定是愚笨的學生。⋯⋯⋯⋯ 1　2　3　4　5

13. 我學數學的原因是因為想要獲前幾名。⋯⋯⋯⋯⋯⋯⋯⋯ 1　2　3　4　5

14. 我學數學的原因是因為想要獲獎。⋯⋯⋯⋯⋯⋯⋯⋯⋯⋯ 1　2　3　4　5

資料的編碼及鍵入之前五筆資料如下：

編號	數學成就	學生性別	家庭狀況	A1	A2	A3	A4	A5	A6	A7	A8	A9	A10	A11	A12	A13	A14	A15
1	14	1	1	4	5	5	4	5	5	5	4	5	5	5	5	5	4	5
2	44	2	1	3	1	3	2	3	2	1	2	1	2	2	1	1	2	1
3	26	1	1	3	4	5	1	5	5	1	5	5	5	1	1	1	1	1
4	26	1	1	1	1	4	2	5	5	1	5	5	5	4	5	4	5	3
5	23	1	1	3	2	3	1	1	5	5	4	5	4	1	1	2	2	4

A16	A17	A18	A19	A20	A21	A22	A23	A24	A25	A26	A27	B1	B2	B3	B4	B5	B6	B7
4	4	5	4	1	4	5	5	2	3	4	2	2	3	3	4	3	3	3
1	1	1	2	4	2	4	3	2	1	1	1	3	2	3	3	3	3	3
1	1	1	5	1	5	1	1	1	1	5	1	5	1	5	5	5	5	5
1	1	1	1	1	1	1	1	1	1	2	1	1	5	4	2	2	4	1
1	4	1	1	4	2	5	1	1	1	2	1	1	5	4	2	2	3	3

B8	B9	B10	B11	B12	B13	B14	B15	B16	B17	B18	B19	B20	B21	B22	B23	B24	B25	B26
4	4	3	1	4	4	2	1	3	5	4	1	4	5	5	5	3	4	5
2	2	5	2	5	2	3	5	3	2	5	5	5	5	5	3	5	5	5
5	1	1	5	1	1	1	1	5	1	5	5	1	5	5	5	5	1	5
2	4	2	2	1	1	2	1	1	1	1	1	2	2	1	1	1	4	2
3	4	2	3	4	3	3	5	4	2	5	1	1	3	3	3	3	2	1

B27	B28	B29	B30	C1	C2	C3	C4	C5	C6	C7	C8	C9	C10	C11	C12	C13	C14
1	4	5	1	5	4	4	5	5	3	4	3	5	3	3	3	3	3
1	5	3	1	3	3	3	4	4	3	3	3	4	3	3	2	4	3
1	5	5	1	5	5	5	5	5	5	5	5	5	1	1	1	1	1
1	5	1	2	3	3	3	3	3	3	3	3	3	3	3	3	3	3
5	1	3	3	2	1	1	5	3	2	3	3	3	1	4	3	1	1

第 **03** 章

視窗版 SPSS/PASW 之基本操作

　　SPSS PASW 統計軟體前身是 SPSS 公司所開發，名稱為「Statistical Package for the Social Science；[SPSS]」，後 於 2009 年 由 IBM 公 司 併 購，更 名 為「PASW」(Predictive Analysis Software)，SPSS 與 PASW 其實是同一套統計分析軟體的名稱，只是名稱的更改而已，書中 SPSS、PASW 二個名詞所指統計分析軟體是相通的，二者的差異在於版本及部份視窗界面的不同而已，核心模組及功能大同小異，書中 SPSS 與 PASW 一詞交互使用。

第一節　視窗版 SPSS 的操作程序

　　視窗界面的 PASW 軟體，不像早期 PC 之 DOS 系統，要撰寫語法程式，才能進行統計分析，如果語法有錯、拼字有誤或不符合其格式，則均會出現錯誤。視窗界面的改良，研究者的操作如同一般的套裝軟體一樣，只要將開啟資料檔，以點選滑鼠為主，輔以鍵盤輸入，即可順利進行統計分析，而其操作過程也可全部轉為程式語法檔，加以儲存，以便日後編輯或執行相類似的統計分析。在資料檔的建立部份，可以以傳統文書處理之方式建檔，也可以資料庫或試算表方式建檔，視窗界面的 PASW 軟體均能讀取，依目前微軟 Office 軟體的使用率、普及率與其簡便特性，在資料建檔方面，除了可直接於 PASW 「統計資料編輯器」工作視窗 (PASW Statistics Data Editor) 中建入外，建議以 Microsoft 公司開發之 Excel 應用軟體較為方便，因為在大筆資料中，Excel 應用軟體可以「凍結窗格」與「分割窗格」，對於資料的建檔甚為方便。PASW 對於資料處理的流程可以以下圖表示：

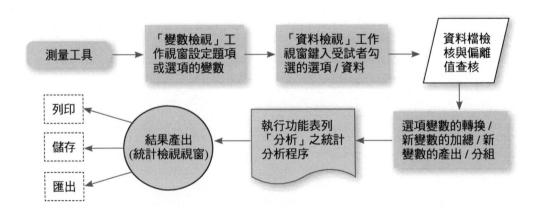

用 PASW 統計軟體分析資料非常簡易，使用者所要進行的步驟可簡略分為以下幾種：

(一) 把資料檔讀入 SPSS

　　使用者可以開啟先前儲存的 SPSS 資料檔 (副檔名為 *.sav)；讀取 Excel 試算表、資料庫 (Dbase 所建立的資料庫檔案以及各種 SQL 格式檔) 或一般文字資料檔 (*.txt)；或於 SPSS/PASW 統計資料編輯器之「變數檢視」工作表視窗設定題項或選項相對應的變數名稱，之後直接於「資料檢視」工作表視窗中輸入資料。

(二) 統計分析前的程序

　　統計分析前的程序包括資料檔內容的檢核，有無鍵入錯誤資料數據或有無偏離值等，此外也包括人口變項中水準數值標記的設定、各變數遺漏值的設定等。之後選取功能表中列的程序，以重新編碼進行變數的編碼或分組、進行變數數值的運算、篩選特定條件觀察值、分割資料檔、觀察值排序或等級轉換等。

(三) 選取分析的變數

　　資料檔中的所有變數，會出現在各程序的對話方塊中，分析的變數選入程序方塊中，包含人口變項 / 背景變項、自變數 (independent variable)、依變數 (dependent variable) 及共變數 (covariate) 等。在調查研究中，常將研究變項區分成解釋變項 (explanatory variable)(自變項)、效果變項 (outcome variable)(依變項) 或被劃分成預測變項 (predictor)(自變項) 與效標變項 (criterion)(依變項)。

(四) 執行「分析」程序

　　執行功能表列「分析」中各種統計程序後，可輸出各種相對應的統計量數，結果會出現於「PASW 統計檢視器」/「PASW 統計瀏覽器」視窗中 (PASW Statistics Viewer)，結果視窗中的圖表物件可以直接編修或進一步美化。

(五) 結果存檔或列印

　　結果檔可輸出為微軟網頁檔、Word 檔、Excel 檔或文字檔，以繼續編輯修改、美化；或直接存成 PASW 結果檔 (*.spv)(之前 SPSS 結果輸出檔的副檔名為 *.spo)，在「PASW 統計瀏覽器」視窗中之結果物件或文字檔也可以直接列印，以便日後報表的整理。

對使用者而言，三種 SPSS 的視窗界面是一般使用者最常使用到的：一為「PASW 統計資料編輯器視窗」(PASW Statistics Data Editor)；二為「PASW 統計語法編輯器視窗」(PASW Statistics Syntax Editor)；三為「PASW 統計瀏覽器視窗」/「PASW 統計檢視器視窗」(PASW Statistics Viewer)。三種視窗界面可相互切換，從功能列點選「視窗」(Window) 指令即可。「PASW 統計資料編輯器視窗」的操作及界面與 Microsoft Excel 十分類似，可以建立、修改與編輯原始資料，此外在其「變數檢視」(Variable View) 工作表視窗中，可以設定變數的名稱 (Name)、類型 (Type)、標記 (Label)、位數或字元數 (Width)、小數位數 (Decimals)、使用者定義的遺漏值 (Missing)、直行寬度 (Columns)、資料的對齊 (Align)、變數測量尺度 (名義的、次序或尺度) 等。「PASW 統計語法編輯器視窗」的功能與 PC 版的編輯視窗十分相似，可以編輯或修改 SPSS 視窗版程式檔。「PASW 統計瀏覽器視窗」(結果輸出視窗) 的操作與 Microsoft 作業系統中的檔案總管十分類似，採行樹狀圖的縮放方式，其結果可直接存成 PASW 檔案內定型態之「*.spv」的結果檔案，也可以輸出為 .htm (網頁檔)、.txt (文書檔)、.xls (Excel 檔)、.doc (Word 檔)、.pdf 等檔案。

壹、PASW 資料編輯視窗

在統計資料編輯視窗 (PASW Statistics Data Editor) 的最上面是功能表列，包含「檔案 (F)」(File)、「編輯 (E)」(Edit)、「檢視 (V)」(View)、「資料 (D)」(Data)、「轉換 (T)」(Transform)、「分析 (A)」(Analyze)、、「直效行銷 (M)」

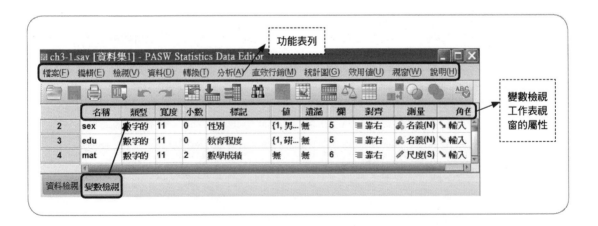

「統計圖 (G)」(Graphs)、「效用值 (U)」、「視窗 (W)」(Window)、「說明 (H)」(Help)。在功能列上按一下滑鼠左鍵，會出現該功能列的下拉式選單。功能表下的第一層主選單的開啟步驟與一般操作套裝軟體相同，滑鼠指標移位功能表選單文字上，按一下滑鼠左鍵，可開啟第一層主選單，若是第一層主選單的右邊有「▶」符號，表示主選單下還有第二層次選單。

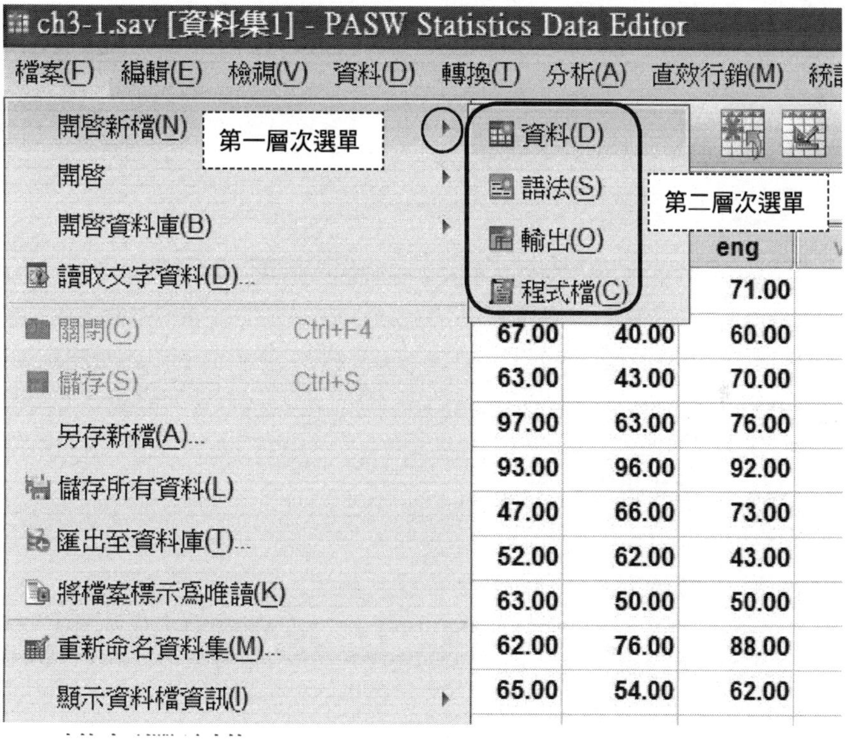

⊃ 一、功能表列選項功能

資料編輯視窗的主要功能表所提供的功能，簡單說明如下：

(一)「檔案」功能表選項

主要在於開啟或建立新的資料庫視窗、語法視窗、瀏覽器結果視窗檔；存檔、最近開啟的資料檔或檔案；預覽列印或列印資料檔等，其選項內容包括開啟新檔 (N)、開啟舊檔、開啟資料庫 (B)、讀取文字資料 (D)、儲存檔案、另存新

檔、顯示資料檔資訊 (I)、快取資訊、列印、預覽列印、最近使用的資料 (Y)、最近使用的檔案 (F) 等。開啟舊檔 (Open) 的次功能表選單包括資料檔 (Data)、語法檔 (Syntax)、結果輸出檔 (Output)、程式檔 (Script) 及其它類 (other) 檔案。

(二)「編輯」功能表選項

主要在於編輯資料檔或語法檔內容，其功能與一般應用軟體之類似，包括復原細格數值的設定 (Undo set Cell Value)、復原 (Redo)、取消復原、剪下 (Cut)、複製 (Copy)、貼上 (Paste)、貼上變數 (Paste Variables)、清除 (Clear)、插入變數 (I)、尋找 (Find)、尋找下一個 (X)、取代 (R)、直接跳到觀察值 (S)、直接跳到變數 (G)、直接跳到搜補 (M)、選項 (Options)(視窗基本設定) 等。

(三)「檢視」功能表選項

主要在於視窗畫面呈現的設定，包含狀態列 (Status Bar)、工具列 (Toolbars)、字型 (Font)、網格線 (Grid Lines)、數值標記 (Value Labels)、標記插補資料 (K)、自訂變數檢視 (C)、資料。其中字型可設定資料編輯視窗資料顯示的狀態，包括字型、字型樣式及字型大小。

(四)「資料」功能表選項

主要在於觀察值資料檔的編修、整理與檢核，如插入變項、插入觀察值、選擇觀察值、合併檔案、分割資料檔、跳到某個觀察值、觀察值排序、觀察值加權等。其選項內容主要包括定義變數屬性 (Define Variable Properties)、複製資料性質 (C)、新自訂屬性 (B)、定義日期 (Define Data)、定義複選題集 (M)、驗證 (L)、識別重複觀察值 (U)、識別特殊觀察值 (I)、觀察值排序 (Sort Cases)、排序變數 (B)、轉置 (Transpose)、重新架構 (R)、合併檔案 (Merge Files)、聚合觀察值 / 整合 (Aggregate)、複製資料集 (D)、分割檔案 (Split File)、選擇觀察值 (Select Cases)、觀察值加權(Weight Cases) 等。轉置可將資料檔內容的直行與橫列對調、合併檔案可將二個或多個資料檔合併、聚合觀察值可將一群觀察值聚合並視為單一綜合觀察值來處理。

(五)「轉換」功能表選項

主要在於原始資料算術處理或編碼，主選單內容包括計算變數 (C)、計算觀察值內的數值 (O)、偏移值 (F)、重新編碼 (成同一變數 / 成不同變數)、自動重

新編碼 (A)、Visual Binning (視覺化區段分組)、最適 Binning、等級觀察值 (Rank Cases)、日期和時間精靈 (D)、建立時間數列 (M)、置換遺漏值 (V)、亂數產生器 (Random Number Seed)、執行擱置的轉換 (T) 等。

(六) 「分析」功能表選項

主要在於選取不同統計分析方法，為 SPSS 統計分析的核心。包括母數統計及無母數統計、單變量及多變量等。分析功能表主選單內容主要包括報表 (Reports)、描述性統計 (Descriptives Statistics)、自訂表格 (Tables)、比較平均數法 (Compare Means)、一般線性模式 (General Linear Model)、概化線性模式 (Z)、相關 (Correlate)、迴歸 (Regression)、分類 (Classify)、對數線性 (O)、神經網路 (W)、資料縮減 (Data Reduction)、尺度 (A)、無母數檢定 (Nonparametric Tests)、遺漏值分析 (Missing Value Analysis)、複選題分析 (Multiple Response)、存活分析 (S)、多個搜補 (T)、複合樣本 (L)、品質控制 (Q)、ROC 曲線 (V) 等。

(七) 「統計圖」功能表選項

主要在於繪製各種不同的統計圖形，如條形圖、線形圖、圓餅圖、盒形圖、直方圖、序列圖等。主選單包括圖表建立器 (C)、圖表板樣本選擇器 (G)、歷史對話記錄 (L)。統計圖功能表與 Excel 圖表繪製十分類似，「歷史對話記錄 (L)」主選單中的次選單內容主要包括：條形圖 (Bar)、立體長條圖 (3)、線形圖 (Line)、區域圖 (Area)、圓餅圖 (Pie)、股價圖 (H)、盒形圖 (Boxplot)、誤差長條圖 (Error Bar)、人口金字塔圖 (Y)、散佈圖 / 點狀圖 (S)、直方圖 (Histogram) 等。

(八) 「效用值」/「公用程式」功能表選項

主要在於設定或提供 SPSS 視窗版之界面與環境，如變數資訊、OMS 控制台、OMS 識別碼、資料檔備註、定義變數集、使用變數集、顯示所有變數集、拼字、執行外部應用程式檔 (Run Script)、製作模式作業、自訂對話方塊等，此功能對多數研究者而言甚少使用到。

(九) 「視窗」功能表選項

主要在於各種視窗的切換，PASW 三種視窗的名稱分別為：「PASW 統計資料編輯器視窗」、「PASW 統計語法編輯器視窗」、「PASW 統計瀏覽器視窗」/「PASW 統計檢視器視窗」。

(十)「求助」功能表選項

主要提供各種不同的線上輔助說明及連到 SPSS 首頁，主要選單功能如主題介紹、輔導簡介、案例研究、使用說明、統計教練、指令語法參考、演算法等。

SPSS/PASW 統計分析時三個主要功能表選項：「分析」功能表、「資料」功能表「轉換」功能表。「分析」(Analyze) 功能表為 SPSS 統計分析的主軸，在其內的選項中如果有「▶」符號，表示後面還有次功能表，其中常用統計程序如下：

1.「報表 (P)」及「敘述統計 (E)」選單

「報表」主選單包括 OLAP 多維度報表 (A)、觀察值摘要 (M)、列的報表摘要 (R)、欄的報表摘要 (S)。「敘述統計」(Descriptive Statistics) 選單內包含以下幾個統計程序：次數分配表 (Frequencies)、描述性統計量 (Descriptives)、預檢資料 (E)、交叉表 (Crosstabs)、比率 (Ratio)、P-P 圖 (P)、Q-Q 圖 (Q) 等。「預檢資料 (E)」次選單可進行資料結構的常態性檢定、「交叉表」次選單可進行二個類別變項的卡方檢定或相關考驗。

2.「比較平均數 (M)」選單

「比較平均數法」(Compare Means) 選單內包含以下幾個統計程序：Means (平均數)、One-Sample T Test (單一樣本 T 檢定)、Independent-Sample T Test (獨立樣本 T 檢定)、Pair-Sample T Test (成對樣本 T 檢定)、One-Way ANOVA (單因子變異數分析)。這些程序可以進行平均數的差異檢定。「比較平均數法」主選單對多數研究生而言，使用的頻率很高。

3.「相關 (C)」選單

「相關」(Correlate) 內包含以下幾個統計程序：雙變數 (Bivariate)、偏相關 (Partial)、距離 (Distance) 等。「相關」選單可以求出二個變項間的積差相關係數統計量或等級相關係數統計量，或變項間的淨相關係數統計量。

4.「一般線性模式 (G)」選單

「一般線性模式」(General Linear Model) 選單內包含以下幾個統計程序：單變量 (Univariate)、多變量 (Multivariate)、重複量數 (Repeated Measures)、變異成份 (Variance Components) 等。這些程序可以進行共變數分析、多變量變異數分

析、多因子單變量／多變量變異數分析、相依樣本變異數分析等。「一般線性模式」選單除可進行因子變項之水準數值間平均數的差異檢定外,也可以求出效果值或關聯強度 ω^2、統計檢定之統計考驗力 $(1 - \beta)$ 等參數。

5.「無母數檢定 (N)」選單

「無母數檢定」(Nonparametric Tests) 選單內包含以下幾個統計程序:卡方分配 (Chi-Square)、二項式 (Binomial)、連檢定 (Runs)、單一樣本 K-S 統計 (1-Sample K-S)、二個獨立樣本檢定 (2 Independent Samples)、K 個獨立樣本檢定 (K Independent Samples)、二個相關樣本檢定 (2 Related Samples)、K 個相關樣本檢定 (K Related Samples) 等。無母數檢定的統計方法選單操作為「分析」(A)/ 無母數檢定 (N)/「歷史對話記錄 (L)」。

6.「資料縮減 (D)」選單

「資料縮減」選單內包含以下幾個統計方法:因子 (F)、對應分析 (C)、最適尺度 (O),其中「因子 (F)」統計程序可以進行量表的探索性因素分析,求出量表或測驗的建構效度。

7.「分類 (R)」選單

「分類」(Classify) 選單內包含以下幾個統計程序:二步驟集群分析 (TwoStep Cluster)、K 平均數集群法 (K-Means Cluster)、階層集群分析法 (Hierarchical Cluster)、判別 (區別分析)(Discriminant)、最近鄰法 (N)、樹 (R) 統計法。「分類」選單程序可以進行多變量分析中的集群分析及區別分析。

8.「尺度 (A)」選單

「尺度」(Scale) 選單內包含以下幾個統計程序:信度分析 (Reliability Analysis)、多元尺度分析 (Multidimensional Scaling)(PROXSCAL;ALSCAL) 等,這些程序可進行量表或測驗的信度考驗 (包含內部一致性 α 係數及折半信度係數等) 及進行多元尺度分析 (MDS)。

9.「迴歸 (R)」選單

「迴歸分析」(Regression) 選單內包含以下幾個統計程序:線性 (Linear)、曲線估計 (Curve Estimation)、二元邏輯迴歸 (Binary Logistic)、多項式邏輯迴歸 (Multinomial Logistic)、次序的 (Ordinal)、Probit 分析、非線性 (Nonlinear)、加

權估計 (Weight Estimation)、二階最小平方法 (2-Stage Least Square)、最適尺度 (Optional Scaling) 等。「迴歸分析」選單程序可以進行各種迴歸方法之統計分析等。

10. 「預測 (T)」選單

「預測」分析選單主要用於時間序列分析，次選單內容包括以下幾種：建立模式 (C)、套用模式 (A)、週期性分解 (S)、光譜分析 (T)、序列圖 (N)、自身相關 (A)、交叉相關 (B) 等。

11. 「複合樣本 (L)」選單

「複合樣本」分析選單包括以下方法：選擇樣本 (S)、準備分析 (P)、次數分配表 (F)、描述性統計量 (D)、交叉表 (C)、比率 (R)、一般線性模式 (G)、Logistic 迴歸 (L)、次序迴歸 (O)、Cox 迴歸。

◌ 二、工具列圖示鈕功能

視窗界面除了十一大功能表選單外，也呈現了十九個工具列，如果不知道工具列的功能，只要將滑鼠移到工具列上面，在工具列的下方，會出現該工具列圖示的簡要說明。十九個工具列的功能說明分別為：

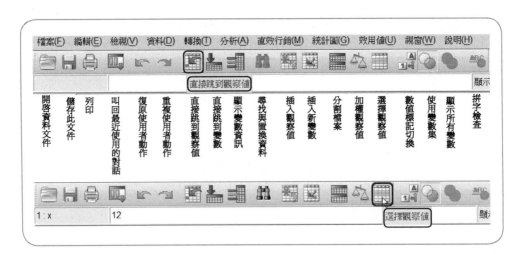

1. ：開啟檔案 (Open File)，圖示鈕的功能為「開啟資料文件」/「開啟語法文件」/「開啟輸出文件」，於不同視窗界面，按此圖示鈕可開啟「開啟

資料」對話視窗 /「開啟語法」對話視窗 /「開啟輸出」對話視窗，三個
視窗相應的內定開啟檔案格式為「PASW Statistics (*.sav)」(資料檔)、「語
法 (*.sps)」(語法檔)、「瀏覽器文件 (*.spv)」(輸出結果檔)。在功能表列
「檔案」(File) 的選項之內，相當於執行「檔案」/「開啟」程序。

2. ：儲存檔案 (Save File)，此圖示鈕顯示的提示文字為「儲存此文件」，
按此圖示鈕直接出現「另存新檔」對話盒，不同視窗界面分別開啟「資料儲
存為」、「另存語法」、「另存輸出」對話視窗，相對應的可將資料檔、語
法檔、結果檔儲存起來。在功能列「檔案」(File) 的選項之內，相當於執行
「檔案」/「儲存」程序。

3.  ：列印檔案 (Print)，直接將開啟視窗的檔案列印出來，按此圖示鈕時，
對話盒的內容會隨著視窗型態：資料檔、語法檔、結果檔或圖形檔的不同而
有所差異。

4.  ：叫回最近使用的對話 / 對話盒記憶 (Dialog Recall)，按此鈕於此工具列
的下方會出現最近使用的對話盒或程序有那些，即最近操作過的程序。

5. 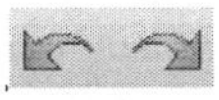 ：復原 (Undo) / 取消復原 (Redo)，視窗操作程序或步驟的復原或取
消復原的動作。

6. 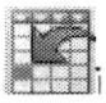 ：直接跳到觀察值，按此鈕會直接開啟「到」(Go to Case) 對話盒，輸
入欲找尋的觀察值，指標會直接跳到此觀察值的所在列。在功能表「編輯
(E)」內的選項中，相當於執行「編輯 (E)」/「直接跳到觀察值 (S)」程序。

7.  ：直接跳到變數，「到 (G)」對話視窗中，有「觀察值」、「變數」二
個對話盒，選取「觀察值」對話盒，也可執行直接跳到某個觀察值的程序，
在功能表「編輯 (E)」內的選項中，相當於執行「編輯 (E)」/「直接跳到變
數 (G)」程序。

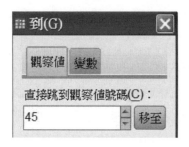 

範例圖示為「直接跳到觀察值」的對話盒,於方格中鍵入 45,表示直接移到滑鼠游標所在欄位的第 45 個 (第 45 位觀察值) 儲存格的位置。	範例圖示為「直接跳到變數」的對話盒,「直接跳到變數 (V)」下的方格為資料檔的變數選單,可按下拉式選單▼選取標的變數。

8. ▦ :變數資訊 (Variables),按此鈕可查詢選擇之變數資訊,包括變數的註解、數值標籤、遺漏值、測量的性質等。

9. 🔍 :尋找 (Find),按此鈕會出現「尋找與置換—資料檢視」對話盒,輸入欲尋找的觀察值內容,可快速找尋此觀察值所在儲存格,此對話盒也可執行資料的置換。在功能表「編輯 (E)」內的選項中,相當於執行「編輯 (E)」/「尋找 (F)」程序,若是執行「編輯 (E)」/「取代 (R)」程序,所開啟的視窗對話與按尋找圖示鈕功具列相同。

10. ▦ :插入觀察值 (Insert Cases),按此鈕可以快速於游標位置,插入一筆新的觀察值 (新增一橫列)。在功能表「編輯 (E)」內的選項中,相當於執行「編輯 (E)」/「插入觀察值 (I)」(Insert Cases) 程序。

11. ☑ :插入新變數 (Insert Variables),按此鈕可以快速於游標位置的左邊位置欄,插入一個新的變數 (新增一直行),變數名稱內定為「VAR00001」。在功能表「編輯 (E)」內的選項中,相當於執行「編輯 (E)」/「插入變數 (I)」(Insert Variable) 程序。

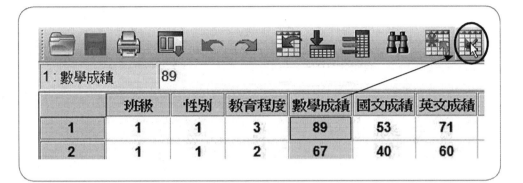

範例中滑鼠游標在「數學成績」變項儲存格上按一下，選取「數學成績」變項。

按『插入新變數』圖示工具鈕，會於「數學成績」變項的左側增列一欄位，欄位的內定的變數名稱為「VAR00001」。

12. ▦：分割檔案 (Split File)，按此鈕可依據某個變項的內容將資料檔垂直分割，分割後的資料檔，會個別進行其統計分析工作，在變異數分析中如要進行單純主要效果考驗，要先根據因子進行檔案分割，或以群體為單位，進行各群體統計量數的計算，要以群體變項將資料檔分割。在功能表列「資料」(Data) 的選項之內，相當於執行「資料」(D)」／「分割檔案 (F)」程序。

13. ⚖：觀察值加權 (Weight Cases)，依據某個變數值來加權 (大多用於次數已事先統計好之表格)，觀察值加權用於次數已整理過數據，可能為二手資料，而非原始建檔數據。在功能列「資料」(Data) 的選項之內，相當於執行「資料 (D)」／「加權觀察值 (W)」程序。

14. ▦：選擇觀察值 (Select Cases)，只選擇符合設定之條件的觀察值來進行統計分析工作，如研究者只要選取北區的高職學生作為標的分析對象，可以利用選擇觀察值的功能來選取符合條件的觀察值。在功能列「資料」(Data) 的

選項之內,相當於執行「資料 (D)」/「選擇觀察值 (S)」程序。

15. 📊：數值標記 (Value Lables),數值標記設定內容是否呈現,如學生性別變項可出現 1、2 或出現其數值註解「男生」、「女生」。在功能列「檢視」(View) 的選項之內,相當於執行「檢視 (V)」/「數值標記 (V)」程序。

	班級	性別	教育程度	數學成績	國文成績	英文成績
49	1	2	3	52	92	66
50	1	2	2	49	88	43
51	2	1	3	96	41	88
52	2	1	3	81	91	76

資料檔中人口變項「班級」、「性別」、父親「教育程度」均以數值資料鍵入,三個人口變項於「變數檢視」工作視窗中增列各水準數值代表的群體。

	班級	性別	教育程度	數學成績	國文成績	英文成績
49	甲班	女生	專科	52	92	66
50	甲班	女生	大學	49	88	43
51	乙班	男生	專科	96	41	88
52	乙班	男生	專科	81	91	76

按『數值標記』圖示工具鈕,資料檔中三個人口變項 / 背景變項的數值切換到水準數值設定的標記,如「班級」變項中水準數值 1 為甲班、水準數值 2 為乙班,「性別」變項中水準數值 2 為女生、水準數值 1 為男生,父親「教育程度」變項中水準數值 3 為專科、水準數值 2 為大學 (水準數值 1 為研究所以上)。

16. ⬤：使用變數集,按此鈕可用來設定那些變數要出現在統計分析的變數清單中。

貳、PASW 語法編輯視窗

語法編輯視窗 (SPSS/PASW Statistics Syntax Editor) 可儲存各程序執行時按下『貼上之後 (P)』鈕轉換之程式語法檔，此功能與早期 PC 版之編輯視窗相近，不過在語法編輯視窗也提供下拉式的輔助功能表及其對話盒，供使用者操作。

各主要對話視窗中，一般會有五個按鈕：『確定』、『貼上之後 (P)』、『重設 (R)』、『取消』、『輔助說明』。於各主要對話視窗中按『貼上之後 (P)』鈕後，會將主對話視窗中的設定轉為語法程式，並將語法程式貼於「PASW 統計語法編輯器」(PASW Statistics Syntax Editor) 中，研究者可進一步就語法內容加以編修。視窗界面中為執行人口變項「sex」(性別)、「edu」(教育程度) 的次數分配表語法。

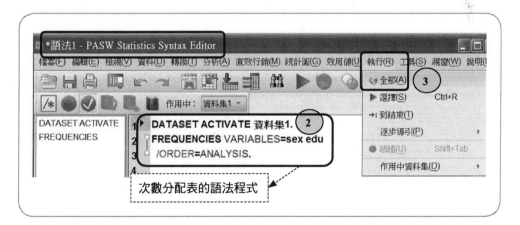

語法編輯視窗提供的功能表包括十三項：「檔案 (F)」、「編輯 (E)」、「檢視 (V)」、「資料 (D)」、「轉換 (T)」、「分析 (A)」、「直效行銷 (M)」、「統計圖 (G)」、「效用值 / 公用程式 (U)」、「執行 (R)」(Run)、「工具 (S)」、「視窗 (W)」、「說明 (H)」等。與上述統計資料編輯器視窗最大的差別在於增列「執行 (R)」及「工具 (S)」功能表。「執行 (R)」功能表下拉式選單中，包括幾

項：「全部 (A)」(執行全部的語法程式)、「選擇 (S)」(只執行選取的語法程式)、「到結束 (T)」(自游標所在列的語法程式開始執行，直到結束)、「逐步導引 (P)」(執行游標所在列的語法程式，從開端或從目前開始)。

當執行各程序時，按下『貼上之後 (P)』鈕會直接將語法程式呈現語法編輯程式；此外，如要開啟舊的語法檔或建立新的語法檔視窗，可執行功能表：

檔案 (F)	檔案 (F)
開啟新檔 (N)	開啟
語法 (S)	語法 (S)

在語法編輯視窗，也可以開啟資料檔或結果檔：執行功表能列「檔案 (F)」/「開啟」/「資料 (A)」程序或執行功表能列「檔案 (F)」/「開啟」/「輸出 (O)」程序。

參、結果輸出檔

當研究者執行「分析」各項程序後，會直接將其結果呈現於「PASW 統計瀏覽器」視窗中，統計結果瀏覽器視窗之物件可以列印、編修或儲存。PASW 統計瀏覽器視窗包括以下幾項主功能選項：檔案 (F)、編輯 (E)、檢視 (V)、資料 (D)、轉換 (T)、插入 (I)、格式 (F)、分析 (A)、直效行銷 (M)、統計圖 (G)、效用值 (U)、視窗 (W) 及說明 (H) 等幾項，統計結果檢視視窗功能表與統計資料編輯器視窗功能表大同小異。

PASW 統計瀏覽器視窗界面劃分為二大部份，左半部為樹狀結構，其功能與操作很像微軟作業系統中的「檔案總管」，而右半部為樹狀結構項目的內容。PASW 統計瀏覽器結果檔案存檔時可以直接存檔，結果檔案存檔的副檔名內為「*.spv」；結果檔案中的物件表格、圖或文字可以使用一般「複製」及「貼上」功能，直接將表格物件複製拷貝到微軟 Word 視窗界面，也可以將全部統計結果表格，以「匯出 / 輸出」(Export) 方式將之轉換成以下幾種型態檔案：「HTML file (*.htm)」、「Text file (*.txt)」、「Excel file (*.xls)」、「Word/RTF file (*.doc)」、「可攜式文件格式 (*.pdf)」等。在實務應用上，PASW 統計檢視

輸出結果，通常以匯出為微軟 Word 軟體的文件型態「Word/RTF file (*.doc)」最多。

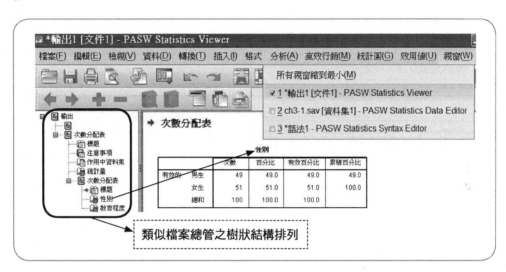

功能表中的「視窗 (W)」選項可以切換已開啟的各種視窗，包括「[資料集 X]-PASW Statistics Data Editor」資料編輯視窗、「[文件 X]-PASW Statistics Viewer」統計分析結果檢視視窗、「[語法 X]-PASW Statistics Syntax Editor」語法編輯視窗。「輸出 X[文件 X]-PASW Statistics Viewer」統計分析結果檢視視窗中的每個表格或文字可以個別複製到微軟 Word 或 Excel 套裝軟體文件中，其操作為：選取表格或圖物件，按右鍵出現快顯功能表，選取『複製』鈕；切換到微軟 Word 或 Excel 套裝軟體文件中，按右鍵出現快顯功能表選取『貼上』鈕。

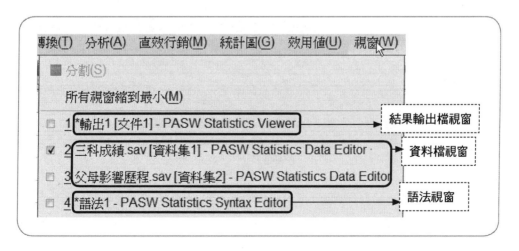

PASW 統計軟體可以同時開啟二個以上的資料檔、語法檔、輸出結果檔，範例圖示為視窗界面中同時開啟「三科成績 .sav」、「父母影響歷程 .sav」二個資料檔，資料檔前面有勾選「☑」者表示目前為作用中的資料檔，資料檔後面的 [資料集 1]、[資料集 2] 的附註，為使用者開啟的先後順序。三種檔案前面如增列「*」符號，表示檔案尚未存檔或增刪後未存檔，如「*輸出 1[文件 1]」、「*語法 1」二個型態的檔案表示尚未存檔。

第二節　統計資料檢視器視窗

「PASW 統計資料編輯器視窗」(PASW Statistics Data Editor）工作表包括「資料檢視」(Data View) 與「變數檢視」(Variable View) 二個工作表視窗。「資料檢視」工作表為原始資料鍵入之視窗，「變數檢視」工作表為設定變數內容的視窗，包括變數名稱、變數類型、寬度 (位數或字元數)(Width)、數值小數位數、標記/變數註解 (Label)、水準數值註解、遺漏值、資料對齊、儲存格欄寬 (Columns)、測量量尺 (Measure)、角色等。「資料檢視」工作表與「變數檢視」工作表不能移動，也不能重新命名或刪除。

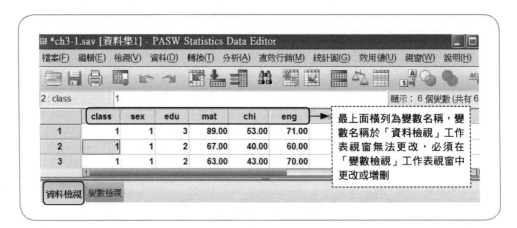

壹、「資料檢視」工作表視窗

「資料檢視」工作表視窗的大部份功能和微軟 Excel 試算表大同小異，如：

(一) 插入新的欄位 (插入新的變數)

　　選取直欄變數，執行功能表「編輯 (E)」/「插入新變數 (I)」，會於原先變數的左邊欄出現一個新變數名稱，如「VAR00001」，可切換到「變數檢視」工作表視窗，更改變數名稱及變數屬性；此外，也可以於「變數檢視」工作表視窗中，在「名稱」直欄中的空白儲存格直接連按滑鼠左鍵二下，直接鍵入變數名稱 (在「名稱」欄之儲存格上按一下為選取狀態，再按一下為編修狀態)，於「變數檢視」工作表中視窗中，選取橫列變數名稱，執行功能表「編輯 (E)」/「插入新變數 (I)」，會於原先變數的上方列出現一個新變數名稱，如「VAR00002」，新變數名稱的內定出現順序為「VAR00001」、「VAR00002」、「VAR00003」，等。

(二) 插入新的一橫列 (插入新的觀察值)

　　選取橫列觀察值，執行功能表「編輯 (E)」/「插入觀察值 (I)」程序，會於原觀察值上方增列一位空白的橫列，新觀察值在每個變數的數據資料內定為「.」系統遺漏值。範例資料檔為點選第三筆橫列資料 (受試者 S3)，選取快顯功能表「插入觀察值 (I)」選項後的畫面，於受試者 S3 觀察值的上面新增一筆空白橫列，變項型態為「數字的」之變數，變數的儲存格出現「.」符號，型態為「字串」變數者則保留空白。

	受試者	X1	X2	X3	Y
1	S1	10	7	6	14
2	S2	12	15	11	13
3	.	.	.	.	.
4	S3	8	6	8	9

(三) 刪除橫列 (觀察值) 或直欄 (變數)

　　選取橫列 (一筆或多筆觀察值) 或直欄 (變數名稱)，執行功能表「編輯 (E)」/「清除 (E)」程序，可以將選取的觀察值或變數直接刪除掉。如果研究者要選取多個不連續的變項或觀察值，在選取第二個變項或觀察值時，同時按下『Ctrl』鍵。

(四) 直接跳到某觀察值

執行功能表「編輯 (E)」/「直接跳到觀察值 (S)」程序，開啟「到 (G)」對話視窗，在「直接跳到觀察值號碼 (C)」提示文字下方輸入標的觀察值的編碼數值，如「20」，按『移至』鈕，滑鼠指標會快速跳至第 20 位觀察值 (第 20 份問卷) 處。

(五) 尋找儲存格中的數值 (在變數中找尋資料)

選取直欄變數的所有資料檔 (在變數儲存格中按一下滑鼠左鍵)，執行功能表「編輯 (E)」/「尋找 (F)」程序，開啟「尋找與置換 - 資料檢視」對話視窗，在「尋找 (N)」提示語右邊的空格內輸入標的數值，若是變數資料檔中找尋到標的數值，資料檔標的數值的儲存格會反白，研究者可按『找下一筆』鈕繼續尋找，或勾選「☑ 置換 (E)」選項，於「置換為」右邊空白輸入新的數值，進行資料的置換。

「編輯 (E)」/「尋找 (F)」程序可以找到相關的數值，如學生性別變數中，數值註解內 1 為男生、2 為女生，如果出現 3 可能鍵入資料時發生錯誤，執行功能表「分析 (A)」/「敘述統計 (E)」/「描述性統計量 (D)」程序或「分析 (A)」/「敘述統計 (E)」/「次數分配表 (F)」程序，可獲知變數數值的最大值、最小值或數值之次數統計分配情形，包括變數水準數值之次數及其百分比，如果在學生性別變數中發現有 3 以上的數值出現，解決方法有二：一為將 3 以上的數值設為遺漏值；二為執行功能表「編輯 (E)」/「尋找 (F)」程序，找出 3 以上的數值及其對應的問卷編號，核對原始問卷，將其更改為正確的數字。

PASW 視窗之「資料檢視」工作表視窗界面和微軟 Excel 試算表二者之間主要的差別在於以下幾點：

⊃ 一、列 (橫的) 的數值

代表觀察值，每一橫列代表一位受試者或一筆觀察值、如一位問卷填答者資料。因而每份問卷或每位受試者填答的資料，需佔一橫列。受試者資料與變項名稱位置如下：

內定值	變項名稱一	變項名稱二	變項名稱三	‧‧‧‧‧
1	受試者一 (S1)	受試者一 (S1)	受試者一 (S1)	‧
2	受試者二 (S2)	受試者二 (S2)	受試者二 (S2)	‧
3	受試者三 (S3)	受試者三 (S3)	受試者三 (S3)	‧
4	受試者四 (S4)	受試者四 (S4)	受試者四 (S4)	‧
5	受試者四 (S5)	‧	‧	‧

⊃ 二、欄 (直的) 的變項

代表一個變項或一個要測量的特質，也就是變項名稱 (每欄的第一個儲存格定要為變數名稱)，如「學生年級」、「學生性別」、「教師性別」、「家庭狀況」、「數學成就」等，變項名稱的命名要與原問卷題項作有機的連接。不論是名義變項、次序變項或等距變項，如果是「單選題項」，每個「題項」即佔一欄，亦即每個題項均單獨成一個變數名稱；如果是複選題或填入重要性程度的題項，每個「選項」均單獨為一個變數名稱，如果一個題項內有五個選項，則有五個變數名稱，如：

題項 1：您認為視導人員進行教室觀察時，應包含那些內容？(請複選)

□ 1. 教學計畫	□ 2. 教室氣氛
□ 3. 班級管理	□ 4. 教學評量
□ 5. 教學活動	□ 6. 輔助教材與教具的使用
□ 7. 師生互動	□ 8. 情境佈置

則題項 1 在變數命名上，包括八個變數名稱，如 A1M1、A1M2、A1M3、A1M4、A1M5、A1M6、A1M7、A1M8，「A1」表示第一題，「MX」表示第幾個選項，資料建檔時有勾選的選項鍵入「1」、沒有勾選的選項鍵入「0」，統計分析時可計算 1 的次數及百分比。

上述題項編碼及假設二筆資料如下：

編號	‧	A1M1	A1M2	A1M3	A1M4	A1M5	A1M6	A1M7	A1M8	‧
001		1	0	1	1	1	0	0	1	
002		0	1	0	0	1	1	1	0	

在一份高中職學校行政主管時間管理問卷中，其第四題為主管時間運用之困擾因素的調查 (陳明華，民 93)：

四、困擾因素

在工作上，時常會影響您對時間管理的困擾因素有那些？(可複選，至多選五項) 請在□內打 "✓"

□ 1. 對許多事承諾太多無法拒絕。

□ 2. 書面資料及公文處理費時。

□ 3. 權責不清，不易做決定。

□ 4. 經常缺乏計畫，手忙腳亂。

□ 5. 工作經常拖延，無法依原訂進度執行。

□ 6. 電話干擾不斷。

□ 7. 不速之客造訪。

□ 8. 與人溝通協調，佔用太多時間。

□ 9. 許多事須親自處理，授權不易。

□ 10. 經常參加會議及各項活動。

□ 11. 學校偶發事件處理。

□ 12. 上級長官臨時交辦事項。

□ 13. 同仁沒有時間管理觀念。

□ 14. 家庭問題。

上述困擾因素調查之變項建檔與複選題一樣，因有十四個選項須建立十四個變項名稱如：B4M1、B4M2、B4M3、……、B4M12、B4M13、B4M14，勾選的其中五個選項，數值鍵入 1；沒有勾選者全部鍵入 0。

PASW 版本之資料的建檔與變數名稱的命名與先前的版本差異不大。變數名稱必須符合下列規則：

(一) 英文字母作為變數起始字元

名稱必須要以英文字母開頭 (a-z)，其餘的字母可以是任何字母、數字、句點或 @、#、_ 或 $ 符號。如果是以數字開頭，電腦會出現「變數名稱的第一個

字元不合法。」(Variable name contains an illegal first character) 警告視窗。

(二) 不可以句點 (·) 作為變數名稱結束符號

變數名稱不可以用句點作為結束，變數名稱應避免以底線作為變數名稱的結尾 (以免跟某些程序自動建立的變數互相衝突)。如以「·」作為變數結束字元，則電腦會出現「變數名稱含有一個不當的末字元。」(Variable name contains an illegal last character) 警告視窗。

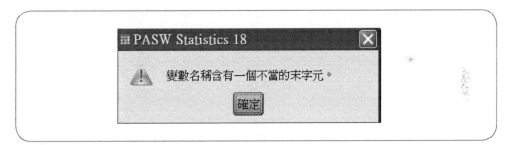

(三) 不能使用空格或特殊字元

變項名稱不可使用空格和特殊字元，如！、？、*。如果變數的名稱包含空格或不合規定的特殊字元，電腦會出現「變數名稱含有不合法的字元。」(Variable name contains an illegal character) 的警告視窗。

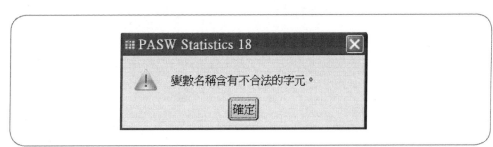

(四) 變數名稱不可重複

　　每個變數名稱都必須是唯一的，不能有二個變數名稱一樣，亦即變數名稱不能重複。變數名稱不區分大小寫，如 STUsex、stuSEX、stusex 均視為一樣。如果新鍵入的變數名稱已存在，則電腦會出現「變數名稱複製一個現有的變數名稱。」(The variable name duplicates an existing variable name) 的警告視窗。

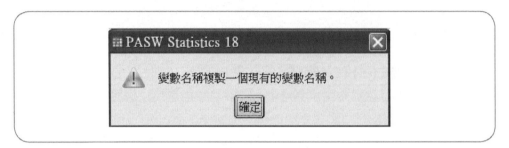

(五) 不能以 **SPSS** 保留字作為變數名稱

　　SPSS 的保留字 (reserved keywords) 不能作為變數名稱，這些保留字如：ALL、NE、EQ、TO、LE、LT、BY、OR、GT、AND、NOT、GE、WITH 等，如果在鍵入變數名稱或更改變數名稱使用到這些保留字，電腦會出現「名稱含有保留字。」(Name contains a reserved word) 的警告視窗。

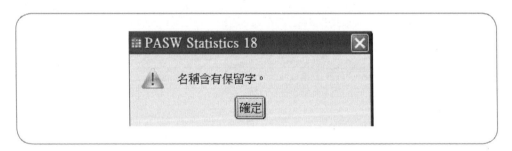

　　如果為複選題，則有勾選的選項輸入 1、沒有勾選的選項輸入 0，將來統計分析時，計算八個選項變數名稱被受試者勾選為 1 的次數及百分比，執行功能表列「分析 (A)」/「敘述統計 (E)」/「次數分配表 (F)」程序即可。

　　如果是直接寫出重要性等級的題項，其變數編碼與複選題一樣，每個「選項」均為一個變數，如：

題項 11：您認為視導人員進行教室觀察時，優先的順序如何？(請填數字，1 為最重要、2 次要，以此類推)

□教學計畫	□教室氣氛
□班級管理	□教學評量
□教學活動	□輔助教材與教具的使用
□師生互動	□情境佈置

　　八個選項變數數值為 1 至 8，如果有受試者只填三個，則沒有填答部份可給予數值 4；如果受試者只填五個，則沒有填答部份可給予數值 6，將來統計分析時，執行功能表列「分析 (A)」／「敘述統計 (E)」／「描述性統計量 (D)」程序，從輸出結果檢核八個變數名稱的平均數高低，依平均數高低排列，平均數最低者為全體受試者認為第一重要的項目；平均數次高者為全體受試者認為第二重要項目，從「平均數」的高低可以看出八個選項被選填的重要性程度。

○ 三、儲存格

　　代表每位觀察值在每個變數名稱所呈現的數值，除有效數值外，也可能是遺漏值。和試算表不同的是「資料檢視」工作表中儲存格的內容是原始資料，不包含公式，如執行功能表「轉換 (T)」／「計算變數 (C)」程序，增列求得的新變數也是一個數值資料，內容不會出現原始公式 (即變成一個新資料)，原始儲存格數值資料修改，進行數值算術運算之儲存格中的數值不會跟著更改，變數欄內的資料檔沒有執行功能表「轉換 (T)」／「計算變數 (C)」程序，儲存格的數值資料不會變動。

　　大量資料建檔時，由於按鍵關係，可能會有錯誤的數值出現，如量表為李克特五點量表，最小值為 1、最大值為 5，但研究者建檔時可能有超出 5 之極端值出現，因而在執行轉換、層面加總及各種統計分析程序之前，要先檢核儲存格數值資料，其中一個最簡單的方式，即是執行或「分析 (A)」／「敘述統計 (E)」／「次數分配表 (F)」程序，可看出各選項被勾選的次數及百分比。以下為有五個題項的李克特量表，量表採用五個選項型態，120 位受試者填答結果，可以清楚看出第三題 (A3) 出現二個錯誤值，分別為 15、23，次數各一次，從次數分配表可以得知有二位受試者在第三題的填答有問題，應加以修改或將其設為遺漏值。

【學習壓力量表】	完全不符合	少部份符合	一半符合	大部份符合	完全符合
	1	2	3	4	5
1. 我擔心考試成績會落後其它同學很多。[A1]	☐	☐	☐	☐	☐
2. 我擔心考不好，家人會責備我。[A2]	☐	☐	☐	☐	☐
3. 我盡力了，但考試成績卻很差，感到壓力很大。[A3]	☐	☐	☐	☐	☐
4. 只要一想到考試，我就害怕起來。[A4]	☐	☐	☐	☐	☐
5. 我會擔心考試成績沒有達到老師的標準。[A5]	☐	☐	☐	☐	☐

第 1 題 [A1] 次數分配表

		次數	百分比	有效百分比	累積百分比
有效的	1	24	20.0	20.0	20.0
	2	21	17.5	17.5	37.5
	3	22	18.3	18.3	55.8
	4	31	25.8	25.8	81.7
	5	22	18.3	18.3	100.0
	總和	120	100.0	100.0	

　　第一題 (A1) 的填答在 1 至 5 間，沒有異常的數值出現。因為採用填答的方式為李克特五點量表法，所以應有五個選項數值：1、2、3、4、5。如果選項數值的最大值超過 5 或最小值小於 1，表示研究者鍵入的原始數據資料有錯誤。

第 3 題 [A3] 次數分配表

		次數	百分比	有效百分比	累積百分比
有效的	1	21	17.5	17.5	17.5
	2	25	20.8	20.8	38.3
	3	17	14.2	14.2	52.5
	4	20	16.7	16.7	69.2
	5	35	29.2	29.2	98.3
	15	1	.8	.8	99.2
	23	1	.8	.8	100.0
	總和	120	100.0	100.0	

第三題的填答資料出現一個數值「15」、一個數值「23」，這二個數值皆是異常值或無效值，研究者應對照原始問卷將其更改，或直接將其設為遺漏值。如果資料未進行檢核工作，如有錯誤之數值可能會影響日後統計分析之正確性，尤其當異常值數值愈大，進行有關平均數差異考驗時，則統計分析的偏誤會愈大。

貳、「變數檢視」工作表視窗

PASW 統計資料編輯視窗包含「資料檢視」工作表視窗與「變數檢視」工作表視窗，二個工作表視窗是資料檔輸入的主要界面。「變數檢視」工作表視窗的主要功能在於變數的增列及變數屬性的設定，包括修改變數名稱、設定變數的類型及小數點位數、增列變數標記、遺漏值的設定、水準數值的設定及測量尺度的設定等。

	名稱	類型	寬度	小數	標記	值	遺漏	欄	對齊	測量	角色
1	class	數字的	11	0	班級	無	無	6	靠右	尺...	輸入
2	sex	數字的	11	0	性別	{1, 男生}...	無	5	靠右	尺度(S)	輸入
3	edu	數字的	11	0	教育程度	{1, 研究所...	無	5	靠右	次序的(O	輸入
4	mat	數字的	11	2	數學成績	無	無	6	靠右	名義(N)	輸入
5	chi	數字的	11	2	國文成績	無	無	5	靠右	尺度(S)	輸入
6	eng	數字的	11	2	英文成績	無	無	6	靠右	尺度(S)	輸入

「變數檢視」工作表的變數欄位及屬性，包括以下各項：變數「名稱」的界定、變項「類型」的設定、「寬度」、數值變數「小數位數」的設定、變數「標記」的增列、變數「水準數值」的設定、使用者定義的「遺漏值」、變項「直欄」寬度大小的設定、「測量」量尺尺度的設定、資料的「對齊」與「角色」設定等。

○ 一、「名稱」欄位功能

使用者自訂之變數名稱，如「班級」、「學生性別」「教育程度」、「數學成績」、「國文成績」、「英文成績」等，變數名稱須符合變數名稱的命名

規則。若是直接在「PASW 統計資料編輯器」視窗中執行功能表「編輯 (E)」/「插入變數 (I)」程序，可插入新的變數名稱，內定的變數名稱為 VAR00001、VAR00002、VAR00003 等。修改變項名稱時，直接在「名稱」欄儲存格上連按二下，可以直接編修變項名稱。變數名稱的設定中，要以英文或中文界定變數名稱，由研究者根據自己的喜好自行決定，就一般問卷調查的變數設定，人口變項 / 背景變項的名稱以中文界定較為方便，至於量表題項則以英母字母為起始作有機的排列，量表中構面 / 向度 / 層面名稱則以中文界定。以中文界定的變數不用再增列變項的「標記」。

二、「類型」欄位功能

變數的類型，常見者為「數值型」或「字串」。操作時在「類型」中要更改的儲存格內「數字的」右邊按一下，會出現『…』符號，按此符號鈕會出現定義變數類型對話視窗。「定義變數類型」視窗包含下列幾種型式：「數值型 (N)」、「逗點 (C)」、「點 (D)」、「科學記號 (S)」(Scientific notation)、「日期 (A)」、「元符號」、「自訂貨幣 (U)」(Custom currency」、「字串」(String)，內定的變數類型選項為「◉ 數值型 (N)」。

　　研究者在問卷資料鍵檔設定時，最好將「變數類型」設成「數值型 (N)」型態，對於數值變數，研究者可以輸入任何帶有小數點位數的值，且整個數值都會被存入。「資料檢視」工作表視窗僅顯示小數位數的定義數字，並將超出位數的數值自動四捨五入，實際計算時，仍以原始完整的數值為主 (此功能與 Excel 小數位數的增刪與計算相同)。如果資料檔的變項有文字內容，可將變項之變數類型設定「◉ 字串」。

　　在實際的調查研究、相關研究或實驗研究中，所搜集的資料除學業成就等少數變項需要鍵入小數點外，其餘多數的資料如背景資料、複選題、李克特量表題項均不需要使用小數點，如果研究者想要事前設定新變數的寬度及小數點的位數，則可以執行以下程序：「編輯 (E)」(Edit) /「選項 (I)」(Options)，出現「選項」對話視窗，按『資料』次視窗，於「新數值變數的顯示格式」(Display Format for New Numeric Variables) 方盒中設定新變數的寬度及小數點的位數，內定的寬度為 8、二位小數點。「小數位數」(Decimal Places) 後面的數字為小數點的位數，可以點選後面的▲上、▼下符號調整或直接鍵入數字，如果將小數點的位數設為 0，則將來設定鍵入資料，所有變數資料就不會出現小數點。

⊃ 三、「寬度」欄位功能

自訂位數或字元數的寬度。內定的字元位數是 8，此欄位在數據資料建檔時一般不用更改，「寬度」欄的數值並不是變項直行的寬度大小，變項直行的欄度設定要從「欄」中的數值更改。

⊃ 四、「小數」欄位功能

自訂儲存格的小數位數為多少位。操作時在小數欄位上按一下，會出現增減小數位之控制上下三角鈕，調整 ▲▼ 上下三角鈕，數字會跟著改變，內定選項的小數位數為二位小數。

⊃ 五、「註解」或「標記」欄位功能

為變數名稱的註解，如變數「EDU」的註解為「教育程度」、變數名稱「SEX」的註解為「學生性別」、「M_SCORE」的註解為「數學成績」。操作時直接在「標記」欄中儲存格填入變數名稱的敘述性註解（中英文均可以），在儲存格上連按二下 (按一下是選取儲存格，按二下可鍵入、增刪或修改儲存格的內容)，SPSS PASW 版在儲存格按一下可直接修改變數名稱，變數註解的長度可達 256 個字元以上。變數名稱如果加上註解，在統計分析程序或數值運算等變數清單中，會出現「變數標記 [變數名稱]」的表示符號，如「教育程度 [EDU]」、「學生性別 [SEX]」、「數學成績 [M_SCORE]」等。在實務資料數據的建檔中，變數名稱與變數標記儘量簡潔明確，最好不要超過 8 個中文字元，若是以中文型態設定人口變項 / 背景變項，則不要再增列變數的標記，如人口變項中的學生性別，研究者以「學生性別」名稱來界定此變項，就不用再以標記欄相對應的儲存格設定變數的說明。

⊃ 六、「數值」欄位功能

數值內容的註解，如學生性別變數，水準「數值」內容等於「1」時，數值註解為「男生」；水準「數值」內容等於「2」時，數值註解為「女生」。操作時在「變數」列要更改的儲存格內「數值」欄右邊按一下，會出現『…』符號，按此符號鈕會出現「數值註解」對話視窗。在「值 (A)」(Value:) 的右邊方盒鍵

入數值如「1」，在「標記 (L)」右邊方盒鍵入數值 1 註解的說明如「男生」，按『新增』鈕，中間的方盒會出現「1 = " 男生 "」的註解；重複此程序，在「值 (A)」的右邊方盒鍵入數值「2」，在「標記 (L)」的右邊方盒鍵入數值 2 註解的說明「女生」，按『新增 (A)』鈕，中間的方盒會出現「2 = " 女生 "」的註解。

選取中間方盒內的數值註解選項，可以執行『變更 (C)』(Change) 或『移除 (R)』(Remove) 程序。

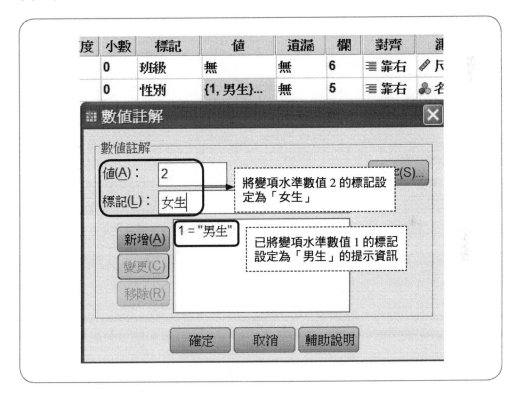

水準數值註解或標記特別適用於背景變項及人口變項，當背景變項的水準數值較多時，增列各水準數值的中文標記說明有助於輸出結果的解讀。如「婚姻狀態」變項的編碼值中 1 表示「喪偶組」、2 表示「離異組」、3 表示「未婚組」、4 表示「已婚組」，加水準數值註解後，在輸出結果表格中會直接出現「喪偶組、離異組、未婚組、已婚組」的群組名稱，如果沒有界定增列各水準數值註解，則輸出結果報表會直接出現 1、2、3、4 四個編碼值來代表喪偶組、離異組、未婚組、已婚組四個組別。

在輸出結果檢視視窗，若要同時出現水準數值與水準數值標記，其操作如

下：執行功能表「編輯 (E)」/「選項 (I)」程序，開啟「選項」對話視窗，切換到『輸出標記』對話盒，於對話盒最下方「標記中的變數值顯示為 (E)」提示語的下方選單中選取「值與標記」，按『確定』鈕。

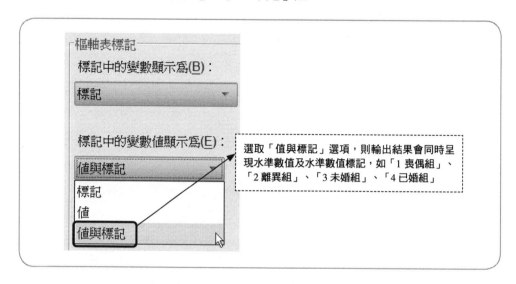

七、「遺漏值」欄位功能

將資料數值設定為使用者遺漏值 (Missing)。所謂遺漏值是受試者未填答時，研究者自行鍵入的資料，如五點式李克特量表，受試者在第 15 題題項未填答，則研究者在鍵入資料時，可鍵入為 9，於統計分析時，第 15 題題項變數的數值 9 如設定為遺漏值，則分析時此題不會納入統計分析的資料之中，一般在遺漏值的設定上，常以「9」或「99」作為受試者在李克特量表上未填答的資料 (因為李克特量表法很少採用九點量表法)，而以「999」作為學業成就上未填答的資料 (學業成就或標準化成就測驗很少有 999 分出現)。操作時在「變數」列與「遺漏」欄的儲存格內按一下，會出現『…』符號，按此符號鈕會出現「遺漏值」的對話視窗。

在『離散遺漏值』(個別遺漏值) 方盒中，使用者可以設定三種個別獨立的遺漏值，如鍵入資料時，常將未填答者以『0』、或『9』代替，在統計分析時此二個數值即可設定為「遺漏值」。

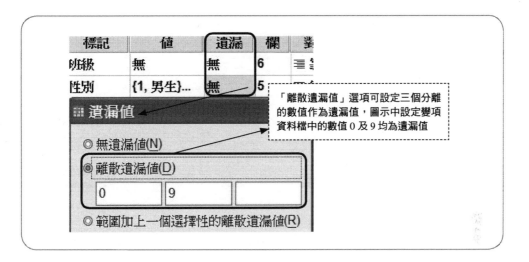

在「遺漏值」(Missing Values) 對話視窗中，有三個設定：「無遺漏值 (N)」(No missing values) 為內定選項，表示變數中沒有設定遺漏值；「離散遺漏值 (D)」(Discrete missing values)(間斷或離散遺漏值的設定)，可設定三個間斷的遺漏值、「範圍加上一個選擇性的離散遺漏值 (R)」(Range plus one optional discrete missing value」，可設定一個範圍內的遺漏值，另外，可再增列一個間斷的遺漏值。『⊙ 範圍加上一個選擇性的離散遺漏值 (R)』選項，可以設定一個範圍值為「遺漏值」，如學生性別數值內只有 1 (男生)、2 (女生)，資料鍵入後執行功能表「分析 (A)」/「敘述統計 (E)」/「次數分配表 (F)」程序，輸出結果發現也有 3、4、5、8 的數值，使用者可以將此四個數值設定為「遺漏值」，勾選『⊙ 範圍加上一個選擇性的離散遺漏值 (R)』選項，『低 (L)』提示語的右方鍵入『3』；『高 (H)』提示語的右方鍵入『5』，『離散值 (S)』(個別值) 鍵入『8』。表示學校性別變項的水準數值 3 至 5 均為遺漏值，此外，數值 8 也為遺漏值。

李克特五點量表題項中，每個題項之選項的水準數值通常編碼為 1 至 5，數值超過 6 以上者均為無效數值，若是未答者，研究者以數值 0 表示，則變項遺漏值的設定，範圍為 6 分至 999 分均為遺漏值、0 分數值也為遺漏值，設定的界面如下：

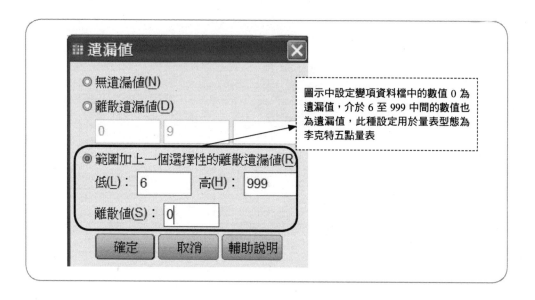

圖示中設定變項資料檔中的數值 0 為遺漏值，介於 6 至 999 中間的數值也為遺漏值，此種設定用於量表型態為李克特五點量表

⊃ 八、「欄」欄位功能

　　直行寬度儲存格大小的設定。直接在變數列對應之「欄」(Columns) 中的儲存格加以調整其數字大小或回到資料檢視視窗，直接拉曳變數右上方欄邊界也可以 (同 Excel 調整欄的寬度一樣，直接拉曳欄右上方的邊界線)。直行格式只會影響資料編輯視窗中數值的顯示，因而雖然變更直行的欄寬度值大小，卻不會變更變數的定義寬度與數值內容。

⊃ 九、「對齊」欄位功能

　　設定資料檢視視窗中儲存格對齊 (Align) 的方式。對齊方式有『左、右、中』三種，選項清單選項提示語為「靠右」、「靠左」、「置中」。「靠左」選項 (Left) 表示儲存格內的值向左對齊、「靠右」選項 (Right) 表示儲存格內的值靠右對齊，「置中」選項 (Center) 表示儲存格內的值置中對齊。儲存格數值的對齊方式不會影響資料統計分析的結果，資料建檔時研究者可以直接採內定選項，不用更改。

⊃ 十、「測量」欄位功能

　　定義變數的屬性，內有三種屬性選項，分別為『尺度的』(Scale) 變數、『次序的』變數、『名義的』(Ordinal) 變數。問卷各題項的變項屬性設定，使用者如

果都將其設定為『尺度的』變數,也不會影響統計分析結果。由於三種不同變數屬性的圖示不同,為便於統計分析變數的操作,研究者最好加以界定,其中基本資料的部份(背景變項)視其性質定義為「名義的」或「次序的」變數,如將其設為「尺度的」測量屬性也可以。

名義變數圖示 (間斷變數)	次序變數圖示 (間斷變數)	尺度變數圖示 (計量變數)
♣ 名義(N)	▥ 次序的(O)	✎ 尺度(S)

第三節 問卷資料鍵入的實例

範例中以學生「父母影響歷程感受問卷」為例,說明各種變數設定及資料檔鍵入的方法。

第一部份──基本資料

( ) 1. 你的年級? ①國小四年級 ②國小六年級 ③國中二年級

( ) 2. 你的性別? ①男生 ②女生

( ) 3. 你數學老師的性別? ①男老師 ②女老師

( ) 4. 你在家的生活情形是? ①只有和父親住在一起 ②只有和母親住在一起
　　　③和父母親住在一起 ④和其他長輩住在一起

( ) 5. 你上學期的數學成績等第為? ①丙以下 ②乙 ③甲 ④優

第二部份──父母影響歷程量表

	非常不同意 ←→ 非常同意				
	1	2	3	4	5
1. 父母親對我的成績從來沒有滿意過。	□	□	□	□	□
2. 我想我在學校已經表現很好了,但父母總認為我還可以表現得更好。	□	□	□	□	□
3. 考試成績不好時我怕回家。	□	□	□	□	□
4. 考試只有考一百分父母才會高興。	□	□	□	□	□
5. 父母親對我的期望太高。	□	□	□	□	□

6. 父母總認為我在學校還沒有盡力。　□ □ □ □ □

7. 做回家作業時，父母會給我很多壓力。　□ □ □ □ □

8. 如果父母親不那麼嚴格，上學會更令人愉快。　□ □ □ □ □

9. 好成績使我興奮，因為我知道那會使父母高興。　□ □ □ □ □

10. 我在學校表現很好，其中父母的幫忙很大。　□ □ □ □ □

11. 我和父母親相處得非常好。　□ □ □ □ □

12. 父母親期望我讀大學。　□ □ □ □ □

13. 父母親希望我進一所「好」大學。　□ □ □ □ □

14. 父母親對我的回家作業非常有興趣。　□ □ □ □ □

15. 父母關心我在學校的上課情形。　□ □ □ □ □

16. 如果我盡力了，父母會感到滿意。　□ □ □ □ □

⊃ 一、微軟試算表軟體建檔

以 Excel 試算表建檔為例，第一橫列為變項名稱，如果是類別變項或單選題題項，每個「題項」即成為一個變項，如果是複選題或排序題項，則每個題項內的「每個選項」均單獨成一個變項。以上面為例，均為單選題，建入的資料檔中人口變項的變數名稱可以用中文或英文簡稱，至於量表題項最好採用有機的順序編碼，變數的起始字為英母字母，依量表種類以 A、B、C、……等表示。

	A	B	C	D	E	F	G	H	I	H	K	L	M	N	O
1	年級	學生性別	教師性別	家庭結構	數學成績	A1	A2	A3	A4	A5	A6	A7	A8	A9	A10
2	<第一位受試者填答資料 / 第一筆觀察值勾選的內容 >														
3	<第二位受試者填答資料 / 第二筆觀察值勾選的內容 >														
4	<第三位受試者填答資料 / 第三筆觀察值勾選的內容 >														

試算表第一橫列為變數名稱，第二橫列後才是受試者填答的內容數據。

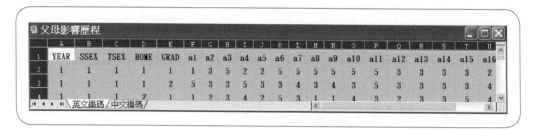

PASW 統計程序中英文變數名稱的大小寫視為相同變數。

上述問卷與變項名稱、變數數值的對照表如下：

中文變項名稱	英文變項名稱	小數點欄位數	變數數值註解
年級	**YEAR**	0	1 國小四年級 2 國小六年級 3 國中二年級
學生性別	**SSEX**	0	1 男生 2 女生
教師性別	**TSEX**	0	1 男老師、2 女老師
家庭結構	**HOME**	0	1 只有和父親住在一起 2 只有和母親住在一起 3 和父母親住在一起 4 和其他長輩住在一起
數學成績	**GRAD**	0	1 丙以下、2 乙、3 甲、4 優
A1、A2、……、 A15、A16	**A1、A2、……、 A15、A16**	0	父母影響歷程量表 (共 16 題) 1 非常不同意、2 少部份同意 3 一半同意　4 大部份同意 5 非常同意

　　變數中 A1 至 A16 (英文字母大小寫均視為相同變數) 為問卷 16 個題項的變項名稱，如 A1 為第 1 題；A2 為第 2 題；A3 為第 3 題，而「YEAR」為學生年級，儲存格內數值 1 表示國小四年級、數值 2 表示國小六年級、數值 3 表示國中二年級；「SSEX」為學生性別，儲存格內數值 1 表示男生、2 表示女生；「TSEX」為老師性別，儲存格數值 1 表示男老師、2 表示女老師；「HOME」為家庭結構，儲存格水準數值 1 表示只有和父親住在一起、水準數值 2 表示只有和母親住在一起、水準數值 3 表示和父母親住在一起、水準數值 4 表示和其他長輩住在一起；「GRAD」為數學成績，儲存格數值 1 表示等第為丙以下、數值 2 表示等第為乙、數值 3 表示等第為甲、數值 4 表示等第為優。

在 Excel 建入資料檔時，可以執行「資料」/「驗證」程序來設定直欄數值鍵入的範圍，如「父母影響歷程量表」16 題題項採用的是李克特的五點量表法，問卷鍵入時最大值為 5、最小值為 1，可以執行以下的程序，來設定資料輸入的範圍，此種設定儲存格數值的範圍，在建入資料檔時才不會出現有異常值的出現，如 44、32、6 等。

1. 選取直欄或一個區塊的範圍，第一列的變數名稱不要選取。

2. 執行功能表列「資料」/「驗證」程序，出現「資料驗證」視窗。

3. 選取「設定」頁次，在『儲存格內允許 (A):』的下拉式選單中選取『整數』；『資料 (D):』的下拉式選單選取『介於』；『最小值 (M)』的方框內輸入『1』；『最大值 (X)』的方框內輸入『5』，按『確定』鈕，如果使用者在設定範圍內，鍵入小於 1 或大於 5 的數值，工作表的視窗會提示錯誤的訊息，此種資料驗證準則的設定，對使用者鍵入資料的正確性有很大的助益。

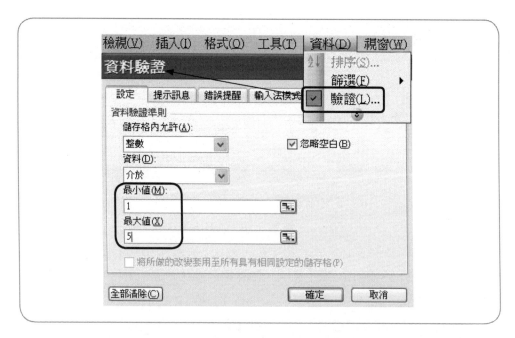

如果研究者於資料鍵入時，鍵入資料的儲存格有設定資料驗證的檢核功能，研究者如輸入超過範圍的數值，試算表會立即出現警告訊息：「您所輸入的值不正確。您必須在此儲存格內輸入符合資料驗證準則的資料。」此種設定，研究

者可一邊輸入資料，一邊做資料檢核工作。

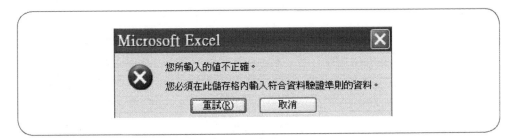

○ 二、開啟 Excel 試算表資料檔

開啟 Excel 試算表資料檔：在「PASW 統計資料編輯器」視窗中執行功能表列「檔案 (F)」(File)/「開啟」/「資料 (A)」程序，出現「開啟資料」對話視窗，按「搜尋 (I)」右方的▼下拉式選單，找到存放資料檔的資料夾，在下方「檔案類型 (T)」右方的下拉式選單，選取試算表檔案類型的資料檔：『Excel(*.xls, *.xlsx, *.xlsm)』，按『開啟』鈕，出現「開啟 Excel 資料來源」(Opening Excel Data Source) 對話視窗。(PASW Statistics 軟體內定的資料檔副檔名為 *.sav，此種副檔名的資料檔，電腦要安裝 SPSS 統計軟體才能開啟)。

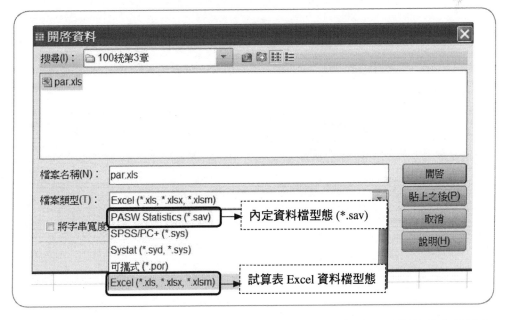

在「開啟 Excel 資料來源」視窗中，勾選「☑ 從資料第一列開始讀取變數名

稱」(Read variable names from the first row of data) 選項，以便 SPSS 能直接讀入
第一橫列的變數名稱。下方「工作單：」右邊下拉式選單符號 ▼ 可以選取資料
檔存放的工作表 (一個試算表活頁簿資料檔可以有數個工作表，若是研究者建檔
的資料未置放於第一個工作表，可以由此選項選取標的工作表)。範例中二個工
作表名稱分別為「英文編碼」、「中文編碼」，選取資料檔所存放的工作表後，
按『確定』鈕。

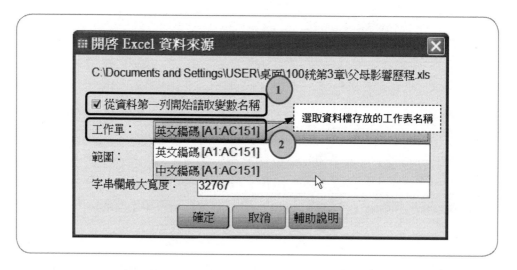

選取「中文編碼」資料檔工作表後，從 Excel 試算表讀入 SPSS 資料編輯視
窗後的資料檔畫面如下：

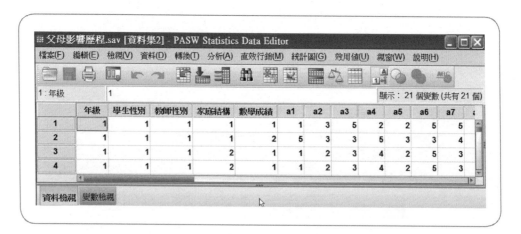

⊃ 三、於統計資料編輯器視窗中直接建檔

如果使用者直接於「PASW 統計資料編輯器」視窗建檔也可以，於「資料檢視」工作表視窗中，第一步要先執行功能表「編輯 (E)」／「插入變數 (I)」程序，第二步切換到「變數檢視」工作表對話視窗，於「名稱」欄更改內定的變數名稱 VAR00001、VAR00002、VAR00003 等成有意義的變項或簡寫，如第一部份量表題項有 20 題單選題，可將其變數名稱命名為 A1、A2、……、A19、A20；第二部份量表題項有 15 題單選題，可將其變數名稱命名為 B1、B2、……、B14、B15；第三部份量表題項有 25 題單選題，可將其變數名稱命名為 C1、C2、……、C24、C25；第四部份為一題複選題，有六個選項，可將其變數名稱命名為 D1M1、D1M2、D1M3、D1M4、D1M5、D1M6；第五部份為排序重要性等級題目，共有五個選項內容，其變數名稱可命名為 E1M1、E1M2、E1M3、E1M4、E1M5。

最為快速有效的變項名稱鍵入程序，可於「變數檢視」工作表視窗中直接鍵入比較快，執行功能表列「檔案 (F)」／「開新檔案 (N) 」／「資料 (D)」程序，開啟一個新的資料檔編輯視窗，切換到「變數檢視」工作表視窗，在「變項名稱」中逐一鍵入各變項名稱。變項的名稱、標記、變數水準數值、小數點位置設定完後，再切回到「資料檢視」工作表視窗中鍵入各筆資料。如統計分析二班國三之數學成績、國文成績、英文成績時，包含六個變項：班級、性別、教育程度、數學成績、國文成績、英文成績，六個變項於 SPSS 視窗中直接建檔，再於「資料檢視」工作表視窗輸入各筆資料。

⊃ 四、PASW 統計資料編輯器與 Excel 試算表的統合應用

Excel 試算表儲存格中的資料與 PASW 統計資料編輯器視窗中的資料儲存格是相容的，所謂相容是二者中儲存格的資料可以直接採用一般「複製」／「貼上」的程序加以複製拷貝。範例圖示中的操作程序為：

1. 於「變數檢視」工作表視窗中設定問卷變數。

2. 利用 Excel 試算表建入資料檔。

3. 切換到「資料檢視」工作表視窗，利用快顯功能表選項之『複製 (C)』、『貼上 (P)』功能，將 Excel 試算表中的資料檔複製拷貝到「資料檢視」工作表視窗中。

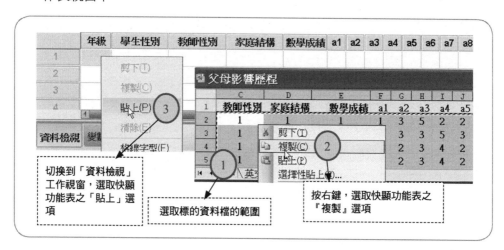

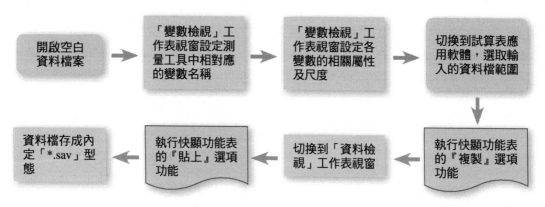

當測量工具的題項數較多，或有較多複選題或排序題時，要設定的變數會較多，由於 PASW 「變數檢視」工作視窗之變項命名時沒有拉曳產出排序變項的功能，如 A01、A02、 ⋯⋯、A30，B1M1、B1M2、 ⋯⋯、B1M9 此種後面數字連續之變項，因而研究者可藉用 Excel 試算表拉曳產出連續變數的功能，於 Excel 試算表視窗界面中鍵入測量工具的所有變數，之後再切換到 PASW 「變數檢視」工作視窗中，利用快顯功能表選項之『複製 (C)』、『貼上 (P)』功能，將

Excel 試算表中的變數名稱複製到「變數檢視」工作表「名稱」欄位中。於「變數檢視」工作表中，於「名稱」欄位下空白儲存格選取大範圍的儲存格的數目，選取範圍最好大於 Excel 試算表中的變數個數，如此可快速將 Excel 試算表中建立的所有變數快速複製到「名稱」欄位下的儲存格位置，之後再進行變數屬性的設定，設定完後，切換到「資料檢視」工作視窗鍵入每位受試者的資料。

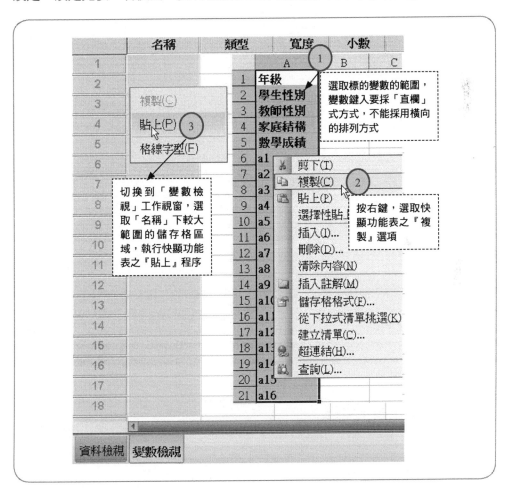

上述利用 Excel 試算表鍵入變數後，再將變數複製到「變數檢視」工作表視窗的程序，以圖示統整如下：

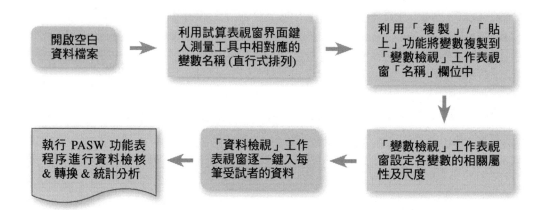

在「資料編輯」工作視窗內可直接插入新變數名稱或刪除變數名稱,其快速作法有二:

1. 在「變數檢視」工作視窗中,選取變數名稱,此時被選取的變數會反白(橫列),如要選取連續的變數,在選取區塊第二個變數時加按『⇧Shift』鍵,如果要選取多個不連續的變數,在選取第二個以後的變數時加按『Ctrl』鍵。選取後按滑鼠右鍵,會出現快速鍵選單的各種功能鍵選項,如複製 (Copy)、貼上 (Paste)、清除 (Clear) 變數名稱及資料、插入變數 (Insert Variables)、貼上變數 (Paste Variables) 等。如要將選取的變數刪除,在快顯功能表選單中選取「清除 (E)」選項,可將選取的反白變數列刪除,當變數刪除時,「資料檢視」工作視窗中這些變數相對應的資料檔全部會被刪除掉。

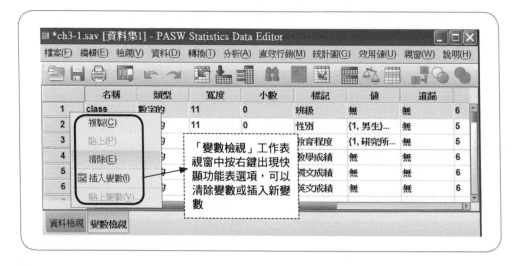

2. 在「資料檢視」工作表視窗中，選取變數名稱，此時被選取的變數會反白 (直行)，如要選取連續的變數，在選取區塊第二個變數加按『⇧Shift』鍵，如果要選取多個不連續的變數，在選取第二個以後的變數時加按『Ctrl』鍵。選取後按滑鼠右鍵，會出現快速鍵選單的功能鍵：剪下 (Cut)、複製 (Copy)、貼上 (Paste)、清除 (Clear) 變數名稱及資料、插入變項 (Insert Variables)、變項觀察值遞增排序 (Sort Ascending)、變項觀察值遞減排序 (Sort Descending)、拼字檢查等。在「資料檢視」工作表視窗選取橫列 (受試者資料)，選取右鍵快顯功能表選項有五個：「剪下 (T)」、「複製 (C)」、「貼上 (P)」、「清除 (E)」、「插入變數 (I)」，由於研究者選取的範圍是橫列的資料檔 (觀察值或受試者)，因而五個選項的作用在增刪觀察值，如按「清除 (E)」選項鈕，會把選取的一筆或多筆觀察值刪除 (變數名稱不會被刪除)；但若是選取直行變數名稱及變數資料檔，按「清除 (E)」選項鈕，會把整個直行資料檔及變數名稱一起刪除。

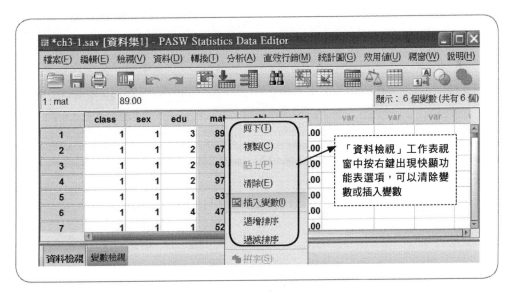

如要快速變更移動變數的位置，可切換至「變數檢視」工作表視窗，選取變項 (此時整個變項的橫列會反白)，按住滑鼠左鍵不放，移動變數至適當位置，再放開滑鼠 (移動滑鼠時變項的橫列下方會出現一條紅色提示線，以讓使用者知悉變項目前的位置。

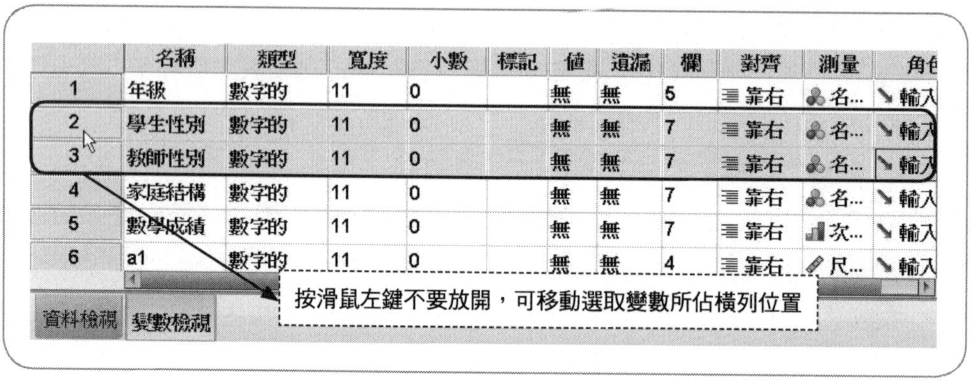

	名稱	類型	寬度	小數	標記	值	遺漏	欄	對齊	測量	角色
1	年級	數字的	11	0		無	無	5	靠右	名...	輸入
2	學生性別	數字的	11	0		無	無	7	靠右	名...	輸入
3	教師性別	數字的	11	0		無	無	7	靠右	名...	輸入
4	家庭結構	數字的	11	0		無	無	7	靠右	名...	輸入
5	數學成績	數字的	11	0		無	無	7	靠右	次...	輸入
6	a1	數字的	11	0		無	無	4	靠右	尺...	輸入

資料檢視　變數檢視

按滑鼠左鍵不要放開，可移動選取變數所佔橫列位置

第四節　統計分析的對話方塊與結果匯出

⊃ 一、統計分析主對話視窗界面

　　PASW 「分析」程序選項的功能，均會開啟變數選擇的對話方塊，您可以使用對話方塊，來選取統計分析時要用到的變數名稱和選項。方塊中的左半部會出現原始全部的「來源變數清單」供使用者選擇；而右半部的方盒中會出現一個以上方盒，放置使用者已選取的變數清單，包括分析時的自變項、依變項或共變項。在左邊原始的變數清單中，變數如有加標記會顯示變數註解及變數名稱，如果沒有註解只會顯示變數名稱。如「性別 [SEX]」，[SEX] 為原始變數名稱，而「性別」為變數註解；「第 1 題 [A1]」，「A1」為變數名稱，而「第 1 題」為變數註解。

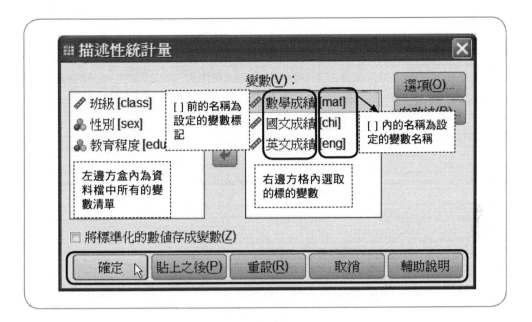

每個分析方盒中主選單均會出現『確定』、『貼上之後 (P)』、『重設 (R)』(Reset)、『取消』、「輔助說明」的方塊按鈕。

(一)『確定』鈕

對話視窗按『確定』鈕，馬上進行選取之統計分析程序，結果會立即出現於「PASW 統計檢視器輸出結果」視窗中；如果是有關觀察值的數值運算、排序或分割，則結果會新增變項或對觀察值重新排序，『確定』鈕功能簡單來講就是可以立即執行統計分析或變數編碼、資料處理轉換的功能。

(二)『貼上之後』鈕

在統計分析對話視窗中，按『貼上之後 (P)』或『貼上語法』鈕，會將統計分析執行程序，轉換成指令語法，貼到 PASW 統計語法編輯器視窗 (PASW Statistics Syntax Editor) 中，此部份類似傳統 DOS 版之 SPSS 的語法指令。

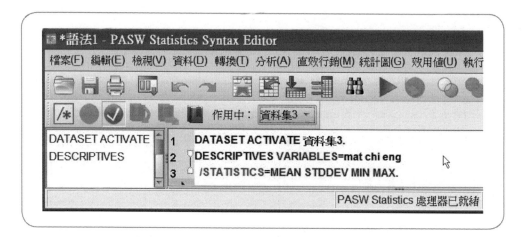

範例圖示中第 2 行語法「DESCRIPTIVES」為描述性統計量的語法字，「VARIABLES=mat chi egn」為三個目標變數，「/STATISTICS=MEAN STDDEV MIN MAX」為統計量的選項次指令，輸出的統計量包括平均數、標準差、最小值、最大值。

在語法對話視窗中，執行功能表「視窗 (W)」選項，可以切換到資料編輯對話視窗、統計輸出結果視窗。

(三)『重設 (R)』鈕

在各式對話視窗中按『重設 (R)』鈕，會取消所有選擇的變數清單及各種研究者點選的設定，並將對話方塊的所有按鈕 (次對話方塊按鈕) 中的設定，還原成原先的預設狀態或內定值 (default)。

(四)『取消』鈕

在各式對話視窗中按『取消』鈕，會取消對話方塊中的任何變更，對話方塊會保留上一次的變數清單與按鈕的設定 (最後一次點選的設定值)。

(五)『輔助說明』鈕

在各式對話視窗中按『輔助說明』鈕，會開啟統計分析功能程序的輔助功能視窗，此鈕功能可以查詢目前使用中對話視窗內各按鈕的用途及操作說明。

變數選取時與一般視窗應用軟體甚為類似，選取單一變數時，只要在原始左邊變數清單上按一下，然後按一下方塊中間的右箭號 ▶ 即可；也可以連按二下要選取的變數，此變數即會從左邊原始變數清單移到右邊的目標變數清單中。

此外，使用者也可以配合鍵盤的功能鍵執行變數的多重選擇：

1. **選取多個連續變數**：先選取第一個變數 (按滑鼠左鍵一下)，移到要選取的最後一個變數，先按住鍵盤的『⇧Shift』鍵，然後再點選最後一個變數。

2. **選取多個不連續變數**：選取第一個變數，在選取第二個變數時，加按鍵盤的『Ctrl』鍵，依此類推，即可選取多個不連續變數。SPSS 對話視窗中，區塊變數與不連續多個變數的選取，或是連續多筆資料檔與不連續多筆資料檔的選取操作程序，均與微軟 Word 或試算表的操作相同。

⊃ 二、輸出結果檔的轉換

PASW 可將統計分析的結果，整批匯出成微軟的 Word、PowerPoint、Excel 或「HTML(*.htm)」或可攜式文件格式 (*.pdf) 的檔案。在實務應用上以匯出為 Word 文件檔最多，匯出檔案類型為「Word/RTF(*.doc)」，將統計分析結果檔案匯出成微軟 Word 檔案類型，研究者可以直接進行編排增刪與美化，然後以「編輯」/「複製」或選取物件後按右鍵選取快顯功能表的「複製」選項；「編輯」/「貼上」或按右鍵選取快顯功能表的「貼上」選項，將表格或圖物件貼放於論文文書檔之適當位置處。

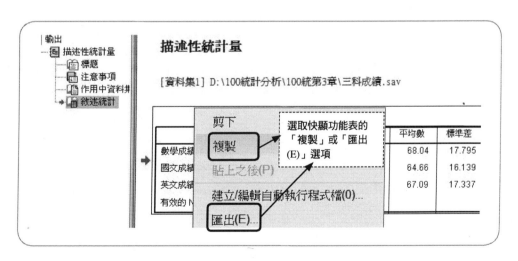

將 PASW 統計檢視器視窗中的物件選取後，再按快顯功能表選取『複製』選項，切換到微軟 Word 應用軟體，按快顯功能表選取『貼上』選項，可直接將圖表物件複製到微軟 Word 文書編輯軟體中，表格物件可進一步加以編修美化。

敘述統計

	個數	最小值	最大值	平均數	標準差
數學成績	100	40	99	68.04	17.795
國文成績	100	40	97	64.66	16.139
英文成績	100	40	100	67.09	17.337
有效的 N (完全排除)	100				

1. 切換到「PASW 統計檢視瀏覽器」統計結果視窗，執行功能表「檔案 (F)」/「匯出 (E)」(Export) 程序，出現「匯出輸出」對話視窗。

2. 「要匯出的物件」方盒中選取內定選項「◉ 全部 (A)」。如果在「PASW 統計檢視瀏覽器」統計結果視窗中研究者有選定某個些物件或表格，並且只要匯出選取的表格物件，則於「要匯出的物件」方盒中選取第三個選項「◉ 選定」。

3. 「文件」方盒中，「類型 (T)」提示語下的下拉式選單 ◉ 選取「Word/RTF (*.doc)」選項，按『瀏覽 (B)』(Browse) 鈕，可開啟「儲存檔案」對話視窗，選取要存放的磁碟機與資料夾，在「檔案名稱 (N)」的後面輸入 Word 文件的檔名，按『儲存』鈕，回到「匯出輸出」對話視窗，按『確定』鈕。

　研究者若要完整將統計結果的表格全部匯出，匯出後要加以編修或美化，匯出的檔案類型最好選取「Word/RTF file (*.doc)」或「Word/RTF (*.doc)」，而不要選擇文字檔，否則無法完整匯出表格資料。

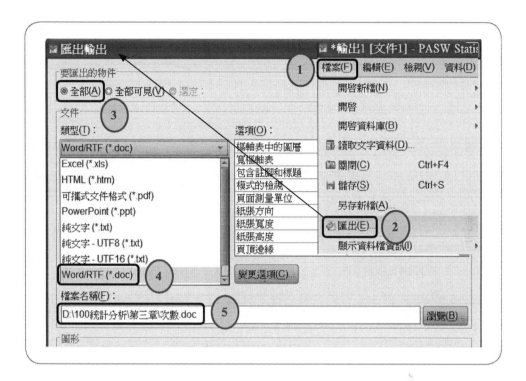

第五節 資料檔的合併

資料檔的合併，包含觀察值的合併 (垂直合併) 與變數的合併 (水平合併)。

⊃ 一、觀察值的合併

某研究者想探究學生的性別、數學成就與數學態度的關係，他採隨機取樣的方式，共抽取二班學生為樣本，為節省資料建檔的時間，研究者將二班的資料同時請二位不同工讀生建檔，二班資料檔的檔名分別為「數學態度一 .sav」、「數學態度二 .sav」，二個資料檔有相同順序的變項名稱：班別、編號、性別、數學成就、數學態度，在資料分析前須將二班的資料檔合併，以進行整體的分析。

「數學態度一 .sav」資料檔案如下：

班別	編號	性別	數學成就	數學態度
1	1001	1 (男)	80	58
1	1010	1 (男)	78	51
1	1025	2 (女)	87	60
1	1033	2 (女)	51	45

「數學態度二 .sav」資料檔案如下：

班別	編號	性別	數學成就	數學態度
2	2001	1	68	56
2	2009	1	72	49
2	2021	2	83	61
2	2023	2	95	65
2	2038	2	74	47

觀察值垂直合併的操作程序如下：

執行功能表「資料 (D)」/「合併檔案 (G)」/「新增觀察值 (C)」程序，
出現「新增觀察值至數學態度一 .sav」對話視窗，勾選「◉ 外部 PASW
Statistics 資料檔 (A)」選項，按『瀏覽 (B)』鈕選取要合併的資料檔案，範
例為「數學態度二 .sav」，按『繼續』鈕。

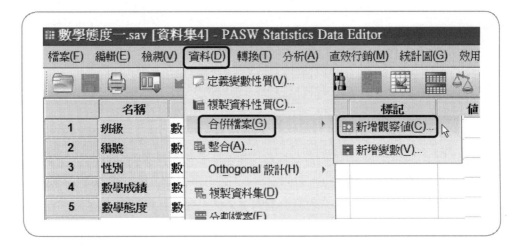

若是原始資料檔 (數學態度一 .sav) 與要合併至原始資料檔的檔案 (數學態
度二 .sav) 均已經開啟 (SPSS 14.0 版以後，可同時開啟多個資料檔)，在「新增
觀察值至數學態度一 .sav」對話視窗，可以改選「◉ 開啟的資料集 (D)」選項，
下方的方盒會出現其餘所有開啟的資料檔，範例中選取標的資料檔「數學態度
二 .sav」，按『繼續』鈕。

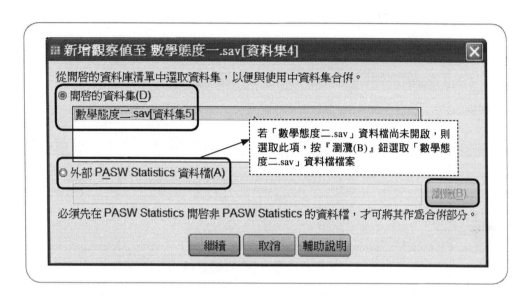

在「新增觀察值來源 數學態度二 .sav」的對話視窗中，右邊方盒「新作用中資料集中變數 (V)」為第一個原始資料檔 (作用中的資料檔) 與合併的資料檔中變數相同者 (二個資料檔均有變項)，左邊方盒「非配對的變數 (U)」為原始資料檔 (作用中的資料檔) 與合併的資料檔中不相同的變數名稱，若是原始資料檔 (作用中的資料檔) 有而要合併的資料檔沒有，會於變數旁出現「(*)」符號；相對的，原始資料檔 (作用中的資料檔) 沒有，而要合併的資料檔有，會於變數旁出現「(+)」符號。出現於「非配對的變數 (U)」方盒下的變數，因為只有一個資料檔有，所以內定選項不會進行此變數資料檔的合併，若是研究者選擇此變數並按 ▶ 鈕選入右邊方盒，則合併後的資料檔在此變數項會出現部份的系統遺漏值 (因為只有一個資料檔有資料或有此變數，另外一個資料檔沒有此變數)。

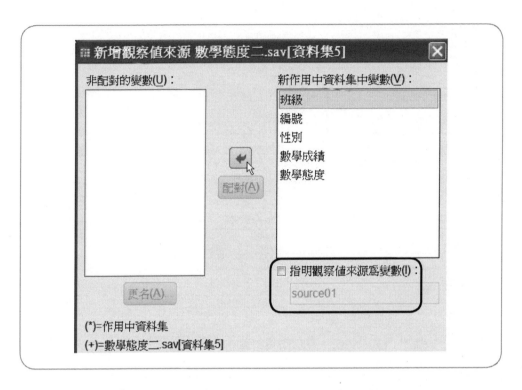

　　在「新增觀察值來源 數學態度二 .sav」的對話視窗中的右下方，若是勾選
「☑ 指明觀察值來源為變數 (I)」(Indicate case source as variable) 選項，則合併後
的新資料檔會新增一個「source01」變數名稱 (變數名稱為內定選項名稱，可以
於「變數檢視」工作表視窗更改)，此變數為二分名義變項，數值內容為 0、1，
其值為 0 者表示該筆觀察值是來自開啟中的工作檔 (原始資料檔)；其值為 1 者
表示該筆觀察值是來自新增的 (被合併的) 檔案資料檔。

　　合併後的新資料檔如下，「新作用中資料集中變數 (V)」有五個：班級、編
號、性別、數學成績、數學態度，「數學態度一 .sav」作用中資料檔有四筆資
料、「數學態度二 .sav」有五筆資料，合併後的資料檔共有九筆。

	班級	編號	性別	數學成績	數學態度
1	1	1001	1	80	58
2	1	1010	1	78	51
3	1	1025	2	87	60
4	1	1033	2	51	45
5	2	2001	1	68	56
6	2	2009	1	72	49
7	2	2021	2	83	61
8	2	2023	2	95	65
9	2	2038	2	74	47

資料檢視　變數檢視

⊃ 二、變數的合併

在資料建檔上，上述研究者也搜集了第一班的數學焦慮、英文成績、國文成績，並儲存檔名為「其它成績 .sav」的資料檔內，研究者想把第一班同學的資料全部合併為一個檔案，以便於進行樣本資料的統計分析。

「其它成績 .sav」資料檔案如下：

班別	編號	數學焦慮	英文成績	國文成績
1	1001	54	89	79
1	1010	65	75	85
1	1025	49	68	84
1	1033	70	95	83

變項合併 (水平合併) 的操作程序如下：

執行功能表「資料 (D)」/「合併檔案 (G)」/「新增變數 (V)」程序，出現「新增變數至　數學態度一 .sav」對話視窗，勾選「⊙ 外部 PASW Statistics 資料集 (A)」選項，按『瀏覽 (B)』鈕選取要合併的資料檔案，範例為「其它成績 .sav」，按『繼續』鈕。

如果「其它成績 .sav」標的資料檔也已開啟，則可直接選取「◉ 開啟的資料集 (D)」選項，下方的方盒會出現其餘所有開啟的資料檔，範例中選取標的資料檔「其它成績 .sav」，按『繼續』鈕。

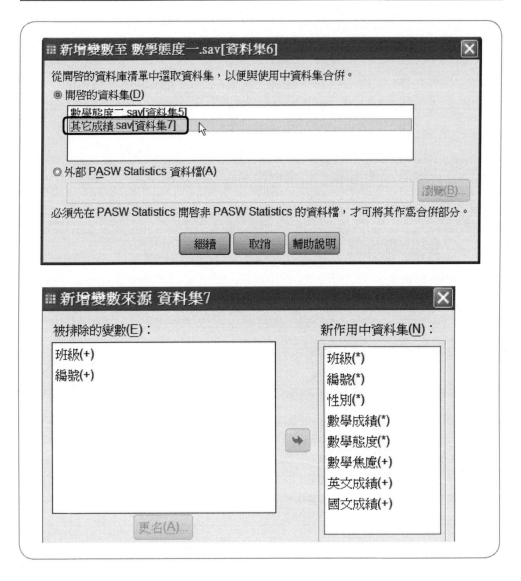

　　在「新增變數至　數學態度一 .sav」對話視窗中，右邊「新作用中資料集 (N)」(New Working Data Files)，變數的後面有星號符號「*」者，表示此變數是

原先工作資料檔中的變數 (作用中資料檔內已有的變數)；而變數名稱後面加上加號「+」者，表示此變數是外部資料檔中的變數 (要新加入的資料檔變數)，如果變數不想合併，可點選右邊變數清單中的變數，按中間「◀」符號，則變數會移往左邊「被排除的變數 (E)」(Excluded Variables)(被排除的變數) 下的方盒中。在進行變數合併時，工作資料檔與外部資料檔必須有共同的「關鍵變數 (V)」(Key Variables) 才可以，二個資料檔合併前必項根據關鍵變數作「遞增」(由小到大) 排序。在預設情況下，系統會排除第二個資料檔 (其變數名稱與工作資料檔中的相同) 中的變數名稱，因為「新增變數」選項，會假設這些變數包含重複的資訊。範例中二個變數均已按照變數「編號」做遞增排列。

「新增變數至 數學態度一 .sav」對話視窗，右邊「新作用中資料集 (N)」下的方盒共有九個變數：班級 (*)、編號 (*)、性別 (*)、數學成績 (*)、數學態度 (*)、數學焦慮 (+)、英文成績 (+)、國文成績 (+)，後面三個變數：「數學焦慮 (+)」、「英文成績 (+)」、「國文成績 (+)」為新增列合併的變數。

下表為「數學態度一 .sav」與「其它成績 .sav」二個檔案變數合併後的新資料檔。

	班級	編號	性別	數學成績	數學態度	數學焦慮	英文成績	國文成績
1	1	1001	1	80	58	54	89	79
2	1	1010	1	78	51	65	75	85
3	1	1025	2	87	60	49	68	84
4	1	1033	2	51	45	70	95	83

1：班級　1　　　　　　　　　　　顯示：8 個變數（共有 8 個

資料檢視　變數檢視

執行功能表「編輯 (E)」/「選項 (I)」程序，可開啟「選項」對話視窗，此對話視窗可以設定 SPSS PASW 的工作環境。於統計輸出結果若要同時輸出人口變項／背景變項的水準數值與水準數值的標記，其操作如下：按『輸出標記』鈕，出現輸出標記對話盒，於最下方「樞軸表標記」方盒中的「標記中的變數值顯示為 (E)」提示語下的選單選取「值與標記」選項，再按『確定』鈕。

按『一般』鈕，出現一般設定對話盒，右邊「輸出」方盒及「使用者介面」方盒可以設定統計輸出結果界面及操作界面的語言，「輸出」方盒內「語言

（G）」提示語右邊下拉式選單為輸出報表的顯示界面，中文字為「繁體中文」；「使用者介面」方盒中，「語言 (G)」提示語右邊下拉式選單為操作界面的語言，如果研究者要改為英文、日文的操作界面，則於下拉式選單中選取「英文」或「日文」選項，範例圖示中為選取「繁體中文」選項。SPSS PASW 資料編輯視窗可以同時開啟多個資料檔，如果研究者每次只要開啟一個資料檔，直接於「視窗」方盒中，勾選「□一次只開啟一個資料集 (D)」選項，則於開啟第二個資料集時會將原先資料集 (資料檔) 關閉，內定選項為未勾選「□一次只開啟一個資料集 (D)」選項。如果執行 SPSS PASW 程序時，要同時開啟語法編輯視窗，可勾選「☑ 啟動時開啟語法視窗 (Y)」選項。

　　「選項」對話視窗之「檔案位置」對話盒中可以設定開啟與儲存對話方塊的啟動資料夾位置，範例中啟動視窗界面時，資料檔內定資料夾的位置為「C:\Document and Settings\user\ 我的文件」，其它檔案 (語法檔或結果輸出檔) 內定資料夾的位置為「C:\Document and Settings\user\ 我的文件」。

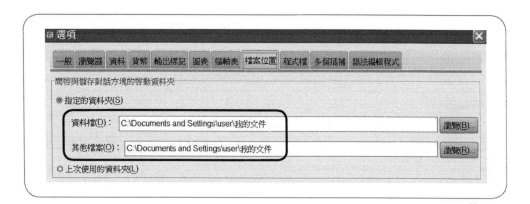

第**04**章

資料檢核與基礎統計分析

進行資料統計分析之前，研究者定要先做資料內容的檢核工作，否則可能會影響分析結果的正確性，資料內容的檢核工作在檢查是否有輸入錯誤的數據資料，尤其是偏離值或極端值。如在李克特六點量表中，題項的最大值為 6，但在資料鍵入時，研究者或協助資料鍵入者可能會誤打為 66 或其它超過 6 的數值；再如學校類型背景變項數值中：1 代表公立、2 代表私立，但在資料檔中卻出現 3 以上的數值 (此數值非研究者刻意輸入) 等情形，均可能發生。因而抽樣收集的資料經編碼、輸入電腦後應做資料檢核工作，再進行各種母數統計或無母數統計的分析考驗，資料檔的檢核步驟可以減少「非抽樣誤差」(nonsampling error) 的偏誤。

第一節　次數分配

下表為二個班級觀察值之數學、國文、英文三科的學期成績，變項說明如下：

變項名稱	變項量尺	數值代碼
班級	名義的	1 表示甲班、2 表示乙班
學生性別	名義的	1 表示男生、2 表示女生
教育程度 (父親教育程度)	名義的	1 表示研究所以上、2 表示大學畢業、3 表示專科畢業、4 表示高中職以下
數學成績	尺度的	
國文成績	尺度的	
英文成績	尺度的	

下表為部份資料檔的建檔內容，資料檔中橫列資料為**觀察值**，一橫列為一筆資料 (一位受試者所填的數據)，一個直行為一個變數名稱。

	班級	學生性別	教育程度	數學成績	國文成績	英文成績
48	1	2	2	69	73	52
49	1	2	3	52	92	66
50	1	2	2	49	88	43
51	2	1	3	96	41	88
52	2	1	3	81	91	76
53	2	1	2	66	57	76
54	2	1	1	46	66	52
55	2	1	2	55	60	78

資料檢視　變數檢視

上表資料檔可執行次數分配程序加以檢核，操作程序為：

1. 執行功能表列「分析 (A)」(Analyze)/「敘述統計 (E)」(Descriptive Statistics)/「次數分配表 (F)」(Frequencies) 程序，開啟「次數」主對話視窗。
2. 左邊變數清單中點選「班級」、「學生性別」、「教育程度」三個目標變項至右邊「變數 (V)」下的方格中。
3. 勾選下方的「☑ 顯示次數分配表 (D)」(Display frequency tables) 選項 (此選項為內定選項)，按『確定』鈕。

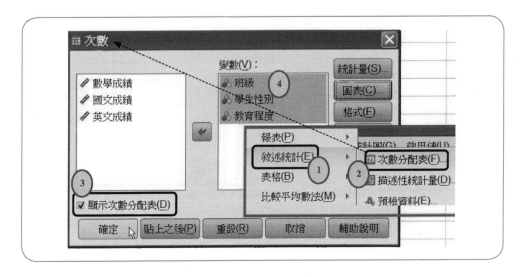

統計分析結果如下：

統計量

		班級	學生性別	數學態度
個數	有效的	100	100	100
	遺漏值	0	0	0

上表為三個背景變項之有效樣本數與遺漏值的個數，有效樣本數均為 100 位，資料均沒有遺漏值 (missing)，三個人口變項的有效個數皆為 100 位，只表示沒有系統界定的遺漏值 (儲存格沒有空白的或「 . 」符號)，並不表示各變項 100 筆中的資料都是正確的。

次數分配表：班級

		次數	百分比	有效百分比	累積百分比
有效的	1 甲班	50	50.0	50.0	50.0
	2 乙班	50	50.0	50.0	100.0
	總和	100	100.0	100.0	

上表為「班級」人口變項的次數分配表。水準數值為 1 者 (甲班) 的有效人次有 50 人，水準數值為 2 者 (乙班) 的有效人次也有 50 人。第一直欄為變數的數值編碼及水準數值標記 (統計輸出結果同時輸出水準數值及水準數值標記)、

第二直欄為次數 (Frequency)、第三直欄為百分比 (Percent)、第四直欄為有效百分比、第五直欄為累積百分比。

學生性別

		次數	百分比	有效百分比	累積百分比
有效的	1 男生	49	49.0	49.0	49.0
	2 女生	51	51.0	51.0	100.0
	總和	100	100.0	100.0	

上表為學生性別人口變項的次數分配表，其中男生有 49 人、女生有 51 人，水準數值沒有錯誤的數值。

教育程度

		次數	百分比	有效百分比	累積百分比
有效的	1 研究所以上	19	19.0	19.0	19.0
	2 大學畢業	26	26.0	26.0	45.0
	3 專科畢業	25	25.0	25.0	70.0
	4 高中職以下	27	27.0	27.0	97.0
	5	2	2.0	2.0	99.0
	6	1	1.0	1.0	100.0
	總和	100	100.0	100.0	

上表為父親教育程度次數分配表，從此次數分配表呈現的結果中可以發現：從教育程度的數值代碼中除了 1 至 4 外，數字 5 出現 2 次，數字 6 出現 1 次，「5」、「6」可能是建檔錯誤。因為父親教育程度只分四個水準，1 表示研究所以上、2 表示大學畢業、3 表示專科畢業、4 表示高中職以下，水準數值範圍介於 1 至 4 間，教育程度選項中沒有數字 5 及數字 6 的類別型態，因而在父親教育程度變項欄中，原始資料可能有誤。當利用次數分配檢核到資料檔有誤時，研究者要先進行資料的更正或相關設定，以免影響日後統計分析的正確性。

「次數」對話視窗中按『圖表 (C)』鈕，可開啟「次數分配表：圖表」的次對話視窗，PASW 主對話視窗的第一層界面通常會出現五個按鈕鍵：「確定」、「貼上之後 (P)」、「重設 (R)」、「取消」、「輔助說明」，第二層次對話視窗界面一般會出現以下三個按鈕鍵：「繼續」、「取消」、「輔助說明」，若

是圖表編輯器的對話視窗，次視窗界面的下面會出現下列三個按鈕鍵：「套用(A)」、「取消 (C)」、「輔助說明 (H)」。

　　「次數分配表：圖表」的次對話視窗可以勾選繪製人口變項 / 背景變項的長條圖 (B) 或圓餅圖 (P)，計量變項可以繪製直方圖 (H)，由於上述三個目標變項均為人口變項 (類別變數)，因而勾選「◉ 長條圖 (B)」選項，按『繼續』鈕，回到「次數」對話視窗，按『確定』鈕。

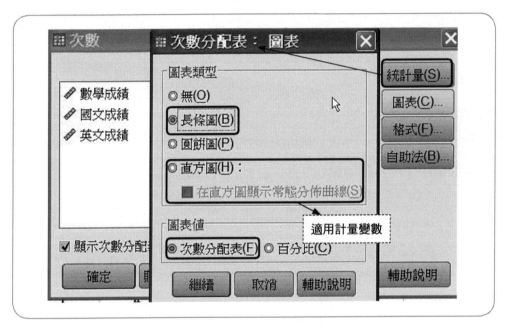

　　「次數分配表：圖表」中的「直方圖 (H)」適用於連續變項 (計量變項)，繪製計量變數的直方圖時可以勾選是否增列常態分佈曲線圖，若是人口變項 / 背景變項均為間斷變項，只能選取「長條圖」、「圓餅圖」選項。PASW 繪出的統計圖形為原始的狀態，每個圖形物件都可以加以編修，研究者把滑鼠指標移到每個圖表物件上出現「連按兩下來啟動」的提示語，若是圖形物件，連按左鍵滑鼠二下時，可開啟「圖表編輯器」對話視窗。

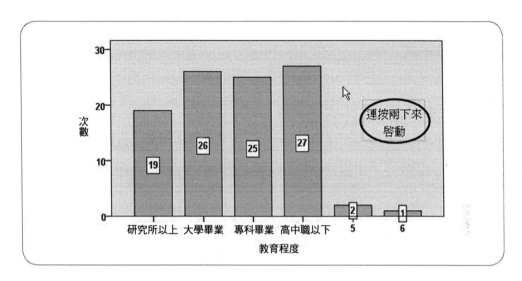

於「圖表編輯器」對話視窗中，要退出到 PASW 統計瀏覽器視窗，執行功能表「檔案 (F)」／「關閉 (C)」程序，除外，研究者也可直接將圖表匯出。

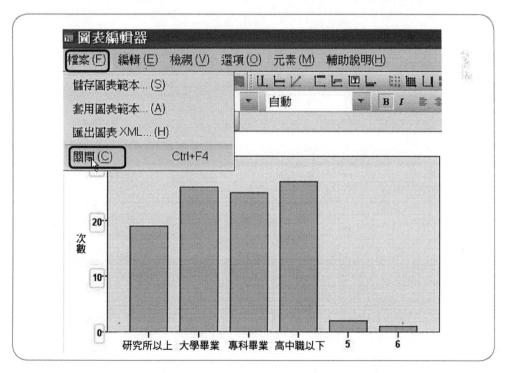

「圖表編輯器」對話視窗中要編修圖表，包括文字、顏色、線條等，其操作與微軟 Excel 試算表編修圖表類似，選取要編修的物件，連按二下，或選取文字

物件按滑鼠右鍵選取快顯功能表「內容視窗」選項,可開啟與物件相關編修的次
對話視窗,範例中為選取下方橫列的水準數值標記文字,連按二下所開啟的「內
容」次對話視窗。視窗中包括五個選項:「圖表大小」、「文字 (T)」、「刻度
與格線」、「類別」、「變數」等。設定完後,按『套用 (A)』鈕,若要暫時放
棄編修的程序,按『取消 (C)』鈕。

　　選取直條圖 (長條圖) 物件開啟「內容」對話視窗,視窗內有六個對話盒按
鈕可以選擇:長條圖選項、深度和角度、變數、圖表大小、填滿與邊界、類別。
範例圖示為「填滿與邊界」對話盒的內容,可以設定長條圖的邊界顏色、粗細與
填滿的顏色。

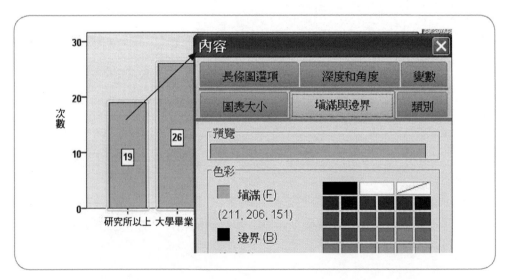

　　對於父親「教育程度」變項資料檔中有錯誤的數值，其處理方式有二種：一為以「尋找」功能找出「教育程度」變項中這三個錯誤數據相對應的受試者加以更正，二為直接將三個錯誤的數值設定為遺漏值。

➲ 一、尋找更正錯誤

(一) 找出數值 5、6 的學生編號，更改正確的教育程度代碼

　　於「資料檢視」工作表視窗中，選取「教育程度」人口變項 (在教育程度變項儲存格上按一下，直欄會反白)。

1. 執行功能表列「編輯 (E)」(Edit)/「尋找 (F)」(Find) 程序，開啟「尋找與置換 - 資料檢視」對話視窗。

2. 於「尋找 (N)」(Find what) 提示語的後面輸入目標數值「5」，按『找下一筆 (F)』(Find Next) 鈕，如在「教育程度」變項直欄資料檔中找到數值 5，會出現該數值所在的儲存格，將滑鼠移往該儲存格並修改儲存格的內容為正確的資料，更改完後切換到「尋找與置換 - 資料檢視」主對話視窗。

3. 按『找下一筆 (F)』鈕，繼續尋找，直到出現「找不到搜尋字串 "5"。」對話盒，按『確定』鈕。

4. 再於「尋找 (N)」提示語的後面輸入要尋找的第二個目標數值「6」，按『找下一筆 (F)』鈕，找到數值 6 後進行資料檔內容的修改。

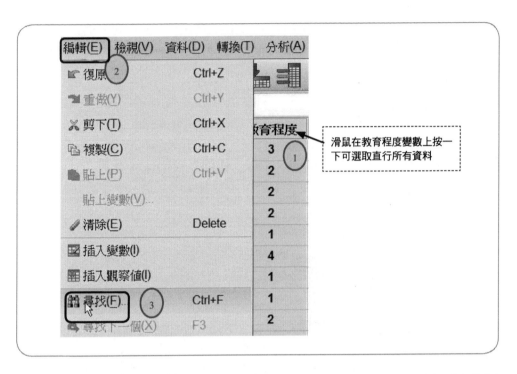

下圖中的對話視窗標題出現「尋找與置換 - 資料檢視」，表示要在選取的標的變數 (反白的教育程度人口變項) 中尋找資料。尋找變數儲存格內的數值時，必須先選取此變項的直欄所有資料，選取變項的操作如下：將滑鼠移往變數上，此時滑鼠會出現「⇩」符號，再按一下滑鼠左鍵，則被選取的變項欄會呈現整個反白顯示，包括變數名稱及此變數中的所有數值。

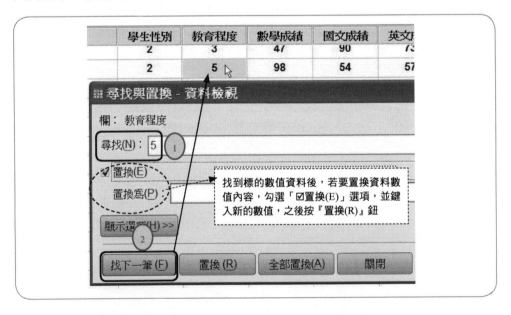

　　按『找下一筆 (F)』鈕後，若是找到研究者要尋找的數值，數值儲存格會變成反白狀態，此時若是研究者要將此數值置換為其它數值，可勾選「☑ 置換 (E)」選項，於「置換為 (P)」提示語的後面輸入要替換的新數值，如 2，再按『置換 (R)』鈕即可置換單一儲存格內的數值，如果按『全部置換 (A)』鈕，可將「教育程度」變項中資料數值為 5 的儲存格全部置換為數值 2，若要置換為其它數值則於「置換為 (P)」提示語的後面輸入新數值的數字。

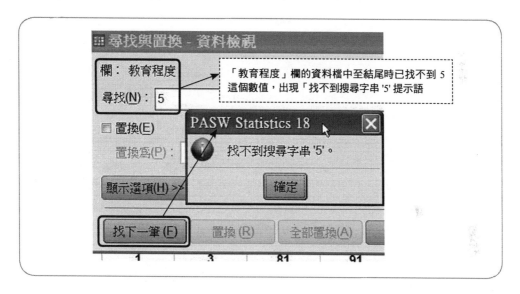

　　在「尋找與置換 - 資料檢視」對話視窗中，若是按『找下一筆 (F)』鈕，會繼續找尋下一筆資料直到資料結尾，當變項欄內的數值資料沒有 5 時，會出現「找不到搜尋字串 'X'」的警告視窗，表示變項中的數值沒有研究者要找尋的目標數值。為便於資料的檢核與校對，若是採用問卷調查，各問卷在建檔之前，最好將問卷加以編碼，如 100001、100002、……等，在問卷資料編碼中，第一個變數應為編碼簡稱，如「編號」，編碼的目的，便於將來可以檢核問卷與原始資料檔的校對，對於錯誤數據的更改較為便利。

⊃ 二、將父親「教育程度」變項中水準數值 5、6 設為遺漏值

　　研究者如果無法找出原始問卷加以檢核更改，或受試者於原始問卷即空白沒有填答，此時可將變項中 5 及 6 數值設為遺漏值 (missing)，其操作程序如下：

切換到「變數檢視」工作表視窗。

1. 選取「教育程度」變項列的「遺漏值」欄的儲存格，按儲存格最右邊「...」符號或在儲存格靠右邊處按一下；

2. 出現「遺漏值」對話視窗，選取「⊙ 離散遺漏值 (D)」(間斷遺漏值) 選項，在下面空格內分別輸入「5」、「6」，按『確定』鈕。

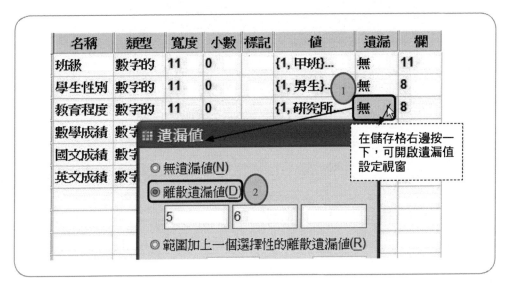

設定為遺漏值後，再執行「教育程度」人口變項的次數分配程序，可以發現「教育程度」變項中的 5、6 均變為遺漏值，其次數統計不在「有效百分比」(Valid Percent) 欄之中。

統計量：教育程度

個數	有效的	97
	遺漏值	3

上表中有效的觀察值個數為 97 位、遺漏值有 3 位，原先未設定水準數值 5、6 為遺漏值時，有效的樣本數為 100。

教育程度

		次數	百分比	有效百分比	累積百分比
有效的	1 研究所以上	19	19.0	19.6	19.6
	2 大學畢業	26	26.0	26.8	46.4
	3 專科畢業	25	25.0	25.8	72.2
	4 高中職以下	27	27.0	27.8	100.0
	總和	97	97.0	100.0	
遺漏值	5	2	2.0		
	6	1	1.0		
	總和	3	3.0		
總和		100	100.0		

　　上述中的第一欄為父親「教育程度」名義變項的類別；第二欄是各選項勾選的次數，總共有 100 個樣本，遺漏值的樣本數有 3 位，有效樣本 97 人；第三欄百分比 (分母為總樣本的人數 100)，由各類別人次除以總樣本數 (包括遺漏值，此為 100 人) 再乘以 100；第四欄有效百分比，由各類別人次除以有效樣本總人數後再乘以 100 (分母為排除遺漏值後的樣本數共 97 人)，如 $\frac{19}{97} \times 100 = 19.6$；第五欄為累積百分比 (Cumulative Percent)，其百分比數字為第四欄有效百分比由上而下累加而得。第一欄「遺漏值」橫列資料為遺漏值的水準數值，遺漏值的水準數值有「5」及「6」，「5」的數值有二個、「6」的數值有一個，遺漏值的總次數有 3 個。

⤳ 三、次數分配表的次對話視窗

　　次數分配表的主對話視窗中，包括三個選項按鈕：『統計量 (S)』(Statistics)、『圖表 (C)』、『格式 (F)』，三個按鈕說明如下：

(一) 『統計量 (S)』鈕

　　可輸出選取計量變項的百分位數值 (Percentile Values)、集中趨勢 (Central Tendency)、分散情形 (Dispersion) 及變項數值的分配情形 (Distribution)。「次數分配表：統計量」(Frequencies: Statistics) 次對話視窗中所提供的統計量數如下：

統計量數	功能
百分位數值 (Percentile Values) 方盒	
Quartiles	四分位數 (顯示第 25、第 50、第 75 百分位數)
切割觀察值為□相同值組別 (Cut points for □ equal groups)	使用者自訂劃分的等級數，預設值為 10，數值須介於 2 至 100 間，可將觀察值分割為相同大小群組的百分位數
Percentile	百分位數，使用者自訂的百分位數值，輸入數值後，需按『新增』鈕
集中趨勢 (Central Tendency) 方盒	
Mean	平均數
Median	中位數
Mode	眾數
Sum	總和
分散情形 (Dispersion) 方盒	
Std deviation	標準差
Variance	變異數 (為標準差的平方)
Range	全距 (最大值 - 最小值)，又稱範圍
Minimum	最小值
Maximum	最大值
S.E. mean	平均數的標準誤 $= \dfrac{SD}{\sqrt{N}}$
分配 (Distrubution) 方盒	
Skewness	偏態；其值大於 0.5 為正偏態、小於 0.5 為負偏態 $-0.5 \leq$ 偏態值 ≤ 0.5 一般視為常態分配
Kutorsis	峰度；統計值 > 0 為高狹峰、統計值 < 0 為低闊峰

常見的統計量數說明如下：

1. **平均數**：為資料數值的總和除以總個數，因為平均數是所有平均數中最常用的一個，因此，一般所指的平均數 (Mean) 即泛指算術平均數。在推論統計中，我們常用樣本平均數 (sample mean) 估計母群體平均數 (population mean)。

(1) 樣本平均數：經抽樣取得的樣本資料之平均數，一般以符號 $\overline{X}$ (讀作 X bar) 表示，如果樣本數為 n，X_i 是第 i 個分數，樣本平均數的公式如下：

$$\overline{X} = \frac{\sum_{1}^{N} X_i}{N} = \frac{X_1 + X_2 + \cdots\cdots + X_n}{n}$$

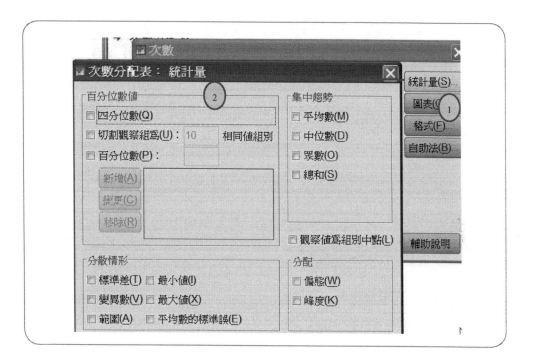

(2) **母群平均數**：母群體平均數只有在普查 (census) 時才看得到，普查的實施適用小的母群體，如整班學生的學業成就平均。母群平均數即母群體全部資料的平均數，通常以符號 μ (讀作 mu) 表示。一個大小為 N 的有限母群，母群的平均數公式如下：$\mu = \dfrac{\sum_{1}^{N} X_i}{N}$。根據大數法則 (law of large number)，對於任何一個常數 c 而言，只要 n 夠大，則 $P(\left|\overline{X} - \mu\right| < c)$ 的機率便接近 1。換言之，只要樣本數夠大，樣本平均數 $(\overline{X})$ 落在母群平均數 μ 附近 (neighborhood of μ)($\mu - c$，$\mu + c$) 的機率接近 1。根據中央極限定理 (the central limit theorem)，母群體隨機變數 X 的期望值為 μ，標準差為 σ，換言之，X $\sim$ (μ，σ)，$x_1, \ldots\ldots, x_n$ 為抽樣自此母群體的 n 個隨機樣本，當抽樣數目 n 夠大時：$\overline{X}$ 為近似常態分配，樣本平均數的平均數等於母群體的平均數 μ，這些平均數的標準差等於 $\dfrac{\sigma}{\sqrt{n}}$，稱之為平均數分配的標準誤。換言之，$\overline{X} \fallingdotseq N(\mu$，$\dfrac{\sigma}{\sqrt{n}}$)；而 $\dfrac{\overline{X} - \mu}{\dfrac{\sigma}{\sqrt{n}}}$ 為近似標準常態分配 N(0，1)(吳冬友、楊玉坤，民 92)。

167

2. **中位數 (簡稱 Md)**：將分數由大到小排列時，中間的那個值即為中位數。當觀察值的個數為奇數時，中位數即為最中間的那一個數值；當觀察值的個數為偶數時，中位數為最中間兩個數值的算術平均數。以符號表示，若 n 為奇數，則中位數為排序中第 $\frac{(n+1)}{2}$ 個位置的數值；如果 N 為偶數，則中位數為排序中第 $\frac{n}{2}$ 個與第 $\frac{n}{2}+1$ 個位置的數值之平均值，如 1、2、7、10、12、15 六個數值，第 $\frac{n}{2}$ 個數值位置等於 6÷2 = 3，第 3 個數值為 7，第 $\frac{n}{2}+1$ 個數值位置等於 (6÷2) + 1 = 4，第 4 個數值為 10，中位數為 (7 + 10)÷2 = 8.5。

3. **眾數 (簡稱 Mo)**：指資料中出現頻率最高的資料或出現次數最多的那個數值，一系列的數值中，有時會有二個以上的眾數 (出現最多的數值有二個以上)，如數列 1、2、5、5、8、10、11、11、12，數值出現最多的是 5 及 11，這二個數值各出現二次，數列的眾數為 5、11，最小的眾數為 5。

4. **全距**：資料中最大值與最小值的差值，通常以符號 R 表示，$R = X_{最大值} - X_{最小值}$，在「分散情形」方盒中全距統計量數的選項為「☑ 範圍 (A)」。全距是一種最簡單的變異量數 (measures of variance)，計算最為簡易，但其缺點為易受二個極端值的影響，十分不穩定，此外，它也只考慮到最大值與最小值，而沒有考慮到二者間其它數值的分散情形。

5. **變異數與標準差**：樣本變異數 (variance) $= S^2 = \frac{\sum(X-\overline{X})^2}{N}$、變異數公式中的分子項 $\sum(X-\overline{X})^2$ 為離均差平方和 (sum of square of deviation from the mean；簡稱 SS)，變異數開根號即為標準差 SD (standard deviation；或簡稱 S)。$SD = \sqrt{\frac{\sum(X-\overline{X})^2}{N}}$。由於數學的推理證明以樣本的變異數推估母群體的變異數會低估，因而要用樣本的變異數代替母群體的變異數時，分母須除以 N－1，而不是 N，才不會低估它，所以計算母群的變異數的不偏估計值時，應使用下列公式：$s^2 = \frac{\sum(X-\overline{X})^2}{N-1}$，推估標準母群體的標準差公式為 $sd = \sqrt{\frac{\sum(X-\overline{X})^2}{N-1}}$。如果資料是有限的小母群，變異數即是每個分數減

去母群平均數後，加以平方，然後加總，最後再除以個數。母群體變異數的

正平方根即為母群體的標準差，通常以 σ（讀作 sigma）符號表示，其公式如

下：$\sigma = \sqrt{\sigma^2} = \sqrt{\dfrac{\sum(x_i - \mu)^2}{n}}$。標準差為群體個別差異的指標量數，標準差

的數值愈大，表示群體測量值分數間的差異愈大（分散情形愈嚴重）；相對

的，標準差的數值愈小，表示群體測量值分數間的差異愈小（分散情形愈不

嚴重）。

6. **四分位數**：四分位數是將數值排序後，分成四等份的分位數，三個四分位數
分別以符號 Q_1、Q_2、Q_3 表示，這位分位數是個分數點，可以將整個群體分
隔成四個相等的部份，每個部份各為 25% 的人數。其中 Q_1 為第一四分位數
或稱下四分位數 (the lower quartile)，在百分位數中相當於第 25 百分位數、
第二四分位數 (Q_2) 即為中位數，在百分位數中相當於第 50 百分位數；Q_3 為
第三四分位數或稱上四分位數 (the upper quartile)，在百分位數中相當於第
75 百分位數。四分位數的圖解如下：

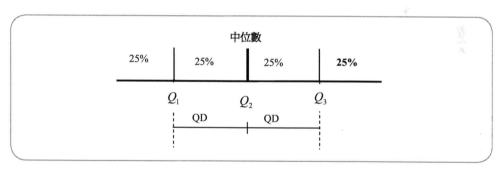

而所謂的四分位差，即是「內四分位數全距」(interquartile range) $Q_3 - Q_1$
的平均，其公式如下：$QD = \dfrac{Q_3 - Q_1}{2}$；當四分位差的值愈大時，代表資料
序列中的資料愈不整齊，亦即觀察值個體之間的差異愈大。

7. **百分位數**：百分位數是一組數值資料依小至大排序，然後將其分割成 100 等
分，等分分割點數值記作：P_i (i = 1, 2, 3, ..., 99)，是指至少有 $\dfrac{i}{100}$ 的觀
察值小於或等於該數值，至少有 $\dfrac{(100-i)}{100}$ 的觀察值大於或等於該數值，如
P_1、P_2、……、P_{99}，其意義分別表示：1% 的觀察值小於或等於 P_1、2% 的
觀察值小於或等於 P_2，98% 的觀察值大於或等於 P_2、……、99% 的觀察值

小於或等於 P_{99}。與百分位數相近相對地位量數為百分等級，百分等級一般以符號「PR」表示，百分等級指的是某個測量分數在一個群體中所佔的等級是幾等的量數，如某位受試者的英文測驗分數是 75 分，在全部 50 位受試者贏過 40 位，其百分等級為 PR = 80，表示若在 100 位受試者中，其英文測驗分數會贏過 80 位，相對的，受試者的第 80 個百分位數是 75 分，表示 $P_{80} = 75$。

8. **偏態與峰度：**偏態乃與常態分配相較之分佈，在二項分配 (binomial distribution) 中，當 $(p + q)^n$ 的 n 接近無限大，且 p 與 q 的值為 0.5 時，二項分配曲線便會逐漸趨於常態分配曲線，此曲線是一條左右對稱的平滑鐘形曲線。在常態分配一，平均數等於中位數。如果資料型態所構成的型態不是對稱的，那就是「偏態」，所謂偏態即是在次數分配中，大多數觀察值的測量分數落在平均值的那一邊而言。當平均數小於中位數時稱為負偏 (negative-skewed) 分配，負偏態分配曲線時，大多數分數都集中在高分部份的區塊，曲線會形成一條指向左邊的長尾巴，此時，低分樣本數較少，多數樣本測量值的分數高於平均數或中位數，眾數大於平均數；相對的，當平均數大於中位數時稱為正偏 (positive-skewed) 分配，正偏態分配曲線時，大多數分數都集中在低分部份的區塊，曲線會形成一條指向右邊的長尾巴，此時，高分樣本數較少，多數樣本測量值的分數低於平均數或中位數，眾數小於平均數。

峰度指的是分配曲線平坦陡峭的程度，如果次數分配曲線較為平坦，且兩極端的分數次數較少，稱為低闊峰 (platykurtosis) 分配，低闊峰表示資料的分佈較平均分散於兩端；如果次數分配曲線較為陡峭，且兩極端分數的次數較多稱為高狹峰 (leptokurtosis)，高狹峰表示資料的分佈集中於平均數附近。

在一份總數介於 0 分至 10 分的成就測驗中，50 位受試者在測驗 A 的得分情形如下圖，50 位受試者的總平均數為 6.90 分、標準差為 2.525 分，直方圖的分配情形中可以看出，形成了一條指向左邊的尾巴，表示圖形的分佈情形成「負偏態分配」，負偏態分配中一般是眾數在中位數的右邊，眾數與中位數又在平均數右邊，表示大部份受試者的得分情形偏高。

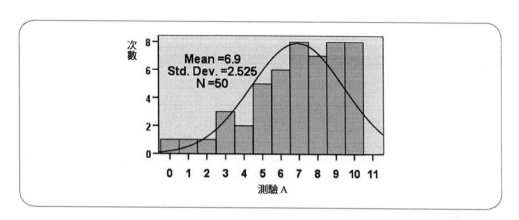

　　相對的，50 位受試者在測驗 B 的得分情形如下圖，50 位受試者的總平均數
為 3.10 分、標準差為 2.525 分，直方圖的分配情形中可以看出，形成了一條指向
右邊的尾巴，表示圖形的分佈情形成「正偏態分配」，正偏態分配中一般是眾數
在中位數的左邊，平均數在最右邊，三個統計量數的位置為「眾數－中位數－平
均數」，表示大部分受試者的得分情形偏低。

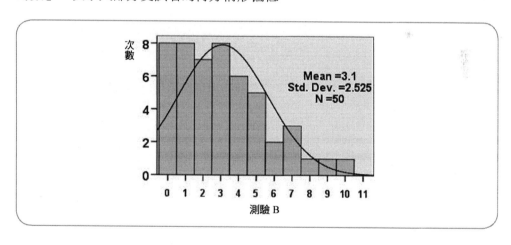

統計量

個數		數學成績	國文成績	英文成績
	有效的	100	100	100
	遺漏值	0	0	0
平均數		68.04	64.66	67.09
中位數		65.50	63.50	67.00
眾數		46[a]	54	43[a]
標準差		17.795	16.139	17.337
變異數		316.665	260.469	300.588
偏態		.276	.262	.086
偏態的標準誤		.241	.241	.241
峰度		-1.196	-.980	-1.198
峰度的標準誤		.478	.478	.478
範圍		59	57	60
最小值		40	40	40
最大值		99	97	100
總和		6804	6466	6709
百分位數	25	54.00	52.25	51.25
	50	65.50	63.50	67.00
	75	85.00	77.00	82.75

[a.] 存在多個眾數，顯示的為最小值。

於「次數分配表：統計量」次對話視窗中，勾選視窗內的統計量選項，可呈現描述性統計量摘要表，以英文成績變數而言，有效樣本數為 100、遺漏值為 0 位。平均數為 67.09、中位數為 67.00、最小眾數為 43 (表格中英文成績變項數值的眾數有二個以上，統計量摘要表只呈現最小的眾數 43，數值 43 出現的次數有 5 次，數值 50、76 等出現的次數也是 5 次，這三個量測值均是眾數)、標準差為 17.337、變異數為 300.588 (變異數為標準差的平方值)、偏態值為 .086、峰度值為 -1.198，範圍 (全距) 為 60、最小值為 40、最大值為 100，百分位數 25、50、75 的數值分別為 51.25、67.00、82.75，百分位數 50 的數值 67 即等於中位數數值。

(二) 『圖表 (C)』鈕

按「『圖表 (C)』(Chart) 次指令鈕可輸出界定變項之統計圖，包括「長條圖 (B)」(Bar charts)、「圓餅圖 (P)」(Pie charts)、「直方圖 (H)」(Histograms) 等三

種，其中選取直方圖時還可以勾選是否要呈現常態分佈曲線 (勾選 With normal curve)，長條圖與圓餅圖選項適用於間斷變數、直方圖選項適用於計量變項 (連續變項)。在圖表值 (Chart Values) 方盒的選項中，對於各圖形的呈現方式，可以選擇以「次數分配表 (F)」(Frequencies) 或「百分比 (C)」(Percentages) 的方式呈現，內定的選項為「◉ 次數分配表 (F)」。

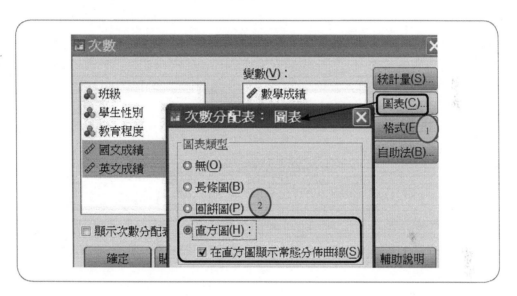

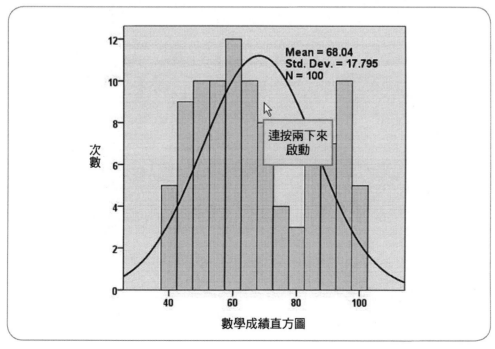

數學成績直方圖

上圖為 100 位受試者數學成績變數的直方圖，水平軸代表數學成就的分數組距，垂直軸代表實際的次數。圖中的曲線即為理論之常態分配曲線，若變項實際次數分配的曲線圖與常態分配曲線圖愈吻合，則表示該變項之機率分配愈接近常態分配。在直方圖的右上角會呈現該變項的標準差 (Std. Dev.) 及平均數 (Mean)，100 位同學的數學成績之平均數為 68.04 (Mean = 68.04)、標準差為 17.795 (Std. Dev. = 17.795)。

若要修改或美化圖表，先點選圖表然後再於圖表上連按二下，會出現各圖表美化的功能列與工具列。當出現圖表編輯器 (Chart Editor) 對話視窗時，亦可以選取要修改或美化的圖表部份，再按滑鼠『右鍵』鈕，會出現快顯功能列 (此部份的操作與 Excel 試算表的圖表美化十分類似)。

(三)『格式 (F)』鈕

『格式 (F)』(Format) 次指令鈕的功能在於設定輸出報表的格式。次數分配表可以根據資料中的實際數值，或是數值的個數 (次數) 加以排列；排列的順序有四：依觀察值遞增排序、依觀察值遞減排序、依個數遞增排序、依個數遞減排序。如果是要呈現直方圖或百分位數，則次數分配表會假設變數為數值變數，並以遞增方式來顯示變數值。「順序依據」方盒內定的選項為「◉ 依觀察值遞增排序 (A)」，在次數分配表統計分析程序中，「次數分配表：格式」對話視窗的內容一般較少更改。

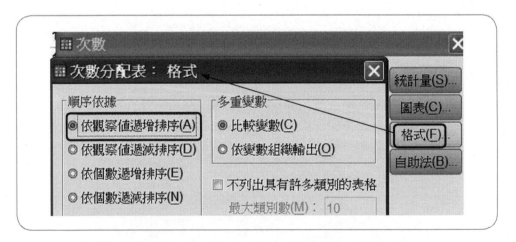

次數分配的統計分析通常用於樣本人口變項 / 背景變項各群體人次、百分比的統計，此外，採用「逐題分析」的題項變數也適用於次數分配統計程序，如：

1. 您選擇小孩就讀國中時最主要考慮的因素為下列那一個？

　□學校升學率　□學校的口碑　□離家的遠近　□學校的校長

2. 十二年國民教育實施時，您贊同保留所謂的「明星高中」？

　□非常贊同　□贊同　□沒有意見　□不贊同　□非常不贊同

3. 對於珍珠奶茶的口味，您最喜愛下列那一種？

　□少糖去冰　□中糖去冰　□少糖加冰　□中糖加冰　□無糖去冰
　□其它

　　上述題項可採用個別題項的逐題分析，以次數分配統計程序求出受試者在各選項勾選的次數及百分比，選項的水準數值編碼如下：

1. 您選擇小孩就讀國中時最主要考慮的因素為下列那一個？

　1 學校升學率　2 學校的口碑　3 離家的遠近　4 校長的人選

2. 十二年國民教育實施時，您贊同保留所謂的「明星高中」？

　1 非常贊同　2 贊同　3 沒有意見　4 不贊同　5 非常不贊同

3. 對於珍珠奶茶的口味，您最喜愛下列那一種？

　1 少糖去冰　2 中糖去冰　3 少糖加冰　4 中糖加冰　5 無糖去冰　6 其它

第二節　百分位數與百分等級

　　百分位數 (percentile points) 與百分等級 (percentile ranks) 是常用的二種相對地位量數。

⊃ 一、百分位數

　　百分位數 (percentile points) 是將一組觀察值分割 100 等分的一群數值，它與百分等級 (percentile ranks) 皆是用來表示某個分數在群體中所佔的位置為何的量數，二者皆稱為「相對地位量數」。百分位數通常以 P_P 表示之，指在團體中所佔有某個等級的個體，它的分數應該是多少的量數，百分等級一般以 PR 表示。

於「次數分配表」主對話視窗中,按『統計量 (S)』鈕可開啟「次數分配表:統計量」次對話視窗,於「百分位數值」方盒中勾選「☑ 切割觀察組為 (U):」選項,提示語後的方格輸入「100」,按『繼續』鈕回到「次數分配表」對話視窗,可求出觀察值數學成績的所有百分位數。

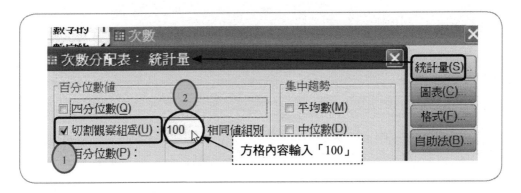

數學科分數的所有百分位數一覽表

N	Valid	100						
	Missing	0						
	百分等級	百分位數	百分等級	百分位數	百分等級	百分位數	百分等級	百分位數
Percentiles	1	40.0100	26	54.0000	51	66.0000	76	85.7600
	2	41.0000	27	54.2700	52	66.5200	77	86.0000
	3	41.0000	28	55.0000	53	67.0000	78	87.5600
	4	41.0000	29	55.2900	54	67.0000	79	88.0000
	5	41.1000	30	56.3000	55	67.0000	80	88.8000
	<中間部份結果省略>							
	16	49.0000	41	60.4100	66	77.0000	91	95.0000
	17	49.0000	42	61.0000	67	77.0000	92	95.0000
	<中間部份結果省略>							
	24	52.4800	49	64.4900	74	85.0000	99	99.0000
	25	54.0000	50	65.5000	75	85.0000		

上述表格為從輸出統計瀏覽器視窗中加以整理而得,第二欄為百分等級,第三欄為百分等級所等應的分數 (百分位數),如 $P_{16} = 49.0$ 分;$P_{80} = 88.8$ 分;$P_{99} = 99.0$ 分,百分等級的界限為 1 至 99,最大百分等級 PR = 99。以「次數分

配表」程序所求得的百分等級與百分位數對照表，輸出的結果報表只呈現於結果輸出檢視瀏覽器視窗中 (不會於「資料檢視」工作表視窗中增列百分等級或百分位數對照表變數)，而無法於資料編輯視窗中得知標的計量變項的百分等級，使用者要參考結果報表而新建一個變項，逐筆輸入每位觀察值的百分等級，如果要將目標變項的百分等級直接增列於資料編輯視窗中，可執行功能表列「轉換 (T)」/「等級觀察值 (K)」程序。

⮕ 二、百分等級

百分等級 (Percentile Rank) 通常以 PR 表示，是用來表示某個分數在團體中所佔的等級是幾等的量數，亦即一個觀察值的原始分數在群體資料依序被分成 100 個等級的情況下，此分數勝過多少個等級，百分等級沒有小點數，其數值為整數。如某個人的得分是 65 分，在團體 100 個人中贏過 72 人，則他的百分等級是 72 (PR = 72)。相反的，如果他想在此群體中贏過 72 人，則此人必須獲得 65 分；P_{72} = 65。百分等級最大值為 PR = 99，PR = 99 表示在 100 名受試者中高過 99 位，因為該受試者在排名序位上為第 1 名，相對的，PR = 98，表示排名第 2 名；PR = 97，表示排名第 3 名。

原始資料的百分等級求法如下：$PR = 100 - \dfrac{(100R - 50)}{N}$，其中，R 代表對應觀察值資料在數列中的排名。範例中的操作為轉換觀察值之原始數學成績為百分等級。

> **1.** 執行功能表列「轉換 (T)」(Transform)/「等級觀察值 (K)」(Rank Cases) 程序，開啟「等級觀察值」對話視窗。
>
> **2.** 在左邊變數清單中點選目標變項「數學成績」至右邊「變數 (V)」下的方格中，按『等級類型 (K)』(Rank Types) 鈕，開啟「等級觀察值：類型」次對話視窗，勾選「☑ 分數等級以 % 表示 (%)」選項。
>
> **3.** 按『繼續』鈕，回到「等級觀察值」主對話視窗，按『確定』鈕。

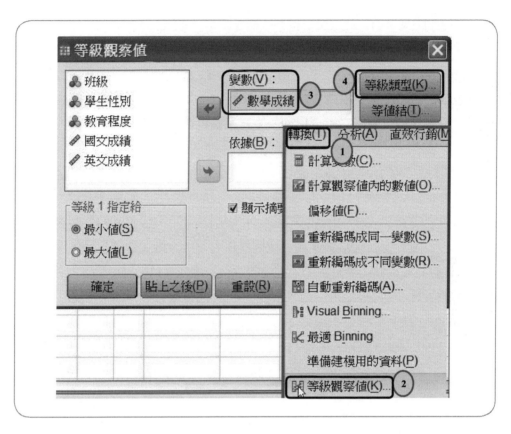

「等級觀察值」主對話視窗左下角「等級 1 指定給」方盒選項，可以指定觀察值最高分者的等級為 1 或是觀察值最低分者的等級為 1，內定選項為「⊙ 最小值 (S)」，表示觀察值於目標變數中測量值最低分者的等級為 1。

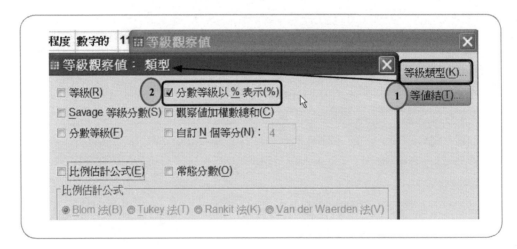

　　執行等級觀察值程序後，在「變數檢視」編輯視窗中會增列一個變數，自動增列的變數名稱為「P 數學成」(原變項名稱為數學成績，執行等級觀察值程序後原變項名稱前面改以英母字母「P」為起始字元，但最多只有四個中文字，因而新增列的變數名稱為「P 數學成」)，變數名稱的標記為「Fractional Rank Percent of 數學成績」，表示此變數為數學成績變項的百分等級。

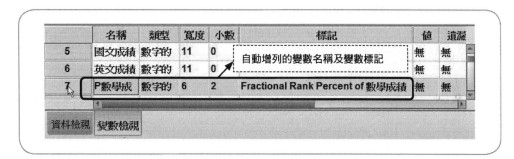

　　執行數學成績等級觀察值程序後，於資料編輯視窗之「變數檢視」工作表視窗中會增列一個「P 數學成」的新變項名稱 (最多是四個中文字的變數名稱)，變數的標記為數學成績的百分等級 (Fractional Rank Percent of 數學成績)。切換到「資料檢視」工作表視窗，數學成績變數與其對應之百分等級變數「P 數學成」的數據關係如下：

數學成績	P 數學成百分等級	數學成績	P 數學成百分等級	數學成績	P 數學成百分等級	數學成績	P 數學成百分等級
89	81.00(81)	52	22.50(22)	96	94.00(94)	99	99.50(99)
67	54.50(54)	66	51.50(51)	81	70.50(70)	41	3.50(3)
63	47.50(47)	43	6.00(6)	66	51.50(51)	93	88.00(88)
97	95.00(95)	83	72.50(72)	46	10.00(10)	52	22.50(22)
93	88.00(88)	57	32.50(32)	55	28.50(28)	41	3.50(3)
68	57.50(57)	52	22.50(22)	54	26.00(26)	91	83.50(83)
＜中間數據輸出結果資料省略＞							
58	35.00(35)	49	17.50(17)	54	26.00(26)	68	57.50(57)

　　範例資料表格中，第一位觀察值數學的原始分數為 89 分，其等應的百分等級為 81 (PR ＝ 81)；第四位觀察值數學原始成績為 97，其百分等級為 95 (PR ＝ 95)。百分等級不應有小數點，因而在實際應用上，要把「P 數學成」變項的小數點去掉，百分等級的數值最大值為 99，若是 PR ＝ 99，表示在 100 名的受試

者中，百分等級為 99I 之受試者的測量值高過 99 名，即此觀察值排序為第 1 名。一般將小數點去掉是採用四捨五入法求出整數，但採用等級觀察值程序求出的百分等級要採用無條件捨去法，否則會出現 PR ＝ 100 的不合理統計量數。

⊃ 三、以次數分配程序分析專家效度

在問卷或量表的效度檢核方面，除了採用因素分析程序求出之建構效度外，常用者為「專家效度」。專家效度乃問卷或量表編製或修改完後，敦請對研究問題有涉獵或有相關研究的學者專家，或實務工作者進行內容的檢核與詞句適切性的增刪，學者專家對量表適切性的檢核，從測驗與評量的觀點而言，也屬「內容效度」的一種 (有研究的學者將此種效度也稱為「專家效度」)。下表為一份「高中職學校行政主管時間管理策略運用狀況問卷」建構專家效度的基本範例 (陳明華，民 93)：

[管理性策略層面]

	非常符合 5	大部份符合 4	一半符合 3	少部份符合 2	非常不符合 1	適合	修正後適合	不適合	調整至別構面
1. 我會鼓勵同仁重視時間的有效運用。 ※ 修正意見：						□	□	□	( )
2. 我授權同仁任務時，會表明完成期限並定期追蹤進度。 ※ 修正意見：						□	□	□	( )
3. 我在交辦重要工作時，會以文字明確敘述，以免溝通不良，浪費時間。 ※ 修正意見：						□	□	□	( )
4. 學校的公文能依權責分層決行。 ※ 修正意見：						□	□	□	( )
5. 我經常要求同仁重視公文的處理時效。 ※ 修正意見：						□	□	□	( )
6. 我能掌控會議開始和結束的時間。 ※ 修正意見：						□	□	□	( )
7. 不易決定的事務，在開會前先交付專案小組負責溝通研究後再作決定。 ※ 修正意見：						□	□	□	( )

8. 我按照自己最有效率的時段來處理重要的事。 ※ 修正意見：	□	□	□ ( )
9. 要完成某件事，我會依計畫確定執行。 ※ 修正意見：	□	□	□ ( )
10. 我會善用上班的「零碎時間」。 ※ 修正意見：	□	□	□ ( )
11. 性質相似的事務，我會採用「同時處理」原則，以節省時間。 ※ 修正意見：	□	□	□ ( )
12. 我的時間表有彈性時間，以應付危機及突發事項。 ※ 修正意見：	□	□	□ ( )
13. 我辦公桌上的文件，會在下班之前清理完畢。 ※ 修正意見：	□	□	□ ( )
14. 任務執行過程中，我會評鑑時間運用是否合適。 ※ 修正意見：	□	□	□ ( )

　　上表「管理性策略層面」十四個題項的資料建檔如下：十四題的變數名稱為 V1、V2、V3、……、V14。變數中的數值註解：1 表示「適合」、2 表示「修正後適合」、3 表示「不適合」、4 表示「宜調整至層面」，勾選 4 者不列入統計，將其設為遺漏值。

編號	V1	V2	V3	V4	V5	V6	V7	V8	V9	V10	V11	V12	V13	V14
1	1	1	1	1	1	1	1	1	1	1	2	1	3	2
2	1	1	1	1	1	1	2	2	1	1	3	2	2	1
3	1	1	1	1	2	1	2	1	1	1	2	1	2	3
4	2	1	2	2	3	1	1	1	1	1	1	1	1	2
5	1	1	2	1	1	3	1	3	1	2	1	1	1	1
6	1	1	1	1	2	2	1	1	1	1	1	1	1	1
7	1	2	1	1	1	2	1	2	1	3	1	1	1	1
8	1	1	3	1	1	1	1	1	1	1	2	1	1	2
9	2	1	1	1	1	2	1	1	1	3	3	1	1	3
10	1	1	1	1	3	1	1	1	1	2	1	1	1	1
11	1	1	3	1	2	1	1	1	2	1	1	1	1	2
12	1	1	1	1	1	1	1	1	1	1	1	1	1	3
13	1	1	2	2	1	1	3	1	1	3	1	1	2	1
14	1	1	1	2	1	2	1	3	1	1	1	1	2	1
15	1	1	1	2	1	1	3	1	2	1	2	1	1	1

操作程序如下：

> 功能表列「分析 (A)」
> 　「敘述統計 (E)」
> 　　「次數分配表 (F)」
> 　　　點選 V1、V2、V3、……、V13、V14 等目標變項至右邊變數方盒清單中
> 　　　勾選下方的「☑ 顯示次數分配表 (D)」選項 (此選項內定為勾選)
> 　　按『確定』鈕

上述十四題專家檢核結果如下 (報表只呈現其中部份題項)。經專家效度檢核後要如何篩選題項，視研究的性質而定，其篩選題項原則大約分為以下幾種：

1. **低標準**：勾選「適合」與「修正後適合」選項次數的百分比在 70% 或 75% 以上。

2. **中標準**：勾選「適合」與「修正後適合」選項次數的百分比在 85% 或 90% 以上。

3. **高標準**：勾選「適合」選項次數的百分比在 80% 以上。

4. **最高標準**：勾選「適合」選項次數的百分比在 90% 以上。

由於篩選題項的標準與題項是否保留有密切關係，因而如何設定題項篩選標準值非常重要。實務應用上以採用「中標準」準則較為適合，因為「適合」與「修正後適合」的題項皆可採用，因而二個選項被勾選的百分比相加是有意義的，只是其保留臨界點百分比是 85% 以上或 90% 以上，研究者於同一量表中應採同一的準則標準。

V1

		次數	百分比	有效百分比	累積百分比
有效的	1 適合	13	86.7	86.7	86.7
	2 修正後適合	2	13.3	13.3	100.0
	總和	15	100.0	100.0	

第一題如果採取「高標準」準則，即勾選「適合」選項百分比在 80% 以上者，此題可以保留，如果採取「最高標準」準則，則此題必須刪除。研究者也可以將「適合」與「修正後適合」二個選項的百分比相加，範例相加的百分比為 100%，則採用「中標準」指標時，此題可以保留。

V3

		次數	百分比	有效百分比	累積百分比
有效的	1 適合	11	73.3	73.3	73.3
	2 修正後適合	3	20.0	20.0	93.3
	3 不適合	1	6.7	6.7	100.0
	總和	15	100.0	100.0	

第三題如果採取「中標準」準則，即勾選「適合」與「修正後適合」選項次數的百分比在 90% 以上，則此題可保留，因為二個選項被勾選的累積百分比為 93.3%。

V14

		次數	百分比	有效百分比	累積百分比
有效的	1 適合	5	33.3	33.3	33.3
	2 修正後適合	6	40.0	40.0	73.3
	3 不適合	4	26.7	26.7	100.0
	總和	15	100.0	100.0	

第十四題如果採取「低標準」準則，即勾選「適合」與「修正後適合」選項次數百分比需在 75.0% 以上，第十四題上述二個選項的累積百分比為 73.3%，依上述準則要求則第十四題應刪除，如果「低標準」準則的百分比設定為 70.0% 以上，則此題可保留。

第三節 描述統計

⇒ 一、求描述統計量

如果變項是連續變項 / 計量變項 (量尺類型為等距或比率變數)，則可以求

出各變項的描述統計量，如平均數、總和、標準差、變異數、最大值、最小值、全距、峰度與偏態等。

SPSS 視窗操作程序：

1. 執行功能表列「分析 (A)」/「敘述統計 (E)」/「描述性統計量 (D)」(Descriptive Statistics) 程序，開啟「描述性統計量」對話視窗。
2. 在左邊變數清單選取「數學成績」、「國文成績」、「英文成績」等計量變量至右邊「變數 (V)」下的清單。
3. 按右上方的『選項 (O)』(Options) 鈕，開啟「描述性統計量：選項」次對話視窗，勾選要呈現的描述統計量，內定的選項為「☑ 平均數 (M)」、「☑ 標準差 (T)」、「☑ 最大值 (X)」、「☑ 最小值 (N)」四個。
4. 按『繼續』鈕，回到「描述性統計量」對話視窗，按『確定』鈕。

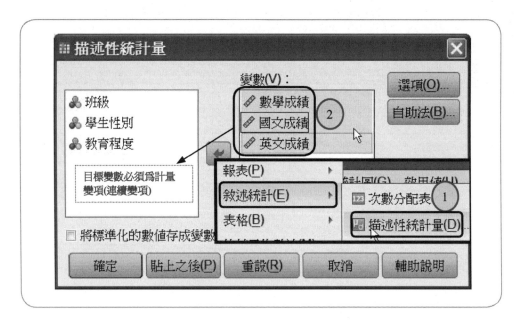

「描述性統計量」對話視窗中，點選至右邊「變數 (V)」下方格的變項必須為計量變數，如果點選的變項為人口變項 / 背景變項等類別變項，所求出的統計量數 (如平均數、標準差等) 是沒有意義的。

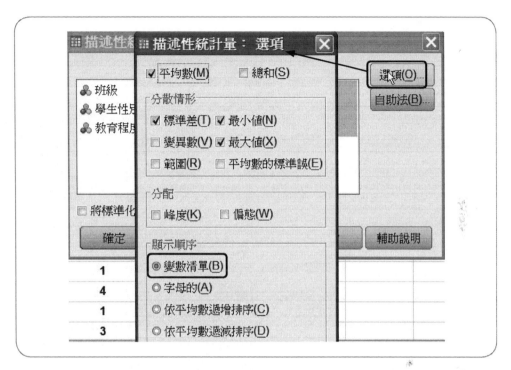

「描述性統計量：選項」次對話視窗，描述性統計量出現的結果 (Display Order) 有四種方式：依內定的目標變項之「◉ 變數清單 (B)」(Variable list) 呈現、依「字母順序 (A)」(Alphabetic) 呈現、「依平均數遞增排序 (C)」(Ascending means) 呈現、「依平均數遞減排序 (D)」(Descending means) 呈現，四個選項的勾選可於「顯示順序」方盒中選取，一般研究皆採用內定選項「◉ 變數清單 (B)」。「描述性統計量：選項」次對話視窗中的描述統計量包括：平均數 (Mean)、總和 (Sum)、標準差 (Std. deviation)、變異數 (Variance)、全距 (Range)、最小值 (Minimum)、最大值 (Maximum)、平均數的標準誤 (S.E. mean)、峰度 (Kurtosis)、偏態 (Skewness)。

敘述統計摘要表

	個數 統計量	範圍 統計量	最小值 統計量	最大值 統計量	總和 統計量
數學成績	100	59	40	99	6804
國文成績	100	57	40	97	6466
英文成績	100	60	40	100	6709
有效的 N (完全排除)	100				

敘述統計摘要表 (續)

	平均數		標準差	變異數	偏態		峰度	
	統計量	標準誤	統計量	統計量	統計量	標準誤	統計量	標準誤
數學成績	68.04	1.780	17.795	316.665	.276	.241	-1.196	.478
國文成績	64.66	1.614	16.139	260.469	.262	.241	-.980	.478
英文成績	67.09	1.734	17.337	300.588	.086	.241	-1.198	.478

表中數據為 100 位觀察值之數學成績、國文成績、英文成績三個計量變項的描述性統計量。從表中最小值 (Minimum) 與最大值 (Maximum) 可以查看是否有異常極端值，如數學成績、國文成績、英文成績三個變項量測值的最高分均為 100 分，最大值如有超過 100 者，表示原始資料檔有錯誤。再如五點式李克特五點量表，最小值為 1、最大值為 5，在描述統計量的報表中，最小值不應小於 1、最大值不應大於 5，如果統計輸出的結果數值，不在 1-5 的數值範圍內，表示原始資料檔有錯誤，此時可配合次數分配指令，找出異常值的次數，以更正或將錯誤值直接設為遺漏值。表中範例勾選輸出的統計量數為平均數、總和、標準差、最小值、變異數、最大值、範圍、平均數的標準誤、峰度、偏態等。相關統計量以數學成績為例，說明如下：

1. 數學成績的全距為 59.00 ＝最大值－最小值＝ 99.00 － 40.00。

2. 數學成績的平均數為 68.0400、平均數的標準誤等於 $\frac{17.795}{\sqrt{100}} = 1.780$，平均數標準誤，代表抽樣誤差的可能大小。

3. 數學成績的標準差為 17.795、變異數等於 316.665 ＝ $(17.795)^2$。標準差是最穩定的變異量數 (measure of variation)，為表示群體個別差異大小的指標，如果標準差值愈大，表示學生間的個別差異愈大，觀察值測量分數的差異情形較高。

4. 偏態係數為 .276，大於 .05，表示其曲線分配為正偏配。

5. 峰度係數為 -1.196，小於 0，曲線分配較接近低闊峰型態。

平均數估計標準誤的量數源自「中央極限定理」(central limit theorem)。所謂中央極限定理乃是一個母群體無論是呈何種分配，假設其平均數為 μ，標準差為 σ (變異數為)，自母群體中簡單隨機抽取大小為 N 的樣本，若樣本數夠大 (一般認為 N ≥ 30)，則樣本平均數的抽樣分配會趨近於常態分配。亦即自一個母

群體中隨機抽取一個樣本大小為 N 的樣本，其平均數為 $\overline{X}$，若重複此一步驟，則無限多個樣本的平均數所形成之抽樣分配的平均數 (即樣本平均數的平均數) 恰等於母群體的平均數 (μ)，其次數分配會非常接近常態分配；其變異數 (樣本平均數的變異誤) 等於 $\dfrac{\sigma^2}{N}$；標準差 (樣本平均數的標準誤) 恰等於 $\dfrac{\sigma}{\sqrt{N}} = \sigma_{\overline{X}}$。此一樣本平均數的標準差，稱之為「樣本平均數的標準誤」(standard error of the mean)。

研究者在應用中央極限定理時應注意以下二點 (林惠玲、陳正倉，民 92)：

1. 樣本數 N 需要多大時才可以利用中央極限定理？N 的大小決定於母群體的分配，若母群體愈接近於常態分配，則較小的 N 值就會趨近於常態分配。若母群體為偏態 (正偏態或負偏態)，則 N 值要較大，樣本平均數才會趨近於常態分配。一般而言，不論母群體為何種分配 (常態或非常態)，只要每次抽取的樣本數 ≥30 時，樣本平均數的抽樣分配就會趨近於常態分配。

2. 中央極限定理僅適用於大樣本；若母群體非常態分配，雖是大樣本，則樣本平均數的抽樣分配不是常態分配，而是近似常態分配。

二、求標準分數及 T 分數

在行為及社會科學領域中，常會用到標準化分數 (standardized score)。以學科測驗分數而言，如果研究者不是使用標準化成就測驗，而是直接搜集各班學生的學期成績或期考成績，由於各班評分標準與試題難易度不一樣，因而如果能將各班成績化為標準化分數，再進行各種統計分析或比較，會較為客觀與適切。

z 分數 (z score) 是一種最典型、最常見的標準分數，它的數學定義如下：

z 分數＝(原始分數－群體分數總平均數)÷(群體分數的標準差) $= \dfrac{X - \overline{X}}{S_X}$ $= \dfrac{X - M}{S_X}$，z 分數也可說是離均差 (某個分數與算術平均數之差) 是標準差的多少倍。上述的定義為樣本資料的標準化分數；如果是母群體資料的標準分數，則定義如下：$Z = \dfrac{X - \mu}{\sigma}$，z 分數有以下特性 (黃國光，民 89)：

(1) 由於 z 分數的分母、分子單位相同，所以 z 分數本身是一個沒有單位的數值，因此，z 分數可以用來比較母體中二個不同單位的觀察值。

(2) z 分數可以用來表示某一觀察值與平均數之差，是標準差的幾倍。假定標準差是一個單位，z 分數表示該觀察值落在平均數之上或之下幾個單位處。

(3) 轉換後的 z 分數，其平均數等於 0、標準差等於 1、變異數等於 1。

(4) 沒有單位的 z 分數所代表的意義為數值資料 x 在整體資料中所在的相對位置；當觀察值小於算術平均數，z 分數為負值；反之，當 z 分數為正值時，表示觀察值大於算術平均數；正因為常會出現負的 z 分數或帶小數的 z 分數，才會衍生 T 分數。

T 分數是一種經過常態化 (normalized) 的標準分數，由美國測驗專家麥柯爾 (McCall, 1993) 所創用。T 分數 = 50 + 10×z 分數，T 分數的平均數為 50、標準差等於 10；此種常態化的標準分數，有一個重要的基本假設：即所測量特量之母群體的分配必須是「常態分配」，如果特質的母群體不屬於常態分配，則不應使用 T 分數。如果某一變項的母群呈常態分配，經轉換後的 z 分數所形成的分配可以稱為常態化的 Z 分配，常態化的 Z 分配經數理統計推導：常態化的 Z 分配的機率密度與 Z 分數間具有一定關係 (如常態曲線下的總面積設為 1，即 100%)：

(1) 會有 68.26% 的觀察值落在平均數上下一個標準差之內，即得分在 $\mu \pm 1\sigma$ 之間者，佔總面積的 .6826。

(2) 會有 95.44% 的觀察值落在平均數上下二個標準差之內，即得分在 $\mu \pm 2\sigma$ 之間者，佔總面積的 .9544。

(3) 會有 99.72% 的觀察值落在平均數上下三個標準差之內，即得分在 $\mu \pm 3\sigma$ 之間者，佔總面積的 .9972。

(4) PR 與 z 分數可相互轉換，若 PR = 50，則 z 分數等於 0；PR＞50，則 z 分數為正；PR＜50，則 z 分數為負。

(5) 得分在平均數上下三個標準差之觀察值，約佔總人數的 99.74%，上下三個標準差以外者佔不到 1%。

(一) 篩選群體

範例中有二班，目前只統計分析第一班 (甲班) 受試者數學成績的 z 分數及 T 分數。首先只篩選第一班的受試者進行資料分析。

1. 執行功能表列「資料 (D)」(Data)/「選擇觀察值」(Select Cases) 程序，開啟「選取觀察值」對話視窗。

2. 勾選「◉ 如果滿足設定條件 (C)」(If condition is satisfied) 選項，按『若 (I)』(If) 鈕，開啟「選擇觀察值：If」(Select Cases: If) 次對話視窗。

3. 將人口變項「班級」點選至右邊空白方盒中，再於「班級」變項的後面鍵入「＝1」，右邊空盒內出現「班級＝1」（班級變項中水準數值等於1表示選取的樣本是甲班的學生）。

4. 按『繼續』鈕，「選取觀察值」對話視窗，按『確定』鈕。

執行上述程序後，在「資料檢視」編輯視窗中，會多出一個「過濾變項」(filter_$)，變項的內容為1及0，數值等於1者為選取的觀察值、數值等於0的觀察值為未被選取的觀察值，未被選取的觀察值在執行「分析」功能表各種統計分析程序時，不會被納入分析程序之中。數值等於0的觀察值只是暫時未被選取而已，原始資料檔還在；在「選取觀察值」對話視窗中，如選取「◉ 全部觀察值 (A)」(All cases) 選項，則所有資料均會再次納入統計分析程序中，「◉ 全部觀察值 (A)」為資料建檔與統計分析時的內定選項。

　　「選擇觀察值」對話視窗的下方有一個「輸出」方盒選項，內定的選項為「◉ 篩選出未選擇的觀察值 (F)」，表示未被選取的樣本只是暫時被排除於統計分析程序外，但這些未被選取樣本的資料還保留在原始的資料檔中，如果選項改為「◉ 刪除未選擇觀察值 (L)」，則按『確定』鈕後，未被選取樣本的資料會從原始資料檔中自動被刪除，此種操作步驟在資料處理中是十分冒險的，因為研究者可能會誤存資料檔，將不完整的資料檔覆蓋原始完整的資料檔。

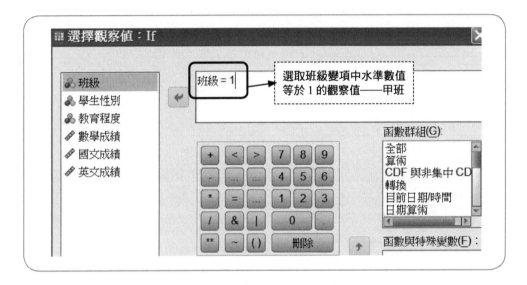

　　執行選擇觀察值後，於「資料檢視」編輯視窗中，觀察值編號上出現「／」符號者，表示此觀察值是未被選取的樣本，其相對應的「過濾變數」(filter_$) 內的水準數值為 0。「過濾變數」(filter_$) 是執行選擇觀察新增列的變數名稱，其水準數值不是 1 就是 0，對應的觀察值的水準數值內容會隨著選擇條件不同而改變。

	班級	學生性別	教育程度	數學成績	國文成績	英文成績	filter_$
48	1	2	2	69	73	52	1
49	1	2	3	52	92	66	1
50	1	2	2	49	88	43	1
51	2	1	3	96	41	88	0
52	2	1	3	81	91	76	0
53	2	1	2	66	57	76	0

範例圖示中編號 51、52、53 的觀察值未被選取 (班級變項的水準數值為 2，未符合條件)，「filter_$」變項的水準數值為 0，編號 48、49、50 的觀察值被選取 (班級變項的水準數值為 1，符合條件)，「filter_$」變項的水準數值為 1。

「選擇觀察值：If」的次對話視窗中，右邊空格為觀察值條件篩選的數值或邏輯運算式，變項名稱必須是左邊變數清單中有的變數，右邊中間為小算盤按鍵，「函數群組 (G)」(Functions) 下的函數為 SPSS 內建函數，其功能與 Excel 函數運算十分類似，要運用函數時，先從下拉式選單中選取函數，點選 ▲ 上移符號 (或直接於函數上連按二下)，則選取的函數會移至上面的空格中。上述範例中「班級＝1」表示選取的觀察值是「班級」變項中水準數值為 1 者 (水準數值 1 的樣本為甲班)，即第一班的觀察值，如果要選取的觀察值是甲班 (第一班) 的男生，則邏輯運算式為「班級＝1 & 性別＝1」，「&」符號表示「and」(且)，因而選取的觀察值是甲班 (第一班)「且」性別變數數值編碼為 1 者 (男生)。如果要選取的觀察值為「數學成績或英文成績不及格的觀察值」，其邏輯運算式為「英文成績 <60 | 數學成績 <60」，「|」符號表示「OR」(或)，運算式表示的是英文成績小於 60 分者 (未包含 60 分)「或」數學成績小於 60 分者 (未包含 60 分)；如果邏輯運算式為「(英文成績 > ＝60 | 數學成績 > ＝60) & (國文成績 > ＝90) 」則表示是英文成績或數學成績有一科及格者且其國文成績要在 90 分以上的觀察值。

選擇觀察值的運算式中若有「&」(且) 及「|」(或) 符號，最好再增列「( )」，運算式中有無括號其意涵有些是不同的，如下面二個邏輯運算式所選取的樣本是不相同的：

1. 「班級＝1 & 學生性別＝1 & 國文成績 > ＝70 | 英文成績 > ＝70」
2. 「(班級＝1 & 學生性別＝1) & (國文成績 > ＝70 | 英文成績 > ＝70)」

第一個運算式選取的樣本是「甲班男生且國文成績大於或等於 70 分以上者」或所有樣本中「英文成績大於或等於 70 分以上者」；第二個運算式所選取的樣本必須符合下列條件：「一定是甲班男生」且「國文成績或英文成績有一科大於或等於 70 分以上者」。

再就下列二個邏輯運算式所選取的樣本而言：

1. 「(班級＝ 2 & 學生性別＝ 2) | (國文成績 ＜60 & 英文成績 ＜60)」
2. 「(班級＝ 2 & 學生性別＝ 2 | 國文成績 ＜60) & 英文成績 ＜60」

　　第一個運算式選取的樣本是「乙班女生」或「國文成績不及格且或英文成績也不及格皆」的樣本。第二個運算式是「乙班女生或國文成績不及格」而且樣本的「英文成績是不及格」的樣本。

　　在「選擇觀察值」視窗 (Select Cases) 中，「◉ 全部觀察值 (A)」(All cases) 選項，為全體觀察值均納入統計分析中，此為原先內定選項；「◉ 如果滿足設定條件 (C)」(If condition is satisfied) 選項，可以在其對話視窗中，設定要選取的觀察值之條件；「◉ 觀察值的隨機樣本 (D)」(Random sample of cases) 選項，可以依據近似百分比或精確的觀察值個數，來選擇隨機觀察值個數，近似百分比法使用者只要在「選擇觀察值：隨機樣本式」(Select Cases: Random Sample) 對話視窗中第一行填入所要選擇觀察值之百分比數字，SPSS 即會從資料檔中隨機抽取使用者所訂定之百分比的觀察值進行統計分析；精確法的選取，在於選取第二行選項，在第一個空白內填入要選擇的觀察值數目、同時在第二個空格內填入要從第幾個觀察值開始選取。「◉ 以時間或觀察值範圍為準 (B)」(Based on time or case range) 選項，可以自行設定要選取觀察值之起始與結束的範圍，在「選擇觀察值：界定範圍」(Select Cases: Range) 對話視窗中，分別在「第一筆觀察值」(First Case) 及「最後一筆觀察值」(Last Case) 下的空白中輸入觀察值在原始資料檔中的位置數字，SPSS 會根據使用者設定的範圍，選擇範圍內的觀察值進行統計分析程序，如使用者分別在「第一個觀察值」(First Case) 及「最後一個觀察值」(Last Case) 下的方格中鍵入 20、43，則 SPSS 會選擇原始資料檔中的第 20 位觀察值至第 43 位觀察值，共 24 位 (43 － 20 ＋ 1) 筆資料 (24 個觀察值) 進行統計分析，其餘的觀察值則暫時不會納入統計分析的資料檔中。

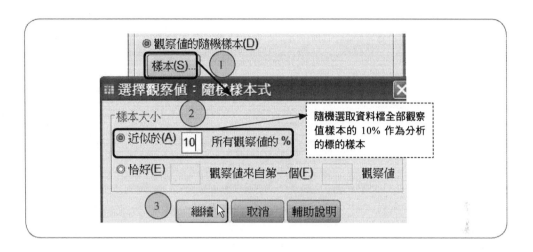

於「選擇觀察值」對話視窗中，選取「◎ 觀察值的隨機樣本 (D)」選項，按『樣本 (S)』鈕，可開啟「選擇觀察值：隨機樣本式」次對話視窗，若是研究要進一步隨機抽取全部樣本的 10% 作為統計分析的受試者，則選取「◎ 近似於 (A)」選項，於後面的方格輸入「10」，假如原先資料的樣本總數為 500 位，隨機抽取 10% 的樣本約為 50 位。

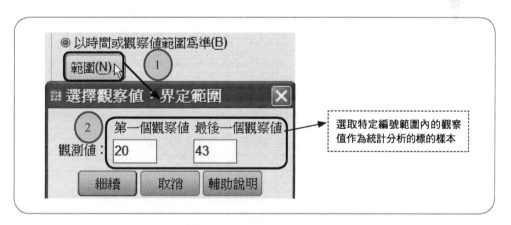

於「選取觀察值」對話視窗中，選取「◎ 以時間或觀察值範圍為準 (B)」選項，按『範圍 (N)』鈕，可開啟「選擇觀察值：界定範圍」次對話視窗，此對話視窗可明確界定要從第幾筆觀察值選擇起，至最後那一筆觀察值作為結尾。範例中選取的觀察值為原先資料檔中的第 20 筆至第 43 筆樣本的資料。

在選擇觀察值的條件設定方面，不論是以何種方式選取觀察值，於「選取觀察值」對話視窗下面「輸出」方盒中最好不要選取「◎ 刪除未選擇觀察值 (L)」

選項，若是研究者要將符合條件的觀察值重新以新的資料檔存檔，則可改選「◉複製已選擇觀察值至新資料集 (O)」選項，選取此選項時，同時要於「資料集名稱 (A)」提示語右邊輸入新資料檔的名稱。

(二) 求標準分數

1. 執行功能表列「分析 (A)」/「敘述統計 (E)」/「描述性統計量 (D)」程序，開啟「描述性統計量」主對話視窗。
2. 在左邊變數清單選取「數學成績」目標變量至右邊「變數 (V)」下的清單。
3. 勾選變數清單下「☑ 將標準化的數值存成變數 (Z)」(Save standardized value as variables) 選項。(標準化的數值為標準分數 z)
4. 按『確定』鈕。

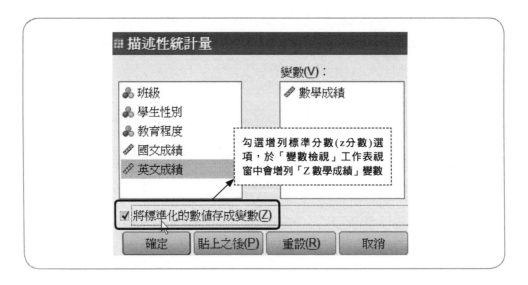

在描述性統計量 (Descriptives) 對話視窗中，勾選「☑ 將標準化的數值存成變數 (Z)」(Save standardized values as variables) 選項，表示會根據「變數 (V)」下方格目標變數，求出這些變數的標準分數 (Z 分數)，並於「資料檢視」編輯視窗中增列標準分數變項及標準分數數值，起始的標準分數變項字母為「Z」，新 Z 分數變項名稱為「Z 原始變項名稱」，範例中的原始目標變項為「數學成

績」，增列的標準分數變項名稱為「Z 數學成績」。「變數 (V)」下方格可同時點選一個以上計量變項，如果方格內也包含「國文成績」、「英文成績」變數，則增列的 Z 分數變項名稱分別為「Z 國文成績」、「Z 英文成績」，其變數標記分別為「Z 分數 (國文成績)」、「Z 分數 (英文成績)」。

	名稱	類型	寬度	小數	標記	值	遺漏	欄	
4	數學成績	數字的	11	0		無	無	8	靠
5	國文成績	數字的	11	0		無	無	8	靠
6	英文成績	數字的	11	0		無	無	8	靠
7	Z數學成績	數字的	11	4	Z分數 (數學成績)	無	無	13	靠

範例中數學成績增列的標準分數變項為「Z 數學成績」，變數的標記為「Z 分數 (數學成績)」。以第一位觀察值而言，其數學成績等於 89.00，z 分數等於 1.25636。甲班 (班級＝ 1) 之數學平均總成績為 68.040、標準差等於 16.6831，甲班第一位觀察者數學成績 89 分轉換為 z 分數的求法 $= \dfrac{89 - 68.040}{16.6831} = 1.25636$。

(三) 求 T 分數

T 分數的公式＝ 50 ＋ 10×Z 分數，操作步驟如下：

1. 執行功能表列「轉換 (I)」(Transform)/「計算變數 (C)」(Compute Variable) 程序，開啟「計算變數」對話視窗。

2. 於左邊「目標變數 (T)」(Target Variable) 提示語下的空格輸入新變數的名稱，如「T 數學成績」。

3. 右邊「數值運算式 (E)」的方格輸入「Z 數學成績 *10 ＋ 50」，其中「Z 數學成績」變數是從左邊變數清單中點選（變數以點選方式較不會錯誤）。

4. 按『確定』鈕。

註：目標變數 (Target Variable) 內的變數名稱要符合 SPSS 命名規定「Z 數學成績」變項最好以點選方式，否則可能會打錯字。

「Z 數學成績 *10 ＋ 50」表示變數「Z 數學成績」×10 後再加上 50，其中乘號「×」在電腦運算式中為「*」符號，如果鍵入「Z 數學成績 ×10 ＋ 50」，會出現錯誤的提示視窗，運算式也可改為「50 ＋ 10* Z 數學成績」。（運算式的除號為「/」）

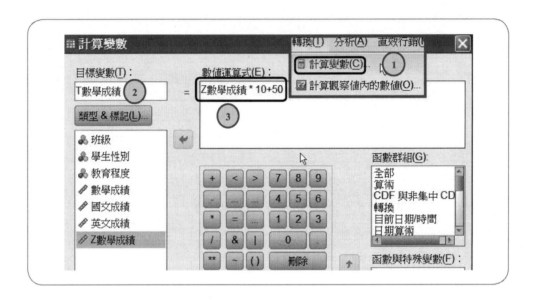

「計算變數」對話視窗中之「數值運算式 (E)」下的方格可以進行變數間的算術運算，或直接進行邏輯判斷，觀察值符合邏輯條件者，於設定的目標變數之水準數值為 1，觀察值未符合邏輯條件者，於設定的目標變數之水準數值為 0。數值運算式中之「變數」名稱最好從左邊變數清單直接點選，比較不會出現錯誤。

	班級	學生性別	教育程度	數學成績	國文成績	英文成績	filter_$	Z數學成績	T數學成績
46	1	2	2	88	80	51	1	1.1964	61.96
47	1	2	2	77	89	55	1	.5371	55.37
48	1	2	2	69	73	52	1	.0575	50.58
49	1	2	3	52	92	66	1	-.9615	40.39
50	1	2	2	49	88	43	1	-1.1413	38.59
51	2	1	3	96	41	88	0	.	.
52	2	1	3	81	91	76	0	.	.
53	2	1	2	66	57	76	0	.	.

範例資料檔中數學成績 88 分 (編號 46) 的受試者，轉換成 Z 分數的值為 1.1964，換成 T 分數的值為 61.96。Z 分數 $= \dfrac{88-68.040}{16.6831} = \dfrac{19.96}{16.6831} = 1.1964$；T 分數$+ 50 + 10 \times 1.1964 = 61.964$。範例資料檔中由於只挑選甲班學生觀察值，因而乙班 (班級水準數值為 2) 的觀察值沒有納入統計分析程序，Z 數學成績、T 數學成績變項的儲存格出現系統界定遺漏值「.」。上述選擇觀察值及求出計量變數的流程，圖示如下：

第四節　計算變值程序及置換遺漏值

⇨ 一、計算變值程序

　　計算變值程序可對變項進行四則運算，執行結果會增列一個新變數，新變數名稱為研究者於「目標變數 (T)」下方盒中界定的變項。在「計算變數」(Compute Variable) 對話視窗中，左邊的「目標變數 (T)」下的方格為新增列的變數，新變數的命名與 PASW 統計資料編輯器視窗中，變數的命名一樣，右邊的「數值運算式 (E)」(Numeric Expression) 下方格，可進行變數的算術運算，除可用如 Excel 之函數運算外 (包括算術函數、統計函數、分配函數和字串函數)，也可直接利用加、減、乘、除、括號、指數等進行各項四則運算。如在態度量表中，A1、A2、A3、A4、A5、A6、A7 為同一個構面 / 層面 (構念或向度) 的題項，統計分析前要先求七個題項的總分，在「數值運算式」中可以採用以下三種方式：

1. **一般算術運算模式**：直接在「數值運算式」下的空白鍵入運算式的一般四則運算。

A1 ＋ A2 ＋ A3 ＋ A4 ＋ A5 ＋ A6 ＋ A7
如果要求出七個題項的單題平均，算術運算式為：
(A1 ＋ A2 ＋ A3 ＋ A4 ＋ A5 ＋ A6 ＋ A7)/7

目標變數(T)：		數值運算式(E)：
構面總和_1	＝	A1+A2+A3+A4+A5+A6+A7
類型 & 標記(L)...		

2. **採用算術函數模式**：選取函數，在函數後面「？」的地方填入參數，如總和函數：SUM(?,?)，在 ? 的地方鍵入左邊變數清單中存在的變項名稱，變數名稱間以半形逗號「,」隔開。

SUM(A1,A2,A3,A4,A5,A6,A7)
如果要求出七個題項的單題平均，算術運算式為：
SUM(A1,A2,A3,A4,A5,A6,A7)/7

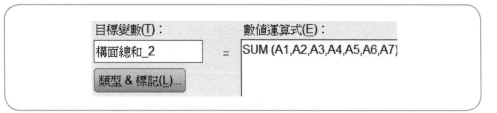

目標變數(T)：		數值運算式(E)：
構面總和_2	＝	SUM (A1,A2,A3,A4,A5,A6,A7)
類型 & 標記(L)...		

3. **函數及連續變項界定模式**：清單變項的變數界定如為一種連續數字式的，則可以以「TO」的方式界定，格式如：SUM(起始之清單變數　TO 結束之清單變數)。

SUM (A1 TO A7)

「目標變數 (T)」下的『類型 & 標記 (L)』可直接設定新增列變數的變數標記，如「第 1 至第 7 題的加總分數」，範例中將變數「構面總和 _3」的註

解標記為「課堂壓力」，增列變數標記的變項，於統計對話視窗之變數清單中會以「課堂壓力 [構面總和 _3]」表示。

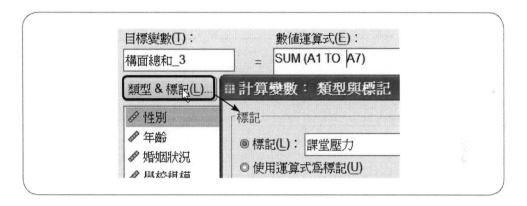

　　所謂連續數字式的變數清單，乃是變項名稱中最後一個字元為數字，如 IA1、IA2、IA3、IA4、IA5、IA6、 ……，如果層面或構念所包含的題項編號不是連續題項式的，則不宜採用此種方式，而以第一種及第二種較為適宜。以下為求 IA1、IA2、IA3、IA4、IA5、IA6 六個清單變項的總和的函數求法「SUM (IA1 TO IA6)」。假設某個「工作滿足」層面，包含的題項是 B1、B5、B9、B10、B11、B12、B13、B18，要求層面的總分時，可以採用下列的運算式：

B1 ＋ B5 ＋ SUM (B9 TO B13) ＋ B18

　　如果層面所包含的題項包括 B6、B7、B8、B9、B25、B26、B27、B28、B29，要求層面的總分時，可以採用下列的運算式：

SUM (B6 TO B9) ＋ SUM (B25 TO B29)

　　若是構面包含的題項為 C2、C3、C4、C7、C8、C10，要求出構面的總和可採用以下二種方式：

C2 ＋ C3 ＋ C4 ＋ C7 ＋ C8 ＋ C10 或

SUM (C2 TO C10) － C5 － C6 － C9

　　SPSS 有關算術運算式與函數執行程序中，數值中若有遺漏值，則二者的處

理方式不同，如：「(A1 ＋ A2 ＋ A3 ＋ A4 ＋ A5 ＋ A6)/6」的傳統算術運算式中，只要有一個變數含有遺漏值的話，則平均結果視為遺漏值「.」，平均值的數據無法估計；而 MEAN(A1,A2,A3,A4,A5,A6) 之平均數函數，只有當六個數值均為遺漏值時，其傳回結果才會是遺漏值「.」。有關遺漏值的處理，以下表資料為例，範例中數值 99 為研究者界定的遺漏值。

編號	A1	A2	A3	A4	A5	A6	算術加總	函數加總	算術平均	函數平均
S1	5	2	4	1	6	4	22	22	3.67	3.67
S2	4	1	5	99	99	5	.	15	.	3.75
S3	4	2	99	5	2	6	.	19	.	3.80
S4	3	6	5	6	3	4	27	27	4.50	4.50
S5	6	4	4	4	4	3	25	25	4.17	4.17
S6	4	3	1	3	3	2	16	16	2.67	2.67
S7	1	99	4	99	6	99	.	13	.	4.33
S8	5	4	6	3	2	1	21	21	3.50	3.50

註：表中四個運算式為：
　　算術加總：A1 ＋ A2 ＋ A3 ＋ A4 ＋ A5 ＋ A6
　　函數加總：SUM(A1 To A6) 或 SUM(A1,A2,A3,A4,A5,A6)
　　算術平均：(A1 ＋ A2 ＋ A3 ＋ A4 ＋ A5 ＋ A6)/6
　　函數平均：MEAN(A1 To A6) 或 MEAN(A1,A2,A3,A4,A5,A6)

「數值運算式 (E)」下方格中的所有算術運算符號必須為「半形字」，若是四則運算符號出現「全形字」，SPSS 會視為中文文字而無法進行數學算術運算，並出現錯誤訊息，如「＋」(加+)、「－」(減-)、「＊」(乘*)、「／」(除/)、「＆」(且 &)、「｜」(或 |)「＊＊」(指數 **) 等。範例中為誤將半形「+」號鍵入全形字「＋」，按『確定』鈕後，所出現的錯誤訊息「不正確的變數名稱：可能是名稱超過 64 字元，或是舊指令尚未定義名稱。」

　　另一個於「數值運算式 (E)」下方格中常出現的錯誤是變數名稱輸入錯誤，最佳的操作方式是標的變項最好直接從左邊變數清單中點選，而不要以鍵盤自行鍵入變數名稱，因為變數名稱若有一個字錯誤，表示變數名稱未出現於左邊變數清單中，按『確定』鈕會出現錯誤訊息。範例中原變數名稱為「國文成績」，但研究者鍵入「國文成就」，即使只有一個字不同，也會出現錯誤的訊息。

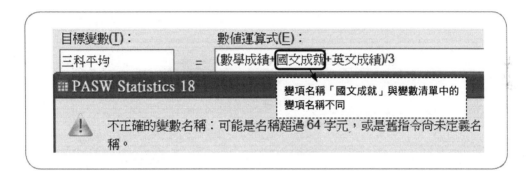

⊃ 二、置換遺漏值

　　在範例中某些觀察值在部份題項沒有作答，研究者將沒有作答的題項以遺漏值取代，數值鍵入「99」；由於部份觀察值在七個題項沒有全部作答，採用傳統數學算術運算方法求出的七題構面變項的總分，或構面變項單題平均得分時均會出現系統遺漏值「.」。如果系統遺漏值很多，統計分析結果被排除的樣本數會比較多，若是系統遺漏值不多，且整體有效觀察值也不大，此是研究者可採用「置換遺漏值」(replace missing value) 的方法，將系統遺漏值以有效樣本在變項的某個統計量數代替，如平均數等，如此，可用的觀察值總數會比較多，較不會影響整個統計分析的結果。

　　置換遺漏值的操作程序如下：

1. 執行功能表列「轉換 (T)」／「置換遺漏值 (R)」程序，開啟「置換遺漏值」對話視窗。

2. 在左邊變數清單中將目標變數「算術加總」、「算術平均」選入右邊「新變數 (N)」下的方格中，相對應內定增列的新變數為「目標變數 _1」，範例中增列的二個新變數為「算術加總 _1」、「算術平均 _1」。

3. 內定置換遺漏值的方法為「數列平均數 [SMEAN]」，若是研究者要改用其它方法，於「方法 (M)」右邊的下拉式選單 ▼ 中選取，置換遺漏值的方法共有五種：數列平均數、附近點的平均數、附近點的中位數、線性內插法、點上的線性趨勢 (以迴歸預測方法置換遺漏值)。

4. 按『確定』鈕。

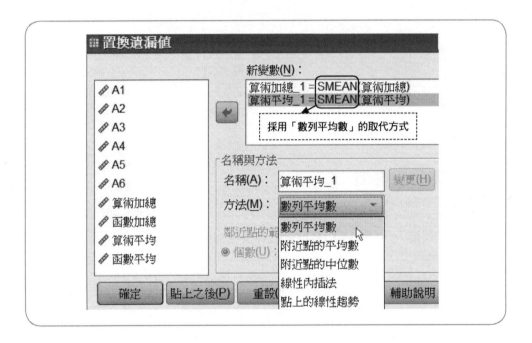

　　如果研究者要更改增列的新變數名稱及置換遺漏值方法，其操作程序為：於「新變數 (N)」下的方格中選取原先變數，於「名稱 (A)」提示語的右邊輸入新變項名稱如「算術平均 _2」，於「方法 (M)」提示語右邊的下拉式選單選取一種置換方法，範例中為選取「點上的線性趨勢 [TREND]」，之後按『變更 (H)』鈕，則「新變數 (N)」下的方格中會出現：「算術平均 _2 ＝ TREND(算術平均)」，表示原括號內的變數，以「點上的線性趨勢」法來置換遺漏值，新變項名稱為「算術平均 _2」。

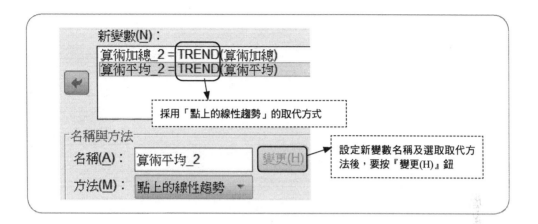

未置換遺漏值前的構面數據與遺漏後的構面數據如下表：

| 編號 | 原始加總數值 | | 原始平均數值 | | 以平均數置換遺漏值 | | 以點上線性趨勢置換遺漏值 | |
	算術加總	函數加總	算術平均	函數平均	算術加總_1	算術平均_1	算術加總_2	算術平均_2
S1	22	22	3.67	3.67	22.0	3.67	22.00	3.67
S2	.	15	.	3.75	22.2	3.70	23.64	3.94
S3	.	19	.	3.80	22.2	3.70	23.13	3.85
S4	27	27	4.50	4.50	27.0	4.50	27.00	4.50
S5	25	25	4.17	4.17	25.0	4.17	25.00	4.17
S6	16	16	2.67	2.67	16.0	2.67	16.00	2.67
S7	.	13	.	4.33	22.2	3.70	21.07	3.51
S8	21	21	3.50	3.50	21.0	3.50	21.00	3.50

⊃ 三、計算變數程序中的內建函數

在「計算變數」對話視窗，「數值運算式」(Numeric Expression) 之下為小算盤按鍵，最右側為 SPSS 內建函數，其功能與 Office 應用軟體中的 Excel 試算表類似，如：

函數名稱	用途
SUM(V1,V2,.....)	求所有變數值的總和
MEAN(V1,V2,.....)	求所有變數值的平均數
SD(V1,V2,.....)	求所有變數值的標準差
MIN(V1,V2,.....)	求變數數值中的最小值
MAX(V1,V2,.....)	求變數數值中的最大值
ABS(VAR1)	求變數的絕對值
SQRT(VAR1)	求變數的開方根值
RND(VAR1)	求變數的四捨五入值
TRUNC(VAR1)	將變數的小數去除 (無條件求到整數位)
MOD(被除數 , 除數)	傳回餘數

　　小算盤中各運算式的符號說明如下，運算的優先順序是函數、乘除、加減，研究者可藉由括號 ( ) 控制執行運算的先後順序。

算術運算式符號	關係運算式符號	邏輯運算式
+ : 加號	< : 小於	& : AND(且)，前後二個關係式均 True，結果才會真
- : 減號	> : 大於	
* : 乘號	<= : 小於且等於 (不大於)		: OR(或)，前後二個關係式只要有 一個為 True，結果就會真
/ : 除法	>= : 大於且等於 (不小於)	
** : 次方	= : 等於	
( ) : 括號	~= : 不等於	~ : True 或 False 的相反

　　小算盤中的『刪除』鈕可刪除「數值運算式」中的運算式，操作時先選取原先中的各式運算式，再按『刪除』鍵。

　　若是研究者對「函數群組」中函數的意涵與如何使用不了解，可於「函數群組 (G)」中點選各分類選項，再於下方「函數與特殊變數 (F)」方盒中選取函數，選取函數時，有關函數的語法功能與意義會出現於中間的大方盒中，若是研究者不知道函數的分類情形，可以於「函數群組 (G)」中直接選「全部」，則於下方「函數與特殊變數 (F)」方盒中會依照起始英文字母的順序出現所有的函數。

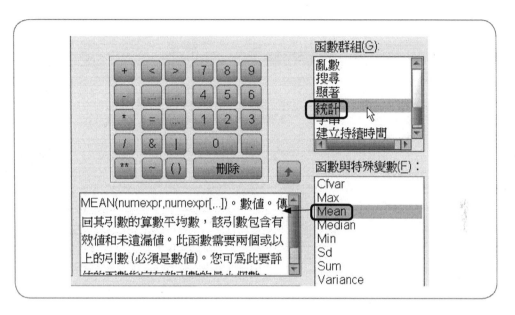

上述範例圖中,「函數群組 (G)」方盒選取「統計」分類函數,於「函數與特殊變數 (F)」中出現類別的所有統計函數,如 Cfvar、Max、Mean、Median、Min、Sd、Sum、Variance,研究者若想要了解函數「Mean」代表的意義與用法,點選函數「Mean」,中間方盒中會出現有關函數「Mean」的功能與使用說明。若要使用此函數,直接點選函數連按滑鼠二下,則函數的初始設定會移往「數值運算式」下的方格,如:

> MEAN(numexpr,numexpr[,..])。數值。傳回其引數的算數平均數,該引數包含有效值和未遺漏值。此函數需要兩個或以上的引數 (必須是數值)。您可為此要評估的函數指定有效引數的最小個數。

「Mean(?,?)」即求出括號中變數的平均數,其中「?」表示是數值變項,數值變數間只要以半形「,」隔開即可。

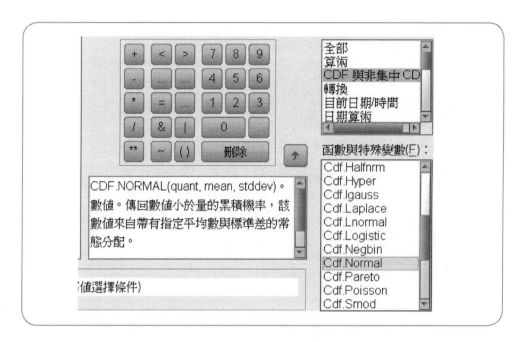

上述範例為「CDF 與非集中 CD」函數群組，選取的函數為「Cdf. Normal」，函數的說明文字如下：

> CDF.NORMAL(quant, mean, stddev)。數值。傳回數值小於量的累積機率，該數值來自帶有指定平均數與標準差的常態分配。

函數於「數值運算式 (E)」下方盒出現的格式為：「CDF.NORMAL (?,?,?)」。此函數可求出指定平均數、標準差數值，並設定累積機率值下的常態分配數值，由於語法中有三個引數變數，因而於數值運算式中會出現「Cdf. Normal(?,?,?)」的初始設定，三個「?」號引數分別為累積機率值 (quant)、平均數 (mean)、標準差 (stddev)。以下列舉數個函數的功能與應用情形，及運用函數求出的結果。

IDF.T(?,?)	IDF.T(.95,15)=1.7531	IDF.T(prob, df)。數值。傳回來自
	IDF.T(.99,15)=2.6025	Student's t 分配的數值，其中會帶
	IDF.T(.95,50)= 1.6759	有指定自由度 df，且累積機率為
	IDF.T(.99,50)=2.4033	prob。此函數於共變數分析程序之
		詹森內曼法中會使用到。
IDF.CHISQ(?,?)	IDF.CHISQ(.95,1)=3.8415	IDF.CHISQ(prob, df)。數值。傳回
	IDF.CHISQ(.99,1)=6.6349	來自卡方分配的數值，其中會帶
	IDF.CHISQ(.95,40)=55.7585	有指定自由度 df，且累積機率為
	IDF.CHISQ(.99,40)=63.9705	prob。例如，若卡方數值在水準為
		0.05，且自由度為 3 時屬於顯著，
		則其為 IDF.CHISQ(0.95,3)。
IDF.NORMAL(?,?,?)	IDF.NORMAL(.95,0,1)=1.6449	IDF.NORMAL(prob, mean,
	IDF.NORMAL(.99,0,1)=2.3263	stddev)。數值。傳回來自常態分配
	IDF.NORMAL(.50,0,1)=0.0000	的數值，其中會帶有指定的平均數
	IDF.NORMAL(.9772,0,1)=1.9991	與標準差，且累積機率為 prob。

在函數的操用程序，範例以求所有觀察值國文成績、數學成績、英文成績三科平均成績的總平均數為例：

【操作 1】

在「計算變數」對話視窗，「函數與特殊變數 (F)」方盒中選取平均數 (MEAN) 統計函數，點選 ▲ 上移符號 (或連按函數二下)，將平均數函數選至「數值運算式 (E)」下的空格中，此時會出現 MEAN(?,?)，「?」表示的是變數數值，若是變數超過二個，研究者自行增列半形逗號「,」，即變數間以半形逗號隔開即可。左邊「目標變數 (T)」下的方格中，輸入三科平均數的新變數名稱，如「三科平均」。

```
計算變數

目標變數(T)：          數值運算式(E)：

三科平均          =    MEAN(?,?)
```

【操作 2】

將平均數函數 MEAN(?,?) 中的「?」選入變數，變數之間要以半形逗號「,」

隔開，所有數值運算式下方格中的數值或運算符號全部要為「半形字」，完成的
函數運算式為「MEAN(數學成績，國文成績，英文成績)」，其中三科成績的變
項順序不一樣沒有關係，其結果均是在求三科的平均成績，之後按『確定』鈕。
當按下『確定』鈕後，「變數檢視」工作表視窗中會多出一個平均數的變項名稱
「三科平均」，變項的內容為數學、英文、國文三科的平均成績。

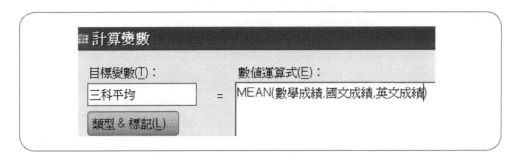

如果設定的新目標變數在原資料檢視編輯視窗中已存在，則按下『確定』
鈕後，系統會出現提示警告視窗「要變更現有的變數嗎？」(Change existing
variable)，若是研究者要變更，則按下『確定』鈕，則新變數內容數據會取代原
先變數的內容；若是研究者要重新設定目標變數方格下新變項的名稱，則按『取
消』鈕。

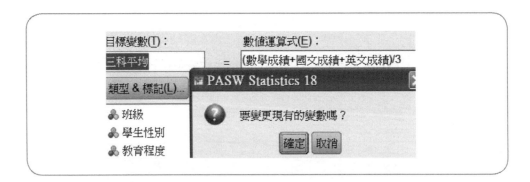

第五節　分割檔案

當觀察值要根據某一變項的屬性類別，分別進行統計分析時，則要先將此變
數進行檔案分割 (Split File)，分割檔案程序，可根據某個分組 (或多個) 分組變

數的值，將資料檔分成不同的組別，以進行分析。依據分組之變項必須是間斷變項。如二個班級中，第一個分組變數為「班級」(班級類別)、第二個分組變數為「學生性別」，則觀察值將先依「班級」變數將檔案分組，每個班級再依「學生性別」變項分組。

> **1.** 執行功能表列「資料 (D)」(Data)/「分割檔案 (S)」(Split File) 程序，開啟「分割檔案」對話視窗。
>
> **2.** 選取「◉ 依群組組織輸出 (O)」(Organize output by groups) 選項，在左邊變數清單中選取目標變項「班級」至右邊「依此群組 (G)」(Groups Based on) 下的方格中。
>
> **3.** 勾選下方「◉ 依分組變數排序檔案 (S)」(Sort the file by grouping variables) 選項 (此選項為內定選取項，此內定選項比較有彈性，不論目標變項是否執行排序動作，均可以進行分割檔案程序)。
>
> **4.** 按『確定』鈕。
>
> 註：執行分割檔案後，資料檔會依分組變項的順序重新調整觀察值的順序。
>
> 　　第 2 步驟中選取第二個選項「◉ 比較群組 (C)」，其功能與選取第三個選項「◉ 依群組組織輸出 (O)」相同，唯一的差別是輸出表格，前者是各分割群組統整為一個表格輸出，後者是每個分割群組各以一個群組表格輸出。

　　範例圖檔中為只以「班級」變項分割檔案，依「班級」變數分割檔案後，之後所有的統計分析程序會以班級中的水準數值，分班別群組分開統計，若是班級中只有甲班 (水準數值 1)、乙班 (水準數值 2)，則統計分程序會有甲班群組數據、乙班群組數據。

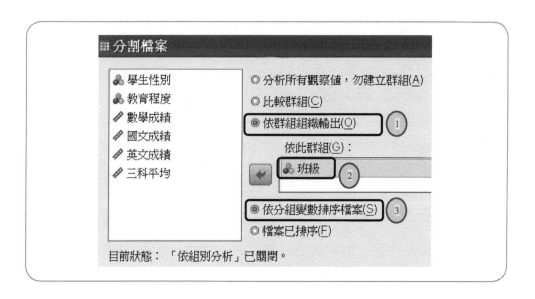

　　若是研究者先以人口變項「班級」分割檔案，再以「學生性別」分割檔案，則資料檔分割的情形如下：「班級」變項中假設為三分間斷變數，水準數值1、2、3表示甲班、乙班、丙班；學生性別人口變項假設為二分間斷變數，水準數值1為男生、水準數值2為女生，則依「班級」變項分割後的資料檔統計分析程序架構圖如下：從分割架構圖可以看出，若是研究者執行功能表列「分析 (A)」或其它有關變項資料的處理，會依「男生群體」、「女生群體」分開進行統計分析的程序，而不是以全部受試者作為分析樣本。研究者分割檔案執行各項統計分析程後，若之後要再以全部有效樣本作為分析標的群體，於「分割檔案」對話視窗中，選取「◉ 分析所有觀察值，勿建立群組 (A)」選項，此選項表示資料處理及統計分析是以所有觀察值為分析對象。

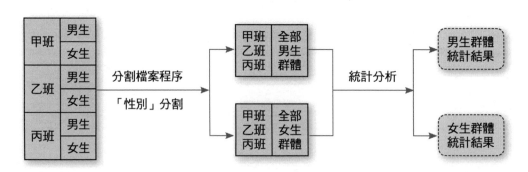

　　範例操作畫面為選取「⊙ 依群組組織輸出 (O)」選項，在左邊變數清單中選取目標變項「班級」、「學生性別」至右邊「依此群組 (G)」下的方格中。研究者選取的分割變項有二個，第一個變數為依「班級」分割，因為班級有三個水準數值，因而會先分成三個群體 (甲班群體、乙班群體、丙班群體)；第二個變數為依「學生性別」分割，由於性別有二個水準數值 1 (男生)、2 (女生)，因而會將第一次分割的三個群體資料檔再依性別變數分割成六個次群體：甲班男生群組 (班級＝1 & 性別＝1)、甲班女生群組 (班級＝1 & 性別＝2)；乙班男生群組 (班級＝2 & 性別＝1)、乙班女生群組 (班級＝2 & 性別＝2)；丙班男生群組 (班級＝3 & 性別＝1)、丙班女生群組 (班級＝3 & 性別＝2)。

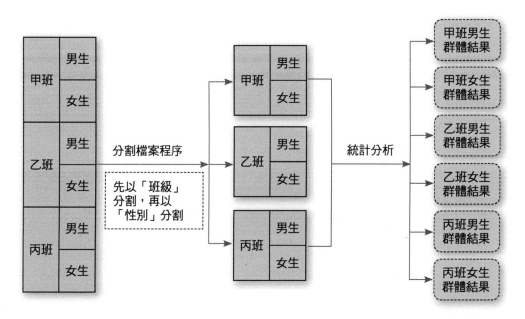

　　進行分割檔案時，選入「以此群組 (G)」下方格中的分組變數，最少為一

個，最多可選取八個分組變數 (均要為間斷變數)，原始資料檔必須先根據分組變項 (如班級、學生性別等人口變項) 進行排序，才能正確地分割原始資料檔，如果原始資料檔已根據分組變項排序，則在「分割檔案」對話視窗中，可勾選「◉ 檔案已排序 (F)」(File is already sorted) 選項；如果原始資料檔未依分組變項排序好，則在「分割檔案」對話視窗中要勾選內定的「◉ 依分組變數排序檔案 (S)」選項。在實際操作時，不論原始資料檔案是否根據分組變數排序好，最好均選取內定之「◉ 依分組變數排序檔案 (S)」選項，因為選取此內定選項，PASW 會根據分組變數先排序好原始資料檔，再執行分割檔案程序，操作上比較方便。

範例資料檔中依班別 (二分類別變項)、學生性別 (二分類別變項) 變數分割檔案後，整個資料檔會被分割成四個次群體，如執行描述統計性統計程序，求出「數學成績」、「國文成績」、「英文成績」的描述統計量，結果如下：

1. 第一個群組

班級變項水準編碼＝ 1 且學生性別變項水準編碼＝ 1 的觀察值

班級＝甲班，學生性別＝男生

	個數	最小值	最大值	平均數	標準差	變異數
數學成績	24	46	98	71.63	15.945	254.245
國文成績	24	40	96	63.58	14.726	216.862
英文成績	24	40	100	71.46	15.776	248.868
有效的 N (完全排除)	24					

上表為甲班男生群體 (有效樣本數為 24 位) 在數學成績、國文成績、英文成績三科計量變數的描述性統計量。

2. 第二個群組

班級變項水準編碼＝ 1 且學生性別變項水準編碼＝ 2 的觀察值

班級＝甲班，學生性別＝女生

	個數	最小值	最大值	平均數	標準差	變異數
數學成績	26	40	98	64.73	16.967	287.885
國文成績	26	41	94	69.73	17.301	299.325
英文成績	26	40	96	65.04	17.326	300.198
有效的 N (完全排除)	26					

上表為甲班女生群體 (有效樣本數為 26 位) 在數學成績、國文成績、英文成績三科計量變數的描述性統計量。

3. 第三個群組

班級變項水準編碼＝ 2 且學生性別變項水準編碼＝ 1 的觀察值

班級＝乙班，學生性別＝男生

	個數	最小值	最大值	平均數	標準差	變異數
數學成績	25	41	99	69.20	18.416	339.167
國文成績	25	40	97	61.92	16.631	276.577
英文成績	25	41	96	68.28	16.742	280.293
有效的 N (完全排除)	25					

上表為乙班男生群體 (有效樣本數為 25 位) 在數學成績、國文成績、英文成績三科計量變數的描述性統計量。

4. 第四個群組

班級變項水準編碼＝ 2 且學生性別變項水準編碼＝ 2 的觀察值

班級＝乙班，學生性別＝女生

	個數	最小值	最大值	平均數	標準差	變異數
數學成績	25	41	99	66.88	19.900	396.027
國文成績	25	42	94	63.16	15.461	239.057
英文成績	25	41	98	63.84	19.295	372.307
有效的 N (完全排除)	25					

上表為乙班女生群體 (有效樣本數為 25 位) 在數學成績、國文成績、英文成績三科計量變數的描述性統計量。

在量化研究過程中，若是研究者直接搜集到中心群體或班級群體觀察值的分數，如果研究者想要將各群體的原始分數轉換為 T 分數，則以分割檔案程序較快，以選擇觀察值程序也可以，但選擇觀察值程序每次只能選取一種群體，分割檔案程序可同時對所有群體進行分數轉換。如研究者採用叢集取樣法，搜集 15 個班級學生的英文學期成績，統計分析時要以 15 個班級群體為單位，將觀察值英文學期成績轉換為 T 分數，其圖示如下：

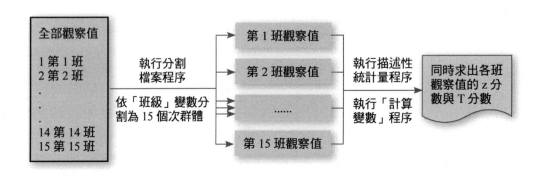

第六節　觀察值的排序

上述執行程序中原始資料檔可依某個變數或多個變數進行排序。排序即是將資料檔中的觀察值 (橫列) 重新置放，觀察值可依排序的變數作遞增 (Ascending)(由小至大排列) 或遞減 (Descending)(數值由大至小排列) 排列，如果排序變項為字串變數，則排列時，大寫字母會排在小寫字母的前面。在項目分析、試題分析程序，或將計量變項重新編碼為間斷變項時，均要根據目標變項加以排序，如此才能確定前 27% 臨界點、及後 27% 臨界點的分數。

範例中原始資料檔中先依「班級」(class) 變項作遞增排序，班級中再依「性別」變項作作遞減排序。

	班級	性別
1	1	2
2	1	2
3	1	1
4	1	1
5	2	2
6	2	2
7	2	2

資料檔觀察值重新排序的操作如下：

1. 執行「資料 (D)」(Data)/「觀察值排序 (O)」(Sort Cases) 程序，開啟「觀察值排序」對話視窗。

2. 在左邊變數清單中點選目標變數「班級」至右邊「排序依據 (S)」下的方盒中，由於內定排序的選項為「遞增 (A)」，因而方盒中會出現「班級 (A)」提示符號。

3. 在左邊變數清單中點選目標變數「學生性別」至右邊「排序依據 (S)」下的方盒中，此時內定排序的選項為「遞增 (A)」，方盒中會出現「學生性別 (A)」提示符號。

4. 學生性別要進行遞減排列，研究者選取右邊方盒中的「學生性別 (A)」變數 (會變成反白)，於「排序順序」方盒中點選「◉ 遞減 (D)」選項，方盒中的「學生性別 (A)」變數會變成「學生性別 (D)」。

5. 按『確定』鈕。

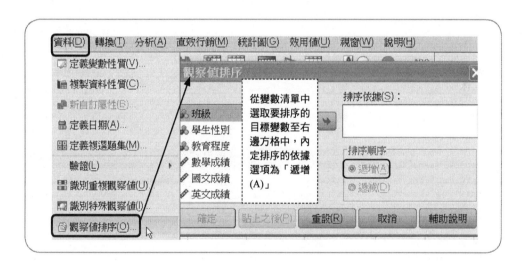

「排序順序」方盒中內定的排序順序是「◉ 遞增 (A)」，第一個被選入的變數內定為遞增排序，若要改為遞減排列，選取「排序依據 (S)」方格中的目標變數，點選「◉ 遞減 (D)」選項即可。

「排序順序」方盒中內定的選項為「◉ 遞增 (A)」，因而點選變數至「排序依據 (S)」下方盒中會出現「班級 (A)」、「學生性別 (A)」，表示資料檔先依「班級」變項的水準數值作遞增排列，再依「學生性別」變項的水準數值作遞增排列，如果研究者要改為遞減順序排列，其操作順序為：於「排序依據 (S)」下

方盒中選取目標變數，如「學生性別 (A)」，再於「排序順序」方盒中勾選「◉ 遞減 (D)」選項，研究者一勾選「◉ 遞減 (D)」選項，「排序依據 (S)」方盒中目標變數「學生性別 (A)」立刻變成「學生性別 (D)」，符號「D」表示遞減。

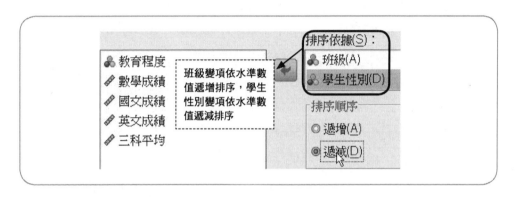

上表資料編輯視窗中，觀察值先按變數班級由小至大排序 (遞增)，班級變數的水準數值相同時再依學生性別變項由大至小作遞減排序。

下面的資料檔為執行「觀察值排序」程序後的前七筆觀察值，「排序依據 (S)」方格下的變數為「三科平均 (A)」、「數學成績 (A)」，表示全部的觀察值依「三科平均」變數進行遞增排列，「三科平均」變項的量測值相同時，再依「數學」變項分數進行遞增排列。

	班級	學生性別	教育程度	數學成績	國文成績	英文成績	三科平均
1	2	1	2	41	57	45	47.67
2	2	2	6	41	67	42	50.00
3	1	2	2	57	46	50	51.00
4	2	1	4	50	62	43	51.67
5	2	2	3	46	68	43	52.33
6	1	1	1	52	62	43	52.33
7	2	2	2	46	43	72	53.67

觀察值排序的功能，可以找出某個臨界點的分數，如依「三科平均」變數進行遞增排列後，研究者要找出所有觀察值 30% 臨界點的分數，可將滑鼠移到編號第 30 的觀察值 (假設全部觀察值有 100 位，100×30% = 30) 處，如此，可找到研究者界定觀察值之臨界分數，之後再進行重新編碼程序，可將計量變數重新編碼為類別變數。

第 **05** 章

資料轉換與重新編碼

在問卷調查中，常有反向題的設計，如在之前的「數學焦慮量表」中，此量表採用李克特五點量表，得分愈高，表示學生的數學焦慮感愈高。以第一題為例：「數學考試時，我愈想考得好，我愈覺得慌亂。」，學生如勾選「非常不同意」(1分)，表示其數學焦慮知覺最低，勾選「非常同意」(5分)，表示其數學焦慮知覺最高；再如第五題：「數學考試最會使我驚慌」，受試者如勾選「非常不同意」(1分)，表示其數學焦慮知覺最低，勾選「非常同意」(5分)，表示其數學焦慮知覺最高，此種一致性計分的題目稱為正向題，正向題表示得分愈高，數學焦慮感也愈高。

反向題如第二十四題：「在數學課中，我常感到輕鬆自在。」、第二十五題：「上數學課是一件令人愉快的事。」、第二十六題：「我希望每天都上數學課。」，這三個題項如果受試者勾選「非常不同意」(1分)，表示其數學焦慮知覺最高，勾選「非常同意」(5分)，表示其數學焦慮知覺最低，得分愈低，表示數學焦慮感愈高。這三題的計分方式剛好與正向題相反，因而需將其填答的資料反向計分－重新編碼，如果其勾選「非常不同意」(1分)，表示數學焦慮感最高，1分應轉換為5分；如勾選「非常同意」(5分)，表示其數學焦慮知覺最低，題項的5分應轉換為1分。計分的方向一致才能解釋並下操作型定義：「受試者於數學焦慮量表的得分愈高，表示受試者感受的數學焦慮愈大；相對的，受試者於數學焦慮量表的得分愈高，表示受試者感受的數學焦慮愈大」。

[數學焦慮量表]

	非常不同意 1	少部分同意 2	一半同意 3	大部分同意 4	非常同意 5
1. 數學考試時，我愈想考得好，我愈覺得慌亂。	1	2	3	4	5
5. 數學考試最會使我驚慌。	1	2	3	4	5
21. 我最害怕補上數學課。	1	2	3	4	5
22. 我覺得自己比別的同學更害怕數學。	1	2	3	4	5
23. 在所有的科目中我最害怕數學科。	1	2	3	4	5
24. 在數學課中，我常感到輕鬆自在。【反向題】	1	2	3	4	5
25. 上數學課是一件令人愉快的事。【反向題】	1	2	3	4	5
26. 我希望每天都上數學課。【反向題】	1	2	3	4	5
27. 寫數學作業是一件痛苦的事情。	1	2	3	4	5

範例「數學焦慮量表」分數重新編碼的對照表如下：

舊值 (24 題、25 題、26 題)	新值 (重新編碼)
1	5
2	4
3	3
4	2
5	1

再以「國小學生學習經驗調查問卷」的背景資料為例：在學生家庭狀況方面，分為四組：只和父親住在一起 (選填 1 者)、只和母親住在一起 (選填 2 者)、和其它長輩住在一起 (選填 3 者)、和父母親住在一起 (選填 4 者)。如此劃分考量到研究倫理與資料搜集的方便，但在分析統計時研究者將選填 1、2 者選項者合併稱為「單親家庭」(數值編碼為 1)、和其它長輩住在一起者稱為「他人照顧」家庭 (數值編碼為 2)、和父母親住在一起者稱為「雙親家庭」(數值編碼為 3)，如此，則原來資料建檔之 1、2、3、4 需要重新編碼成 1、2、3，以符合研究需求與假設驗證。此背景變項重新編碼的情形如下：

原先選項與編碼	合併選項	合併選項的水準數值
只和父親住在一起 1	單親家庭	1 (將舊值的 1 與 2 重新編碼為 1)
只和母親住在一起 2		
和其它長輩住在一起 3	他人照顧家庭	2 (將舊值的 3 重新編碼為 2)
和父母親住在一起 4	雙親家庭	3 (將舊值的 4 重新編碼為 3)

問卷調查法中常會探討不同背景變項在依變項上的差異情形，研究者多數採用隨機取樣或分層隨機抽樣方式，此種抽樣方法可能會使某些背景變項中的組別人數差距太大，使得統計分析時產生偏誤，因而需把部份的選項組合併，以符合母數統計的基本假定。如在父親學歷調查中，原分為「1.國中小」、「2.高中職」、「3.專科」、「4.大學」、「5.研究所」五個水準，搜集資料後分析其次數分配情形，發現「1.國中小」組及「5.研究所」組的人數太少，因而可將父親學歷背景變項重新編碼 (原始資料建檔時還是依其勾選的選項鍵入 1、2、3、4、5)，變成「1.高中職以下」、「2.專科」、「3.大學以上」三個水準。

此背景變項重新編碼的情形如下：

原始五個水準	假設樣本人次	合併的選項	合併後的樣本數
1. 國中小	8	1. 高中職以下	68
2. 高中職	60		
3. 專科	75	2. 專科	75
4. 大學	84	3. 大學以上	95
5. 研究所	11		

　　PASW 統計軟體的反向計分或重新編碼有二種：一為重新編碼成同一變數 (Recode Into Same Variable)；一為重新編碼成不同一變數 (Recode Into Different Variable)。重新編碼成同一變數程序，由於新變數名稱與原始變數名稱相同，因而新變數的數據資料會取代原先變數名稱的數據資料，此種數據資料重新取代的方式通常用於反向題題項的反向計分；重新編碼成同不變數程序，會增列一個新的分組變數，新變數通常是類別變項或次序變項，此種程序常用於背景變項 / 人口變項中的組別合併或計量變項 (連續變項) 重新編碼成間斷變數，如將受試者於數學焦慮的得分情形 (計量變數) 重新編碼為焦慮組別變項 (間斷變項)：高焦慮組、中焦慮組、低焦慮組。

第一節　問卷資料的編碼

壹、自動重新編碼

　　「自動重新編碼」(Automatic Recode) 會把字串和數值變數重新轉換成連續的整數。「自動重新編碼」程序會保留原來舊的變數資料，並新建一個編碼後變數，數值變數會根據其數值大小排列，字串變數會根據字母順序重新編碼。

　　以數學成績 (mat) 變項為例，因統計需要，將數學成績重新編碼，操作程序：

1. 步驟 [1]

　　執行功能表列「轉換 (T)」/「自動重新編碼 (A)」(Automatic Recode) 程序，開啟「自動重新編碼」對話視窗。

2. 步驟 [2]

將清單變項中「數學成績」變項選入右邊目標變數的空格內，由於尚未增列新變數新名稱 (New Name)，於「變數 -> 新名稱 (V)」下的方格出現「數學成績 -->????????」的訊息。

3. 步驟 [3]

於「新名稱 (N)」右邊空格中輸入新編碼的變數名稱，如「數學排序」，按『新增名稱 (A)』(Add New Name) 鈕。

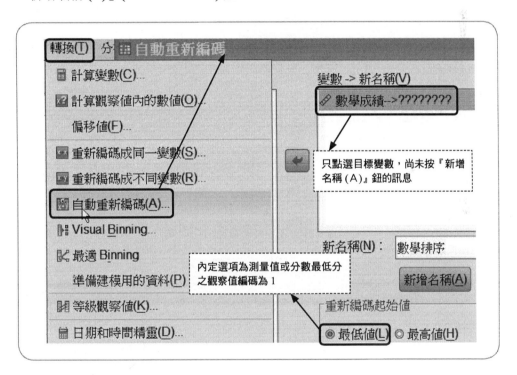

4. 步驟 [4]

「變數 -> 新名稱 (V)」下的方格訊息由「數學成績 -->????????」變為「數學成績 --> 數學排序」。在「重新編碼起始值」方盒中有二個選項，「最低值 (L)」、「最高值 (H)」，內定選項為「◉ 最低值 (L)」，表示數學成績的等級排序由最低分者開始 (最低分者的等級為 1)，若是改選「◉ 最高值 (H)」選項，表示數學成績的等級排序由最高分者開始 (最高分者的等級為 1，此選項類似班級考試成績排名，量測值最高分的等級為第 1 名、次高分者為第 2 名)。

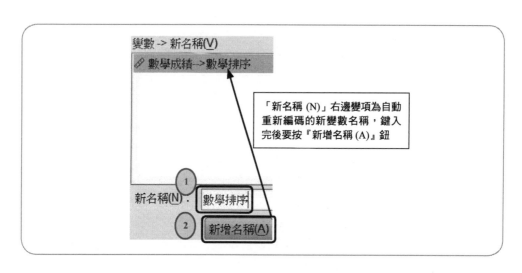

「數學成績」變項自動重新編碼的舊值與自動編碼後的新值對照表如下，左邊數學成績自動重新編碼程序之「重新編碼起始值」方盒採內定選項「◉ 最低值 (L)」，最低分的觀察值等級為 1 (最低分者為 40 分)；右邊「重新編碼起始值」方盒改採「◉ 最高值 (H)」選項，最高分的觀察值等級為 1 (最高分者為 99 分)、次高分者 (98 分) 等級數值為 2，最低分的觀察值 (40 分) 等級為 43。

數學成績 into 數學排序 重新編碼起始值勾選「◉ 最低值 (L)」			數學成績 into 數學排序 _1 重新編碼起始值勾選「◉ 最高值 (H)」		
Old Value 原始數值	**New Value** 自動編碼等級	**Value Label** 數值標記	**Old Value** 原始數值	**New Value** 自動編碼等級	**Value Label** 數值標記
40	1	40	99	1	99
41	2	41	98	2	98
43	3	43	97	3	97
45	4	45	96	4	96
<中間的輸出結果省略>					
97	41	97	43	41	43
98	42	98	41	42	41
99	43	99	40	43	40

「數學成績」變數執行自動重新編碼後，在「資料檢視」編輯視窗中會多出一個變數名稱「數學排序」。範例中增列的「數學排序」變數是於「重新編碼起始值」(Recode Starting from) 方盒中勾選內定選項：一為「◉ 最低值 (L)」(Lowest value)；「數學排序 _1」是改勾選「◉ 最高值 (H)」(Highest value) 選項。「最低值」選項表示編碼時，數值最小的給予新編碼 1、次小值給予新編碼 2，新編碼變項的數值內容愈大者，其原先的數值愈大，如上述「數學排序」變數，新值 1 表示原始數學成績 40 (所有樣本的最低分)、新值 2 表示原始數學成績 41、新值 42 表示原始數學成績 98、新值 43 表示原始數學成績 99，「數學排序」中等級 43 樣本原始的數學成績為 99 分 (最高分)。

貳、計算觀察值內的數值次數

「計算次數」(Count) 指令 (計算觀察值內的數值) 可以新建一個新變項，並計算新變項符合條件的次數。如研究者想了解觀察值中每位學生三科成績：數學成績、英文成績、國文成績三個科目中不及格的科目次數 (即每位受試者有幾科不及格或低於 60 分)，可以利用「計算觀察值內的數值 (O)」指令。

操作程序如下：

1. 步驟 [1]

執行功能表列「轉換 (T)」/「計算觀察值內的數值 (O)」程序，開啟「觀察值內數值出現次數」對話視窗。

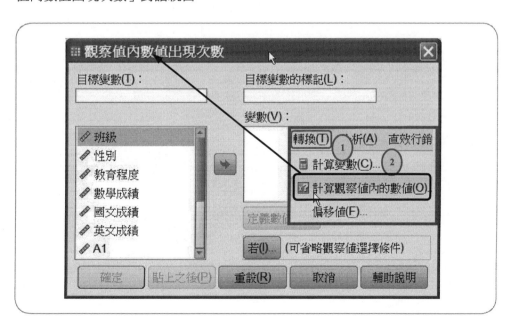

2. 步驟 [2]

　　於「目標變數 (T)」(Target Variable) 下的方格中輸入新變數名稱，如「不及格科數」，於「目標變數的標記 (L)」下輸入新變數的註解標記，如「分數小於 60 分的科目」。

3. 步驟 [3]

　　在左邊變數清單中將目標變數「數學成績」、「國文成績」、「英文成績」選入右邊「變數 (V)」下的方格中。按『定義數值 (D)』(Define Values) 鈕，開啟「觀察值間數值的個數：欲計數的數值」對話視窗。

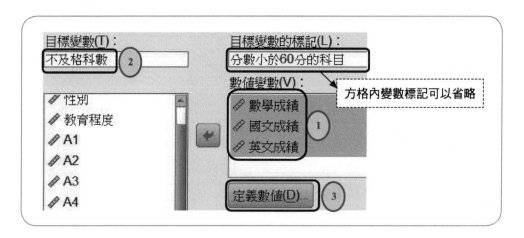

　　「目標變數 (T)」方格下的變項為新變數名稱，「目標變數的標記 (L)」方格下的註記為變數的標記，新變數名稱界定要符合變數命名規則，「目標變數的標記 (L)」方格下的變數註記可以省略。

4. 步驟 [4]

　　左邊「數值 (V)」方盒中設定欲計次變數的條件，範例中選取「⦿ 範圍，LOWEST 到值 (G)」選項，於其下的方格中輸入數值「59」，按中間『新增 (A)』鈕，右邊「欲計數的數值 (O)」下方盒中出現「Lowest thru 59」訊息，其意義表示 59 分以下 (包含 59 分)，若是成績有小數，則研究者要輸入「59.999」，如此才不會出現計次錯誤的情形。

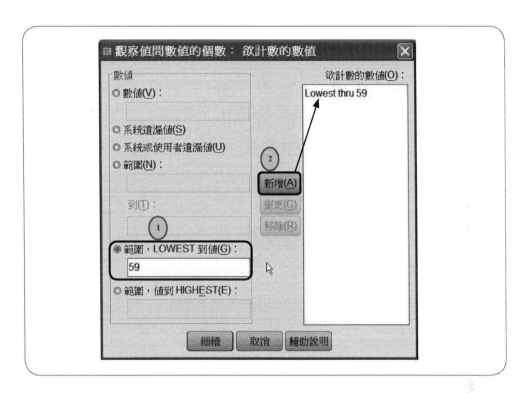

在上述「觀察值間數值的個數：欲計數的數值」對話視窗中，「數值」方盒中的選項「⊙ 數值 (V)」可以設定符合單一數值的次數，選項「⊙ 範圍，值到HIGHEST(E)」表示某個數值以上，如輸入 90，表示目標變數在 90 分以上者 (包含 90 分)。其餘選項有「系統遺漏值 (S)」(System-missing)、「系統或使用者遺漏值 (U)」(System-or-user-missing)、二個數值之間的範圍設定，選項為「⊙ 範圍(N)」。上述範例在求三科中低於 60 分的次數，選取「⊙ 範圍，LOWEST 到值(G)」選項，選項內容為最小編碼值 (Lowest) 至 (through) 研究者鍵入的數值，如空格輸入 60 分，表示計算目標變數中 60 分以下的次數 (包含 60 分)，範例中輸入 59 分，表示目標變數的量測值為小於或等於 59 分 (≤ 59)。

執行「計算觀察值內的數值」程序，選定變數及設定條件值後，在「資料檢視」編輯視窗中，新增一個增列「不及格科數」變項，變項內的數值表示每位受試者三科成績中不及科的科目共有幾科。

	數學成績	國文成績	英文成績	A1	A2	A3	A4	A5	數學排序	不及格科數
23	78	72	50	1	3	5	2	3	30	1
24	68	72	89	4	3	1	3	3	25	0
25	58	84	61	1	5	3	2	5	15	1
26	52	57	95	4	5	2	2	5	10	2
27	66	76	45	1	2	4	3	5	23	1

「觀察值內數值出現次數」(Count Occurrences of Values with Cases) 對話視窗中，最下方有一個『若 (I)』(IF) 選項，可設定變項計次時是要以全部觀察值 (Include all cases) 或自訂條件下的觀察值為主 (Include if case satisfies condition)，如研究者只要分析性別變項中的男生，則可以按『若 (I)』鈕來設定條件。按下『若 (I)』鈕後，會開啟「出現的個數：觀察值選擇條件」次對話視窗 (Count Occurrences: If Cases)，此對話視窗的操作與「選擇觀察值」程序相同，範例中內定選項為「◉ 包含全部觀察值 (A)」，若是研究者只要分析男生群體的樣本，則選取「◉ 包含滿足條件時的觀察值 (I)」選項，在變數清單中將「性別」變項選入右邊方格中，於「性別」變項的右邊鍵入「=1」(選取班級變項水準數值為 1 的樣本，水準數值為 1 的樣本為男生群體)。

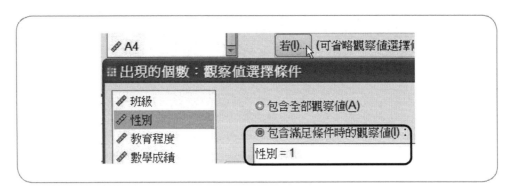

試題分析程序，會將觀察值於題項作答中，答對者鍵入 1、答錯者鍵入 0；或是量表型態為二分作答方式，有此感受或行為者填入 1，沒有題項描述的行為或感受填入 0，研究者將題項建檔後，可利用計次功能，計算每位觀察值於全部題項回答 1 (是 / 對)、或 0 (非 / 錯) 的次數。

範例資料檔中有七位受試者，於十個是非題的作答情形，1 表示答對、0 表

示答錯，利用「轉換 (T)」/「計算觀察值內的數值 (O)」程序，可求出每位受試者於測驗或量表出現 1 的次數或題項。主要操作步驟如下：

1. 開啟「觀察值內數值出現次數」主對話視窗，「目標變數 (T)」下方格鍵入新變項「答對題數」，點選十個目標題項變數 A1、A2、……、A10 至右邊「變數 (V)」下的方格中，按『定義數值 (D)』鈕。

2. 開啟「觀察值間數值的個數：欲計數的數值」次對話視窗，「數值」方盒中選取「◉ 數值 (V)」選項，於其下方格鍵入「1」，按『新增 (A)』鈕，按『繼續』鈕，回到「觀察值內數值出現次數」主對話視窗，按『確定』鈕。

受試者	A1	A2	A3	A4	A5	A6	A7	A8	A9	A10	答對題數
S1	1	0	0	1	0	0	1	0	1	1	5
S2	1	1	1	0	1	1	1	1	1	0	8
S3	0	1	1	1	1	1	1	1	1	0	8
S4	1	1	1	1	1	1	1	1	1	1	10
S5	1	0	0	0	0	0	1	0	0	0	2
S6	1	1	1	1	1	1	0	1	0	0	7
S7	1	1	1	1	0	1	1	1	1	1	9

參、自訂重新編碼或分組

⊃ 一、編碼成同一變數

在問卷調查過程中，量表個別題項反向題之反向計分的重新編碼，多數會編碼成同一變數。範例資料中以學生學習壓力之「考試焦慮」構面而言，構面潛在變項有五個題項 (指標變項)，其中第一題 (A1) 與第三題 (A3) 為反向題，第二題、第四及第五題均為正向題 (操作型定義為受試者得分愈高，感受的考試焦慮愈大)。五個測量指標題項如下：

	完全不符合	少部份符合	一半符合	大部份符合	完全符合
1. 考試時通常我不會緊張。【反向題】	☐	☐	☐	☐	☐
2. 我擔心考不好，家人會責備我。	☐	☐	☐	☐	☐
3. 我不會擔心我考試後成績。【反向題】	☐	☐	☐	☐	☐
4. 只要一想到考試，我就害怕起來。	☐	☐	☐	☐	☐
5. 我會擔心考試成績沒有達到老師的標準。	☐	☐	☐	☐	☐

五點量表法重新編碼成同一變數的操作如下：

執行功能表「轉換 (T)」/「重新編碼成同一變數 (S)」(Into Same Variable)
程序

將反向題 A1、A3 選入右邊「數值變數 (V)」目標變項方格中

按『舊值與新值 (O)』(Old and New Values) 鈕

開啟「重新編碼成同一變數：舊值與新值」次對話視窗

(a)「舊值」方盒中勾選「⊙ 數值 (V)」(Value) 選項，下面方格鍵入 1

(b)「新值為」方盒中勾選「⊙ 數值 (A)」選項，右邊方格鍵入 5

(c) 按『新增』(Add) 鈕

重複 (a)、(b)、(c) 步驟

(a) 分別鍵入 2、3、4、5

(b) 分別鍵入 4、3、2、1

按『繼續』鈕，回到「重新編碼成同一變數」對話視窗，按『確定』

註：「舊值」方盒 (Old Value) 為原始資料檔的數值內容、「新值為」方盒
為編碼後的新數值，五點量表的反向題重新編碼舊值與新值的轉換如
下：1-->5、2-->4、3-->3、4-->2、5--->1。

如果是六點量表，則反向題重新編碼時舊值與新值的轉換如下：
1-->6、2-->5、3-->4、4-->3、5-->2、6-->1

如果是四點量表，則反向題重新編碼時舊值與新值的轉換如下：
1-->4、2-->3、3-->2、4-->1

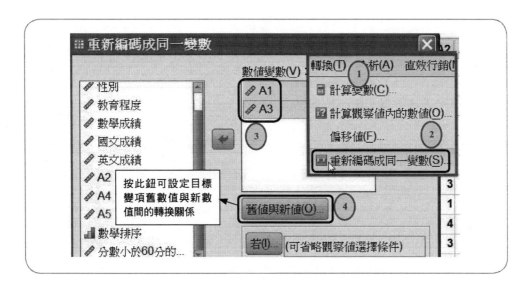

「重新編碼成同一變數：舊值與新值」對話視窗中，「舊值」方盒中選取「◉ 數值 (V)」選項，「新值為」方盒中也選取「◉ 數值 (A)」選項，二個數值的轉換關係如下：

「舊值」方盒	「新值為」方盒		舊值 --> 新值 (D) 內容
「◉ 數值 (V)」選項	「◉ 數值 (A)」選項		
1	5	按『新增 (A)』鈕	1-->5
2	4	按『新增 (A)』鈕	2-->4
3	3	按『新增 (A)』鈕	3-->3
4	2	按『新增 (A)』鈕	4-->2
5	1	按『新增 (A)』鈕	5-->1

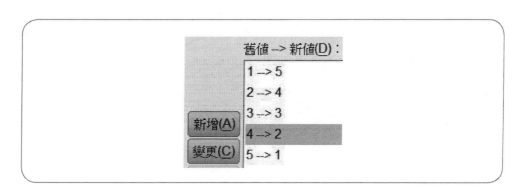

在「重新編碼成同一變數：舊值與新值」(Recode into Same Variables: Old and New Values) 對話視窗中，SPSS 共提供了七種舊值 (原始資料) 之編碼方式，供研究者選擇，分別是個別「數值 (V)」、「系統遺漏值 (S)」、「系統或使用者遺漏值」、二個編碼值之間區域，選項為「◉ 範圍 (N)」(要輸入最小值與最大值)、最小值到某一個使用者設定的編碼值，選項為「◉ 範圍，LOWEST 到值 (G)」(數值以下到最低分，以運算式表示為「≤ 數值」)、使用者設定的編碼值到最大值之間，選項為「◉ 範圍，值到 HIGHEST(E)」(數值以上到最高分，以運算式表示為「≥ 數值」)、及「全部其他值 (O)」(All other values)。如果某一個舊值與新值的設定已經完成 (已按了『新增』鈕)，則其編碼值的轉換情形會出現在「舊值 --> 新值 (D)」下的方格中，如果發現某個編碼值轉換錯誤，可以直接於方格中選取編碼值的轉換列，則『變更 (C)』(Change) 鈕與『刪除 (R)』(Remove) 鈕會出現，此時可以變更新的編碼值或將編碼值的轉換列從方格中刪除。

在「重新編碼成不同變數：舊值與新值」的對話視窗中，舊值可以是單一數值、範圍中的數值、和系統或使用者界定的遺漏值，重新編碼的新數值可以是一個數值或字串，如果使用者想把數值重新編碼成字串變數的話，必須勾選右邊方格下「☑ 輸出變數為字串 (B)」(Output variables are strings) 選項。舊值中未設定的部份，均不會編碼轉換成新值，如果要保留舊值，可以直接採用複製方式將舊值複製到新值中，如五點量表中舊值與新值關係為「3-->3」，新值可設定為 3，或於「新值為」方盒中將其選項改為「◉ 複製舊值 (P)」(Copy old value)。如果想包括所有不需要重新編碼的舊值，則舊值要選取「◉ 全部其他值」(All other values)，再將新值設為「複製舊值」(Copy old value(s))。

在「重新編碼成同一變數」對話視窗中，選入右邊「數值變數 (V)」的目標變項，可以一個或多個，如果選取多個變數的話，它們的類型必須相同 (數值或字串)。選定要反向計分的變項後，要按方格下方『舊值與新值 (O)』鈕，可以開啟舊值與重新編碼之新數值的設定視窗；按『若 (I)』(If...) 鈕，可以開啟重新編碼變項之觀察值的篩選條件，如研究者因統計分析需要，只要挑選「班級」變項中水準數值為 1(甲班) 且「性別」變項中水準數值也為 2(女生) 的觀察值，設定如下：選取「◉ 包含滿足條件時的觀察值 (I)」選項，於下空格中鍵入「班級＝1 & 性別＝2」篩選條件。

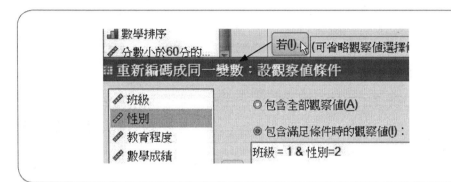

➔ 二、重新編碼成不同變數

「重新編碼成不同變數」程序通常用於人口變項組別的合併或計量變項轉換為類別變項。範例中研究者想要依數學成績、國文成績、英文成績三科的總分將學生分成「高學業成績」組或高分組 (數值編碼為 1)、「中學業成就」組或中分組 (數值編碼為 2)、低「學業成就」組或低分組 (數值編碼為 3) 三組,使用者先求出三科的總分。執行步驟如下:

1. 步驟 [1]

求出三科的總分,增列總分新變數「三科加總」。

執行功能表列「轉換 (T)」/「計算變數 (C)」程序,開啟「計算變數」視窗。

　　「目標變數 (T)」下的方格鍵入新變數名稱「三科加總」

　　右方「數值運算式 (E)」下的方格中輸入「數學成績 + 國文成績 + 英文成績」

按『確定』鈕

註:上述數值運算式的加總「數學成績 + 國文成績 + 英文成績」,也可以以數學函數表示:SUM (數學成績,國文成績,英文成績)。

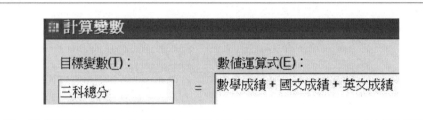

當按『確定』鈕後，資料編輯視窗會多出一個「三科加總」新變數名稱，「三科加總」變項的內容為三科的總分。在總分的分組方面，為讓三組人數不要差異太大，以觀察值在「三科加總」變得分之前 30% 為高分組、後 30% 為低分組、介於二者中間 40% 的人數為中分組，因為總觀察值有 100 人，如果觀察值依「三科加總」變數遞減排序，則前 30% 的觀察值臨界值落在第 30 位觀察值，$100 \times \frac{30}{100} = 30$，經查第 30 位受試者的「三科加總」值為 212；後 30% 的觀察值臨界值落在第 71 位觀察值 ($N - 30 + 1 = 100 - 30 + 1 = 71$)，經查第 71 位受試者於「三科加總」變數的數值為 185。相對的，若依遞增排列，第 30 位觀察值的分數為 185，第 71 位觀察值的分數為 212。如有 250 的觀察值，則前 30% 的觀察值臨界值落在第 75 位觀察值，$250 \times \frac{30}{100} = 75$；後 30% 的觀察值臨界值落在第 176 位觀察值 ($N - 75 + 1 = 250 - 75 + 1 = 176$)。

2. 步驟 [2]

依照變項「三科加總」的測量值高低進行排序。執行功能表列「資料 (D)」/「觀察值排序 (O)」程序，開啟「觀察值排序」對話視窗，點選目標變項「三科加總」至右邊「排序依據 (S)」下的方格中，內定排序的選項為「⦿ 遞增 (A)」。

　　由於範例是採用內定選項遞增排列，於「資料檢視」編輯視窗中，第 30 位觀察值的分數為 185，第 71 位觀察值的分數為 212。直接跳到第 71 位觀察值的快速操作程序如下：

於「資料檢視」編輯視窗選取「三科加總」變數直欄資料 (在三科加總變數上按一下)。

1. 執行功能表列「編輯 (E)」/「直接跳到觀察值 (S)」(Go to Cases) 程序，開啟「到 (G)」對話視窗，選取內定「觀察值」對話盒。

2. 於「直接跳到觀察值號碼 (C)」上的方格輸入「71」，按『移至』鈕。則游標會直接移到第 71 位觀察值的儲存格。

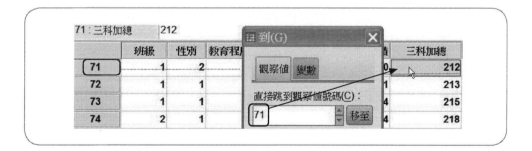

　　將連續變項重新編碼成類別變項，在統計應用方面，可進行各種母數統計，如變異數分析、多變量分析或區別分析、邏輯斯迴歸分析。上述觀察值根據「三科加總」變項數值的高低將觀察值分成三組，新組別的變項名稱，假定為「加總分組」，其操作如下：

1. 步驟 [1]

執行功能表列「轉換」/「重新編碼成不同變數 (R)」程序，開啟「重新編碼成不同變數」對話視窗，點選變數清單中的目標變數「三科加總」至中間「數值變數 (V)-> 輸出變數」下的方盒中，此時由於未設定新分組變數，方盒中出現「三科加總 -->?」提示語。

2. 步驟 [2]

於「名稱 (N)」下的方格中鍵入新分組變項名稱「加總分組」，按『變更 (H)』鈕。

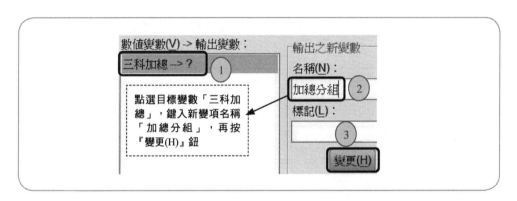

按下『變更 (H)』鈕後，中間「數值變數 (V)-> 輸出變數」下方盒的提示語由「三科加總 -->?」變成「三科加總 --> 加總分組」，表示將變項「三科加總」的測量值重新編碼，新變項的變數名稱為「加總分組」。

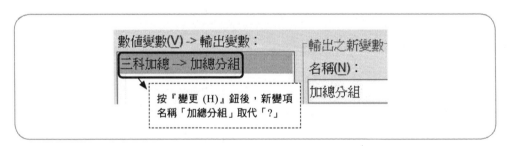

3. 步驟 [3]

按『舊值與新值 (O)』鈕，開啟「重新編碼成不同變數：舊值與新值」次對話視窗。舊值方盒與新數值的設定的對照表如下，在選取「◉ 範圍 (N)」選項

時，有二個方格，第一個方格為區間最小的數值、第二個方格為區間最大的數值，範例中介於 186 分至 211 分，數值運算式表示為「186≤ 數值 ≤211」，因而於第一個方格中輸入「186」、第二個方格內輸入「211」。

舊值方盒中的設定	「新值為」方盒中的設定 選取「◉ 數值 (A)」選項	說明
◉ 範圍，LOWEST 到值(G)： 185	3 (表示最低分到設定的數值) Lowest thru 185-->3	185 分以下的觀察值新變項重新編碼的水準數值為 3
◉ 範圍，值到 HIGHEST(E)： 212	1 (表示設定的數值到最高分) 212 thru Highest-->1	212 以上的觀察值新變項重新編碼的水準數值為 1
◉ 範圍(N)： 186 到(T) 211	2 (表示二個數值間的區段) 186 thru 211-->2	186 分至 211 分間的觀察值新變項重新編碼的水準數值為 2

　　舊值與新值的關係為：「三科加總」變數測量值分數小於或等於 185 分者編碼水準數值為 3、測量值分數大於或等於 212 分者編碼水準數值為 1，測量值分數介於 186 分至 211 分者編碼水準數值為 2。

舊值 --> 新值(D)： 212 thru Highest --> 1 Lowest thru 185 --> 3 186 thru 211 --> 2	舊值 --> 新值(D)： 212 thru Highest --> 1 Lowest thru 185 --> 3 ELSE --> 2　◉ 全部其他值(O)
左圖為上述操作程序，於「舊值 --> 新值 (D)」方格中出現的訊息。	新變項「加總分組」水準數值 2 表示的是 186 分至 211 分的觀察值，另一操作為研究者界定 212 分以上的觀察值為第 1 組、185 分以下的觀察值為第 3 組後，其餘觀察值均界定為第 2 組，「舊值」方盒中選取「◉ 全部其他值 (O)」選項，「新值為」方盒中選取「數值 (A)」選項，右邊方格中輸入 2。

上述重新編碼成不同變數的新值與舊值間圖示如下：

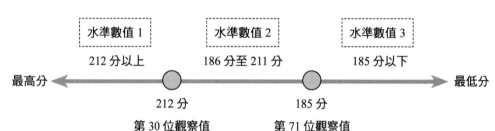

「加總分組」變項次數分配表

		次數	百分比	有效百分比	累積百分比
有效的	1 高分組	30	30.0	30.0	30.0
	2 中分組	39	39.0	39.0	69.0
	3 低分組	31	31.0	31.0	100.0
	總和	100	100.0	100.0	

經重新編碼成不同變數程序，增列「加總分組」變數，此變數為三分類別變項，水準數值 1 為「高分組」，樣本數有 30 人；水準數值 2 為「中分組」，樣本數有 39 人；水準數值 3 為「低分組」，樣本數有 31 人，全部有效樣本共 100位。

肆、視覺化區段分組 (Visual Binning)

將計量變項轉換為類別變數，也可採用「Visual Binning」(視覺化區段)的程序。「Visual Binning」的功能主要是將一個連續變數／計量變項，依量測值或分數高低分成不同組別 (為間斷變數)。

1. 步驟 [1]

執行功能列「轉換 (T)」／「Visual Binning」(視覺化區段)程序，開啟「Visual Binning」第一層對話視窗→在左邊「變數」下的空格中選取要建立新組別的連續變數「三科總分」至右邊「變數至 Bin(B)」下的空格中→按『繼續』鈕，開啟「Visual Binning」第二層對話視窗。

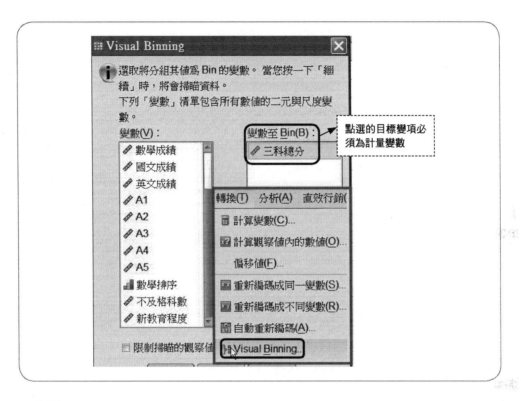

2. 步驟 [2]

在「已 Bin 的變數」右邊的方格中輸入新分組變項名稱，範例為「總分組別」，按『製作分割點 (M)』鈕。「已 Bin 的變數」提示語的下方列會出現目標變數的最小值與最大值，範例中最小值為 143.00、最大值為 281.00。

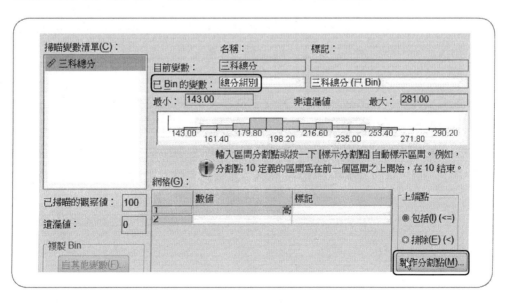

第二層「Visual Binning」的主對話視窗中，右下角有個『製作分割點 (M)...』的按鈕，按下此鈕，可以開啟「製作分割點」的次對話視窗，次對話視窗中，SPSS 提供三種將觀察值快速分組的方法：

(1) 「◉ 相等寬區間」

在「區間－填入至少兩個欄位」方盒中包括三個方框欄位：「第一個分割點位置 (F)」、「分割點數目 (N)」、「寬度 (W)」。若研究者事先知道最小組之分割點的臨界值或想要自訂第一個分割數值，可以選取此項，在「第一個分割點位置 (F)」後面的方格中輸入最小的分割點數值，並在「分割點數目 (N)」後的空格中鍵入分割點的數目，分割點數目加 1 為分割的組數，如分割點數為 2，表示觀察值區分為三組，在「寬度 (W)」後面的方格中可鍵入區段的組距大小。在上述三個方格中，區間的分割至少要填少二個欄位方格，第三個方格使用者若是未加以鍵入，電腦會依據資料檔的全距及其餘二個欄位方框，幫使用者估計第三個欄位方格的數值。

(2) 「◉ 以掃瞄的觀察值為基礎的相等百分比位數 (U)」

在「區間－填入兩個欄位中的任一個」方盒中有二個方框欄位：「分割點數目 (N)」、「寬度 (%)(W)」。若是使用者不知分割臨界點數值，可以直接選取此選項功能，在此選項中只要輸入分割點個數即可 (此種方法應用較為普遍)。在「分割點數目」後面的方格中輸入要分割臨界點數目 (幾個區段或劃分為多少組別)，則 SPSS 會依分割臨界點數目自動將自變項變數加以分組或分為幾個區段，各分組受試者的比例會呈現於「寬度 (%)(W)」後的方格中。

如果研究者要根據「數學」測驗成績之分數高低，讓電腦自動將其分別為二組，則「分割點數目 (N)」後面的方格中鍵入「1」(二組只有一個分割點)，下方「寬度 (%)(W)」後的方格中會出現「50.00」；讓電腦自動將其分別為三組，則「分割點數目 (N)」後面的方格中鍵入「2」(三組有二個分割點)，下方「寬度 (%)(W)」後的方格中會出現「33.33」；讓電腦自動將其分別為四組，則「分割點數目 (N)」後面的方格中鍵入「3」(四組有三個分割點)，下方「寬度 (%)(W)」後的方格中會出現「25.00」；讓電腦自動將其分別為五組，則「分割點數目 (N)」後面的方格中鍵入「4」(五組有四個分割點)，下方「寬度 (%)(W)」後的方格中會出現「20.00」。「區間 - 填入兩個欄位中的任一個」方盒中的二

個方框欄位使用者可以任填一個，如要將數值變數分成四個區段，每個區段觀察值人數約佔全部觀察值的 25%；相對的，在「寬度 (%)(W)」欄位方格中鍵入「25」，「分割點數目 (N)」後的欄位方格會自動出現「3」，表示將數值資料分成四個組距 (四個區段)。在實務使用上以填入「分割點數目 (N)」較為簡易。範例中將觀察值依「三科總分」分數高低分成高、中、低三組。

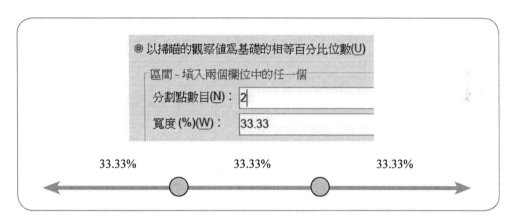

(3) 「⦿ **以掃瞄的觀察值為基礎的平均值與所選標準差的分割點 (C)」**

　　研究者希望根據分組變項的平均數與標準差來分割受試者，可以選取此選項，進一步選取 1、2、或 3 個標準差，內有三個次選項可以勾選：「□ +/-1 標準差」、「□ +/-2 標準離差」、「□ +/-3 標準離差」。使用者若勾選「☑+/-1 標準差」，則區段為四分類別變數，第二個區段 (水準 2) 臨界值數值為平均數、第一個區段臨界值數值為平均數減一個標準差，第三個區段 (水準 3) 臨界值數值為平均數加一標準差之數值，高於平均數加一個標準差數值為第四個區段 (水準 4)。

3. 步驟 [3]

　　範例中選取「⦿ 以掃瞄的觀察值為基礎的相等百分比位數 (U)」選項，「分割點數目 (N)」後面的方格輸入「2」，按『套用』鈕，回到第二層「Visual Binning」的對話視窗，此時「數值」欄會出現「187.000」、「208.000」、「高」三列數值，若要知道三列數值表示的水準數值標記，可以按右下角的『製作標記 (A)』鈕，三個數值標記分別顯示為「<=187.00」(187 分以下)、「188.00-208.00」(188 分至 208 分)、「209.00+」表示 209 分以上，其中「總分組別」三個水準數值中 1 為低分組 (187 分以下)、水準數值 2 為中分組 (分數介於 188 分至 208 分)、水準數值 3 為高分組 (分組高於 209 分以上)。

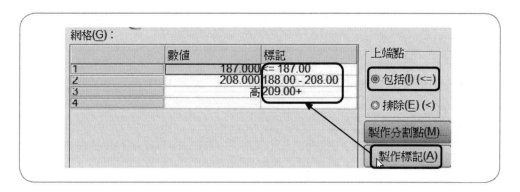

4. 步驟 [4]

　　按下『確定』鈕，會出現提示小視窗，視窗內容文字為「Binning 規格將建立 1 個變數。」，此為提示視窗，並非操作錯誤訊息，按『確定』鈕。之後新資料檔中增列一個新間斷變項「總分組別」，此變項的標記為「三科總分 (已Bin)」。

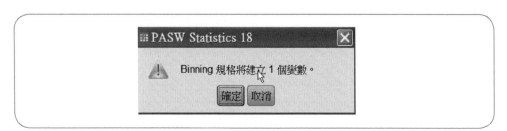

　　「總分組別」的次數分配表如下：

三科總分 (已 Bin)

		次數	百分比	有效百分比	累積百分比
有效的	1 <= 187	35	35.0	35.0	35.0
	2 188 - 208	32	32.0	32.0	67.0
	3 209+	33	33.0	33.0	100.0
	總和	100	100.0	100.0	

水準數值 1 為低分組，觀察值個數有 35 位；水準數值 2 為中分組，觀察值個數有 32 位；水準數值 3 為高分組，觀察值個數有 33 位。

第二層「Visual Binning」的主對話視窗中，上端點方盒選項選取「⊙ 包括 (I)(<=)」選項或「⊙ 排除 (E)(<)」選項所自行設定的數值內容是不同的。以英文成績轉換為五個組距為例，五個組別為 60 分以下、61-69 分、71-79 分、81-89 分、90 分以上，「數值」欄鍵入的上端點數值如下：

上端點方盒選項選取「⊙ 包括 (I)(<=)」選項，分組變項名稱為「英文成績組距 _1」。		上端點方盒選項選取「⊙ 排除 (E)(<)」選項，分組變項名稱為「英文成績組距 _1」。	
數值	**標記**	**數值**	**標記**
1 59.0	<= 59	**1** 60.0	< 60
2 69.0	60 - 69	**2** 70.0	60 - 69
3 79.0	70 - 79	**3** 80.0	70 - 79
4 89.0	80 - 89	**4** 90.0	80 - 89
5 高	90+	**5** 高	90+
註 組別範圍有包含上限值，因而數值欄「69 分」，表示 60 分至 69 分 (有包含 69 這個數值)。		**註** 組別範圍沒有包含上限值，因而數值欄「70 分」，表示 60 分至 69 分 (沒有包含 70 這個數值)。	

「英文成績組距 _1」與「英文成績組距 _2」二個分組變數的次數分配表如下：

英文成績組距 _1

		次數	百分比	有效百分比	累積百分比
有效的	1 <= 59	36	36.0	36.0	36.0
	2 60 - 69	16	16.0	16.0	52.0
	3 70 - 79	20	20.0	20.0	72.0
	4 80 - 89	16	16.0	16.0	88.0
	5 90+	12	12.0	12.0	100.0
	總和	100	100.0	100.0	

英文成績組距 _2

		次數	百分比	有效百分比	累積百分比
有效的	1 <= 59	36	36.0	36.0	36.0
	2 60 - 69	16	16.0	16.0	52.0
	3 70 - 79	20	20.0	20.0	72.0
	4 80 - 89	16	16.0	16.0	88.0
	5 90+	12	12.0	12.0	100.0
	總和	100	100.0	100.0	

　　二種不同上端點臨界值的次數分配表統計各組的人次結果是相同的。除水準數值 1 的數值標記不同外 (一為 <= 59、一為 < 60)，其餘水準數值標記內容均相同，水準數值 1 的數值標記雖不同，但其代表的意涵是相同的，均是英文成績量測值分數不及格的觀察值，五個組距的觀察值人次分別為 30、16、20、16、12位，總人數為 100 位。

伍、資料檔的轉置

　　在資料檔的建立方面，SPSS 資料檔的縱行 (直欄) 通常是變項名稱，如果是單選題就是題項的變數名稱；如果是複選題就是複選題中的選項變數名稱；而橫列代表的是每位觀察值，每列即是一位觀察值或受試者。但有時資料分析的特殊需要，必須改以橫列代表變項，縱欄代表觀察值，此時資料檔如果已建檔完成，可能就需要重新輸入資料檔，如果資料檔很多，則其所花費的時間與人力將更多；或請人幫忙鍵入資料檔時，資料鍵入完才發現橫列觀察值與直欄變項顛

倒，此時如要再重新鍵入資料，也需要耗費很多時間。有鑑於此，視窗版 SPSS 提供一個資料「轉置」(transpose) 功能，可將原始資料檔中的橫列與直行互換，將橫列觀察值變成變數、直行變數轉變成觀察值，並形成一個新的資料檔，「轉置」功能可自動建立新的變數名稱，並顯示新變數名稱的清單。

　　以下為一個班上六位同學五個科目的考試成績，每一橫列為科目變項，每一直行為同學姓名變項，資料檔中變數名稱有六個：科目、王康維、陳大雄、林明太、方金美、黃麗滿、郭淑美，其中「科目」變項的變數類型為「字串」，其餘變項的變數類型為「數字的」，測量型態為「尺度」。

科目	王康維	陳大雄	林明太	方金美	黃麗滿	郭淑美
國文	87	80	78	54	87	71
英文	90	76	68	58	69	93
數學	92	72	66	60	75	54
理化	88	78	66	59	84	65
社會	91	79	64	55	81	57

　　資料檔轉置步驟如下：

1. 執行功能表列「資料 (D)」(Data)/「轉置 (N)」(Transpose) 程序，開啟「轉置」對話視窗。
2. 將變數清單「王康維」、「陳大雄」、「林明太」、「方金美」、「黃麗滿」、「郭淑美」六個變項選入右邊「變數 (V)」下的方格中。
3. 按『確定』鈕。

當變數清單中有變項未被選入至「變數 (V)」下方格或被點選至「命名變數 (N)」下方格中，於「轉置」對話視窗中按下『確定』鈕後，會出現警告視窗，視窗提示語為：「尚未選取部分變數進行轉置。未轉置的變數將會遺失。」表示左方變數清單中還有變數。

	CASE_LBL	var001	var002	var003	var004	var005
1	王康維	87	90	92	88	91
2	陳大雄	80	76	72	78	79
3	林明太	78	68	66	66	64
4	方金美	54	58	60	59	55
5	黃麗瀟	87	69	75	84	81
6	郭淑美	71	93	54	65	57

轉置後的資料檔，會自動新建一個含原始變數名稱 (同學姓名) 的新字串變數－「CASE_LBL」，「CASE_LBL」變項 (變數類型為字串) 名稱用以儲存原來資料檔之原始變數名稱，此外，包括 var001、var002、var003、var004、var005 五個變數 (變數類型均為數字的型式，原先右邊變數下方格選取的變數有五個，若是有七個，則會出現 var001 至 var007)，五個新變項用來儲存原先每位受試者五個科目 (國文、英文、數學、理化、社會) 成績資料。

CASE_LBL	var001	var002	var003	var004	var005
王康維	87	90	92	88	91
陳大雄	80	76	72	78	79
林明太	78	68	66	66	64
方金美	54	58	60	59	55
黃麗滿	87	69	75	84	81
郭淑美	71	93	54	65	57

　　在「轉置」對話視窗中，右下方有個「命名變數 (N)」(Name Variable) 方盒，「命名變數 (N)」方格，允許使用者自清單來源變數中，選擇一個變項，通常是字串變項，使該變項各觀察值之編碼值，成為轉置後之變項名稱。亦即，如果在原始工作資料檔中，有 ID 或名稱字串變數，此變數僅有一個唯一值，使用者便可以使用這個變數作為「命名變數」。在範例中，使用者以原先「科目」變項作為「命名變數」，由於「科目」變項數據中原先包括六位同學五個科目名稱：國文、英文、數學、理化、社會，因而轉置後，新資料檔便以這五個科目名稱作為新變項的名稱。

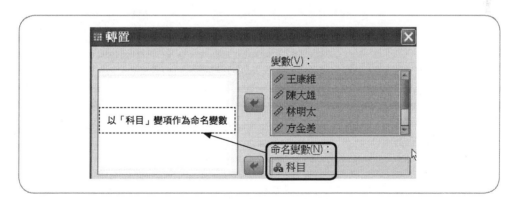

CASE_LBL	國文	英文	數學	理化	社會
王康維	87	90	92	88	91
陳大雄	80	76	72	78	79
林明太	78	68	66	66	64
方金美	54	58	60	59	55
黃麗滿	87	69	75	84	81
郭淑美	71	93	54	65	57

　　轉置前的資料檔可以求出每位同學的描述性統計量數，轉置後的資料檔可以求出所有同學在每個科目的描述性統計量數。

敘述統計

	個數	最小值	最大值	總和	平均數	標準差
王康維	5	87	92	448	89.60	2.074
陳大雄	5	72	80	385	77.00	3.162
林明太	5	64	78	342	68.40	5.550
方金美	5	54	60	286	57.20	2.588
黃麗滿	5	69	87	396	79.20	7.225
郭淑美	5	54	93	340	68.00	15.492
有效的 N (完全排除)	5					

　　轉置後資料檔每位同學在五個科目的描述性統計量數，以王康維為例，五個科目分數的總分為 448，科目最高分者為 92 分、科目最低分者為 87 分，五個科目分數的總平均為 89.60。

敘述統計

	個數	最小值	最大值	總和	平均數	標準差
國文	6	54	87	457	76.17	12.416
英文	6	58	93	454	75.67	13.574
數學	6	54	92	419	69.83	13.303
理化	6	59	88	440	73.33	11.656
社會	6	55	91	427	71.17	14.593
有效的 N (完全排除)	6					

　　轉置前資料檔可以求出所有同學 (六位觀察值) 在五個科目個別的描述性統計量，以社會科為例，六位觀察值的總分為 427，觀察值最低分者為 55 分、觀察值最高分者為 91 分，六位觀察值的總平均數為 71.17 分，標準差為 14.593 分。

第二節　實例問卷解析──以學習經驗問卷為例

　　在推論統計，首先要呈現的是各類別變項的分佈情形與各量表的基本數據，常見的是層面或量表的平均數、標準差、最大值與最小值等。以第二章學生學習

經驗問卷為例，量表有二題背景變項 (類別變項)，一個數學成就變項 (最高分為 45 分)，三份量表分別是「數學焦慮量表」、「數學態度量表」、「數學投入動機量表」。問卷分析步驟如下：

壹、原始資料的檢核與遺漏值設定

原始數據的檢核程序可執行次數分配表程序，以求得各變項水準數值編碼及其次數、百分比，如有發現極端值或錯誤數值，可尋找數值儲存格加以更改或將其數字設為遺漏值。此外，也可採用執行描述性統計量程序，查看各數值的最小值與最大值來檢核資料。

資料檔之描述統計量的操作步驟：執行功能表列「分析 (A)」/「敘述統計 (E)」/「描述性統計量 (D)」程序，開啟「描述性統計量」對話視窗，點選左邊變數清單中的背景變項及三個量表的題項至右邊「變數 (V)」下的方盒中，按『確定』鈕。

執行描述統計量報表如下 (只呈現背景變項與數學焦慮量表 26 個題項）：

敘述統計

	個數	最小值	最大值	平均數	標準差
數學成就	300	0	44	24.72	10.583
學生性別	300	1	2	1.51	.501
家庭結構	300	1	4	2.81	1.094
A1	300	1	5	3.30	1.434
A2	300	1	5	3.06	1.428
A3	300	1	5	3.46	1.332
A4	300	1	5	2.84	1.493
A5	300	1	5	3.18	1.493
A6	300	1	5	3.12	1.535
A7	300	1	5	3.22	1.492
A8	300	1	5	3.21	1.426
A9	300	1	5	3.58	1.489
A10	300	1	5	3.72	1.330
A11	300	1	5	3.53	1.408
A12	300	1	5	3.02	1.460
A13	300	1	5	3.18	1.478

	個數	最小值	最大值	平均數	標準差
A14	300	1	5	2.63	1.354
A15	300	1	5	2.59	1.396
A16	300	1	5	2.11	1.392
A17	300	1	5	2.61	1.399
A18	300	1	5	3.16	1.404
A19	300	1	5	3.27	1.356
A20	300	1	5	3.08	1.530
A21	300	1	5	2.84	1.440
A22	300	1	5	2.74	1.380
A23	300	1	5	3.03	1.510
A24	300	1	5	2.58	1.377
A25	300	1	5	2.71	1.347
A26	300	1	5	2.24	1.280
A27	300	1	5	2.82	1.354
有效的 N (完全排除)	300				

　　從描述性統計量摘要表中可以很快檢核原始數據是否有異常值出現，數學成就變項的分數界於 0-45 分之間，報表中的最小值為 0、最大值為 44，無異常值出現；學生性別有二個水準 (男生、女生)，數值編碼分別為 1、2，報表中的最小值為 1、最大值為 2，無異常值出現；家庭結構 / 家庭狀況變項有四個水準，數值編碼為 1 至 4，報表中的最小值為 1、最大值為 4，無異常值或偏離值出現；數學焦慮量表採用李克特五點量表選項，各題數值編碼為 1 至 5，報表中的最小值為 1、最大值為 5，均符合資料數值範圍，全部有效樣本均為 300，表示每份問卷沒有遺漏填寫的資料。

　　當原始資料檢核後就可進行進一步的資料分析：

1. 背景變項中人次較少的組別併於其它組別中，以免各水準組別的受試者差異太大。此部份可借用執行次數分配程序，查看背景變項各水準 (各組別) 的人數，如在組織員工學歷的調查方面，原分成五個水準：高中職以下 (數值編碼為 1)、專科 (數值編碼為 2)、大學 (數值編碼為 3)、研究所 (數值編碼為 4)、博士 (數值編碼為 5)，經實際調查結果，水準 2 專科組人數與水準 5 博士組人數太少，則可將水準 2 與與水準 1 人數合併，新的組別為「專科以

下組」或水準 2 與水準 3 人數合併，新的組別為「專科大學組」；水準 5 與水準 4 組別人數合併，新的組別為「研究所以上」。再以受試者的「年齡」為例，研究者原先劃分的組別中，若有某個年齡組的人次太少，可將此組別併於上或下的組別中，如：

原水準數值	水準數值標記	人次	合併組別人次	組別標記	新水準數值
1	20 歲以下	54	54	20 歲以下	1(1-->1)
2	21 歲-25 歲	45	56	21 歲-30 歲	2(2-->2)
3	26 歲-30 歲	11			2(3-->2)
4	31 歲-35 歲	8	67	31 歲-40 歲	3(4-->3)
5	36 歲-40 歲	59			3(5-->3)
6	41 歲-45 歲	78	78	41 歲-45 歲	4(6-->4)
7	46 歲-50 歲	45	45	46 歲-50 歲	5(7-->5)
8	50 歲以上	47	47	50 歲以上	6(8-->6)

2. 問卷中如有反向題，反向題的題項要重新編碼，將反向題題項反向計分，否則進行構面加總時，構面題項的分數會相互抵銷，產生加總分數的錯誤。

3. 如果是態度量表，內含數個層面 (構面或構念)，應先執行加總的工作，將層面內個別題項的測量分數相加，如果是複選題或單題逐題分析模式，則其題項就不必進行數學函數運算。

4. 選取適當的統計方法分析資料。問卷量化的資料分析多數會呈現各變項或各層面的描述性統計量，如平均數、標準差等，如果變項是構面，應再增列構面的單題平均數。

5. 選用適合的統計方法如母數統計法、無母數統計法進行資料的統計分析與表格整理。

　　範例中家庭結構 / 家庭狀況人口變項的選項內容原有四個 (四分類別變項)，但在統計分析時，將水準數值 1 (只和父親住在一起) 與水準數值 2 (只和母親住在一起) 選項內容合併。

家庭結構次數分配與組別合併摘要表

		次數	百分比	有效百分比	合併組別
有效的	1 只和父親住	56	18.7	18.7	1. 單親家庭組
	2 只和母親住	44	14.7	14.7	
	3 與其它長輩住	100	33.3	33.3	2. 他人照顧組
	4 和父母親住	100	33.3	33.3	3. 雙親家庭組 / 完整家庭組
	總和	300	100.0	100.0	

「家庭結構」人口變項重新編碼成不同變數時，新增列的合併變數為「新家庭結構」，其中舊值與新值的對照關係為：「1-->1」、「2-->1」、「3-->2」、「4-->3」，新家庭結構人口變項為三分類別變項，水準數值編碼 1 為「單親家庭組」、水準數值編碼 2 為「他人照顧組」、水準數值編碼 3 為「雙親家庭組」 / 「完整家庭組」。

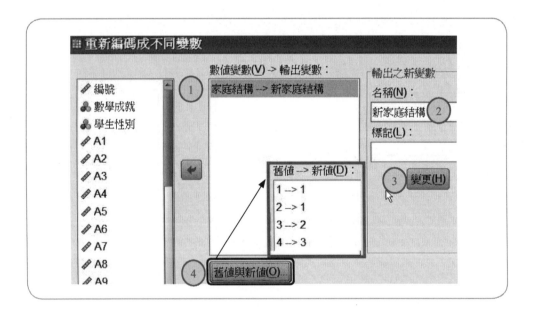

貳、反向題重新編碼

在學生學習經驗調查問卷中，三份量表採用的是李克特五點量表填答方式，正向題的題項計分時給予 5、4、3、2、1 分，而反向題的題項計分時，則分別給予 1、2、3、4、5 分。統計分析在進行分析之前，就是將題項計分方式化為一

致。五點量表分數轉化情形如下：

```
舊值 ------> 新值
 1-------->5
 2-------->4
 3-------->3
 4-------->2
 5-------->1
```

1. 步驟 [1]

將問卷中反向計分的題項重新編碼，數學焦慮量表中的第 24、25、26 題；數學態度量表中的第 3、8、11、14、15、16、19、24、27、30 等題均為反向題。範例中以「數學焦慮量表」的反向計分為例說明。

執行功能表列「轉換 (T)」/「重新編碼成同一變數 (S)」程序，開啟「重新編碼成同一變數」對話視窗。

2. 步驟 [2]

將左邊變數清單中 A24、A25、26 三題反向題選入右邊「數值變數 (V)」下的方格中。

3. 步驟 [3]

按『舊值與新值 (O)』鈕，開啟「重新編碼成同一變數：舊值與新值」次對話視窗。

在左邊「舊值」方盒中，選取「◉ 數值 (V)」選項，在其下方空格內輸入「1」。

右邊「新值為」方盒中，選取「◉ 數值 (A)」選項，在後面的空格內輸入「5」。然後按『新增 (A)』(新增) 鈕。

重複步驟 [3] 動作，分別將 2 分轉為 4 分、3 分轉為 3 分、4 分轉為 2 分、5 分轉為 1 分 (這是一個五點量表)。

按『繼續』鈕，回到「重新編碼成同一變數」主對話視窗，按『確定』鈕。

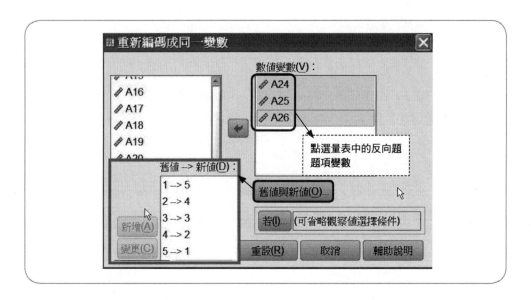

資料檔案的視窗為已經反向計分的新資料，將新資料重新存在另一個檔案中，為保留原始資料完整性，便於資料查核或作為日後進一步其它探究之用。新資料的檔名最好不要與原始檔案混在一起(保留原始檔的數據資料)，以免編碼錯誤而覆蓋原始資料檔。將原始資料檔(依照問卷填答數據鍵入之資料檔)與編碼後的檔案分別儲存，在電腦應用統計分析上十分重要，如果有完整的原始資料檔，則在之後的統計分析上才能獲致正確的結果。若是研究者變項編碼操作錯誤，又把原始數據資料檔覆蓋，對於統計分析程序會造成很大的困擾，所以研究者要把「原始數據資料檔與重新編碼後的新資料檔各以不同檔名存檔」。

參、進行量表構面的加總

本研究共有三個量表：「數學焦慮」量表、「數學態度」量表、「數學投入」動機量表，三個量表的層面/構面名稱與其包含題項如下：

量表 / 層面名稱	包含的題項	變項名稱	題項數
一、數學焦慮量表			
1. 壓力懼怕層面	A19+A15+A21+A23+A14+A22	壓力懼怕	6
2. 情緒擔憂層面	A10+A4+A11+A3+A12+A2+A7+A16	情緒擔憂	8
3. 考試焦慮層面	A6+A13+A18+A9+A17+A8+A1+A5	考試焦慮	8
4. 課堂焦慮層面	A25+A26+A24+A20+A27	課堂焦慮	5
數學焦慮量表總分	壓力懼怕＋情緒擔憂＋考試焦慮＋課堂焦慮或 SUM(A1 TO A27)	整體數學焦慮	27
二、數學態度量表			
1. 學習信心層面	B1+B2+B5+B6+B7+B10+B8+B24+B29+B18	學習信心	10
2. 有用程度層面	B9+B12+B13+B20+B17+B19+B15	有用程度	7
3. 成功意向層面	B25+B23+B22+B28+B21+B26+B27	成功意向	7
4. 探究動機層面	B4+B3+B6+B14+B11+B30	探究動機	6
數學態度量表總分	SUM (B1 TO B30)	整體數學態度	30
三、數學投入動機量表			
1. 工作投入層面	C1+C2+C3+C4+C5+C6+C9	工作投入	7
2. 自我投入層面	C8+C10+C11+C12+C13+C14	自我投入	6
3. 投入動機量表總分	SUM (C1 TO C14)-C7 工作投入＋自我投入	整體投入動機	13

　　構面變項的加總要執行功能表列「轉換 (T)」/「計算變數 (C)」程序，「目標變數 (T)」下為構面名稱，「數值運算式 (E)」下方格為構面題項的加總，構面題項的加總可採用傳統算術運算式或 SPSS 內定的函數。

目標變數(T)：　　　　　　　數值運算式(E)：

壓力懼怕　　＝　A14 + A15 + A19 + A21 + A22 + A23

　　範例中「壓力懼怕」包含的指標變項 (題項) 共有六題：A19、A15、A21、A23、A14、A22。「數值運算式 (E)」下的加總格式有以下幾種：

算術加總：「A14+A15+A19+A21+A22+A23」

函數加總：「SUM(A14, A15, A19, A21, A22, A23)」

其它數值運算式：「A14+A15+A19+SUM(A21 TO A23)」

其它數值運算式：「A14+A15+ SUM(A19 TO A23)-A20」

目標變數(T):		數值運算式(E):
情緒擔憂	=	A2 +A3 + A4 + A7 + A10 + A11 + A12 + A16

「情緒擔憂」構面包含 8 題，採用函數加總與算術加總的數值運算式如下：

函數加總：SUM(A2, A3, A4, A7, A10, A11, A12, A16)

算術加總：A2+A3+A4+A7+A10+A11+A12+A16

其它數值運算式：SUM(A2 TO A4)+A7+SUM(A10 TO A12)+A16

目標變數(T):		數值運算式(E):
考試焦慮	=	A1 + A5 + A6 + A8 + A9 + A13 + A17 + A18

「考試焦慮」構面包含 8 題，採用函數加總與算術加總的數值運算式如下：

函數加總：SUM(A1, A5, A6, A8, A9, A13, A17, A18)

算術加總：A1+A5+A6+A8+A9+A13+A17+A18

目標變數(T):		數值運算式(E):
課堂焦慮	=	A20 + SUM(A24 TO A27)

「課堂焦慮」構面共有 5 題：A20、A24、A25、A26、A27，採用函數加總與算術加總的數值運算式如下：

函數加總：SUM(A20, A24, A25, A26, A27)，或 A20+SUM(A24 TO A27)

算術加總：A20+A24+A25+A26+A27

目標變數(T):		數值運算式(E):
整體數學焦慮	=	壓力懼怕 + 情緒擔憂 + 考試焦慮 + 課堂焦慮

「整體數學焦慮」為數學焦慮量表 27 個題項的加總，其數值運算式求法可採用以下二種：

四個構面變項相加：壓力懼怕＋情緒擔憂＋考試焦慮＋課堂焦慮
直接將 27 個指標題項相加：SUM (A1 TO A27)
上述數值運算式的符號都要採用半形字，不能使用全形符號。
【註】 －以語法視窗操作
量表各構面的加總與總量表變項的加總也可以藉由語法編輯視窗來執行。

在「計算變數」對話視窗中，如果不是按『確定』鈕，而是按『貼上之後 (P)』鈕，可將相關語法 (syntax) 命令貼至語法視窗上面，此時視窗的最上面會出現「PASW Statistics Syntax Editor」(統計語法編輯器) 的編輯視窗。

DATASET ACTIVATE 資料集 2.
COMPUTE 壓力懼怕 = A14+A15+A19+A21+A22+A23.
EXECUTE.

語法中的第一列是多個資料檔中第幾個資料集，此列可以刪除。
第二列中的「COMPUTE」為 SPSS 的「計算」語法關鍵字，後面的「壓力懼怕」為「目標變數 T」之鍵入的構面 / 層面 / 向度變數名稱；等號右邊為題項的數值運算式。各語法列最後要有半形「.」符號
第三列「EXECUTE.」為語法執行的結束符號。語法操作如下：

(一) 於語法編輯視窗撰寫加總語法檔
以文書編輯方式，將上述語法內容複製到微軟 **Word** 空白文件中，於第二列「COMPUTE 壓力懼怕 = A14+A15+A19+A21+A22+A23.」下依序鍵入各構面變項名稱及數值運算式，每列資料最後面的半形字「.」不能去掉，最後一列「**EXECUTE.**」也不能刪除，之後再其語法資料複製到「**PASW Statistics Syntax Editor**」的編輯視窗中或直接於「**PASW Statistics Syntax Editor**」語法編輯視窗編輯變項加總的數值運算式也可以。

DATASET ACTIVATE 資料集 2. 【此列可以刪除】
COMPUTE 壓力懼怕 = A14+A15+A19+A21+A22+A23.
COMPUTE 情緒擔憂 = A2+A3+A4+A7+A10+A11+A12+A16.
COMPUTE 考試焦慮 = A1+A5+A6+A8+A9+A13+A17+A18.
COMPUTE 課堂焦慮 = A20+A24+A25+A26+A27.
COMPUTE 整體數學焦慮 = SUM(A1 TO A27).
EXECUTE.

　　如果語法有錯誤的變項或數值運算式，或錯誤的關鍵字或函數，則執行語法
程式時會出現相對應的錯誤訊息。範例中，資料檔變數清單沒有「AB23」這個
變數，執行「COMPUTE」變數加總時，出現的錯誤訊息為：「不正確的變數名
稱：可能是名稱超過 64 字元，或是舊指令尚未定義名稱。Text: AB23」。

2 ▶	COMPUTE 壓力懼怕 = A14+A15+A19+A21+A22+AB23.	STRING
3	COMPUTE 情緒擔憂 = A2+A3+A4+A7+A10+A11+A	STRUNC
4	COMPUTE 考試焦慮 = A1+A5+A6+A8+A9+A13+A1	SUBSTR
5	COMPUTE 課堂焦慮 = A20+A24+A25+A26+A27.	SUM
6	COMPUTE 整體數學焦慮 =SUM(A1 TO A27).	T
7	EXECUTE.	

語法編輯視窗中，紅色字體的英文字母為 PASW 內建的函數，鍵入此函數的第一個字母時會出現內建函數的選擇方框，藍色字體為語法關鍵字，鍵入語法關鍵字的起始字母也會開啟語法關鍵字的選擇方框。

(二) 執行語法指令

執行功能表列「執行 (R)」／「全部 (A)」程序，若是數值運算式語法沒有鍵入錯誤變項或關鍵字，則於「變數檢視」編輯視窗會增列壓力懼怕、情緒擔憂、考試焦慮、課堂焦慮、整體數學焦慮五個變數。

肆、求背景變項各水準的分配情形及各構面的描述統計量

⊃ 一、求出人口變項或背景變項的次數分配表

學生性別

		次數	百分比	有效百分比	累積百分比
有效的	1 男生	146	48.7	48.7	48.7
	2 女生	154	51.3	51.3	100.0
	總和	300	100.0	100.0	

【說明】

在調查樣本資料中，男生有 146 人，佔樣本總數的 48.70%；女生有 154 人，佔樣本總數的 51.30%，女生人數稍多於男生，總樣本人數為 300 人。

新家庭結構

		次數	百分比	有效百分比	累積百分比
有效的	1 單親家庭	100	33.3	33.3	33.3
	2 他人照顧	100	33.3	33.3	66.7
	3 雙親家庭	100	33.3	33.3	100.0
	總和	300	100.0	100.0	

【說明】

由於採分層隨機抽樣，各家庭結構的人數均為 100 人，其中水準數值 1 代表「單親家庭」群組 (問卷中填答 1、2 者)、水準數值 2 代表「他人照顧」家庭群組 (問卷中填答 3 者)、水準數值 3 代表雙親家庭群組 (問卷中填答 4 者)。原始資料鍵入時，1、2 均代表單親家庭組、3 代表他人照顧組、4 代表雙親家庭組，經資料轉換後，1 代表單親家庭組、2 代表他人照顧組、3 代表雙親家庭組。

以上受試者的背景資料多數呈現於論文的第三章研究設計與實施之「研究對象」一節中，其主要目的就是讓讀者知道研究者抽取樣本之分配情形，也可讓讀者了解研究抽樣時，各背景變項水準之觀察值的人次及佔總觀察值的百分比，在量化研究中 (問卷調查法或準實驗研究法)，研究對象或受試者背景變項各水準之有效觀察值人次及其百分比最好能呈現出來。

○ 二、求出構面的描述性統計量

要求出各構面變項(計量變數)的描述性統計量數可執行次數分配表程序 (對話視窗內有一個『統計量』鈕選項)，或執行功能表列「分析 (A)」 / 「敘述統計 (E)」 / 「描述性統計量 (D)」程序，二個執行程序所輸出的統計量數是相同的，但二者排列的方式不同，前者是橫向排列，依選取的變項順序由左至右出現；後者是縱向排列，依選取的變項由上至下排列，多數研究論文均採用後者呈現的方式，以便論文的編排。就表格的整理而言，以直接執行描述性統計量程序輸出的表格較易統整與歸納。

敘述統計

	個數	最小值	最大值	平均數	標準差
壓力懼怕	300	6	30	17.11	6.521
情緒擔憂	300	8	40	24.95	7.357
考試焦慮	300	8	40	25.34	7.805
課堂焦慮	300	5	25	16.38	4.970
整體數學焦慮	300	27	135	83.78	23.821

【說明】

　　數學焦慮量表四個構面變項及整體數學焦慮變項的描述性統計量摘要表如上，從表格可以發現：「壓力懼怕」、「情緒擔憂」、「考試焦慮」、「課堂焦慮」四個構面的平均數分別為 17.11、24.95、25.34、16.38，「整體數學焦慮」的平均數為 83.78。由於構面及總分變項是題項變數的加總分數，因而單從平均數的高低無法判別受試者數學焦慮感受的情形；此外，若是要比較數學焦慮四個向度的高低，由於各向度／層面所包含的「題項數」不同，因而不能直接從平均數的大小來比較，如果將各向度的總平均數除以各向度包含的題項數，則可以求出向度中單題題項的平均得分及百分比值，因而研究者須進一步求出層面中單題的平均得分。

伍、求各向度變項平均單題的統計量

➲ 一、新增層面單題平均數變數

　　求各層面單題的平均數的操作程序亦要藉用「計算數值」對話視窗，執行功能表列「轉換 (T)」／「計算變數 (C)」程序，「目標變數 (T)」下為構面單項的變項名稱，「數值運算式 (E)」下方格為構面題項加總變項除以構面的題項數，以「壓力懼怕」向度而言，單題項平均數的變數名稱設為「壓力懼怕單題」，層面包含的題項數有 6 題，因而其數值運算式為「壓力懼怕／6」。

目標變數(T)：		數值運算式(E)：
壓力懼怕單題	=	壓力懼怕／6

增列的目標變數為「壓力懼怕單題」，數值運算式為「壓力懼怕 / 6」，或以原始題項的運算式表示：「(A14+A15+A19+A21+A22+A23) / 6」。

目標變數(T)：	數值運算式(E)：
情緒擔憂單題 =	情緒擔憂 / 8

增列的目標變數為「情緒擔憂單題」，數值運算式為「情緒擔憂 / 8」。

目標變數(T)：	數值運算式(E)：
考試焦慮單題 =	考試焦慮 / 8

增列的目標變數為「考試焦慮單題」，數值運算式為「考試焦慮 / 8」。

目標變數(T)：	數值運算式(E)：
課堂焦慮單題 =	課堂焦慮 / 5

增列的目標變數為「課堂焦慮單題」，數值運算式為「課堂焦慮 / 5」。

目標變數(T)：	數值運算式(E)：
整體數學焦慮單題 =	整體數學焦慮 / 27

增列的目標變數為「整體數學焦慮單題」，數值運算式為「整體數學焦慮 / 27」，或直接以函數運算式表示：「SUM(A1 TO A27) / 27」。

將上述新變項名稱與數值運算式的關係以語法視窗編輯內容如下：

```
DATASET ACTIVATE 資料集 X . 【此列可以刪除】
COMPUTE 壓力懼怕單題 = 壓力懼怕 / 6 .
COMPUTE 情緒擔憂單題 = 情緒擔憂 / 8 .
```

```
COMPUTE 考試焦慮單題 = 考試焦慮 / 8 .
COMPUTE 課堂焦慮單題 = 課堂焦慮 /5 .
COMPUTE 整體數學焦慮單題 = SUM(A1 TO A27) / 27.
EXECUTE .
```

數學焦慮四個向度及整體數學焦慮單題平均的敘述性統計量摘要表

	個數	最小值	最大值	平均數	標準差
壓力懼怕單題	300	1.00	5.00	2.8511	1.08684
情緒擔憂單題	300	1.00	5.00	3.1192	.91962
考試焦慮單題	300	1.00	5.00	3.1675	.97565
課堂焦慮單題	300	1.00	5.00	3.2760	.99407
整體數學焦慮單題	300	1.00	5.00	3.1030	.88225

數學焦慮量表四個向度「壓力懼怕」、「情緒擔憂」、「考試焦慮」、「課堂焦慮」的單題平均數分別為 2.8511、3.1192、3.1675、3.2760，「整體數學焦慮」單題平均分數為 3.1030。就四個向度的平均數高低進行排序，依序為「課堂焦慮」、「考試焦慮」、「情緒擔憂」、「壓力懼怕」，如果研究者要進行四個向度分數的顯著差異比較可直接使用相依樣本變異數分析，如果「課堂焦慮」向度的分數顯著高於其餘三個向度的分數，則研究者可下以下結論：「就數學焦慮四個向度而言，學生感受的數學焦慮程度以『課堂焦慮』最高」；相對的，如果「壓力懼怕」向度的分數顯著低於其餘三個數學焦慮向度分數，則研究者可下以下結論：「就數學焦慮四個向度而言，學生感受的數學焦慮程度以『壓力懼怕』最低」。

就整體數學焦慮的單題得分而言，其平均數為 3.1030，因為統計量數接近五點量表的中位數 3，一般研究者多數會下以下結論：「學生感受的數學焦慮『中等』」，中等程度的具體界定為何，研究者應該加以考驗，若是平均得分 3.10 為中等，則平均得分 3.20、3.30、3.40 等是否也視為感受程度為中等？除了將平均數分數與中位數 3 進行單一樣本 t 檢定後，最好的方法是增列平均數的百分比值，百分比值的公式為：$\dfrac{(\text{平均數} - 1)}{(\text{量表選項數} - 1)}$，上述整體數學焦慮平均得分為 3.10，量表的選項數有五個，因而平均得分換算成百分比值約為：

$$\frac{(3.10-1)}{(5-1)} = \frac{2.10}{4} = .525 = 52.5\% \text{ 。}$$

學習經驗三個量表的構面及總量表得分的描述性統計量整理如下表格：

【表格範例】

📍 **表 X　數學焦慮量表、數學態度量表及數學投入量表之描述性統計量摘要表** (N=300)

變項名稱	層面平均數	層面標準差	題項數	單題平均數	單題標準差	百分比值	排序
壓力懼怕	17.11	6.52	6	2.85	1.09	**46.3%**	4
情緒擔憂	24.95	7.36	8	3.12	0.92	**53.0%**	3
考試焦慮	25.34	7.81	8	3.17	0.98	**54.3%**	2
課堂焦慮	16.38	4.97	5	3.28	0.99	**57.0%**	1
整體數學焦慮	83.78	23.82	27	3.10	0.88	**52.5%**	—
學習信心	29.27	8.13	10	2.93	0.81	**48.3%**	4
有用程度	26.03	5.16	7	3.72	0.74	**68.0%**	2
成功意向	26.05	5.59	7	3.72	0.80	**68.0%**	1
探究動機	20.51	4.48	6	3.42	0.75	**60.5%**	3
整體數學態度	101.86	17.49	30	3.40	0.58	**60.0%**	—
工作投入	23.05	5.96	7	3.29	0.85	**57.3%**	1
自我投入	16.23	4.60	6	2.71	0.77	**42.8%**	2
整體投入動機	39.28	7.73	13	3.02	0.59	**50.5%**	—
數學成就	24.72	10.58	45				

從上述整理之描述性統計量中可以知悉：

1. 就整體數學焦慮量表來說，其每題得分平均值為 3.10，約居於中等程度範圍，就數學焦慮四個層面比較中，以「課堂焦慮」層面的得分 (M=3.28) 最高，而以「壓力懼怕」層面的得分最低 (M = 2.85)。

2. 就整體數學態度量表而言，單題題項的平均值為 3.40，亦屬於中等程度範圍，而在其四個向度中，以數學「學習信心」層面的得分 (M = 2.93) 最低，其平均值低於 3，而以數學「成功意向」及數學「有用程度」層面的得分較

高，可見目前國小學生對數學的功用抱持肯定的看法，對數學方面的成功感受也持正向的觀感，但對於數學學習之信心則有待加強。

3. 就整體數學投入動機而言，單題題項的平均數為 3.02。就二個投入動機構面比較來看：學生數學工作投入動機 (M = 3.29) 大於數學自我投入動機 (M = 2.71)。

4. 就標準化數學成就測驗得分來看，平均數為 24.72 分，學生所得成績並不高，此外標準差為 10.58，高低分差距甚大，可見國小五年級學生數學成就間個別差異情形頗大。

此種描述性統計量的文字敘說只能說明某一量表單題題項的平均數得分現況多少，大約位於五點量表中選項那個位置。至於量表層面的單題平均數之描述性統計量，從平均數的數值只能看出平均數得分的高低排序，至於層面間單題平均數間的差異值是否有意義，進一步還須使用相依樣本的 t 檢定或相依樣本的變異數分析加以考驗，如果考驗結果不顯著，則平均數間的高低並沒有實質的意義存在。

以數學投入動機二個層面為例：工作投入動機層面的單題平均分數為 3.29、自我投入動機層面的單題平均分數為 2.71，二者之間的差異是否達到顯著，須進一步以相依樣本的 t 檢定加以考驗，差異值考驗結果為 .5833、t 值等於 9.154，顯著性 p 小於 .05 顯著水準，表示學生在數學工作投入動機知覺感受顯著的高於其在數學自我投入動機的知覺感受，二者之間的差異值是有意義的。

成對樣本統計量

		平均數	個數	標準差	平均數的標準誤
成對 1	工作投入單題	3.2933	300	.85144	.04916
	自我投入單題	2.7050	300	.76668	.04426

成對樣本檢定

	成對變數差異							
			平均數的	差異的 95% 信賴區間				顯著性
成對 1	平均數	標準差	標準誤	下界	上界	t	自由度	(雙尾)
工作投入單題 - 自我投入單題	.58833	1.11316	.06427	.46186	.71481	9.154	299	.000

工作投入單題-自我投入單題二個變數之相依樣本 t 檢定的統計量 9.154，平均差異的 95% 信賴區間為 [.46186，.71481]，平均差異的 95% 信賴區間未包含 0 值，表示二個平均數的差異達到顯著。

範例資料為受試者在「生活壓力」五個構面的單題平均得分，量表採用的是李克持六點量表型態。

受試者	構面_1	構面_2	構面_3	構面_4	構面_5	總量表
S1	3.25	5.54	4.56	2.24	4.01	3.92
S2	3.48	5.48	4.65	2.45	3.99	4.01
S3	4.87	4.97	4.21	3.01	4.25	4.26
S4	3.26	5.41	4.99	2.99	4.24	4.18
S5	3.54	4.68	5.21	3.25	4.38	4.21
S6	2.45	3.97	4.21	3.46	3.87	3.59
S7	2.65	5.47	4.32	3.47	3.45	3.87
S8	3.45	5.65	3.26	3.47	2.99	3.76
S9	3.41	5.34	3.47	3.15	4.58	3.99
S10	2.55	4.68	5.01	2.69	3.67	3.72

執行五個構面及總量表單題平均之描述性統計量如下，描述性統計量摘要表中的「百分比值」及「排序」二欄為額外增列的欄位。

變項名稱	個數	最小值	最大值	平均數	標準差	百分比值	排序
構面_1	10	2.45	4.87	3.2910	.69124	**45.8%**	4
構面_2	10	3.97	5.65	5.1190	.53480	**82.4%**	1
構面_3	10	3.26	5.21	4.3890	.64172	**67.8%**	2
構面_4	10	2.24	3.47	3.0180	.43609	**40.4%**	5
構面_5	10	2.99	4.58	3.9430	.47340	**58.9%**	3
總量表	10	3.59	4.26	3.9520	.22255	**59.0%**	—

單以平均數高低或百分比值高低排序，受試者於量表五個構面的得分高低依序為：「構面_2」(M=5.11)、「構面_3」(M=4.39)、「構面_5」(M=3.94)、「構面_1」(M=3.29)、「構面_4」(M=3.01)，研究者若要敘述下面的結論：「受試者於生活壓力五個構面中，以『構面_2』壓力的感受程度最高」，必須進行五個構面變數之重複量數的變異數分析程序，除整體考驗的 F 值達到顯著外，事後比較必須同時符合：「構面_2＞構面_1」、「構面_2＞構面_3」、「構面

_2＞構面_4」、「構面_2＞構面_5」，進行重複量數變異數分析之成對比較結果，「生活壓力構面」因子變項水準數值 2 的平均數顯著的高於其餘四個水準數值的平均數，因而五個構面變項感受中，受試者顯著於「構面_2」壓力的感受最高。

成對比較：測量：MEASURE_1

(I) 生活壓力構面	(J) 生活壓力構面	平均差異 (I-J)	標準誤差	顯著性[a]	差異的 95% 信賴區間[a]	
					下界	上界
2	1	1.828[*]	.239	.000	1.288	2.368
	3	.730[*]	.299	.037	.053	1.407
	4	2.101[*]	.246	.000	1.545	2.657
	5	1.176[*]	.247	.001	.618	1.734
4	1	-.273	.274	.344	-.892	.346
	2	-2.101[*]	.246	.000	-2.657	-1.545
	3	-1.371[*]	.289	.001	-2.025	-.717
	5	-.925[*]	.229	.003	-1.444	-.406

相對的，研究者如要敘述下面的結論：「受試者於生活壓力五個構面中，以『構面_4』的感受程度最低」，必須進行五個構面變數之重複量數的變異數分析程序，除整體考驗的 F 值達到顯著外，事後比較必須同時符合：「構面_4＜構面_1」、「構面_4＜構面_2」、「構面_4＞構面_3」、「構面_4＜構面_5」，進行重複量數變異數分析之成對比較結果，「生活壓力構面」因子變項水準數值 4 的平均數顯著的低於水準數值 2、水準數值 3、水準數值 5 三個壓力構面的平均數，但與水準數值 1 壓力構面的平均數差異則未達顯著，因而下此結論：「受試者於生活壓力五個構面中，以『構面_4』生活壓力的感受程度最低」是較不適切的，研究結論應改為：「受試者於生活壓力五個構面中，以『構面_4』及『構面_1』二個生活壓力的感受程度最低。」

第三節 雙層面變數的轉換

在一項組織主管的領導行為與組織氣氛的相關研究中，研究者分別對取樣對象實施主管領導行為量表與組織氣氛量表，其中主管領導行為分為個層面 (dimension)：關懷取向 (consideration)、倡導取向／任務導向 (initiation)，關懷取

向構面與倡導取向 (任務取向) 構面是一個領導連續體的二個極端，若是將這二個構面分數加總，加總後變項的操作型定義無法界定，加總後構面變項的分數值是沒有意義的。在統計分析上，研究者通常會依二個領導層面之得分平均數高低各分成二個水準：高關懷取向組 (數值編碼 1)、低關懷取向組 (數值編碼 2)；高倡導取向組 (數值編碼 1)、低倡導取向組 (數值編碼 2)；此外，研究者想將每個層面中的二個水準合併，而將組織主管領導行為分為以下四種取向：

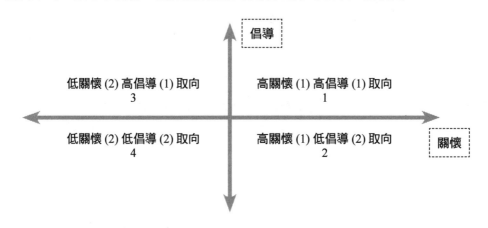

樣本原始資料及分組變項如下：

編號	關懷構面	倡導構面	關懷組別	倡導組別	組別 1	組別 2	組別 3	組別 4	領導組別
S1	11	5	2	2	0	0	0	4	4
S2	25	8	1	2	0	2	0	0	2
S3	13	15	2	2	0	0	0	4	4
S4	24	11	1	2	0	2	0	0	2
S5	15	25	2	1	0	0	3	0	3
S6	16	21	2	1	0	0	3	0	3
S7	17	20	2	1	0	0	3	0	3
S8	10	19	2	1	0	0	3	0	3
S9	19	16	1	1	1	0	0	0	1
S10	20	12	1	2	0	2	0	0	2
S11	21	15	1	2	0	2	0	0	2
S12	22	9	1	2	0	2	0	0	2
S13	24	11	1	2	0	2	0	0	2
S14	23	17	1	1	1	0	0	0	1
S15	21	18	1	1	1	0	0	0	1
S16	7	19	2	1	0	0	3	0	3

操作程序如下：

➲ 一、求個主管領導行為二個層面的描述統計量

> **1.** 執行功能表列「分析(A)」/「敘述統計(E)」/「描述性統計量(D)」程序，開啟「描述性統計量」對話視窗。
> **2.** 點選左邊清單變數中的「關懷構面」、「倡導構面」二個變項至右邊目標清單中，按『確定』鈕。

下面為領導行為二個面向的描述性統計量，其中關懷構面、倡導構面的平均數分別為 18.00、15.06。關懷構面以樣本得分 18 為分組的依據，18 分以下為低關懷取向組 (數值編碼為 2)，19 分以上為高關懷取向組 (數值編碼為 1)，關懷取向分組的變數分稱為「關懷組別」。倡導取向以樣本得分 15 為分組的依據，15 分以下為低倡導取向組 (數值編碼為 2)，16 分以上為高倡導取向組 (數值編碼為 1)，倡導取向分組的變數分稱為「倡導組別」。

敘述統計

	個數	最小值	最大值	平均數	標準差
關懷構面	16	7	25	18.00	5.526
倡導構面	16	5	25	15.06	5.372
有效的 N (完全排除)	16				

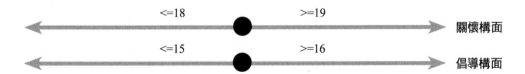

➲ 二、依平均數高低將主管領導行為層面分為二個水準

(一) 依關懷構面變項的平均數新增一個分組變數──「關懷組別」

1. 執行功能表列「轉換 (T)」/「重新編碼成不同變數 (R)」程序，開啟「重新編碼成不同變數」對話視窗。

2.點選變數清單中的「關懷構面」至右邊方盒中，於「名稱 (N)」下方格鍵入「關懷組別」，按『變更 (H)』鈕。「數值變數 (V)-> 輸出變數」下方盒的提示語由「關懷構面 --> ？」變為「關懷構面 --> 關懷組別」。

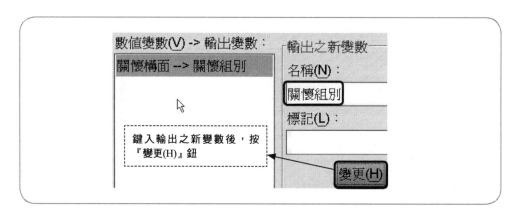

3. 「舊值」方盒中選取「⊙ 範圍，LOWEST 到值 (G)」選項，選項下方格鍵入數值「18」，「新值為」方盒中選取「⊙ 數值 (A)」選項，選項右邊鍵入輸值「2」，按『新增 (A)』鈕。

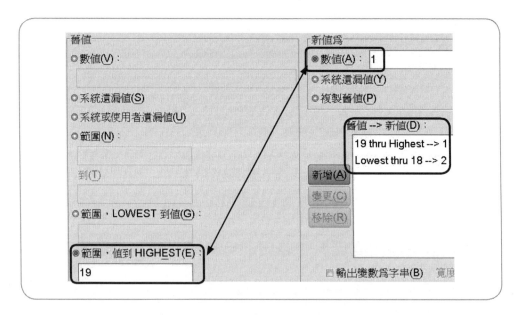

4. 「舊值」方盒中選取「⊙ 範圍，值到 HIGHEST(E)」選項，選項下方格鍵入數值「19」，「新值為」方盒中選取「⊙ 數值 (A)」選項，選項右邊鍵入

輸值「1」，按『新增 (A)』鈕，按『繼續』鈕，按『確定』鈕。

(二) 依倡導構面變項平均數新增一個分組變數──「倡導組別」

1. 執行功能表列「轉換 (T)」／「重新編碼成不同變數 (R)」程序，開啟「重新編碼成不同變數」對話視窗。

2. 點選變數清單中的「倡導構面」至右邊空格中，於「名稱 (N)」下方格鍵入「倡導組別」，按『變更 (H)』鈕，「數值變數 (V)-> 輸出變數」下方盒的提示語由「倡導構面 --> ？」變為「倡導構面 --> 倡導組別」。

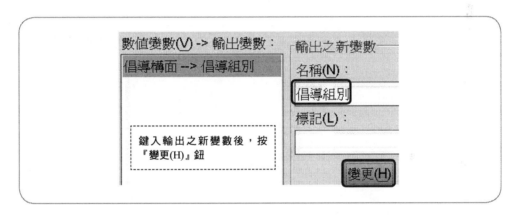

3. 「舊值」方盒中選取「⊙ 範圍，LOWEST(G)」選項，選項下方格鍵入數值「15」，「新值為」方盒中選取「⊙ 數值 (A)」選項，選項右邊鍵入輸值「2」，按『新增 (A)』鈕。

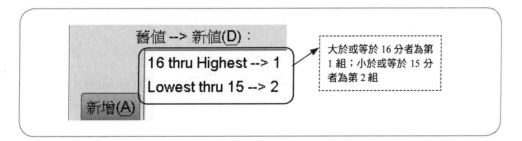

4. 「舊值」方盒中選取「⊙ 範圍，值到 HIGHEST(E)」選項，選項下方格鍵入數值「16」，「新值為」方盒中選取「⊙ 數值 (A)」選項，選項右邊鍵入輸值「1」，按『新增 (A)』鈕，按『繼續』鈕，按『確定』鈕。

下表為領導行為二個面向分組後的次數百分比情形，全部十六位樣本者，知覺主管領導行為屬於高關懷取向者有 9 位、屬於低關懷取向者有 7 位；從倡導行為面向來看，知覺主管領導行為屬於高倡導取向者有 8 位、屬於低倡導取向者有 8 位。

關懷組別

		次數	百分比	有效百分比	累積百分比
有效的	1 高關懷組	9	56.3	56.3	56.3
	2 低關懷組	7	43.8	43.8	100.0
	總和	16	100.0	100.0	

倡導組別

		次數	百分比	有效百分比	累積百分比
有效的	1 高倡導組	8	50.0	50.0	50.0
	2 低倡導組	8	50.0	50.0	100.0
	總和	16	100.0	100.0	

⊃ 三、新設四個暫時分組變數

(一) 新增高關懷高倡導取向變數──組別 1

1. 執行功能表列「轉換 (T)」／「計算變數 (C)」程序，開啟「計算變數」對話視窗。

2. 左邊「目標變數 (T)」下的方格輸入新變項名稱「組別 1」，右邊「數值運算式(E)」下方格選入或鍵入「關懷組別＝1 & 倡導組別＝1」，按『確定』鈕。

   註：「關懷組別＝1 & 倡導組別＝1」式子中「&」符號表示「and」(且)，其代表的意義為關懷組別變項水準數值等於 1 且倡導組別變項水準數值等於 1，亦即高關懷組「且」高倡導取向組之樣本。

目標變數(T)：		數值運算式(E)：
組別1	=	關懷組別=1 & 倡導組別=1

　　數值運算式中除可進行算術四則運算外，也可進行邏輯條件運算，範例中的方格鍵入「關懷組別＝1 & 倡導組別＝1」，表示觀察值在關懷組別變項的水準數值為 1，且在倡導組別變項的水準數值也為 1 者，目標變數 (組別 1 變項) 的水準數值即為 1，未符合此條件的觀察值，「組別 1」變項的水準數值皆為 0。

(二) 新增高關懷低倡導取向變數——組別 2

1. 執行功能表列「轉換 (T)」/「計算變數 (C)」程序，開啟「計算變數」對話視窗。

2. 左邊「目標變數 (T)」下的方格輸入新變項名稱「組別 2」，右邊「數值運算式 (E)」下方格選入或鍵入「關懷組別＝1 & 倡導組別＝2」，按『確定』鈕。

　　「關懷組別」變項水準數值 1 表示高關懷群體，「倡導組別」變項水準數值 2 表示低倡導群體，符合此條件的觀察值，「關懷組別」變數的水準數值為 1，不符合此條件的觀察值，「關懷組別」變數的水準數值為 0。

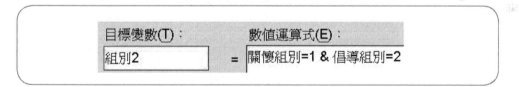

(三) 新增低關懷高倡導取向變數——組別 3

1. 執行功能表列「轉換 (T)」/「計算變數 (C)」程序，開啟「計算變數」對話視窗。

2. 左邊「目標變數 (T)」下的方格輸入新變項名稱「組別 3」，右邊「數值運算式 (E)」下方格選入或鍵入「關懷組別＝2 & 倡導組別＝1」，按『確定』鈕。

　　「關懷組別」變項水準數值 2 表示低關懷群體，「倡導組別」變項水準數值 1 表示高倡導群體。

目標變數(T)：	數值運算式(E)：
組別3	= 關懷組別=2 & 倡導組別=1

(四) 新增低關懷低倡導取向變數──組別 4

1. 執行功能表列「轉換 (T)」/「計算變數 (C)」程序，開啟「計算變數」對話視窗。

2. 左邊「目標變數 (T)」下的方格輸入新變項名稱「組別 4」，右邊「數值運算式(E)」下方格選入或鍵入「關懷組別 = 2 & 倡導組別 = 2」，按『確定』鈕。

「關懷組別」變項水準數值 2 表示低關懷群體，「倡導組別」變項水準數值 2 表示低倡導群體。

◯ 四、把暫時四個分組變數重新編碼

上述新增四個暫時分組變數的數值內容均為 1，而我們所需要的是當「關懷構面構面 =1 & 倡導構面 =2」(變數為組別 2) 條件時，數值內容為 2；當「關懷構面構面 =2 & 倡導構面 =1」(變數為組別 3) 條件時，數值內容為 3；關懷構面構面 =2 & 倡導構面 =2」(變數為組別 4) 條件時，數值內容為 4，因而須進一步將此三個暫時分組的變數重新編碼。

變項名稱	舊值	新值
組別 1 (高關懷高倡導組)	1	1
組別 2 (高關懷低倡導組)	1	2
組別 3 (低關懷高倡導組)	1	3
組別 4 (低關懷低倡導組)	1	4

(一) 將分組變項「組別 2」重新編碼，數值內容由 1 變為 2

1. 執行功能表列「轉換 (T)」/「重新編碼成不同變數 (R)」程序，開啟「重新編碼成不同變數」對話視窗，點選目標變數「組別 2」至右邊方格中，

按『舊值與新值』鈕。

2. 「舊值」方盒中選取「◉ 數值 (V)」選項，選項下方格鍵入數值「1」，「新值為」方盒中選取「◉ 數值 (A)」選項，選項右邊鍵入輸值「2」，按『新增 (A)』鈕。

3. 按『繼續』鈕，按『確定』鈕。

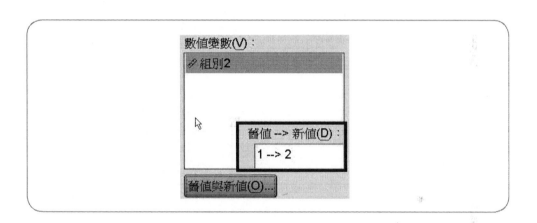

(二) 將分組變項「組別 3」重新編碼，數值內容由 1 變為 3

1. 執行功能表列「轉換 (T)」/「重新編碼成不同變數 (R)」程序，開啟「重新編碼成不同變數」對話視窗，點選目標變數「組別 3」至右邊方格中，按『舊值與新值』鈕。

2. 「舊值」方盒中選取「◉ 數值 (V)」選項，選項下方格鍵入數值「1」，「新值為」方盒中選取「◉ 數值 (A)」選項，選項右邊鍵入輸值「3」，按『新增 (A)』鈕。

3. 按『繼續』鈕，按『確定』鈕。

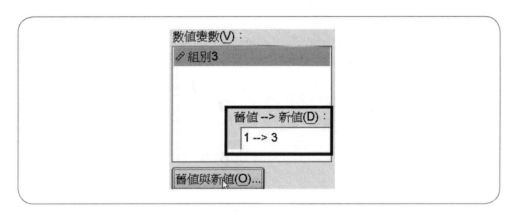

(三) 將分組變項「組別4」重新編碼，數值內容由1變為4

1. 執行功能表列「轉換 (T)」/「重新編碼成不同變數 (R)」程序，開啟「重新編碼成不同變數」對話視窗，點選目標變數「組別4」至右邊方格中，按『舊值與新值』鈕。
2. 「舊值」方盒中選取「⊙ 數值 (V)」選項，選項下方格鍵入數值「1」，「新值為」方盒中選取「⊙ 數值 (A)」選項，選項右邊鍵入輸值「4」，按『新增 (A)』鈕。
3. 按『繼續』鈕，按『確定』鈕。

⊃ 五、將四個暫時分組變數加總

1. 執行功能表列「轉換 (T)」/「計算變數 (C)」程序,開啟「計算變數」對話視窗。
2. 左邊「目標變數 (T)」下的方格輸入新變項名稱「領導組別」,右邊「數值運算式 (E)」下方格選入或鍵入「組別 1+ 組別 2+ 組別 3+ 組別 4+」,按『確定』鈕。

目標變數(T):		數值運算式(E):
領導組別	=	組別1 ＋ 組別2 ＋ 組別3 ＋ 組別4

⊃ 六、刪除暫時分組變項

在「變數檢視」編輯視窗或「資料檢視」資料檔鍵入視窗,選取「組別1」、「組別 2」、「組別 3」、「組別 4」四個暫時分組變數,按右鍵出現快顯功能表,選取『清除』選項,即可刪除所選取的變數及變數中的所有資料。

執行「領導組別」(四分類別變項) 的次數分配程序,四個水準數值的次數及百分比如下:

領導組別

		次數	百分比	有效百分比	累積百分比
有效的	1 高關懷高倡導	3	18.8	18.8	18.8
	2 高關懷低倡導	6	37.5	37.5	56.3
	3 低關懷高倡導	5	31.3	31.3	87.5
	4 低關懷低倡導	2	12.5	12.5	100.0
	總和	16	100.0	100.0	

以關懷構面及倡導構面二個向度的得分，16位觀察值知覺的主管四種領導：高關懷高倡導、高關懷低倡導、低關懷高倡導、低關懷低倡導的人次各有3、6、5、2位。進一步的研究者可以「領導組別」四分類別變項為自變項，探討不同領導組別在其它依變項的差異情形。

第 **06** 章

相關分析

相關分析旨在求二個變數之間的關聯程度 (degree of association)。在統計學上，二個變數間的關聯程度，常以「相關係數」(correlation coefficient) 來表示。相關係數有二個特性：一為相關係數大小的絕對值愈大，表示二個變數間的關聯性愈強、絕對值愈小，表示二個變數間的關聯性愈弱；二為相關係數的正負，表示二個變數之間是順向或反向的關係，如果相關係數為正，表示一個變數增加 (/ 減少)，另外一個變數也會增加 (/ 減少)，此種相關方向稱為正相關，即二個變數間有正向關係；如果相關係數為負，表示一個變數增加 (/ 減少)，另外一個變數會減少 (/ 增加)，此種相關方向為負相關，即二個變數間具有反向關係。

相關分析時根據變項性質屬性，而有不同的相關方法。相關係數可以表示相關的程度 / 強弱 (magnitude) 與方向 (direction)。用來測量二個變數間的關聯程度之相關係數可以分成二類：一為 A 型相關係數，其值介於 0 至 1 之間；二為 B 型相關係數，其值介於 -1 至 $+1$ 之間 (余民寧，民 84)。就 B 型相關係數而言，如果變數間相關係數的值為 0 時，稱為「零相關」、相關係數的值大於 0 時，稱為「正相關」(positive correlation)、相關係數的值小於 0 時，稱為「負相關」(negative correlation)。如以相關係數的絕對值來看，其絕對值愈接近 0 者，表示二個變數之間關聯程度愈弱；反之，其絕對值愈接近 1 者，表示二個變數之間關聯程度愈強。在相關分析中屬於 B 型相關的相關方法如：積差相關、點二系列相關、二系列相關、四分相關等。B 型相關中，相關係數為 1 者稱為「完全正相關」、相關係數為 -1 者稱為「完全負相關」，「完全正相關」與「完全負相關」在統計理論上是存在的，但在社會科學領域的實際研究中卻很難發現。

另外一種 A 型相關係數的值則介於 0 至 1 間，此種相關係數的值愈接近於 0，表示二個變數間的關聯程度愈弱；反之，如果其相關係數的值愈接近於 1，表示二個變數間的關聯程度愈強。相關分析屬於 A 型相關的相關方法如：等級相關、列聯相關、Φ 相關、Kendall 和諧係數、Kappa 一致性係數、曲線相關等。

如以變數個數來區分，可分為簡單相關與多元相關 (複相關)：簡單相關只探討二個變數間的關係；而複相關則可探究三個以上變項之間的關係，其係數稱為多元相關係數。如以關係性質來區分，可分為線性或非線性的關係：線性關係表示二個變數間的相關情形可用直線來描述者，非線性關係即非線性相關，又稱為曲線相關 (如相關比)，表示二個變數之間的關係無法以直線關係來表示，曲線相關的實例如探究學生的學習壓力與其學業成就二個變數的相關情形時，發現

高學習壓力者其學業成就低、而低學習壓力者其學業成就也低，在中學習壓力狀態下，學生的學業成就反而最佳，此種具曲線相關性質者，稱為非線性相關。

曲線相關的範例如國中學生二年級學習壓力與學業成就關係之研究，三十位樣本的數據如下：

受試者	S1	S2	S3	S4	S5	S6	S7	S8	S9	S10	S11	S12	S13	S14	S15
學習壓力	10	12	15	16	17	18	19	20	21	22	22	22	23	24	24
學業成就	55	64	65	74	58	57	45	67	74	85	85	90	89	87	89
受試者	S16	S17	S18	S19	S20	S21	S22	S23	S24	S25	S26	S27	S28	S29	S30
學習壓力	25	26	27	28	29	31	32	33	33	34	35	35	36	38	38
學業成就	90	92	94	87	86	78	77	67	68	66	64	65	65	64	54

二個計量變數間的散佈圖如下，從圖中可以看出，學習壓力低分群與學習壓力高分群樣本的學業成就較低，而學習壓力中分群樣本的學業成就分數較高。

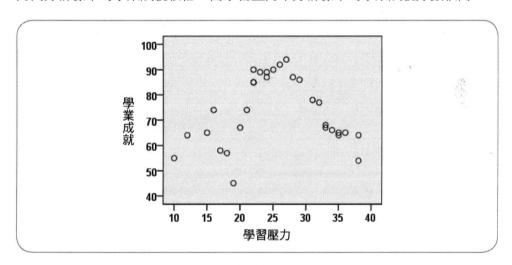

二個變數之間相關係數值與其相關程度的劃分，通常有下列二種分級狀況：

1. 第一種分成三級

(1) 高度相關：r 值在 .70 (包含 .70) 以上 (r ≥ .70)；

(2) 中度相關：r 值在 .40 以上 (包含 .40) 至 .70 以下 (不包含 .70) − .40 ≤ r < .70；

(3) 低度相關：r 值在 .40 以下 (r < .40)。

2. 第二種分成五級

(1) 很高相關：r 值在 .80 以上 (包含 .80)；

(2) 高相關：r 值在 .60 以上 (包含 .60) 至 .80 以下 (不包含 .80)；

(3) 中相關：r 值在 .40 以上 (包含 .40) 至 .60 以下 (不包含 .60)；

(4) 低相關：r 值在 .20 以上 (包含 .20) 至 .40 以下 (不包含 .40)；

(5) 很低相關 (微弱相關)：r 值在 .20 以下 (不包含 .20)。

如果二個變數間的顯著性機率值 p＜.05，積差相關係數絕對值高低才有意義，此時，才能根據積差相關係數絕對值的大小，判別二個變數是高度相關、中度相關或低度相關。

第一節　積差相關

【適用時機】

積差相關為統計學家 K. Perason 所研發，因此又稱 Perason 積差相關 (product-moment correlation)，積差相關適用於二個變項均為連續變項，亦即二個變項均為等距變項或比率變項或一個變項為等距變項，另外一個變項為比率變項，積差相關係數的數值介於 -1.00 至 +1.00，積差相關係數統計量為 -1.00，表示二個計量變項間呈完全負相關 (perfect negative correlation)；積差相關係數統計量為 +1.00，表示二個計量變項間呈完全正相關 (perfect positive correlation)，完全負相關與完全正相關在理論統計上是合理可以解釋的量數，但在行為及社會科學領域的實徵研究中，二個計量變項呈現此種結果的機率甚低。推論統計中如果顯著性機率值 p＜.05，表示統計量數 r 是有意義的，此時的 r 統計量數值如果為正，表示二個計量變數間呈顯著正相關；相對的，r 統計量數值如果為負，表示二個計量變數間呈顯著負相關。

⊙ 一、研究問題

問題：某研究者想探究學生的數學成就與自然成績間有無顯著關係存在，他從六年級某班上抽取十名學生，其成績如下，研究者該如何解釋此結果？

學生	S1	S2	S3	S4	S5	S6	S7	S8	S9	S10
數學成績	74	76	77	63	63	61	69	80	58	75
自然成績	84	83	85	74	75	79	73	92	70	85
國文成績	76	90	89	82	68	50	78	72	55	82
英文成績	58	81	87	55	65	60	68	90	62	75

⊙ 二、執行步驟

1. 執行功能表列「分析 (A)」(Analyze)/「相關 (C)」(Correlate)/「雙變數 (B)」(Bivariate...) 程序，開啟「雙變數相關分析」(Bivariate Correlations) 對話視窗。

2. 將左邊變數清單中的二個目標變項「數學成績」、「自然成績」選入右邊「變數 (V)」(Variables) 下的方盒中，「相關係數」(Correlation Coefficients) 方盒中勾選「☑相關係數 (N)」(內定選項) 及最下方「☑相關顯著性訊號 (F)」(Flag significant correlations)、「◉雙尾檢定 (T)」(內定選項) 等。

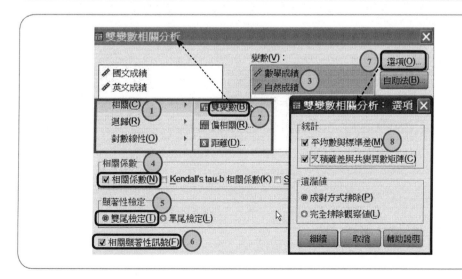

在實務應用上，一般求計量變數間的積差相關係數時，可以不用理會「雙變數相關分析：選項」次對話視窗。

> **3.** 按右上角『選項』(Options...) 鈕，出現「雙變數相關分析：選項」(Bivariate Correlations: Options) 次對話視窗，勾選「統計」方盒中二個選項「☑ 平均數與標準差 (M)」、「☑ 叉積離差與共變異數矩陣 (C)」(Cross-product deviations and covariances)，按『繼續』鈕，回到「雙變數相關分析」對話視窗，按『確定』鈕。

```
┌─相關係數─────────────────────────────────────┐
│ ☑ 相關係數(N) ☐ Kendall's tau-b 相關係數(K) ☐ Spearman 相關係數(S) │
└──────────────────────────────────────────┘
┌─顯著性檢定─────────────────────────────────────┐
│ ◉ 雙尾檢定(T)  ○ 單尾檢定(L)                       │
└──────────────────────────────────────────┘
☑ 相關顯著性訊號(F)
```

「雙變數相關分析」對話視窗中，其下方的「相關係數」方盒，SPSS 提供三種相關係數供使用者選擇，操作時至少須選擇一項：

1. 「☑ 相關係數 (N)」：Pearson 相關係數，為 SPSS 內定的選項。結果輸出時會呈現相關矩陣，中間對角線為變項與變項自身間的相關，相關係數均為 1.00，對角線的上三角和下三角是對稱的，其數值內容完全一樣。

2. 「Kendall's tau-b 相關係數 (K)」：是一種等級相關係數 (τ correlation)，用以測量二個次序變項之相關程度的無母數量數。如二位評分者評分結果是否為一致的等級相關指標量數。在輸出結果報表中與上述類似。

3. 「Spearman 相關係數 (S)」：是一種等級相關係數 (ρ)，適用於變數為次序變項或可以轉換成次序變項的連續變項，或沒有滿足常態性假設的等距變項。

視窗界面中如勾選最下方的「☑ 相關顯著性訊號 (F)」選項，則在輸出結果報表中，會於相關係數旁附加「＊」號以代表顯著水準，機率值 (顯著性) 達

到 .05 顯著水準則呈現一個「*」號，如「.214(*)」；達到 .01 顯著水準則呈現二個「*」號，如「.492(**)」；如果顯著水準小於 .001 也是呈現二個「*」號。相對的，若是研究者沒有勾選「□相關顯著性訊號 (F)」選項，則輸出之相關係數表即使達到 .05 或 .01 顯著水準，皆不會於相關係數旁加註「*」號。

　　「顯著性檢定」方盒中有二種顯著性檢定選項：「◉ 雙尾檢定 (T)」、「單尾檢定 (L)」，內定選項為「◉ 雙尾檢定 (T)」，假設檢定研究者最好採用「◉ 雙尾檢定 (T)」，因為單尾檢定的假設較易拒絕虛無假設，也較容易犯第一類型錯誤。

　　按『選項』鈕，可開啟「雙變數相關分析：選項」次對話視窗，此視窗界面之「統計」方盒可以選擇是否印出下列統計量：

1. 「平均數與標準差 (M)」：印出每一個變項的平均數、標準差、有效值個數等。

2. 「叉積離差與共變異數矩陣 (C)」：印出每一個變數的離均差交乘積和與共變數。離均差交乘積等於二個變數每一觀察值與平均數之差的交乘積，算式為：$SS = (X_i - \overline{X})(Y_i - \overline{Y})$，離均差交乘積和 (sum of cross-product) 就是離均差交乘積的總和，算式為：$CP_{xy} = \sum (X_i - \overline{X})(Y_i - \overline{Y}) = \sum xy$。共變數 (covariance) 是離均差交乘積和除以總人數；在推論統計中，共變數是二個變項間關係的未標準化量數，等於離均差交乘積和除以 N-1，N-1 即為自由度。所謂共變數就是二個變項共同改變的情形 (王文中，民 89)，如有二個變數 X 與 Y，如果 X 的改變和 Y 的改變沒有關聯，那麼共變數的值就是 0，共變數等於 0 表示二個變數是零相關；如果 X 變得愈大 / 愈小，Y 也跟著變得愈大 / 愈小，則共變數的值就大於 0，共變數大於 0 表示二個變數是正相關；如果 X 變得愈小 (/ 愈大)，Y 反而跟著變得愈大 (/ 愈小)，則共變數的值就小於 0，共變數小於 0 表示二個變數是負相關，共變數與積差相關有密切關係。樣本共變數的公式如下：

$$COV_{XY} = \frac{\sum (X_i - \overline{X})(Y_i - \overline{Y})}{N-1}$$，不進行推論的二個變項間的共變數式子為：

$$S_{XY} = \frac{\sum (X_i - \overline{X})(Y_i - \overline{Y})}{N} = \frac{\sum xy}{N}$$，$\sum xy = \sum (X_i - \overline{X})(Y_i - \overline{Y})$，表示 X 離均差值與 Y 離均差值之交叉乘積總和。

　　共變數的概念與變異數的概念是相通的，只不過在變異數分析中，只針對一個變數而已，但在共變數分析中，則針對二個變數 (王文中，民 89)，一個 X 變數的樣本變異數公式如下：$S_{XX} = \dfrac{\sum(X_i - \overline{X})(X_i - \overline{Y})}{N-1} = \dfrac{\sum(X_i - \overline{X})^2}{N-1} = S^2{}_{XX}$。

　　共變數可以用來判斷二個變數的關連的方向，方向可能是零相關、正相關、負相關，但因共變數的大小會隨著尺度的不同而不同，所以共變數無法用來判斷二個變數之間關聯的強度。為了互相比較，就是要將共變數除以二個變數的標準差，如此一來就不會受到單位不同的影響 (王文中，民 89)。共變異數矩陣中對角線的數值是變項的「變異數」，共變數除以二個變數的標準差的值就稱為積差相關係數，或稱皮爾遜積差相關係數 (product-moment correlation coefficient)，其公式如下：

$$r_{XY} = \frac{COV_{XY}}{S_X S_Y} = \frac{\dfrac{\sum(X_i - \overline{X})(Y_i - \overline{Y})}{N-1}}{S_X S_Y}$$

$$= (XY 的共變數) \div [(X 的標準差) \times (Y 的標準差)] = 積差相關係數 r$$

$$= \frac{\sum(X_i - \overline{X})(Y_i - \overline{Y})}{(N-1)S_X S_Y} = \frac{CP_{XY}}{(N-1)S_X S_Y} = \frac{CP_{XY}}{(N-1)} \times \frac{1}{S_X S_Y} = COV_{XY} \times \frac{1}{S_X S_Y}$$

　　「雙變數相關分析：選項」次對話視窗內的下方「遺漏值」方盒中，包括二種處理遺漏值的處理方法：

1. 「☑ 成對方式排除 (P)」(Exclude cases pairwise)：這是 SPSS 內定的選項，將含有遺漏值資料的單一觀察值從分析中排除，不納入相關分析之資料，統計分析程序研究者最好採用「☑ 成對方式排除 (P)」來處理遺漏值。

2. 「完全排除遺漏值 (L)」(Exclude cases listwise)：將含有遺漏值的整筆觀察值，在所有的相關分析均加以排除掉。

⊃ 三、報表說明

描述性統計量

	平均數	標準差	個數
數學成績	69.60	7.806	10
自然成績	80.00	6.912	10

上述描述性統計量包括變項名稱「自然成績」、「數學成績」二個，二個變數的平均數、標準差與有效樣本數。自然成績的平均數、標準差分別為 80.00、6.912；數學成績的平均數、標準差分別為 69.60、7.806。數學成績變項中有效樣本數為 10 人、自然成績變項中有效樣本數為 10 人。

相關

		學生性別	數學態度
數學成績	Pearson 相關	1	.879
	顯著性（雙尾）		.001
	叉積平方和	548.400	427.000
	共變異數	60.933	47.444
	個數	10	10
自然成績	Pearson 相關	.879	1
	顯著性（雙尾）	.001	
	叉積平方和	427.000	430.000
	共變異數	47.444	47.778
	個數	10	10

上表為沒有勾選「☑ 相關顯著性訊號 (F)」(Flag significant correlations) 選項的報表。自然成績變項與數學成績變項的相關為 .879，p=.001<.01，達到顯著水準。二個變數的叉積平方和為 427.000，共變異數為 47.444。

數學成績變數叉積平方和的求法式子如下：

數學成績X	74	76	77	63	63	61	69	80	58	75	總和
$(X-\overline{X})$	4.4	6.4	7.4	-6.6	-6.6	-8.6	-0.6	10.4	-11.6	5.4	0
$(X-\overline{X})^2$	19.36	40.96	54.76	43.56	43.56	73.96	0.36	108.16	134.56	29.16	548.40

自然成績變數叉積平方和的求法式子如下：

自然成績X	84	83	85	74	75	79	73	92	70	85	總和
$(Y - \overline{Y})$	4	3	5	-6	-5	-1	-7	12	-10	5	0
$(Y - \overline{Y})^2$	16	9	25	36	25	1	49	144	100	25	430.00

二個變數叉積平方和的求法式子如下：

											總和
$(X - \overline{X})$	4.4	6.4	7.4	-6.6	-6.6	-8.6	-0.6	10.4	-11.6	5.4	
$(Y - \overline{Y})$	4	3	5	-6	-5	-1	-7	12	-10	5	
$(X - \overline{X}) \times (Y - \overline{Y})$	17.6	19.2	37	39.6	33	8.6	4.2	124.8	116	27	427

相關

		學生性別	數學態度
數學成績	Pearson 相關	1	.879**
	顯著性 (雙尾)		.001
	個數	10	10
自然成績	Pearson 相關	.879**	1
	顯著性 (雙尾)	.001	
	個數	10	10

**. 在顯著水準為 0.01 時 (雙尾)，相關顯著。

　　上表為有勾選「☑ 相關顯著性訊號」選項之輸出結果，因有勾選「☑ 相關顯著性訊號 (F) 提示選項」，報表中積差相關係數達 .01 顯著水準，因而於相關係數統計量的旁邊加註二個「**」符號。相關係數的矩陣是對稱的，上表中右上角與左下角的數字是相同的，第一列為積差相關係數值 (數值等於 .879)，第二列為雙尾顯著水準機率值 p (數值等於 .001)，第三列為有效觀察值的個數 (有效樣本數為 10)。

$$r_{XY} = \frac{\sum (X_i - \overline{X})(Y_i - \overline{Y})}{(N-1)S_X S_Y} = \frac{CP_{XY}}{(N-1)S_X S_Y} = \frac{COV_{XY}}{S_X S_Y}$$

由上述公式可知：二個變項積差相關係數是這二個變項的共變數除以二個變項的標準差。自然成績與數學然成績的標準差分別為 6.912、7.806；數學成績與自然成績的交乘積是 427.00，二個變項的共變數等於 $\frac{CP_{XY}}{N-1} = \frac{427.00}{10-1} = 47.444$，二個變數間的積差相關係數 $= \frac{47.444}{6.912 \times 7.806} = 0.879$ 。

本研究的對立假設與虛無假設分別如下：

1. H_1 對立假設：$\rho \neq 0$ (二者相關不等於 0 即是有顯著相關存在)。
2. H_0 虛無假設：$\rho = 0$ (二者相關等於 0 就是沒有相關)。

相關係數 =.879，顯著性機率值 (錯誤率) p=.001<.05，有足夠證據拒絕虛無假設 (二者相關等於 0 的假設)，接受對立假設 (二者相關不等於 0，表示二個變項間有顯著的相關存在)，由於相關係數為正，因而數學成績與自然成績二個變數者為正相關，即學生的數學成績與其自然成績有顯著的正相關存在。

推論統計資料報表呈現時，顯著性機率值 p 值小於 .05，通常以符號「*」表示；p 值小於 .01，以符號「**」表示；p 值小於 .001，以符號「***」表示。範例問題中，如果研究者不想呈現 p 值，可敘述如下：

「數學成就與自然成績的相關為 .88**，二者間有顯著的正相關存在，表示數學成績愈高者，學生的自然成績也愈高，變項間的決定係數 r^2 為 .7744，表示數學成就可以被自然成績解釋的變異量為 .7744；相對的，自然成績可以被數學成就解釋的變異量亦為 .7744。」「決定係數」(coefficient of determination) 即變異數分析中的「關聯性強度係數」(coefficient of strength of association) 或效果值的大小。

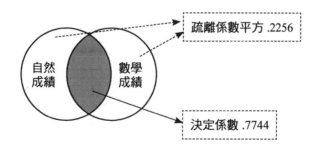

在相關係數的解釋時，不能只解釋相關係數的大小及其顯著性，還應解釋「決定係數」(coefficient of determination)，決定係數即為相關係數的平方，決定係數即變項可以解釋另一變項的變異量百分比，在迴歸預測分析中，表示：「在依變項 Y 的總變異量中，被自變項 X 所能解釋的變異量百分比或自變項 X 能解釋依變項 Y 變異量的百分比」。積差相關中相關係數絕對值的大小可表示關聯強度，係數的絕對值愈大關聯強度愈強，但二個變數的關聯強度並不是與 |r| 值

成正比，而是與 r^2 (決定係數) 成正比。

　　相關係數本身不是一個等距變項，也不是一個比例變項，係數間沒有倍數關係，其大小與樣本的變異程度有關，如果二變項的變異數太小 (同質性很高)，會使相關係數變小；此外，也受到測量誤差與團體異質性程度影響。在解釋相關係數時，應注意以下幾點：1. 二個變項之間的相關係數須經過假設考驗，不能直接以其係數值大小作為判斷依據；2. 二個變項間有相關，不一定表示二者間有因果關係 (cause-and-effect relationship) 存在，因為二個變數可能同時為因、或同時為果，如學生的智力與學業成就有顯著正相關，二個變項同時受到家庭社經地位的影響，家庭社經地位變項可能為因，二個變項可能均為果變項；3. 絕對值相等的相關係數，代表二變項間方向不同，但其關聯程度是一樣的；4. 積差相關係數適用於直線關係，二個變數之間沒有直線相關，不一定表示二個變數完全沒有關聯，因為二個變數可能有曲線相關存在 (如 U 型關係)；5. 相關係數並有沒倍數關係，不能說相關係數為 .60 的二個變數其關聯強度是相關係數為 .30 二個變數的二倍，只能說前者的關聯強度比後者大；6. 為了確定二變數間是否為直線相關，可以使用散佈圖 (scatter plot) 來判斷，如果散佈圖中分散的觀察值點呈現如圖形「／」的分佈，則二個變數有正相關；如果散佈圖中分散的觀察值點呈現如圖形「＼」的分佈，則二個變數間有負相關，至於相關係數是否顯著，應加以考驗；7. 相關係數可以換算為決定係數，用以解釋變異量的比率，而「$1 - r^2$」則稱為未決定係數 (coefficient of undetermination)，為變數無法解釋部份所佔的比率。決定係數與未決定係數數值加總剛好等於 1，數值運算式關係為：$1 = r^2 + (1 - r^2)$，未決定係數 $1 - r^2$ 的平方根值稱為疏離係數 (coefficient of alienation)，疏離係數 $= \sqrt{(1 - r^2)}$。如果變項間可區分為自變項與依變項，則 $1 - r^2$ 表示是在依變項的總變異量中，無法被自變項解釋之變異量的部分，當二個變項間的相關係數愈小，r^2 值也愈小，相對的，$1 - r^2$ 值愈大，表示自變項可以解釋依變項的變異程度愈少。有顯著相關的二個計量變數 X 與 Y，若是研究者以 Y 變項為依變項 (效標變項或結果變項)，Y 的總變異量為 1 (100%)，Y 總變異量中可以被自變項 X 解釋的變異量為 r^2 (決定係數)，無法被 X 變項解釋的變異量 $1 - r^2$，如果 Y 總變異量為 100%，二個解釋變異量可以以下圖表示：

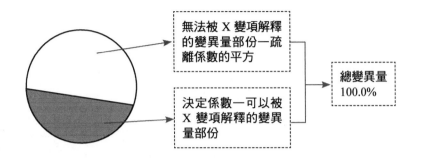

二個變項間相關情形也可以從散佈圖中判別，求散佈圖的執行程序如下：

1. 執行功能表列「統計圖 (G)」(Graphs)/「歷史對話記錄 (L)」/「散佈圖 /
   點形圖 (S)」，開啟「散佈圖 / 點狀圖」對話視窗。
2. 內有五種圖示選項：「簡單散佈」、「矩陣散佈」、「簡單點形」、「重
   疊散佈」、「立體散佈」，範例中選取「簡單散佈」圖示，按『定義』
   (Define) 鈕，開啟「簡單散佈圖」(Simple Scatterplot) 次對話視窗。
3. 將「數學成績」變數選入「Y 軸 (Y)」下的方格內，將「自然成績」變數
   選入「X 軸 (X)」下的方格內，按『確定』鈕。

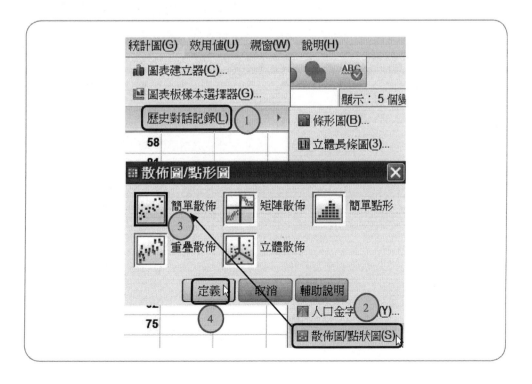

　　數學成績變項自然成績變項的散佈圖圖示如下：從圖中可以明顯看出二個變數大致呈「╱」圖形，即二個變數呈線性的正相關：自然成績變數的測量值愈高，數學成績變數的測量值也愈高；相對的，自然成績變數的測量值愈低，數學成績變數的測量值也愈低。

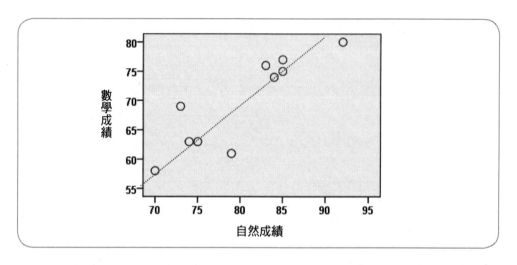

　　範例中為直接求出受試者在數學成績、自然成績、國文成績、英文成績四個科目間的相關情形，操作時於變數清單中選取這四個變數至右邊「變數 (V)」下的方格中，勾選「☑ 相關係數 (N)」、「◉ 雙尾檢定 (T)」、「☑ 相關顯著性訊號 (F)」三個選項。

相關

		數學成績	自然成績	國文成績	英文成績
數學成績	Pearson 相關	1	.879**	.699*	.789**
	顯著性 (雙尾)		.001	.025	.007
	個數	10	10	10	10
自然成績	Pearson 相關	.879**	1	.379	.715*
	顯著性 (雙尾)	.001		.280	.020
	個數	10	10	10	10
國文成績	Pearson 相關	.699*	.379	1	.468
	顯著性 (雙尾)	.025	.280		.173
	個數	10	10	10	10
英文成績	Pearson 相關	.789**	.715*	.468	1
	顯著性 (雙尾)	.007	.020	.173	
	個數	10	10	10	10

**. 在顯著水準為 0.01 時 (雙尾)，相關顯著。
*. 在顯著水準為 0.05 時 (雙尾)，相關顯著。

　　相關係數摘要表的對角線數值為變數自己與自己的相關，因而相關係數為 1，上三角數值與下三角數值是相同的。輸出表中自然成績與國文成績的相關係數為 .379，顯著性機率值 p=.280＞.05，沒有足夠的證據認定虛無假設 (ρ=0) 是錯誤的，因而研究者必須接受虛無假設 (ρ=0)，二個變數之間的相關係數為 0，自然成績與國文成績相關係數為 0 指的是母群體的參數 ρ=0。至於抽取樣本所得的統計量數 r=.379，並不等於 0，樣本統計量數之所以沒有為 0，是因為抽樣誤差或機遇造成的，若是研究者擴大樣本數或進行普測，則自然成績與國文成績間母群體的積差相關係數 ρ 會趨近於 0 或是為 0。統計推論時研究者要先查看顯著性機率值 p 的大小是否達到 .05 顯著水準，如果顯著性機率值 p 大於 .05，則統計量數是沒有意義的，研究者不能直接從統計量數的數值大小來解釋，錯誤的解釋範例如：

　　「國文成績與自然成績的相關係數為 .379，由於相關係數為正，表示二者呈正相關，樣本的國文成績愈高，自然成績也會愈高。」當研究者作出推論時，所犯的錯誤率高達 28.0% (研究者重複進行 100 次的抽樣研究，至少高達 28 次獲致的結果是不相同)。

推論統計判斷準則如下：

1. 判別顯著性機率值 p，若顯著性機率值 p≤.05，表示相關係數統量數顯著不等於 0，統計量數數值高低是有意義，之後，再根據相關係數統量數的正負值判別二個變數是顯著正相關或顯著負相關。

2. 判別顯著性機率值 p，若顯著性機率值 p＞.05，表示相關係數統量數顯著等於 0，輸出樣本之統計量數數值高低沒有實質意義存在，積差相關係數統計量數應一律視為 0，表示母群體二個變數間沒有顯著相關存在。以國文成績與自然成績二個變數間的相關檢定為例，統計量數 r ＝ .379，顯著性機率值 p ＝ .280，其判別流程圖如下：

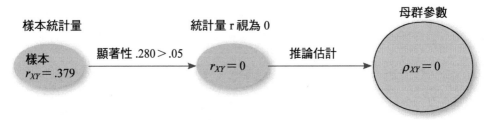

將上述原始輸出表格整理成論文格式表格如下：

【表格範例】

◉ **表 X　學生四個科目成績間之相關係數矩陣摘要表** (N=10)

變項名稱	數學成績	自然成績	國文成績	英文成績
數學成績	1			
自然成績	.879** (.773)	1		
國文成績	.699* (.489)	.379 ns (----)	1	
英文成績	.789** (.623)	.715* (.511)	.468 ns (----)	1

註：ns p>.05　* p<.05　** p<.01　（　）內的數值為決定係數。

從上表中可以得知：數學成績與自然成績、國文成績、英文成績皆呈顯著正相關，自然成績與英文成績也呈顯著正相關，至於英文成績與自然成績、英文成績與國文成績間的相關均未達顯著。從相關係數絕對值數值來看，數學

成績與國文成績、數學成績與英文成績、自然成績與英文成績的相關係數分別為 .879、.789、.715，均高於 .700，表示這三組變項間的關係呈顯著「高度正相關」。

● 四、學習經驗問卷實例分析

在上述學生學習經驗中，研究者想探究學生的數學焦慮、數學態度與其數學成就之關係，則可採用上述的積差相關統計分析法，以求得變數間的關係情形。

操作程序如下：

1. 執行功能表列「分析 (A)」／「相關 (C)」／「雙變數 (B)」程序，開啟「雙變數相關分析」對話視窗。
2. 將左邊變數清單中的目標變項：「數學成就」、「壓力懼怕」、「情緒擔憂」、「考試焦慮」、「課堂焦慮」、「整體數學焦慮」、「學習信心」、「有用程度」、「成功意向」、「探究動機」、「整體數學態度」選入右邊「變數 (V)」下的方盒中。
3. 勾選「☑ 相關係數 (N)」(內定選項)、「◉ 雙尾檢定 (T)」(內定選項)、「☑ 相關顯著性訊號 (F)」等選項，按『確定』鈕。

上述執行程序的部份報表如下：

		數學成就	壓力懼怕	情緒擔憂	考試焦慮	課堂焦慮	整體數學焦慮
數學成就	Pearson 相關	1	-.278**	-.192**	-.210**	-.145*	-.235**
	顯著性 (雙尾)		.000	.001	.000	.012	.000
學習信心	Pearson 相關	.290**	-.634**	-.516**	-.573**	-.690**	-.665**
	顯著性 (雙尾)	.000	.000	.000	.000	.000	.000
有用程度	Pearson 相關	.324**	-.247**	-.084	-.084	-.307**	-.185**
	顯著性 (雙尾)	.000	.000	.145	.149	.000	.001
成功意向	Pearson 相關	.344**	-.160**	-.033	-.056	-.123*	-.098
	顯著性 (雙尾)	.000	.006	.567	.335	.033	.090
探究動機	Pearson 相關	.280**	-.525**	-.407**	-.444**	-.551**	-.530**
	顯著性 (雙尾)	.000	.000	.000	.000	.000	.000
整體數學態度	Pearson 相關	.412**	-.553**	-.379**	-.423**	-.592**	-.530**
	顯著性 (雙尾)	.000	.000	.000	.000	.000	.000
	個數	300	300	300	300	300	300

由於選入的變項有 11 個，輸出的表格為 11×11 的相關矩陣，上三角和下三角的相關係數是對稱的，中間對角線是變數與變數自己的相關，其相關係數為 1 (範例表格只呈現主要積差相關係數)。從積差相關係數中可以發現：壓力懼怕、情緒擔憂、考試焦慮、課堂焦慮等四個數學焦慮構面及整體數學焦慮等五個變項與數學成就變數均呈顯著的負相關，其相關係數分別為 -.278 (p＜.001)、-.192 (p＜.01)、-.210 (p＜.001)、-.145 (p＜.05)、-.235 (p＜.001)，由於相關係數絕對值均小於 .400，表示其相關程度均屬「低度相關」，解釋變異量 (決定係數) 分別為 .0773、.0369、.0441、.0210、.0552。

學習信心、有用程度、成功意向、探究動機四個構面及整體數學態度五個變項與數學成就變數則均呈顯著正相關，其相關係數分別為 .290 (p＜.001)、.324 (p＜.001)、.344 (p＜.001)、.280 (p＜.001)、.412 (p＜.001)。從相關係數絕對值高低來看，四個數學態度構面與數學成就間相關之相關係數均小於 .400，表示其間為低度相關，整體數學態度與數學成就相關之相關係數大於 .40，但小於 .70，表示二者呈顯著中度相關，決定係數值為 .1697，表示「整體數學態度」變項可以解釋「數學成就」變項 16.97% 的變異量。

【表格範例】

◉ **表 X　數學焦慮與數學態度之相關情形摘要表** (N=300)

數學焦慮 數學態度	壓力懼怕	情緒擔憂	考試焦慮	課堂焦慮	整體數學焦慮
學習信心	-.634***	-.516***	-.573***	-.690***	-.665***
	(.402)	(.266)	(.328)	(.476)	(.442)
有用程度	-.247***	-.084ns	-.084ns	-.307***	-.185**
	(.061)	------	------	(.094)	(.034)
成功意向	-.160**	-.033ns	-.056ns	-.123*	-.098ns
	(.026)	------	------	(.015)	(.010)
探究動機	-.525***	-.407***	-.444***	-.551***	-.530***
	(.276)	(.166)	(.197)	(.304)	(.281)
整體數學態度	-.553***	-.379***	-.423***	-.592***	-.530***
	(.306)	(.144)	(.179)	(.350)	(.281)

註：ns p>.05　* p<.05　** p<.01　*** p<.001　( ) 內數值為 r^2。

⊃ 五、Kendall's tau-b 等級相關與 Spearman 等級相關

　　Kendall's tau-b 等級相關與 Spearman 等級相關都適用「次序變項」，等級相關係數有時也作為一致性信度係數。如果研究問題改求十位受試者在數學成績排序與自然成績排序之等級相關情形，在「雙變數相關視窗」之「相關係數」方盒中改勾選以下二個選項：勾選「☑Kendall's tau-b 相關係數 (K)」、「☑Spearman相關係數 (S)」，若只勾選其中一個選項，則輸出表格只輸出勾選之等級相關係數。

相關 (個數 N=10)

			數學成績	自然成績
Kendall's tau-b 統計量數	數學成績	相關係數	1.000	.659[**]
		顯著性 (雙尾)	.	.009
	自然成績	相關係數	.659[**]	1.000
		顯著性 (雙尾)	.009	.
Spearman's rho 係數	數學成績	相關係數	1.000	.841[**]
		顯著性 (雙尾)	.	.002
	自然成績	相關係數	.841[**]	1.000
		顯著性 (雙尾)	.002	.

[**]. 相關的顯著水準為 0.01 (雙尾)。

　　上述 Kendall's tau-b 等級相關係數為 .659；顯著性機率值 p = .009 < .05，達 .05 準，十位受試者二科成績的排序情形有顯著相關。Spearman ρ 等級相關係數為 .841，顯著性機率值 p=.002 < .05，達 .05 顯著水準，十位受試者二科成績的排序情形有顯著相關，等級相關情形達到顯著，表示受試者在二個科目的排序(排名) 情形的一致性很高。

⊃ 六、單尾檢定與雙尾檢定

　　所謂單尾檢定指的是有方向性的檢定，如國中學生每星期投入數學課業時間與數學成就表現為例，如果研究者提出的假設是：二個變數間有顯著正相關存在，而不是有顯著相關存在，即可一種單尾檢定或單側檢定，其對立假設與虛無假設分別為：$H_1 : \rho > 0$、$H_0 : \rho \leq 0$；相對的，如果研究者提出的研究假設為：X1 與 X2 二個變數間有顯著負相關存在，也是一種單尾檢定或單側檢定，其對

立假設與虛無假設分別為：$H_1:\rho<0$、$H_0:\rho\geq0$。以 .05 顯著水準的準則而言，雙尾檢定與單尾檢定的假設檢定拒絕區的圖示如下：

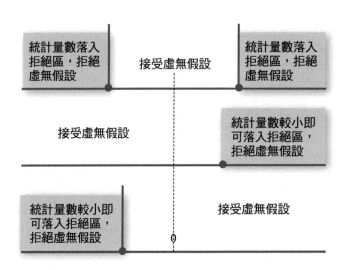

　　從上圖中可以發現，採用單尾檢定統計量數落入拒絕區的機率較大，也就在相同顯著水準下，假設檢定採用單尾檢定較易拒絕虛無假設，接受對立假設。以一個母群體參數的假設考驗為例，顯著水準定為 .05 時，單尾檢定落入拒絕區的 z 值為 +1.645，或 -1.645，雙尾檢定落入拒絕區的 z 值為 +1.96，或 -1.96。當資料統計分析所得的統計量為 1.78，採單尾檢定時是拒絕虛無假設，接受對立假設；但採雙尾檢定時由於 1.78＜1.96，未落入拒絕區，所以無法拒絕虛無假設，前者增加犯第一類型錯誤，後者可能犯第二類型錯誤。研究者要採用方向性的假設檢定，此假設必須非常精確或甚多的理論文獻基礎，否則相關研究中，研究者不應任意提出有方向的假設或單側檢定。

　　以下面範例資料而言，研究者提出的研究假設為單側檢定與雙側檢定時，會獲致不同的結果：

變項名稱	S1	S2	S3	S4	S5	S6	S7	S8	S9	S10
投入時間	5	6	10	12	15	17	18	21	9	8
數學成績	65	72	74	71	68	84	88	71	66	61
學習動機	2	5	9	8	7	8	7	4	6	2

(一) 單尾檢定

進行單尾檢定或單側檢定，於「雙變數相關分析」對話視窗中，「顯著性檢定」方盒內勾選「⊙ 單尾檢定 (L)」選項，其餘操作程序均相同。

相關

		投入時間	數學成績	學習動機
投入時間	Pearson 相關	1	.593*	.372
	顯著性 (單尾)		.035	.145
數學成績	Pearson 相關	.593*	1	.610*
	顯著性 (單尾)	.035		.031
學習動機	Pearson 相關	.372	.610*	1
	顯著性 (單尾)	.145	.031	
	個數	10	10	10

*. 在顯著水準為 0.05 時 (單尾)，相關顯著。

單尾檢定輸出的表格中，「投入時間」變項與「數學成績」變項的相關係數為 .593，顯著性機率值 p=.035＜.05，拒絕虛無假設；「學習動機」變項與「數學成績」變項的相關係數為 .610，顯著性機率值 p=.031＜.05，拒絕虛無假設，表示學生「投入時間」與「數學成績」有顯著正相關；學生「學習動機」與「數學成績」也有顯著正相關。「投入時間」變項與「學習動機」變項的相關係數為 .372，顯著性機率值 p=.145＞.05，接受虛無假設，學生「投入時間」與其「學習動機」間沒有顯著正相關。

(二) 雙尾檢定

進行雙尾檢定或雙側檢定，於「雙變數相關分析」對話視窗中，「顯著性檢定」方盒內勾選「⊙ 雙尾檢定 (T)」選項。

相關

		投入時間	數學成績	學習動機
投入時間	Pearson 相關	1	.593	.372
	顯著性 (雙尾)		.071	.289
數學成績	Pearson 相關	.593	1	.610
	顯著性 (雙尾)	.071		.061
學習動機	Pearson 相關	.372	.610	1
	顯著性 (雙尾)	.289	.061	

雙尾檢定輸出的表格中，「投入時間」變項與「數學成績」變項的相關係數為 .593，顯著性機率值 p=.071＞.05，接受虛無假設；「學習動機」變項與「數學成績」變項的相關係數為 .610，顯著性機率值 p=.061＞.05，接受虛無假設，表示學生「投入時間」與「數學成績」沒有顯著相關；學生「學習動機」與「數學成績」間也沒有顯著相關。「投入時間」變項與「學習動機」變項的相關係數為 .372，顯著性機率值 p=.289＞.05，接受虛無假設，學生「投入時間」與其「學習動機」間沒有顯者正相關。

從上述單尾檢定 (有方向性的假設檢定)、雙尾檢定 (沒有方向性的假設檢定) 的相關係數摘要表可以發現：二者輸出之變項間的相關係數統計量是相同的，唯一的差別是顯著性機率值 p，單尾檢定表格中三個顯著性機率值 p 分別為 .035、.031、.145，雙尾檢定表格中三個顯著性機率值 p 分別 .071、.289、.061，單尾檢定的顯著性機率值是雙尾檢定的顯著性機率值的一半，因而其數值較小，愈小的顯著性機率值 p 愈容易達到 .05 顯著水準，即愈容易拒絕虛無假設，接受對立假設，但相對的，此種情形會增加第一類型的錯誤率。「在假設檢定考驗中，欠缺精確化經驗法則或完備理論的支持，研究者不應以單尾檢定進行假設考驗。」否則很容易得到錯誤的推論結果 (將沒有顯著相關或顯著差異者錯誤推估為有顯著相關或有顯著差異)。

第二節　Φ 相關

⊃ 一、細格期望次數小於 5 之分析

(一) 適用時機

Φ (phi correlation) 適用二個變項皆是名義二分變項 (nominal-dichotomous variable) 的資料，即二個變項均是二分類別變項。名義二分變項間適用之相關法除 Φ 相關外，也可採用「列聯相關」，進行卡方考驗。Φ 相關的變項數據資料建檔要採用虛擬變項方式，二個類別的水準數值分別以 0、1 表示。Φ 相關的應用範例如成年人「有、無運動習慣」與「有、無心臟病」間是否有顯著相關；退休教師「有、無擔任義工」與「高、低生活滿意度」間有無顯著相關等。Φ 相關圖示架構如下：

二分名義變項
水準數值 0
水準數值 1

二分名義變項
水準數值 0
水準數值 1

(二) 研究問題

問題：研究者想探究國中男學生中父母管教方式 (權威式管教、民主式管教) 和學生攻擊性行為 (有攻擊性行為、無攻擊性行為) 間有無顯著關係存在？從某一國中二年級男學生中隨機抽取十五名學生，所得資料如下，研究者該如何解釋其結果？

變項 \ 學生	A	B	C	D	E	F	G	H	I	J	K	L	M	N	O
父母管教方式	1	0	1	1	1	0	0	1	0	1	0	1	1	0	0
攻擊性行為	1	0	1	1	1	0	1	1	0	1	1	1	1	0	1

在研究問題中，父母管教方式資料鍵入中，「0」表示權威式管教，「1」表示民主式管教，是一個二分名義變項；在學生攻擊性行為資料鍵入中，「0」表示「有攻擊性行為」，「1」表示「無攻擊性行為」，亦為二分名義變項，二個變項均為二分名義變項，適合採用 Φ 相關。父母管教方式的變項名稱為「管教方式」、學生攻擊性行為的變項名稱為「攻擊性行為」。

(三) 執行步驟

1. 執行功能表列「分析 (A)」/「敘述統計 (E)」/「交叉表 (C)」(Crosstabs) 程序，開啟「交叉表」對話視窗。

2. 在變數清單變項將「攻擊性行為」變數選入右邊「列 (W)」(Row) 下的方格。將另一變項「管教方式」選入右邊「欄 (C)」(Column) 下的方格，按『統計量 (S)』鈕，開啟「交叉表：統計量」次對話視窗。

3. 勾選「卡方分配 (H)」(Chi-square) 選項、「名稱」方盒中勾選「☑Phi 與 Cramer's V」選項，按『繼續』鈕，回到「交叉表」對話視窗。

4. 按『儲存格 (E)』鈕，開啟「交叉表：儲存格顯示」次對話視窗，勾選

「☑ 觀察值 (O)」、「☑ 期望 (E)」、「☑ 總和 (T)」選項。按『繼續』鈕，回到「交叉表」對話視窗，按『確定』鈕。

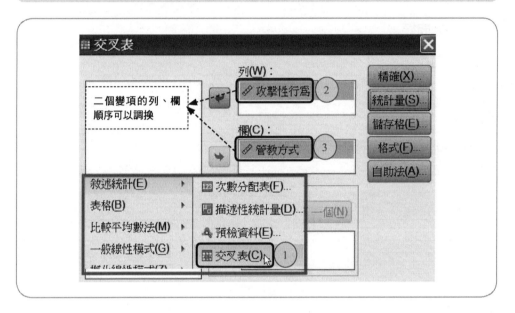

「交叉表」主對話視窗中，「列 (W)」及「欄 (C)」下方格中點選的目標變數若是對調，輸出的卡方值統計量數是相同的，只是百分比表格的橫列變項、直行變項的數據順序對換而已。

　　「交叉表」主對話視窗中，按『統計量 (S)』鈕，可開啟「交叉表：統計量」次對話視窗，視窗中有「卡方分配 (H)」統計量選項，及四種名義變項間的統計量數：列聯係數、Phi 與 Cramer's V、Lambda 值、不確定係數 (U)。

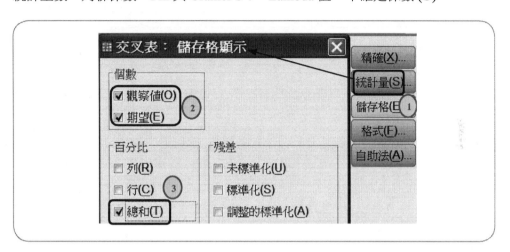

　　「交叉表」主對話視窗中，按『儲存格 (E)』鈕，可開啟「交叉表：儲存格」次對話視窗，視窗中可勾選是否呈現各細格觀察值的百分比。

(四) 報表說明

觀察值處理摘要

	觀察值					
	有效的		遺漏值		總和	
	個數	百分比	個數	百分比	個數	百分比
攻擊性行為 * 管教方式	15	100.0%	0	.0%	15	100.0%

　　上表為觀察值處理摘要表，觀察值在二個變項均為有效值個數的觀察值有 15 筆，遺漏值為 0，觀察值的總個數有 15 筆。

攻擊性行為 * 管教方式 交叉表

			管教方式		
			0 權威式 管教	1 民主式 管教	總和
攻擊性行為	0 有攻擊行為	個數	4	0	4
		期望個數	1.9	2.1	4.0
		整體的 %	26.7%	.0%	26.7%
	1 無攻擊行為	個數	3	8	11
		期望個數	5.1	5.9	11.0
		整體的 %	20.0%	53.3%	73.3%
總和		個數	7	8	15
		期望個數	7.0	8.0	15.0
		整體的 %	46.7%	53.3%	100.0%

　　上表為父母管教方式與攻擊性行為之交叉表，在父母管教方式中，採用權威式管教方式者有 7 名，佔全部樣本的 46.7%；採用民主式管教方式者有 8 名，佔全部樣本的 53.3%。就學生攻擊性行為而言，有攻擊性行為者有 4 名，佔全部樣本的 26.7%；無攻擊性行為者有 11 名，佔全部樣本的 73.3%。父母親管教方式採用權威式管教的 7 個樣本中，有攻擊性行為的學生有 4 位、無攻擊性行為的學生有 3 位；父母親管教方式採用民主式管教的 8 個樣本中，有攻擊性行為的學生有 0 位、無攻擊性行為的學生有 8 位。

卡方檢定

	數值	自由度	漸近顯著性 （雙尾）	精確顯著性 （雙尾）	精確顯著性 （單尾）
Pearson 卡方	6.234[a]	1	.013		
連續性校正 [b]	3.654	1	.056		
概似比	7.837	1	.005		
Fisher's 精確檢定				.026	.026
線性對線性的關聯	5.818	1	.016		
有效觀察值的個數	15				

a. 2 格 (50.0%) 的預期個數少於 5。最小的預期個數為 1.87。

b. 只能計算 2×2 表格。

由卡方檢定報表中得知，父母管教方式與學生攻擊性行為二變項間之 Pearson 卡 方 值 (χ^2) (Pearson Chi-Square) 等 於 6.234，在 自 由 度 等 於 1 時，p=.013<.05，達到 .05 顯著水準。表示「父母管教方式」與「學生攻擊性行為」二變項間有顯著相關存在，由列聯交叉表中發現，父母採用民主式管教方式的觀察值，學生顯著較少攻擊性行為。當進行 χ^2 考驗時，如果細格理論的期望次數 (expected frequency) 小於 5，則要進行「耶氏校正法」(Yate's correction for continuity)，以避免 χ^2 值高估而發生錯誤的結論，如果樣本較少時，χ^2 分配會遠離常態分配，趨向於偏態的高狹峰分配，如沒有進行校正，則計算出的 χ^2 值會比理論期望值還大，造成高估現象。上述交叉表細格理論期望次數小於 5，Yate's 校正卡方值 (continuity correction) 為 3.654，顯著性機率 p 值 =.056 > .05，因此應接受虛無假設，表示「父母管教方式」與「學生攻擊性行為」二變項間無顯著相關存在，造成二個完全相反的結論，即在於取樣的樣本數太少，某些細格理論的期望次數小於 5，造成 χ^2 值高估的現象。本範例如以卡方檢定進行二變項間相關之假設考驗，應採用第二種 Yate's 校正卡方值，而做出「『父母管教方式』與『學生攻擊性行為』二個變項間無顯著相關存在，研究假設無法得到支持」的結論。

在上述說明中，曾述及在 2×2 的列聯表中 (df=1) 計算 χ^2 值時，如果發現有任何一個細格內的理論次數小於 5，就必須進行 Yate's 校正。事實上，當自由度等於 1 時，如果有細格理論期望次數小於 5，縱然使用 Yate's 校正仍不一定十分適切，如果樣本數時很小，而且 2×2 列聯表係由二組不同受試者的間斷變數資料所構成，此間斷變數可能為名義變數或次序變數，則使用無母數統計法中的「費雪爾正確概率考驗」(Fisher's exact probability test) 更為適當 (林清山，民 81)。

對稱性量數 Symmetric Measures

		數值	顯著性近似值
以名義量數為主	Phi 值	.645	.013
	Cramer's V 值	.645	.013
有效觀察值的個數	遺漏值	15	

上表為 Φ (Phi) 相關係數及 Cramer's 係數的檢定結果，Φ 相關係數值等於 .645、Cramer's V 值也等於 .645。由於 Φ 相關與卡方考驗之間有很密切的關

係存在，且在考驗 Φ 相關是否達顯著時，其標準差計算很繁瑣，因此，學者多半以卡方考驗法代替，對 Φ 相關係數值顯著水準的檢定，常將 Φ 相關值轉換成 χ^2 值，採用 χ^2 分配進行檢定 (余民寧，民 86；林清山，民 81)。Φ 相關與卡方考驗之間的關係如下：$\chi^2 = N\Phi^2 = 15 \times (.645)^2 = 6.234$，自由度 =1 時，如果 χ^2 值達到顯著水準，則 Φ 相關係數值也會達到顯著水準，上表中 χ^2 值的漸近顯著性 (p 值) 為 .013，而 Φ 相關係數值的顯著性近似值 (p 值) 也等於 .013，均達 .05 的顯著水準，因而 χ^2 值及 Φ 相關係數值的顯著水準檢定結果均相同。

Φ 相關係數只適用於二個變項均為二分的名義變項，也就是適用於 2×2 的列聯表情況，如果其中有一個變項是三分變項以上，則不適合採用 Φ 相關係數。當二個類別變項中，有任何一個變項的水準數在二個以上時，卡方值可能會大於樣本數，造成 Φ 相關係數大於 1 的情況。在 R×C 方形列聯表中，如果 R 或 C 的水準數均 >2，如二個變項均為三分名義變項 (3×3 列聯表)、或二個變項均為四分名義變項 (4×4 列聯表)，則應採用「列聯係數」(contingency coefficient)；如果二個名義變項的類別數不一樣 (R 的水準數 ≠ C 水準數)，如一個是二分名義變項、一個是三分名義變項 (2×3 列聯表)；或一個是三分名義變項、一個是四分名義變項 (3×4 列聯表)，採用上述列聯係數亦不太方便，此時應採用 Cramer's 係數較為適宜。

⮞ 二、沒有細格期望次數小於 5 之分析

上述在 Φ 相關分析中，出現「2 格 (50.0%) 的預期個數少於 5。 最小的預期個數為 1.87。」提示語，表示有 2 格細格的期望次數小於 5，細格中最小的預期個數為 1.87 (交叉表中呈現四捨五入數值 1.9，另一個期望個數的次數為 2.1) 此時可能會出現未校正之卡方考驗與 Yates 校正值相反的結果，如果沒有細格理論期望 (expected frequency) 次數小於 5，則不採用 Yates 校正值，因而不會出現上述情形。如果樣本數夠大，則細格理論期望次數小於 5 的情形就比較少見。

(一) 研究問題

某教育學者想探究國中學生家庭結構與其攻擊行為間的關係，他採取分層隨機取機方式，共抽取四十五學生，統計分析結果如下，則此教育學者要作如何解釋？

在上述資料編碼中，家庭結構型態以「家庭結構」變數表示，其水準數值中 0 表示為「單親家庭」、水準數值 1 表示為「完整家庭」；而攻擊行為的變數名稱設定為「攻擊行為」，其水準數值中 0 表示「有攻擊行為」、水準數值中 1 表示「沒有攻擊行為」。其操作程序如同範例一 PHI 相關：執行功能表列「分析 (A)」/「敘述統計 (E)」/「交叉表 (C)」(Crosstabs) 程序，開啟「交叉表」對話視窗。

(二) 報表說明

家庭結構 * 攻擊行為 交叉表

			攻擊行為		
			0 有攻擊行為	1 無攻擊行為	總和
家庭結構	0 單親家庭	個數	15	6	21
		期望個數	8.4	12.6	21.0
		在 家庭結構 之內的	71.4%	28.6%	100.0%
		在 攻擊行為 之內的	83.3%	22.2%	46.7%
	1 完整家庭	個數	3	21	24
		期望個數	9.6	14.4	24.0
		在 家庭結構 之內的	12.5%	87.5%	100.0%
		在 攻擊行為 之內的	16.7%	77.8%	53.3%
總和		個數	18	27	45
		期望個數	18.0	27.0	45.0
		在 家庭結構 之內的	40.0%	60.0%	100.0%
		在 攻擊行為 之內的	100.0%	100.0%	100.0%

上面為細格間的次數與百分比，在 21 位單親家庭的國中學生中有攻擊行為者有 15 位、無攻擊行為者有 6 位；在 24 位完整家庭的國中學生中有攻擊行為者有 3 位、無攻擊行為者有 21 位。

卡方檢定

	數值	自由度	漸近顯著性（雙尾）	精確顯著性（雙尾）	精確顯著性（單尾）
Pearson 卡方	16.205[a]	1	.000		
連續性校正 [b]	13.843	1	.000		
概似比	17.359	1	.000		
Fisher's 精確檢定				.000	.000
線性對線性的關聯	15.845	1	.000		
有效觀察值的個數	45				

a. 0 格 (.0%) 的預期個數少於 5。最小的預期個數為 8.40。
b. 只能計算 2×2 表格。

上表為卡方考驗結果，由於沒有細格理論期望次數小於 5 (最小的預期個數為 8.40)，因而直接看 Pearson 卡方值橫列的數據，Pearson χ^2 值 = 16.205，在自由度等於 1 時，p＜.001，達到 .05 顯著水準。表示「家庭結構」變項與學生「攻擊性行為」變項間有顯著關係存在。上述卡方統計量顯著性機率值 p=.000，其實真正的 p 值並非是 .000，此數據是四捨五入而得，其真正的數值可能是 .00005 或 .000003，因而若是表示為「p=.000＜.001」是較不適切的，推論統計輸出表格中若是顯著性機率值 (錯誤率) p 出現為 .000，研究者可以直接表示為「p＜.001」。

對稱性量數

		數值	顯著性近似值
以名義量數為主	Phi 值	.600	.000
	Cramer's V 值	.600	.000
有效觀察值的個數		45	

由於卡方值達到顯著水準，所以 Φ 相關係數也會達到顯著水準，從上述「對稱性量數」(Symmetric Measures) 的報表中發現：Φ 相關係數 =.600，顯著性機率值 p＜.001；而 Cramer's V 係數也等於 .600 (顯著性機率值 p＜.001)。可見國中學生之家庭結構與其攻擊性行為間有顯著的相關存在，單親家庭的國中學生有較多的攻擊性行為；而完整家庭的國中學生其攻擊性行為較少。「有攻擊行為」的 18 位觀察值中，家庭結構為單親家庭者有 15 位 (佔 83.3%)、家庭結構為雙親家

庭者只有 3 位 (佔 16.7%)；27 位「無攻擊行為」的觀察值中，家庭結構為單親家庭者有 6 位 (佔 22.2%)、家庭結構為雙親家庭者有 21 位 (佔 77.8%)。統計量數 Φ 係數 $=\sqrt{\dfrac{\chi^2}{N}}=\sqrt{\dfrac{16.205}{45}}=0.600$。2×2 的列聯表中，Φ 係數值介於 0 至 1 間。Cramer's V 係數 $=\sqrt{\dfrac{\chi^2}{N(m-1)}}$，m ＝最小值 (R，C)，因為此為 2×2 列聯表，所以 R ＝ C ＝ 2，最小值為 2，分母中的 N(m － 1) ＝ N(2 － 1) ＝ N，$\sqrt{\dfrac{\chi^2}{N(m-1)}}$ 公式變成 $\sqrt{\dfrac{\chi^2}{N(2-1)}}$ ＝ Φ 相關係數的求法，所以 Cramer's V 係數會等於 Φ 相關係數值，V 係數的值介於 0 至於 1 間。

二個二分名義變項的排列如下表，Φ 相關係數值的計算式子為：

$$\Phi=\frac{\left|BC-AD\right|}{\sqrt{(A+B)(C+D)(A+C)(B+D)}}$$

範例中交叉表細格觀察值次數如下：

	水準數值 0	水準數值 1
水準數值 1	A(3)	B(21)
水準數值 0	C(15)	D(6)

$$\Phi=\frac{\left|21\times15-3\times6\right|}{\sqrt{(3+21)(15+6)(3+15)(21+6)}}=\frac{297}{494.92}=.600$$

【表格範例】

			攻擊行為		
			0 有攻擊行為	**1 無攻擊行為**	**總和**
家庭結構	0 單親家庭	個數	15	6	21
		在 家庭結構 之內的	71.4%	28.6%	100.0%
		在 攻擊行為 之內的	83.3%	22.2%	
	1 完整家庭	個數	3	21	24
		在 家庭結構 之內的	12.5%	87.5%	100.0%
		在 攻擊行為 之內的	16.7%	77.8%	
總和		個數	18	27	45
		在 攻擊行為 之內的	100.0%	100.0%	

卡方值 = 16.205*** Φ = .600

*** p<.001

第三節　點二系列相關

⊃ 一、適用時機

　　適用於一個變項為連續變項 (等距或比率變項)，另一個變項為真正的名義二分變項。此外，如果有某個變項呈雙峰狀態分配，亦即有雙眾數時，雖然它不是真正的名義二分變項，也適用於點二列系相關法 (point-biserial correlation)。

　　心理測驗中之「鑑別度指數」(discrimination index)，就是點二系列相關係數，指受試者在某一試題上答錯或答對情形與測驗總分間之相關，「答錯或答對」(或答是、否) 二種為一真正名義二分變項，測驗總分為一個連續變項，因而其相關乃適用點二系列相關。鑑別度指標表示，就某一試題而言，答對此試題的受試者，其測驗總分會較高；答錯此試題的受試者，其測驗總分會較低；如果情形剛好相反，答對某一試題者，其測驗總分較低；答錯此一試題者，其測驗總分較高，表示此試題的鑑別度很低，鑑別度高低是篩選試題或題目重要準則之一。

點二系列相關的圖示架構如下：

點二系相關統計量數求法公式為：

$r_{pb} = \dfrac{\overline{X}_p - \overline{X}_q}{S_{total}}\sqrt{pq}$ ，公式中 p 表示水準數值 0 觀察值所佔的百分比、q 表

示水準數值 1 觀察值所佔的百分比、$\overline{X}_p$ 為水準數值 0 觀察值群體的平均數、$\overline{X}_q$
水準數值 1 觀察值群體的平均數、S_{total} 為全體觀察值的標準差。

⊃ 二、研究問題

問題：某教師想了解該班學生之數學科成績與性別間有無顯著關係？從班上
中隨機抽取十五位學生，以下為這十五位學生的數學科成績與其性別分配情
形，試問該班學生之數學科成績與性別間有無顯著關係存在？

學生	S1	S2	S3	S4	S5	S6	S7	S8	S9	S10	S11	S12	S13	S14	S15
數學成就	67	73	90	80	75	60	43	92	68	89	69	85	77	91	50
學生性別	0	0	1	1	0	1	0	1	0	1	0	1	0	1	0

研究問題中，「數學成就」變數是一個連續變項，「學生性別」是一個真正
二分名義變項，其中「0」表示女生、「1」表示男生，二者相關應採用點二系列
相關。在 SPSS 統計軟體中，並沒有專門獨立出處理點二系列相關的操作程序，
因為在處理點二系列相關時，其操作程序可借用處理積差相關法的方式，因而其
SPSS 統計分析的步驟與積差相關統計分析的步驟相同。

⊃ 三、執行步驟

1. 執行功能表列「分析 (A)」／「相關 (C)」／「雙變數 (B)」程序，開啟「雙
變數相關分析」對話視窗。

2. 將左邊變數清單中的二個目標變項「數學成就」、「學生性別」選入右邊「變數 (V)」下的方盒中。

3. 「相關係數」方盒中勾選「☑ 相關係數 (N)」(內定選項)、「顯著性檢定」方盒勾選內定選項「⊙ 雙尾檢定 (T)」選項、勾選「☑ 相關顯著性訊號 (F)」選項。按『確定』鈕。

【報表說明】

描述性統計量

	平均數	標準差	個數
學生性別	.47	.516	15
數學成就	73.93	14.892	15

上表為勾選「☑ 平均數與標準差 (M)」選項所呈現的描述統計量，十五名觀察值數學成就的平均數等於 73.93、標準差等於 14.892。學生性別由於是二分名義變項，其中的平均數是編碼值為 1 (數值 1 為男生) 者佔總樣本數的百分比為 47%；相對的，數值編碼為 0 之女生，佔總樣本數的百分比為 53%。

學生性別

		次數	百分比	有效百分比	累積百分比
有效的	0 女生	8	53.3	53.3	53.3
	1 男生	7	46.7	46.7	100.0
	總和	15	100.0	100.0	

如以次數分配求學生性別的分佈情形如上表，其中男生觀察值有 7 人 (水準數值編碼為 1)、女生觀察值有 8 人 (水準數值編碼為 0)，男生佔全體樣本數的百分比等於 $7 \div 15 = 46.7\% \fallingdotseq 47.0\%$。

點二系列相關係數摘要表如下，其中個數列 (N = 15) 刪除未呈現。

相關 (個數 N=15)

		學生性別	數學成就
學生性別	Pearson 相關	1	.645**
	顯著性 (雙尾)		.009
數學成就	Pearson 相關	.645**	1
	顯著性 (雙尾)	.009	

**. 在顯著水準為 0.01 時 (雙尾)，相關顯著。

上表中點二系列相關係數為 .645，其 p 值等於 .009<.05，表示學生性別變項與數學成就變項間有顯著相關 (點二系列相關) 存在，在編碼時由於 0 是女生、1 是男生，此時相關係數為正相關，表示性別編碼為 1 群體 (1 為男生)，其數學成就顯著的高於水準數值編碼為 0 (女生) 的群體。以積差相關係數計量變項的觀點來分析：學生性別數值愈高者，數學成就也愈高，由於學生性別水準數值只有 0 與 1，數值愈高者即水準數值為 1 群體，水準數值為 1 的群體即是男生群體，因而男生群體的數學成就顯著的高於女生群體。

點二系列相關中，由於有一個變項是二分名義變項，名義變項的編碼方式會影響點二系列相關係數的方向，上述性別變項的編碼中：0 為女生、1 為男生，點二系列相關係數為 .645；如果將性別變項重新編碼轉成水準數值 0 為男生、水準數值 1 為女生，點二列系相關係數值的方向會與上述相反，點二系列相關係數變成 -.645；表示性別變項與數學成就的相關方向相反。「學生性別」變項水準數值重新編碼後 (變數名稱為「性別反向」) 的次數分配表如下，其中水準數值 0 為男生，有 7 位；水準數值 1 為女生，有 8 位。

性別反向

		次數	百分比	有效百分比	累積百分比
有效的	0 男生	7	46.7	46.7	46.7
	1 女生	8	53.3	53.3	100.0
	總和	15	100.0	100.0	

二分名義變項「性別反向」的水準數值為 0 與 1，水準數值 0 為男生群體、水準數值 1 為女生群體。

數學成就計量尺度與性別反向二分類別尺度的描述性統計量如下：

描述性統計量

	平均數	標準差	個數
數學成就	73.93	14.892	15
性別反向	.53	.516	15

上表學生性別的平均數為 .53，表示其水準編碼為 1 者 (女生) 的次數佔全部有效樣本的百分比 (53%)，學生性別水準編碼為 0 者 (男生) 的次數佔全體樣本的百分比為 47% (46.7% 的四捨五入值)。因為學生性別水準編碼數值的不同，其出現的報表數據正好與上述相反，但其結果解釋則是相同的。

相關 (個數 N = 15)

		數學成就	性別反向
數學成就	Pearson 相關	1	-.645[**]
	顯著性 (雙尾)		.009
性別反向	Pearson 相關	-.645[**]	1
	顯著性 (雙尾)	.009	

[**]. 在顯著水準為 0.01 時 (雙尾)，相關顯著。

上面點二系列相關中，學生性別與數學成就的相關係數為 -.645，其正負號正好與上述結果相反，而相關係數的絕對值則相同。以積差相關的觀點來看，負相關表示性別反向的測量值愈低，則數學成就測量值愈高，「性別反向」變項的測量值只有二個水準數值 0、1，測量值愈低表示水準數值為 0，因而「性別反向」變數中水準數值為 0 的群體 (男生群組) 其數學成就顯著的高於水準數值為 1 的群體 (女生群組)。由於學生性別二分變項的編碼會影響報表中點二系列相關係數之正負號，因而在解釋時要格外注意。

由於學生性別為真正的二分名義變項，數學成績為連續變項，除了採用點二系列相關之外，亦可採用「獨立樣本 t 檢定」，以考驗不同性別學生在數學成就的差異情形。統計方法使用中，因為性別為二分變項，數學成就為連續變項，性別中二個群體為分開受試者，如採用「獨立樣本 t 檢定法」，考驗出來的結果與點二系列相關考驗之結果相同，其探討問題變成：「不同性別的學生其數學科成績是否有顯著不同？」研究問題中的對立假設與虛無假設如下：對立假設：μ 男 ≠ μ 女、虛無假設：μ 男 = μ 女。

有關獨立樣本 t 檢定的操作程序請參考後面的章節，以下僅列出其結果。

組別統計量

組別統計量

	學生性別	個數	平均數	標準差	平均數的標準誤
數學成就	0 女生	8	65.25	12.221	4.321
	1 男生	7	83.86	11.305	4.273

上表為男生群體與女生群體在數學成就之平均數、標準差及平均數的標準誤，8 位女生的平均數為 65.25，7 位男生的平均數為 83.86。

獨立樣本檢定

		變異數相等的 Levene 檢定		平均數相等的 t 檢定						
		F 檢定	顯著性	t	自由度	顯著性（雙尾）	平均差異	標準誤差異	差異的 95% 信賴區間 下界	上界
數學成就	假設變異數相等	.154	.701	-3.045	13	.009	-18.607	6.111	-31.809	-5.405
	不假設變異數相等			-3.062	12.944	.009	-18.607	6.077	-31.741	-5.473

上表為獨立樣本 t 檢定結果。從 t 檢定結果，可以發現 t 值等於 -3.045，p 值 =.009 ＜ .05 (t 檢定顯著性機率值 p 為 .009 與點二系列相關係數顯著性機率值 p 相同)，達 .05 顯著水準，女學生的數學成就 (M=65.25) 顯著的低於男學生的數學成就 (M=83.86)。上述學生性別的描述性統計量摘要表之數學成就變項橫列，若是第一列呈現的數據為「1 男生」的平均數與標準差、第二列呈現的數據為「0 女生」的平均數與標準差，則獨立樣本 t 檢定的 t 值會等於正值 3.045，另一個數值變為 3.062。

此外，點二系列相關也可採用「單變量變異數分析求出」，執行功能表列「分析 (A)」/「一般線性模式 (G)」/單變量 (U)」程序，有關單變量的操作程序請參考後面章節，以下僅列出其結果。

受試者間效應項的檢定　　依變數：數學成就

來源	型 III 平方和	df	平均平方和	F	顯著性	淨相關 Eta 平方
學生性別	1292.576	1	1292.576	9.272	.009	.416
誤差	1812.357	13	139.412			
校正後的總數	3104.933	14				

a. R 平方 = .416 (調過後的 R 平方 = .371)。

　　上述「受試者間效應項的檢定」結果報表中，可以發現 F 值等於 9.272，其顯著性機率值 p 也等於 .009，與點二系列相關及獨立樣本 t 檢定之顯著性機率值 p 均相同。其中 F 值等於 t 檢定時 t 值的平方，亦即 9.272 ＝ (－ 3.045)^2。報表的最後一欄為「淨相關 Eta 平方」就是效果值的大小，也就是前述所說的「決定係數」，其值等於點二系列相關係數值的平方 (r^2)，即 .416=.645×.645。點二系列相關係數值的平方即決定係數，在獨立樣本 t 檢定中稱為「效果值」(effect size)，通常以 η^2 (eta square) 表示效果值統計量的指標，其計算公式如如下：

$$\eta^2 = \frac{t^2}{t^2+(n1+n2-2)} = \frac{(-3.045)^2}{(-3.045)^2+(7+8-2)} = .416，此效果值的大小即$$

上述採用變異數單變量分析中所求出的「淨相關 Eta 平方」欄所呈現的數值，此值即點二系列相關係數值的平方。效果值表示的學生性別二分變項可以解釋「數學成就」變項 41.6% 的變異量。

第四節　Spearman 等級相關

一、適用時機

　　二個變項均為次序變項或可以轉化為次序變項的連續變項，二者相關在於求出其等級間一致性程度。視窗版 SPSS 提供二種求等級相關的方法：一為 Spearman 等級相關 (Spearman rank correlation)；二為 Kendall tau 等級相關。Kendall tau 等級相關法通常適用於受試者人數較少的情形。Spearman 等級相關係數的計算公式如下：

$$r_s = 1 - \frac{6\sum d^2}{N(N^2-1)}，其中 d 為等級差距值，顯著性的檢定公式如下：$$

$$t = \frac{r_s}{\sqrt{\dfrac{1-r_s^2}{N-2}}}$$

等級相關適用的圖示解析為：

次序變項(變項為次序尺度) ⟷ 次序變項(變項為次序尺度)

二、研究問題

問題：學校語文競賽，二位書法教師家評審十名學生書法作品成績，成績評審結果如下，試問二位書法教師打分數之等級一致性程度如何？

第一位	90	60	75	65	80	70	95	55	85	50
第二位	75	80	95	60	85	65	70	50	90	55

三、執行步驟

1. 執行功能表列「分析 (A)」/「相關 (C)」/「雙變數 (B)」程序，開啟「雙變數相關分析」對話視窗。

2. 將左邊變數清單中的二個目標變項「評審一」、「評審二」選入右邊「變數 (V)」下的方盒中。

3. 「相關係數」方盒中勾選「☑Spearman 相關係數 (S)」、「顯著性檢定」方盒勾選內定選項「◉ 雙尾檢定 (T)」選項、勾選「☑ 相關顯著性訊號 (F)」選項。按『確定』鈕。

四、報表說明

相關

			評審一	評審二
Spearman's rho 係數	評審一	相關係數	1.000	.564
		顯著性 (雙尾)	.	.090
	評審二	相關係數	.564	1.000
		顯著性 (雙尾)	.090	.

　　上表為 Spearman 等級相關檢定結果。Spearman 等級相關係數統計量 ρ 為 .564，顯著性機率值 p=.090 > .05，沒有足夠證據可以拒絕虛無假設，表示二位評分者評分等級的一致性很低或評分等級的相關程度不高。

五、求出數值變數的等級

　　研究者可執行「等級觀察值」程序，將原始資料轉化為等級，查看二位評分者評定的名次情形。

1. 執行功能表列「轉換 (T)」/「等級觀察值 (K)」(Rank Cases)，開啟「等級觀察值」對話視窗。
2. 於左邊變數清單中點選目標變項：「評審一」、「評審二」至右邊「變數 (V)」下的空格中，於「等級 1 指定給」(Assign Rank 1 to) 方盒中選取「◉ 最大值 (L)」(Largest value) 選項，按『確定』鈕。

   註：「等級 1 指定給」方盒的內定選項為「◉ 最小值 (S)」，表示變項中測量值或分數最低分者的等級為 1，次低者為 2。範例中選取「◉ 最大值 (L)」選項表示目標數值變數中測量值或分數最高者的等級為 1，即最高分者為第 1 名、次高分者為第 2 名。

   按『等值結 (T)』鈕可開啟「等級觀察值：同分時」次對話視窗，此對話視窗可以設定受試者同分時名次排序問題，內定選項為「◉ 平均數 (M)」。

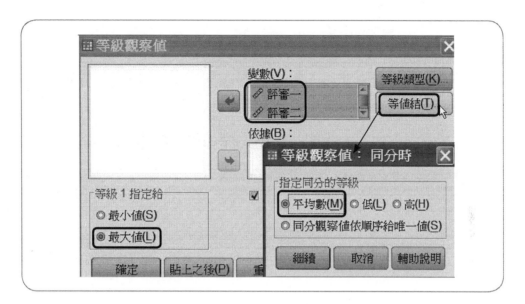

上述「等級觀察值」對話視窗中，左下角「等級 1 指定給」方盒中有二個選項：

1. 「⊙ 最小值 (S)」(Smallest value)：觀察值中分數最小者其等級排列為 1、次小者其等級排列為 2，等級排列數值最大者，表示觀察值的分數最高。此種將測量值分數最低的受試者等級名次設為 1，通常用於無母數統計分析的計算中。

2. 「⊙ 最大值 (L)」(Largest value)：觀察值中分數最高者其等級排列為 1、次高者其等級排列為 2，等級排列最高者，表示觀察值的分數最低。此選項的設定與一般甄試的排名相同，要甄試或測量分數最高者，其名次等級為 1。

「等級觀察值」對話視窗中，若按『等值結 (T)』鈕，可開啟「等級觀察值：同分時」(Rank: Cases: Ties) 次對話視窗。其中「指定同分的等級」(Rank Assigned to Ties) 方盒中，有四種不同等級化的設定。內定為「⊙ 平均數 (M)」選項，受試者同分時，採用同分分數者之等級平均數為代表。

1. 「平均數 (M)」：觀察值同分時，將其等級的平均值指定為觀察值的新等級，此為系統的內定值。

2. 「低 (L)」：觀察值同分時，以其最小等級者指定為這些觀察值的新等級。

3. 「高 (H)」：觀察值同分時，以其最大等級者指定為這些觀察值的新等級。

4. 「同分觀察值依順序給唯一值 (S)」(Sequential ranks to unique value」)：等級值從 1 到 R，其中 R 是一個唯一性等級數值。如果觀察值的分數相同，則這些觀察值的等級均相同。

以下為採用不同方法進行同分之等級化情形範例：

原始資料	平均數 (M) 選項	低 (L) 選項	高 (H) 選項	同分觀察值依順序給唯一值
70	6	6	6	4
75	4	3	5	3
75	4	3	5	3
75	4	3	5	3
80	2	2	2	2
85	1	1	1	1

註：三位 75 分的名次或排序分別佔 3、4、5，採用平均數選項的等級為 (3+4+5)÷3=4，採用最「低」選項等級為 3，採用最「高」選項等級為 5，測量值 70 分的受試者因為前面有五個受試者的分數超過他，因而排序等級為 6。若採用「同分觀察值依順序給唯一值」選項排序，則測量值 70 分受試者前面五位受試者的等級為 1、2、3，因而其排序等級為 4。

「等級觀察值」對話視窗中，按『等值類型』按鈕，可開啟「等級觀察值：類型」次對話視窗。

「等級觀察值：類型」(Rank: Cases: Types) 次對話視窗中，有八種不同等級化的方式選項：

1. 「等級 (R)」(Rank)：簡單的等第排列，此為視窗內定的選項。

2. 「Savage 等級分數 (S)」(Savage Score)：採用指數分配的方法將數值等級化。

3. 「分數等級以 % 表示 (%)」(Fractional rank as %)：小數點的等級以 % 表示，即一般的百分等級，輸出的結果為每個觀察值等第 ÷ 觀察值的總數後，再乘以 ×100。

4. 「觀察值加權數總和 (C)」(Sum of cases weights) 選項：以原始資料觀察值的總數作為新變項數值內容。

5. 「分數等級 (F)」(Fractional rank)：含有小數點的等級，和「分數等級以 % 表示」選項的主要差別呈現的方式，「分數等級以 % 表示」選項以百分等級的方式呈現，「分數等級 (F)」選項以小數點方式呈現 (每個觀察值等第除以觀察值的總數)。

6. 「自訂 N 個等分 (N)」：讓研究者指定將原始資料分成幾個百分位數，內定數值為 4，可將原始資料分為 4 個等分。

7. 「比例估計公式 (E)」 (Proportion estimates) 選項：依某種特殊等級化比例估計公式來估計資料的累積次數分配。

8. 「常態分數 (O)」(Normal scores) 選項：將原始資料依某種特殊等級比例估計公式轉換成常態化的 Z 分數。

「比例估計公式 (E)」選項及「常態分數 (O)」選項方盒中，特殊比例估計公式共有四種計算累積百分比公式：Bloom 法 (B)、Tukey 法 (T)、Rankit 法 (K)、Van der Waerden 法 (V) 等，四個公式計算的方法不同，通常是根據 r (表示等級，由 1 至 w)、n (為觀察個數)、w (為權重總和) 三個常數組合成的數學運算式，如 Tukey 法 (T) 的公式為「$(r-1/3) \div (w+1/3)$」、Rankit 法 (K) 的公式為「$(r-1/2) \div n$」。

範例中「等級觀察值：類型」次對話視窗勾選內定選項「☑ 等級 (R)」，於「等級觀察值」主對話視窗中，按下『確定』鈕後，資料檔中會增加二個新變數，新變數名稱為原來變數名稱再加上一個「R」，原始二個數值變數名稱為

「評審一」、「評審二」，執行等級觀察值後，新增的二個等級新變項名稱分別為「R 評審一」、「R 評審二」，二個變數的內定標記為「Rank of 評審一」、「Rank of 評審二」，「R 評審一」、「R 評審二」二個變項均為次序變項。

編號	測量值		等級		等級差異 d	等級差異平方 d^2
	評審一	評審二	R 評審一	R 評審二		
S1	90	75	2	5	-3	9
S2	60	80	8	4	+4	16
S3	75	95	5	1	+4	16
S4	65	60	7	8	-1	1
S5	80	85	4	3	+1	1
S6	70	65	6	7	-1	1
S7	95	70	1	6	+5	25
S8	55	50	9	10	-1	1
S9	85	90	3	2	-1	1
S10	50	55	10	9	+1	1
總和						72

註：等級差異欄 d 值為「R 評審一」欄等級減「R 評審二」欄等級。

從上述等級變數中可以看出，二位教師對十名學生所評定的等級差異頗大，如學生 S3，二位教師所評定的等級分別為第五名、第一名；就學生 S7 而言，教師一評定其為第一名，而教師二則評定其為第六名；此外，二位評審者對學生 S1、S2 的成績等級評定也差異甚大。至於整體等級評定是否有所顯著差異，則需要加以考驗才能得知。

Spearman 等級相關統計量數的求法如下：

$\rho = 1 - \dfrac{6\sum d^2}{N(N^2-1)} = 1 - \dfrac{6 \times 72}{10(10^2-1)} = 1 - 0.436 = 0.564$。如果直接改以次序變數「R 評審一」(變數標記為 Rank of 評審一)、「R 評審二」(變數標記為 Rank of 評審二) 為分析目標變數，求出二個等級量尺變項的 Spearman 等級相關，其結果與直接使用原始分數變數測量值「評審一」、「評審二」為目標變項所求出的結果是相同的，以下為「R 評審一」、「R 評審二」二個次序變數間的等級相關係數，其報表數值與上述一樣，Spearman's rho 等級相關係數等於 .564，p=.090＞.05，未達顯著水準。

			R 評審一	R 評審二
Spearman's rho 係數	R 評審一	相關係數	1.000	.564
		顯著性 (雙尾)	.	.090
	R 評審二	相關係數	.564	1.000
		顯著性 (雙尾)	.090	.

另一個求二個次序量尺變數關係的統計量數為 Kendall 等級相關 τ，其計算公式較為複雜，因而理論統計中較適用於受試者個數較少的情況下，其計算公式為：

$\tau = 1 - \dfrac{2 \times S}{N(N-1)/2}$，其中 N 為受試者個數，S 為二個等級相反的量數。

「等級觀察值：類型」次對話視窗選項增列的變數名稱及變項標記摘要表如下：

變項名稱	變項標記	「等級觀察值：類型」次對話視窗中勾選的選項
學生		
評審一		
評審二		
R 評審一	Rank of 評審一	等級 (R)
R 評審二	Rank of 評審二	等級 (R)
S 評審一	Savage Score of 評審一	Savage 等級分數 (S)
S 評審二	Savage Score of 評審二	Savage 等級分數 (S)
N 評審一	Percentile Group of 評審一	自訂 N 個等分 (N)：數值 4
N 評審二	Percentile Group of 評審二	自訂 N 個等分 (N)：數值 4
RFR001	Fractional Rank of 評審一	分數等級 (F)
RFR002	Fractional Rank of 評審二	分數等級 (F)
P 評審一	Fractional Rank Percent of 評審一	分數等級以 % 表示 (%)
P 評審二	Fractional Rank Percent of 評審二	分數等級以 % 表示 (%)
N001	Sum of Case Weights of 評審一	觀察值加權總和 (C)
N002	Sum of Case Weights of 評審二	觀察值加權總和 (C)

不同等級類型選項所轉換的等級變數內容如下：

學生	S 評審一	S 評審二	N 評審一	N 評審二	RFR001	RFR002	P 評審一	P 評審二	N001	N002
S1	-0.789	-0.354	1	2	0.20	0.50	20	50	10	10
S2	0.429	-0.521	3	2	0.80	0.40	80	40	10	10
S3	-0.354	-0.900	2	1	0.50	0.10	50	10	10	10
S4	0.096	0.429	3	3	0.70	0.80	70	80	10	10
S5	-0.521	-0.664	2	2	0.40	0.30	40	30	10	10
S6	-0.154	0.096	3	3	0.60	0.70	60	70	10	10
S7	-0.900	-0.154	1	3	0.10	0.60	10	60	10	10
S8	0.929	1.929	4	4	0.90	1.00	90	100	10	10
S9	-0.664	-0.789	2	1	0.30	0.20	30	20	10	10
S10	1.929	0.929	4	4	1.00	0.90	100	90	10	10

「N 評審一」變項為勾選「自訂 N 個等分」選項，範例中 N 為 4，因而全部觀察值依原始數值高低分成四個等級；「RFR001」變項為勾選「分數等級」，之前 S1 於「R 等級」變項的等級為 2，全部觀察值有 10 位，2/10=.20（等級除以觀察值總數或等級除以加權總和變項 N001 中的數值），「P 評審一」變項為勾選「分數等級以 % 表示，將「RFR001」變項的數值內容乘以 100，S1 觀察值的等級為 .20×100=20。「N001」變項為勾選「觀察值加權總和」選項，全部觀察值的個數有 10 位，因而觀察值加權總和為 10，此變項的十個數值均為 10，「S 評審一」變項為勾選「Savage 等級分數」選項，經過指數分配產出的數值。

等級相關再以下面三個十位受試者的美術作品的評定為例，評分者共有三位教師。

三個對立假設：

1. 教師 1 與教師 2 評定的等級相關係數 $\rho 1 \neq 0$；
2. 教師 1 與教師 3 評定的等級相關係數 $\rho 2 \neq 0$；
3. 教師 2 與教師 3 評定的等級相關係數 $\rho 3 \neq 0$。

三個相對應的三個虛無假設為：

1. 教師 1 與教師 2 評定的等級相關係數 $\rho 1 = 0$；

2. 教師 1 與教師 3 評定的等級相關係數 $\rho 2 = 0$；

3. 教師 2 與教師 3 評定的等級相關係數 $\rho 3 = 0$。

受試者	原始量測值 (分數)			等級		
	教師 1	教師 2	教師 3	R 教師 1	R 教師 2	R 教師 3
S1	88	75	76	2.0	6.0	1.0
S2	65	55	60	10.0	10.0	10.0
S3	90	84	75	1.0	1.0	2.0
S4	74	60	68	7.0	9.0	7.0
S5	78	64	70	6.0	8.0	6.0
S6	84	80	72	4.0	3.0	5.0
S7	82	78	73	5.0	4.0	4.0
S8	72	77	67	8.0	5.0	8.0
S9	71	67	66	9.0	7.0	9.0
S10	87	82	74	3.0	2.0	3.0

資料檔中「教師 1」、「教師 2」、「教師 3」為三位教師評定的原始分數；「R 教師 1」、「R 教師 2」、「R 教師 3」為三位教師評定十件美術作品的等級，三個等級變項的變數標記分別為「Rank of 教師 1」、「Rank of 教師 2」、「Rank of 教師 3」。執行 Spearman 等級相關結果如下：

相關

			Rank of 教師 1	Rank of 教師 2	Rank of 教師 3
Spearman's rho 係數	Rank of 教師 1	相關係數	1.000	.758*	.976**
		顯著性 (雙尾)	.	.011	.000
	Rank of 教師 2	相關係數	.758*	1.000	.685*
		顯著性 (雙尾)	.011	.	.029
	Rank of 教師 3	相關係數	.976**	.685*	1.000
		顯著性 (雙尾)	.000	.029	.

*. 相關的顯著水準為 0.05 (雙尾)。
**. 相關的顯著水準為 0.01 (雙尾)。

教師 1 與教師 2 評定作品間之等級相關係數 $\rho 1$ 統計量為 .758，顯著性機率值 p=.011＜.05；教師 1 與教師 3 評定作品間之等級相關係數 $\rho 2$ 統計量為 .976，顯著性機率值 p＜.001；教師 2 與教師 3 評定作品間之等級相關係數 $\rho 3$ 統計量

為 .685，顯著性機率值 p=.029＜.05，三個等級相關係數均顯著不等於 0，三個對立假設均獲得支持，表示：

1. 教師 1 與教師 2 評定的等級相關間有顯著關聯存在，教師 1 與教師 2 二位教師評定作品等級的一致性很高。

2. 教師 1 與教師 3 評定的等級相關間有顯著關聯存在，教師 1 與教師 3 二位教師評定作品等級的一致性很高。

3. 教師 2 與教師 3 評定的等級相關間有顯著關聯存在，教師 2 與教師 3 二位教師評定作品等級的一致性很高。

第五節　肯德爾和諧係數

⊃ 一、適用時機

　　肯德爾和諧係數 (Kendall's coefficient of concordance) 適用於 k 個變項之等級一致性程度，代表三個評分者以上的信度指標，Spearman 等級相關主要用於二位評分者評 N 個人的成績或 N 個人的作品，或同一位評審者前後二次評 N 個人的作品或 N 個人的成績，它適用於二個變項等級間的一致性程度，可以被視為 Kendall 和諧係數的一種特例。Kendall 和諧係數適用於 k 個評分者評 N 個人的成績或 N 個人的作品，如果 k 等於 2 時，就變成 Spearman 等級相關。

⊃ 二、研究問題

> 問題：演說比賽時，五位評審教師評定十位參賽同學的名次等級如下。試問五位評審評選結果的一致性為何？

評分者	V1	V2	V3	V4	V5	V6	V7	V8	V9	V10
A	3	9	8	1	6	4	10	2	5	7
B	7	8	6	2	5	3	9	1	10	4
C	3	9	5	1	6	4	10	2	7	8
D	5	10	9	3	4	2	8	1	6	7
E	6	9	7	3	4	2	10	1	8	5

　　資料建檔與編碼如下，橫列為每位評分者所評定的等級或分數，直欄為十位
參賽者的資料，每位參賽者為一個變項，每位評分者或評定者為一位觀察值。

	v1	v2	v3	v4	v5	v6	v7	v8	v9	v10
1	3	9	8	1	6	4	10	2	5	7
2	7	8	6	2	5	3	9	1	10	4
3	3	9	5	1	6	4	10	2	7	8
4	5	10	9	3	4	2	8	1	6	7
5	6	9	7	3	4	2	10	1	8	5

⊃ 三、執行步驟

1. 執行功能表列「分析 (A)」/「無母數檢定 (N)」(Nonparametric)/「歷史
對話記錄 (L)」/「K 個相關樣本 (S)」(K Related Samples) 程序，開啟「多
個相關樣本的檢定」對話視窗。

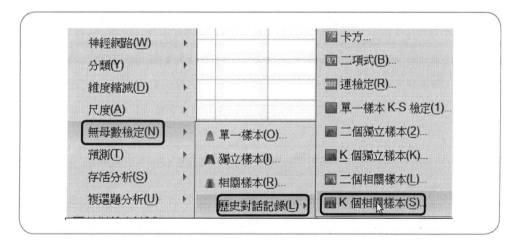

2. 將左邊十個目標變數 V1 至 V10 選入右邊「檢定變數 (T)」(Test Variables)
下的空格中，「檢定類型」(Test Type) 方盒中勾選「☑Kendall's W 檢定
(K)」選項，按『確定』鈕。

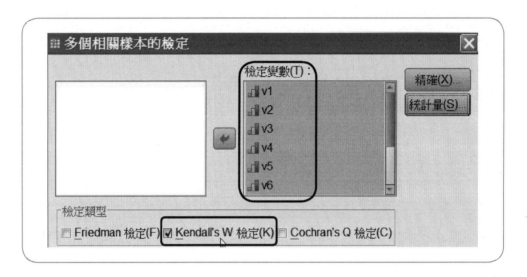

「檢定類型」方盒中有三個統計量參數選項，「Friedman 檢定 (F)」、「Kendall's W 檢定 (K)」、「Cochran's Q 檢定 (C)」，內定選項為「☑Friedman 檢定 (F)」。

○ 四、報表說明

NPar 檢定

Kendall's W 檢定：等級

	等級平均數
V1	4.80
V2	9.00
V3	7.00
V4	2.00
V5	5.00
V6	3.00
V7	9.40
V8	1.40
V9	7.20
V10	6.20

上表為十位參賽者的等級平均數，等級平均數愈低，表示整體的名次排序愈佳，範例資料中以參賽者 V8 的整體平均排序最小 (成績最佳)，其等級平均為 1.40，而以參賽者 V7 的整體平均排序最大 (成績最差)，其等級平均為 9.40。平均數等級結果為評分者等級加總除以評分者人數，以第一位受試者 V1 而言，五位評審者給予名次等級分別為 3、7、3、5、6，整體平均名次等級為 (3+7+3+5+6)÷5 = 4.80；以受試者 V10 而言五位評審者給予名次等級分別為 7、4、8、7、5，整體平均名次等級為 (7+4+8+7+5)÷5=31÷5 = 6.20。

檢定統計量

個數	5
Kendall's W 檢定 [a]	.838
卡方	37.713
自由度	9
漸近顯著性	.000

a. Kendall 和諧係數。

上表為 Kendall ω 和諧係數考驗統計量，Kendall ω 和諧係數考驗中的統計假設為：

H_1 對立假設：五位評審者的評分間有顯著相關 (評分結果頗為一致)。
H_0 虛無假設：五位評審者的評分間沒有顯著相關。

在檢定統計量摘要表中可以發現：Kendall ω 和諧係數值等於 .838，卡方值等於 37.713、自由度等於 9、顯著性機率 p 值 <.001，統計考驗拒絕虛無假設、接受對立假設，顯示五位評審者的評分間有顯著相關存在，亦即五位評審者的評分結果頗為一致，其中以 V8 的等級平均數 (為 1.40) 最低，名次最佳，五位評審者的評分結果等級分別給予 2、1、2、1、1；次佳名次的是參賽者 V4，其等級平均數為 2.00；而以參賽者 V7 的名次最差，其等級平均數為 9.40，五位評審者的評分結果等級分別給予 10、9、10、8、10。

Kendall 和諧係數 ω 的求法如下：

A	3	9	8	1	6	4	10	2	5	7	
B	7	8	6	2	5	3	9	1	10	4	
C	3	9	5	1	6	4	10	2	7	8	
D	5	10	9	3	4	2	8	1	6	7	
E	6	9	7	3	4	2	10	1	8	5	
等級和 R	24	45	35	10	25	15	47	7	36	31	$\sum R = 275$
等級平方 R^2	576	2025	1225	100	625	225	2209	49	1296	961	$\sum R^2 = 9291$

分子為等級的 $SS = \sum R^2 - \dfrac{(\sum R)^2}{N} = 9291 - \dfrac{(275)^2}{10} = 1728.5$

分母等於 $(K)^2(N^3 - N)/12 = 5^2 \times (10^3 - 10)/12 = 2062.5$ (K 為評分者人數 5，N 為參賽者個數 10)，Kendall 和諧係數 $\omega = 1728.5 \div 2062.5 = 0.838$。上述計算式子以公式表示為：$\omega = \dfrac{\sum R^2 - \dfrac{(\sum R)^2}{N}}{(K)^2(N^3 - N)/12}$，其中 K 為評分者的人數 (觀察值的個數)、N 為被評定者的作品數 (參賽者的人次)，R 為每件作品或參賽者被評定的等級總和。

第六節　列聯相關

○ 一、適用時機

列聯相關 (contingency coefficient) 適用於二個變數均為類別變項，且二個類別變項的水準個數相同。列聯變項二個變項的類別間不一定要有某種次序關係存在，二個變數的分數也不一定要有連續性，只要可以分成 I×J 等各種形式的列聯表皆可以適用，其中 I 不一定要等於 J，但列聯相關較常用於 I≥2、J≥2 的「方形」列聯表資料 (即 I = J)。

列聯相關係數的計算公式可以表示如下：$C = \sqrt{\dfrac{\chi^2}{N + \chi^2}}$，檢定列聯相關係數 (C) 是否顯著，可查看 χ^2 值是否顯著，如果列聯表檢定之 χ^2 值達到顯著，則列聯相關係數亦會達到顯著水準。列聯相關係數 C 最小值是 0，最大值則取決於列聯

表的大小，如果是 R×R 方形的列聯表，則 C 的最大值是 $\max(C) = \sqrt{\dfrac{R-1}{R}}$。如果二個變項均為二分名義變項 (2×2 列聯表資料)，則可採用 Φ 相關或列聯相關，如果二個變項的類別水準數不一樣 (I ≠ J 的長方形列聯表)，則較常使用 Cramer's V 相關。

◉ 二、研究問題

　　某位教育學者想探討國小退休教師社會參與頻率與其退休後生活滿意度的關係。從退休教師母群體中隨機抽取 1051 位教師，試問退休教師的參與頻率與其退休後生活滿意度是否有顯著的關係？

		社會參與		
		時常參加	偶而參加	很少參加
生活滿意	很滿意	250	129	60
	無意見	150	140	88
	不滿意	45	87	102

　　在上述問題中，共有二個變項：一為社會參與程度變項、一為生活滿意度變項；「社會參與」程度變項共分三個類別水準：1 時常參加；2 偶而參加；3 很少參加；「生活滿意度」變項也分成三個類別水準：1 很滿意；2 無意見；3 不滿意，二者構成一個 3×3 的方形列聯表，應採用列聯相關進行假設考驗。資料的建檔中，共有三個變項，「社會參與」變項代表社會參與頻率、「生活滿意」變數代表生活滿意度、「次數」變項代表細格次數。「資料檢視」編輯視窗中的資料建檔如下：就第一橫列數據而言，社會參與水準數值為 1 (時常參加)、生活滿意水準數值為 1 (很滿意) 的受試者有 250 位；就第五橫列數據而言，社會參與水準數值為 2 (偶而參加)、生活滿意水準數值為 2 (無意見) 的受試者有 140 位。

	社會參與	生活滿意	次數
1	1	1	250
2	1	2	150
3	1	3	45
4	2	1	129
5	2	2	140
6	2	3	87
7	3	1	60
8	3	2	88
9	3	3	102

以交叉表的型式鍵入資料，只要鍵入九個橫列的數據，而不必輸入 1051 位受試者的橫列資料，但其中要增列一個變數「次數」(第三個直欄變項)，統計分析時要進行「加權觀察值」程序，告知統計軟體各細格的真正人次，否則會出現細格人次都變成 1 的錯誤結果。上述交叉表的二個原始題項如下：

1. 您退休後社會參與頻率程度為何？□時常參加　□偶而參加　□很少參加
2. 您退休後的生活滿意度感受情形為何？□很滿意　□無意見　□不滿意

⊃ 三、執行步驟

(一) 觀察值加權

上面的資料檔為已經整理過的細格分配次數，非原始資料檔案。由於多了一個細格變數「次數」，因而要加上一個細格次數變項名稱，如果是以原始資料分析，則只需要二個變數即可：「社會參與」及「生活滿意」變數。

> **1.** 執行功能表列「資料 (D)」(Data) /「加權觀察值 (W)」(Weight Cases) 程序，開啟「加權觀察值」對話視窗。
>
> **2.** 選取「⊙ 觀察值加權依據 (W)」(Weight cases by) 選項，點選目標變數「次數」至右邊「次數變數 (F)」下方格中，按『確定』鈕。
>
> 註：此操作步驟在告知統計軟體，「次數」變項是觀察值的總人次，即細格中的總人次 / 觀察值個數有多少位。

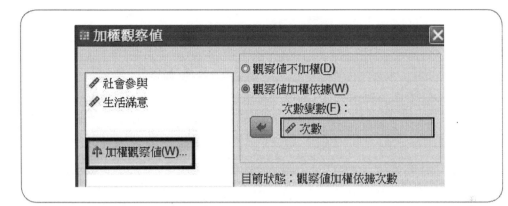

(二) 求列聯相關

1. 執行功能表列「分析 (A)」/「敘述統計 (E)」/「交叉表 (C)」(Crosstabs)
程序,開啟「交叉表」對話視窗。

2. 在變數清單變項將「生活滿意」變數選入右邊「列 (W)」下的方格。將另
一變項「社會參與」選入右邊「欄 (C)」下的方格,按『統計量 (S)』鈕,
開啟「交叉表:統計量」次對話視窗。

3. 勾選「☑ 卡方分配 (H)」選項、「名義」方盒中勾選「☑ 列聯係數 (O)」
選項,按『繼續』鈕,回到「交叉表」對話視窗,按『確定』鈕。

交叉表對話視窗中，二個變項均為間斷變數 (類別變項或次序變項)，因而「社會參與」、「生活滿意」二個變項並非因果關係，也不必區分自變項或依變項，因而二個變項點選置放於右邊「列 (W)」、「欄 (C)」下之方格的位置可以替換。下述二種均可以：

> 將清單變項中「生活滿意」選入右邊「列 (W)」下的方格
> 將清單變項中「社會參與」選入右邊「欄 (C)」下的方格
> 或
> 將清單變項中「社會參與」選入右邊「列 (W)」下的方格
> 將清單變項中「生活滿意」選入右邊「欄 (C)」下的方格

⊃ 四、報表說明

觀察值處理摘要

	觀察值					
	有效的		遺漏值		總和	
	個數	百分比	個數	百分比	個數	百分比
生活滿意 * 社會參與	1051	100.0%	0	.0%	1051	100.0%

上表中為「生活滿意」程度與「社會參與頻率」二個變項均為有效值的數據 (1051 位觀察)、遺漏值的數據 (0)，全部的觀察值有 1051 位，有效觀察值有 1051 位。

生活滿意 * 社會參與 交叉表　　個數

		社會參與			
		1 時常參加	2 偶而參加	3 很少參加	總和
生活滿意	1 很滿意	250	129	60	439
	2 無意見	150	140	88	378
	3 不滿意	45	87	102	234
總和		445	356	250	1051

上表中為「生活滿意程度」與「社會參與」二個變項之雙向度列聯表，橫列代表「生活滿意程度」，縱行代表「社會參與頻率」，由於二個變項均有設定變數的水準數值標記，因而列聯表會直接印出水準數值編碼及相對應的水準數值註解內容。在社會參與頻率方面，國小退休教師「時常參加」者共有 445 位，其中生活滿意度程度的知覺中，知覺「很滿意」者有 250 名、「無意見」者有 150 位、「不滿意」者有 45 名。對生活滿意程度的知覺中，勾選「不滿意」者共有 234 位，知覺生活不滿意的國小退休教師，在社會參與頻率上，45 位勾選「時常參加」、87 位勾選「偶而參加」、102 位勾選「很少參加」。

生活滿意 * 社會參與 交叉表

			社會參與			
			1 時常參加	2 偶而參加	3 很少參加	總和
生活滿意	1 很滿意	個數	250	129	60	439
		在 生活滿意 之內的	56.9%	29.4%	13.7%	100.0%
		在 社會參與 之內的	56.2%	36.2%	24.0%	41.8%
	2 無意見	個數	150	140	88	378
		在 生活滿意 之內的	39.7%	37.0%	23.3%	100.0%
		在 社會參與 之內的	33.7%	39.3%	35.2%	36.0%
	3 不滿意	個數	45	87	102	234
		在 生活滿意 之內的	19.2%	37.2%	43.6%	100.0%
		在 社會參與 之內的	10.1%	24.4%	40.8%	22.3%
總和		個數	445	356	250	1051
		在 生活滿意 之內的	42.3%	33.9%	23.8%	100.0%
		在 社會參與 之內的	100.0%	100.0%	100.0%	100.0%

於「交叉表」主對話視窗中按『儲存格』鈕，可開啟「交叉表：儲存格顯示」次對話視窗，視窗中若勾選「百分比」方盒中的「列 (R)」、「行 (C)」選項，則輸出交叉表會增列儲存格佔邊緣總次數的百分次，範例表格與之前表格的差異在增列細格人次佔橫列邊緣總次數的百分比及細格人次佔直行邊緣總次數的百分比。

卡方檢定

	數值	自由度	漸近顯著性 (雙尾)
Pearson 卡方	114.269[a]	4	.000
概似比	115.539	4	.000
線性對線性的關聯	109.940	1	.000
有效觀察值的個數	1051		

a. 0 格 (.0%) 的預期個數少於 5。最小的預期個數為 55.66。

　　上述報表的附註中，細格期望次數的最小值為 55.66，細格中沒有沒有細格理論期望次數小於 5 者 (0 cells (.0%) have expected count less than 5)，因而報表中不再呈現 Yate's 校正卡方值。Pearson 卡方值等於 114.269，在自由度等於 4 時，顯著性機率值 p<.001，達 .05 顯著水準，可見國小退休教師社會參與頻率與其退休後生活滿意度有顯著的相關存在。列聯表中自由度的計算為 (I-1)×(J-1) ＝ (3-1)×(3-1) ＝ 4。

對稱性量數

		數值	顯著性近似值
以名義量數為主	列聯係數	.313	.000
有效觀察值的個數		1051	

　　上表中為列聯相關係數統計量，對稱性量數 C=.313，顯著性機率值 p<.001，其顯著的機率值與 Pearson 卡方值列所呈現的顯著性機率值相同 (p<.001)。由於卡方檢定達到顯著，因而列聯相關係數亦會達到顯著，二者的關係如下：

$$C = \sqrt{\frac{\chi^2}{N+\chi^2}} = \sqrt{\frac{114.269}{1051+114.269}} = .313 \ \circ$$

【表格範例】

表 X　退休教師「社會參與頻率」與其「生活滿意」感受關聯之交叉表

			社會參與			
			1 時常參加	2 偶而參加	3 很少參加	總和
生活滿意	1 很滿意	個數	250	129	60	439
		在 生活滿意 之內的	56.9%	29.4%	13.7%	100.0%
		在 社會參與 之內的	56.2%	36.2%	24.0%	
	2 無意見	個數	150	140	88	378
		在 生活滿意 之內的	39.7%	37.0%	23.3%	100.0%
		在 社會參與 之內的	33.7%	39.3%	35.2%	
	3 不滿意	個數	45	87	102	234
		在 生活滿意 之內的	19.2%	37.2%	43.6%	100.0%
		在 社會參與 之內的	10.1%	24.4%	40.8%	
總和		個數	445	356	250	1051
		在 社會參與 之內的	100.0%	100.0%	100.0%	
卡方值 =114.269***		列聯相關係數 C=.313				

第七節　一致性係數

一、適用時機

　　「Kappa 一致性係數」(Kappa coefficient of agreement) 適用於檢定類別變項間一致性的程度。如果二個變項均屬於次序變項 (變項資料可以排出次序或等級)，則變項間的一致性程度可以採用等級相關，等級相關常被用來作為評分者信度指標。如果評分者所評定的資料不能排定出次序或等級，只能把它歸類到某一個類別時，應採用「Kappa 一致性係數」。Kappa 一致性係數的公式如下：

$$K = \frac{P(K) - P(E)}{1 - P(E)} \text{。}$$

$P(X)$ 為評分者實際評定為一致的次數百分比、$P(E)$ 為評分者理論上評定為一致的最大可能次數百分比。

○ 二、研究問題

有二位教師想對國中學生的學習型態作一分類，他們觀察 100 位國中學生的班級學習型態，二位教師將觀察結果各自歸類，二位教師歸類的結果的交叉表如下。試問二位教師歸類結果的一致性為何？

		第二位評定者		
		型態一 (1)	型態二 (2)	型態三 (3)
第一位 評定者	型態一 (1)	23	6	9
	型態二 (2)	7	20	3
	型態三 (3)	8	4	20

交叉表資料建檔的格式如下：

	第一位評定者	第二位評定者	次數
1	1	1	23
2	1	2	6
3	1	3	9
4	2	1	7
5	2	2	20
6	2	3	3
7	3	1	8
8	3	2	4
9	3	3	20

○ 三、執行步驟

(一) 觀察值加權

1. 執行功能表列「資料 (D)」/「加權觀察值 (W)」程序，開啟「加權觀察值」對話視窗。
2. 選取「◉ 觀察值加權依據 (W)」(Weight cases by) 選項，點選目標變數「次數」至右邊「次數變數 (F)」下方格中，按『確定』鈕。

(二) 求 Kappa 係數

1. 執行功能表列「分析 (A)」/「敘述統計 (E)」/「交叉表 (C)」程序，開啟「交叉表」對話視窗。

2. 在變數清單變項將「第一位評定者」變數選入右邊「列 (W)」下的方格；將另一變項「第二位評定者」選入右邊「欄 (C)」下的方格，按『統計量 (S)』鈕，開啟「交叉表：統計量」次對話視窗。

3. 勾選「☑ 卡方分配 (H)」選項、勾選「☑Kappa 統計量數 (K)」選項，按『繼續』鈕，回到「交叉表」對話視窗，按『確定』鈕。

「交叉表：統計量」次對話視窗中，勾選「☑ 卡方分配 (H)」選項及「☑ Kappa 統計量數 (K)」選項。

⊃ 四、報表說明

第一位評定者 * 第二位評定者　交叉表

			第二位評定者			
			1 型態一	**2 型態二**	**3 型態三**	**總和**
第一位評定者	1 型態一	個數	23	6	9	38
		整體的 %	23.0%	6.0%	9.0%	38.0%
	2 型態二	個數	7	20	3	30
		整體的 %	7.0%	20.0%	3.0%	30.0%
	3 型態三	個數	8	4	20	32
		整體的 %	8.0%	4.0%	20.0%	32.0%
總和		個數	38	30	32	100
		整體的 %	38.0%	30.0%	32.0%	100.0%

　　上表中為二位教師將學生學習型態歸類交叉表。第一位教師將學生學習型態歸類為型態一者有 38 人、將學習型態歸類為型態二者有 30 人、將學習型態歸類為型態三者有 32 人；第二位教師學生學習型態歸類為型態一者有 38 人、將學習型態歸類為型態二者有 30 人、將學習型態歸類為型態三者有 32 人。第一位評定者及第二定評定將學生的學習均歸類為型態一者有 23 人次，將學習型態均歸類為型態二者有 20 人次，將學習型態均歸類為型態三者有 20 人次。

卡方檢定

	數值	自由度	漸近顯著性 (雙尾)
Pearson 卡方	42.126[a]	4	.000
概似比	39.501	4	.000
線性對線性的關聯	13.420	1	.000
有效觀察值的個數	100		

a. 0 格 (.0%) 的預期個數少於 5。最小的預期個數為 9.00。

　　上表為卡方檢定結果，Pearson 卡方值等於 42.126，df=4，$p < .001$，達到 .05 顯著水準，有足夠證據可以拒絕虛無假設，對立假設獲得支持，表示二位教師評定的學習型態間並不獨立，而是有所關聯。

對稱性量數

		數值	漸近標準誤[a]	近似 T 分配[b]	顯著性近似值
同意量數	Kappa 統計量數	.442	.073	6.238	.000
有效觀察值的個數		100			

a. 未假定虛無假設為真。

b. 使用假定虛無假設為真時之 漸近標準誤。

上表為對稱性量數考驗結果表格。Kappa 一致性係數值等於 .442，顯著性 $p < .001$，達到 .05 顯著水準，拒絕虛無假設 $H_0 : K = 0$；即二位評定者的對於學生學習型態的歸類一致性程度相當高。教師一將學生學習型態歸類為型態一者有 38 位，在此 38 位學生中教師二也將其歸類為學習型態一者有 23 位；教師一將學生學習型態歸類為型態二者有 30 位，在此 30 位學生中教師二也將其歸類為學習型態二者有 20 位；教師一將學生學習型態歸類為型態三者有 32 位，在此 32 位學生中教師二也將其歸類為學習型態三者有 20 位。100 位學生中，二位評定者歸類相同型態的學生有 63 位，一致性程度百分比為 63.0%。

第八節 相關比 (曲線相關)

【適用時機】

當二個變數間關係呈現的是非線性關聯 (nonlinear association)，則二個變數間的相關可採用相關比 (correlation ratio) 方法探究二者間的關係，相關比又稱曲線相關，曲線相關是相對於直線相關關係，所謂曲線相關是指 X 變數測量值增加時，Y 變數測量值先增加，增加到某一量數後，測量值反而減少。因而在 X 變數測量值的兩端，Y 測量值的數值均較小。相關比 (曲線相關) 的統計量稱為 η(eta)，其統計量公式為：$\eta_{Y.X} = \sqrt{\dfrac{SS_B}{SS_T}}$，$SS_B$ 為組間的離均差平方和、SS_T 為全體觀察值的離均差平方和，η 的平方值為決定係數。

◯ 一、研究問題

研究者想探討國中學生二年級不同學習壓力程度與學業成就的關係，從學校中隨機抽取三十名學生，研究者根據受試者在「學習壓力量表」的得分，區分為

「低學習壓力組」、「中學習壓力組」、「高學習壓力組」，學習壓力程度組別的變數名稱為「壓力組別」。

受試者	S1	S2	S3	S4	S5	S6	S7	S8	S9	S10	S11	S12	S13	S14	S15
學業成就	55	64	65	74	58	57	45	67	74	85	85	90	89	87	89
壓力組別	1	1	1	1	1	1	1	1	1	1	2	2	2	2	2
受試者	S16	S17	S18	S19	S20	S21	S22	S23	S24	S25	S26	S27	S28	S29	S30
學業成就	90	92	94	87	86	78	77	67	68	66	64	65	65	64	54
壓力組別	2	2	2	2	2	3	3	3	3	3	3	3	3	3	3

➲ 二、執行步驟

1. 執行功能表「分析 (A)」(Analysis)/「比較平均數法 (M)」(Compare Means)/「平均數 (M)」(Means) 程序，開啟「平均數」對話視窗。

2. 將目標變數「學業成就」點選至「依變數清單 (D)」下方格中，將變項「壓力組別」點選至「自變數清單 (I)」下的方格中，按『選項』(Options) 鈕，開啟「平均數：選項」次對話視窗。

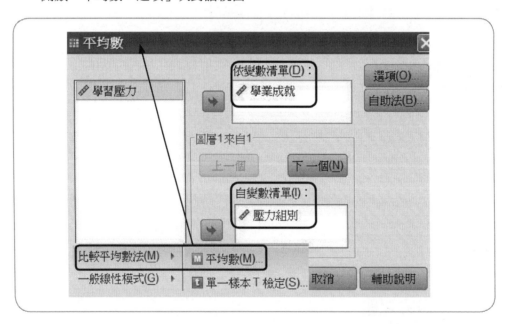

3. 「平均數：選項」次對話視窗中勾選下方「☑ Anova 表格與 eta 值 (A)」選項及「☑ 線性檢定 (T)」選項，按『繼續』鈕，回到「平均數」主對話視窗，按『確定』鈕。

⊃ 三、報表說明

報表

學業成就

壓力組別	平均數	個數	標準差
1 低學習壓力組	64.40	10	11.433
2 中學習壓力組	88.90	10	2.767
3 高學習壓力組	66.80	10	6.812
總和	73.37	30	13.533

　　「壓力組別」三個水準數值分別為「1 低學習壓力組」、「2 中學習壓力組」、「3 高學習壓力組」，三個不同學習壓力程度組別在學業成就的平均數分別為 64.40、88.90、66.80。

ANOVA 摘要表

			平方和	自由度	平均平方和	F 檢定	Sig.
學業成就 * 壓力組別	組間	(Combined)	3648.067	2	1824.033	29.616	.000
		直線性	28.800	1	28.800	.468	.500
		直線性離差	3619.267	1	3619.267	58.765	.000
	組內		1662.900	27	61.589		
	總和		5310.967	29			

　　變異數分析摘要表顯示不同學習壓力程度群體在學業成就平均數的差異檢定 F 值統計量為 29.616，顯著性機率值 p<.001，表示曲線相關係數 (相關比係數統計量 η) 顯著不等於 0，壓力組別變項與學業成就變項之相關比統計量是有實質意義的，壓力組別變項與學業成就變項間有顯著曲線相關存在。相關比值統計量求法為：$\eta_{Y.X} = \sqrt{\dfrac{SS_B}{SS_T}} = \sqrt{\dfrac{3648.067}{5310.967}} = .829$。曲線相關係數是否顯著等於 0 檢定的 F 值統計量如果未達 .05 煩顯著水準，表示二個變項間的曲線相關係數統計量 η 等於 0，當 η 值顯著等於 0，表示二個變項沒有顯著曲線相關存在。

關聯量數

	R	R 平方	Eta	Eta 平方
學業成就 * 壓力組別	.074	.005	.829	.687

　　相關比統計量 η 為 .829，表示壓力組別變項與學業成就變項間的曲線相關程度為 .829，η^2 值為 .687，表示壓力組別可以解釋學業成就變項總變異量的 68.7%。曲線相關係數是否顯著等於 0 的 F 值檢定統計量與 η^2 值統計間關係如下：

$$F = \frac{\eta^2 / (p-1)}{(1-\eta^2) / (N-p)} = \frac{.687 / (3-1)}{(1-.687) / (30-3)} = 29.616$$

第07章

淨相關與常態性檢定

本章第一節介紹淨相關的理論與操作，第二節介紹資料結構的常態性檢定與資料轉換議題。

第一節　淨相關

壹、淨相關的意涵

所謂「淨相關」(partial correlation) 是指一組雙變數變項同時與第三個變項有關係存在，當我們排除第三個變項的影響後 (即控制第三個變項的影響)，這一組雙變數之間的關係。有此人將「partial correlation」譯為「偏相關」。

在積差相關係數的探討中，研究者如發現二個變項間有顯著的正相關或顯著的負相關，只能說是二個變項間有某種顯著程度的關係程度，而不能說明二個變項有因果關係，因為這二個變項可能皆為因變數或二個變項皆為果變數；也有可能是一因一果的關係，但也有可能二者都不是。研究者在解釋相關係數時不可輕下任何具因果關係的結果。如國中學生之智力與英文成績間之相關而言，二個變數間之所以有高度相關，可能同時受到家長社經地位變數的影響 (社經地位為父母親教育程度與職業等級的一種加權量數)，如果將家長社經地位變數排除，則學生智力與英文成績間的相關可能降為中度相關或低度相關。

在社會科學領域中，有時研究者發現二個變數之間有某種關係存在，但實際上這二個變項間的相關很有可能是透過第三個變項造成的，如果把第三個有顯著相關的變項去除後，則前述二個變項間的相關可能就很低。假定某一研究者對國中一年級的學生進行數學焦慮、數學態度與數學成就的測驗，結果發現數學態度與數學成就之間有顯著高相關存在，亦即數學態度得分愈高者，學生的數學成就測驗分數也愈高。研究者進一步發現國中學生的數學焦慮與數學成就有顯著相關，數學焦慮愈低者其數學成就愈高；而國中學生的數學焦慮與其數學態度也有顯著相關，數學焦慮愈低者其數學態度愈積極，上述國中學生的數學態度與其數學成就間有顯著高相關存在，可能是因為這二個變項均與第三個變項「數學焦慮」有顯著相關存在的緣故。如果，研究者把「數學焦慮」變項的解釋力自數學態度得分及數學成就分數中移去或排除，是否數學態度與數學成就二個變項之間

仍有高相關存在。在上述例子中，所謂淨相關就是把數學態度與數學成就二個變項中的「數學焦慮」變項之解釋力排除後，數學態度與數學成就二者之間的純相關。

如果沒有控制變項，亦即沒有排除其它變項的影響，則此淨相關稱為「零階淨相關」(zero-order partial correlations)，「零階淨相關」通常指的是二個變項間沒有排除其它變項之簡單相關 (簡單相關即積差相關)，「零階淨相關」就是沒有第三個變項 (如數學焦慮變項) 自二個變項中 (如數學態度與數學成就變項) 排除。

上述範例中，如果把數學態度與數學成就二個變項中的「數學焦慮」變項之解釋力排除，此種控制變項有一個 (排除一個變項的影響，排除數學焦慮變項的解釋力)，則此淨相關稱為「一階淨相關」(first-order partial correlation)，「一階淨相關」的公式如下：$r_{12.3} = \dfrac{r_{12} - r_{13} \times r_{23}}{\sqrt{1 - r^2_{13}} \times \sqrt{1 - r^2_{23}}}$。$r_{12.3}$ 表示第一個變項與第二個變項同時排除第三個變項的影響後，第一個變項與第二個變項間的淨相關。r_{12} 表示第一個變項與第二個變項間的積差相關 (零階淨相關)；r_{13} 表示第一個變項與第三個變項間的積差相關 (零階淨相關)；r_{23} 表示第二個變項與第三個變項間的積差相關 (零階淨相關)。

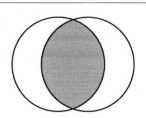 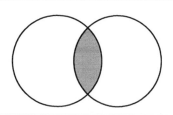

r_{12} 表示第一個變項與第二個變項間的積差相關，中間重疊區塊較大，第一個變項可以解釋第二個變項的變異部份較多。重疊區塊為決定係數 R^2。

$r_{12.3}$ 表示第一個變項與第二個變項同時排除第三個變項的影響後，二個變項間淨相關係數，第一個變項可以解釋第二個變項的變異部份較小。

假設有三個計量變項：X1、X2、X3，研究發現三個計量變數間均有顯著相關，變項間的相關未考慮第三個變項的影響，配對組變項間的相關均為零階淨相關 (積差相關或稱簡單相關)。三個零階淨相關圖示如下：

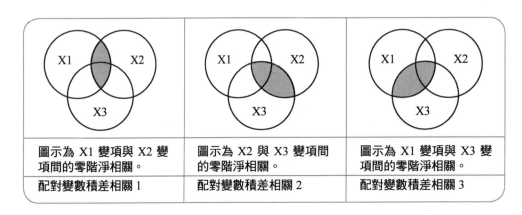

圖示為 X1 變項與 X2 變項間的零階淨相關。	圖示為 X2 與 X3 變項間的零階淨相關。	圖示為 X1 變項與 X3 變項間的零階淨相關。
配對變數積差相關 1	配對變數積差相關 2	配對變數積差相關 3

X1、X2、X3 三個計量變項共同重疊部份圖示如下：

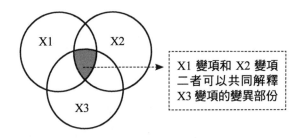

X1 變項和 X2 變項二者可以共同解釋 X3 變項的變異部份

三個變項配對組間的一階淨相關圖示如下：

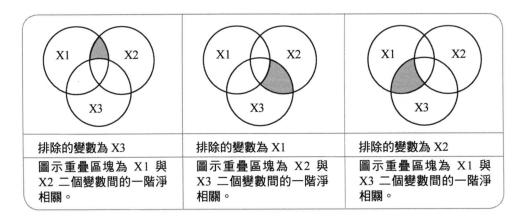

排除的變數為 X3	排除的變數為 X1	排除的變數為 X2
圖示重疊區塊為 X1 與 X2 二個變數間的一階淨相關。	圖示重疊區塊為 X2 與 X3 二個變數間的一階淨相關。	圖示重疊區塊為 X1 與 X3 二個變數間的一階淨相關。

假設 X1、X2 二個計量變數和 Y 變項均有關聯，則 X1、X2 與 Y 變項共有的變異量為右邊抽取出來的下方區塊，上方的區塊為排除預測變項 X1 後，X2 變項單獨可以解釋 Y 變項的變異量。

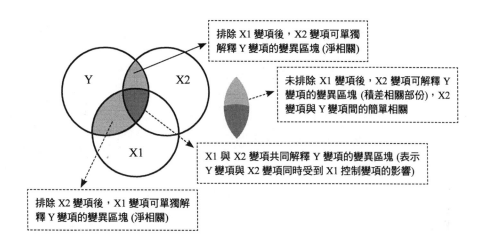

排除 X1 變項後，X2 變項可單獨解釋 Y 變項的變異區塊 (淨相關)

未排除 X1 變項後，X2 變項可解釋 Y 變項的變異區塊 (積差相關部份)，X2 變項與 Y 變項間的簡單相關

X1 與 X2 變項共同解釋 Y 變項的變異區塊 (表示 Y 變項與 X2 變項同時受到 X1 控制變項的影響)

排除 X2 變項後，X1 變項可單獨解釋 Y 變項的變異區塊 (淨相關)

淨相關與共同變異的部份再以下列圖示說明 (Tabachnick & Fidell, 2007, p.145)：

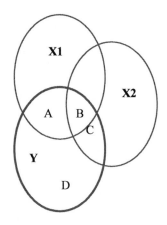

圖中二個自變項為 X1、X2，依變項為 Y，自變項 X1 與依變項 Y 間有顯著相關、自變項 X2 與依變項 Y 間有顯著相關，二個自變項 X1 與 X2 間也有顯著相關。(各區塊表示的非相關係數值，而是決定係數－可解釋的變異，有積差相關係數平方、半淨相關係數平方、淨相關係數平方。)

1. A+B 是自變項 X1 與依變項 Y 間共有的變異量 (決定係數)。從標準化多元迴歸的解釋變異量來看，Y 變項可以被自變項 X1 解釋的變異部數比例為： (A+B)÷(A+B+C+D)，此為零階相關關係。

2. B+C 是自變項 X2 與依變項 Y 間共有的變異量 (決定係數)。從標準化多元迴歸的解釋變異量來看，Y 變項可以被自變項 X2 解釋的變異部數比例為：

(C+B)÷(A+B+C+D)，此為零階相關關係。

3. B 是自變項 X1、自變項 X2 與依變項 Y 間共有的變異量 (決定係數)。

4. 依變項 Y 變數的變異部份 1 (100%)=A+B+C+D，其中 D 為未決定係數 (二個自變項 X1、X2 均無法預測的變異部份，此值為疏離係數的平方值)。

5. 自變項 X1 與依變項 Y 淨相關平方區塊之變異比例為 A÷(A+D)。

6. 自變項 X2 與依變項 Y 淨相關平方區塊之變異比例為 C÷(C+D)。

7. 半淨相關平方區塊：自變項 X1 為 A÷(A+B+C+D)，自變項 X2 為 C÷(A+B+C+D)。

　　如果控制變項有 2 個則稱為「二階淨相關」($r_{12.34}$)，即第一個變項和第二個變項中同時排除第三個變項與第四個變項的解釋力之後，第一個變項與第二個變項間的純相關；如果控制變項有 3 個，即同時排除的變項有三個，則稱為「三階淨相關」($r_{12.345}$)；控制變項有 4 個則稱為「四階淨相關」($r_{12.3456}$)。淨相關的自由度 = 樣本總數 -2- 控制變項數，以一階淨相關而言，如果有效觀察值有 120 位，則自由度 =120-2-1=117。通常淨相關之值會小於簡單相關之值。

　　「二階淨相關」($r_{12.34}$) 的公式如下：$r_{12.34} = \dfrac{r_{12.4} - r_{13.4} \times r_{23.4}}{\sqrt{1 - r^2_{13.4}} \times \sqrt{1 - r^2_{23.4}}}$ ；表示同時排除第三個變項、第四個變項的影響後，第一個變項與第二個變項間的相關。二階淨相關如利用 t 公式考驗 $r_{12.34}$ 的顯著性時，自由度為 N-2-2=N-4。在社會科學研究實務中，二階以上之高階淨相關，解釋較為不易，故較少被人使用。

　　一階淨相關的範例，以下列數據變項的資料說明，研究者採隨機取樣方式抽取十八位高中一年級學生，搜集學生高一三次段考的數學、物理成績之平均分數，三個計量變數中除數學、物理外，也包括十八學生在標準化智力測驗測驗的智力分數。

學生	S1	S2	S3	S4	S5	S6	S7	S8	S9	S10	S11	S12	S13	S14	S15	S16	S17	S18
智力	130	128	125	127	125	120	119	115	114	113	111	110	109	108	105	104	103	102
數學	100	92	97	95	88	86	84	85	89	87	78	70	82	68	67	81	66	64
物理	90	93	94	92	90	89	86	88	84	88	80	87	86	70	74	83	62	70
社經地位	5	3	4	5	4	4	4	3	3	4	2	1	2	2	1	3	1	2

相關

		智力	數學	物理	社經地位
智力	Pearson 相關	1	.880**	.801**	.807**
	顯著性 (雙尾)		.000	.000	.000
數學	Pearson 相關	.880**	1	.863**	.873**
	顯著性 (雙尾)	.000		.000	.000
物理	Pearson 相關	.801**	.863**	1	.713**
	顯著性 (雙尾)	.000	.000		.001
社經地位	Pearson 相關	.807**	.873**	.713**	1
	顯著性 (雙尾)	.000	.000	.001	

**. 在顯著水準為 0.01 時 (雙尾)，相關顯著。

上表為積差相關矩陣，二個變項間的積差相關又稱為簡單相關或零階淨相關。

淨相關的操作程序如下：

1. 執行功能表列「分析 (A)」/「相關 (C)」(Correlate)/「偏相關 (R)」(Partial) 程序，開啟「偏相關」對話視窗，將二個目標變項「數學」、「物理」選入右邊「變數 (V)」下的方格中，將控制變項「智力」選入右邊「控制的變數 (C)」下的方格中。
2. 按『選項』鈕，開啟「偏相關：選項」次對話視窗，「統計」方盒中勾選「☑ 零階相關 (Z)」選項，按『繼續』鈕，回到「偏相關」對話視窗，表『確定』鈕。

在「偏相關」對話視窗中，「顯著性檢定」方盒要勾選內定選項「◉ 雙尾檢定 (T)」，並勾選「☑ 顯示實際的顯著水準 (D)」選項。淨相關執行結果如下：

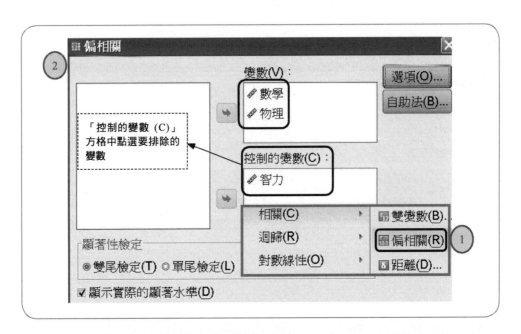

控制變數			數學	物理	智力
- 無 -[a]	數學	相關	1.000	.863	.880
		顯著性 (雙尾)	.	.000	.000
		df	0	16	16
	物理	相關	.863	1.000	.801
		顯著性 (雙尾)	.000	.	.000
		df	16	0	16
	智力	相關	.880	.801	1.000
		顯著性 (雙尾)	.000	.000	.
		df	16	16	0
智力	數學	相關	1.000	.555	
		顯著性 (雙尾)	.	.021	
		df	0	15	
	物理	相關	.555	1.000	
		顯著性 (雙尾)	.021	.	
		df	15	0	

a. 細格含有零階 (Pearson 相關係數) 相關。

　　偏相關 / 淨相關輸出報表中，控制變項「無」表示二個變數間的相關程度沒有控制任何其它變項，此種相關稱為零階相關，零階相關係數即是 Pearson 積差相關係數。從零階相關矩陣可以看出，數學變項與物理變項間的相關係數為 .863

(p＜.001)，智力變項與數學變項的相關係數為 .880 (p＜.001)、智力變項與物理變項的相關係數為 .801 (p＜.001)，智力、數學、物理三個變項間彼此均呈顯著高度正相關。如果將智力變數對數學變項、物理變項的影響排除，表示以智力變數作為控制變項，數學變項與物理變項間相關即為淨相關關係，將智力變數對數學變項與物理變項的影響排除後，數學變項與物理變項的相關係數降為 .555 (p=.021＜.05)，數學變項與物理變項間的關係由原先顯著高度正相關變為中度正相關，之前，二個數學變項與物理變項之所之有高度相關，是因為同時受到「智力」變項的影響。

「偏相關：選項」次對話視窗，如果沒有於「統計」方盒中勾選「☑ 零階相關 (Z)」選項，則不會輸出零階相關矩陣 (積差相關係數矩陣)，報表只呈現一階淨相關係數矩陣。

相關

控制變數			數學	物理
智力	數學	相關	1.000	.555*
	物理	相關	.555*	1.000

*. 相關於 0.05 水準時顯著。

「一階淨相關」的統計量數可由零階相關係數求出：

$r_{12} = .863$ (數學與物理間的相關係數)、$r_{13} = .880$ (數學與智力變項間的相關係數)、$r_{23} = .801$ (物理與智力變項間的相關係數)。

$$r_{12.3} = \frac{r_{12} - r_{13} \times r_{23}}{\sqrt{1 - r^2_{13}} \times \sqrt{1 - r^2_{23}}} = \frac{.863 - .880 \times .801}{\sqrt{1 - .880^2} \times \sqrt{1 - .801^2}} = \frac{.158}{.284} = .555$$

相關 (自由度等於 15)

控制變數			數學	物理
社經地位	數學	相關	1.000	.702
		顯著性 (雙尾)	.	.002
	物理	相關	.702	1.000
		顯著性 (雙尾)	.002	.

上表中的控制變項為社經地位，表示同時排除「社經地位」變數對數學成績

與物理成績影響後，數學成績與物理成績的一階淨相關，未排除社經地位變數前的簡單相關係數統計量為 .863 (p＜.001)，排除社經地位變數後的一階淨相關係數統計量降為 .702，顯著性機率值 p=.002＜.01。

相關 (自由度為 14)

控制變數			數學	物理
智力 & 社經地位	數學	相關	1.000	.557
		顯著性 (雙尾)	.	.025
	物理	相關	.557	1.000
		顯著性 (雙尾)	.025	.

上表中的控制變項為智力與社經地位，表示同時排除「社經地位」與「智力」二個變數對數學成績與物理成績的影響後，數學成績與物理成績的二階淨相關，未排除社經地位變數前的簡單相關係數統計量為 .863 (p＜.001)，排除智力與社經地位二個變數後的二階淨相關係數統計量降為 .557，顯著性機率值 p=.025＜.05。數學成績與物理成績的二階淨相關也達 .05 顯著水準，只是二者關係從簡單相關中的「高度相關」變為「中度相關」。

學生學習經驗問卷調查中，研究者對受試者同時施測數學投入動機量表、數學焦慮量表、數學態度量表等三種量表及數學成就測驗，如果控制數學投入動機變項，則數學態度、數學焦慮、數學成就間之一階淨相關為何？如果控制數學投入動機變項、數學焦慮變項，則數學態度與數學成就間的二階淨相關為何？

「部份相關」(part correlation) 又稱「半淨相關」(semipartial correlation)，假使有三個變數 X_1、X_2、X_3，如果 X_1 與 X_2 二個變項中同時排除 X_3 變項的影響力後，則 X_1 與 X_2 二者的相關即是淨相關，淨相關是將第三個變項的解釋力自二個變數中同時去除。而部份相關則是將第三個變項自其中的一個變數中去除，如從自變數 X_2 中排除變數 X_3 的解釋力後 (以 $X_{(2.3)}$ 符號表示)，變數 X_1 和變數 $X_{(2.3)}$ 的相關。以上述數學成就 (X_1)、整體數學態度 (X_2) 與整體投入動機變 (X_3) 而言，研究者只想自整體數學態度變項 (X_2) 中排除整體投入動機變項 (X_3) 的解釋力 (新的變數為 $X_{(2.3)}$)，但不想自數學成就變項 (X_1) 中排除整體投入變項 (X_3) 的解釋力；換言之，研究者只想求數學成就變項 (X_1) 與 $X_{(2.3)}$ 間之相關，這即是所謂的部份相關或半淨相關。

在部份相關中，二個求相關的變項之中，只有一個變項要加以調整，因此，通常部份相關和淨相關的數值並不相同，通常相關的正負號是相同的，且部份相關的絕對值通常小於淨相關的絕對值 (林清山，民 81)。

部份相關的計算公式如下：$r_{1(2\cdot3)} = \dfrac{r_{12} - r_{13} \times r_{23}}{\sqrt{1 - r^2_{23}}}$。部份相關的計算公式與淨相關的公式十分類似，唯一的差別僅在分母項，淨相關的分母為 $\sqrt{1 - r^2_{13}} \times \sqrt{1 - r^2_{23}}$；而部份相關公式的分母為 $\sqrt{1 - r^2_{23}}$，淨相關多除了一項 $\sqrt{1 - r^2_{13}}$，此項為小數點，因而淨相關係數值會比部份相關的係數值還大。

部份相關與淨相關一樣，有所謂的「二階部份相關」(second-order part correlation)，假設有四個變數 X_1、X_2、X_3、X_4，從變數 X_2 中排除變數 X_3 與變數 X_4 的解釋力後 (新變數為 $X_{(2.34)}$)，變數 X_1 和變數 $X_{(2.34)}$ 間的相關。

淨相關與部份相關求法可執行線性迴歸程序，以智力、社經地位二個變數與數學效標變項 (結果變項 / 依變項) 間的相關為例：

相關 (自由度為 15)

控制變數			數學	智力
社經地位	數學	相關	1.000	.609
		顯著性 (雙尾)	.	.010
	智力	相關	.609	1.000
		顯著性 (雙尾)	.010	.

排除社經地位變項的影響後，數學成績與智力二個變項的一階淨相關係數為 .609，顯著性機率值 p=.010 ＜ .05。

相關 (自由度為 15)

控制變數			數學	社經地位
智力	數學	相關	1.000	.581
		顯著性 (雙尾)	.	.014
	社經地位	相關	.581	1.000
		顯著性 (雙尾)	.014	.

排除智力變數的影響後，數學成績與社經地位二個變項的一階淨相關係數為 .581，顯著性機率值 p=.014 ＜ .05。

　　以數學成績變項為依變項，智力與社經地位二個變數為自變項，進行線性迴歸，於「線性迴歸：統計量」次對話視窗中勾選「☑ 估計值 (E)」與「部份與偏相關 (P)」選項所輸出的迴歸係數表格如下：

係數 ᵃ

| 模式 | 未標準化係數 | | 標準化係數 | t | 顯著性 | 相關 | | |
	B 之估計值	標準誤差	Beta 分配			零階	偏	部份
1　(常數)	.487	20.281		.024	.981			
智力	.608	.205	.502	2.970	.010	.880	.609	.297
社經地位	4.003	1.446	.468	2.767	.014	.873	.581	.277

a. 依變數：數學。

　　由迴歸係數摘要表得知：智力、社經地位與數學成績依變項的零階相關分別為 .880、.873；智力與數學成績的偏相關 (一階淨相關) 係數為 .609 (顯著性機率值 p=.010)、社經地位與數學成績的偏相關 (一階淨相關) 係數為 .581 (顯著性機率值 p=.014)。智力自變項排除社經地位變項的影響後，與數學成績的部份相關為 .297；社經地位自變項排除智力變項的影響後，與數學成績的部份相關為 .277。

模式摘要

| 模式 | R | R 平方 | 調過後的 R 平方 | 估計的 標準誤 | 變更統計量 | | | | |
					R 平方 改變量	F 改變	df1	df2	顯著性 F 改變
1	.880ᵃ	.774	.760	5.474	.774	54.702	1	16	.000
2	.922ᵇ	.850	.830	4.600	.076	7.657	1	15	.014

a. 預測變數：(常數)，智力。
b. 預測變數：(常數)，智力，社經地位。

　　線性迴歸程序中迴歸模式估計方法若採用逐步迴歸分析法，迴歸模式摘要表會增列各預測變項個別的「R 平方改變量」欄數值，範例中智力變項可以解釋數學成就變項的變異量為 77.4%，此個別解釋變異量為智力與數學成績間的決定係數 R^2：$(.880)^2 = .774$ (.880 為上表中零階相關欄中的統計量數)，排除智力變項對數學成績變項的影響後，社經地位變項可以解釋數學成績變項的解釋變異量為

7.6%，此解釋變異量為 7.6% 為之前社經地位變項與數學成績變項「部份」相關欄數值 .277 的平方 $(.277)^2 = .076$。迴歸模式摘要表第二欄「R 值」為複相關係數 (multiple correlation)，複相關指的是多個自變項所構成的線性組合之預測分數與依變項實際測量值 Y 之間的相關。

貳、一階淨相關──學習經驗問卷調查為例

排除的變項 (控制變項) 為「整體投入動機」變數。

⊃ 一、操作程序

1. 執行功能表列「分析 (A)」/「相關 (C)」(Correlate)/「偏相關 (R)」(Partial) 程序，開啟「偏相關」對話視窗，將三個目標變項「數學成就」、「整體數學焦慮」、「整體數學態度」選入右邊「變數 (V)」下的方格中，將控制變項「整體投入動機」選入右邊「控制的變數 (C)」(Controlling for) 下的方格中。

2. 按『選項』鈕，開啟「偏相關：選項」次對話視窗，「統計」方盒中勾選「☑ 平均數與標準差 (M)」(Means and standard deviation)、「☑ 零階相關 (Z)」(Zero-order correlations) 選項，按『繼續』鈕，回到「偏相關」對話視窗，按『確定』鈕。

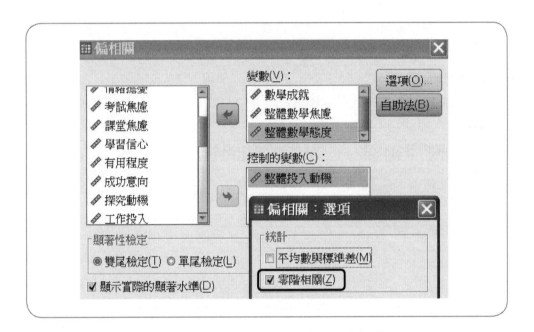

　　在「偏相關」(Partial Correlations) 對話視窗中，「變數 (V)」下的方格內，可以選取二個以上要分析之淨相關之連續變項；「Controlling for」(控制的變數) 可以選取一個以上數值控制變數。「顯著性檢定」(Test of Significance) 方盒中可以選擇「雙尾檢定 (T)」或「單尾檢定 (L)」選項，如果研究者事先知道關聯的方向，則可以選取「單尾檢定 (L)」選項，否則應選取內定選項「◉ 雙尾檢定 (T)」選項。「☑ 顯示實際的顯著水準 (D)」(Display actual significance level) 選項，會呈現相關係數的顯著機率值與自由度，如果取消此選項，則報表不會呈現相關係數的顯著機率值與自由度，如果相關係數的顯著水準小於 .05，會於係數值旁加一個星號 (*)；如果相關係數的顯著水準小於 .01，會於係數值旁加二個星號 (**)。

　　在「偏相關：選項」(Partial Correlations: Options) 次對話視窗中，如勾選「☑ 零階相關 (Z)」選項，則結果報表中會呈現所有控制變數間的零階相關係數 (即積差相關係數)，包括控制變數及「變數 (V)」方格中內的所有變項。「☑ 平均數與標準差 (M)」選項，會呈現每個變數的平均數、標準差及有效觀察值的個數。內定選項中對遺漏值的處理是採用「☑ 完全排除觀察值 (L)」方法 (Exclude cases listwise)，表示遺漏值的處理方式中，凡含有遺漏值的觀察值均排除不用 (不會納入統計分析中)，另一個選項為「成對方式排除 (P)」。

⊃ 二、結果說明

相關

		數學成就	整體數學焦慮	整體數學態度	整體投入動機
數學成就	Pearson 相關	1	-.235[**]	.412[**]	.181[**]
	顯著性 (雙尾)		.000	.000	.002
整體數學焦慮	Pearson 相關	-.235[**]	1	-.530[**]	-.300[**]
	顯著性 (雙尾)	.000		.000	.000
整體數學態度	Pearson 相關	.412[**]	-.530[**]	1	.566[**]
	顯著性 (雙尾)	.000	.000		.000
整體投入動機	Pearson 相關	.181[**]	-.300[**]	.566[**]	1
	顯著性 (雙尾)	.002	.000	.000	

**. 在顯著水準為 0.01 時 (雙尾)，相關顯著。

上表為所有變數的積差相關，乃另外執行功能表「分析 (A)」/「相關 (C)」/「雙變數 (B)」程序之結果，其中有效觀察值個數為 300 位，整體數學態度與數學成就變項間的積差相關係數為 .412 (p＜.001)、整體數學焦慮與數學成就變項間的積差相關係數為 -.235 (p＜001)、整體投入動機與數學成就變項間的積差相關係數為 .181 (p=002＜.05)；整體數學焦慮與整體數學態度變項間的積差相關係數為 -.530 (p＜001)、整體投入動機與整體數學態度變項間的積差相關係數為 .566 (p＜001)；整體投入動機與整體數學焦慮變項間的積差相關係數為 -.300 (p＜001)。從積差相關係數及雙尾顯著性機率值 p 得知：整體投入動機、整體數學態度、整體數學焦慮、整體數學成就四個變數間兩兩變項的相關均達 .05 顯著水準。

敘述統計

	平均數	標準差	個數
數學成就	24.7233	10.58301	300
整體數學焦慮	83.7800	23.82064	300
整體數學態度	101.8600	17.48560	300
整體投入動機	39.2833	7.73147	300

上表為所有變數的描述性統計量，包括控制變數 (數學投入動機) 及三個標的變數，第一欄為變數名稱、第二欄為平均數、第三欄為標準差、第四欄為有效

觀察值個數，有效觀察值共 300 個。

相關

控制變數			數學成就	整體數學焦慮	整體數學態度	整體投入動機
- 無 -[a]	數學成就	相關	1.000	-.235	.412	.181
		顯著性（雙尾）	.	.000	.000	.002
		df	0	298	298	298
	整體數學焦慮	相關	-.235	1.000	-.530	-.300
		顯著性（雙尾）	.000	.	.000	.000
		df	298	0	298	298
	整體數學態度	相關	.412	-.530	1.000	.566
		顯著性（雙尾）	.000	.000	.	.000
		df	298	298	0	298
	整體投入動機	相關	.181	-.300	.566	1.000
		顯著性（雙尾）	.002	.000	.000	.
		df	298	298	298	0
整體投入動機	數學成就	相關	1.000	-.192	.381	
		顯著性（雙尾）	.	.001	.000	
		df	0	297	297	
	整體數學焦慮	相關	-.192	1.000	-.458	
		顯著性（雙尾）	.001	.	.000	
		df	297	0	297	
	整體數學態度	相關	.381	-.458	1.000	
		顯著性（雙尾）	.000	.000	.	
		df	297	297	0	

a. 細格含有零階 (Pearson 相關係數) 相關。

上表中為淨相關結果，第一欄「控制變數」(Control Variables) 中「- 無 -」 (-none) 所輸出的數據零階淨相關矩陣 (皮爾遜積差相關矩陣或簡單相關矩陣)，表格中的第一列「相關」(Correlation) 為零階相關係數、第二列「顯著性 (雙尾)」(Significance(2-tailed)) 為顯著性檢定之機率值 p、第三行為自由度 (N-2=300-2=298)。零階相關的相關矩陣與上述執行積差相關程序求出之結果相同。

第一欄「控制變數」中「整體投入動機」所包括的表格為一階淨相關矩陣，

亦即排除整體投入變項的影響後，數學成就、整體數學態度與整體數學焦慮的一階淨相關係數矩陣，表格中的第一列「相關」為一階淨相關係數統計量、第二列「顯著性 (雙尾)」為顯著性檢定之機率值 (p 值)、第三行為自由度 (N-2-1=300-2-1=297)。當排除整體投入動機變項的影響後，數學成就與整體數學態度的淨相關係數為 .381 (p＜.001)、數學成就與整體數學焦慮的淨相關係數為 -.192 (p=.001＜.01)、整體數學焦慮與整體數學態度的淨相關係數為 -.456 (p＜.001)，均達 .05 顯著水準。

當數學成就與整體數學態度二個變項，同時排除整體投入動機變項的解釋力後，二者間的一階淨相關係數等於：

$$r_{12.3} = \frac{r_{12} - r_{13} \times r_{23}}{\sqrt{1 - r^2_{13}} \times \sqrt{1 - r^2_{23}}} = \frac{.412 - .181 \times .566}{\sqrt{1 - .181^2} \times \sqrt{1 - .566^2}} = .381$$

$r_{12.3}$ 為第一個變項 (數學成就) 與第二個變項 (數學態度) 同時排除第三個變項 (數學投入動機) 的影響後，第一個變項與第二個變項間的一階淨相關。

r_{12} 為數學成就變項與數學態度變項間的積差相關 (零階淨相關)，等於 .412。

r_{13} 為數學成就變項與數學投入動機變項間的積差相關 (零階淨相關)，等於 .181。

r_{23} 為數學態度變項與數學投入動機變項間的積差相關 (零階淨相關)，等於 .566。

再以整體數學焦慮與整體數學態度的一階淨相關為例，當整體數學焦慮與整體數學態度二個變項，同時排除整體投入動機的解釋力後，二者間的一階淨相關係數等於：$r_{12.3} = \frac{r_{12} - r_{13} \times r_{23}}{\sqrt{1 - r^2_{13}} \times \sqrt{1 - r^2_{23}}} = \frac{-.530 - (-.300) \times .566}{\sqrt{1 - (-.300)^2} \times \sqrt{1 - .566^2}} = \frac{-.3602}{.7864}$ = －.458。

$r_{12.3}$ 為第一個變項 (整體數學焦慮) 與第二個變項 (整體數學態度) 同時排除第三個變項 (整體投入動機) 的影響後，第一個變項與第二個變項間的一階淨相關。

r_{12} 為整體數學焦慮變項與整體數學態度變項間的積差相關 (零階淨相關)，相關係數統計量等於 -.530。

r_{13} 為整體數學焦慮變項與整體投入動機變項間的積差相關 (零階淨相關)，相關係數統計量等於 -.300。

r_{23} 為整體數學態度變項與整體投入動機變項間的積差相關 (零階淨相關)，相關係數統計量等於 .566。

在「偏相關」(Partial Correlations) 主對話視窗中，如果沒有勾選「☑ 顯示實際的顯著水準 (D)」(Display actual significance level) 選項，則報表不會呈現相關係數的顯著機率值與自由度。淨相關係數值的旁若達 .05 顯著水準，會直接於統計量數旁加註星號 (*) 表示，下表的相關均達 .01 的顯著水準，係數值的旁邊加註二個星號 (**)。

相關

控制變數			數學成就	整體數學焦慮	整體數學態度	整體投入動機
- 無 -[a]	數學成就	相關	1.000	-.235**	.412**	.181**
	整體數學焦慮	相關	-.235**	1.000	-.530**	-.300**
	整體數學態度	相關	.412**	-.530**	1.000	.566**
	整體投入動機	相關	.181**	-.300**	.566**	1.000
整體投入動機	數學成就	相關	1.000	-.192**	.381**	
	整體數學焦慮	相關	-.192**	1.000	-.458**	
	整體數學態度	相關	.381**	-.458**	1.000	

a. 細格含有零階 (Pearson 相關係數) 相關。

**. 相關於 0.01 水準時顯著。

參、二階淨相關

排除的變項 (控制變項) 為「整體投入動機」、「整體數學焦慮」二個。

○ 一、操作程序

1. 執行功能表列「分析 (A)」/「相關 (C)」(Correlate)/「偏相關 (R)」(Partial) 程序，開啟「偏相關」對話視窗，將二個目標變項「數學成就」、「整體數學態度」選入右邊「變數 (V)」下的方格中，將控制變項「整體投入動

機」、「整體數學焦慮」選入右邊「控制的變數 (C)」(Controlling for) 下的方格中。

2. 按『選項』鈕，開啟「偏相關：選項」次對話視窗，「統計」方盒中勾選「☑ 平均數與標準差 (M)」、「☑ 零階相關 (Z)」選項，按『繼續』鈕，回到「偏相關」主對話視窗，按『確定』鈕。

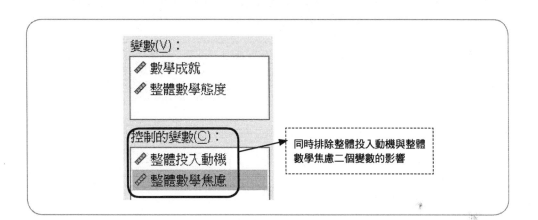

⊃ 二、結果說明

相關

控制變數			數學成就	整體數學態度
整體投入動機 & 整體數學焦慮	數學成就	相關	1.000	.336
		顯著性 (雙尾)	.	.000
		df	0	296
	整體數學態度	相關	.336	1.000
		顯著性 (雙尾)	.000	.
		df	296	0

上述報表解釋與一階淨相關報表解釋類同，上半部為所有變數的零階相關矩陣 (此部份報表省略)。下半部為二階淨相關矩陣，包括淨相關係數、顯著水準及自由度，自由度等於 N-2-2=300-2-2=296。由報表中得知，當同時排除整體投入動機、整體數學焦慮二個變項的影響後，數學成就與整體數學態度變項的二階

淨相關係數等於 .336 (p＜.001)，達到 .05 顯著水準。

二階淨相關係數的求法如下：

變項 1 表數學成就、變項 2：整體數學態度、變項 3：整體數學焦慮、變項 4 整體投入動機。由上述一階淨相關係數得知：$r_{12.4} = .381$；$r_{13.4} = -.192$；$r_{23.4} = -.458$。

$$r_{12.34} = \frac{r_{12.4} - r_{13.4} \times r_{23.4}}{\sqrt{1 - r^2_{13.4}} \times \sqrt{1 - r^2_{23.4}}} = \frac{.381 - (-.192) \times (-.458)}{\sqrt{1 - (-.192)^2} \times \sqrt{1 - (-.458)^2}} = \frac{.2931}{.8724} = .336$$

數學成就、整體數學態度的零階相關係數、一階淨相關係數、二階淨相關係數值如下：$r_{12} = .412$；$r_{12.3} = .381$；$r_{12.34} = .336$，其間的大小通常有以下的排列順序：r_{12} (統計量數值等於 .412) > $r_{12.3}$ (統計量數值等於 .381) > $r_{12.34}$ (統計量數值等於 .336)。

肆、部份相關

研究者想了解調整「整體投入動機」變項後的數學態度變項與未經調整的數學成就變項間的部份相關情形。

➲ 一、操作程序

1. 執行功能表執行「分析 (A)」/「迴歸方法 (R)」/「線性 (L)」程序，開啟「線性迴歸」對話視窗。
2. 在左邊變數清單中選取效標變項「數學成就」至右方「依變數 (D)」下的方格中。
3. 在左邊變數清單中點選「整體數學態度」、「整體投入動機」變項至右邊「自變數 (I)」下的方格中。「方法 (M)」右邊的下拉式選單中選取內定之強迫進入變數法「輸入」選項。
4. 按『統計量 (S)』鈕，開啟「線性迴歸：統計量」次對話視窗，勾選「☑ 估計值 (E)」、「☑ 模式適合度 (M)」、「☑ 部份與偏相關 (S)」選項，按『繼續』鈕，回到「線性迴歸」主對話視窗，按『確定』鈕。

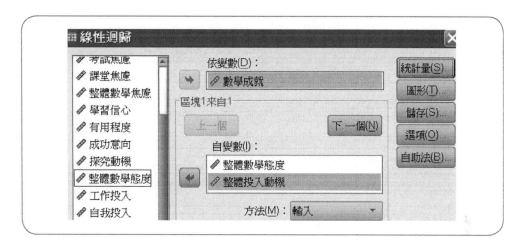

在「線性迴歸：統計量」(Linear Regression: Statistics) 次對話視窗中勾選「估計值 (E)」(Estimates) 選項會顯示未標準化的迴歸係數、標準化的迴歸係數估計值及迴歸係數顯著性檢定之 t 值、「模式適合度 (M)」選項會於報表中呈現複相關係數 R、R^2、及 adjusted R^2、估計標準誤、ANOVA 摘要表、「部份與偏相關 (P)」(Part and partial correlations) 選項會於報表中呈現部份相關與淨相關 (偏相關) 統計量數。

◎ 二、結果分析

選入 / 刪除的變數 [b]

模式	選入的變數	刪除的變數	方法
1	整體投入動機，整體數學態度 [a]	.	選入

a. 所有要求的變數已輸入。
b. 依變數：數學成就。

上表中說明依變數為數學成就變項，而自變數有二個：「整體投入動機」與「整體數學態度」變項，採用強迫進入法 (Enter 法)，首先進入迴歸方程式的變數是「整體投入動機」變項，其次是「整體數學態度」變項。

模式摘要

模式	R	R 平方	調過後的 R 平方	估計的標準誤
1	.417[a]	.174	.168	9.653

a. 預測變數：(常數)，整體投入動機，整體數學態度。

上表為迴歸分析模式摘要表，多元相關係數值為 .417，R 平方 (決定係數) 值為 .174，調整後的 R 平方 =.168，估計標準誤 (Std. Error of the Estimate)=9.653。多元相關係數 (=.417) 又稱複相關，通常以 R 表示，複相關是根據二個以上的預測變數 (自變數) 來預測一個效標變數 (依變項) 時，所預測的分數與實際分數之間的相關。

Anova[b]

模式		平方和	df	平均平方和	F	顯著性
1	迴歸	5812.832	2	2906.416	31.191	.000[a]
	殘差	27675.204	297	93.183		
	總數	33488.037	299			

a. 預測變數：(常數)，整體投入動機，整體數學態度。
b. 依變數：數學成就。

上表為變異數分析摘要表，以整體投入動機、整體數學態度為預測變項，而以「數學成就」為依變項，整體迴歸模式顯著性考驗的 F 值等於 31.191，顯著性 $p < .01$，達 .05 顯著水準。

係數

模式		未標準化係數		標準化係數			相關		
		B 之估計值	標準誤差	Beta 分配	t	顯著性	零階	偏	部份
1	(常數)	.772	3.514		.220	.826			
	整體數學態度	.275	.039	.455	7.112	.000	.412	.381	.375
	整體投入動機	-.104	.088	-.076	-1.191	.235	.181	-.069	-.063

a. 依變數：數學成就。

上表中迴歸分析的係數值，包括未標準化的迴歸係數 (B)、迴歸係數標準誤、標準化的迴歸係數 (Beta)、迴歸係數的 t 值、顯著性雙尾檢定結果、依變數與整體投入動機、整體數學態度自變項間的零階相關、淨相關與部份相關值。由表中可知整體數學態度與數學成就變項間的零階相關 r_{12} 為 .412、整體數學態度變項與數學成就變項間的淨相關 $r_{12.3}$ 為 .381、整體數學態度與數學成就的部份相關 $r_{1(2.3)}$ 等於 .375。整體投入變項如果排除整體數學態度變數的影響力後，與數學成就的部份相關為 -.063；整體投入動機變項與數學成就同時排除整體數學態

度變項的影響力後，其淨相關為 -.069，此一係數與最初整體投入變項與數學成就變項間的零階相關值 .181 相較之下，減低不少。

在積差相關中，數學成就與整體數學態度的相關為 .412、數學成就與整體投入變項的相關為 .181、整體數學態度與數學投入變項的相關為 .566，整體數學態度在排除數學投入變項的影響後與數學成就的部份相關值 .375 求法如下：

$$r_{1(2\cdot3)} = \frac{r_{12} - r_{13} \times r_{23}}{\sqrt{1 - r^2_{23}}} = \frac{.412 - .181 \times .566}{\sqrt{1 - .566^2}} = .375$$

淨相關係數絕對值 ＞ 部份相關係數絕對值，如：.381 ＞ .375。

第二節　常態性檢定與資料轉換

常態性檢定是同時檢定偏態與峰度的數值是否顯著不等於 0 (虛無假設為偏態係數 =0、峰度係數 =0)。如果 N 是觀察值個數，偏態的標準誤數值接近下列式子：$S_S = \sqrt{\dfrac{6}{N}}$，偏態值的檢定的方法是採用與 0 值比較的 z 分配：$z = \dfrac{S - 0}{S_S}$，S 是偏態的數值。峰度的標準誤接近下列式子：$S_K = \sqrt{\dfrac{24}{N}}$，峰度值的檢定的方法是採用與 0 值比較的 z 分配：$z = \dfrac{K - 0}{S_K}$，K 是峰度的數值。傳統上，在中、小樣本情況下，檢定資料結構分配的偏態與峰度係數值是否等於 0 的顯著水準採用較保守的機率值，一般為 .01 或 .001，若是在大樣本的情況下，一般則採用分配形狀的檢核判別法，因為在大樣本數的情況下，偏態或峰度係數的標準誤會變得較小；相對的，z 統計檢定很容易得到一個較大的 z 值，而得到拒絕虛無假設的結論，即使是資料結構稍微偏離常態分配，也會得出資料結構違反常態分配的假定。在大樣本的情況下，偏態檢定與峰度檢定統計量是否達到 .01 顯著水準並不是十分重要的事情 (資料結構形狀的中心顯著不等於 0 也沒有關係)，研究證實樣本數在 100 以上，對於正峰形狀 (分配形狀短，尾巴較厚) 資料結構的變異會低估，樣本數 200 以上時，對於負峰形狀 (分配形狀長) 資料結構的變異會低估 (Tabchnick & Fidell, 2007, pp.79-80)。

Tabchnick 與 Fidell (2007, p.89) 對於非常態性資料結構的轉換方法，提供以

下的方法供研究者參考，計量變數中最常使用的非常態轉換方法為平方根轉換。至於非極端性常態分配的資料結構，許多統計方法應用時也有很大的強韌性，資料結構進行轉換後，新資料結構分佈雖然較接近常態分配，但新資料結構的特徵與原有資料結構的特徵可能會有不同。

資料結構分配情形	方式轉換	範例 (X 為原始變項)	備註
中度正偏態	平方根轉換	NEW_X=SQRT(X)	
中高度正偏態	對數轉換	NEW_X=LG10(X)	C 為常數
		NEW_X=LG10(X+C)	X 數值中出現 0 時
極端正偏態	倒數轉換	NEW_X=1/X	C 為常數
		NEW_X=1/(X+C)	X 數值中出現 0 時
中度負偏態	反向平方根轉換	NEW_X=SQRT(K-X)	
中高度負偏態	反向對數轉換	NEW_X=LG10(K-X)	
極端負偏態	反向倒數轉換	NEW_X=1/(K-X)	
		NEW_X=1/(X+C)	

註：C 為一個常數，加上原始測量值後能讓最小數值為 1；K 為一個常數，作為被減數，減掉原始測量值後最小數值要為 1，其數值通常是原測量值中最大數值加上 1，如最大值為 34，則 K 值為 34+1=35。

壹、預檢資料的操作

範例資料檔中受試者接受三種不同測驗，測驗的變項名稱分別為「測驗 A」、「測驗 B」、「測驗 C」。

⊃ 一、操作程序

1. 步驟 [1]

執行功能列「分析 (A)」/「敘述統計 (E)」/「預檢資料 (E)」(Explore) 程序，開啟「預檢資料」對話視窗。

2. 步驟 [2]

在左邊變數清單中將目標變項「測驗 A」、「測驗 B」、「測驗 C」選入右邊「依變數清單 (D)」下的方格中，按『統計量 (S)』鈕。

3. 步驟 [3]

在「預檢資料：統計量」對話視窗中，有四個選項：「☑ 描述性統計

量 (D)」(內定平均數的信賴區間為 95%)、「□ M 估計值 (M)」、「□ 偏離值 (O)」、「□ 百分位數 (P)」，「偏離值」的選項可以檢核變項數值是否有極端值存在，勾選「☑ 描述性統計量」可以輸出變項的各項描述性統計量，範例中勾選「☑ 描述性統計量」，按『繼續』鈕。

4. 步驟 [4]

在「預檢資料」對話視窗中，按『圖形 (L)』鈕，可開啟「預檢資料：圖形」次對話視窗中，在此視窗中有三個方盒選項：(1) 是否呈現盒形圖方盒，方盒內有三個次選項：「結合因子水準 (F)」、「結合依變數 (D)」、「無 (N)」(不要呈現)；(2) 描述性統計量方盒，方盒內有二個次選項：「莖葉圖 (S)」、「直方圖 (H)」；(3)「常態機率圖附檢定 (O)」。「☑ 常態機率圖附檢定 (O)」選項可以檢核樣本觀察值在變項上是否符合常態分配，即進行變項「常態性假定」考驗。在此對話視窗中勾選「☑ 結合因子水準 (F)」、「☑ 莖葉圖 (S)」、「☑ 直方圖樣 H」、「☑ 常態機率圖附檢定 (O)」，按『繼續』鈕，回到「預檢資料」對話視窗，按『完成』鈕。

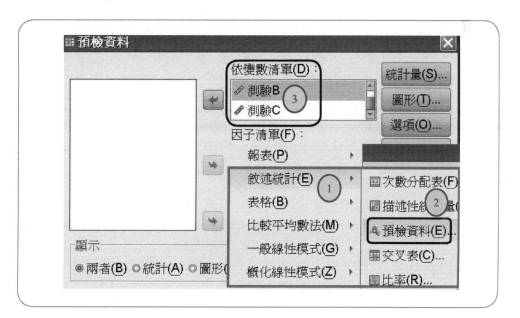

「預檢資料」主對話視窗之「顯示」方盒中有三個選項：「◉ 兩者 (B)」、「統計 (A)」、「圖形 (L)」，內定選項為「◉ 兩者 (B)」，此選項可同時輸出目

標變數的統計量數與圖形。右邊「因子清單 (F)」下的方格可以點選群組類別變項 (人口變項 / 背景變項)，如性別，則輸出結果會依性別的水準數值群組分開呈現。

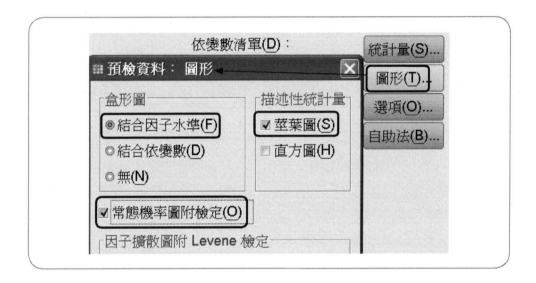

「預檢資料：圖形」次對話視窗中若研究者沒有勾選「☑ 常態機率圖附檢定 (O)」選項，則不會輸出資料結構之常態性檢定的相關統計量數。

⊃ 二、盒形圖的意義

在「預檢資料：圖形」次對話視窗中，勾選「☑ 常態機率圖附檢定 (O)」選項，可以界定依變項的數值是否增列盒形圖 (box plot) 的型式輸出。根據盒形圖也可以檢視資料的性質，盒形圖圖示中所代表的統計量如下：

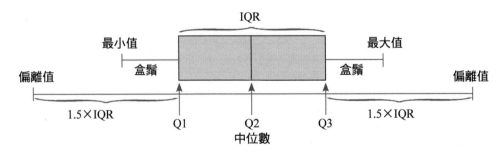

在盒形圖中箱形的左右二邊分別為第一四分位數 Q_1、第三四分位數 Q_3，箱形包含了中間 50% 的數據，箱形中的垂直線條為中位數 Q_2，中位數的線條將箱

形中的資料分成二部份。如果中位數在箱形中間，而左、右二條的盒鬚線長度大約相等，表示資料分佈為常態分配，如果中位數偏向右邊第三「四分位數」Q_3 處，且右邊 (上限) 的盒鬚線長度較左邊 (下限) 盒鬚線長度為短，表示資料分佈為負偏態，觀察值的分數集中在高分處；相反的，中位數偏向左邊第一「四分位數」Q_1 處，且右邊 (上限) 的盒鬚線長度較左邊 (下限) 盒鬚線長度為長，表示資料分佈為正偏態，觀察值的分數集中在低分處。觀察值的位置點若位於盒長之 1.5 倍以上 (1.5× 四分位距) 則稱為偏離值 (outlier)，偏離值會以小圓圈點符號表示，觀察值的位置點若位於盒長之 3 倍以上 (3× 四分位距) 則稱為極端值 (extreme value)，極端值會以小 * 符號表示。

⊃ 三、輸出結果

常態檢定

	Kolmogorov-Smirnov 檢定 [a]			Shapiro-Wilk 常態性檢定		
	統計量	自由度	顯著性	統計量	自由度	顯著性
測驗 A	.136	50	.022	.925	50	.004
測驗 B	.136	50	.022	.925	50	.004
測驗 C	.088	50	.200*	.972	50	.285

a. Lilliefors 顯著性校正。
*. 此為真顯著性的下限。

　　常態檢定摘要表提供二種資料結構分配是否為常態分配的檢定統計量數：一為 K-S (Kolmogorov-Smirnov) 統計量；二為 S-W (Shapiro-Wilk) 統計量。當樣本數小於 50 時，一般採用 S-W 統計量進行常態性檢定；樣本個數大於或等於 50 時，則採用 K-S 統計量進行常態性檢定，常態分配檢定的虛無假設為 H_0：變項機率分配＝常態分配，對立假設為 H_1：變項機率分配≠常態分配。範例中有效觀察值個數為 50，測驗 A 之 K-S 統計量為 .136，顯著性機率值 p=.022＜.05，S-W 統計量為 .925，顯著性機率值 p=.004＜.01，拒絕虛無假設，表示測驗 A 資料結構分配不等於常態分配型態；測驗 B 之 K-S 統計量為 .136，顯著性機率值 p=.022＜.05，S-W 統計量為 .925，顯著性機率值 p=.004＜.01，拒絕虛無假設，表示測驗 B 資料結構分配不等於常態分配型態；測驗 C 之 K-S 統計量為 .088，顯著性機率值 p=.200＞.05，S-W 統計量為 .972，顯著性機率值 p=.285＞.05，接

受虛無假設，表示測驗 C 資料結構分配等於常態分配型態。若採用較為保守的
顯著水準 α=.01，「測驗 A」之常態性檢定統計量 K-S 的顯著性 p=.022 > .01，
接受虛無假設，「測驗 B」之常態性檢定統計量 K-S 的顯著性 p=.022 > .01，接
受虛無假設。「測驗 A」、「測驗 B」的資料結構雖為偏態，但卻不是極端的正
偏或負偏 (配合視覺化之直方圖與盒形圖的檢核)。

描述性統計量

			統計量	標準誤
測驗 A	平均數		6.90	.357
	平均數的 95% 信賴區間	下限	6.18	
		上限	7.62	
	刪除兩極端各 5% 觀察值之平均數		7.07	
	中位數		7.00	
	變異數		6.378	
	標準差		2.525	
	最小值		0	
	最大值		10	
	範圍		10	
	四分位全距		4	
	偏態		-.786	.337
	峰度		.133	.662
測驗 B	平均數		3.10	.357
	平均數的 95% 信賴區間	下限	2.38	
		上限	3.82	
	刪除兩極端各 5% 觀察值之平均數		2.93	
	中位數		3.00	
	變異數		6.378	
	標準差		2.525	
	最小值		0	
	最大值		10	
	範圍		10	
	四分位全距		4	
	偏態		.786	.337
	峰度		.133	.662

		統計量	標準誤
測驗 C	平均數	4.70	.362
	平均數的 95% 信賴區間　　下限	3.97	
	上限	5.43	
	刪除兩極端各 5% 觀察值之平均數	4.69	
	中位數	5.00	
	變異數	6.541	
	標準差	2.558	
	最小值	0	
	最大值	10	
	範圍	10	
	四分位全距	4	
	偏態	.082	.337
	峰度	-.772	.662

　　預檢資料的描述統計量會根據變項被選入的順序依次呈現，各變項的統計量包括平均數、平均數的 95% 信賴區間、刪除兩端各 5% 觀察值之平均數 (修正後平均數)、中位數、變異數、標準差、最小值、最大值、範圍、四分位全距、偏態係數、峰度係數、平均數的標準誤、偏態係數的標準誤、峰度係數的標準誤等。以英文變項而言，平均數為 79.32、平均數的 95％信賴區間為 [74.74，83.90]、刪除兩端各 5% 觀察值之平均數 (修正後平均數) 為 80.30、中位數等於 85.00、變異數等於 259.936、標準差等於 16.123、最小值等於 38、最大值等於 100、範圍等於 62、四分位全距等於 26、偏態係數為 -.725、峰度係數為 -.355、平均數的標準誤等於 2.280、偏態係數的標準誤為 .337、峰度係數的標準誤為 .662。

(一) 負偏態的資料結構

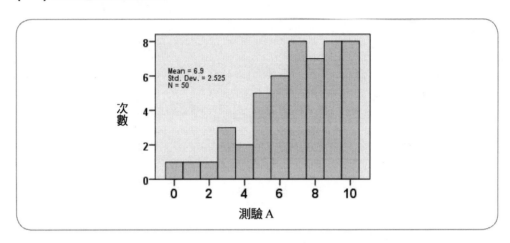

　　測驗 A 的分配中，長尾巴在左側，平均數、眾數、中位數的關係一般為：平均數－中位數－眾數，觀察值中高於平均數的高分群人數較多。「負偏態的資料結構中，大多數分數都集中在高分部份曲線」。

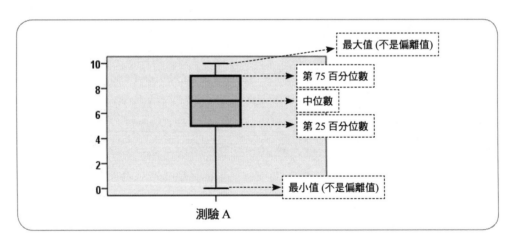

　　負偏態的資料結構，長尾巴在左側，盒形圖顯示：中位數偏向右邊第三「四分位數」Q_3 處，且右邊 (上限) 的盒鬚線長度較左邊 (下限) 盒鬚線長度為短，表示資料分佈為負偏態，觀察值的分數集中在高分處。

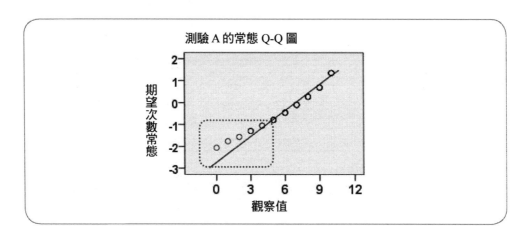

　　上圖為常態機率分佈圖 (normal probability plot)，為檢驗測量值是否為常態性的另一種方法，其方法乃是將觀察值依小至大加以排序，然後將每一個數值與其常態分配的期望值配對，若是樣本觀察值為一常態分配，則圖中小圈圈所構成的實際累積機率分配會分佈在理論常態累積機率直線圖上，即常態機率分佈圖為一直線時，則資料呈現常態分配。圖中部份圈圈偏離期望次數常態直線，表示測驗 A 的資料結構未呈常態分配。

(二) 正偏態的資料結構

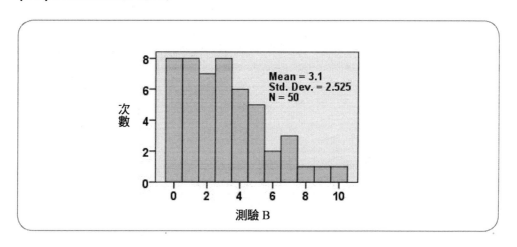

　　測驗 B 的分配中，長尾巴在右側，平均數、眾數、中位數的關係一般為：眾數－中位數－平均數，觀察值中高於平均數的低分群人數較多。「正偏態的資料結構中，大多數分數都集中在低分部份曲線」。

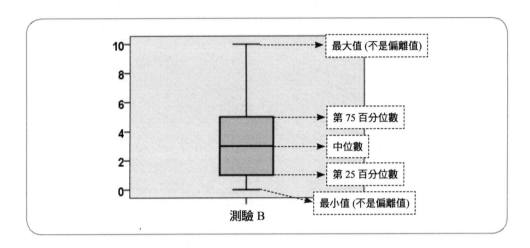

　　測驗 B 資料結構呈正偏態的分配，長尾巴在右側，盒形圖顯示：中位數 (第二四分位數 Q_2) 偏向左邊第一「四分位數」Q_1 處，且右邊 (上限) 的盒鬚線長度較左邊 (下限) 盒鬚線長度為長，表示資料分佈為正偏態，觀察值的分數集中在低分處。

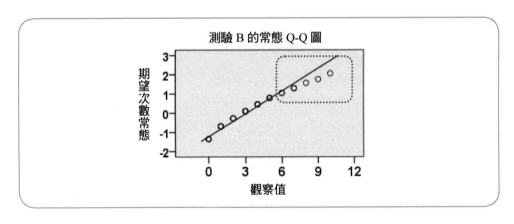

　　測驗 B 的常態 Q-Q 圖中，後面圈圈偏離期望次數常態直線，表示測驗 B 的資料結構未呈常態分配。

(三) 常態分配的資料結構

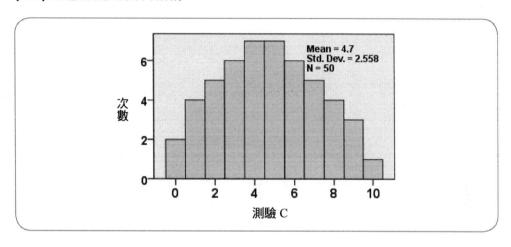

測驗 C 的資料結構，大致呈現左右對稱的鐘形曲線，此種分配接近常態分配，常態分配曲線中，中間最高點的統計量數為平均數 (約等於中位數與眾數)。

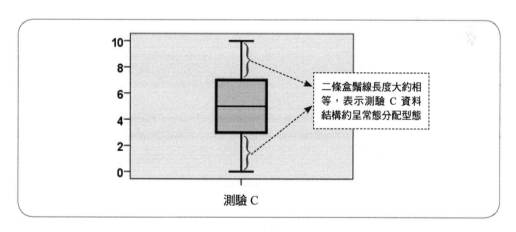

測驗 C 資料結構的盒形圖顯示：中位數約在箱形中間，而上、下二條的盒鬚線長度大約相等，表示資料分佈為常態分配。

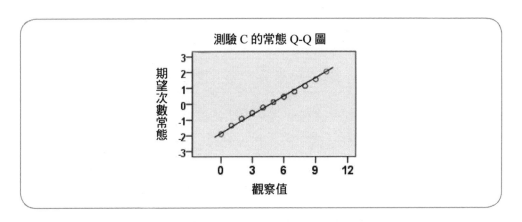

圖中觀察值之圓圈所構成的圖形大致呈直線分佈，顯示資料分配接近常態分配，此結果和上述採用「Kolmogorov-Smirnov」統計量之常態性檢定結果相同。

⊃ 四、資料結構的轉換

由於測驗 B 為正偏態型態，進行資料轉換時可採用平方根轉換、對數轉換、倒數轉換。執行功能表列「轉換」/「計算變數」程序，「目標變數」與對應的數值運算式如下：

目標變數 (T) 下方格	數值運算式 (E) 下的算式	備註
測驗 B 平方根轉換	SQRT(測驗 B)	
測驗 B 倒數轉換	1/(測驗 B+1)	因為原始測量值的數值有 0
測驗 B 對數轉換	LG10(測驗 B+1)	因為原始測量值的數值有 0

常態檢定

	Kolmogorov-Smirnov 檢定 [a]			Shapiro-Wilk 常態性檢定		
	統計量	自由度	顯著性	統計量	自由度	顯著性
測驗 B	.136	50	.022	.925	50	.004
測驗 B 平方根轉換	.129	50	.036	.933	50	.007
測驗 B 倒數轉換	.251	50	.000	.766	50	.000
測驗 B 對數轉換	.146	50	.010	.929	50	.005

a. Lilliefors 顯著性校正。

　　「測驗 B 平方根轉換」變項資料結構常態性檢定統計量 KS 值為 .129，顯著性機率值 p=.036＞.01，接受虛無假設；「測驗 B 對數轉換」變項資料結構常態性檢定統計量 KS 值為 .146，顯著性機率值 p=.010＞.01，接受虛無假設，轉換後資料大致呈常態分配。「測驗 B 倒數轉換」變項資料結構常態性檢定統計量 KS 值為 .251，顯著性機率值 p＜.001，拒絕虛無假設。三種不同方法進行資料結構型態轉換，「測驗 B 平方根轉換」、「測驗 B 對數轉換」二個變項的資料結構型構較符合常態分配型態，至於「測驗 B 倒數轉換」變項資料結構型構較還是未符合常態分配型態。此種結構跟原先「測驗 B」的偏態屬性有關，測驗 B 計量變項的資料結構若是為中度正偏態型態，採用平方根與對數轉換後的新資料結構較符合常態分配型態。在實務應用上，進行計量變項的常態性轉換的方法，最好使用「平方根轉換」法較為適宜。

　　但將原始資料進行平方根轉換後，新資料結構與原始資料結構相關統計量數有很大不同，即二者的屬性可能有很大差異，因而統計實務中，除非資料結構嚴重違反常態性假定，否則研究者不宜任意進行資料結構的平方根轉換。

　　下面範例為六十位國中學生國文學期成績與教師自編國文成就測驗間之相關，二者間的相關係數統計量為 .767，顯著性機率值 p＜.001，表示國文學期成績與教師自編國文成就測驗間呈顯著高度正相關。

相關 (個數等於 60)

		國文學期成績	國文成就測驗
國文學期成績	Pearson 相關	1	.767**
	顯著性 (雙尾)		.000
國文成就測驗	Pearson 相關	.767**	1
	顯著性 (雙尾)	.000	

**. 在顯著水準為 0.01 時 (雙尾)，相關顯著。

　　60 位觀察值在國文成就測驗變項之莖葉圖如下：

```
國文成就測驗    Stem-and-Leaf Plot
 Frequency        Stem &  Leaf
  14.00           4 .   00112223345557
  10.00           5 .   0122234445
  18.00           6 .   022445556667788889
   7.00           7 .   0012245
   8.00           8 .   00112489
   3.00           9 .   000
Stem width:          10
Each leaf:         1 case(s)
```

莖的寬度數值表示 10，每個葉表示一位觀察值，以莖為 8 的橫列來看 (數值表示 80)，次數欄顯示 8，表示有 8 位觀察值，葉欄的數值為個位數，八位觀察值的分數分別為 80、80、81、81、82、84、88、89。

下表為執行「預檢資料」程序所呈現的常態性檢定摘要表：

常態檢定

	Kolmogorov-Smirnov 檢定 [a]			Shapiro-Wilk 常態性檢定		
	統計量	自由度	顯著性	統計量	自由度	顯著性
國文學期成績	.103	60	.175	.966	60	.098
國文成就測驗	.097	60	.200[*]	.946	60	.010

a. Lilliefors 顯著性校正。
*. 此為真顯著性的下限。

從常態性檢定摘要表得知：Shapiro-Wilk 常態性檢定統計量中「國文學期成績」變項的 S-W 統計量為 .966，顯著性機率值 p=.098 > .05，接受虛無假設，表示「國文學期成績」資料結構未違反常態性假定；「國文成就測驗」變項的 S-W 統計量為 .946，顯著性機率值 p=.010 < .05，拒絕虛無假設，表示「國文成就測驗」變項資料結構違反常態性假定，若是顯著水準 α 採用較為保守的 .01，則顯著性機率值 p=.010 > .01，接受虛無假設，表示「國文成就測驗」變項資料結構未違反常態性假定。此種情形顯示，「國文成就測驗」變項資料結構雖違反常態

性假定，但偏態的情形卻不嚴重。

　　將「國文成就測驗」變項的資料經平方根轉換後，轉換後的新數值的變項為「成就測驗平方根」，「成就測驗平方根」變項與原先國文學期成績變項間的相關矩陣摘要表如下：

相關 (個數為 60 位)

		國文學期成績	成就測驗平方根
國文學期成績	Pearson 相關	1	.784**
	顯著性 (雙尾)		.000
成就測驗平方根	Pearson 相關	.784**	1
	顯著性 (雙尾)	.000	

**. 在顯著水準為 0.01 時 (雙尾)，相關顯著。

　　「國文學期成績」與「成就測驗平方根」二個變項間的相關係數統計量為 .784，顯著性機率值 $p<.001$，表示國文學期成績與成就測驗平方根變項間呈顯著高度正相關。

常態檢定

	Kolmogorov-Smirnov 檢定 ͣ			Shapiro-Wilk 常態性檢定		
	統計量	自由度	顯著性	統計量	自由度	顯著性
國文成就測驗	.097	60	.200*	.946	60	.010
成就測驗平方根	.115	60	.048	.946	60	.010

a. Lilliefors 顯著性校正。
*. 此為真顯著性的下限。

　　「國文成就測驗」變項與經平方根轉換後新變項「成就測驗平方根」，二者 Shapiro-Wilk 常態性檢定的統計量相同，表示原先「國文成就測驗」變項的資料並未違反常態性假定，經平方根轉換後的資料還是符合常態性假定。但「國文成就測驗」變項轉換前的資料與轉換後的資料與國文學期成績變項間的相關係數統計量數值並未完全相同，表示「國文成就測驗」變項轉換前的資料結構與轉換後的資料結構之屬性是有所差異的。

常態檢定

	學生性別	Kolmogorov-Smirnov 檢定 [a]			Shapiro-Wilk 常態性檢定		
		統計量	自由度	顯著性	統計量	自由度	顯著性
國文成就測驗	1 男生	.156	32	.047	.917	32	.017
	2 女生	.220	28	.001	.876	28	.003
成就測驗平方根	1 男生	.151	32	.060	.931	32	.041
	2 女生	.218	28	.002	.866	28	.002

a. Lilliefors 顯著性校正。

在「預檢資料」主對話視窗中點選「性別」變項至右邊「因子清單 (F)」下的方格中，則輸出的目標變數之常態性檢定及圖示會依性別水準數值分開呈現。如研究者想分別就男生群體、女生群體在國文學期測驗分數資料的常態性假設進行檢定，於「預檢資料」主對話視窗中，將「國文學期成績」選入右邊「依變數清單 (D)」下方格，將「學生性別」變項點選至右邊「因子清單 (F)」下的方格。

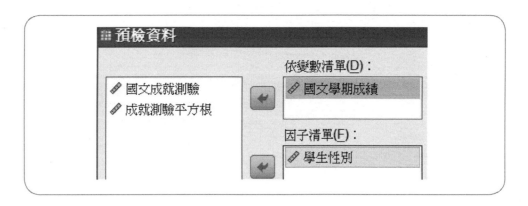

範例中男生在「國文成就測驗」及「成就測驗平方根」二個變項之「Kolmogorov-Smirnov」常態性檢定統計量分別為 .156、.151，顯著性機率值 p 分別為 .047、.060，均大於 .01，表示男生群體在「國文成就測驗」及「成就測驗平方根」二個變項之資料分配並未違反常態性假定；女生群體在「國文成就測驗」及「成就測驗平方根」二個變項之「Kolmogorov-Smirnov」常態性檢定統計量分別為 .220、.218，顯著性機率值 p 分別為 .001、.002，均小於 .01，表示女生群體在「國文成就測驗」及「成就測驗平方根」二個變項之資料分配違反常態性假定。

常態檢定

	學生性別	Kolmogorov-Smirnov 檢定 [a]			Shapiro-Wilk 常態性檢定		
		統計量	自由度	顯著性	統計量	自由度	顯著性
國文學期成績	~ 1 男生	.105	32	.200[*]	.968	32	.438
	. 2 女生	.100	28	.200[*]	.956	28	.280

a. Lilliefors 顯著性校正。
*. 此為真顯著性的下限。

就「國文學期成績」分數的資料分配，以男生群體而言，常態性假設 K-S 統計量為 .105，自由度為 32 (表示有效觀察值個數有 32)，顯著性機率值 p=.200＞.05，接受虛無假設，男生樣本的資料未反常態性假設；以女生群體而言，常態性假設 K-S 統計量為 .100，自由度為 28 (表示有效觀察值個數有 28)，顯著性機率值 p=.200＞.05，接受虛無假設，女生樣本的資料未反常態性假設。

常態機率分佈圖 (國文學期成績的常態 Q-Q 圖) 也會依「因子清單」方格中的群組變數的水準數值分開呈現。

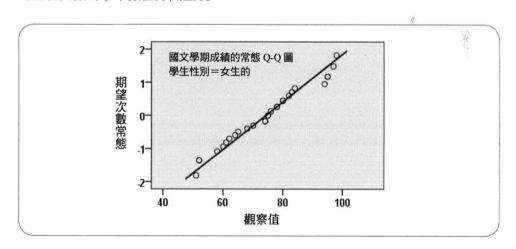

上圖為女生群體的常態機率分佈圖，圓圈構成的實際累積機率分配線大致位於理論常態累積機率分配的 45 度直線上，表示女生群體的資料符合常態性的假設。

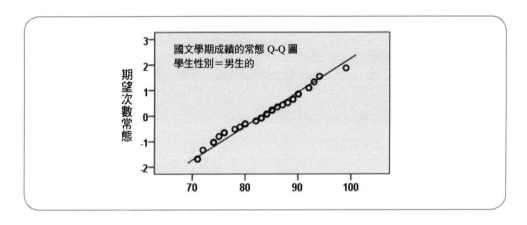

上圖為男生群體的常態機率分佈圖，圓圈構成的實際累積機率分配線大致位於理論常態累積機率分配的 45 度直線上，表示男生群體的資料符合常態性的假設。

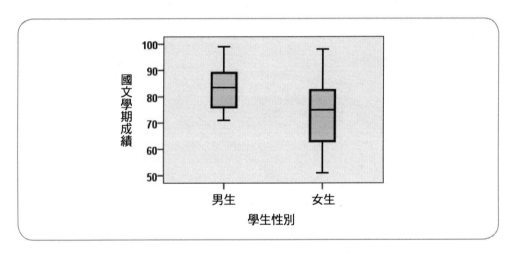

盒形圖中會依學生性別的水準數值編碼群組並列呈現，盒形圖中沒有標示為小圈圈○符號的觀察值，表示沒有觀察值為偏離值，圖示中也沒有標示為 * 符號，表示沒有極端化值的觀察值，女生群體中盒鬚的上限與下限大約等長，男生群體中盒鬚的上限較下限為長，表示女生群體資料符合常態，而男生群體資料呈輕微負偏態 (但也符合常態分配假設)。

第08章

卡方檢定——百分比考驗

　　卡方考驗適用於非連續變項 (名義或次序變項) 關係之探討，主要用於百分比的差異。

　　在社會及行為科學研究中，如果研究者探討的變項是二個間斷變項 (名義變項或次序變項) 的問題，則較常使用的統計方法稱為 χ^2 統計方法－卡方檢定 (chi-square test)，卡方考驗又稱百分比考驗，列聯表中的細格不是次數便是百分比，列聯表中的二個變項為非計量性變項，可以是名義變項或次序變項。

　　χ^2 統計方法特別適用於處理非連續變項中次數、人次之類的變數資料。如不同教師性別樣本 (男教師、女教師) 對不同性別的行政人員 (男行政人員、女行政人員) 之偏好度是否有所不同？再如不同社經地位的家庭 (高社經、中社經、低社經) 對政府施政滿意度 (非常滿意、滿意、無意見、不滿意、非常不滿意) 是否有所不同？此種涉及二分以上名義變項或次序變項的資料，大都以次數或百分比表示，在統計方法上採用卡方檢定來進行推論統計檢定。卡方檢定以細格次數來進行交叉分析，細格內的數值不是次數 (人次) 便是百分比，卡方檢定又稱百分比考驗。卡方檢定考驗的目的，在於考驗實際觀察到的樣本次數或百分比與理論或母群體的期望次數或百分比是否有所關聯，或是否有顯著差異。

　　卡方考驗的定義公式如下：$\chi^2 = \Sigma \dfrac{(f_o - f_e)^2}{f_e}$

　　f_o 為觀察次數 (observed frequencies)，觀察次數又稱「實際次數」，是指調查研究中實際獲得有效樣本的人次或次數。f_e (expected frequencies) 代表期望次數或稱理論次數，是指根據統計理論所推估出來的人數或次數。交叉表的自由度為 (橫列的水準數－ 1)×(縱行的水準數－ 1)。

　　卡方考驗所檢定的是樣本的觀察次數或百分比與統計理論或母群體的次數或百分比之間的差距，當觀察次數與理論次數 (期望值) 之間有很大的差距時，卡方考驗的結果愈容易達到顯著，此時卡方值會愈大；而觀察次數與理論次數 (期望值) 之間的差異愈小，卡方值愈小，考驗的結果愈不容易達到顯著。廣義而言，卡方統計量提供一個觀察值個數與期望個數之間整體差異的測量，整體差異

值愈大，卡方值統計量會愈大，研究者愈有信心相信母體中二個類別變數間有一種真實的關聯性存在 (莊文忠譯，民 98)。卡方檢定的基本假定如下：

1. 觀察值獨立

觀察值個體相互獨立，每位觀察值只能歸類於一個類別或水準。

2. 資料必須來自一個「多項式分配」(multinomial distribution) 的隨機樣本，細格期望次數不能太小。

(1) 在 2×2 列聯表中，細格理論期望次數要大於 5，如果小於 5，應採用「耶茲氏連續校正」(Yate's continuity correlation)；如果總樣本數小於 20 時，最好採用「費雪爾正確概率考驗」(Fisher's exact test) 方法加以分析處理。

耶茲氏連續校正的公式為：$\chi^2_{\text{校正值}} = \Sigma \dfrac{(|f_0 - f_e| - 0.5)^2}{f_e}$，為觀察次數 (observed frequency)、f_e 為期望次數 (expected frequency)。

(2) 在 R×C 列聯表中，期望次數小於 5 的細格數不可超過全部細格數的 20%，且所有細格的期望次數均應在 1 以上，如果類別變項構成的交叉表之細格中有一個以上細格的期望次數小於 1，則不能使用卡方檢定。

卡方檢定主要適用於二個質的變數 (類別或次序變數) 之差異分析。在社會科學領域中卡方檢定的主要用途，常見的有以下四種 (林清山，民 81；余民寧，民 86；邱皓政，民 89)：

⊃ 一、適合度考驗

研究者關心某一個變項是否與某個理論分配或母群分配相符合之時，以卡方考驗進行的統計檢定稱為適合度考驗 (goodness-of-fit test)。在社會科學領域中，研究者想要探究樣本在某個間斷變項 (如喜愛的課外書籍種類、對組織的滿意度、休閒活動類型、宗教信仰偏好等) 上反應的百分比是否有所差異，像此種只根據樣本在某一名義變項或次序變項上的反應，進行資料的分析，稱為「單因子分類」(one-way classification)。根據單因子分類資料，考驗實察觀察次數與理論期望次數間是否一致之卡方考驗，即為適合度考驗。因而適合度考驗即在考驗單

一變項上的觀察次數與期望次數間是否有所差異存在，其自由度為 k-1，k 為單一變項的組數或類別數。適合度分析的研究問題如：

「某位校長想了解教師對運動會服裝的五種款式看法是否有所差異，此校長隨機訪談該校六十位教師⋯⋯」，此問題中主要在考驗觀察次數是否符合某種特定的分配，如果教師沒有特別的喜好，理論上每種服裝款式被選擇的人數為 $60 \div 5 = 12$，12 稱為期望次數，但是實際調查的結果 (觀察次數) 是否與期望次數相符合，則需要加以考驗，此稱為適合度考驗。此研究問題的虛無假設 H_0 為：「教師對五種服裝款式的喜好程度沒有不同」；對立假設 H_1 為：「教師對五種服裝款式的喜好程度有所不同」。

⊃ 二、百分比同質性考驗

「百分比同質性考驗」(test of homogeneity proportions) 主要目的在檢定由二個間斷變項所交叉構成的列聯表中各細格的百分比是否有所差異，列聯表通常是由 I 個橫列及 J 個縱行所構成的 I×J 個細格表，I 的水準數可能等於 J 的水準數 (I = J) 或不等於 J 的水準數 (I ≠ J，I>J、I<J)。

如不同社經地位的家庭 (分為三個水準或類別：高社經地位、中社經地位、低社經地位)，家庭的教養方式 (分為民主式、權威式、放任式三種類別或水準) 是否有所差異？在上述的問題中，二個間斷變項中有一個變項是研究者事先所進行操弄的自變項或研究者找來比較的類別變項，此一變項稱為「設計變項」(design variable)，分成 J 個群體，由於它是研究者所操弄的，因此樣本在各水準的次數研究者已事先知道。至於交叉表中的另一個變項是研究者想要分析或探討的變項，通常稱為「反應變項」(response variable)(如家庭的教養方式分為民主式、權威式、放任式三種類別或水準；I = 3)，反應變項是研究者所要分析或探討的依變項，通常分成 I 個類別或 I 個反應項目。

百分比同質性考驗即在探究上述 J 個群體在 I 個反應方面的百分比是否都一致，其自由度等於 (I − 1)×(J − 1)。在 I×J 個細格列聯表中，進行百分比同質性考驗時，設計變項 J 個類別 (如社經地位有三組，J = 3，表示有三個母群或三個組別) 的邊緣總次數或總人數是固定的，即在研究計畫前即已事先決定；而細格中的資料則需視實際調查得到的次數或人數之機率而定。百分比同質性考驗的假設如：「樣本在 I 變項反應的百分比因 J 變項群體的不同而有顯著差異。」

如果卡方檢定結果達到顯著，則要進一步進行百分比同質性考驗的事後比較 (a posteriori comparisons)。因為卡方檢定顯著只能說明：「J 個群體或類別間，至少有二個組別間的百分比有顯著差異」，但未呈現是那二組的百分比有顯著差異，因而研究者必須在卡方值達顯著後，再進行事後比較。百分比同質性的事後比較最好採用同時信賴區間估計法 (simultaneous confidence interval)，以避免全部的事後比較觸犯第一類型錯誤的總機率大於卡方考驗所選用的 α 值。百分比同質性考驗結果之卡方值如果顯著，則至少有一組百分比的意見反應有顯著差異，此組即是百分比反應最大的水準組別與百分比反應最小的水準組別，至於其它組別間的差異則要經由同時信賴區間的考驗方能得知。

⇒ 三、獨立性考驗

　　同質性考驗是二個以上樣本在同一個變項的分佈狀況的檢驗；獨立性考驗是同一個樣本的二個變項之關聯情形的考驗。在 I×J 所構成的交叉表 (crosstabulation table) 中，當二個變項都是反應變項，研究者所關心的是自母群中取樣而來的一組受試在這二個變項間是否互為獨立？如果不是互為獨立，則二者關聯性的性質與程度如何？在進行獨立考驗時，I×J 所構成的交叉表中，只有總人數 N 事先知道，其它細格人數或邊緣人數均由調查決定。在百分比同質性考驗中，研究者的目的在探究設計變項 (自變項) 各類別樣本在依變項 (反應變項) 各水準上反應的差異，其中有一個變項 (設計變項或自變項) 各類別的次數是在研究進行前研究者就已經事先決定；而獨立性考驗是研究者想要同時檢測二個類別變項 (X 與 Y) 之間的關係，亦即在探討樣本在二個依變項 (反應變項) 上的反應是否彼此有相關存在或是否互為獨立？獨立性考驗的二個變項皆是反應變項，它們的次數要經調查研究後才知道。

　　獨立性考驗的問題如：「研究者隨機抽取 420 名學生，探究學生的七大休閒活動類型是否與學生的社經地位有所關聯？」、「某學者想探究父親的管教態度 (分為民主式、權威式、放任式) 與男學生的攻擊性行為 (時常有攻擊性行為、偶而有攻擊性行為、無攻擊性行為) 是否有所關聯？」等。此種獨立性考驗的問題假設考驗如：樣本在 X 變項與 Y 變項上反應的百分比有顯著相關。

在百分比同質性考驗上，如果卡方值達到顯著水準，表示 J 個群體的百分比之間有顯著差異，進一步需要進行事後比較，以找出到底那幾組的百分比之間有顯著差異。至於獨立性考驗的結果，如果二個變項間的關係達到顯著後，則需要進行二個變項關聯性 (association) 強度與性質的檢定。由於獨立性考驗中，二個變項均是反應變項，二個變項均非研究者所能操弄，其分析目的在於檢定二個變項間之相關，而非探討自變項在依變項上的差異，因此獨立性考驗不用像百分比同質性一樣進行事後比較。

在關聯性強度的檢定方面，如 2×2 列聯表中可用 phi (Φ) 相關係數；3×3 以上之正方形列聯表中，可用列聯係數 (coefficient of contingency)；I×J (I＞2, J＞2) 之長方形列聯表資料中，可使用克瑞碼 V 統計數 (Cramer's V 係數)。當二個變項關聯性的係數檢定值愈接近 1，表示二個變項的關聯性愈強；其值愈接近 0，表示二個變項的關聯性愈弱。至於二個變項間關聯性性質的檢定，可採用「預測關聯性指標」(index of predictive association；λ 值) 來檢核 (Hays, 1988)。

⊃ 四、改變的顯著性考驗

改變的顯著性考驗 (test of significance of change) 之目的，主要用於考驗同一群受試者對一件事情前後二次反應之間的差異情形，亦即在分析樣本於某一個類別變項各水準上的反應，在前後二次測量間改變的百分比是否有顯著差異。因同一群受試者均需前後被重複測量二次，類似於「重複量數」(repeat measure) 的設計，就 I×J 交叉表上的二個變項均為反應變項。在進行改變的顯著性考驗之前，研究者唯一知道的訊息只有調查研究的總人數或總次數。改變的顯著性考驗問題如：「某位教師想了解學生對他所任教的科目，在學期初和學期中的喜愛情形是否有所改變」。類似此種於前後二次測量中，態度或反應發生改變的次數或百分比是否有所差異，皆可用卡方考驗進行樣本反應改變的顯著性考驗，常用的二種方法：一為「麥氏考驗」(McNemar test)，「麥氏考驗」適用於 2×2 列聯表資料；二為包卡爾對稱性考驗 (Bowker's test of symmetry)，適用於 R×C 列聯表資料。

在上述四種卡方檢定中，當自由度為 1 時 (2×2 列聯表)，有個基本條件限制必須滿足，那就是任何細格的理論期望次數不能小於 5，若有細格理論次數小於 5 時，就必須進行校正工作，以避免卡方值高估而發生錯誤的結論。因而進行

卡方檢定時，各細格期望次數 (理論次數) 最好大於或等於 5 ($f_e \geq 5$)，或至少要有 80% 的細格期望值要大於或等於 5，否則會造成卡方檢定結果的偏差。

在卡方檢定中，分類細格的期望值不可小於 5，在調查研究中如果發現某一細格的期望值 (理論期望次數) 小於 5，除了可採用上述的「費雪爾正確概率考驗」外，最好將該細格與其它細格合併 (重新將變數水準數分類)，或增加抽樣的樣本數。在實務研究中，以將變數水準重新編碼分組的方數最為可行，也最為實用。若有細格的期望次數小於 5 時，研究者可採取以下的處理方式：

1. **增加樣本人數**：如果時間或人力許可，可以增加取樣樣本的人數 (或受試對象)，以提高細格的期望次數，增加樣本人數即擴增抽樣樣本數。如原先取樣人數為 200 人，取樣的觀察值可再增列 50 人或 100 人等，當取樣的樣本人數增加後，抽樣誤差率 (sampling error rate) 也會明顯降低。

2. **合併細格次數**：若有細格的期望次數小於 5 時，又無法增加樣本人數，可適當調整變項的分類方式，將部份水準或類別合併，如此可提高細格的期望次數。如在學歷變項中，研究者原先分為四個水準：高中職以下、專科、大學、研究所以上，隨機抽樣調查結果，研究所以上組的人數過少，分析時可將大學類別人數與研究所以上類別人數合併，統稱為「大學以上」，由原先四個水準數變為三個水準數：高中職以下組、專科組、大學以上組，以提高細格的期望次數。

3. **使用校正公式**：若研究者有實際研究困難無法增加取樣樣本數；又不想將部份細格合併，可採用「耶茲校正」(Yate's correction for continuity) 法來加以校正，若細格次數小於 5，卡方分配的兩端次數會呈現不對稱的分佈，分配情形遠離常態分配，沒有進行校正，計算出的卡方值會比理論期望值還大，造成高估的現象。「耶茲校正」的原則為：當觀察次數大於理論次數時，觀察次數就減 0.5；相對的，當觀察次數小於理論次數時，觀察次數就加 0.5。這樣會使得卡方值較未修正前為小，較不易推翻虛無假設。

上述中，期望次數以 5 作為校正判斷的界限，只是一個大約的界限而已，事實上，當期望理論次數小於 10 時，最好就進行校正工作 (林清山，民 81；余民寧，民 86)。在 2×2 列聯表中，若細格的期望次數次數低於 10 但高於 5，SPSS統計軟體不計算卡方值，且改以二項式考驗 (Binomial test) 檢定改變的顯著水

準；若期望次數低於 5 時或樣本總人數低於 20 時，也可使用「費雪正確機率考驗」(Fisher's exact probability test) 進行假設考驗。

第二節 關聯係數

常用來檢定橫列變數與縱行變數是否獨立的計量數為為「皮爾森卡方」(Pearson chi-square)，其計算方法是將每一細格的殘差 (觀察次數減期望次數) 平方，再除以期望次數，之後再將其全部加總起來。另有一種常用的卡方檢定統計法為「可能性比卡方」(likelihood-ratio chi-square)，這種檢定是以最大可能性理論 (maximum-likelihood theory) 為基礎，常用於分析類別資料，當樣本數較大時，皮爾森卡方與可能性比卡方的值相差很小。卡方值在檢定變數間的獨立性，計算求得的卡方值其大小不僅受到獨立性符合程度影響，也受樣本大小的影響，當樣本增加 N 倍時，卡方值也會增加 N 倍 (張紹勳、張紹評、林秀娟，民 93a)。

在卡方檢定時，卡方值範圍可能從 0 到無限大，當細格數或人數愈多，卡方值愈大。亦即卡方值容易受到樣本數的影響，當樣本數愈多時，卡方值會愈大，因而卡方值不適合作為「關聯量數」，卡方值本身的大小並無法直接看出二個變項間的關聯情形。卡方考驗中關聯量數 (measures of association) 類似於相關係數，其值介於 0 至 1 間，可代表二個類別變項之間的關聯情形，在相關係數的分類中屬於 A 型相關 (余民寧，民 86)。當卡方值達到顯著水準，表示二個類別變項間有相關存在，只能說這二個變項間非互為獨立，至於二個變項間的關聯性程度和性質則需要由關聯係數來判定。

⊃ 一、Φ 係數 (phi coefficient)

$$phi (\Phi) \ 係數 = \sqrt{\frac{\chi^2}{N}} \ ; N \ 為樣本數$$

Φ 係數在 2×2 交叉表中，其值等於 Pearson 相關係數，數值介於 0-1 之間，數值愈接近 1，表示二個變項的關聯愈強。由於卡方本身沒有負值，所以 Φ 係數無法反映出關聯的方向，只可表示關聯的強度。如果卡方值達到顯著水準，Φ 相關係數亦會達到顯著水準。Φ 係數適用於 2×2 的列聯表，Φ 等於 Pearson 積差

相關，當二個類別變項有任何一個超過二個水準，卡方值可能會比樣本數還大 ($\chi^2 \geq N$)，Φ 值就不一定落在 0 與 1 之間，使得 Φ 值可能出現大於 1 的情況，若採用列聯係數 (coefficient of contigency) C，即可改善係數大於 1 的問題。

二、列聯係數

上述 Φ 相關係數適用於 2×2 列聯表，當 I×J 列聯表中，I 或 J≥2，可能造成 Φ 相關係數值大於 1 的情況，為避免造成 Φ 相關係數值大於 1 的情形，應採用「列聯係數」，列聯係數的公式如下：

列聯係數 $C = \sqrt{\dfrac{\chi^2}{\chi^2 + N}}$，C 係數最小值是 0，C 係數可能的最大值須視行與列的個數來決定，如果是方形列聯表，則 C 的最大值是 $\sqrt{\dfrac{R-1}{R}}$。列聯係數的值界於 0-1 之間，但通常無法達到 1 的上限。

三、克瑞瑪 V 係數

在 I×J 交叉表中，如果此交叉表不是正方形的列聯表，即二個變項的類別或水準數並不相等，通常需採用 Cramer's V 係數 (Cramers's V coefficient)。在列聯係數公式中，當樣本數愈大時，列聯係數值會減小，Cramer's V 係數可修正此一問題。Cramer's V 係數的公式如下：

$V = \sqrt{\dfrac{\chi^2}{N(m-1)}} = \sqrt{\dfrac{\phi^2}{m-1}}$，其中 m＝最小值 (R,C)，m 為行數或列數中數值較小者。在 (m－1) 式中表示分母除以列的自由度或行的自由度中較小者。

以上為對稱型式的統計量數，用以表示二個變項間關聯性的程度。Φ 相關係數、列聯相關係數、Cramer's V 相關係數的關聯強度係數值均在 0 到 1 之間，其值愈接近 1，表示二個變項間的關聯性愈強；其值愈接近 0，表示二個變項間的關聯性愈弱。如果是非對稱型式，則可使用 λ 係數、不確定性係數 (uncertainty coefficient)，及 Goodman 與 Kruskal τ (Tau) 係數。λ 係數、不確定性係數二者適用於非對稱型式的二個統計量數，也可以適用於對稱型式的關聯分析。

列聯相關係數、Cramer's V 係數、Φ 係數僅適用於二個變項均是類別變項或名義變項，表示二個變項間關聯程度的大小，不能像決定係數或變異數分析中之

ω^2，可以以變項解釋的變異量來解釋變項間的關係。

⊃ 四、Lambda (λ) 值

λ 係數的原理係基於當二個變項間有關聯存在時，則知道樣本在某一變項訊息，將有助於預測樣本在另一變項的訊息，因此 λ 係數愈高，代表根據樣本在一變項訊息，愈能正確在另一變項的訊息。計算 λ 係數的原理是，當要預測橫列變項時，將各縱行細格次數最多的相加後，減去橫列邊際次數最高者，再除以總樣本數減橫列邊際次數最高者之值；反之，當要預測縱行變項時，係將各橫列細格次數最多的相加後，減去縱行邊際次數最高者，再除以總樣本數減縱行邊際次數最高者之值(王保進，民91)。Lambda 係數係以「削減誤差比」(proportioned reduction error；PRE) 來計算關聯係數。削減誤差比表示以某一個類別變項去預測另一個類別變項時，能夠減少誤差所佔的比例，不過一般都說成可以增進多少預測的正確性比例，當比例愈大，二個變項的關聯性愈強 (邱皓政，民 89)。削減誤差比的計算公式如下： $PRE = \dfrac{E_1 - E_2}{E_1} = 1 - \dfrac{E_2}{E_1}$

E_1 為不知 X 變數時而直接預測 Y 變數時所產生的誤差 (期望誤差)

E_2 為知道 X 變數時而直接預測 Y 變數時所產生的誤差 (觀察誤差)

Lambda (λ) 值可以說明一個變項可以有效預測另一個變項的比率，其值介於 0-1 間，當 λ 值愈高，表示以某一變項去解釋另一個變項時有效預測的正確比例高 (有效消除誤差的比例愈高)。當 λ 值為 0 時，表示自變項在預測依變項時沒有幫助；而當 λ 值為 1 時，表示自變數能完全解釋依變數，須注意的是，二變數互為獨立 (沒有相關) 時，λ 值必為 0，但當 λ 值等於 0 時，並不表示兩變數互為獨立，可能只是因為二個變數間沒有特殊型態的關聯。Lambda 係數適用於對稱型式 (symmetrical) 與非對稱型式 (asymmetrical) 的二個變項，對稱型式的變項指變項 X 與 Y 二個變項是對稱的，無法區別何者為依變項，何者為自變項。如果 X 與 Y 二個變項可以區分為何種為自變項、何種為依變項則稱為非對稱式變項 (邱皓政，民 89；張紹勳、張紹評、林秀娟，民 93a)。

五、Tau (Tau-y) 量數

Goodman 與 Kruskal Tau 係數，與非對稱型式的 Lambda 係數非常類似，適用於不對稱關係類型的關聯分析。其計算方法是比較直行邊緣比例和由橫列邊緣比例進行預測的誤差機率。Tau 係數值介於 0 至 1 間，與削減誤差比的意涵類似，即以 X 變數去預測 Y 變數時可以削減的誤差比例。由於 Tau 係數的計算考慮了所有的次數，因此敏感度較 Lambda 係數為高，探究不對稱型式變項的關聯量數最好採用 Tau 係數 (邱皓政，民 89)。

六、次序變項 (ordered categories) 的關係量數

次序變數間的關係可以運用類別量數的關係加以測量，但次序量數還可以反映出所增加的資訊。如一觀察值的二個變數值皆大於 (/ 或皆小於) 另一觀察值，則稱此對觀察值具有「一致性」(concordant)，一致表示一個因素 A 的等級增加，另外一個因素的等級也增加，其間的關係為正向關係 (positive association)；反之，若某一觀察值的第一個變數值大於另一觀察值，而第二個變數值小於另一觀察值，則稱此對觀察值為「不一致」(discordant)，不一致表示一個因素 A 的等級增加，另外一個因素的等級減少，其間的關係為負向關係 (negative association) 若二觀察值一個變項或二個變項值相等時，則稱此對觀察值「相等」(tied)，相等時表示成一致關係對數與成不一致關係的對數大約相等 (張紹勳等，民 93a；SPSS,1999)。

有關次序變項間關係測量的公式，常見的有以下幾種 (SPSS, 1999)：

1. Kendall's tau-b 值 $= \tau_b = \dfrac{P - Q}{\sqrt{(P + Q + T_X)(P + Q + T_Y)}}$

如果 R×C 列聯表中，當 R = C 且沒有一個邊緣次數等於 0，則 τ_b 值可能介於－ 1 至 1 間。

2. Kendall's tau-c 值 $= \tau_c = \dfrac{2m(P - Q)}{N^2(m - 1)}$

如果 R×C 列聯表中，每一邊緣次數不致差距太大，則 τ_c 值與 τ_b 值相差不多。

3. $G = \dfrac{P-Q}{P+Q}$

在沒有相等的情況下，可以把 G 看作：隨機抽取一對觀察值，這對觀察值一致的機率減去不一致的機率。如果所有觀察值集中在列聯表由左上到右下的對角線上時，則 G = 1；若觀察值獨立時，則 G 值等於 0，除了 2×2 列聯表外，G 為 0 時，並不一定表示觀察值獨立 (張紹勳等，民 93a)。

4. Somer's d 不對稱公式 $= d_Y = \dfrac{P-Q}{P+Q+T_Y}$

上述公式中 P 表示一致的配對組總數對數；Q 表示不一致的配對組總數對數；　表示在變數 X 相等但在變數 Y 不相對的對數；T_Y 表示在變數 Y 相等但在變數 X 不相對的對數，m 為列數與行數中的較小值，在 R×C 列聯表中，m ＝ 最小值 (R，C)。

在本章的資料分析方面，會用到經由統計分析後的統整資料檔 (細格次數已整理好的交叉表)，如果細格次數未事先整理歸納，則直接使用原始資料檔，以十五位成年位人的社經地位與其知覺的生活滿意度關係之研究中，社經地位變項為三分類別變項，水準數值 1 表示「高社經地位」、水準數值 2 表示「中社經地位」、水準數值 3 表示「低社經地位」；生活滿意度變項為二分類別變項，內有二個水準，水準數值 1 表示「滿意」、水準數值 2 表示「不滿意」。原始資料檔的建檔如下：

	編號	社經地位	生活滿意度
1	S1	1	1
2	S2	1	2
3	S3	1	1
4	S4	1	1
5	S5	1	1
6	S6	1	1
7	S7	2	2
8	S8	2	1
9	S9	2	1
10	S10	2	1

	編號	社經地位	生活滿意度
11	S11	3	2
12	S12	3	2
13	S13	3	1
14	S14	3	2
15	S15	3	1

　　如將上面原始資料檔經整理後 (共有 15 位觀察值)，變成下述 3×2 列聯表資料，則建檔時除二個變數外，要新增一個細格次數變數 (加權觀察值變項)。

社經地位		生活滿意 1 滿意	生活滿意 2 不滿意
社經地位	1 高社經地位	4	1
	2 地社經地位	3	2
	3 低社經地位	2	3

上述列聯表資料的變項及建檔情形如下：

	社經地位	生活滿意	次數 (加權觀察值變項)
1	1	1	4
2	1	2	1
3	2	1	3
4	2	2	2
5	3	1	2
6	3	2	3

　　其中第一列為三個變數名稱，第二列表示「高社經地位」知覺「滿意者」有4 人次；第三列表示「高社經地位」知覺「不滿意者」有 1 人次，由於次數已經加總，因而在資料分析時，要先將細格次數變數作為「加權觀察值變數」，才能復原成原始資料，範例中以「次數」變項作為加權觀察值變數，乃告知統計軟體交叉表各細格的人次 (觀察值) 共有多少位，依據「次數」變數作為加權值觀察值變項後，統計分析才不會發生錯誤。

第三節 適合度考驗一——期望次數相等

【研究問題一】

　　某位教育學者想了解教師對「學校實施校務評鑑制度」的看法，其選項共有五個：「很不重要」、「不重要」、「無意見」、「重要」、「很重要」，共調查 242 位教師，請問教師在五個選項間的勾選次數是否有顯著的不同？

選項	很不重要 1	不重要 2	無意見 3	重要 4	很重要 5
人次	45	60	20	35	82

　　資料檔於「資料檢視」工作表編輯視窗中的界面如下：

	選項	次數	期望值
1	1	45	1
2	2	60	1
3	3	20	1
4	4	35	1
5	5	82	1

　　單一樣本卡方檢定的虛無假設為各選項被勾選的百分比值是相同的，以符號表示為：$H_0：P_1 = P_2 = P_3 = P_4 = P_5$。對立假設為有各配對選項被勾選的百分比值是不相同的。

⊃ 一、操作程序

(一) 進行次數變項的加權

1. 執行功能表列「資料 (D)」/「加權觀察值 (W)」程序，開啟「加權觀察值」對話視窗。
2. 選取「◉ 觀察值加權依據 (W)」選項，點選目標加權變數「次數」至右邊「次數變數 (F)」下方格中，按『確定』鈕。

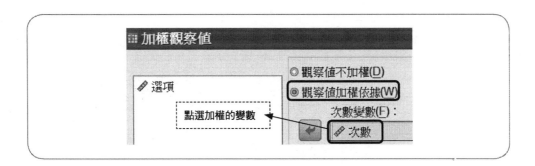

(二) 執行無母數統計

1. 步驟 [1]

執行功能表列「分析 (A)」/「無母數檢定 (N)」(Nonparametric Tests)/「歷史對話記錄 (L)」/「卡方」程序，開啟「卡方檢定」對話視窗。

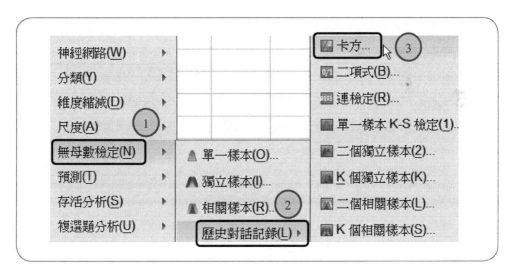

2. 步驟 [2]

將檢定的目標變數「選項」選入右邊「檢定變數清單 (T)」下的空格中，「期望值」方盒中選取「⊙ 全部類別相等 (I)」內定選項，「期望範圍」方盒的內定選項為「⊙ 由資料取得 (G)」，按『確定』鈕。

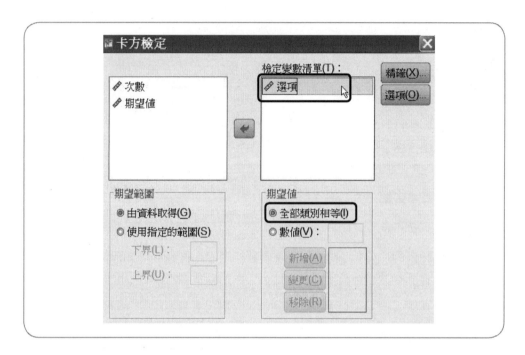

　　「卡方考驗」(Chi-Square Test) 的對話視窗中，右下角「期望值」(Expected Values) 方盒，可設定各目標變項中各水準數值的期望值比重，內定選項「◉ 所有類別的期望水準均相等」(◉All categories equal)，表示各水準數值的期望次數一致，就四點量表而言，水準數值 1 至水準數值 4 的期望次數各 25，五點量表型態，水準數值等值的期望次數各為 25。第二個「數值 (V)」選項為比重值，可以自行設定各水準期望值的比重，而其總和要為 1 或 100%，如有三個水準，比重分別為 0.1、0.6、0.3，四個水準數值比重可設為 0.2、0.25、0.3、0.25。

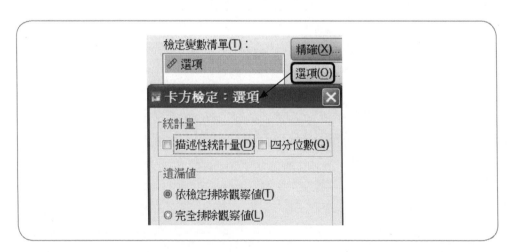

「卡方檢定：選項」次對話視窗，「統計量」方盒中有二個選項：「描述性統計量 (D)」、「四分位數 Q」，「遺漏值」方盒中內定對遺漏值資料的處理是「◉ 依檢定排除觀察值 (T)」。「統計量」方盒呈現的統計量數用於計量變數，在百分比值檢定程序中，其實質意義不大。

⊃ 二、結果分析

描述性統計量

	個數	平均數	標準差	最小值	最大值
選項	242	3.20	1.569	1	5

　　上表為變項的描述性統計量，包括有效觀察值個數、平均數、標準差、最小值、最大值，因為題項型態為李克特五點量表，最大值為 5、最小值為 1，有效樣本數為 242 位。

選項

	觀察次數	期望次數	殘差 (Residual)
1 很不重要	45	48.4	-3.4
2 不重要	60	48.4	11.6
3 無意見	20	48.4	-28.4
4 重要	35	48.4	-13.4
5 很重要	82	48.4	33.6
總和	242		

　　上表中第一欄為五個選項內容 1 表示「很不重要」、2 表示「不重要」、3 表示「無意見」、4 表示「重要」、5 表示「很重要」。第二欄為觀察次數，第三欄為期望次數，期望次數設定每一個水準的次數均相等，故皆為 48.4 (242÷5 = 48.4)。第四欄殘差值為觀察次數減去期望次數。由於在期望值 (Expected Values) 方盒中選取內定的選項：「全部類別相等 (I)」(◉All categories equal)，因而五個選項的期望次數皆相等，選項的期望次數為總次數除以選項個數：242÷5 = 48.4。殘差值為正，表示觀察值次數比預期次數為多；殘差值為負，表示觀察值次數比期望次數為少。

檢定統計量

	選項
卡方	46.719[a]
自由度	4
漸近顯著性	.000

a. 0 個格 (.0%) 的期望次數少於 5。最小的期望格次數為 48.4。

上表中為卡方檢定結果，χ^2 值等於 46.719，p＜.001，自由度＝4，達到 .05 顯著水準，表示有足夠證據可拒絕虛無假設，顯示教師對「學校實施校務評鑑制度」的看法，於「很不重要」、「不重要」、「無意見」、「重要」、「很重要」五個選項中，勾選的次數或百分比有顯著的不同，其中以勾選「很重要」選項的百分比最多，百分比值為 33.9% (82÷242 = 33.9%)，勾選「無意見」的百分比最少，百分比值為 8.3% (20÷242 = 8.3%)。範例中卡方值統計量的算法如下：

f_o 觀察次數	f_e 期望次數	$(f_o - f_e)^2$	$(f_o - f_e)^2 / f_e$
45	48.4	11.56	0.239
60	48.4	134.56	2.780
20	48.4	806.56	16.664
35	48.4	179.56	3.710
82	48.4	1128.96	23.326
	總和		46.719

⊃ 三、對數模式分析

在適合度考驗方面也可採用「對數模式分析」的方式，利用對數模式分析要新增一個變數－期望值，並設定期望值的比值，本例期望值的比值均為 1。

(一) 操作程序

1. 步驟 [1]

執行觀察值次數的加權程序。

2. 步驟 [2]

執行功能表列「分析 (A)」/「對數線性 (O)」(Loglinear)/「一般化 (G)」(General) 程序，開啟「一般對數線性分析」(General Loglinear Analysis) 對話視窗。

3. 步驟 [3]

在變數清單中將依變數「選項」選入右邊「因子 (F)」(Factor) 下的方格中，將「期望值」變項選入右邊「格共變量 (C)」(Cell Covariate) 下的方格中。

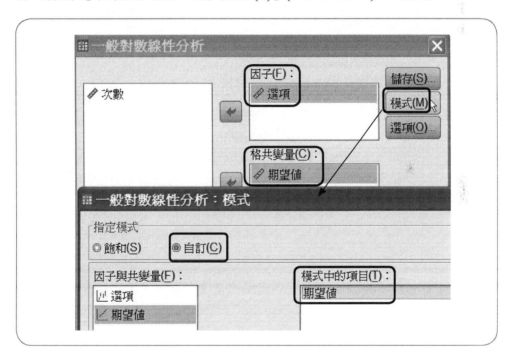

4. 步驟 [4]

按『模式 (M)』(Model) 鈕，出現「一般對數線性分析：模式」(General Loglinear Analysis: Model) 次對話視窗，勾選右邊「◉ 自訂 (C)」(Custom) 選項，將「期望值」變數選入右方「模式中的項目 (T)」(Terms in Model) 下的方格中。中間「建立效果項」(Build Term) 選取內定之「交互作用」(Interaction) 選項，按『繼續』鈕，回到「一般對數線性分析」對話視窗。

5. 步驟 [5]

按『選項 (O)』(Options) 鈕，開啟「一般對數線性分析：選項」(General Loglinear Analysis: Options) 次對話視窗，「顯示」(Display) 方盒中勾選「☑ 次數分配表 (F)」、「☑ 殘差」(Residuals) 選項，按『繼續』鈕，回到「一般對數線性分析」對話視窗，按『確定』鈕。

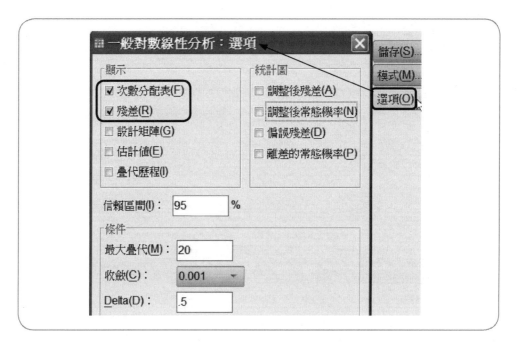

「一般對數線性分析：選項」次對話視窗中內定的信賴區間為 95%，條件方盒中最大疊代次數內定為 20、收斂的數值內定為 0.001、Delta 值內定為 .5。

(二) 一般化對數線性分析結果

資料資訊

		個數
觀察值	有效	5
	遺漏	0
	加權有效 (Weighted Valid)	242
細格	定義細格	5
	結構零	0
	取樣零	0
類別	選項	5

上表為分析資料的訊息，其中加權值有效個數為 242 (為總樣本數)，定義
的細格有五個，即變數有五個水準數。

適合度檢定 [a,b]

	數值	df	Sig。
概似比	47.649	4	.000
Pearson 卡方	46.719	4	.000

a. 模式： Poisson。

適合度檢定 [a,b]

	數值	df	Sig。
概似比	47.649	4	.000
Pearson 卡方	46.719	4	.000

a. 模式： Poisson。
b. 設計＼： 常數＋期望值。

上表為適合度檢定 (Goodness-of-Fit Tests) 之結果，自由度 df 等於 4 的情況
下 (自由度為因子的水準數 5 減 1)，χ^2 值統計量等於 46.719，p＜.001，卡方值
達到 .05 顯著水準；概似比統計量為 47.649 (p＜.001)，有足夠證據拒絕虛無假
設，對立假設得到支持，以對數模式分析之 χ^2 值與上述執行無母數檢定方法的
卡方分配程序得到 χ^2 統計量是相同的。

細格計數和殘差 [a,b]

選項	觀察 個數	%	期望 個數	%	殘差	標準化殘差	調整殘差	離差
1	45	18.6%	48.400	20.0%	-3.400	-.489	-.546	-.495
2	60	24.8%	48.400	20.0%	11.600	1.667	1.864	1.607
3	20	8.3%	48.400	20.0%	-28.400	-4.082	-4.564	-4.631
4	35	14.5%	48.400	20.0%	-13.400	-1.926	-2.153	-2.027
5	82	33.9%	48.400	20.0%	33.600	4.830	5.400	4.389

a. 模式： Poisson。
b. 設計＼： 常數＋期望值。

上述為觀察次數及其百分比、理論次數及其百分比，殘差值為觀察次數與期
望次數相減值，殘差值與採用無母數統計分析之值一樣。

上述一般化對數線性分析結果與採用無母數統計法分析之結果完全相同。【研究問題一】的適合度考驗報表整理如下：

選項	觀察個數 次數	觀察個數 百分比	期望個數 次數	期望個數 百分比	殘差值	χ^2 值
很不重要	45	18.6%	48.4	20.0%	-3.4	46.719***
不重要	60	24.8%	48.4	20.0%	11.6	
無意見	20	8.3%	48.4	20.0%	-28.4	
重要	35	14.5%	48.4	20.0%	-13.4	
很重要	82	33.9%	48.4	20.0%	33.6	
總和	242	100.0%	242	100.0%		df = 4

*** p＜.001

在上表中可知：適合度卡方檢定結果，自由度等於 4，χ^2 值統計量等於 46.719，p＜.001，達到 .05 顯著水準，有足夠證據拒絕虛無假設：$P_1 = P_2 = P_3 = P_4 = P_5$，顯示教師對「學校實施校務評鑑制度」的看法，在「很不重要」、「不重要」、「無意見」、「重要」、「很重要」五個選項中，勾選的次數及百分比有顯著的不同，其中以勾選「很重要」選項的百分比最多 (33.9%)，勾選「無意見」的百分比最少，其百分比不到一成 (8.3%)。

四、適合度考驗卡方值統計量不顯著範例

在一項大一新生選讀大學科系的調查研究中，其中第一個題項為：

---
1. 你選擇就讀科系時考量的主要因素為下列那一項？
　□個人興趣　　□科系評價　　□職場就業　　□家長意見

研究者想探究受試者勾選四個選項的百分比是否有顯著差異存在，乃進行百分比適合度的檢定，假定四個選項的期望次數均相同。

選讀科系

		次數	百分比	有效百分比	累積百分比
有效的	1 個人興趣	49	21.8	21.8	21.8
	2 科系評價	71	31.6	31.6	53.3
	3 職場就業	55	24.4	24.4	77.8
	4 家長意見	50	22.2	22.2	100.0
	總和	225	100.0	100.0	

　　上表為四個選項被勾選的次數分配表，四個選項被勾選的次數分別為 49、71、55、50，選項所佔的百分比分別為 21.8%、31.6%、24.4%、22.2%，全部有效觀察值共有 225 位。

選讀科系

	觀察個數	期望個數	殘差
1 個人興趣	49	56.3	-7.3
2 科系評價	71	56.3	14.8
3 職場就業	55	56.3	-1.3
4 家長意見	50	56.3	-6.3
總和	225		

　　上表為四個選項的觀察次數、期望次數及殘差值，「個人興趣」、「科系評價」、「職場就業」、「家長意見」四個選項的殘差值分別為 -7.3、14.8、-1.3、-6.3。勾選的選項次數及百分比以選項「科系評價」最多，而以「職場就業」最少。

檢定統計量

	選讀科系
卡方 (a)	5.524
自由度	3
漸近顯著性	.137

a 0 個格 (.0%) 的期望次數少於 5。最小的期望格次數為 56.3。

　　百分比同質性檢定結果，卡方值統計量為 5.524，顯著性機率值 p = .137＞.05，接受虛無假設：$P_1 = P_2 = P_3 = P_4$，四個選項被勾選的百分比沒

有顯著不同。在樣本統計量中，「個人興趣」、「科系評價」、「職場就業」、「家長意見」四個選項被勾選的百分比分別 21.8%、31.6%、24.4%、22.2%，最大百分比與最小百分比值相差 9.8%，這些差異值是抽樣誤差或機遇造成的，如果研究者將樣本數擴大或進行普測，則四個選項被勾選的百分比值均趨近於 25.0%，即四個選項被勾選的百分比值會相等。

第四節　適合度考驗二——期望次數不相等

【研究問題二】

某位教育學者想了解國小學生家長對國小校務評鑑的看法是否與三年前有所差異，乃各從國小家長母群體中隨機抽取五百名家長的意見，作為分析的依據，三年前的調查結果，發現國小學生家長對國小實施校務評鑑的看法中有三成表示非常重要、一成五表示重要、四成表示不重要、一成五表示非常不重要。三年後的調查中發現有 250 位受試者表示非常重要、125 位受試者表示重要、100 位受試者表示不重要、25 位受試者表示非常不重要。請問此教育學者如何解釋此結果？

	非常重要 1	重要 2	不重要 3	非常不重要 4	總數
三年前	150 (比重 0.3)	75 (0.15)	200 (0.4)	75 (0.15)	500
今年	250	125	100	25	500

註：三年前選項比重為觀察次數除以總次數，如勾選非常重要者有 150 人，其比重等於 150÷500 ＝ 0.3，四個選項比重或權重的總和為 1 或 100%。

資料檔建檔如下：

	選項	次數
1	1	250
2	2	125
3	3	100
4	4	25

⊃ 一、操作程序

(一) 觀察值變數加權

---

1. 執行功能表列「資料 (D)」/「加權觀察值 (W)」程序,開啟「加權觀察值」對話視窗。

2. 選取「⊙ 觀察值加權依據 (W)」選項,點選目標加權變數「次數」至右邊「次數變數 (F)」下方格中,按『確定』鈕。

(二) 執行無母數統計

---

1. 執行功能表列「分析 (A)」/「無母數檢定 (N)」/「歷史對話記錄 (L)」/「卡方」程序,開啟「卡方檢定」對話視窗。

2. 將檢定的目標變數「選項」選入右邊「檢定變數清單 (T)」下的空格中,「期望值」方盒中選取「⊙ 數值 (V)」(Values) 選項,

3. 在「數值」後面方格輸入期望值「0.3」(或 150)

　　按『新增 (A)』(Add) 鈕

　　在「數值」後面方格輸入期望值「0.15」(或 75)

　　按『新增 (A)』(Add) 鈕

　　在「數值」後面方格輸入期望值「0.4」(或 200)

　　按『新增 (A)』鈕

　　在「數值」後面方格輸入期望值「0.15」(或 75)

　　按『新增 (A)』鈕

按『確定』鈕。

註:若鍵入期望值權重小數,則小數總和必須為 1.00,如果鍵入個數,則個數加總值必須等於有效觀察值總個數。

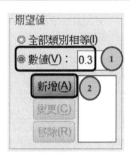

選取「◉數值(V)」選項，於其後
方格中輸入期望值的數值，再按
『新增 (A)』鈕。

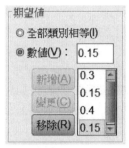

如果按『新增(A)』鈕後發現期望
值數值錯誤，可以直接選取方格中
的比重值或期望次數，按『改變』
(Change) 鈕或『移除』(Remove)
鈕更改或刪除錯誤數據。

「◉ 數值 (V)」選項後面的數字可直接輸入研究者要界定的期望值，也可以
直接輸入期望次數，範例中四個選項的期望次數分別為 150、75、200、75。

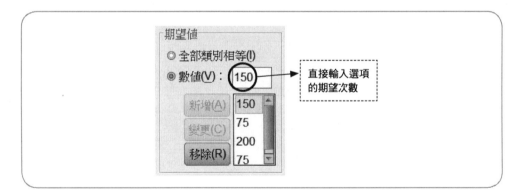

直接輸入選項
的期望次數

◔ 二、結果分析

選項

	觀察次數	期望次數	殘差
1 非常重要	250	150.0	100.0
2 重要	125	75.0	50.0
3 不重要	100	200.0	-100.0
4 非常不重要	25	75.0	-50.0
總和	500		

上述表格第一欄為選項的水準數值編碼及水準數值編碼的註解，第二欄觀察次數為調查的結果數據，「非常重要」、「重要」、「不重要」、「非常不重要」四個選項的觀察次數分別為 250、125、100、25；第三欄為期望次數，四個選項的期望次數分別為 150、75、200、75；第四欄殘差為觀察次數與期望次數相差的數值，四個選項的殘差值分別為 100、50、-100、-50。

檢定統計量

	選項
卡方	183.333[a]
自由度	3
漸近顯著性	.000

a. 0 個格 (.0%) 的期望次數少於 5。最小的期望格次數為 75.0。

從上述卡方檢定統計量摘要表中可以發現：在自由度等於 3 時，χ^2 值統計量等於 183.333，p＜.001，達 .05 顯著水準，拒絕虛無假設，表示國小學生家長對國小校務評鑑重要性的看法之選項次數比例值分別與 0.30、0.15、0.40、0.15 期望值有顯著的差異，此次國小學生家長對國小校務評鑑重要性的知覺態度與三年前有顯著不同，其中知覺「非常重要」的比例由三成 (30%) 增加為五成 (50%)，知覺「重要」的比例由一成五 (15%) 增加至二成五 (25%)，知覺「非常不重要」的比例由 15% 減少至 5%，知覺「不重要」的比例由四成 (40%) 減少至二成 (20%)。

第五節　百分比同質性檢定

所謂百分比同質性檢定，即在考驗 J 個群體在 I 個反應方面的百分比是否一致 (同質)，考驗此種 I×J 交叉表百分比同質性的方法，亦是卡方檢定的用途之一。卡方考驗之百分比同質性檢定與變異數分析相同，均是一種「整體性考驗」，因而如果卡方值達到顯著水準，只能拒絕虛無假設，表示 J 個群體的百分比之間有顯著差異存在，亦即所有組別當中，至少有二個組別間的意見百分比有顯著差異，至於是那二個群體間有差異，則要進行百分比同質性的事後比較 (a posteriori comparisons)。

百分比同質性事後比較，最好採用「同時信賴區間」(simultaneous

confidence interval) 估計法，此估計法屬於沒有方向性的雙側考驗，以控制第一類型的錯誤率，亦即使全部的事後比較犯第　類型錯誤總概率不致大於進行卡方考驗時所訂的 α 值。同時信賴區間的比較組數為 k×(k－1)÷2，其中 k 為組別數 (J 個群體的水準數或類別數)，如果 k＝3，則進行三組的同時信賴區間考驗；如果 k＝4，則進行六組的同時信賴區間考驗。同時信賴區間考驗的公式如下：

$$\Psi = (P_1 - P_2) \pm \sqrt{x^2_{1-\alpha,(I-1)(J-1)}} \sqrt{\frac{P_1Q_1}{N_1} + \frac{P_2Q_2}{N_2}}$$

其中 Ψ＝是所要比較二個群體百分比的差異值。

其中 $\sqrt{x^2_{1-\alpha,(I-1)(J-1)}}$ 是考驗同時信賴區間顯著性之臨界值，其自由度等於 (I-1)×(J-1)，α 值通常設定為 .05，此值須查卡方分配表方能得知。

如果 I＝2 (反應變項為二分名義變項)，J＝3 (設計變項為三分名義變項)，則 $\sqrt{x^2_{1-\alpha,(I-1)(J-1)}} = \sqrt{x^2_{.95,(2-1)(3-1)}} = \sqrt{x^2_{.95,2}} = 2.448$。

如果 I＝3 (反應變項為三分名義變項)，J＝4 (設計變項為四分名義變項)，則 $\sqrt{x^2_{1-\alpha,(I-1)(J-1)}} = \sqrt{x^2_{.95,(3-1)(4-1)}} = \sqrt{x^2_{.95,6}} = 3.549$。

$\sqrt{\frac{P_1Q_1}{N_1} + \frac{P_2Q_2}{N_2}}$ 值為百分比差值的標準誤 (SE)。

同時信賴區間考驗的判別方面，如果同時信賴區間的值包括 0 在內，必須接受虛無假設，表示二個群體之百分比的差異值未達顯著，因為二個群體百分比的差異值可能為 0；相反的，如果同時信賴區間考驗結果的差異值未包括 0 在內，必須拒絕虛無假設，表示二個群體之百分比的差異值達到顯著水準。

【研究問題】

某學者想調查學生個人、學校教師、學生家長三個群體對學校辦理營養早餐的意見反應是否「贊成」？或是「反對」？特設計以下問卷，以探究三個群體對學校辦理營養早餐的贊成百分比是否一致？調查問卷內容如下：

學校辦理營養早餐調查問卷

填答人身份：□學生　　□教師　　□家長

1. 您對學校辦理營養早餐的意見如何？

　　□贊成　　□反對

在問卷資料編碼方面，設計變項中填答人／觀察值的變項名稱為「對象」，包含三個類別或水準：水準數值 1 為學生、水準數值 2 為教師、水準數值 3 為家長；而第一題辦理營養早餐的意見反應代碼為「意見」(反應變項)，包含二個類別：1 為勾選贊成、2 為勾選反對。

對象

		次數	百分比	有效百分比	累積百分比
有效的	1 學生	30	30.0	30.0	30.0
	2 教師	30	30.0	30.0	60.0
	3 家長	40	40.0	40.0	100.0
	總和	100	100.0	100.0	

「對象」設計變項中三個水準數值群體學生、教師、家長的有效個數分別為 30、30、40。

意見

		次數	百分比	有效百分比	累積百分比
有效的	1 贊成	54	54.0	54.0	54.0
	2 反對	46	46.0	46.0	100.0
	總和	100	100.0	100.0	

「意見」反應變項中二個水準數值「贊成」、「反對」分別被勾選的次數為 54、46。

⊃ 一、操作說明

1. 執行功能表列「分析 (A)」／「敘述統計 (E)」／「交叉表 (C)」(Crosstabs) 程序，開啟「交叉表」對話視窗。

2. 在變數清單變項將「意見」反應變數選入右邊「列 (W)」下的方格。將另一設計變項「對象」選入右邊「欄 (C)」下的方格，按『統計量 (S)』鈕，開啟「交叉表：統計量」次對話視窗。

3. 勾選「卡方分配 (H)」選項、「名義」方盒中勾選「☑Phi and Cramer's V」選項，按『繼續』鈕，回到「交叉表」對話視窗。

4. 按『儲存格 (E)』鈕，開啟「交叉表：儲存格顯示」次對話視窗，勾選
「☑ 觀察值 (O)」選項；「百分比」方盒中勾選「列 (R)」、「行 (C)」、
「☑ 總和 (T)」選項；「殘差」方盒中勾選「調整的標準化 (A)」選項，
按『繼續』鈕，回到「交叉表」對話視窗，按『確定』鈕。

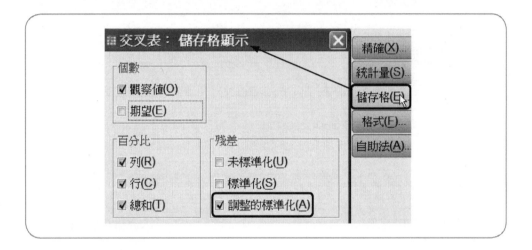

⊃ 二、結果分析

意見 * 對象 交叉表

			對象			總和
			1 學生	2 教師	3 家長	
意見	1 贊成	個數	14	10	30	54
		在 意見 之內的	25.9%	18.5%	55.6%	100.0%
		在 對象 之內的	46.7%	33.3%	75.0%	54.0%
		整體的 %	14.0%	10.0%	30.0%	54.0%
		調整後的殘差	-1.0	-2.7	3.4	
	2 反對	個數	16	20	10	46
		在 意見 之內的	34.8%	43.5%	21.7%	100.0%
		在 對象 之內的	53.3%	66.7%	25.0%	46.0%
		整體的 %	16.0%	20.0%	10.0%	46.0%
		調整後的殘差	1.0	2.7	-3.4	

		對象			
		1 學生	**2 教師**	**3 家長**	**總和**
總和	個數	30	30	40	100
	在 意見 之內的	30.0%	30.0%	40.0%	100.0%
	在 對象 之內的	100.0%	100.0%	100.0%	100.0%
	整體的 %	30.0%	30.0%	40.0%	100.0%

上表為細格的觀察次數、佔橫列百分比 (在意見之內的細格)、佔縱行百分比 (在 對象 之內的細格) 及占樣本數的百分比 (整體的 % 內的細格)。以左上角細格內的數字為例，學生贊成的次數為 14 (14 位學生贊同)，贊成的總人數有 54 人，14 位學生所佔的百分比 = 14÷54 = 25.9% (「在意見之內的」列對應細格的數據)；取樣的學生數總共有 30 人，14 位贊成的學生數佔總學生數的 14÷30 = 46.7% (在「對象之內的」列對應細格的數據)；全部的樣本數有 100 位，14 位學生數佔總樣本數的 14÷100 = 14.0% (「整體的 %」列對應細格的數據)。

卡方檢定

	數值	自由度	漸近顯著性 (雙尾)
Pearson 卡方	12.909[a]	2	.002
概似比	13.356	2	.001
線性對線性的關聯	6.490	1	.011
有效觀察值的個數	100		

a. 0 格 (.0%) 的預期個數少於 5。最小的預期個數為 13.80。

上表為卡方考驗結果，df = 2 時，χ^2 值 = 12.909，p = .002＜.01，拒絕虛無假設，接受對立假設，表示三組受試者對學校營養早餐設置的看法中，持贊成意見的百分比有顯著不同。卡方檢定的統計量數又稱為「皮爾遜卡方」(Pearson chi-square) 量數，另一個於對數線性模式 (loglinear model) 中，被使用於卡方檢定的統計量數稱為「概似比卡方檢定」(likelihood-ratio chi-square) 量數。當樣本數很大時，概似比卡方檢定值與皮爾遜卡方檢定量數值會十分接近，範例中概似比統計量數數值為 13.356，顯著性機率值 p = .001＜.01，達到 .05 顯著水準。

如果變項是量化變項，則「線與線關聯卡方檢定值」(linear-by-linear association chi-square) 是皮爾遜相關係數的一個函數，此分析中，由於二個變項均為類別變項，所以此量數可忽略不管。

對稱性量數

		數值	顯著性近似值
以名義量數為主	Phi 值	.359	.002
	Cramer's V 值	.359	.002
	列聯係數	.338	.002
有效觀察值的個數		100	

上表為對稱性量數檢定，關聯強度係數顯示，克瑞法瑪 V 係數 (Cramer's V) 等於 .359，p ＝ .002＜.01，而列聯係數等於 .338，p ＝ .002＜.01，均達 .05 顯著水準，表示設計變項三組受試者群體與意見反應變項二者間有某種關聯程度存在。

⊃ 三、百分比同質性事後比較

問卷調查反映數據之列聯交叉表整理如下：

	學生	教師	家長	全體
贊成	14	10	30	54
反對	16	20	10	46
n_j	30	30	40	100
p_j	.467	.333	.750	
q_j	.533	.667	.250	

學生－教師 ＝ $(.467\text{-}.333) \pm (2.448) \times \sqrt{\dfrac{.467 \times .533}{30} + \dfrac{.333 \times .667}{30}}$ ＝ .134 ±

.307 ＝ [.441，-.173] (p＞.05，二組間的差異沒有達到顯著)，因為其 95% 的信賴區間包含 0，所以未達顯著水準，以下圖表示；如果 95% 的信賴區間未包含 0，則達到顯著水準。

教師－家長 ＝ $(.333\text{-}.750) \pm (2.448) \times \sqrt{\dfrac{.333 \times .667}{30} + \dfrac{.750 \times .250}{40}}$

＝ -.417 ± .269 ＝ [-.686，-.148] (p＜.05，二組間的差異達到顯著)

$$學生-家長 = (.467-.750) \pm (2.448) \times \sqrt{\frac{.467 \times .533}{30} + \frac{.750 \times .250}{40}}$$

$$= -.283 \pm .279 = [-.562 \, , \, -.004] \, (p < .05 \, , \, 二組間的差異達到顯著)$$

　　從百分比同質性事後比較得知，教師－家長、學生－家長間贊同學校辦理營養早餐的百分比有顯著差異，家長贊同學校辦理營養早餐的百分比 (75.0%)，顯著的高於教師 (33.3%) 及學生 (46.7%) 贊同的比例；而教師與學生二個群體間贊同學校辦理營養早餐看法的百分比則沒有顯著差異存在。由於 SPSS 統計分析軟體沒有提供卡方檢定之事後比較，當卡方檢定統計量達到 .05 顯著水準時，以公式進行同質性檢定事後比較較為不便，學者 Miller、Actor、Fullerton 與 Maltby (2002) 認為可從細格中調整後標準化殘差值的絕對值大小作為簡易的判斷準測，細格之調整後標準化殘差值乃由未標準化殘差值推算而得，在實務應用上一般皆以調整後標準化殘差值作為細格間關聯程度的指標，一般判別的準則是標準化殘差值大於 +2 或小於 -2 的細格，若是細格之調整後標準化殘差值絕對值大於 2，表示這些細格間百分比的差異是顯著的。表格中增列調整後標準化殘差值，於「交叉表：儲存格顯示」次對話視窗，「殘差」方盒中勾選「☑ 調整的標準化 (A)」選項 (殘差方盒中其餘二個選項為未標準化 (U) 及標準化 (S) 選項，這二個選項實務應用上較少)。

意見 * 對象 交叉表

			對象			總和
			1 學生	2 教師	3 家長	
意見	1 贊成	個數	14	10	30	54
		在 對象 之內的	46.7%	33.3%	75.0%	
		調整後的殘差	-1.0	-2.7	3.4	
	2 反對	個數	16	20	10	46
		在 對象 之內的	53.3%	66.7%	25.0%	
		調整後的殘差	1.0	2.7	-3.4	

　　從調整後的標準化殘差值進行百分比同質性事後比較，在「贊成」選項方面，調整後標準化殘差值之絕對值高於 2 的細格有「教師群體」(數值為 -2.7)、「家長群體」(數值為 3.4)，表示家長群體勾選「贊成」的百分比 (75.0%) 顯著高於教師群體 (33.3%)。在「反對」選項方面，調整後標準化殘差值之絕對值高

於 2 的細格有「教師群體」(數值為 2.7)、「家長群體」(數值為 -3.4)，表示教師群體勾選「不贊成」的百分比 (66.7) 顯著高於家長群體 (25.0%)。

【表格範例】

反應變項	設計變項		對象			總和	事後比較
			學生	教師	家長		
意見	贊成	個數	14	10	30	54	家長＞教師
		在 對象 之內的	46.7%	33.3%	75.0%		
	反對	個數	16	20	10	46	教師＞家長
		在 對象 之內的	53.3%	66.7%	25.0%		

χ^2 值 = 12.909** (df = 2)

** p＜.01

⊃ 四、百分比同質性檢定範例二

百分比同質性檢定範例二中，研究者想探究不同地區高職一年級學生的憂鬱傾向態度是否有顯著不同，其中設計變項為地區變數，反應變項為憂鬱傾向變數，二個變數均為三分類別變項，二個類別變項的次數分配表如下：

地區

		次數	百分比	有效百分比	累積百分比
有效的	1 東區	260	33.3	33.3	33.3
	2 北區	239	30.6	30.6	63.9
	3 南區	282	36.1	36.1	100.0
	總和	781	100.0	100.0	

地區變數中水準數值 1 為東區學生、水準數值 2 為北區學生、水準數值 3 為南區學生，三個群體的受試者分別為 260、239、282 位。

憂鬱傾向

		次數	百分比	有效百分比	累積百分比
有效的	1 高憂鬱傾向	244	31.2	31.2	31.2
	2 中憂鬱傾向	262	33.5	33.5	64.8
	3 低憂鬱傾向	275	35.2	35.2	100.0
	總和	781	100.0	100.0	

憂鬱傾向變數中水準數值 1 為高憂鬱傾向學生、水準數值 2 為中憂鬱傾向學生、水準數值 3 為低憂鬱傾向學生，三個水準數值的樣本數分別有 244、262、275 位。

憂鬱傾向 * 地區 交叉表

			地區			
			1 東區	2 北區	3 南區	總和
憂鬱傾向	1 高憂鬱傾向	個數	120	57	67	244
		在 地區 之內的	46.2%	23.8%	23.8%	31.2%
		調整後的殘差	6.4	-3.0	-3.4	
	2 中憂鬱傾向	個數	80	92	90	262
		在 地區 之內的	30.8%	38.5%	31.9%	33.5%
		調整後的殘差	-1.2	1.9	-.7	
	3 低憂鬱傾向	個數	60	90	125	275
		在 地區 之內的	23.1%	37.7%	44.3%	35.2%
		調整後的殘差	-5.0	1.0	4.0	
總和		個數	260	239	282	781
		在 地區 之內的	100.0%	100.0%	100.0%	100.0%

　　上述為憂鬱傾向反應變項與地區設計變項的交叉表，由於設計變項與反應變項各為三分類別變項，因而構成 3×3 交叉表。調整後標準化殘差值大於 2 的細格有「東區」*「高憂鬱傾向」、「南區 * 低憂鬱傾向」；調整後標準化殘差值小於 -2 的細格有「北區」*「高憂鬱傾向」、「南區」*「高憂鬱傾向」、「東區 * 低憂鬱傾向」等細格。

卡方檢定

	數值	自由度	漸近顯著性（雙尾）
Pearson 卡方	48.238[a]	4	.000
概似比	47.623	4	.000
線性對線性的關聯	38.174	1	.000
有效觀察值的個數	781		

a. 0 格 (.0%) 的預期個數少於 5。最小的預期個數為 74.67。

　　卡方檢定統計量摘要表呈現的卡方值為 48.238，顯著性機率值 p＜.001，拒絕虛無假設，表示不同地區的高職一年級學生在憂鬱傾向感受有顯著不同。根據

調整後標準化殘差值絕對值大於 2 的細格來看，就高憂鬱傾向勾選的百分比中，「東區」學生顯著高於「「北區」、「南區」學生；就「低憂鬱傾向」勾選的百分比中，南區學生顯著高於東區學生，全部 275 位感受低憂鬱傾向的學生中，南區學生佔 44.3%（有 125 位），東區學生只佔 23.1%（有 60 位）。

【表格範例】

反應變項	設計變項		地區			總和	事後比較
			東區	北區	南區		
憂鬱傾向	高憂鬱傾向	個數	120	57	67	244	東區＞北區
		佔地區百分比	46.2%	23.8%	23.8%		東區＞南區
	中憂鬱傾向	個數	80	92	90	262	
		佔地區百分比	30.8%	38.5%	31.9%		
	低憂鬱傾向	個數	60	90	125	275	南區＞東區
		佔地區百分比	23.1%	37.7%	44.3%		

χ^2 值 = 48.238*** (df = 2)

*** p＜.01

⇒ 五、百分比同質性檢定範例三──增列控制變項

研究問卷中的三個題項如下：

---

1. 您的年齡：□ 30 歲以下　　□ 31 歲－45 歲　　□ 46 歲以上
2. 居住地區：□東區　　□北區　　□南區
3. 電視偶像劇觀看的頻率為何？□常常觀看　　□偶而觀看　　□從不觀看

研究問題為不同年齡群組下，不同居住地區的成年人觀看電視偶像劇頻率的百分比是否有所不同？

研究問題有三個變項：設計變項「地區」（為三分名義變項）、反應變項「觀看頻率」（為三分名義變項）、控制變項「年齡」（為三分名義變項）。三個變項構成的細格人次如下表，其中「觀察值人次」欄變數為細格觀察值的個數。

年齡	地區	觀看頻率	觀察值人次	年齡	地區	觀看頻率	觀察值人次
1	1	1	86	2	2	2	95
1	2	1	74	2	3	2	88
1	3	1	119	2	1	3	80
1	1	2	112	2	2	3	59
1	2	2	120	2	3	3	67
1	3	2	109	3	1	1	55
1	1	3	86	3	2	1	60
1	2	3	125	3	3	1	64
1	3	3	79	3	1	2	85
2	1	1	80	3	2	2	70
2	2	1	76	3	3	2	65
2	3	1	91	3	1	3	74
2	1	2	101	3	2	3	81
				3	3	3	73

(一) 操作程序

「觀察值人次」變項作為「加權觀察值」的標的變數。

1. 執行功能表列「分析 (A)」/「敘述統計 (E)」/「交叉表 (C)」程序,開啟「交叉表」對話視窗。

2. 在變數清單變項將「觀看頻率」反應變數選入右邊「列 (W)」下的方格;將設計變項「地區」選入右邊「欄 (C)」下的方格,將控制變項「年齡」選入右邊「圖層 1 來自 1」方格中。

3. 按『統計量 (S)』鈕,開啟「交叉表:統計量」次對話視窗,勾選「卡方分配 (H)」選項,按『繼續』鈕,回到「交叉表」對話視窗。

4. 按『儲存格 (E)』鈕,開啟「交叉表:儲存格顯示」次對話視窗,勾選「☑ 觀察值 (O)」選項;「百分比」方盒中勾選、「行 (C)」選項;「殘差」方盒中勾選「調整的標準化 (A)」選項,按『繼續』鈕,回到「交叉表」對話視窗,按『確定』鈕。

(二) 結果分析

卡方檢定

年齡		數值	自由度	漸近顯著性 (雙尾)
1　30 歲以下	Pearson 卡方	22.202[a]	4	.000
	概似比	22.120	4	.000
	線性對線性的關聯	4.391	1	.036
	有效觀察值的個數	910		
2　31 - 45 歲	Pearson 卡方	3.649[b]	4	.456
	概似比	3.632	4	.458
	線性對線性的關聯	1.988	1	.159
	有效觀察值的個數	737		
3　46 歲以上	Pearson 卡方	3.748[c]	4	.441
	概似比	3.708	4	.447
	線性對線性的關聯	.307	1	.580
	有效觀察值的個數	627		

a. 0 格 (.0%) 的預期個數少於 5。最小的預期個數為 87.07。
b. 0 格 (.0%) 的預期個數少於 5。最小的預期個數為 64.29。
c. 0 格 (.0%) 的預期個數少於 5。最小的預期個數為 57.67。

　　卡方檢定摘要表中依控制變項「年齡」的水準數值個數分為三個群體，就 30 歲以下群體而言，不同「地區」成年人觀看電視偶像劇的頻率程度有顯著

不同，有效觀察值為 910 位，關聯性檢定卡方值統計量為 22.202，顯著性機率值 p＜.001，「地區」設計變項與「觀看頻率」反應變項間有顯著關聯存在。就 31-45 歲群體而言，不同「地區」成年人觀看電視偶像劇的頻率程度沒有顯著不同，有效觀察值為 737 位，關聯性檢定卡方值統計量為 3.649，顯著性機率值 p ＝ .456＞.05，「地區」設計變項與「觀看頻率」反應變項間沒有顯著關聯存在。就 45 歲以上群體而言，不同「地區」成年人觀看電視偶像劇的頻率程度沒有顯著不同，有效觀察值為 627 位，關聯性檢定卡方值統計量為 3.748，顯著性機率值 p ＝ .441＞.05，「地區」設計變項與「觀看頻率」反應變項間沒有顯著關聯存在。

觀看頻率 * 地區 * 年齡 交叉表

年齡				地區			
				1 東區	2 北區	3 南區	總和
1 30 歲以下	觀看頻率	1 常常觀看	個數	86	74	119	279
			在 地區 之內的	30.3%	23.2%	38.8%	30.7%
			調整後的殘差	-.2	-3.6	3.8	
		2 偶而觀看	個數	112	120	109	341
			在 地區 之內的	39.4%	37.6%	35.5%	37.5%
			調整後的殘差	.8	.1	-.9	
		3 從不觀看	個數	86	125	79	290
			在 地區 之內的	30.3%	39.2%	25.7%	31.9%
			調整後的殘差	-.7	3.5	-2.8	
	總和		個數	284	319	307	910
			在 地區 之內的	100.0%	100.0%	100.0%	100.0%
2 31-45 歲	觀看頻率	1 常常觀看	個數	80	76	91	247
			在 地區 之內的	30.7%	33.0%	37.0%	33.5%
			調整後的殘差	-1.2	-.2	1.4	
		2 偶而觀看	個數	101	95	88	284
			在 地區 之內的	38.7%	41.3%	35.8%	38.5%
			調整後的殘差	.1	1.0	-1.1	
		3 從不觀看	個數	80	59	67	206
			在 地區 之內的	30.7%	25.7%	27.2%	28.0%
			調整後的殘差	1.2	-.9	-.3	
	總和		個數	261	230	246	737
			在 地區 之內的	100.0%	100.0%	100.0%	100.0%

年齡				地區			總和
				1 東區	2 北區	3 南區	
3 46 歲以上	觀看頻率	1 常常觀看	個數	55	60	64	179
			在 地區 之內的	25.7%	28.4%	31.7%	28.5%
			調整後的殘差	-1.1	.0	1.2	
		2 偶而觀看	個數	85	70	65	220
			在 地區 之內的	39.7%	33.2%	32.2%	35.1%
			調整後的殘差	1.7	-.7	-1.1	
		3 從不觀看	個數	74	81	73	228
			在 地區 之內的	34.6%	38.4%	36.1%	36.4%
			調整後的殘差	-.7	.8	-.1	
	總和		個數	214	211	202	627
			在 地區 之內的	100.0%	100.0%	100.0%	100.0%

就 30 歲以下群體來看,「常常觀看」選項中,「北區」觀察值有 74 位,佔北區群體觀察值總數的 23.2%,「南區」觀察值有 119 位,佔南區群體觀察值總數的 38.8%,二個細格調整後標準化殘差分別為 -3.6、3.8 (細格絕對值大於 2.0 者),表示「南區」觀察值於「常常觀看」選項勾選的百分比顯著的高於「北區」觀察值於「常常觀看」選項勾選的百分比。「從不觀看」選項中,「北區」觀察值有 125 位,佔北區群體觀察值總數的 39.2%,「南區」觀察值有 79 位,佔南區群體觀察值總數的 25.7%,二個細格調整後標準化殘差分別為 3.5、-2.8 (細格絕對值大於 2.0 者),表示「北區」觀察值於「從不觀看」選項勾選的百分比顯著的高於「南區」觀察值於「從不觀看」選項勾選的百分比。

至於「31 歲至 45 歲」群體、「46 歲以上」群體,「地區」設計變項與「觀看頻率」反應變項間關聯性檢定的卡方值統計量未達 .05 顯著水準,表示就二個群體而言,地區」設計變項與「觀看頻率」反應變項間均沒有顯著關聯存在,此時,二個變項構成細格間的百分比差異就不用管它,因為卡方值統計量不顯著的情況下,細格之調整後標準化殘差值的絕對值通常不會大於 2.0。

第六節　獨立性考驗

【研究問題】

　　某位教育學者想探討國小退休教師社會參與頻率與其退休後生活滿意度的關係。從退休教師母群體中隨機抽取 1077 位教師，試問退休教師的社會參與頻率與其退休後生活滿意度是否有顯著的關係？

		社會參與		
		時常參加	偶而參加	很少參加
生活滿意	很滿意	350	150	48
	無意見	120	102	88
	不滿意	30	87	102

　　在上述問題中，共有二個變項：一為社會參與頻率；一為生活滿意度。二個變項各有三個水準，因而構成一個 3×3 的正方形列聯表，應採用列聯相關進行假設考驗，亦即採用卡方考驗進行獨立樣本之檢定。獨立性檢定之目的在了解自母群體中取樣而來的一組受試者 (退休教師) 的二個反應變項 (社會參與頻率與生活滿意度) 之間是否互為獨立？如果不是互為獨立，則進一步探討二者關聯性的性質與關聯程度。資料建檔的範例如下：

	社會參與	生活滿意	細格次數
1	1	1	350
2	1	2	120
3	1	3	30
4	2	1	150
5	2	2	102
6	2	3	87
7	3	1	48
8	3	2	88
9	3	3	102

【執行步驟】

⇒ 一、觀察值加權

1. 執行功能表列「資料 (D)」/「加權觀察值 (W)」程序，開啟「加權觀察值」對話視窗。
2. 選取「◉ 觀察值加權依據 (W)」選項，點選目標變數「細格次數」加權變項至右邊「次數變數 (F)」下方格中，按『確定』鈕。

⇒ 二、求卡方值

1. 執行功能表列「分析 (A)」/「敘述統計 (E)」/「交叉表 (C)」(Crosstabs) 程序，開啟「交叉表」對話視窗。
2. 在變數清單變項將「生活滿意」變數選入右邊「列 (W)」下的方格，將變項「社會參與」選入右邊「欄 (C)」下的方格，按『統計量 (S)』鈕，開啟「交叉表：統計量」次對話視窗。
3. 勾選「卡方分配 (H)」選項、「名義」方盒中勾選「☑ 列聯係數 (O)」、「☑ Lambda 值 (L)」選項，按『繼續』鈕，回到「交叉表」對話視窗。
4. 按『儲存格 (E)』鈕，開啟「交叉表：儲存格顯示」次對話視窗，勾選「☑ 觀察值 (O)」選項；「百分比」方盒中勾選「列 (R)」、「行 (C)」、「☑ 總和 (T)」選項；「殘差」方盒中勾選「調整的標準化 (A)」選項，按『繼續』鈕，回到「交叉表」對話視窗，按『確定』鈕。

　　上述「交叉表」對話視窗中，由於社會參與頻率變項與生活滿意度變項間並非因果關係，而是一種對稱型式之關係，因而「列」與「欄」之方格中置放哪一個變項均可以，列、欄中選入的變項不同，輸出的交叉表之橫列變項與縱行變項的順序表格不同，但細格內數值均相同。

在「交叉表：統計量」對話視窗中，勾選「卡方分配 (H)」選項、「☑ 列聯係數 (O)」及預測關聯性指標「☑Lambda 值 (L)」選項。

「交叉表：儲存格顯示」次對話視窗中，「個數」方盒中內定選項為「☑ 觀察值 (O)」，「期望 (E)」是否勾選，研究者可自行決定；「百分比」方盒中

有三個選項：「列 (R)」、「行 (C)」、「總和 (T)」，三個選項分別會呈現細格觀察值佔橫列總觀察值的百分比、細格觀察值佔直欄總觀察值的百分比、細格觀察值佔總觀察值的百分比。獨立性考驗即使卡方統計量達到 .05 顯著水準，也不用進行百分比的事後比較，因而「殘差」方盒中的選項可以不用勾選，「非整數權重」方盒中內定的選項為「⊙ 捨入儲存格個數 (N)」，此選項一般不用更改。

⊃ 三、結果分析

生活滿意 * 社會參與 交叉表

| | | | 社會參與 | | | |
			1 時常參加	2 偶而參加	3 很少參加	總和
生活滿意	1 很滿意	個數	350	150	48	548
		期望個數	254.4	172.5	121.1	548.0
		在 生活滿意 之內的	63.9%	27.4%	8.8%	100.0%
		在 社會參與 之內的	70.0%	44.2%	20.2%	50.9%
		整體的 %	32.5%	13.9%	4.5%	50.9%
	2 無意見	個數	120	102	88	310
		期望個數	143.9	97.6	68.5	310.0
		在 生活滿意 之內的	38.7%	32.9%	28.4%	100.0%
		在 社會參與 之內的	24.0%	30.1%	37.0%	28.8%
		整體的 %	11.1%	9.5%	8.2%	28.8%
	3 不滿意	個數	30	87	102	219
		期望個數	101.7	68.9	48.4	219.0
		在 生活滿意 之內的	13.7%	39.7%	46.6%	100.0%
		在 社會參與 之內的	6.0%	25.7%	42.9%	20.3%
		整體的 %	2.8%	8.1%	9.5%	20.3%
總和		個數	500	339	238	1077
		期望個數	500.0	339.0	238.0	1077.0
		在 生活滿意 之內的	46.4%	31.5%	22.1%	100.0%
		在 社會參與 之內的	100.0%	100.0%	100.0%	100.0%
		整體的 %	46.4%	31.5%	22.1%	100.0%

上表為生活滿意與社會參與頻率二個變項的細格交叉表，由於生活滿意變數有三個水準：「很滿意」、「無意見」、「不滿意」；社會參與頻率變數也有三個水準：「時常參加」、「偶而參加、「很少參加」，因而構成的細格交叉表為 3×3 的列聯表。各細格的統計量：「個數」、「期望個數」、「在生活滿意之內的百分比值」、「在社會參與之內的百分比值」、「整體的%」分別代表為實際觀察次數、理論期望次數、佔橫列百分比 (以橫列觀察值總和為分母)、佔縱行百分比 (以直欄觀察值總和為分母) 及佔總次數百分比。以社會參與頻率「時常參加」者，知覺生活滿意度「很滿意」的細格而言，實際觀察次數有 350 位，理論期望次數為 254.4，佔橫列百分比為 63.9% (實際觀察次數除以生活滿意度很快樂邊際次數＝ 350÷548 ＝ 63.9%)；佔縱行百分比為 70.0% (實際觀察次數除以社會參與頻率水準時常參加邊際次數＝ 350÷500 ＝ 70.0%)，佔總有效樣本數的百分比為 32.5% (350÷1077)。

交叉表細格的期望次數 (expected count) 的求法為：細格橫列邊緣總數 × 細格直行邊緣總數 ÷ 全部觀察值總數，以「很滿意」*「時常參加」的細格而言，觀察次數為 350，期望次數＝ 548×500÷1077 ＝ 254.4。

卡方檢定

	數值	自由度	漸近顯著性 (雙尾)
Pearson 卡方	207.329[a]	4	.000
概似比	221.401	4	.000
線性對線性的關聯	206.907	1	.000
有效觀察值的個數	1077		

a. 0 格 (.0%) 的預期個數少於 5。最小的預期個數為 48.40。

上表為 Pearson 卡方檢定統計量摘要表。Pearson χ^2 值等於 207.329，df ＝ 4，顯著性機率值 p＜.001，達 .05 的顯著水準，拒絕虛無假設，表示國小退休教師的社會參與頻率與其生活滿意度之間有顯著相關存在，亦即「社會參與頻率」與「生活滿意度」二個變項間並非互為獨立。

當二個變項有相關存在時，可繼續探討二個變項之間關聯性的程度和性質，如果是 2×2 的正方形列聯表，可使用 Φ 相關係數表示二個變項間關聯性的大小；如果是 3×3 以上的正方形列聯表，可使用列聯相關係數；如果是其它的長方形列聯表 (橫列變項的水準數與縱行變項的水準數不相同) 可使用 Cramer's V

係數。二個變項間的關聯性大小除採用 Φ 相關係數、列聯相關係數、Cramer's V 相關係數外,也可使用「預測關聯性指標」(index of predictive association;λ 係數) 來說明二個變項間的關聯強度。

方向性量數

			數值	漸近標準誤 [a]	近似 T 分配 [b]	顯著性 近似值
以名義量數 為主	Lambda 值	對稱性量數	.114	.019	5.804	.000
		生活滿意依變數	.102	.022	4.449	.000
		社會參與依變數	.125	.019	6.384	.000
	Goodman 與 Kruskal Tau 測量	生活滿意依變數	.103	.013		.000[c]
		社會參與依變數	.100	.012		.000[c]

a. 未假定虛無假設為真。
b. 使用假定虛無假設為真時之 漸近標準誤。
c. 以卡方近似法為準。

上表中為預測關聯性指標,在本例中,生活滿意列的 λ 值等於 .102,表示「當知道樣本的社會參與頻率的訊息下,可增加預測樣本生活滿意度之正確性達 10.2% 之多」。如果不知道國小退休教師社會參與頻率的訊息,而要預測國小退休教師的生活滿意度知覺,則最好是預測其為「很滿意」,因為其最大的橫列邊緣次數為 548,佔全部觀察值的 50.9%;但是若知道樣本社會參與頻率為「時常參加」時的訊息時,則我們的預測準確度就會增加,亦即得知樣本社會參與頻率為「時常參加」時,則最好預測樣本的生活滿意度為「很快樂」,因為此交叉細格的觀察次數為 350,是縱行次數最高的;若得知樣本社會參與頻率為「很少參加」,則研究者最好預測樣本的生活滿意度為「不滿意」,因為此交叉細格的觀察次數為 102,是縱行次數最高的,λ 值可提供我們作為關聯性的一種參考指標。相對的,當研究者知道樣本的生活滿意度的訊息,可增加預測樣本社會參與頻率之正確性 12.5%,如果知道樣本的生活滿意度為「很滿意」,則研究者最好預測樣本社會參與頻率為「時常參加」,因其細格次數 350 是該橫列最高的;如果知道樣本的生活滿意度為「不滿意」,則研究者最好預測樣本社會參與頻率為「很少參加」,因其細格次數 102 是該橫列最高的;如果不知道樣本的生活滿意度知覺程度為何,而要預測國小退休教師的社會參與頻率時,則最好是預測「時常參加」,因「「時常參加」的邊際次數達 500,佔全部的 46.4%。

λ 係數的計算是，當要預測橫列變項 (生活滿意度) 時，將各縱行細格次數最多的相加後，減去橫列邊際次數最高者，再除以總樣本數減橫列邊際次數最高者之值。

當知道社會參與頻率，要預測其生活滿意度之 λ 係數的計算公式：

$$\lambda\ 值 = [(350 + 150 + 102) - 548] \div (1077 - 548) = .102 。$$

當知道生活滿意度，要預測其社會參與頻率之 λ 係數的計算公式：

$$\lambda\ 值 = [(350 + 120 + 102) - 500] \div (1077 - 500) = .125 。$$

對稱性量數

		數值	顯著性近似值
以名義量數為主	列聯係數	.402	.000
有效觀察值的個數		1077	

上表為列聯相關係數及顯著性檢定結果，列聯相關係數值等於 .402，p＜.001，達 .05 的顯著水準，社會參與頻率與生活滿意度二個變項間之關聯性屬於中度相關。在獨立性檢定中，如果卡方值達到顯著，則可根據其交叉表的屬性選擇適合的關聯性相關量數，上表為 3×3 的正方形列聯表，因而採用「列聯相關係數」作為社會參與頻率與生活滿意度二個變項間的關聯性之強度統計量。

第七節　改變的顯著性檢定

【研究問題】

某位補習班教師想了解其任教班級的學生，在開學時和學期末對其任教之物理科目的喜愛態度是否有所改變，他隨機抽取 200 名其任教班級學生，調查的數據如下，請問此補習班教師的學生對物理課的態度是否有所改變？

學期末	開學時	
	喜歡	不喜歡
喜歡	40	120
不喜歡	15	25

	學期初	學期末	次數
1	1	1	40
2	1	2	15
3	2	1	120
4	2	2	25

　　上述變項中第一個配對變數為學期初、第二個配對變數為學期末。變項數值中 1 代表喜歡、2 代表不喜歡。變數「次數」是觀察值加權變項，作為加權變數。上述問題為同一組受試者進行前後二次的調查，以探究受試者對同一事件前後的態度或觀感是否產生顯著改變，它是一個 2×2 的列聯表，所以採用「McNemar」考驗，以檢定受試者在前後二次測量間的改變情形。如果列聯交叉表大於 2×2 以上時，則應採用「包卡爾對稱性檢定」(Bowker's test of symmetry)。

【問題思考】

　　將研究問題整理成如下交叉表：

		學期末		
開學初		**喜歡**	**不喜歡**	**總和**
開學初	喜歡	40	15	55
	不喜歡	120	25	145
	總和	160	40	200

　　在上表中，有 40 位學生開學初及學期末均喜歡物理課，25 位學生開學初及學期末均不喜歡物理課，在 200 位受試者中，開學初及學期末對物理課態度均沒有改變者共 40 ＋ 25 ＝ 65 位，不過這不是研究者所表探究的重點。研究者所感興趣的是開學初與學期末對物理課態度有改變的學生。學期初喜愛物理課，但學期末反而不喜歡者有 15 人；學期初不喜愛物理課，但學期末反而喜歡者有 120 人，態度有顯著改變者共 15 ＋ 120 ＝ 135 位。假設此四格的人數及邊緣人數以下述代號表示：

A	B	(A ＋ B)
C	D	(C ＋ D)
(A ＋ C)	(B ＋ D)	(A ＋ B ＋ C ＋ D)

在上述表格中，研究者所關心的是開學初與學期末態度有改變的人次，所以是 (B + C) 二個細格觀察值的加總，如果沒有顯著改變，則 B 應等於 C，在虛無假設 H_0：B = C 的情況下，理論上有 $\dfrac{B+C}{2}$ 的人由學期初喜歡態度變成不喜歡態度；也有 $\dfrac{B+C}{2}$ 的受試者由不喜歡變成喜歡的態度。所以此二格的期望次數都是 $\dfrac{B+C}{2}$。

根據卡方的定義公式：$\chi^2 = \sum \dfrac{(f_o - f_e)^2}{f_e}$，所以 $\chi^2 = \dfrac{(B - \frac{B+C}{2})^2}{\frac{B+C}{2}} +$

$\dfrac{(C - \frac{B+C}{2})^2}{\frac{B+C}{2}} = \dfrac{(B-C)^2}{B+C} = \dfrac{(15-120)^2}{120+15} = 81.667$

在 SPSS 視窗操作中，如果 (B + C)>25，則使用校正之 χ^2 值 = $\sum \dfrac{(f_o - f_e - 0.5)^2}{f_e} = \dfrac{(|B-C|-1)^2}{B+C} = \dfrac{(120-15-1)^2}{120+15} = 80.119$

⊃ 一、操作程序

(一) 執行觀察值加權

1. 執行功能表列「資料 (D)」/「加權觀察值 (W)」程序，開啟「加權觀察值」對話視窗。

2. 選取「◉ 觀察值加權依據 (W)」選項，點選目標加權變數「次數」至右邊「次數變數 (F)」下方格中，按『確定』鈕。

註：如果是原始資料，則直接以原始資料分析，不必進行觀察值次數加權。

(二) 進行無分數統計

1. 步驟 [1]

執行功能表列「分析 (A)」/「無母數檢定 (N)」(Nonparametric Tests)/「歷史對話記錄 (L)」/「二個相關樣本 (L)」程序，開啟「兩個相關樣本檢定」對話視窗。

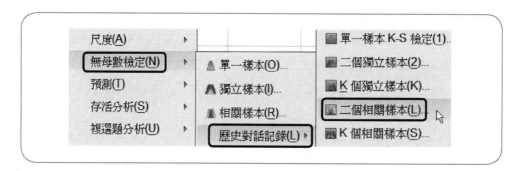

2. 步驟 [2]

在變數清單中同時選取「學期初」、「學期末」二個變項至右邊「成對檢定 (T)」下的方格中，「檢定類型」方盒中內定的選項為「☑Wilcoxon 檢定」，其餘三個選項為「符號檢定 (S)」、「McNemar 檢定 (M)」、「邊緣同質性 (H)」。

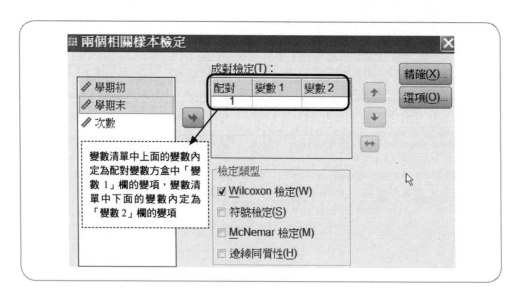

點選「學期初」、「學期末」二個變項至右邊「成對檢定 (T)」下的方格中，第一個變數「學期初」會置於「變數 1」下方格中，第二個變數「學期末」會置於「變數 2」下方格中，二個變數的順序可以按「←→」調換鈕切換，「檢定類型」方盒中選取「☑McNemar 檢定 (M)」選項，按『確定』鈕。

「兩個相關樣本檢定」主對話視窗中，「類定類型」方盒中的四種統計方法均為無母數統計法，常用者為「Wilcoxon 檢定 (W)」、「McNemar 檢定 (M)」二種選項方法。

⊃ 二、結果分析

學期初 & 學期末

	學期末	
學期初	1 喜歡	2 不喜歡
1 喜歡	40	15
2 不喜歡	120	25

上表為細格的次數分配，學期初喜歡物理課，但學期末不喜歡物理課者有 15 人；學期初喜歡物理課，學期末也喜歡物理課者有 40 人；學期初不喜歡物理課，但學期末喜歡物理課者有 120 人；學期初不喜歡物理課，學期末也不喜歡物

理課者有 25 人，其中改變最大者為學期初不喜歡物理課，但學期末喜歡物理課者的學生數。

檢定統計量 [b]

	學期初 & 學期末
個數	200
卡方 [a]	80.119
漸近顯著性	.000

a. 連續修正。

b. McNemar 檢定。

上述為 McNemar 檢定統計量摘要表。經 McNema 考驗結果，卡方值統計量為 $80.119 = \dfrac{(120-15-1)^2}{120+15}$，顯著性機率值 p＜.001，達 .05 顯著水準，有足夠證據拒絕虛無假設，接受對立假設，表示學生在開學初及學期末對物理課喜愛態度有顯著的改變。在學期初不喜歡物理課，但在學期末喜愛物理課的樣本有 120 名；在學期初喜愛物理課，但在學期末不喜愛物理課的樣本只有 15 名。

第八節 費雪爾正確概率檢定

在 2×2 的列聯表 (自由度等於 1) 計算 χ^2 係數值時，如果發現任何一個細格內的理論期望次數小於 5 時，則必須進行 Yate's 校正；但事實上，在自由度等於 1 的情境中，假如有細格理論期望次數小於 5，縱然使用 Yate's 校正仍不一定非常精確，如果樣本數很小又有細格理論期望次數小於 5，則採用「費雪爾正確概率檢定」(Fisher's exact probability test) 會更為適當 (Siegel & Castllan, 1989；林清山，民 81)。

對於 2×2 列聯表的差異性檢定，究竟應選擇那種無母數統計方法，學者 Cochran (1954) 提出以下三個原則供研究者統計分法選擇的參考：

1. 只要有效樣本總數小於 20 時，最好採用「費雪爾正確概率檢定」法來考驗假設。

2. 若有效觀察值個數在 20 至 40 之間時，如未出現細格理論期望次數小於 5 的

情形，則使用卡方百分比同質性考驗；假設有出現細格理論期望次數小於 5 的情形，則應使用「費雪爾正確概率檢定」法，進行假設考驗。

3. 若有效觀察值之樣本數在 40 以上，則不論細格是否出現期望次數小於 5，一律使用校正後的卡方值。

假定研究者所得的 2×2 列聯表觀察資料如下：

變項	Group		
(Variable)	I	II	Total
+	A	B	A + B
−	C	D	C + D
Total	A + C	B + D	N

則「費雪爾正確概率檢定」法之公式如下：

$$P = \frac{(A+B)!(C+D)!(A+C)!(B+D)!}{N! \, A! \, B! \, C! \, D!}$$ ；若 2×2 列聯表內沒有任何細格有

0 出現，則費雪爾正確概率檢定值為原先的 P 值加上此列聯表更極端的情形之概率。

如下述列聯表格，為調查 12 名學生對戶外課外活動喜歡程度的情形 (修改自 Siegel & Castellan, 1989, pp.104-106)：

變項	性別		
(Variable)	男生	女生	Total
喜愛	4	1	5
不喜愛	1	6	7
Total	5	7	12

P 值 $= \dfrac{5!7!5!7!}{12!4!1!1!6!} = .04419$

極端的情形之列聯表如下：

變項	性別		
(Variable)	男生	女生	Total
喜愛	5	7	5
不喜愛	0	0	7
Total	5	7	12

極端的情形的 P 值＝ $\dfrac{5!7!5!7!}{12!5!0!0!7!}$ ＝ .00126。

費雪爾正確概率檢定值：P ＝ .04419+.00126 ＝ .04545。

【研究問題】

　　某教育學者想了解國小三年級男女學生對早上讀經的喜愛程度是否有所差異，訪問了 10 位男生、12 位女生，男生回答喜歡的有 2 人、不喜歡的有 8 人；女生回答喜歡的有 8 人，不喜歡的有 4 人，請問學生性別對讀經喜愛與否的知覺感受是否有所差異？資料檔建檔的內容如下表：

	學生性別	知覺態度	細格次數
1	1	1	2
2	1	2	8
3	2	1	8
4	2	2	4

【執行步驟】

➲ 一、觀察值加權

1. 執行功能表列「資料 (D)」/「加權觀察值 (W)」程序，開啟「加權觀察值」對話視窗。
2. 選取「◉ 觀察值加權依據 (W)」選項，點選目標加權變數「細格次數」至右邊「次數變數 (F)」下方格中，按『確定』鈕。

➲ 二、求卡方值

1. 執行功能表列「分析 (A)」/「敘述統計 (E)」/「交叉表 (C)」程序，開啟「交叉表」對話視窗。
2. 在變數清單變項將「學生性別」變數選入右邊「列 (W)」下的方格，將變項「知覺態度」選入右邊「欄 (C)」下的方格，按『統計量 (S)』鈕，開

啟「交叉表：統計量」次對話視窗。

3. 勾選「卡方分配 (H)」選項，按『繼續』鈕，回到「交叉表」對話視窗。

4. 按『儲存格 (E)』鈕，開啟「交叉表：儲存格顯示」次對話視窗，勾選「☑ 觀察值 (O)」選項；「百分比」方盒中「☑ 總和 (T)」選項，按『繼續』鈕，回到「交叉表」對話視窗，按『確定』鈕。

三、結果分析

學生性別 * 知覺態度 交叉表

			知覺態度		
			1 喜歡	2 不喜歡	總和
學生性別	1 男生	個數	2	8	10
		整體的 %	9.1%	36.4%	45.5%
	2 女生	個數	8	4	12
		整體的 %	36.4%	18.2%	54.5%
總和		個數	10	12	22
		整體的 %	45.5%	54.5%	100.0%

　　上表為「學生性別」與學生對讀經「知覺態度」所構成的列聯表，因為學生性別有二個水準 (男生、女生)、「知覺態度」感受變數也有二個水準 (喜歡、不喜歡)，所以構成一個 2×2 的交叉表，交叉表中只呈現細格的觀察值個數及細格人次與總人數的百分比值。

卡方檢定

	數值	自由度	漸近顯著性（雙尾）	精確顯著性（雙尾）	精確顯著性（單尾）
Pearson 卡方	4.791[a]	1	.029		
連續性校正[b]	3.094	1	.079		
概似比	5.032	1	.025		
Fisher's 精確檢定				.043	.038
線性對線性的關聯	4.573	1	.032		
有效觀察值的個數	22				

a. 1 格 (25.0%) 的預期個數少於 5。最小的預期個數為 4.55。
b. 只能計算 2×2 表格。

　　上表為 SPSS 所輸出的卡方檢定量，有一個細格期望次數小於 5。費雪爾正確概率檢定 (Fisher's Exact Test) 之結果，在雙側檢定下，p 值等於 .043、單側檢定下，p 值等於 .038。本研究的對立假設為：「學生性別對讀經喜愛與否的知覺感受有所差異」，屬雙側考驗。在雙側考驗下，p = .043＜.05，達到顯著水準，拒絕虛無假設，接受對立假設，表示不同性別學生對讀經喜愛與否的知覺感受有顯著的不同，與男生相較之下，國小三年級女生較喜愛讀經的百分比明顯高於男生。

　　在卡方檢定量中，也出現卡方百分比同質性考驗結果，未校正的卡方值等於 4.791，p = .029＜.05，拒絕虛無假設，接受對立假設，表示學生性別與讀經喜愛與否的知覺感受有顯著的關聯存在；由於有一個細格期望次數小於 5，因而也呈現 Yate 校正後的卡方值，耶茲氏校正值 (Continuity Correction(a) 列資料) 等於 3.094，p = .079＞.05，接受虛無假設，拒絕對立假設，表示不同性別學生對讀經喜愛與否的知覺感受沒有顯著的差異。在 2×2 列聯表中，如是小樣本且有細格期望次數小於 5 的狀況，採用不同的方法進行假設檢定，常會出現以上情形——結論不一致的結果，因而對於小樣本的資料分析，要格外謹慎。

第 **09** 章

平均數的差異檢定——t考驗

　　t 檢定主要用在從樣本統計量 M (平均數) 推估母群體參數 μ，如果因子變項的樣本平均數統計量為 M_1、M_2，研究者想檢定二個平均數測量值間的差異是否達到顯著水準，則需採用 t 檢定統計方法。

第一節　二個平均數之母數差異檢定

壹、基本原理

　　平均數差異的檢定，常用於推論統計中。行為及社會科學的研究領域，研究者可以測量群體的行為特質、態度反應或學習成效的程度，以算出平均數並進行統計檢定，但由於研究的母群體多半過於龐大，無法搜集到全部的資料，研究者通常只能抽取局部樣本作為研究對象，根據抽取樣本所得的結果來推論母群體的特性，並且附帶說明此種推論可能犯錯的機率與推論為正確的可能性為何。推論統計又因群體條件不同，而有母數統計與無母數統計的檢定方法，母數檢定適用於所有的母群體分配為常態分配 (normal distribution)。一般描述母群體特性的量數稱為母數或參數 (parameters)，以說明或表示母群體的真實性質，母數或參數通常以希臘字母表示，樣本的統計數稱為統計量 (statistics)，以說明或表示樣本性質的統計指標或量數，統計數通常以英文字母表示，如樣本平均數會以符號 M 或 $\overline{X}$ 表示。

　　就樣本的變異數與標準差而言，樣本的變異數 (variance) $= S^2 = \dfrac{\Sigma(X-\overline{X})^2}{N}$，變異數開根號即為標準差 SD (standard deviation)。在推論統計學中，作為推論母群體的變異數和標準差的統計數，不是以 N 為分母，而是以 N-1 作為計算變異數的分母。根據數學的推理證明 (Hogg & Tanis, 1988) 要用樣本的變異數代替母變的變異數時，分母須除以 N-1，而不是 N，才不會低估它，「N-1」就是自由度，所以計算母群的變異數與標準差的不偏估計值時，應使用下列公式：

$$s^2 = \frac{\Sigma(X-\overline{X})^2}{N-1} \quad \text{、} \quad s = \sqrt{\frac{\Sigma(X-\overline{X})^2}{N-1}} \ (\text{其中分母為 N-1，而非 N})\text{。}$$

　　就平均數的推估而言，如果母群體的 σ (標準差) 未知時，我們可以以樣本的平均數 (M) 來推估母群體的平均數 (μ)，因為 M 是 μ 的不偏估計值。行為及

社會科學領域的統計分析方面，常會遭遇到比較二個平均數間之差異的問題，此類問題如性別間工作壓力知覺的差異比較、學習前與學習後的學業成就是否有所改變、講述法與合作學習法那種教學方法的學習成效較佳、公私立學校教師的工作投入感是否有所不同、高社經地位及低社經地位的學生其學習態度是否有所差異、實驗前與實驗後某種特質是否有所改變、北區與南區學生每週觀看電視時間是否有所不同等，這些均屬於二個母群體參數之假設考驗問題。

　　與二個母群體參數間之顯著性考驗或差異比較的檢定，常與「實驗設計」(experimental design) 的規劃有關。在實驗設計中常用的方法設計有二：一為「獨立樣本」(independent sample) 設計；一為「相依樣本」(dependent sample) 設計。獨立樣本設計採用「等組法」，採用隨機抽樣與隨機分派 (random assignment) 的方法，將受試者分成二組，一組為實驗組，一組為控制組；實驗組的受試者接受實驗處理 (treatment)、控制組則接受不同於實驗處理之其它處理方法，由於二組受試者是隨機取樣而來，均為不相同的受試者，即稱為獨立樣本。獨立樣本的二組受試者均為獨立個體，二組的反應不相互影響，理論上，在獨立樣本的情況下，二組受試者反應的相關應等於零，像此種利用隨機抽樣與隨機分派的方式使不同受試者接受不同的實驗處理，在實驗設計中又稱為「受試者間設計」(between-subjects design)，或完全隨機化設計。

　　如果二組受試者不獨立，而只是一組受試者，應採用重複量數 (repeated measure) 設計方式，讓同一組受試者重複接受不同的實驗處理，然後讓同一組受試者接受實驗處理之前後測，因為是同一組受試者，在不同處理的反應中會有某種程度的關聯，此種樣本設計，稱為相依樣本，相依樣本又稱「受試者內設計」(within-subject design) 或隨機化區組設計 (randomized block design)。如果是採用配對組法 (subject matching)，雖然二組受試者不是同樣的人，但因其在某個特質上完全相同，因而可視為是有關聯的二組受試者，也是屬於相依樣本，在統計方法應用上，也應使用相依樣本的 t 檢定法。

　　在獨立樣本平均數考驗方法中，如果母群體的標準差已知或是大樣本時，可根據中央極限定理，來推估抽樣分配的標準誤，並且根據假設為常態分配的情況，使用 Z 分配作為檢定的方法，但是如果未能知道母群體的標準差 (σ) 或樣本數太少時，抽樣分配的標準誤必須由樣本標準差來推估，則應使用 t 分配來作為考驗的依據。一般而言，在調查研究或實驗設計中，母群體的標準差多數無法

獲知，因此使用 Z 考驗的機會較少；其次，由於 t 考驗會隨著自由度的改變而改變，當樣本數大於 30 時，t 分配與 Z 分配則十分接近，使用 t 考驗其實涵蓋了 Z 考驗的應用。在統計學上，將 t 考驗這類可以視不同分配特性而調整理論分配的考驗方式稱為「強韌統計」(robust statistics)，強韌統計考驗表示能夠根據不同的問題而調整 (邱皓政，民 89)。

獨立樣本 t-test 基本假定如下：

1. 常態化 (normality)

樣本來自的二個母群體，分別呈常態分配，當二組人數增加，樣本平均數差異的抽樣分配也會趨近於常態分配。

2. 變異數同質性 (homogeneity of variance)

二個母群的變異數相等，即 $\sigma_1^2 = \sigma_2^2 = \sigma^2$，群組的變異數同質表示群組間測量值的分散情形類似，二個群體間的變異數是否同質，可採用 Levene's 檢定，從變異數比值差異考驗的 F 值統計量加以判別，如果 F 值考驗的顯著性達到 .05 顯著水準 (p < .05)，表示二個群體的變異數不同質，二個群體平均數差異考驗需校正公式。

3. 獨立性 (independent)

每個樣本觀察值是獨立的，彼此間沒有任何關聯，重複量數的測量程序每個觀察值也是獨立的。

t 檢定分析程序中，如果同時違背常態性與變異數同質性，則即使樣本數很大，結果正確率也會很低，此時最好使用無母數統計法 (nonparametric statistical methods) 來進行分析，如曼-惠特尼 U 考驗 (Mann-Whitney U test)、克-瓦二氏單因子等級變異數分析 (H 考驗)(Kruskal-Wallis one-way analysis of variance by ranks) 等。

雙側考驗之 t 檢定的虛無假設與對立假設分別為：

$$H_0 : \mu_1 = \mu_2 \; ; H_1 : \mu_1 \neq \mu_2$$

上述的雙尾檢定 (two-sided hypothesis) 的假設，不強調方向性，只強調有差異的假設考驗，雙尾檢定或雙側考驗，又稱為無方向性的考驗 (nondirectional hypothesis)。與雙尾檢定相對應是單尾檢定，凡考驗單一方向的問題時，就

稱作單側考驗 (one-sided hypothesis)，單側考驗又稱方向性考驗 (directional hypothesis)，它通常適用於含有重於、高於、大於、多於、低於、短於、輕於、 ……等之類的問題。其虛無假設與對立假設如下：

$$H_0 : \mu_1 \geq \mu_2 \;;\; H_1 : \mu_1 < \mu_2 \text{，或 } H_0 : \mu_1 \leq \mu_2 \;;\; H_1 : \mu_1 > \mu_2$$

平均數差異的檢定公式，可細分如下幾種：

一、一個母群體平均數的假設考驗：σ 已知或 N > 30 時，使用 Z 分配考驗

$Z = \dfrac{\overline{X} - \mu}{\sigma_{\overline{X}}} = \dfrac{\overline{X} - \mu}{\dfrac{\sigma}{\sqrt{N}}}$，其中 μ 是想考驗的母群體平均數，如果從樣本中所得

的 Z 值落入臨界區 (超出 α 顯著水準的標準常態分佈的 Z 值，$p < \alpha$)，則拒絕虛無假設，接受對立假設，在行為及社會科學之量化研究中，母群體標準差 (或變異數) 已知的情況並不多見。

二、一個母群體平均數的假設考驗：σ 未知或 N ≤ 30 時，使用 t 分配考驗

由於在實際量化研究程序中，母群體標準差已知的情況較少，因而不適用於上述之 Z 檢定，此時應使用樣本標準差來估計母群體的標準差，即使用 t 分配考驗。t 值統計量的公式：$t = \dfrac{\overline{X} - \mu}{S_{\overline{X}}} = \dfrac{\overline{X} - \mu}{S / \sqrt{N}}$，自由度為 n-1 的 t 分配，$\mu$ 是想考驗的母群體平均數，$S = \sqrt{\dfrac{\Sigma(x - \overline{x})^2}{N - 1}} = \sqrt{\dfrac{\Sigma x^2 - \dfrac{(\Sigma x)^2}{N}}{N - 1}}$ 。

三、二個群體平均數的差異顯著性檢定——獨立樣本且 σ_{x1} 和 σ_{x2} 未知

若二個樣本來自 σ^2 相同的二個不同母體，且 $\sigma^2_{x1} = \sigma^2_{x2}$，即二個母群體的變異數相等，可使用下列公式：

$$t = \frac{\overline{X_1} - \overline{X_2}}{\sqrt{S^2_P(\frac{1}{N_1} + \frac{2}{N_2})}} \quad , \quad S^2_P = \frac{[\Sigma X_1^{\,2} - \frac{(\Sigma X_1)^2}{N_1}] + [\Sigma X_2^{\,2} - \frac{(\Sigma X_2)^2}{N_2}]}{N_1 + N_2 - 2} \quad , \text{（稱合併變異數）}$$

自由度 $= N_1 + N_2 - 2$

當 $\sigma^2_{x1} \neq \sigma^2_{x2}$ 的情況下，即二個母群體的變異數不相等時，應使用柯克蘭和柯克斯 (Cochran & Cox) 所發展的 t 值檢定校正公式：

$$t = \frac{\overline{X_1} - \overline{X_2}}{\sqrt{\frac{S_1^{\,2}}{N_1} + \frac{S_2^{\,2}}{N_2}}} = \frac{\overline{X_1} - \overline{X_2}}{\sqrt{S^2_{\overline{X1}} + S^2_{\overline{X2}}}} \quad 。$$

獨立樣本的 t 值等於組平均數差值除以組平均數差異值的標準誤，因而如果 t 值愈大，表示二組間平均數差距愈大，愈會達顯著水準，t 值統計量為正值表示第一個群體平均數高於第二個群體平均數，t 值統計量為負值表示第一個群體平均數低於第二個群體平均數，t 值 $= \dfrac{\text{二組平均數相減值}}{\text{平均數差值的標準誤}}$。

⊃ 四、二個平均數的差異顯著性檢定——獨立樣本、σ_{x1} 和 σ_{x2} 已知

二個平均數獨立樣本、σ_{x1} 和 σ_{x2} 已知時，應使用下列公式檢定：

$z = \dfrac{\overline{X_1} - \overline{X_2}}{\sqrt{\frac{\sigma^2_{x1}}{N_1} + \frac{\sigma^2_{x2}}{N_2}}}$，此情形適用於理論統計，實務應用上皆使用 t 值統計量進

行二個平均數的差異檢定。

⊃ 五、同一組受試者二個平均數的差異顯著性檢定——相依樣本

同一組受試者有二個不同的平均數測量值，想探討這二個平均數間的差異是否有顯著不同，使用的統計方法為成對樣本 t 檢定，公式

$$t = \frac{\overline{X_1} - \overline{X_2}}{\sqrt{\dfrac{S^2_{X1} + S^2_{X2} - 2rS_{X1}S_{X2}}{N}}}, \ df = N - 1 \text{。}$$

在上述二個獨立樣本 t 檢定達到顯著時，研究者可進一步求出其「效果值大小」(effect size)(Cohen, 1988)。行為及社會科學研究中，研究者大多重視統計學上的顯著性，而忽略研究結果實際上的重要性──實用顯著性 (practical significance) 或稱臨床顯著性。所謂實際上之重要性，係指在真實世界中研究者所獲得的效果是否足夠大到有用或有價值的程度。對於實用顯著性的考驗，有二種常用的量數可以協助研究者作此效果大小之評估，即關聯強度 (strength of association) 與效果大小 (王國川，民 91)。效果大小值的指標最常用的方法是採用「eta square」(η^2) 來判斷，其公式如下：$\eta^2 = \dfrac{t^2}{t^2 + (n_1 + n_2 - 2)}$。效果大小指標 η^2 之範圍介於 0 至 1 之間，其意義係指自變項可以解釋依變項有多少變異數的百分比，因而效果值愈大，表示依變項可以被自變項解釋的百分比愈大；反之，效果值愈小，表示依變項可以被自變項解釋的百分比愈小。η^2 值愈大，愈有實用顯著性，因為自變項與依變項間的關聯程度愈高。對於 η^2 值的判斷準則，學者 Cohen (1988) 提出以下的看法：其值在 .06 以下屬微弱關係、大於 .06 小於 .14 屬中度關係、在 .14 以上屬強度關係。

效果值大小	$\eta^2 < .06$	$.06 \leq \eta^2 < .14$	$\eta^2 \geq .14$
變項間關係	微弱關係	中度關係	強度關係

貳、單一樣本的 t 檢定──母群 σ 未知和單側考驗

⊃ 一、研究問題

某教育學者認為國小男學童的書包重量偏重，課程改革並未減輕學童的書包重量，此教育學者從六年級男學童中隨機抽取十五名，測量學童的書包重量如下，今已知國小六年級男學童適宜的書包重量為 5.3 公斤，試問該教育學者的論點是否可以得到支持？

編號	1	2	3	4	5	6	7	8	9	10	11	12	13	14	15
書包重量	6.5	4.8	5.1	7.2	4.9	8.1	5.8	6.5	7.5	6.8	5.9	4.9	5.8	6.3	6.6

　　上述問題中，因為該教育學者認為國小六年級男學童的書包重量比一般學者所提的適宜重量為重，故係屬單側考驗的問題，其統計假設中的虛無假設與對立假設分別如下：$H_0: \mu_1 \leq \mu$；$H_1: \mu_1 > \mu$，其中母群平均數 μ 等於 5.3。

　　由於母群的 σ 未知，故必須以它的不偏估計值 s 來代替，假設考驗的公式如下：

$$t 值 = \frac{\overline{X} - \mu}{S_{\overline{X}}} = \frac{\overline{X} - \mu}{S / \sqrt{N}}，單一樣本 t 檢定的效果值計算公式為：\eta^2 = \frac{t^2}{t^2 + (N-1)}。$$

　　假定這位教育專家認為犯第一類型錯誤是較嚴重的事情，可將錯誤率 α 設為 .01 的顯著水準，因為對立假設為：$H_1: \mu_1 > \mu$，故屬於單側考驗問題。

⊃ 二、操作程序

> **1.** 執行功能表列「分析 (A)」/「比較平均數法 (M)」(Compare Means)/「單一樣本 T 檢定 (S)」(One-Sample T Test) 程序，開啟「單一樣本 T 檢定」對話視窗。
>
> **2.** 將目標變數「書包重量」選入右邊「檢定變數 (T)」下的方格中內，「檢定值 (V)」(Test Value) 右邊的空格內輸入檢定值「5.3」。
>
> **3.** 按『選項』(Options) 鈕，開啟「單一樣本 T 檢定：選項」次對話視窗，內定的「信賴區間百分比 (C)」(Confidence Interval) 為「95」%，如果研究者要將信賴區間百分比改為 99%，則於空格內輸入數字「99」，按『繼續』鈕，回到「單一樣本 T 檢定」對話視窗，按『確定』鈕。

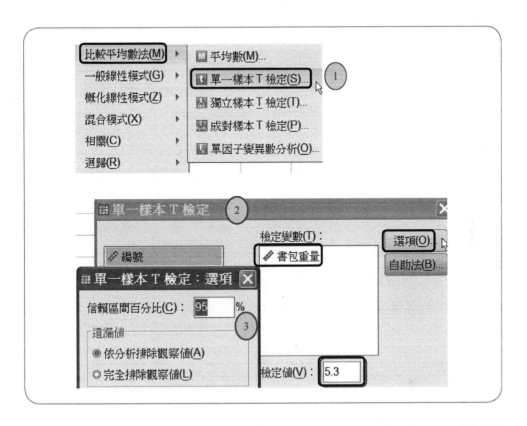

　　在「單一樣本T檢定」對話視窗中，「檢定值」，內定值為0，分析時須輸入一個標的數字檢定數值，以便根據該值與樣本平均數進行比較。按『選項(O)』鈕，可開啟「單一樣本T檢定：選項」次對話視窗。

　　上述在「單一樣本T檢定：選項」(One-Sample T Test: Options)對話視窗中，「信賴區間百分比」(Confidence Interval)內定值為95%(顯著水準α為.05)，PASW結果會顯示平均數和假設考驗檢定值間差異的95%信賴區間，將「信

賴區間百分比設為 95%」，即將推論統計時之顯著水準 α 定為 .05，空格中，研究者須輸入 1 到 99 之間的數值，就可以設定不同的信賴水準，上圖中輸入「99」，表示假設考驗檢定值的信賴區間百分比設為 99%，相對的，推論統計較為保守，此時的顯著水準 α 定為 .01。

⊃ 三、結果分析

單一樣本統計量

	個數	平均數	標準差	平均數的標準誤
書包重量	15	6.180	.9987	.2579

上表分別為變項名稱、有效觀察值個數、平均數、標準差與平均數的標準誤。有效觀察值有 15 位、平均數為 6.180、標準差為 .9987、平均數的標準誤等於 .2579。

單一樣本檢定

	檢定值 = 5.3					
					差異的 95% 信賴區間	
	t	自由度	顯著性 (雙尾)	平均差異	下界	上界
書包重量	3.413	14	.004	.8800	.327	1.433

「差異的 95% 信賴區間」表示將顯著水準定為 .05，平均數差異的 t 值統計量為 3.413，顯著性 p = .004。

單一樣本檢定

	檢定值 = 5.3					
					差異的 99% 信賴區間	
	t	自由度	顯著性 (雙尾)	平均差異	下界	上界
書包重量	3.413	14	.004	.8800	.112	1.648

上表中雙側考驗時 t 值等於 3.413、自由度等於 14、雙尾顯著性機率值 p = .004 < .05；由於本例題為單側考驗，雙尾顯著性機率值 p 要除以 2，單尾顯著性機率值 p = .004 ÷ 2 = .002 < .05，拒絕虛無假設，研究假設得到支持。雙側考

驗時，「差異的 95% 信賴區間」值為 [.327，1.433]，「差異的 99% 信賴區間」值為 [.112，1.648]，平均差異信賴區間定為 95%，表示界定顯著水準 α 為 .05，平均差異信賴區間設為 99%，表示界定顯著水準 α 為 .01，當差異信賴區間值未包含 0 這個數值，表示樣本的平均數與目標檢定值差異為 0 的機率低於設定的顯著水準，因而有足夠證據拒絕虛無假設，接受對立假設。因為此題為單側考驗，表中顯示的差異信賴區間為雙側考驗的上限及下限，研究者可直接將表中雙尾顯著性機率值 p 除以 2，作為單尾顯著性機率值，由於 p = .002 < .05，拒絕虛無假設 $H_0: \mu_1 \leq \mu$ (5.3)，接受對立假設 $H_1: \mu_1 > \mu$ (5.3)，該教育學者認為國小六年級男學童的書包重量比學者所定的適宜重量 (5.3 公斤) 還重，亦即該教育學者所認定國小六年級男學童的書包重量並未因教育改革而減輕的論點獲得支持。範例中由於雙尾顯著性 p = .004，數值小於 .05 又小於 .01，因而「差異的 95% 信賴區間」與「差異的 99% 信賴區間」結果的判別相同，若是雙尾顯著性 p 小於 .05，但卻大於 .01，則「差異的 95% 信賴區間」與「差異的 99% 信賴區間」的結果解釋會有不同。

$$上述之 t 值 = \frac{\overline{X} - \mu}{S_{\overline{X}}} = \frac{\overline{X} - \mu}{S / \sqrt{N}} = \frac{6.18 - 5.30}{.9987 / \sqrt{15}} = \frac{.88}{.25787} = 3.413。$$

【表格範例】

統計結果的表格整理如下：

	個數	平均數	標準差	檢定值	差異值	t 值	單尾顯著性 p
體重	15	6.180	0.999	5.30	.880	3.413	.002

參、單一樣本的 t 檢定——母群 σ 未知和雙側考驗

⇒ 一、研究問題

教育部在全國性的調查中，國小三年級男學童的平均體重為 32 公斤，某國小校長想得知該校三年級男學童的體重狀況，編班後隨機從年級中抽取二十名男學童，測量所得的體重數據如下，請問此校長如何解釋該校三年級男學童體重發展情形？

編號	1	2	3	4	5	6	7	8	9	10	11	12	13	14	15	16	17	18	19	20
體重	30	31	35	27	28	36	35	31	30	33	34	29	27	28	26	34	33	36	34	29

上述問題中該校校長想知道三年級男學童的體重發展與全國學生三年級男學童平均體重發展是否有所差異，並未假設該校男學童的體重是過重或偏輕，因而是屬於雙尾檢定問題，其統計假設如下：$H_0 : \mu_1 = \mu$；$H_1 : \mu_1 \neq \mu$。

◯ 二、操作程序

1. 執行功能表列「分析(A)」/「比較平均數法(M)」/「單一樣本 T 檢定(S)」程序，開啟「單一樣本 T 檢定」對話視窗。
2. 將目標變數「體重」選入右邊「檢定變數(T)」下的方格中內，「檢定值(V)」(Test Value) 右邊的空格內輸入檢定值「32」，按『確定』鈕。

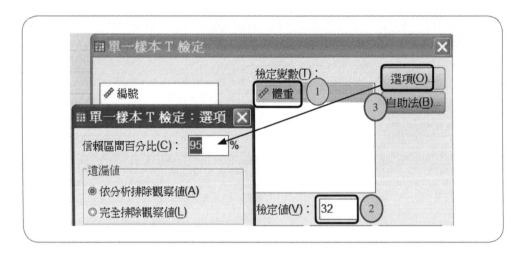

一般推論統計均將顯著水準 α 定為 .05，因而統計分析選項「信賴區間百分比均設定為95%」，若研究者不想更改顯著水準的設定，則不用按『選項』鈕，直接採用內定的選項即可。

⇒ 三、結果分析

單一樣本統計量

	個數	平均數	標準差	平均數的標準誤
體重	20	31.30	3.246	.726

由計算結果可知樣本平均數為 31.30、標準差為 3.246、平均數的標準誤為 .726，其中平均數的標準誤 $S_{\overline{X}} = \dfrac{S}{\sqrt{N}} = \dfrac{3.246}{\sqrt{20}} = .726$，有效觀察值有 20 位。

單一樣本檢定

	檢定值 = 32					
					差異的 95% 信賴區間	
	t	自由度	顯著性 (雙尾)	平均差異	下界	上界
體重	-.964	19	.347	-.700	-2.22	.82

上述的單一樣本 t 檢定值等於 -.964；df = 19，雙尾顯著性機率值 p = .347 > .05，故應接受虛無假設，平均差異值為 -.700 (總平均數 31.30 與檢定變數 32 的差異值)；此外從「差異的 95% 信賴區間」(95% Confidence Interval of the Difference) 來判別，「差異的 95% 信賴區間」為 [-2.22，.82]，包含 0 這個數值，表示差異值有可能為 0 (平均數與檢定變數沒有差異)，沒有足夠證據可拒絕虛無假設，顯示該校三年級男學童的平均體重發展與全國三年級學童的平均體重發展沒有顯著差異存在。

$$單一樣本檢定的\ t\ 值 = \frac{\overline{X} - \mu}{S_{\overline{X}}} = \frac{\overline{X} - \mu}{S / \sqrt{N}} = \frac{31.30 - 32.00}{.726} = -\ 0.964。$$

上述報表的整理如下：

【表格範例】

◉ 表 X 單一樣本 t 檢定摘要表

	個數	平均數	標準差	檢定值	t 值
體重	20	31.30	3.25	32	-0.964ns

註：ns p＞.05

從單一樣本 t 檢定摘要表可以發現：差異值檢定統計量 t 等於 -0.964，顯著性機率值 p＞.05，未達 .05 顯著水準，顯示該校三年級男學童的平均體重發展與全國三年級學童的平均體重 (常模) 發展沒有顯著差異存在，亦即該校三年級男學童的體重發展情形良好。

【錯誤詮釋】

平均數差異檢定中，若是顯著性機率值 p＞.05，則平均差異值應視為 0，範例中樣本統計量所得的平均數為 31.30，與常模 32 相差 -.700，研究者不能說：「學生平均體重稍低於 32 公斤，學生平均體重稍輕。」因為顯著性機率值 p＞.05，樣本統計量與常模間的差異值應視為 0，樣本統計量 31.30 公斤與常模 32 公斤間的差異值是抽樣誤差造成的，若是學校進行三年男學童體重的普測，則所有觀察值平均體重會趨近於 32 公斤或等於 32 公斤。

➲ 四、單一樣本 t 檢定於描述性統計量的應用

單一樣本 t 檢定可用於受試者在構面或量表得分現況的分析，得分現況除用描述性統計量加以說明外，如果研究者進一步要對現況的情形描述為低度感受、中度感受、中度以上、中度以下、中高度感受、高度感受或極高度感受等情形，最好採用單一樣本 t 檢定程序，將受試者在構面或量表的單題平均得分與相對應的感受分數作一考驗。如受試者於考試焦慮構面平均得分為 3.82，3.82 雖然高於 3.80 (中高度感受程度)，但研究者不能直接敘述受試者的考試焦慮呈現中高度以上的感受，因為 3.82 與 3.80 的差異統計量 t 值若是未達 .05 顯著水準，研究者只能說明受試者考試焦慮的感受程度為「中高度」，而不能敘述為「中高度以上」的感受程度。再如受試者的學習焦慮量表單題平均得分為 2.91，2.91 雖低於中度感受分數 3，但若是二個量測值間的差異統計量 t 值未達 .05 顯著水準，研究者只能敘述「受試者學習焦慮感受為中度」，不能敘寫「受試者學習焦慮感受為中度以下」。五點量表不同感受程度的劃分如下：

2.2	2.4	2.6	2.9	3	3.6	3.8	4	4.2	4.4	4.6	4.8	5
30.0%	35.0%	40.0%	47.5%	50.0%	65.0%	70.0%	75.0%	80.0%	85.0%	90.0%	95.0%	100.0%
極低度		低度		中度		中高度		高度		極高度		

六點量表不同感受程度的劃分如下：

2.25	2.50	3.00	3.50	3.75	4.00	4.25	4.50	4.75	5.00	5.25	5.50	6.00
25.0%	30.0%	40.0%	50.0%	55.0%	60.0%	65.0%	70.0%	75.0%	80.0%	85.0%	90.0%	100.0%
	極低度	低度	中度				中高度		高度		極高度	

以學生學習經驗問卷為例，300 位學生於數學焦慮量表、數學態度量表及數學投入量表單題平均得分分別為 3.1030、3.3953、3.0218，相關描述性統計量摘要表如下：

變項名稱	個數	最小值	最大值	平均數	標準差
整體焦慮單題	300	1.00	5.00	3.1030	.88225
整體態度單題	300	2.10	5.00	3.3953	.58285
整體投入單題	300	1.00	5.00	3.0218	.59473

「單一樣本 T 檢定」對話視窗中，「檢定值 (V)」方格中的數值為 3，之所以採用「中等程度」數值 3 作為檢定值，因為三個量表單題平均離 3 數值較近，研究者要探究是中度感受或中度以上感受，如果三個平均數與檢定值 3 的平均差異達到顯著，表示感受程度為「中度以上」；相對的，若是三個平均數與檢定值 3 的平均差異未達 .05 到顯著，表示受試者的感受程度為「中度」。

單一樣本檢定

	檢定值 = 3				差異的 95% 信賴區間	
	t	自由度	顯著性（雙尾）	平均差異	下界	上界
整體焦慮單題	2.021	299	.044	.10296	.00272	.20320
整體態度單題	11.748	299	.000	.39533	.3291	.4616
整體投入單題	.635	299	.526	.02179	-.0458	.0894

從單一樣本 T 檢定摘要表可以發現：整體數學焦慮單題平均分數 3.1030 與檢定值 3 的差異統計量 t 值為 2.021，顯著性 p = .044 < .05，達到 .05 顯著水準，表示平均分數 3.1030 與檢定值 3 間有顯著不同，受試者數學焦慮感受程度為中度以上；整體數學態度單題平均分數 3.3953 與檢定值 3 的差異統計量 t 值為 11.748，顯著性 p < .001，達到 .05 顯著水準，表示平均分數 3.3953 與檢定值

3 間有顯著不同，受試者數學焦慮感受程度為中度以上；整體數學投入動機單題平均分數 3.0218 與檢定值 3 的差異統計量 t 值為 .635，顯著性 p = .526 > .05，未達 .05 顯著水準，接受虛無假設，表示平均分數 3.0218 與檢定值 3 間沒有顯著不同，受試者數學投入動機感受程度為中度。

下面為 15 位高職學生在「憂鬱傾向量表」與「生活壓力量表」單題平均的描述性統計量摘要表。

	個數	最小值	最大值	平均數	標準差
憂鬱傾向	15	1.65	4.01	2.5667	.52576
生活壓力	15	3.67	4.95	4.3013	.38682

憂鬱傾向單題平均得分為 2.5667、生活壓力單題平均得分為 4.3013，前者離檢定值 2.6 較近 (低度感受)，後者平均數離檢定值 4.2 較近 (高度感受)，因而受試者於二個量表單題平均得分的感受程度分別跟檢定值 2.6、4.2 進行單一樣本 T 檢定考驗。

	檢定值 = 2.6				差異的 95% 信賴區間	
	t	自由度	顯著性 (雙尾)	平均差異	下界	上界
憂鬱傾向	-.246	14	.810	-.03333	-.3245	.2578

憂鬱傾向單題平均分數 2.5667 與檢定值 2.6 之差異值 t 統計量為 -.246，顯著性 p = .810 > .05，未達 .05 顯著水準，接受虛無假設，表示平均分數 2.5667 與檢定值 2.6 間的差異沒有顯著，受試者憂鬱傾向的感受程度為低度 (不能描述為低度以下)。

	檢定值 = 4.2				差異的 95% 信賴區間	
	t	自由度	顯著性 (雙尾)	平均差異	下界	上界
生活壓力	1.015	14	.328	.10133	-.1129	.3155

生活壓力平均分數 4.3013 與檢定值 4.2 之差異值 t 統計量為 1.015，顯著性 p = .328 > .05，未達 .05 顯著水準，接受虛無假設，表示平均分數 4.3013 與檢定值 4.2 間的差異沒有顯著，受試者生活壓力的感受程度為高度 (不能描述為高度以上)。

肆、相依樣本 t 考驗

相依樣本代表二個測量值來自的觀察值間彼此有關聯存在，不像獨立樣本時二個群組樣本的相關被視為 0。相依樣本包括二種情形：一為重複量數，另一為配對組法。相依樣本統計分析的解析圖如下：

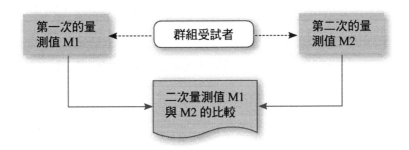

⊃ 一、研究問題

某研究者想了解自我導向學習是否有助於提高學生的數學學業成就，他隨機抽取二十名學生為受試者，讓他們接受三個月的自我導向學習訓練，並收集受試者學習前與學習後的數學學業成就，測得的數據如下表，請問該研究者如何解釋數據結果？

受試者	S1	S2	S3	S4	S5	S6	S7	S8	S9	S10	S11	S12	S13	S14	S15	S16	S17	S18	S19	S20
學習前	75	88	70	82	76	67	73	81	85	68	72	71	77	87	85	86	70	80	74	79
學習後	78	92	75	84	79	75	80	84	86	70	77	79	77	90	90	87	88	89	79	83

從統計方法之觀點，研究者選擇「兩個相依樣本的平均數差之 t 統計考驗」(two related samples Student's test) 的目的，主要是在於考驗同一組觀察值在二次測量值的平均數之差異值 (the mean of difference) 是否顯著等於 0 (對立假設：二個平均差異值不等於 0)，或平均數差異值達到統計上有顯著的意義，如第一個測量值的平均數顯著高於第二個測量值的平均數或第一個測量值的平均數顯著低於第二個測量值的平均數。成對樣本 t 檢定程序中，二個測量值變數尺度均必須為連續變項 (continuous variables)。理論上，在應用相依樣本的平均值差異之 t 統計考驗時，分析資料最好能夠符合以下二項統計條件或前提：一為這二個變項平均值差呈「常態分配」(normally distributed)；二為這二個變項之平均值差也必須

彼此互相獨立 (mutually independently)(王國川，民 91)。如果分析資料違背以上
二個統計條件或前提，則可採用無母數統計法，如 Wilcoxon 符號等級之統計考
驗 (Wilcoxon signed ranks test)(Siegel & Castellan, 1988)。

⊃ 二、操作程序

1. 執行功能表列「分析 (A)」/「比較平均數法 (M)」/「成對樣本 T 檢定 (P)」
   (Paired-Samples T Test) 程序，開啟「成對樣本 T 檢定」對話視窗。
2. 選取目標變數中的配對變數「訓練前」、「訓練後」至右邊「配對變數
   (V)」(Paired Variables) 下的方盒內。
3. 按『確定』鈕。

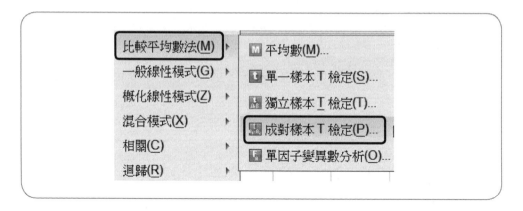

「比較平均數法 (M)」主選單中選取「成對樣本 T 檢定 (P)」次選單。

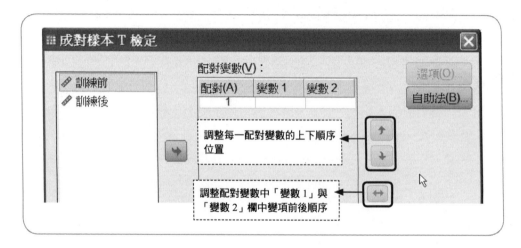

「成對樣本 T 檢定」主對話視窗中，如果研究者於變數清單只點選一個變項，則先被點選的變項會置放於右邊「配對變數 (V)」方盒之「變數 1」欄下的儲存格，第二個被點選的配對變項會置於「變數 2」欄下的儲存格，配對變項中「變數 1」欄中變項與「變數 2」欄中變數可以互調，互調後的 t 值統計量正負號與未互調前的的 t 值統計量正負號剛好相反。

「成對樣本 T 檢定」對話視窗中，按『選項』鈕，可開啟「成對樣本 T 檢定：選項」次對話視窗，內定的信賴區間百分比為 95% (顯著水準為 .05)。「成對樣本 T 檢定」對話視窗中，右邊「配對變數 (V)」下的方盒中，至少要選取一對變數，每對變數中的第一個變數會置放於「變數 1」直欄內；而第二個變數會置放於「變數 2」直欄內，如果研究者沒有選取配對變數，先點選的單一變數會置放於「變數 1」直欄內，次點選的單一變數會置放於「變數 2」直欄內，配對變數置放於「變數 1」、「變數 2」直欄中的位置可以按切換鈕「 ← → 」對調。如果研究者選取的第二個變數與第一個變數名稱相同，會出現警告小視窗，視窗提示語為「這個變數配對中必須包含兩個不同的變數。」

範例圖示中，右邊「配對變數 (V)」下的方盒已點選「訓練前」變數名稱至「變數 1」下方格中，「變數 2」下方格不能再選取「訓練前」變數，如果研究者再於變數清單中選取「訓練前」變數，則會出現警告視窗。

⊃ 三、結果分析

成對樣本統計量

		平均數	個數	標準差	平均數的標準誤
成對 1	訓練前	77.30	20	6.697	1.498
	訓練後	82.10	20	6.078	1.359

上表中為訓練前與訓練後的平均數、有效觀察值個數、標準差與平均數的標準誤；訓練前的數學成就為 77.30、標準差為 6.697；訓練後的數學成就為 82.10、標準差為 6.078，描述性統計量結果只能得知訓練後的數學成就平均數高於訓練前的數學成就平均數，至於其差異數是否具有統計上的意義，還須加以考驗才能得知。

成對樣本相關

		個數	相關	顯著性
成對 1	訓練前 和 訓練後	20	.811	.000

上表為受試者訓練前數學成就與訓練後數學成就的相關，其相關係數為 .811，顯著性 $p < .001$，達到 .05 的顯著水準，表示前測成績與後測成績間有顯著的相關存在。在成對樣本的平均數差異檢定中，二個配對變數有顯著相關，不表示配對變數間的平均數差異也會達到顯著水準，若是受試者第一次測量值高、第二次測量值分數也高，第一次測量值低、第二次測量值分數也低，則二次測量間會有顯著相關，但二次測量分數的平均數間則不一定會有顯著差異。

成對樣本檢定

		成對變數差異							
				平均數的	差異的 95% 信賴區間				顯著性
		平均數	標準差	標準誤	下界	上界	t	自由度	(雙尾)
成對 1	訓練前 - 訓練後	-4.800	3.968	.887	-6.657	-2.943	-5.409	19	.000

上表為受試者訓練前數學成績與訓練後數學成績平均數差異的 t 檢定結果，從成對樣本的 t 檢定報表中，得知前測成績與後測成績的平均差異值為 -4.800，差異值考驗的 t 值統計量 = -5.409，df = 19 (N － 1 = 20 － 1)，p＜.001，達到 .05 的顯著水準，即受試者訓練前的數學成績與訓練後的數學成績間有顯著差異存在，後測的數學成績顯著高於前測的數學成績。此外，如從差異的 95% 信賴區間：[-6.657，-2.943]，未包含 0 值，應拒絕虛無假設 $H_0 : \mu_1 = \mu_2$；接受對立假設 $H_1 : \mu_1 \neq \mu_2$，顯示受試者經自我導向訓練後的數學成績與訓練前有顯著的不同。

相依樣本，其平均數差異顯著性 T 檢定的公式：$t = \dfrac{\overline{X_1} - \overline{X_2}}{\sqrt{\dfrac{S^2_{X1} + S^2_{X2} - 2rS_{X1}S_{X2}}{N}}}$

$$= \dfrac{77.30 - 82.10}{\sqrt{\dfrac{(6.697)^2 + (6.078)^2 - 2 \times (.811) \times (6.697) \times (6.078)}{20}}} = \dfrac{-4.800}{-0.888} = \text{-5.412}。$$

上述報表整理如下：

【表格範例】

成對樣本 T 檢定

變項名稱	平均數	個數	標準差	t 值
訓練前	77.30	20	6.70	-5.409[***]
訓練後	82.10	20	6.08	

*** p＜.001

從上表中可以發現：成對樣本檢定之 t 值統量表等於 -5.409，達到 .05 顯著水準，拒絕虛無假設，可見受試者訓練前、訓練後的數學成績有顯著的不同，受試者經自我導向訓練後，其數學成績 (M = 82.10) 顯著的優於訓練前的數學成績 (M = 77.30)。

如果將配對變數的順序對調，「變數 1」欄置放「訓練後」、「變數 2」欄置放「訓練前」，則輸出的報表如下：

成對樣本統計量

		平均數	個數	標準差	平均數的標準誤
成對 1	訓練後	82.10	20	6.078	1.359
	訓練前	77.30	20	6.697	1.498

　　描述性統計量摘要中第一列先呈現「訓練後」數據 (變數 1 欄中的變項)、第二列再呈現「訓練前」數據 (變數 2 欄中的變項)。由於第一個變數的平均數大於第二個變數的平均數,平均數差異值 t 統計量變為正值。

成對樣本檢定

		成對變數差異						自由度	顯著性（雙尾）
		平均數	標準差	平均數的標準誤	差異的 95% 信賴區間 下界	上界	t		
成對 1	訓練後 - 訓練前	4.800	3.968	.887	2.943	6.657	5.409	19	.000

　　成對樣本 t 檢定統計量由原先負值 -5.409 變為正值 5.409,平均數差異欄由原先負值 -4.800 變為 4.800,「差異的 95% 信賴區間」由原先 [-6.657,-2.943] 變為 [2.943,6.657]。配對變數「訓練前－訓練後」與配對變數「訓練後－訓練前」之相依樣本平均數考驗結果的 t 統計量正負號剛好相反,但 t 統計量絕對值是相同的,最後的結果詮釋也是一樣的,因而研究者先點選配對變數中那個變項均可以。

⊃ 四、設定不同顯著水準 α 之結果差異

　　範例為某大學研究所十五位研究生修讀必修科目高等統計學之學習焦慮二次測得的測量分數,測量值愈高,表示受試者的學習焦慮愈高。

受試者	S1	S2	S3	S4	S5	S6	S7	S8	S9	S10	S11	S12	S13	S14	S15
學期初焦慮	10	5	6	7	8	9	10	6	6	4	5	8	7	9	10
學期末焦慮	8	6	6	5	5	10	8	7	7	1	4	7	5	8	5

　　執行「成對樣本 T 檢定 (P)」程序結果如下,二個變數名稱分別為「學期初

焦慮」、「學期末焦慮」，「成對樣本 T 檢定：選項」次對話視窗，「信賴區間百分比」分別採用內定選項 95% 及更改值 99% 二種。

成對樣本統計量

		平均數	個數	標準差	平均數的標準誤
成對 1	學期初焦慮	7.33	15	1.988	.513
	學期末焦慮	6.20	15	2.111	.545

　　十五位受試者學期初學習焦慮的平均數為 7.33、標準差為 1.988；學期末學習焦慮的平均數為 6.20、標準差為 2.111。

成對樣本相關

		個數	相關	顯著性
成對 1	學期初焦慮 和 學期末焦慮	15	.647	.009

　　十五位受試者學期初學習焦慮測量值與學期末學習焦慮測量值間的相關為 .647，顯著性 p ＝ .009＜.05，表示受試者二次於學習焦慮量表測得的分數間呈顯著正相關。

成對樣本檢定

		成對變數差異						自由度	顯著性（雙尾）
		平均數	標準差	平均數的標準誤	差異的 95% 信賴區間 下界	上界	t		
成對 1	學期初焦慮 - 學期末焦慮	1.133	1.727	.446	.177	2.089	2.542	14	.023

　　二個配對平均數差異值為 1.133，差異的 95% 信賴區間為 [.177，2.089]，信賴區間未包含 0 數值，有足夠證據拒絕虛無假設，二個平均數間的差異值顯著不等於 0，平均數差異值為正，表示十五位受試者學期初學習焦慮平均數顯著的高於學期末學習焦慮平均數。

成對樣本檢定

		成對變數差異						
			平均數的	差異的 99% 信賴區間				顯著性
	平均數	標準差	標準誤	下界	上界	t	自由度	(雙尾)
成對 1　學期初焦慮 -　學期末焦慮	1.133	1.727	.446	-.194	2.460	2.542	14	.023

差異的 99% 信賴區間為 [-.194，2.460]，信賴區間包含 0 數值，沒有足夠證據拒絕虛無假設，表示二個平均數間的差異值顯著等於 0，平均數差異值為 1.133 是抽樣誤差或機遇造成的，十五位受試者學期初學習焦慮平均數與學期末學習焦慮平均數沒有顯著不同。

從平均數差異檢定的 t 值統計量來看，t 值為 2.542，雙尾顯著性 p = .023，於顯著水準 α 為 .05 情況下 (信賴區間為 95%)，平均數差異檢定結果為 p = .023＜.05，拒絕虛無假設 $(M_1 = M_2)$，對立假設得到支持 $(M_1 \neq M_2)$；如果研究者改將顯著水準 α 界定為 .01 (信賴區間為 99%)，平均數差異檢定結果為 p = .023＞.01，接受虛無假設 $(M_1 = M_2)$，對立假設無法得到支持。推論統計中將顯著水準界定較小的數值，雖可減少犯第一類型錯誤率，但相對的，卻可能增加第二類型錯誤率，當第二類型錯誤率提高，統計考驗力也會下降，因而於重複量數 t 檢定中，研究者最好不要任意更改內定的顯著水準數值，以免造成統計考驗力的降低。

伍、獨立樣本的 t 檢定

⊃ 一、研究問題

某國中三年級的學年主任想得知其該校三年級男、女學生的英文成績、國文成績是否有所差異，在期中考後 (三年級期中考試題一樣)，以隨機取樣方式抽取二十名男生、十九名女學生，其測得的數據如下，請問該校三年級男女學生的英文成績、國文成績是否有顯著的不同？

受試者	S1	S2	S3	S4	S5	S6	S7	S8	S9	S10	S11	S12	S13	S14	S15	S16	S17	S18	S19	S20
性別	1	1	1	1	1	1	1	1	1	1	1	1	1	1	1	1	1	1	1	1
英文成績	80	75	79	86	68	72	84	86	78	85	76	81	77	90	89	90	87	81	86	74
國文成績	78	92	84	86	75	68	71	75	84	81	76	75	74	51	62	91	83	70	85	78

受試者	S21	S22	S23	S24	S25	S26	S27	S28	S29	S30	S31	S32	S33	S34	S35	S36	S37	S38	S39
性別	2	2	2	2	2	2	2	2	2	2	2	2	2	2	2	2	2	2	2
英文成績	78	92	75	84	79	75	90	84	86	95	85	89	87	92	90	89	96	95	92
國文成績	81	82	69	91	65	84	78	76	56	90	84	85	75	76	84	65	68	69	72

獨立樣本 t 檢定統計程序適用時機的解析圖如下：

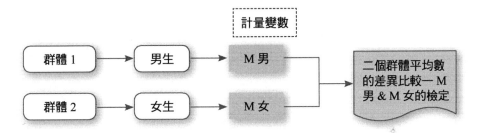

⊃ 二、操作程序

1. 步驟 [1]

執行功能表列「分析 (A)」/「比較平均數法 (M)」/「獨立樣本 T 檢定 (T)」程序，開啟「獨立樣本 T 檢定」對話視窗。

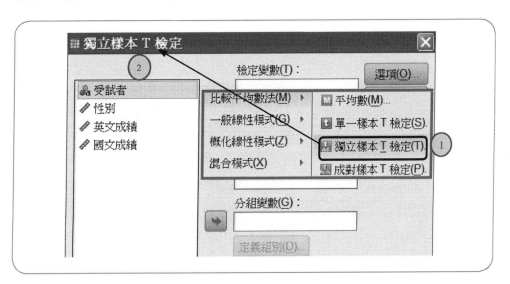

2. 步驟 [2]

(1) 在左邊變數清單中將目標變數「英文成績」、「國文成績」二個點選至
右邊「檢定變數 (T)」下的方盒中。在左邊變數清單中將自變項「性別」
點選至右邊「分組變數 (G)」方盒中,此時「分組變數 (G)」方盒中會出
現「性別 (? ?)」,點選「性別 (? ?)」選項,按『定義組別 (D)』,開啟
「定義組別」次對話視窗。

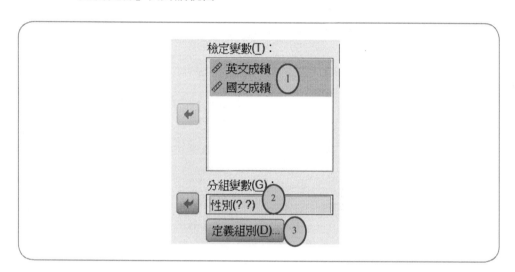

(2) 選取「◉ 使用指定的數值 (U)」選項,在「組別 1(1): 」的右方空格中
鍵入第 1 組 (男生群體) 的數值編碼「1」。在「組別 2(2): 」的右方空
格中鍵入第 2 組 (女生群體) 的數值編碼「2」。按『繼續』鈕,回到「獨
立樣本 T 檢定」對話視窗,「分組變數 (G)」方盒中的變項內容會由「性
別 (? ?)」轉為「性別 (1 2)」,按『確定』鈕。

在「獨立樣本 T 檢定」對話視窗中,每次統計分析程序只能選取一個「分
組變數」,至少要選取一個「檢定變數」,若是同時選取多個檢定變數,則統計

分析程序中會分別進行分組變數在檢定變數之平均數差異的 T 檢定，T 檢定統計量會分開呈現。

　　在「獨立樣本 T 檢定」對話視窗中，按『選項 (O)』鈕，可開啟「獨立樣本 T 檢定：選項」次對話視窗，在「遺漏值」方盒中可選取遺漏值的處理方式，內定選項為「◉ 依分析排除觀察值」，表示分析的變數中如有遺漏值，則在分析此變數時才將此筆觀察值排除掉。在「信賴區間 (C)」的方格中，內定 95% 的信賴區間估計值，若是研究者要改為 99% 的信賴區間估計值，則在方格中輸入「99」，在推論統計中通常將第一類型錯誤率定為 .05 (顯著水準＝.05)，因而此內定選項更改的時機較少。

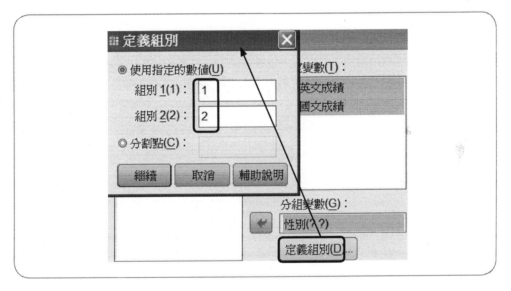

　　在「獨立樣本 T 檢定」(Independent-Samples T Test) 的對話視窗中，右邊「檢定變數 (T)」(Test Variable(s)) 下的方盒中，至少要選取一個以上的檢定變數，檢定變數也就是「依變數」，依變數必須是等距變數或比率變數，可以只點選一個依變數或同時選取多個依變數均可。「分組變數」(Grouping Variable) 下的方格中，只能點選一個自變項，此自變項通常是二分名義變項或間斷變數，上述變項中 sex(? ?) 為尚未定義二分名義變項數值前的情形。

　　「定義組別」(Define Groups) 的對話視窗中，SPSS 提供二種分組的方式：

1. 如果原先的自變項是二分類別變項，則選擇「◉ 使用指定的數值 (U)」(Use specified values) 選項，在「組別 1」(Group 1:) 及「組別 2」(Group 2:) 右邊

的方格中，分別輸入二分類別變項二組的數字編碼組，如性別編碼中男生為 1、女生為 2，則二個編碼組分別為 1、2；如果研究者在輸入資料時，男生編碼為 1、女生編碼為 3，則二個編碼組分別為 1、3，若是自變項為一個三分類別變項，變項的水準數值分別為 1、2、3，研究者主要進行第二個群體第三個群體的平均數差異考驗，則「組別 1」、「組別 2」右邊的二個方格要分別鍵入「2」、「3」。

2. 若自變項是連續變項 (尚未分組)，則應選擇「⊙ 分割點 (C)」(Cut point) 選項，在其後的方格中輸入分組的臨界分數，此臨界分數可把自變項分成二個組別，分組的原則是：觀察值如果「小於」(<) 分割點的話，就被分成一組；而「大於或等於」(＞＝) 分割點的觀察值，則被分成另外一組。在分成二組的臨界分數選擇上，通常是變數的平均數或其中位數。

如自變項為工作壓力連續變項，研究者想以此變數的平均數 (M = 25.00)，將受試者分成「高工作壓力組」與「低工作壓力組」，則操作程序如下：

在「定義組別」對話視窗中，選取最下面的「⊙ 分割點 (C)」選項，後面的空格輸入數值「25」：「⊙ 分割點 (C): 25」。代表 t 考驗時，觀察值「小於 25 分」(<25) 者為第一組 (低工作壓力組)；觀察值「大於或等於 25 分」(≥25) 者為第二組 (高工作壓力組)，經此操作程序後，可將工作壓力連續變項轉換成二分類別變項。

⊃ 三、結果分析

組別統計量

	性別	個數	平均數	標準差	平均數的標準誤
英文成績	1 男生	20	81.20	6.288	1.406
	2 女生	19	87.00	6.523	1.497
國文成績	1 男生	20	76.95	9.752	2.181
	2 女生	19	76.32	9.363	2.148

上表為描述統計量，分別是依變數名稱、自變項的名稱及數值註解、有效樣本數 (N)、平均數 (Mean)、標準差 (Std. Deviation)、平均數的標準誤 (Std. Error Mean)。範例中依變項為英文成績與國文成績、自變數為學生性別，其中數值

註解 1 為男生群體、水準數值 2 為女生群體，男生有效樣本數 20 位、女生有效樣本數 19 位。男生群體英文成績的平均數為 81.20、標準差為 6.288、平均數估計標準誤為 1.406；女生群體英文成績的平均數為 87.00、標準差為 6.523、平均數估計標準誤為 1.497；男生群體國文成績的平均數為 76.95、標準差為 9.752、平均數估計標準誤為 2.181；女生群體國文成績的平均數為 76.32、標準差為 9.363、平均數估計標準誤為 2.148。

獨立樣本檢定

| | | 變異數相等的 Levene 檢定 | | 平均數相等的 t 檢定 | | | | | | |
		F檢定	顯著性	t	自由度	顯著性（雙尾）	平均差異	標準誤差異	差異的 95% 信賴區間 下界	差異的 95% 信賴區間 上界
英文成績	假設變異數相等	.002	.969	-2.827	37	.008	-5.800	2.051	-9.957	-1.643
	不假設變異數相等			-2.825	36.707	.008	-5.800	2.053	-9.962	-1.638
國文成績	假設變異數相等	.035	.853	.207	37	.837	.634	3.064	-5.575	6.843
	不假設變異數相等			.207	36.995	.837	.634	3.061	-5.568	6.836

上表為獨立樣本 t 檢定結果。平均數差異檢定的基本假設之一就是變異數同質性假設，亦即樣本的變異數必須具有同質性，因而 SPSS 在進行 t 考驗之前，會先進行二組的離散狀況是否相似，當二個母體變異數相同時，則稱二個母體間具有變異數同質性 (homogeneity of variance) / 假設變異數相等。如果樣本所在母群體的變異數之間有顯著差異，平均數檢定的方法會有所不同，未能符合 σ^2_{X1} = σ^2_{X2} 的基本假定時，最好採用校正公式－柯克蘭和柯克斯所發展的 t 考驗法 (Cochran & Cox, 1957；林清山，民 81)。

「變異數相等的 Levene 檢定」(Levene's Test for Equality of Variances) 欄為考驗變異數是否相等的 Levene 檢定法，Levene 檢定用於考驗二組變異數是否同質，以性別在英文成績的差異為例，經 Levene 法的 F 值考驗結果，F 值等於 .002，p = .969＞.05，未達 .05 的顯著水準，應接受虛無假設 $H_0: \sigma^2_{X1}$ =

σ^2_{X2}，故二組變異數可視為相等，因而看「假設變異數相等」(Equal variances assumed) 列的數據結果；如果 Levene 法的 F 值考驗結果達到顯著水準，要拒絕虛無假設，接受對立假設 $H_1 : \sigma^2_{X1} \neq \sigma^2_{X2}$，此時應該查看「不假設變異數相等」(Equal variances not assumed) 列的數據結果，表示二組樣本變異數不同質，採用校正過的 t 考驗法。

上表中 Levene 法檢定之 F 值未達顯著差異，表示二組樣本變異數同質，查看第一列之 t 值，t 值等於 -2.827、df = 37、p = .008＜.05，達 .05 顯著水準，平均數的差異值等於 -5.800，表示男女生的英文成績有顯著差異存在，其中女生的英文成績顯著的優於男生的英文成績。

t 值顯著性的判別中，判別二組平均數差異檢定之 t 值是否是顯著，除參考機率值 (p 值) (顯著性雙尾欄數值) 外，亦可判別平均數差異值之 95% 的信賴區間，此欄在報表中為最後一欄「差異的 95% 信賴區間」，如果 95% 的信賴區間未包含 0 在內，表示二者的差異顯著，如果包含 0 在內，表示二者平均數有可能相等，二者的差異就不顯著，英文成績變項 95% 的信賴區間為 [-9.957，-1.643]，未包含 0，表示英文成績因性別的不同而有顯著差異。在獨立樣本 t 檢定中，SPSS 只提供雙側考驗結果，如果統計假設是屬於單側考驗，則須再將 SPSS 輸出之「顯著性 (雙尾)」欄之 p 值除以 2。報表中「標準誤差異」(Std. Error Difference) 欄為平均數差異值的估計標準誤，範例中的英文成績變項的「標準誤差異」值為 2.051，其值等於二組樣本平均數標準誤的平方相加後，再開根號而來：$2.051 = \sqrt{1.406^2 + 1.497^2}$。

再以性別在國文成績變項的差異為例，其判別程序為：

1. 判別二個群體的變異數是否相等？相等時，看「假設變異數相等」列的數據；不相等時，看「不假設變異數相等」列的數據。

虛無假設 $H_0 : \sigma^2_{男生} = \sigma^2_{女生}$；對立假設 $H_1 : \sigma^2_{男生} \neq \sigma^2_{女生}$

統計量 F 值為 .035，顯著性 p 值 = .853＞.05，接受虛無假設 $H_0 : \sigma^2_{男生} = \sigma^2_{女生}$，二個群體在國文成績的變異數同質，看「假設變異數相等」列的數據。

2. 判別二個群體國文成績的平均數差異是否達 .05 顯著水準？

男生群體國文平均數與女生群體國文平均數差異的統計量 t 值為 .207，

雙尾檢定之顯著性機率值 p ＝ .837＞.05，接受虛無假設 $H_0：\mu_{男} = \mu_{女}$，否決對立假設 $H_1：\mu_{男} \neq \mu_{女}$，表示男生國文成績的平均數與女生國文成績的平均數的差異未達 .05 顯著水準，即二個群體的國文成績沒有顯著不同。「差異的 95% 信賴區間」為 [-5.575，6.843]，包含 0 數值，表示二個群體的平均數有可能相等 (相等即是平均數差異不顯著)。樣本統計量二個群體的國文成績平均數沒有顯著不同，表示二個群體的平均數是相同的，但樣本統計量中男生平均數為 76.95、女生平均數為 76.32，二個群體樣本統計量平均數之所以不同 (平均差異值未等於 0)，乃純粹是機遇或抽樣誤差造成的，若是研究者將樣本數擴大或進行普測方法，則男生群體平均數與女生群體平均數的差異值會趨近於 0 $(\mu_{男} - \mu_{女} = 0)$。

獨立樣本 t 檢定的檢視流程，可將之繪成如下的流程圖，以便讀者快速判別。

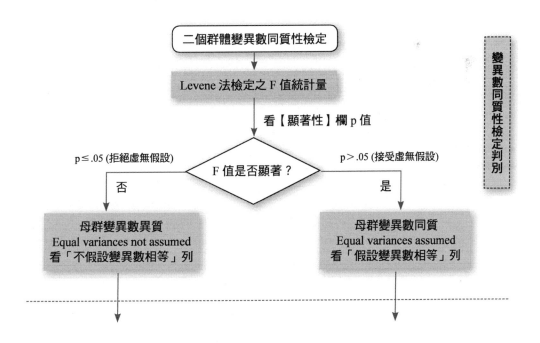

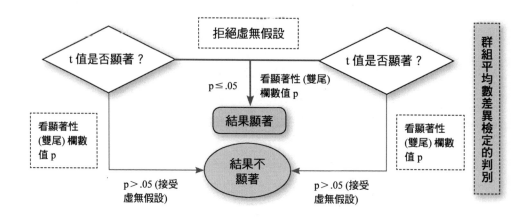

⊃ 四、效果量的計算

由於 t 考驗結果顯著，表示不同性別的國三學生其期中考的英文成績有顯著差異存在，進一步可檢定其效果大小值，效果大小值可以看出自變項學生性別可以解釋依變項英文成績之變異數多少百比。

(一) 操作程序

1. 執行功能表列「分析 (A)」/「比較平均數法 (M)」/「平均數 (M)」(Means) 程序，開啟「平均數」對話視窗，將依變項「英文成績」選入右邊「依變數清單 (D)」(Dependent List) 下的方格中，將自變項「性別」選入右邊「自變數清單 (I)」(Independent List) 下的方格中。

2. 按『選項 (O)』鈕，開啟「平均數：選項」(Means: Options) 次對話視窗，於「第一層統計量」方盒中勾選「☑Anova 表格與 eta 值 (A)」選項，按『繼續』鈕，回到「平均數」對話視窗，按『確定』(Ok) 鈕。

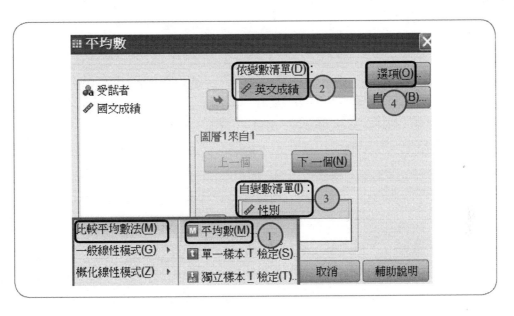

在上述「平均數：選項」次對話視窗中，左方為「統計量(S)」(Statistics) 清單、右方為「儲存格統計量(C)」(Cell Statistics)，「儲存格統計量」下方格點選之統計量為報表中各組別要呈現的統計量，內定的統計量為平均數、觀察值個

數、標準差三個,其上下排列的次序為報表呈現的順序,不論類別為何,每個變數的摘要統計量都會顯示出來。在統計量清單中包括以下統計量:總和、觀察值個數、平均數、中位數、組別中位數、平均數的標準誤、最小值、最大值、全距(範圍)、分組變數第一個類別的變數值、分組變數最後一個類別的變數值、標準差、變異數、峰度、峰度標準誤、偏態、偏態標準誤、總和百分比、N 總數百分比、總數百分比、N 的百分比、幾何平均數、調和平均數等。

此外,在「下方第一層統計量」(Statistics for First Layer) 方盒中,包括二個選項,「Anova 表格與 eta 值 (A)」選項會呈現變異數分析摘要表與 eta 值及 eta 值的平方,eta 值的平方為組間平方和與總和平方和的比例,在變異數分析中即關聯強度的數值;「線性檢定 (T)」(Test for linearity) 選項為直線性檢定,會產生 R 和 R^2,當自變數的類別依序排列時,此法是直線性檢定最簡易的方式。

「平均數:選項」對話視窗中,「統計量」清單中所有統計量的中英文對照如下:

統計量	說明
Sum	總和
Number of Cases	觀察值個數
Mean	平均數
Median	中位數
Standard Deviation	標準差
Grouped Median	組別的中位數
Std. Error of Mean	平均數標準誤
Minimum	最小值
Maximum	最大值
Range	全距(範圍)
First	分組變數第一個類別的變數值
Last	分組變數最後一個類別的變數值
Variance	變異數
Kurtosis	峰度
Std. Error of Kurtosis	峰度的標準誤
Skewness	偏態
Std. Error of Skewness	偏態的標準誤
Harmonic Mean	調和平均數
Geometric Mean	幾何平均數
Percent of Total Sum	總和的百分比
Percent of Total N	總數的百分比

(二) 結果分析

報表：英文成績

性別	平均數	個數	標準差
1 男生	81.20	20	6.288
2 女生	87.00	19	6.523
總和	84.03	39	6.968

上表為學生性別的二個群體之平均數、有效觀察值個數與標準差。其數值與進行獨立樣本 t 考驗程序輸出之「組別統計量」(Group Statistics) 結果一樣。

ANOVA 摘要表

		平方和	自由度	平均平方和	F 檢定	Sig.
英文成績 * 性別	組間 (Combined)	327.774	1	327.774	7.993	.008
	組內	1517.200	37	41.005		
	總和	1844.974	38			

上表為變異數分析摘要表，即以學生性別為自變項，而以英文成績為依變項所進行的獨立樣本單樣因變異數分析，當自變項為二分名義變項 (二個水準時)，除可採用獨立樣本 t 檢定外，也可採用獨立樣本單樣因變異數分析，變異數分析考驗的 F 值等於 t 檢定之 t 值平方，二者的顯著性機率值相同 (p = .008＜.05)，即 $F = t^2$，本範例中的 F 值等於 7.993，t 值等於 -2.827；7.993 = $(-2.827)^2$。

關聯量數

	Eta	Eta 平方
英文成績 * 性別	.421	.178

上表為關聯量數 (Measures of Association)，Eta 值等於 .421、Eta 平方 (η^2) 等於 .178，Eta 平方欄呈現的數值為效果量。以上述所介紹效果值大小的公式，η^2 值等於下列式子：$\eta^2 = \dfrac{t^2}{t^2 + (n_1 + n_2 - 2)} = \dfrac{(-2.827)^2}{(-2.827)^2 + (20 + 19 - 2)} = \dfrac{7.9919}{44.9919}$

= 0.178。η^2 值等於 0.178，表示國三學生「性別變項」可以解釋期中考「英文

成績」變項 17.8% 的變異量，二者間的關係屬強度關係。

(三) 以 GLM 單變量分析求效果大小

另一種求效果大小或關聯強度的方法，為執行「分析 / 一般線性模式 / 單變量」的程序。其操作程序如下：

> 執行功能表列「分析」/「一般線性模式 (G)」/「單變量 (U)」程序，出現「單變量」對話視窗，將依變項「英文成績」選入右邊「依變數 (D)」下的方格中，將自變項「性別」選入右邊「固定因子 (F)」下的方格中，按『選項 (O)』鈕，開啟「單變量：選項」次對話視窗，勾選「☑ 效果項大小估計值 (E)」(Estimates of effect size) 選項，按『繼續』鈕，回到「單變量」對話視窗，按『確定』鈕。

受試者間效應項的檢定　依變數：英文成績

來源	型 III 平方和	df	平均平方和	F	顯著性	淨相關 Eta 平方	觀察的檢定能力[b]
性別	327.774	1	327.774	7.993	.008	.178	.786
誤差	1517.200	37	41.005				
校正後的總數	1844.974	38					

a. R 平方 = .178 (調過後的 R 平方 = .155)。

上表為執行「一般線性模式」中之「單變量」程序輸出之部表格結果，表中包含上述變異數分析中的數值，在「性別」列中之「淨相關 Eta 平方」欄數值等於 R 平方值，數值為 .178，此值即是效果值 η^2。表中「性別」列之「觀察的檢定能力」欄數值為統計考驗力 $1-\beta$，範例中的統計考驗力為 .786，表示研究者作出性別在英文成績有顯著差異的推論，其正確裁決率為 78.6% (虛無假設為假時，研究者又拒絕虛無假設的正確裁決率，統計考驗力也屬決策正確的一種)。

【表格範例】

 表 X　不同學生性別在英文成績、國文成績之 t 檢定摘要表

變項名稱	性別	個數	平均數	標準差	t 值	η^2
英文成績	男生	20	81.20	6.288	-2.827**	.178
	女生	19	87.00	6.523		
國文成績	男生	20	76.95	9.752	0.207ns	----
	女生	19	76.32	9.363		

註：ns p＞.05　** p＜.01

陸、單側考驗與雙側考驗的結果差異

一、研究問題與研究假設

研究問題 1：不同地區的三年級國中學生的考試壓力是否有顯著不同？

研究問題 2：不同地區的三年級國中學生的升學壓力是否有顯著不同？

研究假設 1：不同地區的三年級國中學生的考試壓力有顯著不同。

研究假設 2：不同地區的三年級國中學生的升學壓力有顯著不同。

研究分析的範例資料檔受試者共有二十位，群組變項名稱為「地區」，二個檢定變項名稱分別為「考試壓力」、「升學壓力」。

受試者	S1	S2	S3	S4	S5	S6	S7	S8	S9	S10	S11	S12	S13	S14	S15	S16	S17	S18	S19	S20
地區	1	1	1	1	1	1	1	1	1	1	2	2	2	2	2	2	2	2	2	2
考試壓力	8	10	6	9	6	2	5	9	8	7	5	2	1	7	8	2	9	3	7	4
升學壓力	10	5	9	8	6	4	9	4	2	5	4	2	4	2	4	10	2	3	4	6

二、輸出結果

組別統計量

	地區	個數	平均數	標準差	平均數的標準誤
考試壓力	1 北區	10	7.00	2.357	.745
	2 南區	10	4.80	2.821	.892
升學壓力	1 北區	10	6.50	2.677	.847
	2 南區	10	4.20	2.440	.772

　　組別統計量摘要表顯示：地區變項為二分名義變項，水準數值 1 為「北區」群體、水準數值 2 為「南區」群體，北區群體觀察值在考試壓力、升學壓力的平均數分別為 7.00、6.50；南區群體觀察值在考試壓力、升學壓力的平均數分別為 4.80、4.20。

獨立樣本檢定

| | | 變異數相等的 Levene 檢定 | | 平均數相等的 t 檢定 | | | | | | |
		F 檢定	顯著性	t	自由度	顯著性 (雙尾)	平均差異	標準誤差異	差異的 95% 信賴區間 下界	上界
考試壓力	假設變異數相等	1.025	.325	1.893	18	.075	2.200	1.162	-.242	4.642
	不假設變異數相等			1.893	17.449	.075	2.200	1.162	-.248	4.648
升學壓力	假設變異數相等	.936	.346	2.008	18	.060	2.300	1.146	-.107	4.707
	不假設變異數相等			2.008	17.848	.060	2.300	1.146	-.108	4.708

　　獨立樣本 t 檢定統計量顯示，地區變項在考試壓力平均數差異的 t 值統計量為 1.893，顯著性 (雙尾) 欄數值 p ＝ .075 ＞ .05，接受虛無假設：$\mu_{北區} = \mu_{南區}$，「差異的 95% 信賴區間」的數值為 [-.242，4.642]，區間包含 0 數值，表示國中三年級北區學生群體與南區學生群體所感受的「考試壓力」沒有顯著不同。地區變項在升學壓力平均數差異的 t 值統計量為 2.008，顯著性 (雙尾) 欄數值 p ＝ .060 ＞ .05，接受虛無假設：$\mu_{北區} = \mu_{南區}$，「差異的 95% 信賴區間」的數值為 [-.107，4.707]，區間包含 0 數值，表示國中三年級北區學生群體與南區學生群體所感受的「升學壓力」沒有顯著不同。採用雙側檢定結果，「研究假設 1：不同地區的三年級國中學生的考試壓力有顯著不同」與「研究假設 2：不同地區的三年級國中學生的升學壓力有顯著不同」均無法獲得支持。

　　如果研究者將原先雙尾檢定假設改為單尾假設檢定，對立假設為：$\mu_{北區} >$ $\mu_{南區}$，虛無假設為 $\mu_{北區} \leq \mu_{南區}$，研究者提出的二個研究假設改為：

研究假設 1：北區三年級國中學生的考試壓力顯著高於南區三年級國中學生的考試壓力。

研究假設 2：北區三年級國中學生的升學壓力顯著高於南區三年級國中學生的升學壓力。

根據研究者提出的研究假設，假設檢定變為單尾檢定 (one-tailed test)，單尾檢定的顯著性機率值 p 要除以 2。地區變項在考試壓力平均數差異的 t 值統計量為 1.893，顯著性 (雙尾) 欄數值 p ＝ .075，單尾顯著性 p ＝ .038＜.05，有足夠證據拒絕虛無假設 ($\mu_{\text{北區}} \leq \mu_{\text{南區}}$)，對立假設可獲得支持 ($\mu_{\text{北區}} > \mu_{\text{南區}}$)，「研究假設：北區三年級國中學生的考試壓力顯著高於南區三年級國中學生的考試壓力」獲得支持。地區變項在升學壓力平均數差異的 t 值統計量為 2.008，顯著性 (雙尾) 欄數值 p ＝ .060，單尾顯著性 p ＝ .030＜.05，有足夠證據拒絕虛無假設 ($\mu_{\text{北區}} \leq \mu_{\text{南區}}$)，對立假設可獲得支持 ($\mu_{\text{北區}} > \mu_{\text{南區}}$)，「研究假設 2：北區三年級國中學生的升學壓力顯著高於南區三年級國中學生的升學壓力」獲得支持。從範例中，研究者假設檢定採用雙邊檢定標準 (雙尾檢定) 與單邊檢定標準 (單尾檢定) 的結果完全相反，在二個群體平均數的差異檢定中，研究者不能因為單邊檢定標準較為寬鬆 (拒絕區臨界值較小)，就採用單尾檢定 (不論是右尾檢定或左尾檢定)，以便較易拒絕虛無假設。推論統計單尾檢定的假設必須有嚴謹的理論支持或合理經驗法則，否則研究者不應隨意採用單尾檢定程序，進行平均數的假設考驗。

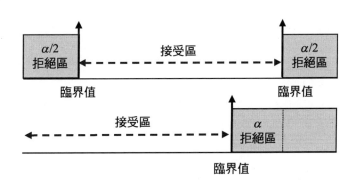

以右尾檢定而言，跟雙尾檢定比較之下，單尾檢定 t 值統計量數落入拒絕區的機率顯著高於雙尾檢定。相同的，t 值統計量採用雙尾檢定時可能落入接受

區，形成接受虛無假設的結論，但改採用單尾檢定時可能落入拒絕區，形成拒絕虛無假設的結論。

柒、學習經驗問卷的實例分析

【研究問題】

不同性別的學生在數學成就、數學焦慮、數學態度、數學投入動機等變項是否有顯著差異？

研究問題的研究假設如下：

1. 不同性別的學生在數學成就表現上有顯著差異。

2. 不同性別的學生在數學焦慮上有顯著差異。

3. 不同性別的學生在數學態度上有顯著差異。

4. 不同性別的學生在數學投入上有顯著差異。

◯ 一、操作程序

1. 步驟 [1]

從功能列執行「分析 (A)」/「比較平均數法 (M)」/「獨立樣本 T 檢定 (T)...」，開啟「獨立樣本 T 檢定」對話視窗。

2. 步驟 [2]

(1) 在左邊變數清單中將目標變數「數學成就」、「壓力懼怕」、「情緒擔憂」、「考試焦慮」、「課堂焦慮」、「整體數學焦慮」、「學習信心」、「有用程度」、「成功意向」、「探究動機」、「整體數學態度」、「工作投入」、「自我投入」、「整體投入動機」等點選至右邊「檢定變數 (T)」下的方盒中。

(2) 在左邊變數清單中將自變項「學生性別」點選至右邊「分組變數 (G)」方盒中，點選「學生性別 (? ?)」選項，按『定義組別 (D)』，開啟「定義組別」次對話視窗。

3. 步驟 [3]

(1) 選取「⊙ 使用指定的數值 (U)」選項，在「組別 1(1)」的右方空格中鍵入第 1 組 (男生) 的數值編碼 1。

(2) 在「組別 2(2)」的右方格中鍵入第 2 組 (女生) 的數值編碼 2。

(3) 按『繼續』鈕，回到「獨立樣本 T 檢定」對話視窗，按『確定』鈕。

➲ 二、輸出報表

輸出報表中只呈現學生性別在數學成就、數學焦慮構面及整體數學焦慮的 t 檢定結果。

組別統計量

	學生性別	個數	平均數	標準差	平均數的標準誤
數學成就	1 男生	146	23.16	10.534	.872
	2 女生	154	26.21	10.448	.842
壓力懼怕	1 男生	146	16.4863	6.39098	.52892
	2 女生	154	17.6948	6.60889	.53256
情緒擔憂	1 男生	146	24.1849	7.47594	.61871
	2 女生	154	25.6818	7.19087	.57946
考試焦慮	1 男生	146	24.0959	7.69176	.63657
	2 女生	154	26.5195	7.75290	.62475
課堂焦慮	1 男生	146	15.8630	5.02083	.41553
	2 女生	154	16.8701	4.88790	.39388
整體數學焦慮	1 男生	146	80.6301	23.67918	1.95970
	2 女生	154	86.7662	23.64437	1.90532

組別統計量為男生群體與女生群體在所有檢定變數的描述性統計量，其中男生有效樣本數為 146 位、女生有效樣本數為 154 位。

獨立樣本檢定

		變異數相等的 Levene 檢定		平均數相等的 t 檢定						
						顯著性（雙尾）	平均差異	標準誤差異	差異的 95% 信賴區間	
		F 檢定	顯著性	t	自由度				下界	上界
數學成就	假設變異數相等	.000	.995	-2.517	298	.012	-3.050	1.212	-5.435	-.666
	不假設變異數相等			-2.517	296.869	.012	-3.050	1.212	-5.435	-.665
壓力懼怕	假設變異數相等	.208	.649	-1.609	298	.109	-1.20850	.75126	-2.68695	.26994
	不假設變異數相等			-1.610	297.881	.108	-1.20850	.75059	-2.68562	.26862
情緒擔憂	假設變異數相等	.028	.867	-1.768	298	.078	-1.49689	.84681	-3.16337	.16959
	不假設變異數相等			-1.766	295.481	.078	-1.49689	.84769	-3.16516	.17139
考試焦慮	假設變異數相等	.062	.803	-2.717	298	.007	-2.42359	.89212	-4.17924	-.66794
	不假設變異數相等			-2.717	297.381	.007	-2.42359	.89193	-4.17888	-.66830
課堂焦慮	假設變異數相等	.138	.710	-1.760	298	.079	-1.00712	.57213	-2.13304	.11881
	不假設變異數相等			-1.759	296.089	.080	-1.00712	.57254	-2.13388	.11965
整體數學焦慮	假設變異數相等	.554	.457	-2.245	298	.025	-6.13610	2.73315	-11.51481	-.75739
	不假設變異數相等			-2.245	297.101	.026	-6.13610	2.73325	-11.51509	-.75711

　　從獨立樣本檢定摘要表可以發現：學生性別因子變項在數學成就、考試焦慮構面、整體數學焦慮的差異均達 .05 顯著水準，平均數差異檢定值 t 統計量分別為 -2.517 (p = .012＜05)、-2.7171 (p = .007＜.01)、-2.245 (p = .025＜.05)。至於學生性別因子變項在「壓力懼怕」、「情緒擔憂」、「課堂焦慮」三個構面的平均數差異則均達 .05 顯著水準。

三、求效果大小值

上述變項中，學生性別在數學成就、考試焦慮構面及整體數學焦慮變項有顯著差異，可進一步求其效果大小值。

1. 執行功能表列「分析 (A)」/「比較平均數法 (M)」/「平均數 (M)」(Means) 程序，開啟「平均數」對話視窗，將依變項「數學成就」、「考試焦慮」、「整體數學焦慮」三個變項選入右邊「依變數清單 (D)」下的方格中，將自變項「學生性別」選入右邊「自變數清單 (I)」下的方格中。
2. 按『選項 (O)』鈕，開啟「平均數：選項」次對話視窗，於「第一層統計量」方盒中勾選「☑Anova 表格與 eta 值 (A)」選項，按『繼續』鈕，回到「平均數」對話視窗，按『確定』鈕。

以下只呈現其變異數分析摘要表與效果值大小。在變異數分析摘要表中可從「顯著性 (Sig.)」欄數值再次判斷組別的差異是否達到 .05 顯著水準 (p＜.05)。

ANOVA 摘要表

		平方和	自由度	平均平方和	F 檢定	Sig.
數學成就 * 學生性別	組間 (Combined)	697.309	1	697.309	6.337	.012
	組內	32790.727	298	110.036		
	總和	33488.037	299			
考試焦慮 * 學生性別	組間 (Combined)	440.221	1	440.221	7.380	.007
	組內	17775.099	298	59.648		
	總和	18215.320	299			
整體數學焦慮 * 學生性別	組間 (Combined)	2821.868	1	2821.868	5.040	.025
	組內	166837.612	298	559.858		
	總和	169659.480	299			

ANOVA 摘要表中的「Sig.」欄的數值為獨立樣本 t 檢定摘要表中「顯著性 (雙尾)」欄的數值，其數值表示的是雙尾顯著性機率值 p，學生性別因子變項在數學成就、考試焦慮構面、整體數學焦慮的差異均達 .05 顯著水準。

關聯量數

	Eta	Eta 平方
數學成就＊學生性別	.144	.021
考試焦慮＊學生性別	.155	.024
整體數學焦慮＊學生性別	.129	.017

　　學生性別在數學成就、考試焦慮、整體數學焦慮的效果值分別為 .021、.024、.017，均小於 .059，表示學生性別變因與數學成就、考試焦慮、整體數學焦慮三個變項間的關聯程度均屬微弱關係。

◎ 四、報表統整與說明

◎ 表 X　不同學生性別在數學成就、數學焦慮平均數差異檢定之 t 考驗摘要表

	學生性別	個數	平均數	標準差	t 值	η^2
數學成就	男生	146	23.16	10.53	-2.517*	.021
	女生	154	26.21	10.45		
壓力懼怕	男生	146	16.49	6.39	-1.609ns	—
	女生	154	17.69	6.61		
情緒擔憂	男生	146	24.18	7.48	-1.768ns	—
	女生	154	25.68	7.19		
考試焦慮	男生	146	24.10	7.69	-2.717**	.024
	女生	154	26.52	7.75		
課堂焦慮	男生	146	15.86	5.02	-1.760 ns	—
	女生	154	16.87	4.89		
整體數學焦慮	男生	146	80.63	23.68	-2.245*	.017
	女生	19	76.32	9.363		

*p＜.05　**p＜.01　ns (未達顯著水準) p＞.05。

　　由上表中可以發現，不同性別的學生在「數學成就」、「考試焦慮」構面、「整體數學焦慮」等變項有顯著差異；而在「壓力懼怕」構面、「情緒擔憂」構面、「課堂焦慮」構面等變項均無顯著差異。在達到顯著水準的變項中，從平均數得知：國小五年級女學生的數學成就 (M = 26.21) 顯著優於男學生 (M = 23.16)；但在「考試焦慮」構面 (M = 26.52) 與「整體數學焦慮」(M = 86.77) 的

知覺感受上，也比男學生為高 (M = 24.10、M = 80.63)。

從效果值的大小來看，學生性別對「數學成就」、「考試焦慮」構面、「整數學焦慮」三個變項的解釋變異數分別為 2.1%、2.4%、1.7%，三個效果值均小於 6.0%，表示學生性別自變項與「數學成就」、「考試焦慮」構面、「整數學焦慮」等三個依變項間的關係均屬「微弱關係」。

　　註：上表為便於研究者對照，t 值統計量照原報表結果呈現，平均數與標準差的數值則取到「小數第二位」(四捨五入)，正式論文中，研究者可全部將小數點四捨五入到小數第二位即可。

如果研究者不採用內定 .05 的顯著水準 α 值，而將顯著水準 α 值更改為較為保守的數值 .01，以減少第一類型的錯誤率，其操作程序為：在「獨立樣本 T 檢定：選項」次對話視窗中，將內定選項「信賴區間百分比 (C) 數值 95%」更改為「99」%，將差異的信賴區間設定為 99%，表示將顯著水準 α 值定為 .01。其輸出結果如下：

| | | 變異數相等的 Levene 檢定 | | 平均數相等的 t 檢定 | | | | | | |
		F檢定	顯著性	t	自由度	顯著性（雙尾）	平均差異	標準誤差異	差異的 99% 信賴區間 下界	差異的 99% 信賴區間 上界
數學成就	假設變異數相等	.000	.995	-2.517	298	.012	-3.050	1.212	-6.191	.091
	不假設變異數相等			-2.517	296.869	.012	-3.050	1.212	-6.192	.092
壓力懼怕	假設變異數相等	.208	.649	-1.609	298	.109	-1.20850	.75126	-3.15609	.73908
	不假設變異數相等			-1.610	297.881	.108	-1.20850	.75059	-3.15435	.73734
情緒擔憂	假設變異數相等	.028	.867	-1.768	298	.078	-1.49689	.84681	-3.69217	.69840
	不假設變異數相等			-1.766	295.481	.078	-1.49689	.84769	-3.69458	.70081
考試焦慮	假設變異數相等	.062	.803	-2.717	298	.007	-2.42359	.89212	-4.73634	-.11084
	不假設變異數相等			-2.717	297.381	.007	-2.42359	.89193	-4.73588	-.11130

		變異數相等的 Levene 檢定		平均數相等的 t 檢定						
						顯著性 (雙尾)	平均差異	標準誤差異	差異的 99% 信賴區間	
		F 檢定	顯著性	t	自由度				下界	上界
課堂焦慮	假設變異數相等	.138	.710	-1.760	298	.079	-1.00712	.57213	-2.49032	.47609
	不假設變異數相等			-1.759	296.089	.080	-1.00712	.57254	-2.49145	.47721
整體數學焦慮	假設變異數相等	.554	.457	-2.245	298	.025	-6.13610	2.73315	-13.22158	.94938
	不假設變異數相等			-2.245	297.101	.026	-6.13610	2.73325	-13.22199	.94980

　　信賴區間百分比 (C) 數值「95」% 與信賴區間百分比 (C) 數值「99」% 輸出的獨立樣本 T 檢定結果整理如下：

	學生性別	平均數	t 值	顯著性 (雙尾)	信賴區間百分比 95% 選項		信賴區間百分比 99% 選項	
數學成就	男生	23.16	-2.517	.012	[-5.44	-0.67]	[-6.19	0.09]
	女生	26.21			未包含 0 拒絕虛無假設		包含 0 接受虛無假設	
壓力懼怕	男生	16.49	-1.609	.109	[-2.69	0.27]	[-3.16	0.74]
	女生	17.69			包含 0 接受虛無假設		包含 0 接受虛無假設	
情緒擔憂	男生	24.18	-1.768	.078	[-3.16	0.17]	[-3.69	0.70]
	女生	25.68			包含 0 接受虛無假設		包含 0 接受虛無假設	
考試焦慮	男生	24.10	-2.717	.007	[-4.18	-0.67]	[-4.74	-0.11]
	女生	26.52			未包含 0 拒絕虛無假設		未包含 0 拒絕虛無假設	
課堂焦慮	男生	15.86	-1.760	.079	[-2.13	0.12]	[-2.49	0.48]
	女生	16.87			包含 0 接受虛無假設		包含 0 接受虛無假設	
整體數學焦慮	男生	80.63	-2.245	.025	[-11.51	-0.76]	[-13.22	0.95]
	女生	86.77			未包含 0 拒絕虛無假設		包含 0 接受虛無假設	

　　將顯著水準 α 定為 .01，學生性別在數學成就及數學焦慮等六個變項的差異，只有「考試焦慮」構面的差異達到顯著 (p = .007 < .01)，表示不同性別的學生在「考試焦慮」構面的感受有顯著的不同。研究者將顯著水準 α 由 .05 變

為 .01，統計推論時比較可能接受虛無假設，此時犯第一類型的錯誤率可大為降低 (虛無假設為真而加以拒絕的錯誤率)，但相對的，由於研究者接受虛無假設的機率較高，此時，若是虛無假設為假，研究者又多加以接受虛無假設，研究者犯第二類型的錯誤率會提高 (虛無假設為假而加以接受的錯誤率)，當第二類型錯誤率 (β) 提高時，統計推估的統計考驗力 ($1-\beta$) 會降低。行為及社會科學領域的推論統計程序，沒有合理性緣由，研究者最好不要任意更改 SPSS 內定的顯著水準 α 數值，即不要更改信賴區間百分比「95」% 選項內的數字，否則統計推估的合理性會受到質疑。

依變項 / 檢定變數採用構面總分或構面單題平均得分，所得的 t 統計量數值與顯著性機率值 p 是相同的，但描述性統計量中的平均數、標準差、平均數的標準誤、與檢定摘要表中的平均數差異值、標準誤差異、差異的 95% 信賴區間等欄的數值是不相同的。

組別統計量

變項名稱	學生性別	個數	平均數	標準差	平均數的標準誤
壓力懼怕單題	1 男生	146	2.7477	1.06516	.08815
	2 女生	154	2.9491	1.10148	.08876
情緒擔憂單題	1 男生	146	3.0231	.93449	.07734
	2 女生	154	3.2102	.89886	.07243
考試焦慮單題	1 男生	146	3.0120	.96147	.07957
	2 女生	154	3.3149	.96911	.07809
課堂焦慮單題	1 男生	146	3.1726	1.00417	.08311
	2 女生	154	3.3740	.97758	.07878
整體焦慮單題	1 男生	146	2.98630	.877007	.072582
	2 女生	154	3.21356	.875717	.070567

因為是變項採用的是構面單題平均得分或量表單題平均得分，因而平均數的數值範圍介於 1 至 5 中間 (量表型態為李克特五點量表，選項的最小值為 1、最大值為 5)。

獨立樣本檢定

		變異數相等的 Levene 檢定		平均數相等的 t 檢定						
									差異的 95% 信賴區間	
		F 檢定	顯著性	t	自由度	顯著性（雙尾）	平均差異	標準誤差異	下界	上界
壓力懼怕單題	假設變異數相等	.208	.649	-1.609	298	.109	-.20142	.12521	-.44782	.04499
	不假設變異數相等			-1.610	297.881	.108	-.20142	.12510	-.44760	.04477
情緒擔憂單題	假設變異數相等	.028	.867	-1.768	298	.078	-.18711	.10585	-.39542	.02120
	不假設變異數相等			-1.766	295.481	.078	-.18711	.10596	-.39564	.02142
考試焦慮單題	假設變異數相等	.062	.803	-2.717	298	.007	-.30295	.11151	-.52240	-.08349
	不假設變異數相等			-2.717	297.381	.007	-.30295	.11149	-.52236	-.08354
課堂焦慮單題	假設變異數相等	.138	.710	-1.760	298	.079	-.20142	.11443	-.42661	.02376
	不假設變異數相等			-1.759	296.089	.080	-.20142	.11451	-.42678	.02393
整體焦慮單題	假設變異數相等	.554	.457	-2.245	298	.025	-.227263	.101228	-.426474	-.028051
	不假設變異數相等			-2.245	297.101	.026	-.227263	.101232	-.426485	-.028041

　　學生性別因子變數在「壓力懼怕單題」、「情緒擔憂單題」、「考試焦慮單題」、「課堂焦慮單題」、「整體焦慮單題」等變項平均數差異檢定的 t 統計量分別為 -1.609 (p ＝ .109 ＞ .05)、-1.768 (p ＝ .078 ＞ .05)、-2.717 (p ＝ .007 ＜ .05)、-1.760 (p ＝ .079 ＞ 05)、-2.245 (p ＝ .025 ＜ .05)。學生性別因子變數在「考試焦慮單題」、「整體焦慮單題」的差異達到 .05 顯著水準，由於 t 值統計量為負值，表示女生在考試焦慮、整體數學焦慮的感受程度均顯著高於男生。

【表格範例】

○ 表 X　不同性別學生在數學焦慮構面及整體數學焦慮差異之 t 檢定摘要表

變項名稱	學生性別	個數	平均數	標準差	t 值
壓力懼怕單題	1 男生	146	2.75	1.07	-1.609ns
	2 女生	154	2.95	1.10	
情緒擔憂單題	1 男生	146	3.02	0.93	-1.768ns
	2 女生	154	3.21	0.90	
考試焦慮單題	1 男生	146	3.01	0.96	-2.717**
	2 女生	154	3.31	0.97	
課堂焦慮單題	1 男生	146	3.17	1.00	-1.760ns
	2 女生	154	3.37	0.98	
整體焦慮單題	1 男生	146	2.99	0.88	-2.245*
	2 女生	154	3.21	0.88	

* p＜.05　** p＜.01　ns p＞.05

捌、自變項為連續變項之 t 考驗

　　當二個變項均為計量變項時，研究者可採用積差相關探討二者間之關係，從決定係數值的大小，可以了解第一個變項可解釋第二個變項變異量的高低，此外，二個變項間若可區分為自變項 (因子) 與依變項，研究者可將因子變數的連續變項尺度轉換為類別變項尺度，以探究不同群體組別在依變項的差異情形。將連續變項轉換為類別變項的方法，一般是以平均數為臨界值，將之區分為「高分組群體」與「低分組群體」，或依觀察值在因子計量變數上的得分高低，區分為「高分組群體」、「中分組群體」與「低分組群體」，獨立樣本 t 檢定程序在於探究「高分組群體」、「低分組群體」在依變項量測值的差異情形，如果研究者要探究「高分組群體」、「中分組群體」與「低分組群體」三個群組觀察值在依變項平均數的差異情形，因為組別的水準數值有 3 個，可直接採用單因子獨立樣本變異數分析統計法。

　　因子計量變數轉換為類別變項的方法，常用者有以下幾種：

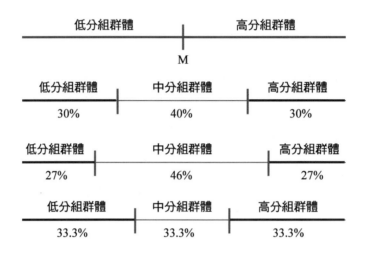

⊃ 一、研究問題

　　「不同數學焦慮組的學生，其數學態度是有顯著差異？」，上述研究問題中，自變數為整體數學焦慮、依變數為整體數學態度，二個變數均為連續變項，在統計方法應用上，除可用積差相關探究學生數學焦慮與數學態度變數之關係外，亦可將觀察值在整體數學焦慮上的得分情形分成「高數學焦慮組」、「低數學焦慮組」，由於數學焦慮變數由連續變項尺度變成二分名義變項尺度，可使用獨立樣本 t 檢定，以探究高、低數學焦慮組學生的數學態度有無顯著差異存在。

⊃ 二、操作程序

(一) 求數學焦慮的描述統計

執行功能表列「分析 (A)」/「敘述統計 (E)」/「描述性統計量 (D)」程序。點選目標變數「整體數學焦慮」至右邊「變數 (V)」下的方格中，按『確定』鈕。

敘述統計

	個數	最小值	最大值	平均數	標準差
整體數學焦慮	300	27.00	135.00	83.7800	23.82064
有效的 N (完全排除)	300				

數學焦慮的平均數為 83.78，數學焦慮總分為整數，因而以平均數的四捨五入值 84 分作為分組臨界點。

$$低分組群體 (M < 84) \quad | \quad 高分組群體 (M \geq 84)$$

$$83.78$$

(二) 執行獨立樣本 t 檢定

1. 步驟 [1]

從功能列執行「分析 (A)」/「比較平均數法 (M)」/「獨立樣本 T 檢定 (T)」程序，開啟「獨立樣本 T 檢定」主對話視窗。

2. 步驟 [2]

在左邊變數清單中將目標變數「整體數學態度」點選至右邊「檢定變數 (T)」下的方格中；在左邊變數清單中將自變項「整體數學焦慮」點選至右邊「分組變數 (G)」方盒中，點選「整體數學焦慮 (? ?)」選項，按『定義組別 (D)』鈕，開啟「定義組別」次對話視窗。

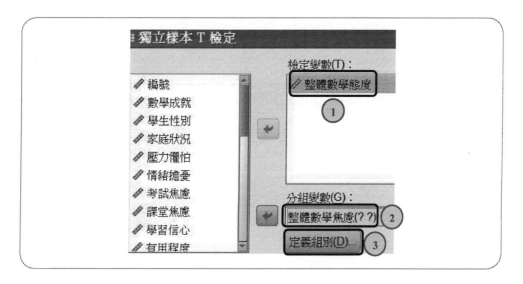

　　如果研究者要同時檢定高低數學焦慮組在數學態度構面的差異，必須於變數清單同時點選數學態度四個構面：學習信心、有用程度、成功意向、探究動機及整體數學態度五個變項至右邊「檢定變數 (T)」下的方格中，範例中只點選「整體數學態度」變項。

3. 步驟 [3]

　　選取「⊙ 分割點 (C)」選項，在其後的方格中輸入數字「84」，按『繼續』鈕，回到「獨立樣本 T 檢定」對話視窗，按『確定』鈕。

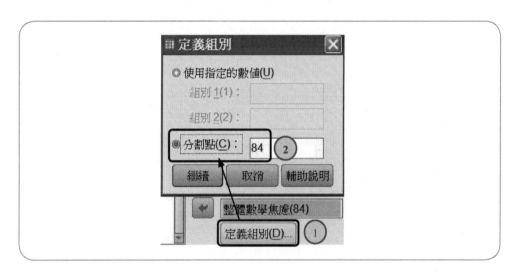

　　上表中分割點 (Cut point) 後面方格內之分組變數值為 84，表示觀察值整體數學焦慮總分如果小於 84 分 (＜84)，就分成一組，此為「低數學焦慮組」；數學焦慮總分大於或等於 84 分 (≥84)，則又分成另一組，此為「高數學焦慮組」。

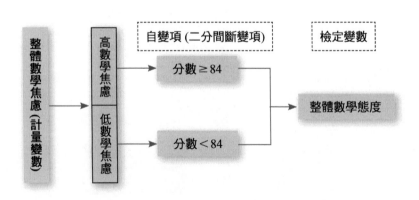

⊃ 三、結果分析

		個數	平均數	標準差	平均數的標準誤
整體數學態度	> = 84.00	148	96.1689	15.66589	1.28773
	< 84.00	152	107.4013	17.43114	1.41385

　　上表中整體數學焦慮 ≥84 分以上的觀察值有 148 位 (高數學焦慮組)，高數學焦慮組學生的整體數學態度平均數、標準差、平均數的估計標準誤分別為 96.1689、15.66589、1.28773；整體數學焦慮 <84 分以下的觀察值有 152 位 (低數學焦慮組)，低數學焦慮組學生的數學態度平均數、標準差、平均數的估計標準誤分別為 107.4013、17.43114、1.41385。高、低數學焦慮組學生的數學態度平均數差異為 -11.23240，t 考驗的目的即在於當考慮樣本個別差異及測量誤差的變異量後，這個平均數的差異值是否達到統計學上的顯著差異，如果平均數差異值未達統計學上的顯著水準，則這個平均數的差異值可能是抽樣誤差或純粹由機遇所造成的。

獨立樣本檢定

		變異數相等的 Levene 檢定		平均數相等的 t 檢定					
						顯著性	平均	標準誤	差異的 95% 信賴區間	
		F 檢定	顯著性	t	自由度	（雙尾）	差異	差異	下界	上界
整體數學態度	假設變異數相等	1.582	.210	-5.865	298	.000	-11.23240	1.91511	-15.00125	-7.46354
	不假設變異數相等			-5.873	296.117	.000	-11.23240	1.91239	-14.99599	-7.46881

　　上述「變異數相等的 Levene 檢定」欄中的 F 值為 1.582，顯著性機率值 p = .210 > .05，未達 .05 顯著水準，應接受虛無假設，二組變異數應視為相等，因此須看「假設變異數相等」橫列之 t 值數據。在「假設變異數相等」(變異數同質) 列之 t 值相關數據中，統計量 t 值為 -5.865，df = 298，p<.001，達到 .05 顯著水準，可見高、低數學焦慮組學生的數學態度知覺有顯著差異存在，低數學焦慮組學生的數學態度 (M = 107.4013) 顯著比高數學焦慮組 (M = 96.1689) 學

生正向、積極。由於平均數的差異值達到 .05 顯著水準，進一步的操作就是求出因子變項可以解釋整體數學態度的變異量 (效果值 η^2)。

在數學焦慮高低分組方面，如果研究者不以自變項的平均數為基準臨界點，而想取前後極端組作為高低組別也可以，其中高分組可取前 25% 至前 33% 的觀察值；而低分組也可取後 25% 至 33% 的觀察值。在上述研究問題整體數學焦慮的分組中，研究者可以根據實際研究所需，將數學焦慮變數重新編碼成不同的組別，如研究者要將其分成三組：高分組、中分組、低分組，統計方法可使用單因子獨立樣本變異數分析，探究三個組別觀察值在數學態度得分的差異情形；此外，也可只探討「高分組」、「低分組」觀察值二個群體在數學態度構面及整體數學態度的差異情形。

(一) 依數學焦慮總分排序

執行功能表列「資料 (D)」/「觀察值排序 (S)」程序，開啟「觀察值排序」對話視窗，點選目標變數「整體數學焦慮」至右邊「排序依據 (S)」下的方格中，按『確定』鈕後，資料檔觀察值會依整體數學焦慮變數的分數遞增排序，分別求出第 100 位及第 201 位觀察值的分數，分別為 75 分及 93 分。(假設依全部觀察值排序，前三分之一為高分組、後三分之一為低分組、中三分之一為中分組，全部觀察值有 300 位，各分界點的觀察值分別為第 100 位及第 201 位)。

(二) 依數學焦慮重新編碼

執行功能表列「轉換」/「重新編碼成不同變數」程序，將整體數學焦慮變數重新編碼成三分間斷變數，變項名稱為「數學焦慮組別」，編碼的舊值與新值如下：

1. 整體數學焦慮 93 分以上者為高分組：「93 through highest → 1」
2. 整體數學焦慮 75 分以下者為低分組：「Lowest through 75 → 3」
3. 整體數學焦慮「◉ 全部其他值 (O)」為中分組：「ELSE → 2」

整體數學焦慮計量變項重新編碼成三分間斷變數的圖示如下，圖示中獨立樣本 t 檢定分析探討的是水準數值 1 與水準數值 3 群體在整體數學態度感受的差異。

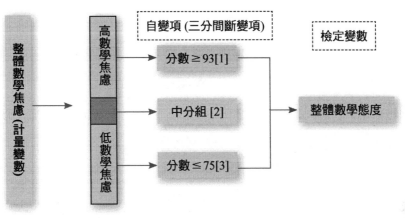

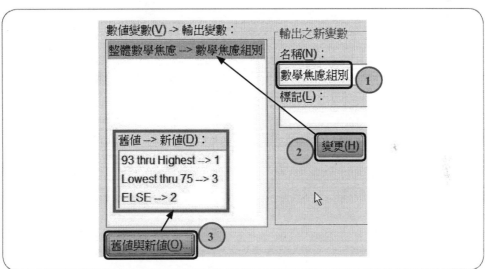

整體數學焦慮組別變項的次數分配表如下：水準數值 1 為「高數學焦慮組」，樣本數有 104 位、水準數值 3 為「低數學焦慮組」，樣本數有 105 位，水準數值 2 為「中數學焦慮組」，觀察值有 91 位。

數學焦慮組別

		次數	百分比	有效百分比	累積百分比
有效的	1 高數學焦慮組	104	34.7	34.7	34.7
	2 中數學焦慮組	91	30.3	30.3	65.0
	3 低數學焦慮組	105	35.0	35.0	100.0
	總和	300	100.0	100.0	

⊙ 四、求高分組、低分組在數學態度上的差異

自變數為整體數學焦慮變項重新編碼後的分組變數「數學焦慮組別」，「數學焦慮組別」雖為三分名義變項，但只要納入分析的標的群體為水準數值 1 與水準數值 3 二個群組，依變項 (檢定變數) 為「整體數學態度」變數。(如果研究者要探討不同整體數學焦慮組別在數學態度四個構面及整體數學態度的差異，要將數學態度四個構面與整體數學態度等五個變數一起點選至「檢定變數 (T)」下方格中。)

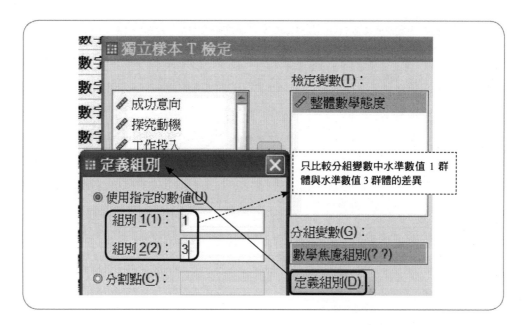

在「定義組別」次對話視窗中，由於要比較的是整體數學焦慮「高分組」(因子變項水準數值編碼為 1) 與「低分組」(因子變項水準數值編碼為 3) 在數學態度知覺的差異，因而在「⊙ 使用指定的數值 (U)」選項中，「組別 1」、「組別 2」後面的方格分別鍵入「1」、「3」，此程序統計分析時，觀察值於「數學焦慮組別」變數水準數值如果不是 1、3 者，則觀察值不納入分析程序 (範例中被排除在外是水準數值編碼為 2 的觀察值，水準數值編碼為 2 的觀察值為中數學焦慮組，樣本數有 91 位)。

⊃ 五、結果分析

組別統計量

	數學焦慮組別	個數	平均數	標準差	平均數的標準誤
整體數學態度	1 高數學焦慮組	104	94.6154	15.23302	1.49372
	3 低數學焦慮組	105	110.7048	18.33236	1.78906

上述因子自變數為「數學焦慮組別」，水準數值 1 為高數學焦慮組、水準數值 3 為低數學焦慮組，數學焦慮高分組的觀察值有 104 位、數學焦慮低分組的觀察值有 105 位，其中各分組觀察值人數未正好等於總觀察值 300 名的三分之一，因為在分割點的分數有同分的緣故。104 位「高數學焦慮組」觀察值在整體數學態度的平均數為 94.6154，105 位「低數學焦慮組」觀察值在整體數學態度的平均數為 110.7048。

		變異數相等的 Levene 檢定		平均數相等的 t 檢定					差異的 95% 信賴區間	
		F 檢定	顯著性	t	自由度	顯著性 (雙尾)	平均差異	標準誤差異	下界	上界
整體數學態度	假設變異數相等	4.833	.029	-6.897	207	.000	-16.08938	2.33270	-20.68827	-11.49048
	不假設變異數相等			-6.903	200.940	.000	-16.08938	2.33065	-20.68504	-11.49371

上述「變異數相等的 Levene 檢定」欄中的 F 值統計量為 4.833，顯著性機率值 p = .029＜.05，達到 .05 顯著水準，應拒絕虛無假設，二組變異數應視為不同質，因此須看「不假設變異數相等」(二個群體變異數異質) 列之 t 值數據，使用校正公式求出 t 值統計量。在「不假設變異數相等」列統計量中，平均數差異 t 值統計量等於 -6.903，df = 200.940，p＜.001，達到 .05 顯著水準，可見數學焦慮高分組、低分組學生在整體數學態度量測值的平均數有顯著差異存在 (平均差異值為 -16.08938)，數學焦慮高分組學生的整體數學態度 (M = 94.6154) 顯著的比數學焦慮低分組 (M = 110.7048) 學生負向、消極。

當 $\sigma^2_{x1} \neq \sigma^2_{x1}$ 即二個母群體的變異數不相等時，應使用柯克蘭和柯克斯 (Cochran & Cox) 所發展的檢定公式：

公式：統計量 t 值 $= \dfrac{\overline{X_1} - \overline{X_2}}{\sqrt{\dfrac{S_1^2}{N_1} + \dfrac{S_2^2}{N_2}}} = \dfrac{\overline{X_1} - \overline{X_2}}{\sqrt{S^2\overline{X1} + S^2\overline{X2}}} = \dfrac{94.6154 - 110.7048}{\sqrt{\dfrac{15.23302^2}{104} + \dfrac{18.33236^2}{105}}}$

$= \dfrac{-16.0894}{2.330648} = -6.9034$。

「定義組別」次對話視窗中，於「⊙ 使用指定的數值 (U)」選項內，「組別 1」、「組別 2」後面的方格如果改分別鍵入數值「3」、「1」，表示是「水準數值 3 群體與水準數值 1 群體」的比較，平均數差異值為因子自變項「水準數值 3」-「水準數值 1」(之前範例為水準數值 1 群體與水準數值 3 群體的比較，平均數差異值為因子自變項「水準數值 1」-「水準數值 3」)。「水準數值 3 群體與水準數值 1 群體」的比較為「低數學焦慮組」與「高數學焦慮組」在整體數學態度得分差異的檢定。當第一個群體的平均數大於第二個群體的平均數，t 值統計量為正數；相對的，當第一個群體的平均數小於第二個群體的平均數，t 值統計量為負數。

		變異數相等的 Levene 檢定		平均數相等的 t 檢定					
		F 檢定	顯著性	t	自由度	顯著性(雙尾)	平均差異	標準誤差異	差異的 95% 信賴區間 下界	上界
整體數學態度	假設變異數相等	4.833	.029	6.897	207	.000	16.08938	2.33270	11.49048	20.68827
	不假設變異數相等			6.903	200.940	.000	16.08938	2.33065	11.49371	20.68504

上表中，二個群體平均數差異檢定的 t 統計量為 6.903，顯著性機率值 p＜.001，拒絕虛無假設，數學焦慮組別中水準數值 3 群體與水準數值 1 群體在整體數學態度得分平均數有顯著不同，水準數值 3 群體 (低數學焦慮組) 在整體數學態度依變項的平均數顯著高於水準數值 1 群體 (高數學焦慮組) 的平均數，低數學焦慮組在整體數學態度得分平均數為 110.7048、高數學焦慮組在整體數學態度得分平均數為 94.6154，與高數學焦慮組比較下，低數學焦慮組有較正向的數學態度。

第二節 無母數檢定

當母數統計之假定無法符合時 (資料結構嚴重違反常態性假定或是檢定變數非計量變數)，資料統計分析必須改採無母數統計方法，在小樣本情況下 (一般是觀察值小於 30)，若要進行平均數的差異檢定，必須選用相對的無母數統計法。

壹、無母數統計──二個獨立樣本

當進行 t 考驗程序時，資料結構無法符合其基本的假定時，常用來替代 t 考驗的最適切的方法便是魏可遜二樣本考驗 (Wilcoxon two-sample test)。魏可遜二樣本檢定有許多種不同型式，其中最常用的就是「曼-惠特尼 U 考驗」(Mann-Whitney U test) 法。此方法特別適用於二個獨立樣本群體、次序尺度以上變項之表現差異的顯著性考驗；其次是小樣本的情形。當研究者發現檢定的變數資料 (依變項)，不屬於連續變數，U 考驗是替代 t 檢定來考驗二個母體差異的適當方法。

曼-惠特尼 U 檢定雙側考驗之虛無假設與對立假設如下：

$H_0：\eta_1 = \eta_2$ (二個組別的中位數相等)
$H_1：\eta_1 \neq \eta_2$ (二個組別的中位數顯著不相等)

單側考驗之虛無假設與對立假設如下：

$H_0：\eta_1 \leq \eta_2$、$H_1：\eta_1 > \eta_2$；$H_0：\eta_1 \geq \eta_2$、$H_1：\eta_1 < \eta_2$

⊃ 一、研究問題一

某大學電腦任課教師，想了解其任教的電腦課程中採用傳統講述法與自學法的差異，進行為期二個月的教學實驗，依受試者的電腦程度隨機分派成二組。實驗結束後，依學生完成的作品與專題成果，給予學生 1-6 的分數 (分數 1 最差、分數 6 最佳，分數值愈小表示學習成果愈差)，教師評定成績如下表，請問二組學生的學習效果是否有所差異？

受試者	S1	S2	S3	S4	S5	S6	S7	S8
傳統法	5	6	6	5	5	4	6	6
受試者	S9	S10	S11	S12	S13	S14	S15	
自學法	4	1	5	3	4	3	2	

(一) 操作程序

1. 執行功能表「分析 (A)」/「無母數檢定 (N)」/「歷史對話記錄 (L)」/「二個獨立樣本 (2)」(2 Independent Sample) 程序，開啟「兩個獨立樣本檢定」(Two-Independent-Samples Tests) 主對話視窗。

2. 將依變項「評量分數」選入右邊「檢定變數清單 (T)」(Test Variable List) 下的方格中，將自變項「組別」選入中間「分組變數 (G)」(Grouping Variable) 下的方格中。

3. 按『定義組別 (D)』(Define Groups) 鈕，出現「兩個獨立樣本：定義」次對話視窗，在「組別 1」(Group 1) 的後面方格輸入自變項的第一個水準數值「1」；在「組別 2」(Group 2) 的後面方格輸入自變項的第二個水準數值「2」，按『繼續』鈕，回到「兩個獨立樣本檢定」對話視窗，在左下方「檢定類型」(Test Type) 方盒中，勾選「☑Mann-Whitney U 統計量 (M)」選項，按『確定』鈕。

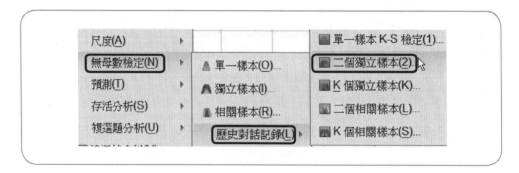

曼-惠特尼 U 檢定類型屬於「二個獨立樣本」考驗法，因而於「無母數檢定 (N)」選單中，選取「二個獨立樣本 (2)」的次選單。

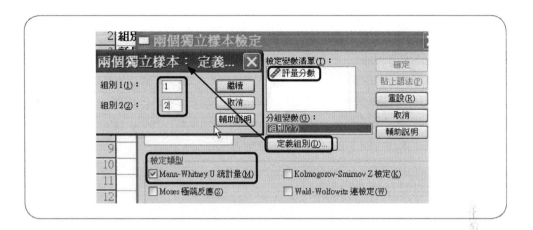

「兩個獨立樣本檢定」之無母數主對話視窗和「獨立樣本 T 檢定」主對話
視窗類似，均要設定檢定變數及分組變數，分組變數中要進一步界定群組的二個
水準數值的編碼數字。

「兩個獨立樣本：選項」次對話視窗中之「統計量」方盒的「描述性統計
量 (D)」及「四分位數 (Q)」選項，呈現的統計量為原始計量變數量測值的統
計量數，非量測值分數轉換為等級後的等級平均數或等級總分。描述性統計量
數包括平均數、標準差、最小值、最大值和非遺漏值觀察值的個數；四分位數
(Quartiles) 會呈現第 25 個、第 50 個、第 75 個百分位數相對應的數值。

「兩個獨立樣本檢定」(Two-Independent-Samples Tests) 主對話視窗中，「檢定變數清單」(Test Variable List) 下的方格中至少要選取一個以上的依變項。在「檢定類型」(Test Type) 方盒中，共有四種二個獨立樣本統計量數的檢定方法：曼-惠特尼 U 考驗 (Mann-Whitney U)、柯-史二組樣本考驗 (Kolmogorov-Smirnov Z 檢定)、Moses 極端反應檢定 (Moses extreme reactions)、Wald-Wolfowitz 連檢定等四種，分析時應勾選一種以上的統計考驗方法。

「兩個獨立樣本：定義組別」次對話視窗中，「組別 1：」、「組別 2：」方格中要分別輸入一個整數值，而其它數值的觀察值會從分析中排除。組別水準數值的設定與母數統計中的獨立樣本 t 檢定的操作程序相同，此處作為分組變數者，變項本身須為類別變數或次序變數。

(二) 報表解釋

等級

	組別	個數	等級平均數	等級總和
評量分數	1 自學法	7	4.50	31.50
	2 傳統法	8	11.06	88.50
	總和	15		

上表為等級摘要表，將十五位受試者的等級排序後，七位採用自學法受試者的等級總和為 31.50、等級平均數為 4.50；八位採用傳統講述法的受試者之等級總和為 88.50、等級平均數為 11.06。無母數統計方法中，原始量測值分數愈小，

其等級愈低，因而從群體的等級平均數高低也可以判斷群組原始量測值的高低。範例中因為傳統法群組的等級平均數高於自學法群組的等級平均數，顯示傳統法群組原始測量分數也高自學法群組原始測量分數。

檢定統計量 [b]

	評量分數
Mann-Whitney U 統計量	3.500
Wilcoxon W 統計量	31.500
Z 檢定	-2.901
漸近顯著性（雙尾）	.004
精確顯著性 [2*(單尾顯著性)]	.002[a]

a. 未對等值結做修正。
b. 分組變數：組別。

　　上表為檢定統計量，包括 Mann-Whitney U 統計量、Wilcoxon W 統計量、Z 檢定、漸近顯著性（雙尾）、精確顯著性 [2*(單尾顯著性)]。Z 檢定適用時機是，當分數出現同分（值結 -ties 相等時），所採用等級校正後所得的檢定統計量數。上表中，Mann-Whitney U 統計量為 3.500、Wilcoxon W 統計量 31.500，雙側檢定之 p 值等於 .002＜.05（精確顯著性 [2*(單尾顯著性)] 列的數據），達到 .05 顯著水準，應拒絕虛無假設；而 Z 值為負，表示自學法的等級平均數 (4.50) 小於傳統講述法的等級平均數 (11.06)，等級平均數愈低表示測量值分數愈差。可見經二個月的教學實驗後，採用傳統講述法的學習效果顯著比採用自學法的學習效果為佳。

　　在「魏氏-曼-惠特尼考驗」的檢定統計量中，有一個「Z 檢定」值，其適用時機為 n1 與 n2 均 ≥10、檢定統計量 W 在虛無假設為真的情況下，近似常態分配，樣本為隨機抽取且二個樣本來自母體型態相同（中位數相同）的母群體，此時可採用 Z 統計量來檢定。範例中求出的 Z 檢定統計量為 -2.901，雙尾之漸近顯著性的 p 值等於 .004＜.01，達到 .05 的顯著水準，拒絕虛無假設，不同型態教學法的教學實驗成效有顯著不同，此結果與上述採用 Mann-Whitney U 統計量檢定之結果相同。Mann-Whitney U 統計量的計算程序如下：

傳統方法		自學方法	
測量值	等級	測量值	等級
5	9.5	4	6
6	13.5	1	1
6	13.5	5	9.5
5	9.5	3	3.5
5	9.5	4	6
4	6	3	3.5
6	13.5	2	2
6	13.5		
等級總和	88.5		31.5
平均等級	11.06		4.50

$\sum R_1 = 88.5$、$\overline{R}_1 = 11.06$、$\sum R_2 = 31.5$、$\overline{R}_2 = 4.50$、n1 = 8、n2 = 7

曼-惠特尼考的檢定 (Mann-Whitney 檢定法) 公式如下:

$$U_1 = n_1 n_2 + \frac{n_1(n_1+1)}{2} - R_1 = 8 \times 7 + \frac{8(8+1)}{2} - 88.5 = 92 - 88.5 = 3.5$$

$$U_2 = n_1 n_2 + \frac{n_2(n_2+1)}{2} - R_2 = 8 \times 7 + \frac{7(7+1)}{2} - 31.5 = 80.5 - 31.5 = 49$$

U_{obt} = 最小值 (U_1, U_2) = 最小值 (3.5, 49) = 3.5,U_{obt} = 3.5 的數值為上述 SPSS 統計分析輸出結果報表中的「Mann-Whitney U」統計檢定量的數值,$\sum R_2$ = 31.5 為輸出檢定統計量中之「Wilcoxon W 統計量」的數值 (統計量數值為 $\sum R_1$、$\sum R_2$ 二個等級和中較小者)。

【表格範例】

⊙ 表 X　不同組別在電腦課程學習成效差異之無母數檢定摘要表

檢定變數	組別	個數	等級平均數	等級總和	曼-惠特尼 U 統計量
評量分數	1 自學法	7	4.50	31.50	3.500[**]
	2 傳統法	8	11.06	88.50	

** p < .01

◎ 二、研究問題二

　　某心理學者想探究國中資賦班群體中，男、女學生的學習焦慮是否有所差異，她從資賦班母群體中隨機抽取 9 位男生、11 位女生，讓學生填一份「學習焦慮」量表，其數據如下，請問此心理學者如何分析及解釋結果？

性別	1	2	3	4	5	6	7	8	9	10	11
男生	60	56	78	68	67	64	59	67	75		
女生	65	45	38	57	64	55	58	48	42	70	54

　　其中二個群組各有一個 64 分，此種分數稱為等值結。

(一) 操作程序

1. 執行功能表「分析 (A)」/「無母數檢定 (N)」/「歷史對話記錄 (L)」/「二個獨立樣本 (2)」(2 Independent Sample) 程序，開啟「兩個獨立樣本檢定」對話視窗。

2. 將依變項「學習焦慮」選入右邊「檢定變數清單 (T)」下的方格中，將自變項組別變數「性別」選入中間「分組變數 (G)」下的方格中，按『定義組別 (D)』鈕，開啟「兩個獨立樣本：定義組別」次對話視窗，在「組別 1」的後面方格輸入自變項的第一個水準數值「1」；在「組別 2」的後面方格輸入自變項的第二個水準數值「2」。

3. 按『繼續』鈕，回到「兩個獨立樣本檢定」對話視窗，在左下方「檢定類型」方盒中，勾選「☑Mann-Whitney U 統計量」選項、「☑Komogorov-Smirnov Z 檢定」統計量選項，按『確定』鈕。

註：若要出現計量變數的描述性統計量，於「兩個獨立樣本檢定」對話視窗中，按『選項』鈕，開啟「兩個獨立樣本：選項」次對話視窗，勾選「☑描述性統計量 (D)」選項。

(二) 報表解釋

描述性統計量

	個數	平均數	標準差	最小值	最大值
學習焦慮	20	59.50	10.590	38	78
性別	20	1.55	.510	1	2

上表為描述性統計量，學習焦慮的平均數數為 59.50、標準差為 10.590、最小值為 38、最大值為 78。學生性別二個水準，最小值為 1、最大值為 2、平均值為 1.55 (性別變數因為是二分類別變項，所以其平均數與標準差二個統計量數是沒有意義的)。

等級

	性別	個數	等級平均數	等級總和
學習焦慮	1 男生	9	14.17	127.50
	2 女生	11	7.50	82.50
	總和	20		

上表為二個組別的個數、等級平均數與等級總和。從等級平均數來看，女生的學習焦慮較男生的學習焦慮為低 (因為學習焦慮測量分數愈高，表示學生知覺的學習焦慮愈高，而學習焦慮測量分數愈高者，其等級排序愈高，學習焦慮測量分數最低者，其排序等級為 1)，男生等級平均數為 14.17、女生等級平均數為 7.50。

檢定統計量 [b]

	學習焦慮
Mann-Whitney U 統計量	16.500
Wilcoxon W 統計量	82.500
Z 檢定	-2.509
漸近顯著性 (雙尾)	.012
精確顯著性 [2*(單尾顯著性)]	.010[a]

a. 未對等值結做修正。

b. 分組變數：性別。

　　當二個群體分數有同分情形或二個群體的樣本數均大於 10，可直接採用校正後的 Z 檢定值，表中 Z 值為 -2.509，p ＝ .012 ＜ .05，達到 .05 顯著水準，拒絕虛無假設，表示男女生的學習焦慮有顯著差異。由於 Z 值為負，表示男生的等級平均數大於女生的等級平均數，亦即資賦班男學生的學習焦慮顯著的高於資賦班女學生的學習焦慮。「Mann-Whitney U 統計量」為 16.500，雙尾精確顯著性 p 值為 .010 ＜ .05，達到 .05 顯著水準，男生的等級平均數為 14.17、女生的等級平均數為 7.50 (無母數檢定程序中，將測量值最小的樣本等級設為 1，等級平均數愈低表示測量值分數愈低，測量值分數愈低表示學習焦慮感受愈低)，因而資賦班女學生的學習焦慮顯著的低於資賦班男學生的學習焦慮。

　　下表為勾選「☑Kolmogorov-Smirnov Z 檢定」選項統計量之結果：

次數分配表

	性別	個數
學習焦慮	1 男生	9
	2 女生	11
	總和	20

　　在次數分配中，男生有 9 名、女生有 11 名，取樣的有效觀察值共 20 名。

檢定統計量 [a]

		學習焦慮
最大差異	絕對	.616
	正的	.616
	負的	.000
Kolmogorov-Smirnov Z 檢定		1.371
漸近顯著性 (雙尾)		.047

a. 分組變數：性別。

　　上表為柯-史二組樣本考驗的檢定統計量中。從此表中得知：「Kolmogorov-Smirnov Z 檢定」統計量等於 1.371、p ＝ .047 ＜ .05，達 .05 顯著水準，表示二組樣本之累積機率分配有顯著差異，亦即二組樣本學習效果的等級平均數顯著不一樣。

　　柯-史二組樣本考驗所關心的是二個累積觀察值次數的分配是否一致，如果

這二個累積觀察次數分配彼此很接近，則這兩個樣本可能係來自同一母群，如果在任何一點顯示二個分配相差太大，則二個樣本可能來自不同的母群。使用柯 - 史二樣本考驗時，除了二個樣本彼此獨立之外，所用的資料須屬於次序變數資料 (林清山，民 81)。

貳、無母數統計──相依樣本的差異考驗

相依樣本的差異考驗，即在考驗同一群觀察值在二次不同測量值分數是否有所差異，在無母數統計法中，常用的方法有「符號考驗」(sign test) 及「魏可遜配對組符號等級考驗」(又稱魏氏考驗)(Wilcoxon matched-pairs signed-rank test) 等二種，符號考驗是利用正負符號來作為資料的統計方法，主要在檢定一組樣本在某一變項 (次序尺度以上變項) 前後二次測量值的差異情形，算出每對分數之差異的正負號，並考驗這些符號是否純由機遇所造成，或其分配有符合隨機性 (randomness)。如果二個母群體並無真正差異存在，則正負號之中，應有一半是正號、一半是負號，如果正負號的分配中，大部份是正的或大部份是負的，則二個母群有顯著差異的可能性愈大。「魏可遜配對組符號等級考驗」是符號考驗法的修正，它是一種兼顧反應正負方向及大小差異值的檢定方法。在符號考驗法中，只考慮前後二次測量之差值的正負號，但未能考慮到差異值的大小，「魏可遜配對組符號等級考驗」可同時考慮到差值的正負號與差值的大小。在統計分析中，除了要知道每對分數差值的方向 (正負號) 外，還要知悉差值絕對值大小的次序等級 (即把每對之差異值依大小次序加以排列)，就可使用魏氏考驗法 (林清山，民 81)。魏氏考驗法的統計考驗力明顯高於符號考驗法，因而在行為及社會科學領域中較為多數研究者所採用。此二者的考驗法均相當於母數統計法中，考驗二個相依樣本平均數差異顯著性的 t 考驗法，範例中為魏氏考驗法的應用。

● 一、研究問題

某一心理學者想探究其出版的《現代心理學》一書採用「彩色印刷」與「黑白印刷」二種版本對讀者喜愛程度的影響，以作為正式出版印刷的參考。在正式出版印刷前二種版本先各印製十二本樣書，並隨機抽取十二位心理學系大學生閱讀，閱讀完後請其填寫一份 1 至 6 個等級的喜愛程度量表，6 表示非常喜愛，1

表示非常不喜愛，受試者填答數據如下，請問受試者是否因書籍印刷方式不同而有不同的喜愛程度？

受試者	S1	S2	S3	S4	S5	S6	S7	S8	S9	S10	S11	S12
彩色印刷	6	5	5	4	5	4	5	3	6	6	3	5
黑白印刷	2	3	2	3	2	2	1	1	3	2	4	2

⊃ 二、操作程序

1. 執行功能表「分析 (A)」/「無母數檢定 (N)」/「歷史對話記錄 (L)」/「二個相關樣本 (L)」程序，出現「兩個相關樣本檢定」對話視窗。
2. 將要考驗的二個配對變數「彩色印刷」、「黑白印刷」選入右邊「成對檢定 (T)」(Test Pairs List) 下的方格中。「檢定類型」方盒中勾選「☑Wilcoxon 檢定 (W)」選項。
3. 按『選項』鈕，出現「兩個相關樣本：選項」次對話視窗，勾選「☑描述性統計量 (D)」選項，按『繼續』鈕，回到「兩個相關樣本檢定」次對話視窗，按『確定』鈕。

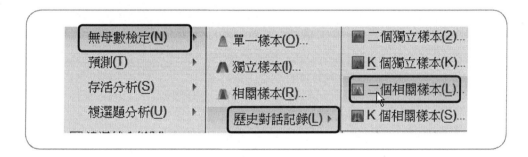

Wilcoxon 檢定類型屬於「二個相關樣本」考驗法 (重複量數檢定)，因而於「無母數檢定 (N)」選單中，選取「二個相關樣本 (L)」的次選單。

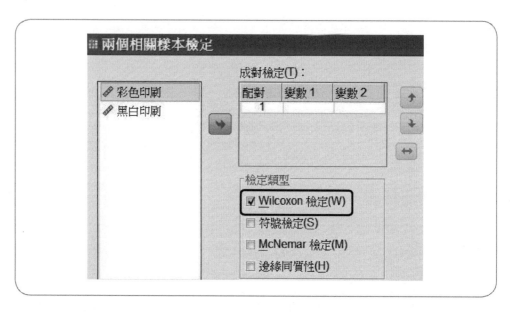

在「兩個相關樣本檢定」(Two-Related-Samples Tests) 主對話視窗中，「檢定類型」(Test Type) 方盒包括四種相依樣本之無母數統計法：Wilcoxon 檢定法 (魏氏考驗)、Sign 檢定法 (符號考驗)、McNemar 檢定法 (麥內瑪考驗)、Marginal Homogeneity 檢定法 (邊緣同質性考驗法)。魏氏考驗法會考慮有關成對變數間、差異符號和差值級數二者的相關資訊，提供的資訊較多。如果原始資料已經分類，可使用「邊緣同質性考驗法」，此法是 McNemar 檢定的擴展功能，能從二元反應延伸到多項式反應。

在上述「兩個相關樣本：選項」(Two-Related-Samples: Options) 次對話視窗，統計量方盒包含描述性統計量及四分位數。描述性統計量選項會顯示平均數、標準差、最小值、最大值和非遺漏觀察值的個數。

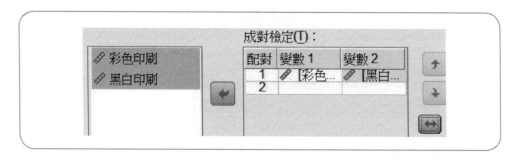

清選變數內選取的配對變數，位於清單中上面的配對變數點選後會被置放

於「變數 1」欄下的方格，變數清單中下面的配對變數點選後會被置放於「變數 2」欄下的方格，「配對」欄的數值表示選取的配對變數有幾對，第一次點選的配對變數會置放於第一列中，第二次點選的配對變數會置放於第二列中，超過二組的配對變數時，可按上移 ⬆ 鈕或下移 ⬇ 鈕調整位置。

⊃ 三、結果分析

描述性統計量

	個數	平均數	標準差	最小值	最大值
彩色印刷	12	4.75	1.055	3	6
黑白印刷	12	2.25	.866	1	4

上表為觀察值之量測值分數的描述統計量 (非等級平均數)，有效受試者有十二位，十二位學生對彩色印刷喜愛程度的平均數為 4.75、標準差為 1.055；對黑白印刷喜愛程度的平均數為 2.25、標準差為 .866。

等級

		個數	等級平均數	等級總和
黑白印刷 - 彩色印刷	負等級	11[a]	6.95	76.50
	正等級	1[b]	1.50	1.50
	等值結	0[c]		
	總和	12		

a. 黑白印刷 < 彩色印刷；
b. 黑白印刷 > 彩色印刷；
c. 黑白印刷 = 彩色印刷。

上表為魏氏符號符級檢定計算結果。十二名受試者，對黑白印刷喜愛程度之測量分數低於對彩色印刷喜愛程度之測量分數者有十一名 (黑白印刷 < 彩色印刷；Negative Ranks)；將其測量分數的差值等級化後，此十一名受試者的平均等級為 6.95，等級總和為 76.50 (11×6.95 = 76.50)。對黑白印刷喜愛程度之測量分數高於對彩色印刷喜愛程度之測量分數者有一名 (黑白印刷 > 彩色印刷；Positive Ranks) 此名受試者的平均等級為 1.50，等級總和為 1.50；對於二種印刷程度給予相同喜愛程度分數者 (等值結—二次測量值差異值為 0) 為 0 人。

檢定統計量 [b]

	黑白印刷 - 彩色印刷
Z 檢定	-2.963[a]
漸近顯著性 (雙尾)	.003

a. 以正等級為基礎。
b. Wilcoxon 符號等級檢定。

　　上表為「魏可遜配對組符號等級考驗」統計量，二個平均等級差異量檢定之 Z 值等於 -2.963，p ＝ .003 ＜ .01，達到 .05 顯著水準，表示二種不同的印刷方式受讀者喜愛的程度有顯著的不同，有 11 個「－」號 (黑白印刷 ＜ 彩色印刷)、1 個「＋」號 (黑白印刷 ＞ 彩色印刷)，與黑白印刷版面相較之下，受試者顯著對彩色印刷版面較為喜愛。

　　上圖中選取變數欄細格，按『←→』切換鈕，「變數 1」欄中的變項與「變數 2」變項的位置會互換，範例中選取「變數 2」欄細格之「黑白印刷」，按『←→』切換鈕後，「變數 2」欄細格之「黑白印刷」變數移往「變數 1」欄細格內，而「變數 1」欄細格之「彩色印刷」變數移往「變數 2」欄細格內。輸出結果的等級摘要表與之前的等級摘要表的數據順序剛好相反。但「檢定統計量中的」Wilcoxon 符號等級檢定統計量及顯著性數均相同。

等級

		個數	等級平均數	等級總和
彩色印刷 - 黑白印刷	負等級	1[a]	1.50	1.50
	正等級	11[b]	6.95	76.50
	等值結	0[c]		
	總和	12		

a. 彩色印刷 ＜ 黑白印刷；
b. 彩色印刷 ＞ 黑白印刷；
c. 彩色印刷 ＝ 黑白印刷。

　　負等級列表示測量數「彩色印刷 ＜ 黑白印刷」的樣本數有一位，正等級列表示測量數「彩色印刷 ＞ 黑白印刷」的樣本數有十一位，等值結列表示的觀察值在彩色印刷變項與黑白印刷變項給予同分者，範例中有 0 位。

檢定統計量 [b]

	彩色印刷 - 黑白印刷
Z 檢定	-2.963[a]
漸近顯著性（雙尾）	.003

a. 以負等級為基礎。
b. Wilcoxon 符號等級檢定。

　　「魏可遜配對組符號等級考驗」統計量，二個平均等級差異量檢定之 Z 值等於 -2.963，p ＝ .003 ＜ .01，達到 .05 顯著水準，表示十二名讀者對二種不同印刷型態書籍的喜愛程度有顯著不同。

　　「魏可遜配對組符號等級考驗」之等級總和與等級平均數求法如下：

受試者	彩色印刷	黑白印刷	差異值 D	D 絕對值	正等級	負等級
S1	6	2	4	4	11	
S2	5	3	2	2	4	
S3	5	2	3	3	7.5	
S4	4	3	1	1	1.5	
S5	5	2	3	3	7.5	
S6	4	2	2	2	4	
S7	5	1	4	4	11	
S8	3	1	2	2	4	
S9	6	3	3	3	7.5	
S10	6	2	4	4	11	
S11	3	4	-1	1		1.5
S12	5	2	3	3	7.5	
				等級總和	76.5	1.5
				個數	11	1
				等級平均	6.95	1.5

參、家長參與問卷──相依樣本檢定實例

➔ 一、研究問題

「家長參與校務之『參與能力』與『參與意願』」間的知覺是否有所差異？」

在量化研究之問卷調查法中，常會出現雙向度的知覺選項，如以下列「家長參與與校務調查問卷」中 (林美惠，民 91)，第二部份為家長參與校務的知覺，其中同一題項的填答包括家長參與校務的「參與能力」及「參與意願」二個向度。在家長參與校務的情況共有四大層面：1. 在班級 (群) 性校務方面：計有 6 題；2. 在溝通協調方面：計有 4 題；3. 在全校性校務方面：計有 7 題；4. 在決策性校務方面：計有 7 題。

在統計分析方面除探討不同背景變項在四大層面之差異外，進一步應該分析抽取樣本在「參與能力」與「參與意願」二個向度上的差異情形，由於是同一群受試者，在二個依變項測量分數之差異，因而可採用「成對樣本 t 檢定法」，考驗時，應分別將其題項總分加總，加總後變項如下：

層面一	班級參與能力	班級參與意願
層面二	溝通參與能力	溝通參與意願
層面三	校務參與能力	校務參與意願
層面四	決策參與能力	決策參與意願

家長參與校務調查問卷

壹、【基本資料】（請依您個人的背景資料，在適當的□中打✓）

  1. 您是孩子的：□ (1) 父親　　　　□ (2) 母親

  2. 最高學歷：□ (1) 研究所　　　□ (2) 大學、專科

              □ (3) 高中職　　　□ (4) 國中以下

貳、參與校務能力與意願知覺

一、家長參與校務的情況：每一個問題後面，都有二組反應項目，一組為「參與意願」，由高至低共分五個選項；另一組為「參與能力」，也是由高至低共分五個選項。

(一) 在班級 (群) 性校務方面【班級參與】

	參與能力 （高 → 低） 5 4 3 2 1	參與意願 （高 → 低） 5 4 3 2 1
1. 協助班級（群）校外教學事宜	□□□□□	□□□□□
2. 協助班級（群）教學佈置、美化、清潔與維護	□□□□□	□□□□□

(二) 在溝通協調方面【溝通參與】

1. 和老師討論並參與兒童的學習評量，如：通關評量	□□□□□	□□□□□
2. 和老師討論孩子的成長與需要	□□□□□	□□□□□

(三) 在全校性校務方面【校務參與】

1. 擔任學校義工，如交通導護、環境整理	□□□□□	□□□□□
2. 參與低成就學生的學習輔導工作，如補救教學	□□□□□	□□□□□

(四) 在決策性校務方面【決策參與】

1. 參與學校校務會議，對重要校務做決策	□□□□□	□□□□□
2. 參與教科書選擇	□□□□□	□□□□□

【四個構面的測量題項只呈現前二題而已】

⇒ 二、操作程序

1. 執行功能表列「分析 (A)」／「比較平均數法 (M)」／「成對樣本 T 檢定 (P)」
   程序，開啟「成對樣本 T 檢定」對話視窗。
2. 選取目標變數中的配對變數：「班級參與能力」＆「班級參與意願」、
   「溝通參與能力」＆「溝通參與意願」、「校務參與能力」＆「校務參與
   意願」、「決策參與能力」＆「決策參與意願」至右邊「配對變數 (V)」
   (Paired Variables) 下的方盒內，按『確定』鈕。

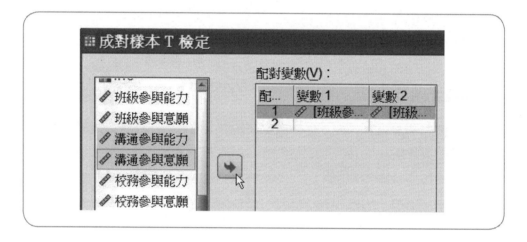

　　範例圖示中只選取「班級參與能力」、「班級參與意願」一組配對變數至右
邊「配對變數 (V)」下的方格中。

　　「成對樣本 T 檢定」對話主視窗中，研究者每次可以點選配對變項中的單
一變數或二個變項之配對變數，但不能同時一次選取三個變項以上，如果研究者
於變數清單中同時選取三個以上變項，則按中間點選移至鈕 ➡ 時，會出現錯誤

的警告訊息：「網格中一次只能容納一或兩個變數。」

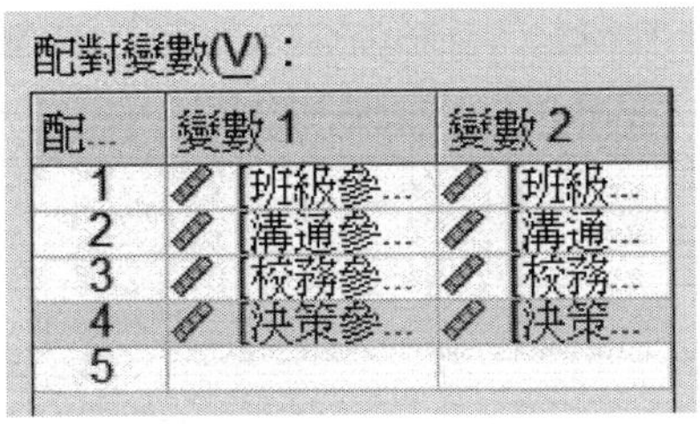

範例圖示「配對變數 (V)」下方格第一欄出現至 5 的數值，表示已點選四個配對組變數，若有第五個配對組變數，點選後會置於數字 5 之橫列中。範例中有四組配對變項，研究者要分開選取四組配對變項，選取後將之點選至右邊「配對變數 (V)」下方格中，不能一次同時選取八個標的變數，否則會出現錯誤訊息。

⊃ 三、結果分析

成對樣本統計量

		平均數	個數	標準差	平均數的標準誤
成對 1	班級參與能力	18.84	596	6.753	.277
	班級參與意願	20.05	596	6.971	.286
成對 2	溝通參與能力	13.25	596	4.841	.198
	溝通參與意願	13.67	596	4.723	.193
成對 3	校務參與能力	19.83	596	7.854	.322
	校務參與意願	20.74	596	8.058	.330
成對 4	決策參與能力	16.29	595	8.098	.332
	決策參與意願	16.51	595	8.345	.342

上表為四個構面二個配對變數之平均數、有效觀察值個數、標準差、平均數標準誤摘要表。以第四個構面在決策性校務方面，家長決策參與能力知覺的平均數為 16.29、標準差為 8.098；而在決策參與意願知覺的平均數為 16.51、標準差為 8.345，此二者平均數雖有高低，但其間的差異值是否達顯著水準，還須經統計考驗結果方能得知。

成對樣本相關

		個數	相關	顯著性
成對 1	班級參與能力 和 班級參與意願	596	.557	.000
成對 2	溝通參與能力 和 溝通參與意願	596	.560	.000
成對 3	校務參與能力 和 校務參與意願	596	.603	.000
成對 4	決策參與能力 和 決策參與意願	595	.761	.000

上表為四個構面配對變數間的積差相關係數，以第二個構面溝通協調方面而言，家長溝通參與能力與溝通參與意願二者間的相關為 .560，p＜.001，達到 .05 顯著水準。

成對樣本檢定

		成對變數差異							
					差異的 95% 信賴區間				顯著性
		平均數	標準差	平均數的 標準誤	下界	上界	t	自由度	（雙尾）
成對 1	班級參與能力 - 班級參與意願	-4.800	3.968	.887	-6.657	-2.943	-5.409	19	.000
成對 2	溝通參與能力 - 溝通參與意願								
成對 3	校務參與能力 - 校務參與意願								
成對 4	決策參與能力 - 決策參與意願	-.215	5.685	.233	-.673	.243	-.923	594	.356

上表為成對相依樣本 t 檢定統計量，四個配對變數中，除第「成對 4」之配對變數平均數間的差異未達 .05 顯著水準外 (t = -.923，p = .356＞.05)，其餘三個配對變數平均數間的差異均達 .05 顯著水準。從成對樣本檢定摘要表可以發現：家長在「班級參與能力」與「班級參與意願」的感受有顯著不同 (t = -4.549，p＜.001)；在「溝通參與能力」與「溝通參與意願」的感受有顯著不同 (t = -2.318，p = .021＜.05)；在「校務參與能力」與「校務參與意願」的感受有顯著不同 (t = -3.125，p = .002＜.05)。

將上述結果整理如下表：

【表格範例】

● 表 X　參與校務能力與意願知覺之平均數、標準差與差異考驗之 t 檢定摘要表

變項名稱		平均數	個數	標準差	t 值	相關 r
在班級 (群) 校務方面	參與能力	18.84	596	6.75	-4.549***	.557***
	參與意願	20.05	596	6.97		
在溝通協調方面	參與能力	13.25	596	4.84	-2.318*	.560***
	參與意願	13.67	596	4.72		
在全校性校務方面	參與能力	19.83	596	7.85	-3.125**	.603***
	參與意願	20.74	596	8.06		
在決策性校務方面	參與能力	16.29	595	8.10	-0.923ns	.760***
	參與意願	16.51	595	8.35		

* p＜.05　**p＜.01　*** p＜.001　ns p＞.05

從上表中可以得知：「在班級 (群) 校務方面」、「在溝通協調方面」、「在全校性校務方面」等三個構面中，家長參與能力與參與意願間的知覺均有顯著差異存在，家長在「參與能力」的知覺均顯著的低於家長「參與意願」的知覺；而在「在決策性校務方面」，家長參與能力與家長參與意願間的知覺沒有顯著差異。

如果研究者要增列相依樣本 t 檢定的效果值可採用下列公式：$\eta^2 = \dfrac{t^2}{t^2 + (N-1)}$。

第 10 章

單因子變異數分析

變異數分析統計程序主要用以檢定三個以上平均數間的差異是否有顯著不同，平均數的量測值可以來自不同獨立的群體，也可以是同一群體間不同時段所測得的分數。

第一節　基本理論與假定

壹、基本理論

單因子變異數分析 (one-way analysis of variance；簡稱為 one-way ANOVA，又稱為簡單變異分析 simple ANOVA) 的目的主要在於考驗三個或三個以上獨立樣本觀察值之各組平均數 (means) 彼此間是否相等。其中的自變項 (又稱因子或稱獨 independent variable) 為間斷變項，依變項 / 檢定變數為連續變項，自變項為三分名義變項或多分類別變項。研究問題如不同學校規模 (大規模學校、中規模學校、小規模學校) 之行政人員的工作壓力是否有所不同？不同婚姻狀態 (未婚、已婚、離異、喪偶) 的成年人其生活滿意度是否有所不同？不同領導類型的組織主管 (高關懷高倡導、高關懷低倡導、低關懷高倡導、低關懷低倡導) 其組織氣氛是否有所差異？不同家庭結構 (單親家庭、雙親家庭、隔代教養家庭) 之青少年其學習成就是否有所差異？不同社會參與程度 (時常參加、偶而參加、很少參加) 的退休人員，其生活滿意度是所有所差異？

在資料分析中，若要進行二組平均數的顯著性考驗，以前述介紹的 t 考驗法最為適合，t 考驗可以用來比較二個母群平均數的差異，如果組別在三組以上，亦即要進行三組以上母群體平均數的顯著性考驗，t 考驗法便不適宜。以四組平均數考驗為例，如果研究者要以 t 考驗的方式，逐一比較二組平均數的差異，總共要進行六次 $(C_2^4 = \dfrac{4 \times 3}{2} = 6)$ 的 t 考驗，此種做法會提高犯第一類型的錯誤，如婚姻狀態有四個水準——未婚、已婚、離異、喪偶，逐一比較二組平均值之差異，總共要比較的組別如下：未婚－已婚、未婚－離異、未婚－喪偶、已婚－離異、已婚－喪偶、離異－喪偶；而如果三組平均數要進行平均數的差異比較，採用 t 考驗，總共要進行三次比較 $(3 \times 2) \div 2 = 3$，這樣的比較結果均會提高犯第一類型的錯誤。

研究者如果考驗 C 個獨立的比較，每個考驗的顯著水準設為 α，則至少犯一次以上第一類型錯誤的機率為 $1 - (1 - \alpha)^c$，如果 α 值很小，則此錯誤最大機率值大約為 $C \times \alpha$。在 α 為顯著水準之下，考驗一個比較 (二個平均數差異的考驗)，犯第一類型的錯誤率為 α，不會犯第一類型的錯誤率為 $1 - \alpha$；如果考驗二個比較，不會犯第一類型的錯誤率為 $(1 - \alpha) \times (1 - \alpha)$；每個比較均在 α 顯著水準之下，進行考驗，如果總共進行 C 個比較 (共考驗 C 個虛無假設)，則不會犯第一類型的錯誤率為 $(1 - \alpha) \times (1 - \alpha) \times \cdots \cdots \times (1 - \alpha)$，亦即共有 C 個 $(1 - \alpha)$ 相乘，其值等於 $(1 - \alpha)^c$，因而如進行 C 個獨立比較時，則不會犯第一類型錯誤的機率為 $(1 - \alpha)^c$；相對的，會犯第一類型錯誤的機率等於 $1 - (1 - \alpha)^c$。在獨立比較中，第一類型錯誤率隨著比較組數的增加而變大，此種性質也適用於非獨立性質的比較，在非獨立比較中，如果進行 C 個比較，則犯一個以上第一類型的錯誤率 $\leq 1 - (1 - \alpha)^c$。

以組別三組、五組的比較而言，如果採用 t 考驗，則分別要進行 3 次、10 次的比較，在全部比較中至少犯第一類型錯誤 (type I errors) 率如下：

$$p = 1 - (1 - .05)^3 = .14 \cdot p = 1 - (1 - .05)^{10} = .40$$

以分開進行 6 次獨立的比較為例，則在全部比較中至少一次犯第一類型錯誤的機率為：$p = 1 - (1 - .05)^6 = .2649$。因而若研究者進行 6 次獨立的 t 考驗 (比較)，以比較四組平均數是否有顯著差異時，研究者有 .265 的機率至少犯一次第一類型錯誤，這與原先設定整體的顯著水準為 .05 或 .01 有很大的不同。如果研究者採用變異數分析法，則不僅可以同時考驗三個母群體以上平均數的差異情形，亦可維持整體考驗的顯著水準為 .05 或 .01。當然，變異數分析法亦可適用於二個母群體平均數間差異的顯著性考驗，此時 F 考驗之 F 值統計量剛好是 t 考驗時 t 值統計量的平方倍 (F 值 $= t^2$)。

變異數分析也稱 F 統計法，F 統計法是在計算組間 (between groups) 與組內 (within groups) 的離均差平方和 (SS)，然後除以自由度，就可得到均方 (mean square；簡稱 MS)，MS 就是母群變異數的不偏估計值 s^2，F 值統計量就是組間變異數 (s_b^2) 與組內變異數 s_w^2 的比值。問卷調查法在進行變異數分析時，與實驗設計採用變異數分析相同，有五個重要的基本假定 (王保進，民 91；林清山，民 81；Kirk，1995)：

(一) 常態性 (normality)

觀察值係從常態分配母群中抽出，亦即樣本所來自的母群在實驗研究的依變項方面，其分配是常態分配的。變異數分析時，如果是大樣本時，除非是明顯的抽樣誤差，否則根據中央極限定理，研究者並無必要去考驗常態性的問題。如果真的違反常態性假定時，則較易使第一類型錯誤的機率提高，亦即在實際上未達到顯著水準，而統計分析結果卻達到顯著水準的錯誤結論，產生高估樣本的估計值。統計分析時，如果碰到違反常態性的假定，通常只要將顯著水準 α 值定得較小 (較嚴) 即可。

(二) 隨機抽樣 (randomized)

觀察值是從母群中隨機抽樣而得的或實驗單位 (受試者) 被隨機分派至實驗處理。隨機抽樣與隨機分派是實驗控制方法，實驗時如果無法完全做到隨機抽樣與隨機分派，則要採用準實驗設計，以統計控制方法加以處理。

(三) 獨立性 (independent) 或可加性 (additivity)

從各母群體所抽出的各隨機樣本互相獨立，各變異來源對總離均差平方和解釋量正好可分割成數個可相加的部份。F 統計量的分子和分母是彼此獨立的，亦即各變異來源對總離均差平方和和解釋量正好可分割為幾個可相加在一起的部份，如 $SS_t = SS_b + SS_w$ (總離均差平方和＝組間離均差平方和＋組內離均差平方和)。此種性質又稱可加性，亦指各變異來源，包括自變項效果、受試者效果及誤差項效果的離均差平方和 (sum of square of deviation mean；通常簡稱為 SS)，相加後恰等於依變項的總離均差平方和。

(四) 變異數同質性 (homogeneity)

如同 t 考驗一樣，F 統計量的分子和分母是相同母群變異量的估計值，亦即各組樣本之母群變異數相同。由於平均數差異檢定時，各組受試者是隨機取自同一母群體的不同樣本，因為各組樣本是來自同一母群體，因而各組樣本在依變項得分的變異數應該具有同質性，即 $\sigma_1^2 = \sigma_2^2 = \sigma_3^2 = \cdots\cdots = \sigma_k^2$。變異數分析時，如果違犯變異數同質性的假定，將使平均數差異檢定的結果導致錯誤的結論，所以此項假定是變異數分析時最應遵守的一點。

在各組樣本人數相等之等組設計中，變異數分析具有強韌性 (robustness)，

可以違反常態性和同質性等基本假定，亦即變異數是否同質，對犯第一類型錯誤及第二類型錯誤的機率影響並不大；但當使用不等組設計時，變異數同質假定卻是獲得正確結果的必要條件，亦即各組樣本人數差異愈大時，變異數是否同質的假定，對接受或拒絕虛無假設的影響很大，因而在進行變異數分析時，如果各水準 (各組別) 的樣本數差異較大，最好先做變異數同質性的檢定，以免導致錯誤的結果。假使違反變異數同質性的假定，可進行資料轉換，如平方根轉換、對數轉換，各變組變異數值趨於相近，以便進行變異數分析。不過，資料經過轉換後，資料的某些特質會被改變，但有些特質和資料間關係仍然會被保留下來 (余民寧，民 86)。

(五) 球面性假設

如果是相依樣本的變異數分析，除了遵循以上變異數分析的一般性假設外，必須再符合球面性 (sphericity) 或環狀性 (circularity) 假設，所謂球面性或環狀性是指受試樣本於自變項的每一實驗處理中，在依變項上的得分，兩兩配對相減所得的差之變異數必須相等 (同質)，亦即，不同的受試者在不同水準間配對或重複測量，其變動情形應具有一致性 (邱皓政，民 89)，相依樣本的變異數分析，如違反此項假設，將會提高第一類型犯錯的機率。

學者 Box (1954) 報告指出，在下列三種情況下，ANOVA F 考驗雖然違反此一假定，仍具有強韌性 (robust)，所謂強韌性係指不符合基本假定時，統計考驗結論正確的程度：一為每個處理水準的觀察數目一樣；二為母群是常態的；三是最大與最小變異數的比值未超過 3，如果超過 3，則對異質性變異量之 ANOVA 強韌性表質疑態度。如果違反以上基本假定，變異數分析時會產生錯誤結果：

1. 每個受試者有二個以上觀察值就不是獨立，誤差項不獨立會嚴重影響第一類型錯誤 (type I) 和 F 統計的「統計考驗力」 (power)。以實驗設計而言，某些實驗設計允許分數不獨立，但誤差效果項定要獨立 (此乃指重複量數設計)。

2. 違反隨機化假定，會影響內外在效度，未隨機分派會減低內在效度；未採用隨樣取樣會降低調查研究或實驗的外在效度。

3. 如果違背常態性假定，較易犯第一類型錯誤，亦即較易在事實上未達顯著水準時，卻得到達顯著水準的結果，遇此情況，可考慮將 α 定得較小。在研

究中要注意以下二點：

(1) 稍微違犯常態性假定較無關係，特別是對稱，但非常態化情境，而樣本人數等於或大於 12 人以上時，F 統計也富於強韌性。如果樣本數夠大 (組別人數在 20 人以上時)，除非偏態情形特別嚴重，否則 F 考驗皆具有相當程度的強韌性。

(2) 偏態對第一類型錯誤的影響較小，但如樣本數不多時，對「power」的影響較大。當母群呈高狹峰時，F 考驗則顯著較為保守，真正的 α 值小於設定的 α 值，第一類型錯誤率會降低；如果母群呈低闊峰時，F 考驗則顯得較為鬆散，第一類型錯誤率會增加。

4. 如果嚴重違反變異數同質性之假定，則將導致嚴重錯誤，若發現變異數異質情形嚴重時，可將原始分數加以轉換以使變異數同質。在研究分析中，分數轉換的三個目的：一為達到誤差變異數同質性；二為促使誤差效果常態化；三為獲得效果值的可加性。分數轉換的方法如平方根轉換法、對數轉換法、倒數轉換法、反正弦轉換法等。在變異數同質性考驗方面，常用的方法為拔雷特 (Bartlett) 考驗、哈特萊 (Hartley) 考驗法、Brown-Forsythe 考驗法、Welch 考驗法等幾種，PASW 統計軟體提供的是 Levene 檢定法，檢定統計量為 F 值，如果 F 值的顯著性 $p < .01$ 或 $p < .001$，表示群體間測量值的分散情形未符合變異數同質性假定。

多重比較的種類可以分成以下幾種類型 (傅粹馨，民 95；林清山，民 81)：

一、正交比較和非正交比較

正交 (orthogonal) 比較與非正交 (nonorthogonal) 比較係數如：

$$\psi_1 = (1)\overline{Y_1} + (-1)\overline{Y_2} + (0)\overline{Y_3} = \overline{Y_1} - \overline{Y_2} \text{ , } \sum C_j = (1) + (-1) + (0) = 0$$

$$\psi_2 = (1)\overline{Y_1} + (0)\overline{Y_2} + (-1)\overline{Y_3} = \overline{Y_1} - \overline{Y_3} \text{ , } \sum C_j = (1) + (0) + (-1) = 0$$

$$\psi_3 = (\frac{1}{2})\overline{Y_1} + (\frac{1}{2})\overline{Y_2} + (-1)\overline{Y_3} = \frac{\overline{Y_1} + \overline{Y_2}}{2} - \overline{Y_3} \text{ , } \sum C_j = (1/2) + (1/2) + (-1) = 0$$

上述中 ψ_1、ψ_2 分別代表第一組與第二組、第一組與第三組之平均數的成對比較，ψ_3 表示第一組與第二組之平均數的平均數與第三組平均數相比較，每組比較之「比較係數」(coefficient comparison) 之和皆為 0。上述中 ψ_1 和 ψ_3

二個比較互為正交比較，因其相對應之比較係數乘積和為 0，亦即 $(1) \times (1/2) +$ $(-1) \times (1/2) + (0) \times (-1) = 0$。所謂正交比較 (orthogonal comparisons) 是指彼此之間互為獨立事件或不重疊的比較，正交比較時，除了滿足各組比較係數和等於 0 外，二組比較相對的比較係數的相乘積和亦為 0；如果二個相對應之比較係數乘積和不等於 0，則此二者之事後比較互為非正交比較。一般說來，在 k 個實驗處理水準時，正交比較的數目有 k-1，在獨立樣本變異數分析時，MS_b 的自由度正是 k-1，它是 k 個平均數時，所能進行的正交比較之數目。

⇨ 二、事前比較與事後比較

ANOVA 分析之 F 值如果達到顯著，表示組別間至少有一對平均數之間有顯著差異，但至於是那二組之間的差異，無從得知，而在變異數分析中，F 值如達顯著，則進一步要進行「成對組多重比較」(pairwise multiple comparisons) 分析，即所謂的「多重事後比較」，常以「posteriori」、「unplanned」、「post hoc tests」稱之，多重事後比較是一種「探索性資料分析」法 (exploratory data analysis)。因而事後比較是在變異數分析的整體性 F 值 (overall F) 達到顯著水準之後才決定要進行所有成對的平均數之間差異的比較，如果自變項的水準數或組別為 k，則總共要進行 $\frac{k(k-1)}{2}$ 組成對平均數比較。

在進行變異數分析之前，研究者如果依據理論或相關文獻而決定進行那幾對平均數之差異比較，亦即，研究者只想了解感興趣的那幾對之平均數是否有差異，像這種為了要考驗某種假設而在還沒看到實際觀察資料之前就事先已經計畫好的多重比較，就稱之為事前比較 (a priori 或 planned comparisons)。

在變異數分析中，與事後比較相對應的為「事前比較」(priori 或 planned test)。所謂事前比較，即是在實驗之前，研究者根據相關理論或實驗目的，事先選定好要比較的組別，而以規劃設計的實驗來驗證，這種比較與變異數分析考驗之 F 值是否達顯著無關，即使 F 值未達顯著，研究者還是根據事先計畫好的比較進行分析。事前比較通常適用於「驗證性資料分析」(confirmatory data analysis) 上面。在事前考驗中，通常使用 t 統計法，在事後比較程序中，須使用 q 統計法或 F 統計法。

探索性資料分析典型用於研究程序的初始階段，此時，研究者因欠缺完整的資訊，以致無法做出正確的預測或建立一個考驗的模式。探索性資料分析的目

的，在於資料或變項的探究，於模式組型試探上較有彈性，可作為驗證性資料分析與未來理論模式建立的基礎。至於驗證性資料分析通常使用在研究者已累積足夠的資訊，可以預測或建立模式，而以驗證性資料分析法來驗證。驗證性資料分析強調的是「模式驗證」，而探索性資料分析則強調有彈性的搜集模式證物 (變項)，常實施於驗證性資料分析之前 (Kirk，1995)。

在探索性資料分析中，如果變異數分析之整體考驗的 F 值未達顯著，表示各組平均數間沒有顯著差異，就不必進行事比較。事後比較的基本假設如同變異異數分析 (ANOVA) 的假設，須滿足以下的假定：1. 常態性：樣本來自的母群在依變項上呈常態分配；2. 獨立性：每個觀察值必須是獨立的；3. 變異數同質性：各組的變異數是相同的，亦即 $\sigma_1{}^2 = \sigma_2{}^2 = \sigma_3{}^2 = \cdots\cdots = \sigma_k{}^2$，假若嚴重違反此一假設，將造成錯誤的結果，此點宜特別留意。Toothaker (1993) 從相關研究中發現：大部份事後比較的方法具有強韌性，可以違反常態性的基本假設，而不會影響第一類型與第二類型的錯誤。

事後比較分析的方法很多，如根據符合基本假設與未符合基本假設來劃分，可統整如下表 (傅粹馨，民 85；Kirk, 1995)。

符合基本假設	未符合基本假設

(一) 所有成對 (all pairwise) 比較的考驗
• Tukey 考驗
• Fisher-Hayter 考驗
• REGW F、FQ 及 Q 考驗
	(一) 所有成對 (all pairwise) 比較的考驗
	1. 適用於不等組但變異數同質的情況
	  • Tukey-Kramer 考驗
	  • Fisher-Hayter 考驗
	2. 適用變異數異質的情況
	  • Dunnett's T3 考驗
	  • Dunnett's C 考驗
	  • Games-Howell (GH 法) 考驗

(二) 所有可能的比較考驗 • Scheffe	(二) 所有可能的比較考驗 1. 適用變異數異質的情況 • Brown-Forsythe 考驗

上表中所列的各種方法，當研究者作整體或部份 (complete or partial) 假設時，其 α_{FW} 都維持在 α 之內，不若其它方法如 NK、Duncan、LSD 法無法控制 α_{FW} 於 α 之內；再者，上表中各種方法都擁有下列特點中的某些要項：如良好的考驗力、容易計算和解釋，可以建立信賴區間和強韌性等 (傅粹馨，民 85；Kirk, 1995)：

(一)Tukey's HSD 法 / T 法

Tukey (杜凱氏) 的 HSD (honesty significant different) 或 WSD (wholly signifi-cant difference) 是一種使用相當普遍的事後比較方法之一，其特性如下：

1. T 法利用單一步驟 (single-step) 方式控制整個 α_{FW} 小於或等於 α，執行所有成對的事後比較，亦即 p(p-1)/2 對時，其 α_{FW} 仍維持在 .05 (α_{FW} 為族系錯誤率)。

2. T 法適用於雙尾的檢定；也適用於等組的情況，若不等組，則用 Tukey-Kramer 法較為適宜。

杜氏法 (Tukey 法)：Tukey 事後比較方法稱為「最實在性顯著差異考驗法」(honestly significant difference；簡稱為 HSD 法)。HSD 法是成對組 (pairwise)——比較，錯誤率的觀念單位是「整個」(overall) 實驗，它可控制整體的 α (第一類型錯誤) 為 .05，如果比較組數目較多，則 HSD 法在偵測個別差異時，可能較為敏感，HSD 法考驗力並不輸於 Scheffe 法。

(二) Fisher-Hayter 法 / FH 法

Hayter (1986) 將 Fisher's LSD 加以修正，而提出 Fisher-Hayter 的事後比較法，此法的特點是在於當不等組且組數大於 3 時，α_{FW} 不會大於 α，其特性如下：

1. 若進行成對的事後比較，FH 法較 T 法更具有統計考驗力 (power)。
2. FH 法適用於不等組，且組數大於 3 (k＞3) 的情況。

(三) Scheff'e 法 / S 法

Scheff'e 法：當各組人數不相等或想進行複雜的比較時，使用 S 法較富強韌性。它也可控制整體 α 值等於 .05。S 法在考驗每一個平均數線性組合，並提供水準保護，而非只是考驗一對平均數間的差異情形，因而 S 法顯得較為保守。由於 S 法較保守，因而有時變異數分析之 F 值達到顯著 (此時的顯著水準 p 在 .05 附近)，但事後比較時，卻沒有發現有任何二組的平均數達到顯著差異。雪費法 (Scheffe's method) 所犯第一類型錯誤的機率較低，對資料分配違反常態性與變異一致性二項假定時較不敏感，是所有事後比較方法中「**最嚴格、檢定力最低**」的

一種多重比較法。

S 法的特色如下：

1. 此法不若 T 法只適用於成對的比較，當組數 (k) ≥ 3 時，任何的非成對 (nonpairwise) 比較 (或稱複雜的比較) 和成對的比較 (或稱簡單的比較) 亦可使用之，且其 α_{FW} 均維持在 α 之內，故有人認為此方法相當嚴謹，但從統計考驗力的觀點而言，會稱此法不夠靈敏 (low power)，亦即不易拒絕虛無假設，即上述所謂的事後比較較不會達到顯著性。

2. 此法可建立同時信賴區間；亦適用於不等組的情況，但各組的變異數要相等。

3. 當研究者想進行非成對的比較時，用此法最為適宜，對成對的比較而言，似乎太過嚴謹。

(四) T3 法、C 法和 GH 法

T3 法、C 法和 GH 法均適用於不等組且各組變異數異質的情境。其中 GH 法的特性：1. 其臨界值的算法與 Brown-Forsythe 法接近；2. 學者 Games 與 Howell 認為在不等組但變異數同質的情況，宜採用 Tukey-Kramer 法的事後比較，具有較佳的統計考驗力；但當不等組且變異數異質時，宜採用 GH 法，但以每組人數不少於 6 人為宜，因人數太少，對 α_{FW} 會有影響 (Toothaker, 1993)。Kirk (1995) 將 T3 法、C 法和 GH 法三種事後比較法的性質歸納如下：

1. 一般而言，GH 法比 C 法更具統計考驗力，當各組變異數異質性降低則 GH 法更加寬鬆，故以群體變異數愈是異質最適用。

2. 當誤差的自由度愈大時，C 法比 T3 法更具考驗力，當誤差的自由度愈小時，T3 法比 C 法更具考驗力。這二種方法均將 α_{FW} 控制在 α 之內。當研究者非常在意 α_{FW} 必須控制得非常嚴格且變異數之間有差異，但仍近似時，建議採用 T3 法或 C 法，要比 GH 法為佳。

(五) 紐曼 - 柯爾法

紐曼-柯爾法 (Newman-Keuls) 的事後比較，簡稱 NK 法，其最大的特色在於：依平均數之大小次序使用不同的臨界 q 值，亦即藉著從大到小或降步 (step-down) 的方式進行，由平均數差異最大的那一對比較起，若差異顯著，則一直進

行至差異最小的那一對，否則立即停止。NK 法的特性如下：

1. 適用於等組、變異數同質之事後比較；此法無法取得信賴區間。

2. 相關研究指出，當組數大於 3 (k＞3) 時，NK 法並未將 α_{FW} 維持在研究者預設的 $\alpha = .05$ 之內，故統計考驗力較高，亦即較易拒絕虛無假設，會有較多對的比較達到顯著差異。

(六) Duncan 法

Duncan 法的事後比較與 NK 法類似，也是採用由大到小程序 (step-down procedure) 的等級 (r) 方式；不同的是，於 NK 法中，每個等級均採用相同的顯著水準，如 $\alpha = .05$，而在 Duncan 法中是不同等級採用不同的顯著水準：$1-(1-\alpha)^{r-1}$，r＝5，$\alpha = .186$；r＝4，$\alpha = .143$；r＝3，$\alpha = .098$；r＝2，$\alpha = .050$，可見，當有三組時 $1-(1-.05)^{3-1} = .098$，α_{FW} 已達 .098 之高，因而當組數等於或大於 3(k≥3)，此法並不是一種適當的事後比較法，Duncan 法又比 NK 法寬鬆，會有較多對平均數的差異會達到顯著水準。

(七) Fisher's LSD 法

LSD (least significant difference) 法的特性如下：1. LSD 法適用於成對的比較，亦可用於不等組的情況；2. 此法無法建立同時信賴區間；3. LSD 法採用雙步驟方式，亦即當第一步 ANOVA 之 F 值顯著後，接著第二步作 LSD，若所有成對平均數之差異大於等於臨界值，則拒絕虛無假設，表示成對的平均數達顯著的差異；4. 當組別有三組時，LSD 的 α_{FW} 不會大於 α；但當組別在三組以上時，則 LSD 無法控制 α_{FW} 在預設的 α 之內，亦即造成第一類型錯誤率偏高的情形，易於拒絕虛無假設。

近年研究理論指出，「紐曼-柯爾法」(Newman-Keuls' method」及「Duncans」多重比較考驗法，由於未提供水準防護（無法在所有情形下控制整體的 α 值），因而較少被研究者採用 (SPSS Inc., 1998)。多重比較方法的選擇方面，要考量此方法可以同時保護犯第一類型的錯誤，同時又確保有最大的統計考驗力 $(1-\beta)$。

對於變異數分析之多重比較方法的選擇上，學者 Kleinbaum 等人 (1988, p.373) 規劃了一個流程，可供研究者參考。Kleinbaum 等人所提之多重比較方法中，對於事後比較方法，亦建議研究者納用 Tukey 法與 Scheffe 法二種，在多重

比較的各種方法中最常使用者為 Kleinbaum 等人所指出的三種方法：Scheffe 檢定法、Tukey 檢定法、Bonferroni 檢定法。

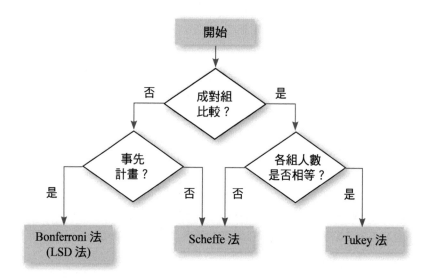

單因子設計的統計分析模式如下 (Kirk, 1995；吳冬友、楊玉坤，民 92)：

$x_{ij} = \mu + \tau_j + \varepsilon_{ij}$，$j = 1, 2, ... , k$，$i = 1, 2, ... , n_j$。其中 μ 為共同效應，τ_j 為第 j 個處理效應，ε_{ij} 為第 j 個處理中第 i 個實驗單位的個別效應也可稱為個別差異或隨機效應，且有以下二個特性：1. $\varepsilon_{ij} \sim N(0, \sigma^2)$；2. 所有 ε_{ij} 間相互獨立。

獨立樣本單因子變異數分析之虛無假設與對立假設 (雙側考驗) 分別為：

$H_0 : \mu_1 = \mu_2 = \mu_3 = \cdots\cdots = \mu_k$；$H_1 : \mu_i \neq \mu_j$ (就某一個 i、j；i ≠ j)

變異數分析之統計假設為單側考驗 (實務應用上較少使用單側檢定)，則虛無假設與對立假設如下：

H_1：至少一個 $\mu_j > 0$ (或至少一個 $\mu_j < 0$)；$H_0 : \mu_j \leq 0$ (或 $\mu_j \geq 0$)；$j = 1, 2, 3, ... , k$

獨立樣本單因子變異數分析摘要表如下：

變異來源	離均差平方和 (SS)	自由度 (df)	均方 (MS)	F 值
組間 (處理)	SS_b	k − 1	$MS_b = SS_b \div (k − 1)$	$MS_b \div MS_w$
組內 (誤差)	SS_w	N − k	$MS_w = SS_w \div (N − k)$	
全體	SS_t	N − 1		

上述中總離均差平方和＝組間離均差平方和＋組內離均差平方和。亦即 SS_t ＝ $SS_b + SS_w$；而 $df_t = df_b + df_w$。若將 SS_b 與 SS_w 分別除以其自由度 df_b 及 df_w 則分別得到均方值：MS_b 與 MS_w，此二值的比值即為 F 統計量，即是變異數分析所檢驗的統計量，其所形成的分配稱為 F 分配，F 分配所進行的檢定稱之為 F 考驗。獨立變異數分析之 F 值等於組間均方值除以組內均方值，以變異量觀點來看，總變異量是組間變異量加上組內變異量，而 F 值就是組間變異量與組內變異量的比例，如果 F 值愈大，代表組內變異量 (誤差變異量) 愈小；而組間的變異量愈大，亦即組間平均數差異愈大，愈容易達到統計之顯著水準。

(1) SS_t：表示總平方和 (total of sum square)，代表每一筆資料與總平均之差異平方總和。自由度為 n － 1。

(2) SS_b：表示組間平方和 (between-group sum of square)，代表各組 (處理水準) 平均與總平均之差異平方的加權總和，其中權數為各組樣本數 (n_j)。自由度為 k － 1。

(3) SS_w：表示組內平方和 (within-group sum of square) 或稱誤差平方和，代表各組 (處理水準) 內的資料與該組平均數之差異平方總和。自由度為 n － k。

(4) 組間均方和 (between-group mean square) MS_b ＝組間離均差平方和 ÷ 組間離均差平方和自由度 ＝ $\dfrac{SS_b}{k-1}$。

(5) 組內均方和 (within-group mean square)) MS_w ＝組內離均差平方和 ÷ 組內離均差平方和自由度 ＝ $\dfrac{SS_w}{n-k}$。

相依樣本是屬於「受試者內設計」的一種實驗設計，包括重複量數、配對組法、同胎法等情況。在重複量數中，整個實驗所產生的總變異數可以分成幾個部份：由受試者間造成的變異和由受試者內造成變異之分，前者稱為「受試者間變異數」(variance between subjects)，此項完全由受試者間個別差異造成的，因而不是分析探究的重點；後者稱為「受試者內變異數」(variances within subjects)，這部份又分成二個部份：一是來自實驗操弄所造成的效果，是研究者真正關心的研究重點；另一則純由隨機誤差所造成的變異和研究本身所具有的隨機誤差部

份,二者合併稱為「組內誤差」。在相依樣本中,真正的誤差部份是扣除受試者間個別差異所造成的變異後剩下的殘差 (residual) 誤差 (余民寧,民 86)。

　　受試者間 (between-subjects) 設計與受試者內 (within-subjects) 設計 (又稱重複量數設計) 的變異數分析之統計方法分別稱為獨立樣本變異數分析與重複量數變異數分析 (repeated measures ANOVA)。二種方法若以因子變項有三個水準數值為例,其圖示差異如下:

受試者間設計									
水準數值 1 (k_1)	S1	S2	S3	S4	S5	S6	S7	S8	M_1
水準數值 2 (k_2)	S9	S10	S11	S12	S13	S14	S15	S16	M_2
水準數值 3 (k_3)	S17	S18	S19	S20	S21	S22	S23	S24	M_3
受試者內設計									
水準數值 1	S1	S2	S3	S4	S5	S6	S7	S8	M_1
水準數值 2	S1	S2	S3	S4	S5	S6	S7	S8	M_2
水準數值 3	S1	S2	S3	S4	S5	S6	S7	S8	$M_{.3}$
	$S_{1.}$	$S_{2.}$	$S_{3.}$	$S_{4.}$	$S_{5.}$	$S_{6.}$	$S_{7.}$	$S_{8.}$	

　　從上表中可以看出,受試者間設計,因子變項三個水準數值的測量值來自不同觀察值,三個群體的觀察值互為獨立;受試者內設計,因子變項三個水準數值的測量值來自同一群體相同之觀察值。受試者間設計程序,變異數分析整體檢定的 F 值統計值在考驗三個不同群體平均數 M_1、M_2、M_3 間是否有顯著不同;受試者內設計程序,變異數分析整體檢定的 F 值統計值在考驗同一組群體觀察值三次不同測量值之平均數 $M_{.1}$、$M_{.2}$、$M_{.3}$ 間是否有顯著不同,受試者間設計程序之觀察值或受試者間的差異稱為區組誤差,表格符號為 $\overline{S_{1.}}$、$\overline{S_{2.}}$、……、$\overline{S_{8.}}$ 間的差異。

　　以下以 N 個受試者重複接受 k 個實驗處理時,相依樣本的變異數分析摘要:

相依立樣本單因子變異數分析摘要表如下:

變異來源	離均差平方和 (SS)	自由度 (df)	均方 (MS)	F 值
處理效果 (A)	SS_s	$k - 1$	$MS_s = SS_s \div df_s$	$MS_s \div MS_r$
組內 (誤差)	SS_w	$N \times k - k$		
區組間 (B)	SS_b	$N - 1$	$MS_b = SS_b \div df_b$	
殘差 (A*B)	SS_r	$(N - 1) \times (k - 1)$	$MS_r = SS_r \div df_r$	
全體	SS_t	$N \times k - 1$		

相依樣本的總離均差平方和有以下關係存在：

總離均差平方和 ＝ 處理效果離均差平方和 ＋ 組內離均差平方和

＝ 處理效果離均差平方和 ＋ 受試者間離均差平方和 (區組誤差) ＋ 殘差 (細格誤差)

＝ 組別間 SS ＋ (區組間 SS ＋所有細格間 SS)

$$SS_{total} = SS_{treatment} + SS_{error} = SS_{treatment} + SS_{b\_residual} + SS_{c\_residual}$$

在單因子變異數分析中，如果樣本很大，差異顯著性考驗很容易達到顯著水準。因為受試樣本很大，$MS_w = SS_w \div (N - k)$ 的算式中，$(N - k)$ 值的差異量就會變得很大，MS_w 值會變得很小 (分母變大)；相對的，在 $MS_b \div MS_w$ 的 F 值算式中，F 值也會變得較大，因而 F 考驗很容易達顯著水準。

進一步的探究應求其「關聯強度」(strength of association；ω^2) 指數，以補充說明假設考驗的結果，並了解變項間的關係程度，關聯強度即是依變項總異量可以由自變項解釋的百分比，關聯強度指數如同多元迴歸分析中之 R 平方一樣，均表示自變項對依變項所能解釋的變異量。在變異數分析中，如果 F 值達顯著，但 ω^2 值很小，表示自變項對依變項的影響不大，此種結果只有統計顯著意義存在，欠缺實質應用的價值。這也是前面章節中所介紹的只有「統計顯著性」，而沒有「實用的顯著性」。關聯強度指數與複迴歸之決定係數 (R^2) 的解釋意義一樣，在於說明依變項總變異量中，有多少百分比的變異量可以被自變項 (或實驗處理效果或預測變項) 所解釋到。因而在變異數分析中，如果 F 值達顯著，也應該呈現關聯強度 ω^2 值，單因子變異數分析之關聯強度 $\omega^2 = \dfrac{SS_b - (k-1)MS_w}{SS_t + MS_w}$。

在關聯強度指數高低判斷方面，依 Cohen (1982；1988) 所提標準，解釋變異量在 6% 以下者，顯示變項間關係微弱；解釋變異量在 6% 以上且在 14% 以下者，顯示變項間屬中度關係；解釋變異量在 14% 以上者，顯示變項間具強度關係 (吳明隆，民 86)。在 SPSS 視窗版一般線性模式 (GLM) 程序中，可進行單變量共變數分析，亦可進行單變量的變異數分析，其中也包括關聯強度指數 (Eta squared) 與統計考驗力指數 $(1 - \beta)$，實際的關聯強度指數值為「調整後的 R 平方」(adjusted R squared)。獨立樣本單因子變異數分析整個流程，筆者將之統整繪製如下：

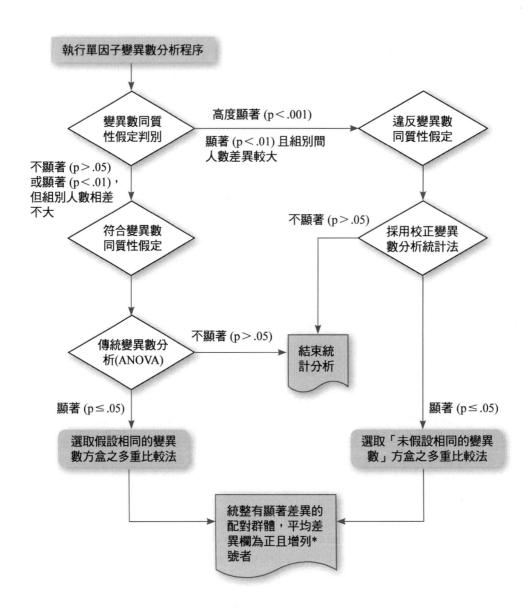

如果資料結構違反常態性假定，或是母群為小樣本群組或是檢定變數非計量變數則不宜採用母數統計 / 參數統計 (parametric statistics)，母數統計使用的準則如下：1. 母數統計包括平均數、變異數及均方和 (sums of squares)，如 t 檢定、ANOVA 變異數分析、Pearson 積差相關與線性迴歸等；2. 母數統計的依變項必須為計量變數 (連續變數)，變項尺度必須為等距變數或比率變數或接近為等距變數或比率變數；3. 母數統計假定依變項測量數分數的分配要為常態分配或接

近常態。如果資料結構無法滿足母數統計的基本假定，則要改用無母數統計法 (nonparametric statistics)：1. 無母數統計法包括中位數的檢定、類別變項關聯間之卡方檢定、Wilcoxon 等級和檢定、Friedman 等級之單因子 ANOVA 檢定；2. 無母數檢定的變項的測量尺度一般為名義變數或次序變數 (計量變數也可轉換為名義或次序變數)；3. 無母數統計的結果變項 (依變項) 的測量值不需要符合常態分配的假定，此外，變異數分析程序中，無母數統計也不必符合群組間變異數同質性假設 (Warner, 2008)。當資料結構同時適用母數統計與無母數統計法時，研究者最好採用母數統計法，因為相同的資料結構採用無母數統計的統計考驗力約為母數統計考驗力的三分之一，因而會浪費許多有用的資訊。

第二節　獨立樣本單因子變異數分析範例

壹、學習經驗問卷

以研究問題為例：不同「家庭狀況」的學生其「數學成就」、「整體數學焦慮」是否有顯著差異？

在上述問題中，自變項為「家庭狀況」，變數為三分名義變項，其中三個水準分別為單親家庭組 (數值編碼為 1)、他人照顧組 (數值編碼為 2)、雙親家庭組 (數值編碼為 3)。依變項有二個分別為「數學成就」及「整體數學焦慮」，均屬連續變項，因而宜用獨立樣本單因子變異數分析進行資料處理。

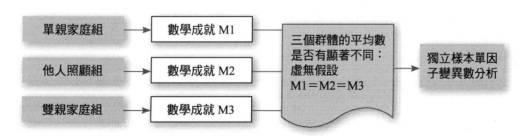

統計分析的虛無假設與對立假設如下：

$H_0 : \mu_1 = \mu_2 = \mu_3$；對立假設：至少有一配對組平均數間不相等，可能是 $\mu_1 \neq \mu_2$、$\mu_1 \neq \mu_3$ 或 $\mu_2 \neq \mu_3$。

○ 一、操作程序一

1. 步驟 [1]

從功能表列執行「分析 (A)」(Analyze) /「比較平均數法 (M)」(Compare Means) /「單因子變異數分析 (O)」(One-Way ANOVA)，開啟「單因子變異數分析」主對話視窗。

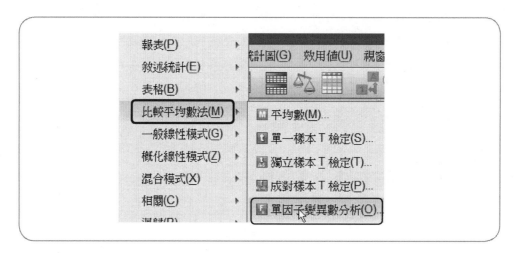

2. 步驟 [2]

於「單因子變異數分析」對話視窗中，點選變數清單中的依變項「數學成就」、「整體數學焦慮」至右邊「依變數清單 (E)」(Dependent List) 下的方格中；將間斷變數 / 組別變項：「家庭狀況」選入右邊「因子 (F)」(Factor) 下的方盒中 (因子即是自變項)。

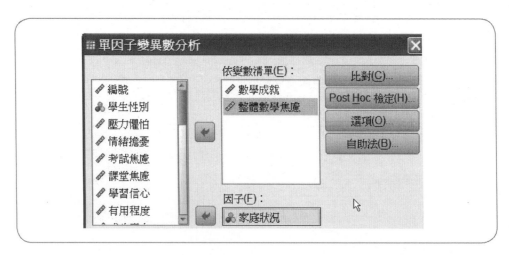

　　「單因子變異數分析」主對話視窗中，「依變數清單 (E)」下的方格中至少要選取一個依變項 (檢定變數)，如果有多個依變項要同時進行單因子變異數分析考驗，可以選取多個目標依變項至方格中，統計分析程序，電腦會分別進行個別依變項的單因子變異數分析的檢定 (此程序進行的是單變量變異數分析而非是多變量變異數分析)。「因子 (F)」下的方格中一次只能選取一個自變項，此自變項必須為間斷變數。按『Post Hoc 檢定 (H)』鈕，可以進行變異數分析之事後比較或多重比較，即當變異數分析整體考驗的 F 值達到顯著時，要進一步進行事後比較，以得知是那二組平均數間的差異達到顯著。

3. 步驟 [3]

　　按『Post Hoc 檢定 (H)』鈕，開啟「單因子變異數分析：Post Hoc 多重比較」(One-Way ANOVA: Post Hoc Multiple Comparisons) 次對話視窗，選取事後比較的統計方法。在「假設相同的變異數」(Equal Variance Assumed) 方盒中選取一種事後比較，此程序為在變異數分析中，整體考驗 F 值統計量如達到顯著水準時，所要進行的「事後多重比較法」，常用者為「Scheffe 法 (C)」法與「Tukey 法 (T)」，範例中選取「☑Scheffe 法 (C)」、「◉Tukey 法 (T)」二個選項，按『繼續』鈕，回到「單因子變異數分析」對話視窗。(這裡選取二種或多種事後比較方法，在於結果的說明比較，於實際統計分析程序中，可以只選取一種事後比較方法加以探究即可，如常用的 Scheffe 法或 Tukey 法等。)

「單因子變異數分析：Post Hoc 多重比較」次對話視窗，多重事後比較方法包括變異數同質與變異數異質二種情況。如果假定組別母群變異數不相等，在多重事後比較時，必須改選取「未假設相同的變異數」(Equal Variance Not Assumed) 方盒內的事後比較方法，PASW 提供四種變異數異質時多重比較方法：Tamhane's T2 檢定 (M)、Dunnett's T3 檢定 (3)、Games-Howell 檢定 (A)、Dunnett's C 檢定 (U)，此四種方法使研究者在進行資料分析程序時，如發現資料違反變異數同質性假定，可不必進行資料轉換之校正，直接可使用的事後多重比較法。「單因子變異數分析：Post Hoc 多重比較」次對話視窗，各種事後比較方法檢定時，顯著水準內訂為族系錯誤率 .05。

4. 步驟 [4]

按『選項』鈕，開啟「單因子變異數分析：選項」(One-Way ANOVA: Options) 次對話視窗。在「統計」(Statistics) 方盒中勾選「☑ 描述性統計量 (D)」(Descriptive)、「☑ 變異數同質性檢定 (H)」(Homogeneity-of-variance) 選項，如勾選「☑ 平均數圖 (M)」(Mean plot)，可顯示各組在依變項之平均數的趨勢圖。「描述性統計量」可計算各組觀察值的個數、平均數、標準差、平均數的標準誤、最小值、最大值、各組平均數 95% 的信賴區間等。變異數的同質性考驗是以「Levene」統計量來檢定組別變異數是否相等 (變異數是否同質)，這個假定跟常態性假設無關。

按『繼續』鈕，回到「單因子變異數分析」對話視窗，按『確定』鈕。

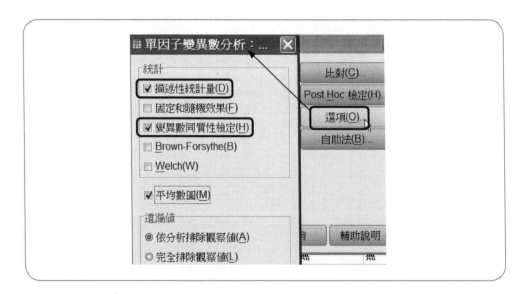

在「單因子變異數分析」對話視窗中，如按『比對 (C)』(Contrasts) 鈕，可開啟「單因子變異數分析：比對」(One-Way ANOVA: Contrasts) 次對話視窗，視窗的副指令可界定所要進行的事前比較與趨勢分析。如勾選多項式 (Polynomial) 選項，可執行趨勢分析，後面的「次數 (D)」(Degree) 下拉式選單中可選擇所要進行的趨勢走向，選單中共可選擇第一 (線性)、第二 (二次曲線模式)、第三 (三次曲線模式)、第四或五次多項式，第一多項式為線性 (linear)、第二多項式為二次趨勢 (Quadratic)、第三多項式為三次趨勢 (Cubic)。事前比較各處理水準之係數 (coefficients) 總和須等於 0。如自變項有三個水準，研究者想要比較第一組與第二組平均數的平均數與第三組平均數的比較，比較係數分別輸入 0.5、0.5、-1 三個係數。係數清單中，係數的順序與因子變數的值是相對應的，係數清單中的第一個係數對應著因子水準中數值最小者 (編碼數值最小的組別)；最後一個係數對應著因子水準中數值最大者 (編碼數值最大的組別)，係數也可用小數表示，報表結果中會出現比較係數的值、標準誤、t 值、t 的自由度及雙側考驗的機率值、合併組與分開組的變異數估計值。

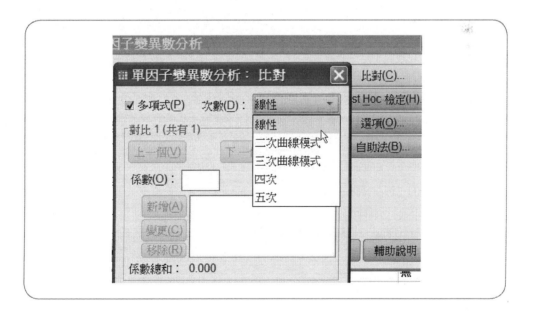

◯ 二、操作程序二──一般線性模式之單變量程序

單因子變異數分析的執行程序也可以藉由「單變量」程序來代替。執行「單

變量」程序可以求出「關聯強度」及統計考驗力，關聯強度的係數稱為「關聯性強度係數」(coefficient of strength of association)，此係數的統計意涵類似決定係數，表示自變項可以解釋依變項多少的變異量，通常以符號 ω^2 (omega squared) 表示，「關聯強度」可以說明自變項與依變項間關聯的程度，其係數值愈大，二者的關係愈密切，關聯強度係數值的高低可以作為「實用顯著性」的判別依據；相對的，變異數分析之整體考驗的 F 統計量是否顯著表示的「統計顯著性」。

單變量程序中也可界定是否輸出「統計考驗力」(power of test) 的數據，所謂統計考驗力即是正確拒絕虛無假設的機率，如果研究者在推論統計時拒絕虛無假設，而事實上虛無假設也是錯誤的，則此時便是正確的拒絕虛無假設，其機率剛好為 $1 - \beta$，一般顯著水準 (level of significant) 習慣定為 .05 或 .01，顯著水準通常以符號 α 表示，若同時考量到統計考驗力，一個良好的研究結論，其統計考驗力最好在 .80 以上。

1. 步驟 [1]

執行功能表列「分析 (A)」/「一般線性模式 (G)」/「單變量 (U)」程序，開啟「單變量」對話視窗。

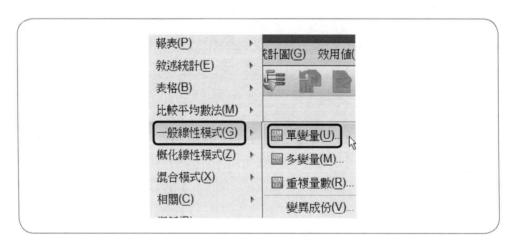

2. 步驟 [2]

在左邊變數清單中將依變項「數學成就」點選至右邊「依變數 (D)」下的方格中，將自變項「家庭狀況」選入右邊「固定因子 (F)」下的方格中。

註：在「單變量」的對話視窗，每次只能點選一個依變數，在「固定因子

(F)」下的方格中可以點選一個以上的自變項，如果同時點選二個自變項則可進行二因子變異數分析，同時點選三個自變項可進行三因子變異數分析；在「單因子變異數分析」對話視窗中，「依變數清單 (E)」下的方格可以同時選取一個以上的依變數，在「因子 (F)」下的方格中每次只能點選一個自變項；「單變量」的對話視窗可以執行共變數分析的程序。

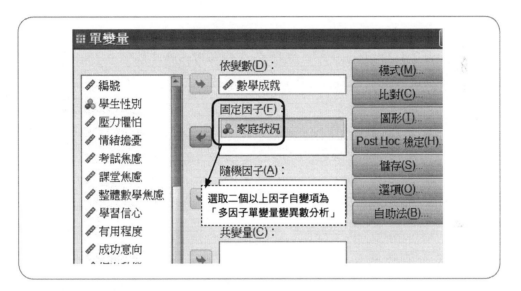

如果是進行共變數分析，則再把共變量選入右邊「共變量 (C)」(Covariate) 下的方格中，共變量可以一個或一個以上。

3. 步驟 [3]

按『Post Hoc 檢定 (H)...』鈕，開啟「單變量：觀察值平均數的 Post Hoc 多重比較」次對話視窗中。於「單變量：觀察值平均數的 Post Hoc 多重比較」(Univariate: Post Hoc Multiple Comparisons for Observed Means) 次對話視窗中，將左邊「因子 (F)」下面的自變項「家庭狀況」選入右邊「Post Hoc 檢定 (P)」下面的空盒內。在「假設相同的變異數」方盒中選取一種事後多重比較方法，在此點選「☑Scheffe 法 (C)」法、「☑ Tukey」法，按『繼續』鈕，回到「單變量」對話視窗。

4. 步驟 [4]

按『選項』鈕，出現「單變量：選項」(Univariate: Options) 次對話視窗。

在「顯示」(Display) 方盒中選取以下幾個選項：

(1) 「☑ 敘述統計 (D)」(Descriptive statistics)：輸出描述性統計量。

(2) 「☑ 效果大小估計值 (E)」(Estimates of effect size)：Eta 平方值的估計量，此為關聯強度值。

(3) 「☑ 觀察的檢定能力 (B)」(Observed power)：統計考驗力 $1 - \beta$。

(4) 「☑ 同質性檢定 (H)」(Homogeneity tests)：群體變異數同質性的檢定。

在「Univariate: Options」(單變量:選項)次對話視窗中,右邊「顯示平均數(M)」(Display Means for)方格中的變數可顯示細格平均數(交互作用)或邊緣平均數(主要效果比較),在範例中,只有一個因子,可以不用選擇。

「比較主效果(C)」(Compare main effects)選項,當在「顯示平均數(M)」清單中選取主要效果項後,才可使用此功能,此選項功能可提供受試者間與受試者內因子之邊緣平均數(主要效果)的成對比較(事後比較),選項可進行共變數分析程序的事後比較或相依樣本變異數分析的事後比較。

在「單變量」對話視窗中,如果按『模式』(Model)鈕,可開啟,「單變量:模式」(Univariate: Model)次對話視窗。在此視窗中,「指定模式」(Specify Model)的方盒,包括「⊙ 完全因子設計(A)」、「○ 自訂(C)」二個選項。

1. 「⊙ 完全因子設計(A)」(Full factorial)選項:為完全因子模式,包含所有因子和共變數分析的主要效果與所有因子間的交互作用,但不包括共變數交互作用。

2. 「○ 自訂 (C)」(Custom)：自訂模式選項，可以自定某變異數或共變數分析模式中包含了那些效果項 (變異來源)。進行共變數分析程序之組內迴歸同質性檢定，要選取「⊙ 自訂 (C)」模式，才能界定組內迴歸同質性檢定的模型，變異數分析程序中直接採用內定的「⊙ 完全因子設計 (A)」選項即可。

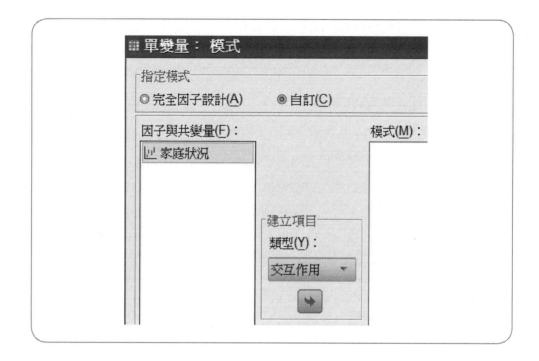

⊃ 三、報表說明

(一) 執行單因子變異數分析程序結果

描述性統計量

		個數	平均數	標準差	標準誤	平均數的 95% 信賴區間		最小值	最小值
						下界	上界		
數學成就	1 單親家庭組	100	24.07	10.349	1.035	22.02	26.12	5	44
	2 他人照顧組	100	27.12	9.863	.986	25.16	29.08	6	44
	3 雙親家庭組	100	22.98	11.162	1.116	20.77	25.19	0	44
	總和	300	24.72	10.583	.611	23.52	25.93	0	44
整體數學焦慮	1 單親家庭組	100	86.0700	22.36034	2.23603	81.6332	90.5068	27.00	135.00
	2 他人照顧組	100	80.6600	25.83992	2.58399	75.5328	85.7872	27.00	129.00
	3 雙親家庭組	100	84.6100	23.02651	2.30265	80.0410	89.1790	29.00	135.00
	總和	300	83.7800	23.82064	1.37529	81.0735	86.4865	27.00	135.00

　　上表為變異數分析之描述統計量，第一欄為各依變項的名稱，此範例的依變數分別數學成就、整體數學焦慮；第二縱行為不同家庭狀況的水準數代碼，其中水準數值 1 為單親家庭組、水準數值 2 為他人照顧組、水準數值 3 為雙親家庭組，如果在資料檔「變數檢視」工作表視窗中，沒有設定各數值標記內容，則報表會直接出現因子變項的水準數值 1、2、3；第三縱行以後分別為各組在依變項之有效觀察值個數、平均數、標準差、標準誤、95% 的信賴區間、各組樣本在依變項上的最小值與最大值。「總和」(Total) 橫列為全部樣本在依變項的描述統計量，由表中可知，就數學成就依變項而言，全部有效的觀察值為 300 位，總平均數為 24.72，標準差為 10.583，平均數的估計標準誤為 .611，95% 的信賴區間為 [23.52，25.93]，三組的平均數分別為 24.07、27.12、22.98；標準差分別為 10.349、9.863、11.162。

　　單因子變異數的目的，在檢定各組的平均數與總平均數 24.72 間的差異是否達到統計學上的顯著水準，透過各組 95% 信賴區間的估計值 (區間估計值)，也可以檢定樣本平均數與總平均數間差異的情形。當某一組樣本平均數的 95% 信賴區間估計值所構成的區間，未包含了總平均數 (24.72) 這個點，就表示該組平

均數與總平均數間的差異達 .05 的顯著水準；相對的，當某一組樣本平均數的 95% 信賴區間估計值所構成的區間，包含了總平均數 (24.72) 這個點，就表示該組平均數與總平均數間的差異未達 .05 的顯著水準。同時，各組 95% 信賴區間估計值中，只要有任一組的區間未包括總平均數這個點，則變異數分析之 F 值一定會達到顯著水準，各組 95% 信賴區間估計值中，如果每一組的區間均包括總平均數這個點，則變異數分析之 F 值就不會達到顯著水準 (王保進，民 91)。

就數學成就變項而言，三組平均數 95% 信賴區間估計值而言，分別為 [22.02，26.12]、[25.16，29.08]、[20.77，25.19]，有一組 95% 信賴區間的估計值未包括總平均數 24.72 這個點，因而變異數分析結果會達到顯著水準；就整體數學焦慮變項而言，三組平均數 95% 信賴區間估計值而言，分別為 [81.6332，90.5068]、[75.5328，85.7872]、[80.0410，89.1790]，三組 95% 信賴區間的估計值均包括總平均數 83.78 這個點，表示各組間平均數沒有顯著差異存在，變異數分析結果不會達到顯著水準，因而須接受虛無假設。

變異數同質性檢定 (Test of Homogeneity of Variances)

	Levene 統計量	分子自由度	分母自由度	顯著性
數學成就	2.099	2	297	.124
整體數學焦慮	1.377	2	297	.254

上表為變異數同質性考驗結果，就「數學成就」依變項而言，F 值統計量等於 2.099，顯著性 p = .124＞.05；就整體數學焦慮變項而言，F 值統計量為 1.377，顯著性 p = .254＞.05，二者均未達 .05 的顯著水準，均應接受虛無假設，表示三組的變異數差異均未達顯著，亦即資料結構未違反變異數同質性假定。在變異數同質性檢定中，如果「Levene 法」F 考驗結果之 F 值統計量達到顯著 (p＜.05)，表示違反變異數分析之變異數同質性的假定，此時，研究者須進行校正工作或在事後比較時，點選適合變異數異質之事後比較的四種方法之一。變異數同質檢定與資料結構常態性檢定類似，不是非常嚴重的異質或偏態，變異數分析的統計方法有很高的強韌性，因而進行變異數同質檢定時，可以採用較為保守方式，將顯著水準定為 .01 或 .001。

ANOVA

		平方和	自由度	平均平方和	F	顯著性
數學成就	組間	921.007	2	460.503	4.200	.016
	組內	32567.030	297	109.653		
	總和	33488.037	299			
整體數學焦慮	組間	1566.740	2	783.370	1.384	.252
	組內	168092.740	297	565.969		
	總和	169659.480	299			

上表為變異數分析摘要表，本表共分七欄，第一欄為依變項名稱；第二縱行為變異來源，包括組間、組內及全體三部份；第三縱行為離均差平方和，全體的 SS (平方和) 等於組間 SS 加上組內 SS；第四縱行為自由度，組間 df = k－1 = 3－1 = 2、組內 df = N－k = 300－3 = 297、全體 df = N－1 = 300－1 = 299；第五縱行為均方 (MS) 等於 SS 除以 df 而得 (平方和欄數值除以自由度)，這是組間及組內變異數的不偏估計值；第六縱行為平均差異整體考驗之 F 值統計量，由組間 MS 除以組內 MS 而得，第七縱行為顯著性考驗 p 值。

在變異數分析摘要表中，相關數值關係如下 (以數學成就依變項為例)：

$$SS_t = 33488.037 = SS_b + SS_w = 921.007 + 32567.030$$

$$MS_b = 460.503 = SS_b \div df_b = 921.007 \div 2$$

$$MS_w = 109.653 = SS_w \div df_w = 32567.030 \div 297$$

$$F \text{ 值} = MS_b \div MS_w = 460.503 \div 109.653 = 4.200$$

由上述變異異數分析摘要表中知悉：

1. 就數學成就依變項而言，整體考驗的 F 值達到顯著水準 (F = 4.200；p = .016＜.05)，有足夠證據拒絕虛無假設，表示不同家庭狀況的學生，其「數學成就」平均數間有顯著差異存在。

2. 就整體數學焦慮依變項而言，整體考驗的 F 值未達 .05 顯著水準 (F = 1.384；p = .252＞.05)，沒有足夠證明虛無假設是錯誤的，因而須接受虛無假設，表示不同家庭狀況的學生，其整體數學焦慮感受是沒有顯著差異存在的。

多重比較

依變數		(I) 家庭狀況	(J) 家庭狀況	平均差異 (I-J)	標準誤	顯著性	95% 信賴區間 下界	上界
數學成就	Tukey HSD	1 單親家庭組	2 他人照顧組	-3.050	1.481	.100	-6.54	.44
			3 雙親家庭組	1.090	1.481	.742	-2.40	4.58
		2 他人照顧組	1 單親家庭組	3.050	1.481	.100	-.44	6.54
			3 雙親家庭組【A】	4.140*	1.481	.015	.65	7.63
		3 雙親家庭組	1 單親家庭組	-1.090	1.481	.742	-4.58	2.40
			2 他人照顧組【B】	-4.140*	1.481	.015	-7.63	-.65
	Scheffe 法	1 單親家庭組	2 他人照顧組	-3.050	1.481	.122	-6.69	.59
			3 雙親家庭組	1.090	1.481	.763	-2.55	4.73
		2 他人照顧組	1 單親家庭組	3.050	1.481	.122	-.59	6.69
			3 雙親家庭組	4.140*	1.481	.021	.50	7.78
		3 雙親家庭組	1 單親家庭組	-1.090	1.481	.763	-4.73	2.55
			2 他人照顧組	-4.140*	1.481	.021	-7.78	-.50
整體數學焦慮	Tukey HSD	1 單親家庭組	2 他人照顧組	5.41000	3.36443	.244	-2.5150	13.3350
			3 雙親家庭組	1.46000	3.36443	.901	-6.4650	9.3850
		2 他人照顧組	1 單親家庭組	-5.41000	3.36443	.244	-13.3350	2.5150
			3 雙親家庭組	-3.95000	3.36443	.470	-11.8750	3.9750
		3 雙親家庭組	1 單親家庭組	-1.46000	3.36443	.901	-9.3850	6.4650
			2 他人照顧組	3.95000	3.36443	.470	-3.9750	11.8750
	Scheffe 法	1 單親家庭組	2 他人照顧組	5.41000	3.36443	.276	-2.8670	13.6870
			3 雙親家庭組	1.46000	3.36443	.910	-6.8170	9.7370
		2 他人照顧組	1 單親家庭組	-5.41000	3.36443	.276	-13.6870	2.8670
			3 雙親家庭組	-3.95000	3.36443	.503	-12.2270	4.3270
		3 雙親家庭組	1 單親家庭組	-1.46000	3.36443	.910	-9.7370	6.8170
			2 他人照顧組	3.95000	3.36443	.503	-4.3270	12.2270

上表為 PASW 所輸出之 Tukey HSD 法及 Scheffe 法事後比較結果，事後比較是採兩兩配對之方式，第一縱行為依變項名稱；第二縱行為事後比較的方法及自變項分組的數值編碼值；第三縱行「平均差異 (I-J)」(Mean Difference) 為配對二組之平均數的差異值，此差異值如果達到 .05 的顯著水準，會在差異值的右上方增列星號 (*)；第四縱行為標準誤；第五縱行為顯著性 p；第六縱行為 95% 的信

賴區間估計值。就事後比較來看：

1. 註 A：代表第 2 組 (他人照顧組) 與第 3 組 (雙親家庭組) 在數學成就平均數的差異達到顯著，平均差異值為 4.140 為正 (水準數值 2 群體平均數 - 水準數值 3 群體平均數)，表示第一個平均數高於第二個平均數，亦即第 2 組觀察值群體 (他人照顧組) 顯著的高於第 3 組觀察值群體 (雙親照顧組)。

2. 註 B：代表第 3 組 (雙親家庭組) 與第 2 組 (他人照顧組) 在數學成就平均數的差異達到差異，平均差異值為 -4.140 為負 (水準數值 3 群體平均數 - 水準數值 2 群體平均數)，表示第一個平均數低於第二個平均數，亦即第 3 組數學成就分數顯著的低於第 2 組分數，與前述【註 A】比較結果相同。因而事後多重比較的解讀上，研究者主要檢核「平均差異 (I-J)」欄中的數值為「正數而有 * 符號者」的配對組，至於「負值而有 * 符號」或「沒有 * 符號」的配對組均不用管它。

3. 從 95% 信賴區間來看，第二組與第三組差異的信賴區間在 .65 至 7.63 之間，並未包含 0，因而二者平均差異值之差異顯著。上述 Tukey HSD 法及 Scheffe 法事後比較結果均相同；就整體數學焦慮變項而言，因為其整體的 F 考驗 (overall F test 或 omnibus F test) 未達顯著水準，因而其事後比較也不會出現任一配對組平均數間有顯著差異的情形，**變異數分析中如果整體的 F 考驗未達顯著，就不必進行事後比較考驗。**

(二) 執行一般線性模式之單變量程序

受試者間因子

		數值註解	個數
家庭狀況	1	單親家庭組	100
	2	他人照顧組	100
	3	雙親家庭組	100

上表為組間因子各水準 (各組) 的有效觀察值人數，家庭狀況因子變項三個水準數值編碼分別為 1、2、3，三個水準數值標記分為單親家庭組、他人照顧組、雙親家庭組。

敘述統計　　依變數：數學成就

家庭狀況	平均數	標準離差	個數
1 單親家庭組	24.07	10.349	100
2 他人照顧組	27.12	9.863	100
3 雙親家庭組	22.98	11.162	100
總數	24.72	10.583	300

上表為數學成就的描述統計量，包括平均數、標準差、人數。家庭狀況因子變項為三分名義變項，水準數值 1 為單親家庭組、水準數值 2 為他人照顧組、水準數值 3 為雙親家庭組，三個群體的平均數分別為 24.07、27.12、22.98。

誤差變異量的 Levene 檢定等式 [a]　　依變數：數學成就

F	df1	df2	顯著性
2.099	2	297	.124

檢定各組別中依變數誤差變異量的虛無假設是相等的。

a. Design：截距＋家庭狀況

上表為變異數同質性考驗，Levene 法考驗之 F 值統計量等於 2.099，p ＝ .124 ＞ .05，表示並未違反變異數同質性的假定，這與上述採用 ANOVA 分析程序的結果相同。

受試者間效應項的檢定　　依變數：數學成就

來源	型 III 平方和	df	平均平方和	F	顯著性	淨相關 Eta 平方	Noncent. 參數	觀察的檢定能力 [b]
校正後的模式	921.007[a]	2	460.503	4.200	.016	.028	8.399	.735
截距	183372.963	1	183372.963	1672.298	.000	.849	1672.298	1.000
家庭狀況	921.007	2	460.503	4.200	.016	.028	8.399	.735
誤差	32567.030	297	109.653					
總數	216861.000	300						
校正後的總數	33488.037	299						

a. R 平方 ＝ .028（調過後的 R 平方 ＝ .021）。

b. 使用 alpha ＝ .05 計算。

上表中與前述 ANOVA 變異數分析表大約相似，其中新增的欄位為：

1. 因子變項「家庭狀況」列「淨相關 Eta 平方」(Eta Squared) 欄數值為 R 平方值＝.028，關聯強度 ω^2 為調整後的 R 平方值，數值為 .021，此處的關聯強度係數只有 2.10%，可見由「家庭狀況」變項所能解釋學生「數學成就」變項的變異量不高，二者間屬微弱關係。

2. 因子變項「家庭狀況」列「觀察的檢定能力」(Observed Power) 欄數值為統計考驗力，此處的統計考驗力等於 .735，表示推論之裁決正確率為 73.5% (即虛無假設為假的情況下，統計決策或行動又正確拒絕虛無假設的機率)；相對的，分析推論犯第二類型錯誤之機率為 26.50%，決策正確率不高。

3. F 值統計量為 4.200 與前述 One-way ANOVA 分析之值相同，顯著性 p 值為 .016＜.05，拒絕虛無假設。

4. 關聯強度 $\omega^2 = \dfrac{921.007 - (3-1) \times 109.653}{33488.037 + 109.653} = 0.021$，變異數分析中的關聯強度為表格下方附註之調整過後的 R 平方值＝.021，如直接採用「淨相關 Eta 平方」欄」的數值 (＝.028) 會造成高估的現象。

多重比較　依變數：數學成就

	(I) 家庭狀況	(J) 家庭狀況	平均差異 (I-J)	標準誤	顯著性	95% 信賴區間 下界	上界
Tukey HSD	1 單親家庭組	2 他人照顧組	-3.05	1.481	.100	-6.54	.44
		3 雙親家庭組	1.09	1.481	.742	-2.40	4.58
	2 他人照顧組	1 單親家庭組	3.05	1.481	.100	-.44	6.54
		3 雙親家庭組	4.14*	1.481	.015	.65	7.63
	3 雙親家庭組	1 單親家庭組	-1.09	1.481	.742	-4.58	2.40
		2 他人照顧組	-4.14*	1.481	.015	-7.63	-.65
Scheffe 法	1 單親家庭組	2 他人照顧組	-3.05	1.481	.122	-6.69	.59
		3 雙親家庭組	1.09	1.481	.763	-2.55	4.73
	2 他人照顧組	1 單親家庭組	3.05	1.481	.122	-.59	6.69
		3 雙親家庭組	4.14*	1.481	.021	.50	7.78
	3 雙親家庭組	1 單親家庭組	-1.09	1.481	.763	-4.73	2.55
		2 他人照顧組	-4.14*	1.481	.021	-7.78	-.50

上表為採用 Tukey HSD 及 Scheffe 法之事後比較結果，二種方法呈現的結果一樣，均是第二組顯著的高第三組的學生 (2 他人照顧組 >3 雙親家庭組，平均差異值為 4.14)，即家庭狀況水準數值編碼為 2 群體在數學成就依變項的平均數顯著的高於水準數值編碼為 3 群體的平均數，至於水準數值 1 群體與水準數值 2 體平均數間的差異則未達顯著，水準數值 1 群體與水準數值 3 群體平均數間的差異也未達顯著。

⊃ 四、結果說明

由以上報表中，可以整理成如下二個變異數分析摘要表及描述統計量：

◎ 表 I　不同家庭狀況學生在數學成就、整體數學焦慮之描述性統計量摘要表

變項名稱及組別		N（樣本個數）	M（平均數）	SD（標準差）
數學成就	單親家庭組 (A)	100		10.35
	他人照顧組 (B)	100	27.12	9.86
	雙親家庭組 (C)	100	22.98	11.16
	全體	300	24.72	10.58
整體數學焦慮	單親家庭組 (A)	100	86.07	22.36
	他人照顧組 (B)	100	80.66	25.84
	雙親家庭組 (C)	100	84.61	23.03
	全體	300	83.78	23.82

◎ 表 II　不同家庭狀況學生在數學成就、整體數學焦慮之變異數分析摘要表

依變項	變異來源	平方和 SS	自由度 df	平均平方和 MS	F	顯著性 p	事後比較	ω^2	統計考驗力 $1-\beta$
數學成就	組間	921.01	2	460.50	4.20	.016	他人照顧組 > 雙親家庭組	.021	.735
	組內	32567.03	297	109.65					
	總和	33488.04	299						
整體數學焦慮	組間	1566.74	2	783.37	1.38	.252			
	組內	168092.74	297	565.97					
	總和	169659.48	299						

表 II 的變異數分析摘要表直接將 F 值統計量的顯著性呈列出來，事後比較直接將組別名稱列出：他人照顧組 > 雙親家庭組。表 III 的變異數分析摘要表將

F 值統計量的顯著性 p 以通用符號表示，事後比較以原先描述性統計量中的組別代號表示：B＞C。

○ 表 III　不同家庭狀況學生在數學成就、整體數學焦慮之變異數分析摘要表

依變項	變異來源	平方和 SS	自由度 df	平均平方和 MS	F	事後比較	ω^2	統計考驗力 $1-\beta$
數學成就	組間	921.01	2	460.50	4.20*	B＞C	.021	.735
	組內	32567.03	297	109.65				
	總和	33488.04	299					
整體數學焦慮	組間	1566.74	2	783.37	1.38ns			
	組內	168092.74	297	565.97				
	總和	169659.48	299					

註：ns p＞.05　　* p＜.05

　　由變異數同質性檢定中，可以得知同質性考驗均未達顯著 (F = 2.099，p＞.05；F = 1.377，p＞.05)，資料結構未違反變異數分析變異數同質的假定。

　　此外，由變異數分析摘要表可以發現，不同家庭狀況的學生其數學成就有顯著差異 (F 值＝ 4.20；p ＝ .016＜.05)，由事後比較得知第二組 (M = 27.12) 高於第三組 (M = 22.98)，亦即「他人照顧組」學生的數學成就顯著的優於「雙親家庭組」的學生。

　　進一步從關聯強度指數來看，ω^2 的值等於 2.10%，可見家庭狀況因子變項與學生數學成就變項間乃屬微弱關係。此外，其統計考驗力等於 .735，此分析推論犯第二類型錯誤之機率為 26.50%，決策正確率也不高。就本研究而言，家庭狀況變項對學生數學成就的解釋變異量很小。

　　至於不同家庭狀況組的學生在整體數學焦慮的比較上沒有顯著的差異存在 (F 值＝ 1.384，p ＝ .252＞.05)，亦即不同家庭狀況的學生，其整體數學焦慮感受沒有顯著的不同。

　　一般在研究論文中，進行單因子變異數分析時，除呈現變異數分析摘要表外，要先呈現描述性統計量，即各組的個數、平均數、標準差，以便使數據呈現更為完整。此外，最好也能呈現關聯強度，以便探究自變項對依變項的解釋變異量，除了知悉統計顯著性外，也可使他人明白研究變項間實用顯著性的程度。因為當樣本數很大時，相對的，因子變項各水準數值觀察值也會變大，此時因子變

項在依變項平均差異整體考驗的 F 值較易達到 .05 顯著水準，F 值統計量足以拒絕虛無假設表示的是一種統計顯著性，如要探究因子變項可以解釋依變項多少程度的變異量必須再求出二個變數間的關聯強度，關聯強度統計量 ω^2 (omega 平方) 表示的實務顯著性 / 臨床顯著性。

貳、因子變項為計量變項的變異數分析

研究範例中研究者探究整體投入動機變項與四個數學態度構面的相關均呈顯著正相關，相關係數分別為 .478 (p＜.001)、.388 (p＜.001)、.413 (p＜.001)、.379 (p＜.001)。

相關

		學習信心	有用程度	成功意向	探究動機
整體投入動機	Pearson 相關	.478**	.388**	.413**	.379**
	顯著性 (雙尾)	.000	.000	.000	.000

進一步的探究可將觀察值在「整體投入動機」變項的得分高低分為高分組、中分組、低分組，三個群組分別為「高投入動機組」、「中投入動機組」、「低投入動機組」，三個分組區段為觀察值在「整體投入動機」變項的得分的前 30%、中間 40%、得分的後 30%，其圖示如下：

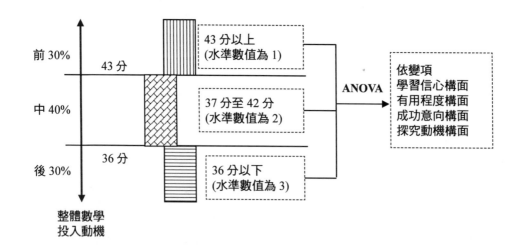

➲ 一、操作程序

1. 依觀察值在「整體投入動機」變項進行排序，排序時依遞增排列，前 30% 臨界點為 $300 \times .30 = 90$，編號 90 橫列儲存格的數值為 36 分。

	探究動機	整體數學態度	工作投入	自我投入	整體投入動機	壓力懼怕單題	情緒擔憂單題
89	24	112	25	10	35	1.67	3.38
90	22	103	21	15	36	3.00	2.50
91	19	91	19	17	36	3.17	4.25
92	17	80	20	16	36	4.33	4.25

2. 依觀察值在「整體投入動機」變項進行排序，排序時改為遞減排列，後 30% 的臨界點為 $300 \times .30 = 90$，編號 90 橫列儲存格的數值為 43 分。

	探究動機	整體數學態度	工作投入	自我投入	整體投入動機	壓力懼怕單題	情緒擔憂單題
89	26	119	29	15	44	1.50	1.50
90	22	120	26	17	43	2.17	2.25
91	25	122	31	12	43	2.50	3.00
92	21	104	21	22	43	2.50	2.13

分組臨界點為觀察值在「整體投入動機」變項得分 43 分以上者為「高分組」(水準數值編碼為 1)、36 分以下者為「低分組」(水準數值編碼為 3)，37 分至 42 分者為「中分組」(水準數值編碼為 2)。

3. 執行「重新編碼成不同變數」程序，增列的組別類別變數名稱為「投入動機組別」，「重新編碼成不同變數：舊值與新值」次對話視窗中舊值與新值方盒數值對照如下表：

舊值方盒	新值方盒	說明
◉ 範圍，LOWEST 到值(G) 36	「數值 (A)」後面方格輸入「3」	36 分以下觀察值，水準數值編碼為 3
◉ 範圍，值到 HIGHEST(E) 43	「數值 (A)」後面方格輸入「1」	43 分以上觀察值，水準數值編碼為 1
◉ 全部其他值(O)	「數值 (A)」後面方格輸入「2」	其餘觀察值，水準數值編碼為 2

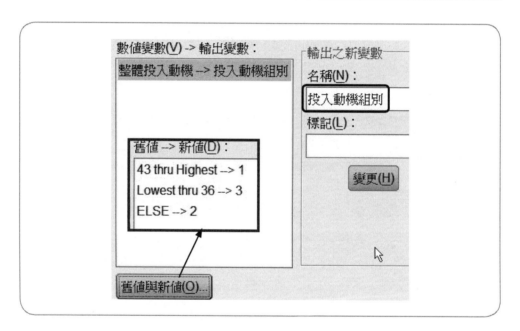

4. 執行單因子變異數分析程序：「單因子變異數分析」主對話視窗中，「依變數清單 (E)」下方格的標的變數有學習信心、有用程度、成功意向、探究動機等四個。「因子 (F)」下方格的自變項為「投入動機組別」(三分名義變項)。

描述性統計量

		個數	平均數	標準差	標準誤	平均數的 95% 信賴區間		最小值	最小值
						下界	上界		
學習信心	1 高投入動機組	100	33.43	8.614	.861	31.72	35.14	14	50
	2 中投入動機組	99	29.25	6.357	.639	27.98	30.52	10	50
	3 低投入動機組	101	25.17	7.078	.704	23.77	26.57	11	42
	總和	300	29.27	8.127	.469	28.35	30.19	10	50
有用程度	1 高投入動機組	100	28.86	4.224	.422	28.02	29.70	19	35
	2 中投入動機組	99	25.37	5.172	.520	24.34	26.41	14	35
	3 低投入動機組	101	23.87	4.741	.472	22.94	24.81	13	35
	總和	300	26.03	5.156	.298	25.44	26.62	13	35
成功意向	1 高投入動機組	100	29.00	4.385	.439	28.13	29.87	18	35
	2 中投入動機組	99	25.33	5.051	.508	24.33	26.34	12	35
	3 低投入動機組	101	23.82	5.924	.589	22.65	24.99	7	35
	總和	300	26.05	5.588	.323	25.41	26.68	7	35
探究動機	1 高投入動機組	100	22.78	4.366	.437	21.91	23.65	11	30
	2 中投入動機組	99	20.16	3.885	.390	19.39	20.94	9	30
	3 低投入動機組	101	18.61	4.171	.415	17.79	19.44	10	29
	總和	300	20.51	4.478	.259	20.00	21.02	9	30

　　上表為因子變項「投入動機組別」在「學習信心」、「有用程度」、「成功意向」、「探究動機」四個數學態度構面的描述性統計量摘要表，三分類別變項「投入動機組別」三個水準數值及數值標記分別為「1 高投入動機組」、「2 中投入動機組」、「3 低投入動機組」，三個群體的觀察值個數分別為 100、99、101。

ANOVA

		平方和	自由度	平均平方和	F	顯著性
學習信心	組間	3429.795	2	1714.897	31.214	.000
	組內	16317.335	297	54.941		
	總和	19747.130	299			
有用程度	組間	1314.192	2	657.096	29.415	.000
	組內	6634.538	297	22.339		
	總和	7948.730	299			
成功意向	組間	1422.555	2	711.277	26.697	.000
	組內	7912.792	297	26.642		
	總和	9335.347	299			
探究動機	組間	890.432	2	445.216	25.894	.000
	組內	5106.515	297	17.194		
	總和	5996.947	299			

上表為因子變項「投入動機組別」在「學習信心」、「有用程度」、「成功意向」、「探究動機」四個數學態度構面顯著差異整體考驗的變異數分析摘要表，平均數差異整體考驗的 F 值統計量分別為 31.214 (p＜.001)、29.415 (p＜.001)、26.697 (p＜.001)、25.894 (p＜.001)，表示不同「投入動機組別」在「學習信心」、「有用程度」、「成功意向」、「探究動機」四個數學態度構面的差異均達 .05 顯著水準。

多重比較：Scheffe 法

依變數	(I) 投入動機組別	(J) 投入動機組別	平均差異 (I-J)	標準誤	顯著性	95% 信賴區間 下界	上界
學習信心	1 高投入動機組	2 中投入動機組	4.177*	1.051	.000	1.59	6.76
		3 低投入動機組	8.262*	1.046	.000	5.69	10.83
	2 中投入動機組	1 高投入動機組	-4.177*	1.051	.000	-6.76	-1.59
		3 低投入動機組	4.084*	1.048	.001	1.51	6.66
	3 低投入動機組	1 高投入動機組	-8.262*	1.046	.000	-10.83	-5.69
		2 中投入動機組	-4.084*	1.048	.001	-6.66	-1.51
有用程度	1 高投入動機組	2 中投入動機組	3.486*	.670	.000	1.84	5.13
		3 低投入動機組	4.989*	.667	.000	3.35	6.63
	2 中投入動機組	1 高投入動機組	-3.486*	.670	.000	-5.13	-1.84
		3 低投入動機組	1.502	.668	.082	-.14	3.15

依變數	(I) 投入動機組別	(J) 投入動機組別	平均差異 (I-J)	標準誤	顯著性	95% 信賴區間 下界	上界
成功意向	3 低投入動機組	1 高投入動機組	-4.989*	.667	.000	-6.63	-3.35
		2 中投入動機組	-1.502	.668	.082	-3.15	.14
	1 高投入動機組	2 中投入動機組	3.667*	.732	.000	1.87	5.47
		3 低投入動機組	5.178*	.728	.000	3.39	6.97
	2 中投入動機組	1 高投入動機組	-3.667*	.732	.000	-5.47	-1.87
		3 低投入動機組	1.512	.730	.119	-.28	3.31
	3 低投入動機組	1 高投入動機組	-5.178*	.728	.000	-6.97	-3.39
		2 中投入動機組	-1.512	.730	.119	-3.31	.28
探究動機	1 高投入動機組	2 中投入動機組	2.618*	.588	.000	1.17	4.06
		3 低投入動機組	4.166*	.585	.000	2.73	5.61
	2 中投入動機組	1 高投入動機組	-2.618*	.588	.000	-4.06	-1.17
		3 低投入動機組	1.548*	.586	.032	.11	2.99
	3 低投入動機組	1 高投入動機組	-4.166*	.585	.000	-5.61	-2.73
		2 中投入動機組	-1.548*	.586	.032	-2.99	-.11

上表為採用 Scheffe 法之多重事後比較摘要表。就「學習信心」與「探究動機」二個數學態度構面而言,「1 高投入動機組」顯著高於「2 中投入動機組」及「3 低投入動機組」,「2 中投入動機組」顯著高於「3 低投入動機組」;就「有用程度」與「成功意向」二個數學態度構面,「1 高投入動機組」顯著高於「2 中投入動機組」及「3 低投入動機組」。

若研究者要一次求出因子變項對多個依變數的關聯強度係數與統計考驗力,可改用多變量程序,其操作如下:執行功能表列「分析 (A)」/「一般線性模式 (G)」/「多變量 (M)」程序,開啟「多變量」對話視窗,在變數清單中點選「學習信心」、「有用程度」、「成功意向」、「探究動機」等四個至右邊「依變數 (D)」下方格中,點選自變項「投入動機組別」至「固定因子 (F)」下方格中,按『選項』鈕,開啟「多變量:選項」次對話視窗。

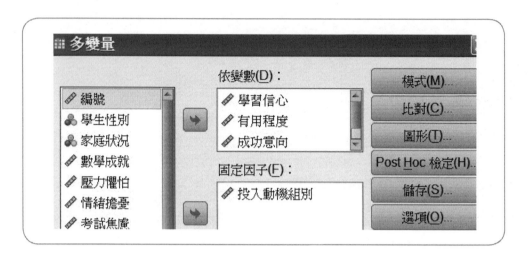

於「多變量：選項」次對話視窗的「顯示」方盒中勾選「效果大小估計值(E)」、「觀察的檢定能力 (B)」二個選項，按『繼續』鈕，回到「多變量」主對話視窗，按『確定』鈕。

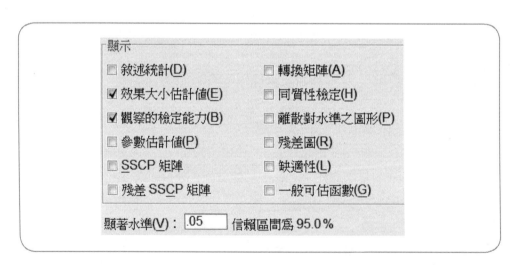

執行多變量程序輸出結果僅列出「受試者間效應項的檢定」表的部份內容。

受試者間效應項的檢定

來源	依變數	型 III 平方和	df	平均平方和	F	顯著性	淨相關 Eta 平方	Noncent. 參數	觀察的檢定能力 [b]
投入動機組別	學習信心	3429.795	2	1714.897	31.214	.000	.174	62.427	1.000
	有用程度	1314.192	2	657.096	29.415	.000	.165	58.831	1.000
	成功意向	1422.555	2	711.277	26.697	.000	.152	53.394	1.000
	探究動機	890.432	2	445.216	25.894	.000	.148	51.788	1.000
誤差	學習信心	16317.335	297	54.941					
	有用程度	6634.538	297	22.339					
	成功意向	7912.792	297	26.642					
	探究動機	5106.515	297	17.194					
校正後的總數	學習信心	19747.130	299						
	有用程度	7948.730	299						
	成功意向	9335.347	299						
	探究動機	5996.947	299						

a. R 平方 = .174 (調過後的 R 平方 = .168)；
b. 使用 alpha = .05 計算；
c. R 平方 = .165 (調過後的 R 平方 = .160)；
d. R 平方 = .152 (調過後的 R 平方 = .147)；
e. R 平方 = .148 (調過後的 R 平方 = .143)。

→ 調整過後的 R 平方值為關聯強度指標

　　上表中最下方調整後的 R 平方列為關聯強度係數值，四個關聯強度係數 ω^2 分別為 .168、.160、.147、.143，「觀察的檢定能力」欄的數值為「統計考驗力」，四個統計考驗力 $(1-\beta)$ 均為 1.00，表示裁決正確率為 100.0%。

【表格範例】

● 表 X　不同整體數學投入組在四個數學態度構面差異的變異數分析摘要表

依變項	變異來源	平方和	自由度	平均平方和	F	事後比較	ω^2	$1-\beta$
學習信心	組間	3429.795	2	1714.897	31.214***	A＞B	.168	1.00
	組內	16317.335	297	54.941		A＞C		
	總和	19747.130	299			B＞C		
有用程度	組間	1314.192	2	657.096	29.415***	A＞B	.160	1.00
	組內	6634.538	297	22.339		A＞C		
	總和	7948.730	299					
成功意向	組間	1422.555	2	711.277	26.697***	A＞B	.147	1.00
	組內	7912.792	297	26.642		A＞C		
	總和	9335.347	299					
探究動機	組間	890.432	2	445.216	25.894***	A＞B	.143	1.00
	組內	5106.515	297	17.194		A＞C		
	總和	5996.947	299			B＞C		

*** p＜.001

第三節　相依樣本單因子變異數分析

　　當三個以上測量值均來自同一群觀察值，想探究這些測量值平均數間的差異，必須採用相依樣本變異數分析 (重複量數變異數分析)。

壹、範例解析

○ 一、研究問題

　　某教師想探究在不同的壓力情境中，學生的數學解題能力是否有所不同？他自其任教的國中二年級學生中隨機抽取十五名學生，分別在四種不同的壓力情境中，回答一份有十題的標準化數學解題能力測驗，下表為在四種不同壓力情境中，學生數學解題能力的成績 (答對題數)，請問在不同的壓力情境中，學生的數學解題能力 (答對題數) 是否有所不同？

學生	情境 I	情境 II	情境 III	情境 IV
S1	3	3	4	6
S2	5	5	6	7
S3	2	4	7	7
S4	3	5	5	6
S5	2	2	5	7
S6	2	3	4	8
S7	1	4	5	7
S8	3	4	5	6
S9	1	3	5	6
S10	1	5	6	4
S11	2	1	3	6
S12	1	3	5	7
S13	0	4	4	2
S14	2	2	5	4
S15	1	2	6	5

相依樣本 (重複量數) 變異數設計的圖示如下：

區組 ＼ 水準	情境 1 (a_1)	情境 2 (a_2)	情境 3 (a_3)	情境 4 (a_4)	
區組 1	S_1	S_1	S_1	S_1	$\overline{Y_{1.}}$
區組 2	S_2	S_2	S_2	S_2	$\overline{Y_{2.}}$
區組 3	S_3	S_3	S_3	S_3	$\overline{Y_{3.}}$
. . .	..	..	..	..	..
區組 15	S_{15}	S_{15}	S_{15}	S_{15}	$\overline{Y_{15.}}$
	$\overline{Y_{.1}}$	$\overline{Y_{.2}}$	$\overline{Y_{.3}}$	$\overline{Y_{.4}}$	

重複量數單因子變異數分析之離均差平方和與自由度可以以下圖表示：

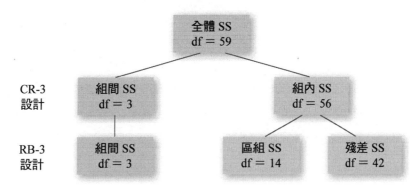

CR 表示完全隨機化因子設計，完全隨機化因子設計為獨立樣本變異數分析模式，組內 SS 又稱誤差項 (error) 或稱殘差項 (residual)。相依樣本變異數分析中 (RB-3 設計) 之誤差變異量的估計值比獨立樣本變異數分析中 (CR-3 設計) 之誤差變異量的估計值還小，因為前者的殘差值變異量等於後者誤差值的變異量 (組內變異量) 減去區組變異量。相依樣本的組間自由度為因子水準數值個數減 1 (範例為 k-1 = 4-1 = 3)，組內誤差項包括區組誤差與殘差項，區組誤差為受試者間的差異，自由度為 N － 1 (範例為 15 － 1 = 14)，殘差項為所有細格間的差異，其自由度為 (K － 1)×(N － 1) = (4 － 1)×(15 － 1) = 42。

○ 二、操作程序

執行功能表列「分析 (A)」/「一般線性模式 (G)」/「重複量數 (R)」(Repeated Measured) 程序，開啟「重複量數定義因子」對話視窗。

在「受試者內因子的名稱 (W)」(Within-Subject Factor Name) 下方格內界定自變項的名稱「情境」。

在「水準個數 (L)」(Number of Levels) 右邊空格內鍵入自變項的水準數「4」。

按『新增 (A)』(Add) 鈕，中間大方格內出現因子名稱及水準數「情境 (4)」。

按『定義』(Define) 鈕，開啟「重複量數」主對話視窗。

於變數清單中選取重複量數的水準變項名稱「情境 1」、「情境 2」、「情境 3」、「情境 4」至右邊「受試者內變數 (W)」(Within-Subjects Variables」下的方格中。

按『選項』鈕，開啟「重複量數：選項」次對話視窗。

將「情境」變項點選至右邊「顯示平均數 (M)」(Display Means for) 下的方格中，勾選「☑ 比較主效果 (C)」(Compare main effects) 選項。

在「信賴區間調整 (N)」(Confidence interval adjustment) 的下拉式選單中選取內定 LSD 法。

> 「顯示」方盒中勾選「☑ 敘述統計 (D)」(Descriptive statistics) 選項。
>
> 按『繼續』鈕,回到「重複量數」主對話視窗,按『確定』鈕。

　　「重複量數定義因子」對話視窗中,「受試者內因子的名稱 (W)」下方格內定的因子名稱為「factor1」,實務操作時因子名稱可以不用更改,每個因子要設定其水準個數,範例中的水準個數為四種不同壓力情境,因而水準個數為 4。

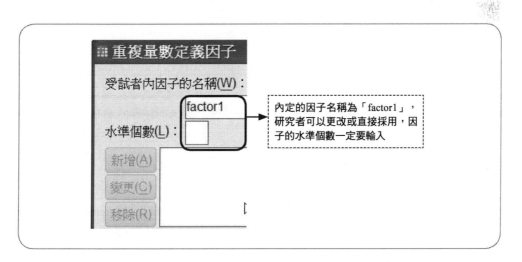

範例於「重複量數定義因子」(Repeated Measures Define Factor) 對話視窗中，「受試者內因子的名稱 (W)」(Within-Subject Factor Name:) 方盒內界定自變項的名稱為「情境」，「水準個數」(Number of Levels:) 右邊方盒內鍵入自變項的水準數值，範例中共有四種壓力情境，因而水準數為「4」，最後按『新增』鈕，在新增鈕的右邊空格中會出現自變項的名稱及其設定的水準數，如「情境 (4)」，前面「情境」為設定的自變項名稱 (因子)，括號內 4 表示有四個水準。若是按了『新增』鈕後，要再更改因子名稱或水準數值，可選取方格中的因子及水準數值選項，按『變更 (C)』鈕或『刪除 (R)』鈕可以進行變更或刪除動作。設定完因子名稱及因子水準數值後，要按『定義 (F)』鈕，才能開啟「重複量數」主對話視窗。

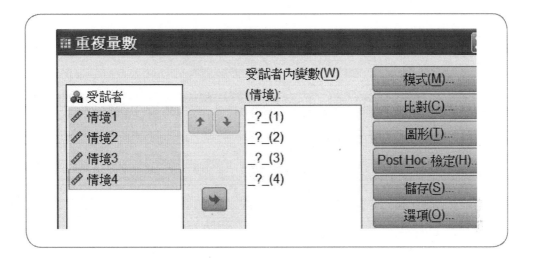

目標變項清單「受試者內變數 (W)」下的方格中，尚未點選變項時，方格中的訊息只出現研究者定義的水準數值個數：「_?_(1)」、「_?_(2)」、「_?_(3)」、「_?_(4)」。

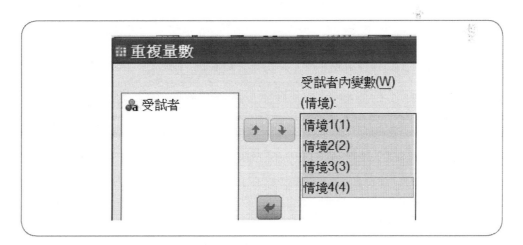

於「重複量數定義因子」對話視窗中，完成自變項因子名稱及其水準數的設定後，按『定義』(Define) 鈕，會開啟「重複量數」(Repeated Measures) 主對話視窗，選取變項清單中水準數的變項「情境1」、「情境2」、「情境3」、「情境4」，將之點選至右邊目標變項清單「受試者內變數 (W)」(Within-Subjects Variables) 下的方格中，方格中的變項由原先「_?_(1)」、「_?_(2)」、「_?_

(3)」、「_?_(4)」，依序變成「情境 1 (1)」、「情境 2(2)」、「情境 3(3)」、
「情境 4(4)」。

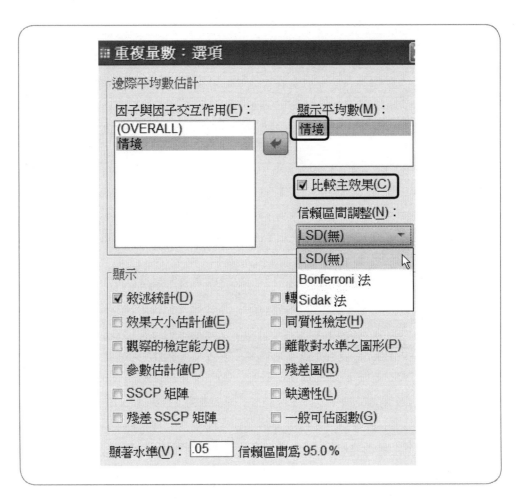

在「重複量數：選項」(Repeated Measures: Options) 次對話視窗中，點選
「☑比較主效果 (C)」(Compare main effects)選項，選取內定成對比較方法「LSD
法」，表示界定 F 值達到顯著水準時，以最小差異法進行事後比較，內定顯著
水準之 α 值為 .05，信賴區間為 95.0%；「顯示」(Display) 方盒選項包括敘述統
計 (Descriptive statistics)、效果項大小估計值 (Estimates of effect size)——效果值
或關聯強度係數值、觀察的檢定能力 (Observed power)——統計考驗力、參數估
計值 (Parameter estimates)、SSCP 矩陣 (SSCP matrices)——平方和與交叉相乘矩

陣、殘差 SSCP 矩陣 (Residual SSCP matrix)、轉換矩陣 (Transformation matrix)、同質性檢定 (Homogeneity tests)、離散對水準之圖形 (Spread vs. level plots)、殘差圖 (Residual plots)、缺適性檢定 (Lack of fit test)、一般可估函數 (General estimable function) 等。「信賴區間調整 (N)」選單內下拉式選項包括三種重複量數或共變數分析的事後比較方法：最小顯著差異檢定法 (Least significant difference) ——對所有水準的平均數進行配對多重檢定、Bonferroni 檢定法－修正後的最小顯著差異法、Sidak 檢定法。

於「重複量數」主對話視窗中，按『圖形 (T)』鈕，可以開啟「重複量數：剖面圖」次對話視窗，視窗界面可以繪製單因子重複量數的剖面圖或二因子混合設計變異數分析的交互作用圖。範例中將因子變項名稱「情境」點選至「水平軸 (H)」下方格，再按『新增 (A)』鈕。

⊃ 三、結果分析

一般線性模式

受試者內因子　測量：MEASURE_1

情境	依變數
1	情境 1
2	情境 2
3	情境 3
4	情境 4

　　上表為自變項名稱及處理水準數，自變項名稱為「情境」、四個處理水準名稱分別為情境 1、情境 2、情境 3、情境 4；第一欄為自變項名稱及其水準數目；第二欄為處理水準數相對應的變項名稱──依變項的名稱。

敘述統計

	平均數	標準離差	個數
情境 1	1.93	1.223	15
情境 2	3.33	1.234	15
情境 3	5.00	1.000	15
情境 4	5.87	1.552	15

　　上表為四個處理水準數的描述統計量，包括平均數、標準差及有效觀察值個數，以壓力情境一而言，學生答對題數 (分數) 的平均數為 1.93、標準差為 1.223；壓力情境二情況下，學生平均答對題項為 3.33、標準差為 1.234；壓力情境三情況下，學生平均答對題項為 5.00、標準差為 1.000；壓力情境四情況下，學生平均答對題項為 5.87、標準差為 1.552。

多變量檢定 [b]

效果		數值	F	假設自由度	誤差自由度	顯著性
情境	Pillai's Trace	.905	38.164[a]	3.000	12.000	.000
	Wilks' Lambda 變數選擇法	.095	38.164[a]	3.000	12.000	.000
	多變量顯著性檢定	9.541	38.164[a]	3.000	12.000	.000
	Roy 的最大平方根	9.541	38.164[a]	3.000	12.000	.000

a. 精確的統計量。

b. Design：截距，受試者內設計：情境。

　　上表為多變量考驗結果，報表中共有四種多變量變異數分析，在單因子相依樣本變異數分析中，此部份的檢定結果沒有實質的意義存在，因而此部份的結果可以省略。一般多變量檢定程序用於同時檢定二個彼此有關的依變項，當多變量檢定統計量 Λ 值達到 .05 顯著水準，表示至少有一個依變項在群組間的差異達到顯著，進一步的單變量檢定可採用區別分析或單因子變異數分析，若是追蹤檢定採用單變量單因子變異數分析，要採用族系錯誤率 (新的顯著水準為 0.05÷ 依變項個數)，否則會膨脹第一類型錯誤率，如有四個依變項，整體考驗的多變量統計量 Λ 值之顯著性 p＜.05，之後要進行四次單變量追蹤檢定，則單變量 F 值統計量的顯著水準為 $\alpha \div 4 = .05 \div 4 = .0125$。

Mauchly 球形檢定 [b]　　　測量：**MEASURE_1**

受試者內效應項	Mauchly's W	近似卡方分配	df	顯著性	Epsilon[a]		
					Greenhouse-Geisser	Huynh-Feldt	下限
一情境	.613	6.217	5	.287	.752	.904	.333

檢定正交化變數轉換之依變數的誤差，共變量矩陣的虛無假設，是識別矩陣的一部份。
a. 可用來調整顯著性平均檢定的自由度。改過的檢定會顯示在 "Within-Subjects Effects" 表檢定中。
b. Design：截距，受試者內設計：情境。

　　上表用於檢驗相依樣本變異數分析是否違反球形假定。在相依樣本變異數分析中，常用以下三種方法來檢定球面性假設：Greenhouse 與 Geisser (1959) 的 ε 檢定法、Mauchly 檢定法、Huynh 與 Feldt (1976) 的 ε 檢定法 (Kirk, 1992)。當 ε 值為 1 時，表示樣本在依變項上得分，兩兩配對相減所得的差，完全符合球面性的假設，ε 的最小值等於 $1 \div$ (自變項水準數 － 1)。上述檢定數值中，Mauchly 檢定值接近於卡方值機率分配，當計算所得的卡方值未達顯著水準時，表示資料符合球面性的假定；至於 Greenhouse-Geisser、Huynh-Feldt 二種球面性檢定的方法，並沒有明確的檢定標準或一致的判別準則，但如果其值愈接近 ε 值下限時，愈有可能違反球面性假設。有學者認為其值如果在 .75 以下，最好進行校正工作；如果在 .75 以上，則表示未違反球面性假定，但 Greenhouse-Geisser 的 ε 檢定值常會低估實際值；而 Huynh-Feldt 的 ε 檢定值常會高估實際值 (Girden, 1992)，因而 Stevens (1992) 建議以 ε 檢定值作為假設檢定時，可採二者的平均數作為檢定值 (王保進，民 91)。

以上述報表而言，Mauchly 檢定值為 .613，轉換後的卡方值等於 6.217，df = 5，p = .287＞.05，未達顯著水準，應接受虛無假設，表示未違反變異數分析之球形假定；而 ε 的最小值 (Lower-bound) = 1÷(4-1) = .333 (4 為自變項的水準數)，Greenhouse-Geisser 的 ε 檢定值為 .752、Huynh-Feldt 的 ε 檢定值為 .904，二個指標均超過 .75 的標準，平均值為 .828 也超過 .75 的標準，顯示分析的資料結構未違反球面性的假定。

受試者內效應項的檢定　　測量：MEASURE_1

來源		型 III 平方和	df	平均平方和	F	顯著性
情境	假設為球形	137.933	3	45.978	36.050	.000
	Greenhouse-Geisser	137.933	2.257	61.123	36.050	.000
	Huynh-Feldt	137.933	2.712	50.857	36.050	.000
	下限	137.933	1.000	137.933	36.050	.000
誤差 (情境)	假設為球形	53.567	42	1.275		
	Greenhouse-Geisser	53.567	31.593	1.696		
	Huynh-Feldt	53.567	37.970	1.411		
	下限	53.567	14.000	3.826		

上表為受試者內變異數檢定摘要表，分成處理效果及細格誤差項二部份，處理效果為自變項情境四個水準數值間的差異效果，如果相依樣本變異數分析違反球面性假定，分析資料須進行校正，因而須看 Greenhouse-Geisser 、Huynh-Feldt 橫列之資料。由於範例中並本違反球面性假定，直接看「假設為球形」(Sphericity Assumed) 橫列之資料作為估計值進行假設考驗，在處理效果項方面，SS = 137.933，df = 3，MS = 45.978，F = 36.050，p＜.001，達到 .05 顯著水準，表示自變項的處理效果差異顯著。

誤差 (情境) 橫列的數據為受試者內變異數中所有細格間誤差項：SS = 53.567，df = 42，MS = 1.275，此誤差項在相依樣本的誤差項中一般稱為「殘差項」(所有細格量測值間的差異)。

		來源	型 III 平方和	df
誤差 (情境)	假設為球形	53.567	42	1.275

受試者間效應項的檢定

測量：MEASURE_1　轉換的變數：均數

來源	型 III 平方和	df	平均平方和	F	顯著性
截距	976.067	1	976.067	375.067	.000
誤差	36.433	14	2.602		

　　上表為受試者間效應項的檢定值。包括離均差平方和、自由度、均方值。由表中可知受試者間的離均差平方和等於 36.433、自由度等於 14、均方值等於 2.602。「受試者間效應項的檢定」摘要表中的誤差項為區組間的誤差值，區組間誤差值是由受試者間個別差異造成的，此數值在單因子相依樣本中並不是探究的重點所在 (余民寧，民 86)。重複量數與獨立樣本的差異，就在於透過實驗處理的控制，將個別差異的變異量自誤差項中獨立出來，這些由個別差異所造成的變異量是否顯著，在統計檢定上也沒有意義；而表中第一橫列是常數項的離均差平方和，這在變異數分析中並沒有意義，當把三個依變項全部化為標準 Z 分數後，常數項的離均差平方和會變為 0 (王保進，民 91)。

估計的邊緣平均數；情境

估計值　測量：MEASURE_1

情境	平均數	標準誤差	95% 信賴區間 下界	95% 信賴區間 上界
1	1.933	.316	1.256	2.610
2	3.333	.319	2.650	4.017
3	5.000	.258	4.446	5.554
4	5.867	.401	5.007	6.726

　　上表為四個處理水準在依變項的估計邊緣平均數，包括處理水準類別、平均數、標準誤、95% 信賴區間。此表是於「重複量數：選項」次對話視窗中，將因子變數「情境」點選至「顯示平均數 (M)」下方格中的程序產出的表格，若是研究者選入交互作用項變數 (A 因子 *B 因子)，則會出現細格平均數，「顯示平均數 (M)」下方格內只選取單一自變數或單一因子變項只會出現邊緣平均數。

成對比較　測量：MEASURE_1

(I) 情境	(J) 情境	平均差異 (I-J)	標準誤差	顯著性 [a]	差異的 95% 信賴區間 [a]	
					下界	上界
1	2（水準數值 1& 水準數值 2 比較）	-1.400*	.388	.003	-2.232	-.568
	3（水準數值 1& 水準數值 3 比較）	-3.067*	.384	.000	-3.890	-2.243
	4（水準數值 1& 水準數值 3 比較）	-3.933*	.384	.000	-4.757	-3.110
2	1（水準數值 2& 水準數值 1 比較）	1.400*	.388	.003	.568	2.232
	3（水準數值 2& 水準數值 3 比較）	-1.667*	.303	.000	-2.317	-1.016
	4（水準數值 2& 水準數值 4 比較）	-2.533*	.524	.000	-3.658	-1.409
3	1（水準數值 3& 水準數值 1 比較）	3.067*	.384	.000	2.243	3.890
	2（水準數值 3& 水準數值 2 比較）	1.667*	.303	.000	1.016	2.317
	4（水準數值 3& 水準數值 4 比較）	-.867	.456	.078	-1.845	.112
4	1（水準數值 4& 水準數值 1 比較）	3.933*	.384	.000	3.110	4.757
	2（水準數值 4& 水準數值 2 比較）	2.533*	.524	.000	1.409	3.658
	3（水準數值 4& 水準數值 3 比較）	.867	.456	.078	-.112	1.845

　　上表為相依樣本的事後比較，平均數差異值 (Mean Difference) 如果達到 .05 顯著水準，會在差異值的右邊加上 * 號，也可以從顯著性 (Sig.) 及差異的 95% 信賴區間來判定平均數差異值是否達到 .05 的顯著水準。上表中可以發現學生在壓力情境三、壓力情境四的狀況中，學生數學解題能力顯著的優於在壓力情境一及壓力情境二的狀況中，而在壓力情境二的狀況下，學生數學解題能力表現顯著的優於在壓力情境一的狀況下。成對比較摘要表解讀的要領是檢核「平均差異 (I-J)」欄的數值，數值為正值且有增列「*」號者才要標記，依此準則有五個欄儲存格的數值符合：「水準數值 2 & 水準數值 1 的差異比較」（平均差異值為 1.400*）、水準數值 3 & 水準數值 1 的差異比較」（平均差異值為 3.067*）、「水準數值 3 & 水準數值 2 的差異比較」（平均差異值為 1.667*）；「水準數值 4 & 水準數值 1 的差異比較」（平均差異值為 2.933*）、「水準數值 4 & 水準數值 2 的差異比較」（平均差異值為 2.533*），五個平均差異值表示：「水準數值 2＞ 水準數值 1、水準數值 3＞ 水準數值 1、水準數值 3＞ 水準數值 2、水準數值 4＞ 水準數值 1、水準數值 4＞ 水準數值 2」。

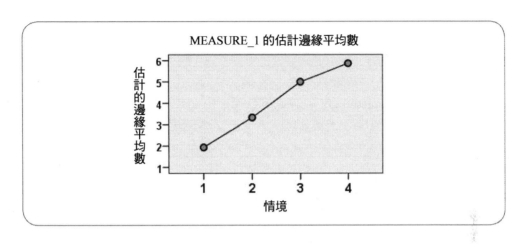

情境因子變項四個水準數值之平均數的剖面圖，由圖中可以看出四個情境下受試者解題成績平均數的高低。就四個壓力情境的相互比較而言，學生解題成績平均數的排列依序為情境 4、情境 3、情境 2、情境 1。

綜合上列報表，將四種不同壓力情境下之數學解題能力之實驗效果的變異數分析摘要表整理如下：

【表格範例】

表 X 不同壓力情境下學生數學解題能力之描述性統計量摘要表

壓力情境	平均數 (M)	標準差 (SD)	人數 (N)
壓力情境一 (A)	1.93	1.223	15
壓力情境二 (B)	3.33	1.234	15
壓力情境三 (C)	5.00	1.000	15
壓力情境四 (D)	5.87	1.552	15

表 X 不同壓力情境下學生解題能力差異之變異數分析摘要表

變異來源 SV	離均差平方和 SS	自由度 df	均方 MS	F	事後比較
處理效果 (A)	137.933	3	45.978	36.05***	C＞A
組內 (誤差項)					C＞B
區組間誤差 (B)	36.433	14	2.602		D＞A
殘差 (A×B)	53.567	42	1.275		D＞B
全體	227.933	59			B＞A

*** p＜.001

重複量數變異數分析之球面性假設考驗的 Mauchly 檢定值為 .613，轉換後的卡方值等於 6.217 (df = 5，p = .287＞.05)，未達顯著水準，表示未違反變異數分析之球形假定，不需進行校正。處理效果的 F 值 = 36.05，顯著性機率值 p＜.001，達 .05 顯著水準，應拒絕虛無假設，$H_0：\mu_1 = \mu_2 = \mu_3 = \mu_4$，亦即在四種不同壓力情境下，學生數學解題能力表現有顯著的不同；從事後比較可以看出，在壓力情境三、壓力情境四的狀況下，學生數學解題能力表現顯著的優於在壓力情境一及壓力情境二的狀況下；而在壓力情境二的狀況下，學生數學解題能力表現又顯著的優於在壓力情境一的狀況。

貳、數學焦慮量表構面單題平均得分的檢定

在學生學習經驗問卷中，數學焦慮包括四個層面：壓力懼怕、情緒擔憂、考試焦慮、課堂焦慮。由於各層面包含的題項數不同，因而將研究層面的平均數除以各層面的題項數，以求出層面單題的平均得分 (其變項名稱分別為壓力懼怕單題、情緒擔憂單題、考試焦慮單題、課堂焦慮單題)，此程序結果只能得知各層面單題的平均得分情形，此時雖然可以依據各層面單題的平均得分將其排序，但這些分數間的差異是否有統計上的意義無從得知。在之前的分析時，得知四個層面的單題平均得分分別為：2.8511 (排序 4)、3.1192 (排序 3)、3.1675 (排序 2)、3.2760 (排序 1)，研究者如果下此結論：學生數學焦慮知覺中以「課堂焦慮」為最高 (因其單題平均得分最高)、而以「壓力懼怕」為最低 (因其單題平均得分最低)，此種描述欠缺完整與適切，因為研究者未進行統計考驗，其四個平均數的高低差異是否達到統計上的顯著水準不得而知，或許其差異值只是機遇所造成的。因而如果要比較樣本在四個層面單題平均得分的高低 (知覺在那個數學焦慮層面的感受最大)，應進一步進行四個層面之相依樣本的變異數分析。

⊃ 一、操作程序

1. 執行功能表列「分析 (A)」/「一般線性模式 (G)」/「重複量數 (R)」程序，開啟「重複量數定義因子」對話視窗。
2. 在「受試者內因子的名稱 (W)」下方格內界定自變項的名稱「數學焦慮構面」，在「水準個數 (L)」右邊空格內鍵入自變項的水準數「4」，按『新增

(A)』鈕，中間大方格內出現因子名稱及水準數「數學焦慮構面 (4)」。

3. 按『定義』(Define) 鈕，開啟「重複量數」主對話視窗。於變數清單中選取重複量數的水準變項名稱「壓力懼怕單題」、「情緒擔憂單題」、「考試焦慮單題」、「課堂焦慮單題」至右邊「受試者內變數 (W)」下的方格中。

4. 按『選項』鈕，開啟「重複量數：選項」次對話視窗。將「數學焦慮構面」變項點選至右邊「顯示平均數 (M)」下的方格中，勾選「☑ 比較主效果 (C)」選項，「信賴區間調整 (N)」的下拉式選單中選取「Bonferroni 檢定法」，「顯示」方盒中勾選「☑ 敘述統計 (D)」選項。

5. 按『繼續』鈕，回到「重複量數」主對話視窗，按『確定』鈕。

「受試者內因子的名稱 (W)」設定為「數學焦慮構面」，「水準個數 (L)」輸入 4，因為數學焦慮量表有四個構面，研究者要進行的是四個構面單題平均數間差異的顯著性檢定。

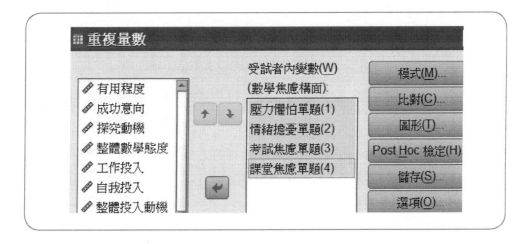

四個目標構面變數名稱分別為：「壓力懼怕單題」、「情緒擔憂單題」、「考試焦慮單題」、「課堂焦慮單題」。

如果要呈現處理水準數在依變項上之平均數，在「重複量數」主對話視窗中，按『圖形 (T)』(Plots) 鈕，會出現「重複量數：剖面圖」(Repeated Measures: Profile Plots) 次對話視窗，將因子 (Factors) 清單中的變項「數學焦慮構面」選入右邊「水平軸 (H)」(Horizontal Axis) 下的方格中，再按『新增』鈕。

勾選「☑ 比較主效果 (C)」選項才能進行成對比較，範例中「信賴區間調整 (N)」的下拉式選單中選取「Bonferroni 法」。

◎ 二、結果分析

以下結果只呈現部份重要報表：

敘述統計

	平均數	標準離差	個數	排序
壓力懼怕單題 (A)	2.8511	1.08684	300	4
情緒擔憂單題 (B)	3.1192	.91962	300	3
考試焦慮單題 (C)	3.1675	.97565	300	2
課堂焦慮單題 (D)	3.2760	.99407	300	1

上表為四個水準的平均數、標準差與有效樣本數。其中的平均數為層面單題的平均得分 (層面的平均得分 ÷ 層面的題項數)。四個處理水準分別為「壓力懼怕單題」編碼為 1、「情緒擔憂單題」編碼為 2、「考試焦慮單題」編碼為 3、「課堂焦慮單題」編碼為 4，四個依變項的平均數分別為 2.8511、3.1192、3.1675、3.2760。從平均數的高低，其排序為「課堂焦慮單題」、「考試焦慮單題」、「情緒擔憂單題」、「壓力懼怕單題」。

Mauchly 球形檢定 [b]   測量：**MEASURE_1**

					Epsilon[a]		
受試者內效應項	Mauchly's W	近似卡方分配	df	顯著性	Greenhouse-Geisser	Huynh-Feldt	下限
數學焦慮構面	.660	123.583	5	.000	.804	.811	.333

檢定正交化變數轉換之依變數的誤差，共變量矩陣的虛無假設，是識別矩陣的一部份。

a. 可用來調整顯著性平均檢定的自由度。改過的檢定會顯示在 "Within-Subjects Effects" 表檢定中。

b. Design: 截距，受試者內設計：數學焦慮構面。

「近似卡方分配」統計量對樣本數大小較敏感，當樣本數愈大時，卡方分配統計量容易達到 .05 顯著水準，此時，球形檢定的判別可採用「Greenhouse-Geisser」、「Huynh-Feldt」二個統計量，範例中 Greenhouse-Geisser 的 ε 檢定值為 .804、Huynh-Feldt 的 ε 檢定值為 .811，二個指標均超過 .75 的標準，二個 ε 的平均值為 .808[= (.804 + .811) ÷2] 也超過 .75 的標準，顯示分析的資料，未違反球面性的假定，即受試者在不同水準依變項上的得分，兩兩配對相減所得的差異值之變異數相等 (homogeneity-of-variance of differences)。

受試者內效應項的檢定　　測量：**MEASURE_1**

來源		型 III 平方和	df	平均平方和	F	顯著性
數學焦慮構面	假設為球形	29.339	3	9.780	34.054	.000
	Greenhouse-Geisser	29.339	2.413	12.157	34.054	.000
	Huynh-Feldt	29.339	2.434	12.052	34.054	.000
	下限	29.339	1.000	29.339	34.054	.000
誤差 (數學焦慮構面)	假設為球形	257.605	897	.287		
	Greenhouse-Geisser	257.605	721.581	.357		
	Huynh-Feldt	257.605	727.870	.354		
	下限	257.605	299.000	.862		

上表為受試者內效應項的檢定，「假設為球形」列數據的組間效果考驗的 F 值等於 34.054，p＜.001，達 .05 顯著水準，表示四個數學焦慮構面單題平均得分間的量測值有顯著的差異存在。

受試者間效應項的檢定　　測量：**MEASURE_1**　轉換的變數：均數

來源	型 III 平方和	df	平均平方和	F	顯著性
截距	11557.641	1	11557.641	3721.748	.000
誤差	928.525	299	3.105		

上表為「受試者間效應項的檢定」，誤差列數據為區組間的誤差項，由於有效樣本數 N 為 300，因而自由度等於 N－1＝300－1＝299，區組間的誤差為觀察值間的差異。

成對比較　測量：MEASURE_1

(I) 數學焦慮構面	(J) 數學焦慮構面	平均差異 (I-J)	標準誤差	顯著性 [a]	差異的 95% 信賴區間 [a]	
					下界	上界
1	2（水準 1 和水準 2 的比較）	-.268*	.042	.000	-.380	-.156
	3（水準 1 和水準 3 的比較）	-.316*	.039	.000	-.421	-.212
	4（水準 1 和水準 4 的比較）	-.425*	.047	.000	-.549	-.301
2	1（水準 2 和水準 1 的比較）	.268*	.042	.000	.156	.380
	3（水準 2 和水準 3 的比較）	-.048	.030	.630	-.127	.031
	4（水準 2 和水準 4 的比較）	-.157*	.049	.010	-.288	-.026
3	1（水準 3 和水準 1 的比較）	.316*	.039	.000	.212	.421
	2（水準 3 和水準 2 的比較）	.048	.030	.630	-.031	.127
	4（水準 3 和水準 4 的比較）	-.109	.052	.225	-.246	.029
4	1（水準 4 和水準 1 的比較）	.425*	.047	.000	.301	.549
	2（水準 4 和水準 2 的比較）	.157*	.049	.010	.026	.288
	3（水準 4 和水準 3 的比較）	.109	.052	.225	-.029	.246

　　上表中為事後多重比較，「平均差異 (I-J)」欄為二個水準平均數的差異值，其中平均差異值為正且有增列「*」號者共有四組：水準數值 2 平均數 ＞ 水準數值 1 平均數（平均差異值為 .268*）、水準數值 3 平均數 ＞ 水準數值 1 平均數（平均差異值為 .316*）、水準數值 4 均數 ＞ 水準數值 1 平均數（平均差異值為 .425*）、水準數值 4 均數 ＞ 水準數值 2 平均數（平均差異值為 .157*）。

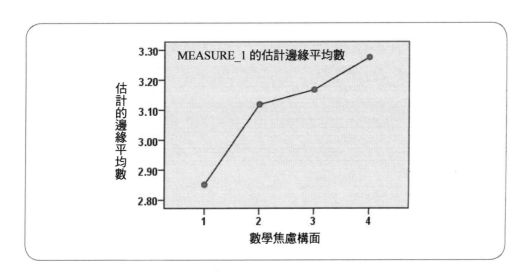

　　上表為數學焦慮構面因子變項之四個水準平均數的剖面圖，平均數最高者為水準數值 4 (課堂焦慮單題)、平均數最低者為水準數值 1 (壓力懼怕單題)。

　　綜合上面的結果可以得知，四個組的平均數差異整體考驗達到顯著，組間效果考驗之 F 值等於 34.054，p＜.001，達到 .05 顯著水準。經事後比較發現：水準 4＞水準 1 且水準 4＞水準 2，但水準 4 未顯著大於水準 3；水準 3＞水準 1、水準 2＞水準 1，表示「課堂焦慮單題」(水準 4) 平均數只顯著的高於「壓力懼怕單題」平均數及「情緒擔憂單題」平均數，但未顯著高於「考試焦慮單題」平均數。「壓力懼怕」(水準 1) 層面的單題平均顯著的低於其餘三個數學焦慮層面的單題平均，因而如以描述性統計量平均數高低及相依樣本變異數分析檢定結果，可以敘寫以下結論：

1. 「就四個數學焦慮構面相較之下，學生感受的數學焦慮以『壓力懼怕』焦慮程度最低。」

2. 「就四個數學焦慮構面相較之下，學生感受的數學焦慮以『課堂焦慮』及『考試焦慮』程度最高。」

　　範例中研究者不能只根據描述性統計量平均數的高低或排序，而作出以下結論：「就四個數學焦慮構面相較之下，學生感受的數學焦慮以『課堂焦慮』最高，其次是『考試焦慮』」，因為以重複量數變異數分析檢定結果，「課堂焦慮」構面單題平均分數與「考試焦慮」構面單題平均分數間沒有顯著差異。

【表格範例】

📍 表 X　四個數學焦慮構面單題平均數差異之重複量數變異數分析摘要表

變異來源	離均差平方和	自由度	均方	F	事後比較
處理效果 (A)	29.339	3	9.780	34.054[***]	B＞A
組內 (誤差項)					C＞A
區組間誤差 (B)	928.525	299	3.105		D＞A
殘差 (A×B)	257.605	897	.287		D＞B
全體	957.864	1199			

*** p＜.001

從重複量數變異數分析的事後比較中，若是研究者要描述四個構面中，以構面 A 的感受最低，成對比較中要同時符合：構面 A ＜ 構面 B、構面 A ＜ 構面 C、構面 A ＜ 構面 D；相對的，如果研究者要描述四個構面，以構面 D 的感受最高，成對比較中要同時符合：構面 D ＞ 構面 A、構面 D ＞ 構面 B、構面 D ＞ 構面 C。

下面為數學態度四個構面單題平均的重複量數的變異數分析檢定。

敘述統計

	平均數	標準差	個數	排序
學習信心單題	2.9270	.81267	300	4
有用程度單題	3.7186	.73657	300	2
成功意向單題	3.7210	.79824	300	1
探究動機單題	3.4189	.74641	300	3

數學態度四個構面，依平均數得分高低排序依次為「成功意向單題」、「有用程度單題」、「探究動機單題」、「學習信心單題」，其平均數分別為 3.7210、3.7186、3.4189、2.9270，其中分數最高的構面為「成功意向單題」，分數最低的構面為「學習信心單題」。

受試者內效應項的檢定　　測量：**MEASURE_1**

來源		型 III 平方和	自由度	平均平方和	F 檢定	顯著性
數學態度構面	假設為球形	125.997	3	41.999	117.643	.000
	Greenhouse-Geisser	125.997	2.492	50.568	117.643	.000
	Huynh-Feldt 值	125.997	2.514	50.113	117.643	.000
	下限	125.997	1.000	125.997	117.643	.000

數學態度四個構面變項間平均數差異檢定的 F 值統計量為 117.643，顯著性機率值 $p < .001$，表示四個構面平均數間至少有一配對組平均數間的差異達到顯著。

成對的比較　　測量：MEASURE_1

(I) 數學焦慮構面	(J) 數學焦慮構面	平均差異 (I-J)	標準誤差	顯著性 a	差異的 95% 信賴區間 a 下界	上界
1 學習信心單題	2 有用程度單題	-.792(*)	.051	.000	-.892	-.691
	3 成功意向單題	-.794(*)	.057	.000	-.906	-.682
	4 探究動機單題	-.492(*)	.036	.000	-.562	-.421
2 有用程度單題	1 學習信心單題	.792(*)	.051	.000	.691	.892
	3 成功意向單題	-.002	.047	.960	-.095	.091
	4 探究動機單題	.300(*)	.046	.000	.210	.389
3 成功意向單題	1 學習信心單題	.794(*)	.057	.000	.682	.906
	2 有用程度單題	.002	.047	.960	-.091	.095
	4 探究動機單題	.302(*)	.054	.000	.197	.407
4 探究動機單題	1 學習信心單題	.492(*)	.036	.000	.421	.562
	2 有用程度單題	-.300(*)	.046	.000	-.389	-.210
	3 成功意向單題	-.302(*)	.054	.000	-.407	-.197

以可估計的邊際平均數為基礎。

*. 在水準 .05 的平均數差異顯著。

a. 多重比較調整：最小顯著差異 (等於沒有調整)。

　　進一步以事後比較檢定得知：「1 學習信心單題」分數均顯著的低於「2 有用程度單題」、「3 成功意向單題」、「4 探究動機單題」三個構面的分數，表示就數學態度四個構面比較而言，學生感受的「學習信心」態度最低。從描述性統計量及相依樣本變異數分析可以形成以下結論：「就學生感受的四個數學態度構面相較之下，以『學習信心』構面的態度最低。」

　　第二個事後比較檢定為得分最高的構面「成功意向單題」與其它三個構面平均差異考驗，「成功意向單題」分數顯著的高於「探究動機單題」、「學習信心單題」二個構面的分數，但與「有用程度單題」構面的分數差異則未達顯著。如果研究者要論述數學態度較積極正向的構面 (構面分數愈高，表示數學態度愈積極正向)，可以形成以下結論：「就學生感受的四個數學態度構面相較之下，以『成功意向』及『有用程度』構面的態度較高。」研究者不能只根據描述性統計量的排序，而作成以下結論：「從描述性統計量平均數的高低排序可以發現，學生的四個數學態度構面，以『成功意向』態度的感受最高。」結論中論述「『成功意向』態度的感受最高」，但實際檢定結果，「成功意向單題」與「有

用程度單題」二個構面平均數的差異則未達顯著。

第四節　F 檢定與 T 考驗間之關係

一、研究問題

　　某國中數學教師想探究其任教的班級中，學生性別與其數學成績之關係，學期結束後，此教師從其任教班級中隨機抽取二十名學生，登錄學生的數學期末考試成績與性別編碼，在性別編碼中，此教師將男學生編碼為 0、女學生編碼為 1，請問教師可採用那些方法加以分析此一問題？而其結果又要如何解釋？

學生	1	2	3	4	5	6	7	8	9	10	11	12	13	14	15	16	17	18	19	20
成績	67	73	90	80	75	60	43	92	68	89	69	85	77	91	50	87	90	86	78	65
性別	0	0	1	1	0	1	0	1	0	1	0	1	0	1	0	1	1	1	0	0

二、操作程序

(一) 點二列系相關

　　執行功能表列「分析 (A)」/「相關 (C)」/「雙變數 (B)」程序，以求積差相關的方法求出二分類別變項與計量變項間的點二系列相關。

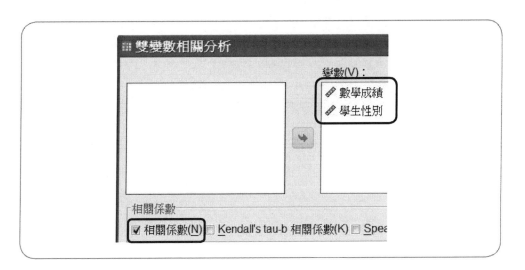

「雙變數相關分析」對話視窗中，點選的目標變項為「數學成績」計量變項與「學生性別」類別變項 (二分名義變項)。

(二) 獨立樣本 T 檢定

執行功能表列「分析 (A)」/「比較平均數法 (M)」/「獨立樣本 T 檢定 (T)」程序，將計量變數「數學成績」點選至「檢定變數 (T)」下的方格中，將類別變項「學生性別」點選至「分組變數 (G)」下方格中；「定義組別」次對話視窗中，「組別 1」、「組別 2」提示語後的方格分別鍵入水準數值「0」、「1」。

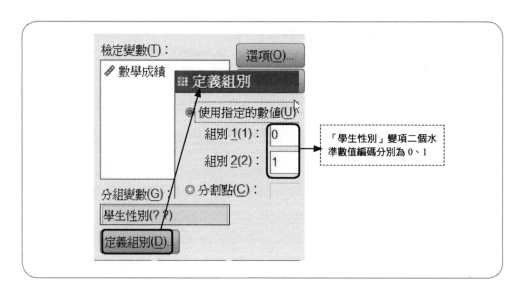

(三) 單因子變異數分析程序

執行功能表列「分析 (A)」/「比較平均數法 (M)」/「單因子變異數分析」程序。將計量變數「數學成績」點選至「依變數清單 (E)」下的空格內，將類別變項「學生性別」點選至「因子 (F)」下的方格中。

(四) 一般線性模式之單變量程序

執行功能表列「分析」/「一般線性模式 (G)」/「單變量」程序，將計量變數「數學成績」點選至「依變數 (D)」下的空格內，將類別變項「學生性別」點選至「固定因子 (F)」下的方格中。

⊃ 三、結果分析

(一) 點二系列相關

相關 (個數 N = 20)

		數學成績	學生性別
數學成績	Pearson 相關	1	.679**
	顯著性 (雙尾)		.001
學生性別	Pearson 相關	.679**	1
	顯著性 (雙尾)	.001	

**. 在顯著水準為 0.01 時 (雙尾)，相關顯著。

上述點二系列相關分析中，點二系列相關係數為 .679，p ＝ .001＜.05，達到 .05 顯著水準，表示國中生學生性別與數學成就間有顯著相關存在。在性別編碼中，0 為男生、1 為女生，表示女生的數學成就顯著的高於男生的數學成就，「學生性別」變項可以解釋「數學成就」變項總變異量的 46.10% (R 平方為決定係數＝ .679×.679 ＝ .4610)。

(二) 獨立樣本 T 檢定

組別統計量

	學生性別	個數	平均數	標準差	平均數的標準誤
數學成績	0 男生	10	66.50	11.511	3.640
	1 女生	10	85.00	9.463	2.993

上表為男女生數學成績的平均數、標準差，男生平均數等於 66.50、女生平均數等於 85.00。

獨立樣本檢定

		變異數相等的 Levene 檢定		平均數相等的 t 檢定						
		F 檢定	顯著性	t	自由度	顯著性 (雙尾)	平均差異	標準誤差異	差異的 95% 信賴區間 下界	上界
數學成績	假設變異數相等	.501	.488	-3.926	18	.001	-18.500	4.712	-28.400	-8.600
	不假設變異數相等			-3.926	17.351	.001	-18.500	4.712	-28.427	-8.573

在獨立樣本 T 檢定中，Levene 法的變異數同質性檢定之 F 值統計量等於 .501，顯著性 p ＝ .488＞.05，接受虛無假設，表示二個母群體的變異數同質，平均數差異看「假設變異數相等」橫列之 t 值，t 值統計量＝ -3.926，顯著性 (雙尾) 機率值 p ＝ .001＜.05，表示不同性別群體的學生其數學成就有顯著差異，女學生的數學成就顯著的高於男學生的數學成就。t 檢定顯著性機率值為 .001 與點二系列相關係數顯著性機率值相同。

(三) ANOVA 分析結果

警告

因為組別少於 3 組，所以未執行 數學成績 的 Post hoc 檢定。

　　因為組別間只有二組 (少於三組)，所以沒有進行事後比較，故出現提示字語。在獨立樣本變異數分析程序中，因子變項如果為二分名義變項，因為只有二個水準，所以不用進行配對組比較 (Post hoc 檢定)，於「Post Hoc 多重比較」次對話視窗中，如勾選多重比較選項，會出現以上警告語，若是研究者沒有勾選任何多重比較選項，則警告語不會出現。

描述性統計量：數學成績

	個數	平均數	標準差	標準誤	平均數的 95% 信賴區間 下界	上界	最小值	最小值
0 男生	10	66.50	11.511	3.640	58.27	74.73	43	78
1 女生	10	85.00	9.463	2.993	78.23	91.77	60	92
總和	20	75.75	13.973	3.124	69.21	82.29	43	92

　　上述的描述統計量與執行獨立樣本 T 檢定之描述統計量完全一樣，男生的有效觀察值為 10 位、平均數等於 66.50、標準差等於 11.511、標準誤為 3.640；女生的有效觀察值為 10 位、平均數等於 85.00、標準差等於 9.463、標準誤為 2.993。

變異數同質性檢定　　數學成績

Levene 統計量	分子自由度	分母自由度	顯著性
.501	1	18	.488

　　上表為變異數同質性檢定，Levene 統計量的 F 值等於 .501，顯著性 p = .488 > .05，接受虛無假設，表示未違反變異數同質性的假設。此處的數值與獨立樣本 t 檢定中變異數同質性考驗之「變異數相等的 Levene 檢定」欄中的數值完全相同。

ANOVA 數學成績

	平方和	自由度	平均平方和	F	顯著性
組間	1711.250	1	1711.250	15.413	.001
組內	1998.500	18	111.028		
總和	3709.750	19			

上表為變異數分析摘要表，F 值等於 15.413，顯著性機率值 p = .001 < .05，其中顯著性機率值等於獨立樣本 t 檢定時之顯著性機率值 p，因而其結果相同，其中 ANOVA 考驗之 F 值統計量等於 t 考驗之 t 值統計量的平方：$F = t^2$；15.413 = (-3.926)×(-3.926)。t 考驗在於檢定二組平均數差異的顯著性，F 考驗則在於檢定三組以上平均數間的差異顯著性，F 考驗也適用於二組平均數差異的顯著性考驗，可見，t 考驗是 F 考驗的一個特例，其中 t 值可能為正數也可能為負數；而 F 值則不可能以負數呈現。

(四) 一般線性模式之「單變量」程序結果

變異數的單變量分析 　受試者間因子

		數值註解	個數
學生性別	0	男生	10
	1	女生	10

上表為自變項名稱、水準編碼、水準編碼值的標籤及有效觀察值，其中自變項「學生性別」二個水準編碼值分別為 0、1，水準編碼值的標籤分別代表男生、女生。

敘述統計

依變數：數學成績

學生性別	平均數	標準離差	個數
0 男生	66.50	11.511	10
1 女生	85.00	9.463	10
總數	75.75	13.973	20

上表為描述性統計量，與執行獨立樣本 t 檢定、單因子變異數分析之結果完全相同。

誤差變異量的 Levene 檢定等式 ª   依變數：數學成績

F	df1	df2	顯著性
.501	1	18	.488

檢定各組別中依變數誤差變異量的虛無假設是相等的。
a. Design：截距＋學生性別。

　　上表「誤差變異量的 Levene 檢定等式」為變異數同質性檢定，採用 Levene 法檢定，以考驗變異數均等性的差異值，其 F 值等於 .501，顯著性 p ＝ .488＞.05，接受虛無假設，表示未違反變異數同質性的假設。此處的數值與獨立樣本 t 檢定中變異數同質性假設的數值完全相同；也與執行獨立樣本單因子變異數分析結果一樣。

受試者間效應項的檢定   依變數：數學成績

來源	型 III 平方和	df	平均平方和	F	顯著性	淨相關 Eta 平方	Noncent. 參數	觀察的檢定能力 ᵇ
學生性別	1711.250	1	1711.250	15.413	.001	.461	15.413	.960
誤差	1998.500	18	111.028					
總數	118471.000	20						
校正後的總數	3709.750	19						

a. R 平方 ＝ .461 (調過後的 R 平方 ＝ .431)。
b. 使用 alpha ＝ .05 計算。

　　上表自變項「學生性別」橫列之離均差平方和 (SS ＝ 1711.250)、自由度 (df ＝ 1)、平均平方和 (MS ＝ 1711.250)、F 值 (F ＝ 15.413)、顯著性 (p ＝ .001) 均與上述執行獨立樣本單因子變異數分析結果相同，其中「淨相關 Eta 平方」(Partial Eta Squared) 欄數值就是效果值的大小，也就是在積差相關中所述的「決定係數」，其值等於點二系列相關係數值的平方，即 .461 ＝ .679×.679。

　　在一個自變項為二分名義變項、依變項為連續變項的研究問題中，相同的數據資料下，採用點二系列相關、獨立樣本 t 檢定、獨立樣本變異數分析 (或一般線性模式—單變量) 所獲致的結果是一樣的，這也就是三角檢驗法，雖是不同的統計方法，但其結果則是相同的。其中自變項如果有二個水準，依變項為連續變項時，研究者可採用獨立樣本 t 檢定或單因子變異數分析 F 考驗均可，當單因子變異數分析程序整體考驗的 F 值統計量達到 .05 顯著水準，研究者可進一步使用

一般線性模式之單變量程序，求出類別變項對計量變項的關連強度值 ω^2 及統計考驗力 $(1 - \beta)$。

第五節　無母數統計法

壹、克-瓦單因子等級變異數分析 (H 檢定法)

克-瓦單因子等級變異數分析 (又稱 H 檢定法) (Kruskal-Wallis one-way analysis of variance by ranks) 用來考驗 k 個獨立樣本 (k independent samples) 是否來自不同的母群 (Siegel & Castellan, 1989)，也可以說是用來考驗 k 個獨立樣本是否來自同一母群或平均數相等的 k 個母群 (林清山，民 81)。「克-瓦單因子等級變異數分析」之無母數統計法相當於母數統計法中之獨立樣本單因子變異數分析，不同的是「克-瓦單因子等級變異數分析」不需要符合 F 統計法的基本假定，如 k 個母群體不需要符合常態分配假定，統計程序的依變項不像 F 統計法中需要的是等距或比率變項，可以是次序變項，其考驗的是各組平均等級的差異。

克-瓦單因子等級變異數分析之虛無假設與對立假設如下：

$$H_0 : \theta_1 = \theta_2 = \cdots\cdots = \theta_k \; ; \; H_1 : \theta_i \neq \theta_j \text{ 或 } H_0 \text{ 至少有一個等式不成立}$$

如果對立假設為真 (拒絕虛無假設、接受對立假設)，則表示至少有一配對組別的中位數 (medians) 不相等，至於是那幾對間有差異則要進行事後比較才能得知。克 - 瓦單因子等級變異數分析的方式與獨立樣本單因子變異數分析的方式類似，如果整體考驗之卡方值達顯著水準，要進行事後比較，以找出是那幾對等級平均數間有顯著差異。

⇨ 一、研究問題

某研究者想探究受試者線索提供對資賦生數學解題效果的影響，他採用三種不同的教學方式：第一種提供反向的線索；第二種提供正向的線索；第三種同時提供正反二種線索。經隨機抽取十八名受試者，並隨機分配至三種不同的實驗情境，教學完後記錄學生解題的成績，數據如下表所列，請問在學生解題歷程中教師不同線索的提供，對學生解題效果是否有顯著影響？(數據修改 Siegel &

Castellan, 1989, p.212)：

提供反向的線索	提供正向的線索	同時提供正反二種線索
44	70	80
44	77	76
54	48	34
32	64	80
21	71	73
28	75	80

上表原始資料轉換成等級資料如下：

	提供反向的線索	提供正向的線索	同時提供正反線索
	5.5	10	17
	5.5	15	14
	8	7	4
	3	9	17
	1	11	12
	2	13	17
R_j	25	65	81
$\bar{R}_j$	4.17	10.83	13.50

⊃ 二、操作程序

> **1.** 執行功能表列「分析 (A)」/「無母數檢定 (N)」(Nonparametric Tests)/「歷史對話記錄 (L)」(Legacy Dialogs)」/「K 個獨立樣本 (K)」(K Independent Samples) 程序，開啟「多個獨立樣本的檢定」(Tests for Several Independent Samples) 對話視窗。
>
> **2.** 將依變項目標變數「解題成績」選入「檢定變數清單 (T)」(Test Variable List) 下的方格中，將分組變數「組別」選入右邊「分組變數 (G)」(Grouping Variable) 下的方格中，選取「組別 (? ?)」選項。

3. 按『定義範圍 (D)』(Define Range) 鈕，開啟「多個獨立樣本：定義範圍」(Several Independent Samples: Define Range) 次對話視窗，在「最小值 (N)」(Minimum) 的右邊方格輸入「1」、在「最大值 (X)」(Maximum) 的右邊方格輸入「3」。

4. 按『繼續』鈕，回到「多個獨立樣本的檢定」主對話視窗，按『確定』鈕。

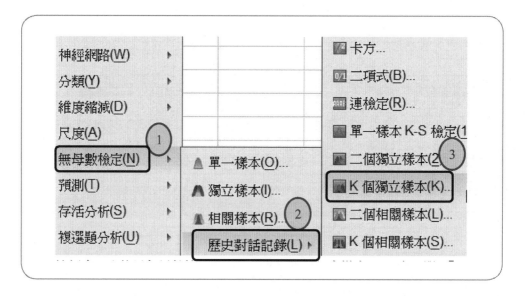

　　範例中選取的是無母數檢定法選單中的「K 個獨立樣本 (K)」次選單，「K 個獨立樣本 (K)」次選單可以執行無母數檢定法中之獨立樣本變異數分析程序。

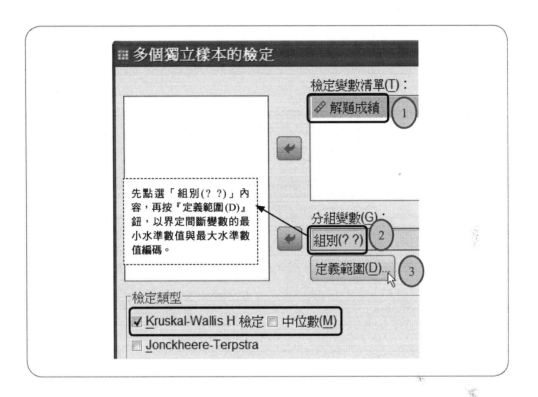

「多個獨立樣本的檢定」對話視窗中,「檢定類型」(Test Type) 方盒中包括三種檢定方法,來判斷多個獨立樣本是否來自於相同母群。三種 k 個獨立樣本無母數檢定方法為「Kruskal-Wallis H 檢定」法 (克-瓦二氏單因子等級變異數分析;簡稱 H 檢法,此為 SPSS 內定的選項)、「中位數 (M)」檢定法 (Median)、「Jonckheere-Terpstra」檢定。中位數檢定比較一般化,但功能不夠強大,不過還是可以用來偵測、分配在位置和類型上面的差異。在「檢定變數清單 (T)」(Test Variable List) 中要選取一個或一個以上的數字變數 (依變項);分組變數必須是間斷變項,在尚未定義分組變數水準數值的最小值與最大值前,二個水準數值會以「?」表示,如「組別 (? ?)」,第一個?號表示的是分組變數中最小的水準數值、第二個?號表示的是分組變數中最大的水準數值。

「多個獨立樣本：定義範圍」(Several Independent Samples: Define Range) 次對話視窗中，最小值 (Minimum) 和最大值 (Maximum) 要和分組變數最低、最高類別互相對應，如果觀察值落在最小值與最大值的界限之外，分析時會被排除掉。最小值必須小於最大值，且二個空格內的數值均要輸入才可以，範例中有分組變數有三個群組，其水準數值編碼分別為 1、2、3，最小值為 1、最大值為 3。

⇒ 三、結果分析

Kruskal-Wallis 檢定

等級

	組別	個數	等級平均數
解題成績	1 提供反向線索	6	4.17
	2 提供正向線索	6	10.83
	3 提供正反線索	6	13.50
	總和	18	

上表為三個組別在依變項上之平均等級，第一組「提供反向線索」解題成就的平均等級為 4.17、第二組「提供正向線索」的平均等級為 10.83、第三組「提供正反線索」的平均等級為 13.50，平均等級的算法可參考上述等級資料表之運算表格。

檢定統計量 [a, b]

	解題成績
卡方	9.781
自由度	2
漸近顯著性	.008

a. Kruskal Wallis 檢定。
b. 分組變數：組別。

　　上表為克-瓦二氏單因子等級變異數分析之檢定統計量，自由度等於 2、卡方值等於 9.781、顯著性 p ＝ .008＜.05，達到顯著水準，表示三組之間有顯著差異，亦即在學生解題歷程中教師不同線索的提供，對學生解題效果具有顯著的影響。

　　克-瓦二氏單因子等級變異數分析之檢定統計量相當於母數統計法之獨立樣本變異數分析，在獨立樣本變異數分析中，如果平均數差異整體考驗 F 值達到顯著，則要進行事後比較。H 檢定法亦同，當檢定結果達到顯著水準，應該進行事後比較，以找出是那幾對平均數間有顯著差異。

　　PASW 視窗版之統計軟體沒有提供 H 檢法之事後比較，此部份可參考學者 Siegel 與 Castellan (1989, p.213) 所提之方法。事後比較的公式如下：

$$\left| \overline{R}_i - \overline{R}_j \right| \geq Z_{\alpha/k(k-1)} \sqrt{\frac{N(N+1)}{12}\left(\frac{1}{n_i} + \frac{1}{n_j}\right)}$$

其中 $\overline{R}_i$ 是第 i 組的平均等級、$\overline{R}_j$ 是第 j 組的平均等級、k 是組數 (範例等於 3)、N 是樣本總數 (範例等於 18)、n_i 是第 i 組的樣本數、n_j 是第 j 組的樣本數、α 是研究者設定的顯著水準 (.05 或 .01)、$Z_{\alpha/k(k-1)}$ 是在顯著水準 α 及進行 $k(k-1)$ 次事後比較下的臨界值。假設 α 定為 .05，組別數等於 3(k = 3)，$Z_{.05/[3(3-1)]} = Z_{.0083} \doteqdot 2.394$，查常態分配表，當機率值等於 .0083 時，相對應的 Z 值約為 2.394。

$$Z_{\alpha/k(k-1)} \sqrt{\frac{N(N+1)}{12}\left(\frac{1}{n_i} + \frac{1}{n_j}\right)} = 2.394 \sqrt{\frac{18(18+1)}{12}\left(\frac{1}{6} + \frac{1}{6}\right)} = 2.394 \times \sqrt{9.5}$$

$$= 7.38 \, (\text{臨界值})$$

三組平均等級分別為第一組等於 4.17、第二組等於 10.83、第三組等於 13.50。平均等級差異的絕對值如下：

$|\bar{R}_1| - |\bar{R}_2| = |4.17 - 10.83| = 6.66 < 7.38$ (第一組與第二組的事後比較不顯著)

$|\bar{R}_1| - |\bar{R}_3| = |4.17 - 13.50| = 9.33 > 7.38$ (第一組與第三組的事後比較顯著)

$|\bar{R}_2| - |\bar{R}_3| = |10.83 - 13.50| = 2.67 < 7.38$ (第二組與第三組的事後比較不顯著)

從上面的事後比較可以發現，只有第一組與第三組間的平均等級差異的絕對值 (9.33) 大於臨界值 (7.38)，達到 .05 的顯著水準，表示在學生解題歷程中「只提供反向線索」受試者之解題表現顯著的低於「同時提供正反線索」的受試者。

【表格範例】

◉ 表 X 「Kruskal-Wallis」檢定摘要表

檢定變項	組別	個數	等級平均數	χ^2	事後比較
解題成績	提供反向線索 (A)	6	4.17	9.781**	C > A
	提供正向線索 (B)	6	10.83		
	提供正反線索 (C)	6	13.50		

** p < .01

貳、無母數統計法──弗里曼二因子等級變異數分析

凡同一群受試者重複接受 k 個實驗條件 (重複量數)，或 k 個在某些特質方面相配對的受試者各接受其中一種實驗條件 (配對法)，所得的資料化成等級分數後，可以採用「弗里曼二因子等級變異數分析」法 (Friedman two-way analysis of variance by ranks)(林清山，民 81)，以檢定同一組受試者在某一個次序變項各處理水準表現的差異性。「弗里曼二因子等級變異數分析」適用於重複樣本的無母數統計法，其依變項屬性至少是次序量尺 (ordinal scale) 以上，無母數統計法之「弗里曼二因子等級變異數分析」，相當於母數統計法中之「相依樣本單因子變異數分析」，不同的是前者的依變項是次序變項 (轉換成等級)、後者的依變項是連續變項；前者比較的是自變項各處理水準在依變項上之平均等級、後者比

較的是自變項各處理水準在依變項的平均數。如果有 k 個配對樣本，則考驗的虛無假設是 k 個樣本來自相同的母群。

⊃ 一、研究問題

　　某心理學家想探究在三種不同學習情境中學生學習喜愛態度的感受，他隨機抽取十八名學生在三種事先設計的學習情境中學習，之後讓學生填寫學習喜愛態度的感受問卷，每位學生分別對三種學習情境寫上 1、2、3 三個等級，數字愈小表示愈喜愛，其調查數據如下，請問受試者在三種不同學習情境中學習，其學習喜愛程度是否有所不同？(題目修改自 Siegel & Castellan, 1989, p.179)：

受試者	A	B	C	D	E	F	G	H	I	J	K	L	M	N	O	P	Q	R	等級總和
學習情境一	1	2	1	1	3	2	3	1	3	3	2	2	3	2	2.5	3	3	2	39.5
學習情境二	3	3	3	2	1	3	2	3	1	1	3	3	2	3	2.5	2	2	3	42.5
學習情境三	2	1	2	3	2	1	1	2	2	2	1	1	1	1	1.0	1	1	1	26.0

⊃ 二、操作程序

> **1.**「分析 (A)」/「無母數檢定 (N)」(Nonparametric Tests)/「歷史對話記錄 (L)」(Legacy Dialogs) /「K 個相關樣本 (S)」(K Related Samples)，開啟「多個相關樣本的檢定」(Tests for Several Related Samples) 對話視窗。
>
> **2.** 將依變項「情境 1」、「情境 2」、「情境 3」選入右邊「檢定變數 (T)」(Test Variables) 下的方格中，視窗下方「檢定類型」(Test Type) 方盒中，勾選「☑Friedman 檢定 (F)」選項，按『確定』鈕。

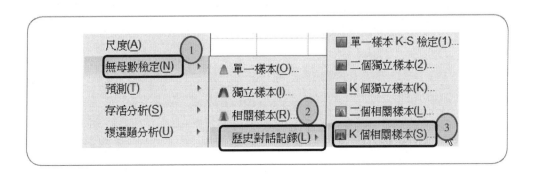

　　無母數檢定法中 K 個相關樣本程序，相當於母數統計法中的相依樣本變異數分析程序，K 個獨立樣本程序，相當於母數統計法中的獨立樣本變異數分析程序。

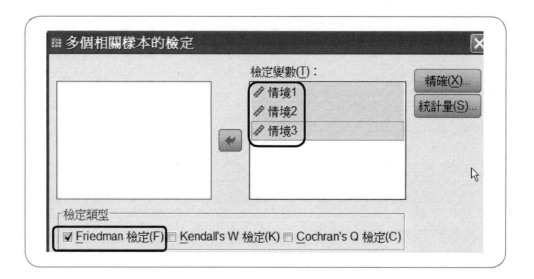

　　在上表「多個相關樣本的檢定」(Tests for Several Related Samples) 對話視窗，「檢定類型」(Test Type) 方盒中包括三種相依樣本的差異性檢定之無母數統計的方法，三種 k 個相關樣本無母數檢定方法分別為「弗里曼二因子等級變異數分析」檢定法 (Friedman，此為 PASW 內定的選項)、「Kendall 和諧係數檢定」法 (Kendall's W)、「寇克蘭 Q 檢定」法 (Cochran's Q)。

● 三、結果分析

Friedman 檢定

等級

	等級平均數
情境 1	2.19
情境 2	2.36
情境 3	1.44

　　上表為三種不同學習情境下，受試者學習後喜愛的平均等級。在學習情境一

中學生喜愛的平均等級為 2.19、在學習情境二中學生喜愛的平均等級為 2.36、在學習情境三中學生喜愛的平均等級為 1.44。

檢定統計量 [a]

個數	18
卡方	8.704
自由度	2
漸近顯著性	.013

a. Friedman 檢定。

　　上表為弗里曼二因子等級變異數分析之檢定統計量,自由度等於 2、卡方值等於 8.704、顯著性 p = .013 < .05,達到顯著水準,表示三組之間有顯著差異,亦即學生對三種不同學習情境的喜愛程度有顯著的不同。

　　弗里曼二因子等級變異數分析相當於母數統計法之相依樣本單因子變異數分析,在相依樣本變異數分析中如果平均等級差異整體考驗的 F 值達到顯著,則要進行事後比較。弗里曼二因子等級變異數分析結果方法類似,當整體卡方值檢定結果達到 .05 顯著水準,應該進行事後比較,以找出是那幾對平均數間有顯著差異。

　　PASW 視窗版之軟體沒有提供 H 檢法之事後比較,此部份可參考學者 Siegel 與 Castellan (1989, pp.180-181) 所提之方法。事後比較的公式有二種:

(1) 採用等級總和時

$$\left| R_i - R_j \right| \geq Z_{\alpha/k(k-1)} \sqrt{\frac{Nk(k+1)}{6}}$$

(2) 使用等級平均數時

$$\left| \overline{R}_i - \overline{R}_j \right| \geq Z_{\alpha/k(k-1)} \sqrt{\frac{k(k+1)}{6N}}$$

　　其中 R_i 是第 i 組的等級總和 (rank sums)、R_j 是第 j 組的等級總和、$\overline{R}_i$ 是第 i 組的平均等級 (average ranks)、$\overline{R}_j$ 是第 j 組的平均等級、k 是組數 (範例等於 3)、N 是樣本總數 (範例等於 18)、α 是研究者設定的顯著水準 (.05 或 .01)、

$Z_{\alpha/k(k-1)}$ 是在顯著水準 α 及進行 $k(k-1)$ 次事後比較下的臨界值。假設 α 定為 .05，組別數等於 3 (k = 3)，$Z_{.05/[3(3-1)]} = Z_{.0083} \doteqdot 2.394$，查常態分配表，當機率值等於 .00833 時，相對應的 Z 值約為 2.394。

(1) 以等級總和計算

其臨界值如下：

$$Z_{\alpha/k(k-1)}\sqrt{\frac{N \times k \times (k+1)}{6}} = 2.394 \times \sqrt{\frac{18 \times 3 \times (3+1)}{6}} = 2.394 \times \sqrt{36} = 14.36$$

(2) 以平均等級計算

其臨界值如下：

$$Z_{\alpha/k(k-1)}\sqrt{\frac{k \times (k+1)}{6N}} = 2.394 \times \sqrt{\frac{3 \times (3+1)}{6 \times 18}} = 2.394 \times \sqrt{0.1111} = 0.798$$

三組等級總和分別為第一組等於 39.5、第二組等於 42.5、第三組等於 26.0。等級總和差異的絕對值如下：

$|R_1| - |R_2| = |39.5 - 42.5| = 3.0 < 14.36$ (第一組與第二組的事後比較不顯著，第一組表受試者對學習情境一的喜愛態度、第二組表受試者對學習情境二的喜愛態度；第三組表受試者對學習情境三的喜愛態度)。

$|R_1| - |R_3| = |39.5 - 26.0| = 13.5 < 14.36$ (第一組與第三組的事後比較不顯著)。

$|R_2| - |R_3| = |42.5 - 26.0| = 16.5 > 14.36$ (第一組與第三組的事後比較顯著)。

如以平均等級差異絕對值表示，三組平均等級分別為第一組等於 2.19、第二組等於 2.36、第三組等於 1.44。平均等級差異的絕對值如下：

$|\overline{R}_1| - |\overline{R}_2| = |2.19 - 2.36| = 0.17 < 0.798$ (第一組與第二組的事後比較不顯著)。

$|\overline{R}_1| - |\overline{R}_3| = |2.19 - 1.44| = 0.75 < 0.798$ (第一組與第三組的事後比較不顯著)。

$|\overline{R}_2| - |\overline{R}_3| = |2.36 - 1.44| = 0.92 > 0.798$ (第二組與第三組的事後比較顯著)。

從上面的事後比較可以發現，以等級總和或平均等級方法所進行的組別多重比較結果相同：只有第二組與第三組間的平均等級間有顯著差異。表示在三種不同學習情境中，學生對學習情境二的喜愛程度顯著的高於對學習情境三的喜愛程度；而對學習情境一的喜愛程度與對學習情境二的喜愛程度、對學習情境三的喜愛程度均沒有顯著的不同。

【表格範例】

⦿ 表 X　不同情境中學生喜愛態度差異之無母數檢定摘要表 (N = 18)

水準	等級平均數	χ^2	事後比較
情境 1(A)	2.19	8.704*	B > C
情境 2(B)	2.36		
情境 3(C)	1.44		

* p < .05

第六節　多重事後比較及違反變異數同質假設檢定議題

壹、整體考驗的 F 值顯著但多重事後比較不顯著

變異數分析中，若是變異數分析摘要表呈現之整體考驗的 F 值達到顯著 (p < .05)，表示至少有二個組別平均數間的差異達到顯著水準，至於是那幾對配對組平均數間的差異達到顯著，必須進一步進行「事後比較」(a posteriori comparisons) 方能得知，研究者不能直接由描述性統計量中的平均數高低來判別群體間平均數差異是否達到顯著，必須由多重比較摘要表中判別。如果變異數分析整體考驗的 F 值未達顯著水準，則表示沒有任何配對組間的平均數達到顯著水準，此時就不用進行事後比較。

　　多重事後比較的判別流程，筆者將之整理統整如下圖：

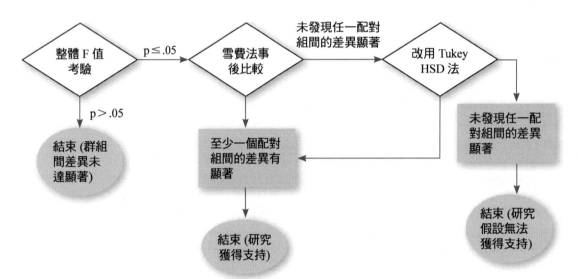

　　在實務應用上，多數研究者在變異數分析程序之事後比較中，常採用的是雪費法 (Scheffe's method；[S 法])，除雪費法外，較常使用的事後比較方法還有 Tukey HSD 檢定法、Bonferroni 檢定法，二種檢定方法於事後比較視窗中的選項為「☑Tukey 法 (T)」、「☑Bonferroni 法 (B)」。由於 S 法是各種事後比較方法中最嚴格、統計考驗力較低的一種多重比較，因為此種方法較為保守，因而有時會呈現整體考驗的 F 值達到顯著，但多重比較摘要表中未發現有任何配對組間的平均數間有顯著差異，此種情形通常都發生於整體考驗的 F 值統計量之顯著性 p 值在 .05 附近，獨立樣本變異數分析時，若是遇到整體考驗的 F 值統計量達到 .05 顯著水準，但進一步採用雪費法進行事後比較，卻未有任一配對群組的平均數差異達到顯著，研究者可試圖改用「實在顯著差異法」(honestly significant difference；Tukey HSD 法) 或 Bonferroni 檢定法作為多重比較的方法。由於研究者在變異數分析中可能會採用第二種事後比較方法，因而於「資料處理與統計方法」一節中可以敘述如下：

　　「……，若變異數分析整體考驗的 F 值達到顯著，則進一步以雪費法 (Scheffe's method) 進行事後比較，以得知是那幾個配對群組間的差異達到顯著，但由於此法是各種事後比較方法中最嚴格、也最為保守的方法，有時會發生整體考驗的 F 值達到顯著，但事後比較均不顯著情況，若發生此種情形，研究者改

用以『Tukey HSD 檢定法』作為事後比較方法，以便和整體考驗 F 值的顯著性相呼應。」或

「……，若變異數分析整體考驗的 F 值達到顯著，則進一步以雪費法 (Scheffe's method) 進行事後比較，以得知是那幾個配對群組間的差異達到顯著，但由於此法是各種事後比較方法中最嚴格的方法，其事後比較較為保守，有時會發生整體考驗的 F 值達到顯著，但事後比較均不顯著情形，此時，研究者改用以或『Bonferroni 檢定法』或『Tukey HSD 檢定法』作為事後比較方法，以便和整體考驗 F 值的顯著性相呼應。」

註：事後比較較常用的三種方法為：Scheffe 檢定法、Bonferroni 檢定法、Tukey HSD 法。

一、研究問題

某研究者想探究不同地區高中一年級學生的父母期望壓力與考試壓力感受情形，採用分層隨機取樣方法，從北區、中區、南區、東區各隨機抽取 25 名高一學生填寫「父母期望壓力」量表與「考試壓力量表」，受試者得分愈高，表示感受的父母期望壓力愈高，或感受的考試壓力愈大。

研究者採用獨立樣本單因子變異數分析，探究不同地區學生在期望壓力與考試壓力的差異情形，描述性統計量如下：

描述性統計量

		個數	平均數	標準差	標準誤	平均數的 95%信賴區間 下界	上界	最小值	最小值
期望壓力	1 北區	25	46.12	9.985	1.997	42.00	50.24	25	66
	2 中區	25	36.56	10.802	2.160	32.10	41.02	16	52
	3 南區	25	37.32	13.350	2.670	31.81	42.83	15	65
	4 東區	25	40.28	13.177	2.635	34.84	45.72	15	65
	總和	100	40.07	12.330	1.233	37.62	42.52	15	66
考試壓力	1 北區	25	30.32	8.235	1.647	26.92	33.72	21	54
	2 中區	25	35.16	13.190	2.638	29.72	40.60	12	68
	3 南區	25	39.52	10.552	2.110	35.16	43.88	24	57
	4 東區	25	37.08	14.177	2.835	31.23	42.93	21	68
	總和	100	35.52	12.077	1.208	33.12	37.92	12	68

　　變異數分析之描述性統計量摘要表，「地區」因子變項有四個水準，水準數值 1 為北區、水準數值 2 為中區、水準數值 3 為南區、水準數值 4 為東區。就期望壓力檢定變數 (依變項) 而言，四個地區受試者的平均數依序為 46.12、36.56、37.32、40.28，100 位觀察值的總平均為 40.07；就考試壓力檢定變數而言，四個地區受試者的平均數依序為 30.32、35.16、39.52、37.08，100 位觀察值的總平均為 35.52。

變異數同質性檢定

	Levene 統計量	分子自由度	分母自由度	顯著性
期望壓力	.766	3	96	.516
考試壓力	2.161	3	96	.098

　　四個不同地區在期望壓力依變項之變異數同質性檢定的 Levene 統計量 F 值為 .766，顯著性機率值 p ＝ .516 ＞ .05，接受虛無假設 ($\sigma^2_{\text{北區}} = \sigma^2_{\text{中區}} = \sigma^2_{\text{南區}} = \sigma^2_{\text{東區}} = \sigma^2$)，符合變異數同質性假定；四個不同地區在考試壓力依變項之變異數同質性檢定的 Levene 統計量 F 值為 2.161，顯著性機率值 p ＝ .098 ＞ .05，接受虛無假設，符合變異數同質性假定，二者均可直接使用傳統的變異數分析進行群組間平均數的差異檢定。

ANOVA

		平方和	自由度	平均平方和	F	顯著性
期望壓力	組間	1413.230	3	471.077	3.316	.023
	組內	13637.280	96	142.055		
	總和	15050.510	99			
考試壓力	組間	1140.080	3	380.027	2.743	.047
	組內	13298.880	96	138.530		
	總和	14438.960	99			

　　變異數分析摘要表顯示：就期望壓力依變項而言，平均數差異檢定的整體 F 值統計量為 3.316，顯著性機率值 p ＝ .023 ＜ .05，就考試壓力依變項而言，平均數差異檢定的整體 F 值統計量為 2.743，顯著性機率值 p ＝ .047 ＜ .05，由於整體考驗的 F 值達到 .05 顯著水準，有足夠證據拒絕虛無假設，接受對立假設，表示四個水準平均數間至少有二個水準的平均數之差異達到顯著，至於是那二個

平均數間的差異達到顯著，進一步要進行事後比較方能得知。整體考驗的 F 值達到 .05 顯著水準，即表示不同地區的高一學生，感受的期望壓力有顯著差異存在；不同地區的高一學生，感受的考試焦慮也有顯著差異存在。

多重比較：Scheffe 法

依變數	(I) 地區	(J) 地區	平均差異 (I-J)	標準誤	顯著性	95% 信賴區間 下界	95% 信賴區間 上界
期望壓力	1 北區	2 中區	9.560	3.371	.051	-.03	19.15
		3 南區	8.800	3.371	.085	-.79	18.39
		4 東區	5.840	3.371	.396	-3.75	15.43
	2 中區	1 北區	-9.560	3.371	.051	-19.15	.03
		3 南區	-.760	3.371	.997	-10.35	8.83
		4 東區	-3.720	3.371	.749	-13.31	5.87
	3 南區	1 北區	-8.800	3.371	.085	-18.39	.79
		2 中區	.760	3.371	.997	-8.83	10.35
		4 東區	-2.960	3.371	.856	-12.55	6.63
	4 東區	1 北區	-5.840	3.371	.396	-15.43	3.75
		2 中區	3.720	3.371	.749	-5.87	13.31
		3 南區	2.960	3.371	.856	-6.63	12.55
考試壓力	1 北區	2 中區	-4.840	3.329	.552	-14.31	4.63
		3 南區	-9.200	3.329	.061	-18.67	.27
		4 東區	-6.760	3.329	.255	-16.23	2.71
	2 中區	1 北區	4.840	3.329	.552	-4.63	14.31
		3 南區	-4.360	3.329	.635	-13.83	5.11
		4 東區	-1.920	3.329	.954	-11.39	7.55
	3 南區	1 北區	9.200	3.329	.061	-.27	18.67
		2 中區	4.360	3.329	.635	-5.11	13.83
		4 東區	2.440	3.329	.910	-7.03	11.91
	4 東區	1 北區	6.760	3.329	.255	-2.71	16.23
		2 中區	1.920	3.329	.954	-7.55	11.39
		3 南區	-2.440	3.329	.910	-11.91	7.03

在上述多重比較摘要中，「平均差異 (I-J)」的配對平均數差異值旁未發現有加註「*」號者，表示採用「Scheffe 法」進行配對組平均數的差異比較時，均未發現有任何二個地區群體配對組間的平均數差異值達到顯著，此種情形和

整體考驗的 F 值達到顯著水準的結果似乎無法前法呼應，在進行獨立樣本單樣因子變異數分析程序中，許多研究者常會發現似一情形。此種結果並不是資料結構有誤或研究者操作錯誤，乃是多重比較法中之「Scheffe 法」本身特性造成的，「Scheffe 法是各種事後比較方法中最嚴格、最為保守、統計考驗力較低的一種多重比較方法，此方法較不會違犯第一類型的錯誤，因而平均數差異檢定較為嚴謹。」整體考驗 F 值達到顯著水準，而使用「Scheffe」法之事後比較檢定，沒有出現成對組的平均數差異達到顯著的情形，通常發生整體考驗 F 值的顯著性機率值 p 在 .05 附近 ($p < \alpha$)，相對的整體考驗的 F 值數值也不大，範例中二個平均數差異整體考驗 F 值統計量分別為 3.316、2.743，顯著性機率值 p 分別為 .023、.047。

由於「Scheffe 法」敏感度較低，群組間平均數差異未達一定標準，則採用「Scheffe 法」多重比較時，可能未有任一配對組平均數間的差異達到顯著水準。在多重比較摘要表，研究者可改採用 Tukey HSD 檢定法及 Bonferroni 檢定法，其操作如下：在「單因子變異數分析：多重比較」次對話視窗的「假設相同的變異數」方盒中，勾選「☑Tukey 法 (T)」、「☑Bonferroni 法 (B)」二個選項。

多重比較

依變數		(I) 地區	(J) 地區	平均差異 (I-J)	標準誤	顯著性	95% 信賴區間 下界	上界
期望壓力	Tukey HSD	1 北區	2 中區	9.560*	3.371	.028	.75	18.37
			3 南區	8.800	3.371	.051	-.01	17.61
			4 東區	5.840	3.371	.313	-2.97	14.65
		2 中區	1 北區	-9.560*	3.371	.028	-18.37	-.75
			3 南區	-.760	3.371	.996	-9.57	8.05
			4 東區	-3.720	3.371	.688	-12.53	5.09
		3 南區	1 北區	-8.800	3.371	.051	-17.61	.01
			2 中區	.760	3.371	.996	-8.05	9.57
			4 東區	-2.960	3.371	.816	-11.77	5.85
		4 東區	1 北區	-5.840	3.371	.313	-14.65	2.97
			2 中區	3.720	3.371	.688	-5.09	12.53
			3 南區	2.960	3.371	.816	-5.85	11.77
	Bonferroni 法	1 北區	2 中區	9.560*	3.371	.033	.48	18.64
			3 南區	8.800	3.371	.063	-.28	17.88
			4 東區	5.840	3.371	.519	-3.24	14.92

依變數		(I) 地區	(J) 地區	平均差異 (I-J)	標準誤	顯著性	95% 信賴區間 下界	上界
		2 中區	1 北區	-9.560*	3.371	.033	-18.64	-.48
			3 南區	-.760	3.371	1.000	-9.84	8.32
			4 東區	-3.720	3.371	1.000	-12.80	5.36
		3 南區	1 北區	-8.800	3.371	.063	-17.88	.28
			2 中區	.760	3.371	1.000	-8.32	9.84
			4 東區	-2.960	3.371	1.000	-12.04	6.12
		4 東區	1 北區	-5.840	3.371	.519	-14.92	3.24
			2 中區	3.720	3.371	1.000	-5.36	12.80
			3 南區	2.960	3.371	1.000	-6.12	12.04
考試壓力	Tukey HSD	1 北區	2 中區	-4.840	3.329	.469	-13.54	3.86
			3 南區	-9.200*	3.329	.034	-17.90	-.50
			4 東區	-6.760	3.329	.184	-15.46	1.94
		2 中區	1 北區	4.840	3.329	.469	-3.86	13.54
			3 南區	-4.360	3.329	.559	-13.06	4.34
			4 東區	-1.920	3.329	.939	-10.62	6.78
		3 南區	1 北區	9.200*	3.329	.034	.50	17.90
			2 中區	4.360	3.329	.559	-4.34	13.06
			4 東區	2.440	3.329	.884	-6.26	11.14
		4 東區	1 北區	6.760	3.329	.184	-1.94	15.46
			2 中區	1.920	3.329	.939	-6.78	10.62
			3 南區	-2.440	3.329	.884	-11.14	6.26
	Bonferroni 法	1 北區	2 中區	-4.840	3.329	.895	-13.81	4.13
			3 南區	-9.200*	3.329	.041	-18.17	-.23
			4 東區	-6.760	3.329	.270	-15.73	2.21
		2 中區	1 北區	4.840	3.329	.895	-4.13	13.81
			3 南區	-4.360	3.329	1.000	-13.33	4.61
			4 東區	-1.920	3.329	1.000	-10.89	7.05
		3 南區	1 北區	9.200*	3.329	.041	.23	18.17
			2 中區	4.360	3.329	1.000	-4.61	13.33
			4 東區	2.440	3.329	1.000	-6.53	11.41
		4 東區	1 北區	6.760	3.329	.270	-2.21	15.73
			2 中區	1.920	3.329	1.000	-7.05	10.89
			3 南區	-2.440	3.329	1.000	-11.41	6.53

　　以 Tukey 法、Bonferroni 法進行多重比較，結果顯示：就期望壓力依變項而言，二者方法均顯示「北區」觀察值的平均數顯著高於「中區」觀察值的平均數，「平均差異 (I-J)」的數值為「9.560[*]」，即北區高一學生感受的父母期望壓力顯著的高於中區高一學生；就考試壓力依變項而言，二者方法均顯示「南區」觀察值的平均數顯著高於「北區」觀察值的平均數，「平均差異 (I-J)」的數值為「9.200[*]」即南區高一學生感受的考試壓力顯著的高於北區高一學生。

【表格範例】

　　上述結果可以整理呈二種不同表格方式呈現：

◎ 表 X　不同地區學生在期望壓力及考試壓力差異之變異數分析摘要表

依變項	變異來源	平方和	自由度	平均平方和	F	事後比較
期望壓力	組間	1413.230	3	471.077	3.316[*]	------
	組內	13637.280	96	142.055		
	總和	15050.510	99			
考試壓力	組間	1140.080	3	380.027	2.743[*]	------
	組內	13298.880	96	138.530		
	總和	14438.960	99			

* p＜.05　------ 表示採用「Scheffe 法」多重比較均不顯著。

　　從變異數分析摘要表得知，不同地區在期望壓力、考試壓力平均數差異檢定之整體考驗的 F 值分別為 3.316、2.743，均達 .05 顯著水準，表示地區自變項在依變項的差異至少有一個配對組的平均數間差異達顯著水準，但經「Scheffe 法」事後比較發現，配對組平均數間的差異則均未達顯著。

　　上述研究發現應採用以下的撰寫方式：「不同地區高一學生在期望壓力、考試壓力的感受沒有顯著不同，研究假設無法獲得支持。」

　　採用 Tukey HSD 法之多重比較結果如下：

表 X　不同地區學生在期望壓力及考試壓力差異之變異數分析摘要表

依變項	變異來源	平方和	自由度	平均平方和	F	Tukey HSD 事後比較
期望壓力	組間	1413.230	3	471.077	3.316*	北區 > 中區
	組內	13637.280	96	142.055		
	總和	15050.510	99			
考試壓力	組間	1140.080	3	380.027	2.743*	南區 > 北區
	組內	13298.880	96	138.530		
	總和	14438.960	99			

* p < .05

　　從變異數分析摘要表得知，不同地區在「期望壓力」、「考試壓力」平均數差異檢定之整體考驗的 F 值分別為 3.316、2.743，均達 .05 顯著水準，表示地區自變項在依變項的差異至少有一個配對組的平均數間差異達顯著水準，經「Scheffe 法」事後比較發現，配對組平均數間的差異則均未達顯著，研究者改採 Tukey HSD 法進行事後比較，結果發現，就期望壓力而言，北區學生 (M = 46.12) 顯著高於中區學生 (M = 36.56)；就考試壓力而言，南區學生 (M = 39.52) 顯著高於北區學生 (M = 30.32)。

　　上述研究發現應採用以下的撰寫方式：「不同地區高一學生在期望壓力、考試壓力的感受有顯著不同，研究假設獲得支持，就期望壓力而言，北區學生顯著高於中區學生；就考試壓力而言，南區學生顯著高於北區學生。」

貳、違反變異數同質檢定之變異數分析

　　進行獨立樣本變異數分析時，若是各水準數值在依變項的變異數有極端顯著的差異存在 (p < .001)，則不應採用傳統變異數分析方法，可改採 SPSS 提供的校正法：Brown-Forsythe 檢定法，或 Welch 檢定法。

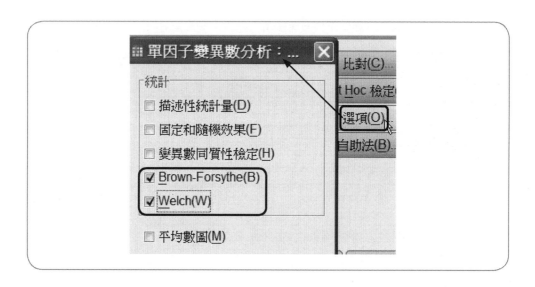

「單因子變異數分析：選項」次對話視窗中之「統計」方盒內有五個選項：描述性統計量、固定和隨機效果 (輸出固定效果及隨機效果的統計量)、變異數同質性檢定、Brown-Forsythe 校正檢定法、Welch 校正檢定法，範例中勾選「☑Brown-Forsythe(B)」、「☑Welch(W)」二個選項，二個選項的功能為當資料結構嚴重違反變異數同質性假定時的變異數分析統計量。

➲ 一、研究問題

不同地區之高一學生在課業壓力的感受是否有顯著不同？其中因子變項為「地區」、依變項為「課業壓力」。

描述性統計量：課業壓力

	個數	平均數	標準差	標準誤	平均數的 95% 信賴區間 下界	上界	最小值	最小值
1 北區	25	23.56	16.305	3.261	16.83	30.29	6	68
2 中區	25	22.44	10.328	2.066	18.18	26.70	7	46
3 南區	25	38.80	18.175	3.635	31.30	46.30	11	57
4 東區	25	48.00	19.875	3.975	39.80	56.20	12	68
總和	100	33.20	19.547	1.955	29.32	37.08	6	68

　　上表為四組樣本在課業壓力依變項的描述性統計量，北區、中區、南區、東區四組受試者在課業壓力得分的平均數分別為 23.56、22.44、38.80、48.00，標準差分別為 16.305、10.328、18.175、19.875，100 位有效觀察值之總平均數為 33.20，標準差為 19.547。課業壓力的操作型定義為受試者在課業壓力量表 / 構面的得分，分數愈高，表示受試者感受的課業壓力愈大；相對的，分數愈低，表示受試者感受的課業壓力愈小。

變異數同質性檢定：課業壓力

Levene 統計量	分子自由度	分母自由度	顯著性
6.632	3	96	.000

　　上表為變異數同質性的檢定統計量，分子的自由度等於 3、分母的自由度等於 96，各組變異數差異之 Levene 統計量的 F 值等於 6.632，顯著性 p 值 <.001，達到高度顯著 (high significant) 水準，有足夠證據拒絕虛無假設，表示四組樣本在依變項的變異數異質，統計分析違反變異數同質性的假定。

ANOVA：課業壓力

	平方和	自由度	平均平方和	F	顯著性
組間	11477.680	3	3825.893	13.940	.000
組內	26348.320	96	274.462		
總和	37826.000	99			

　　上表為傳統獨立樣本單因子變異數分析摘要表，若是各組樣本人數差距不大，即使違反變異數同質性假定，也可以直接採用未校正的 F 值，因為在各組樣本相等的情況下，F 考驗結果仍具有強韌性；或是違反變異數同質性不是很嚴重 (變異數同質性檢定 F 值統計量的顯著性小於 .05，但大於 .001)，也可直接採用傳統變異數分析法。傳統獨立樣本單因子變異數分析結果之組間的 SS＝11477.680、MS＝3825.893，平均數差異整體性考驗的 F 值統計量等於 13.940，顯著性 p＜.001，達到 .05 顯著水準，表示不同地區的高一學生在課業壓力的感受有顯著差異存在。

均等平均數的 Robust 檢定

課業壓力

	統計量 [a]	分子自由度	分母自由度	Sig。
Welch	13.958	3	51.359	.000
Brown-Forsythe	13.940	3	83.315	.000

a. 漸近的 F 分配。

　　上表為違反變異數同質性假定之二種校正的 F 考驗方法：Welch、Brown-Forsythe 二種，採用 Welch 法所得之 F 值為 13.958，顯著性 $p < .001$，達到 .05 顯著水準；採用 Brown-Forsythe 法所得之 F 值為 13.940，顯著性 $p < .001$，也達到 .05 顯著水準，與未校正 F 值統計量 (等於 13.940) 相較之下，Welch、Brown-Forsythe 二種校正法所得出的 F 值統計量與傳統變異數分析程序所得的 F 值統計量差異不大；此外，顯著性機率值 p 的大小也相同，均小於 .001。

多重比較　　依變數：課業壓力

	(I) 地區	(J) 地區	平均差異 (I-J)	標準誤	顯著性	95% 信賴區間 下界	95% 信賴區間 上界
Tamhane 檢定	1 北區	2 中區	1.120	3.860	1.000	-9.56	11.80
		3 南區	-15.240*	4.883	.018	-28.65	-1.83
		4 東區	-24.440*	5.141	.000	-38.57	-10.31
	2 中區	1 北區	-1.120	3.860	1.000	-11.80	9.56
		3 南區	-16.360*	4.181	.002	-27.96	-4.76
		4 東區	-25.560*	4.480	.000	-38.03	-13.09
	3 南區	1 北區	15.240*	4.883	.018	1.83	28.65
		2 中區	16.360*	4.181	.002	4.76	27.96
		4 東區	-9.200	5.386	.447	-23.98	5.58
	4 東區	1 北區	24.440*	5.141	.000	10.31	38.57
		2 中區	25.560*	4.480	.000	13.09	38.03
		3 南區	9.200	5.386	.447	-5.58	23.98
Dunnett T3 檢定	1 北區	2 中區	1.120	3.860	1.000	-9.53	11.77
		3 南區	-15.240*	4.883	.018	-28.62	-1.86
		4 東區	-24.440*	5.141	.000	-38.54	-10.34
	2 中區	1 北區	-1.120	3.860	1.000	-11.77	9.53
		3 南區	-16.360*	4.181	.002	-27.93	-4.79
		4 東區	-25.560*	4.480	.000	-37.99	-13.13

	(I) 地區	(J) 地區	平均差異 (I-J)	標準誤	顯著性	95% 信賴區間 下界	上界
	3 南區	1 北區	15.240*	4.883	.018	1.86	28.62
		2 中區	16.360*	4.181	.002	4.79	27.93
		4 東區	-9.200	5.386	.436	-23.95	5.55
	4 東區	1 北區	24.440*	5.141	.000	10.34	38.54
		2 中區	25.560*	4.480	.000	13.13	37.99
		3 南區	9.200	5.386	.436	-5.55	23.95
Games-Howell 檢定	1 北區	2 中區	1.120	3.860	.991	-9.22	11.46
		3 南區	-15.240*	4.883	.016	-28.24	-2.24
		4 東區	-24.440*	5.141	.000	-38.14	-10.74
	2 中區	1 北區	-1.120	3.860	.991	-11.46	9.22
		3 南區	-16.360*	4.181	.002	-27.59	-5.13
		4 東區	-25.560*	4.480	.000	-37.62	-13.50
	3 南區	1 北區	15.240*	4.883	.016	2.24	28.24
		2 中區	16.360*	4.181	.002	5.13	27.59
		4 東區	-9.200	5.386	.331	-23.54	5.14
	4 東區	1 北區	24.440*	5.141	.000	10.74	38.14
		2 中區	25.560*	4.480	.000	13.50	37.62
		3 南區	9.200	5.386	.331	-5.14	23.54

上表為事後比較統計量,由於樣本變異數不同質,在事後比較時,直接選取「未假設相同的變異數」的事後比較法,SPSS 提供四種方法,範例中選取其中的三種:Tamhane 檢定、Dunnett's T3 法與 Games-Howell 法,三種方法所得結果均一樣:其中「南區」觀察值群體在課業壓力的平均數顯著的高於「北區」及「中區」觀察值群體,其平均數的差異分別為 15.240 (p = .018 < .05)、16.360 (p = .002 < .05);而「東區」觀察值群體在課業壓力的平均數顯著的高於「北區」及「中區」觀察值群體,其平均數的差異分別為 24.440 (p < .001)、25.560 (p < .001)。

未假設相同的變異數
☑ Tamhane's T2 檢定(M)　☑ Dunnett's T3 檢定(3)　☑ Games-Howell 檢定(A)　☐ Dunnett's C 檢定(U)

顯著水準(V)：0.05

【表格範例】

表 X 不同地區之高一學生在課業壓力差異之變異數分析摘要表

地區	個數	平均數	標準差	Welch 法	Brown-Forsythe 法	Tamhane 多重比較
北區 (A)	25	23.56	16.305	13.958[***]	13.940[***]	C>A、C>B
中區 (B)	25	22.44	10.328			D>A、D>B
南區 (C)	25	38.80	18.175			
東區 (D)	25	48.00	19.875			
總和	100	33.20	19.547			

*** $p < .001$

　　不同地區之高一學生在課業壓力差異之變異數分析程序中,由於變異數同質性檢定的 F 值達到高度顯著 (F = 6.632、p<.001),因而改採校正的 Welch 法及 Brown-Forsythe 法進行四個群組平均數間的差異檢定,事後比較採用 Tamhane 多重比較方法,Welch 法及 Brown-Forsythe 法所得之校正 F 值統計量分別為 13.958、13.940,顯著性機率值 p<.001,均達 .05 顯著水準,表示不同地區之高一學生在課業壓力的差異達到顯著,進行多重比較發現:南區群體學生的平均數顯著高於北區、中區群體學生;東區群體學生的平均數也顯著高於北區、中區群體學生。

第 11 章

線性迴歸分析

迴歸分析通常用於變項間的預測與解釋，作為依變項的變數又稱為效標變項 (criterion variables)、結果變項 (outcome variables) 或反應變項 (response variables)，作為自變項變數 (統計書籍部份譯為獨變項) 又稱為預測變項 (predictor variables) 或解釋變項 (explanatory variables)。迴歸統計程序要有最佳的解釋力或預測量，自變項間彼此的相關要呈低度相關，而每個自變項要與效標變項間有中高度的相關。

第一節　迴歸分析理論與簡單迴歸

壹、基本理論

變異數分析是探討因子 (自變數) 對依變數是否有影響的統計方法，不過，變異數分析有一些不足，那就是變異數分析僅能分析自變數與依變數有無關係，而不能分析其間的關係程度。另外，在許多情境下，自變數經常是連續的隨機變數，因而較難將自變數分成有限個處理來探討自變數對依變數是否有影響。迴歸分析的方法可以探討連續隨機變數對連續變項的影響，此方法會將所要研究的變數區分為依變數 (dependent) 與自變數 (independent)，並根據相關理論建立依變數為自變數的函數 (模型)，然後利用獲得的樣本資料去估計模型中參數並做預測的方法，迴歸分析的意義：「迴歸分析是用來分析一個或一個以上自變數與依變數間的數量關係，以了解當自變數為某一水準或數量時，依變數反應的數量或水準」(林惠玲、陳正倉，民 92)。

在相關分析中，如果二個變項有顯著相關，僅表示二個變項間關聯的大小與方向，變項間有顯著相關，不一定表示變項間有因果關係存在，二者可能同時均為因、或均為果，或真有因果關係存在，相關與迴歸 (regression) 均是應用線性關係檢定的二種主要統計方法，相關分析的目的在於描述二個連續變項的線性關係，而迴歸則基於二變項之間的線性關係，進一步分析二變項之間的預測關係。二個變項間的相關係數顯著時，僅能說明這二個變項之間具有一定程度的關聯，包括其關聯的大小與方向，而無法確知二個變項之間的因果與先後關係。如果研究者的目的在於「預測」，亦即以一個獨立變數 (預測變項) 去預測另一個依變數 (效標變項)，或是關心實驗的控制 (因)，是否影響某一被觀察的變數 (果)，

研究者必須採用迴歸分析，透過迴歸方程式的建立與考驗，來考驗變項之間的關係。相關係數同時考慮二變項的變異情形，屬「對稱設計」；而迴歸分析的目的則在於利用一個自變項去預測效標變項的情形，屬「不對稱設計」(邱皓政，民89)。

　　在行為及社會科學領域中，迴歸分析的實例很多，如根據學生的智力來預測其在校的學業成就；根據學生的智力、在學學業成就預測其未來聯考的成績；根據組織成員的工作投入、組織承諾感、工作滿足、組織認同感等變因來預測組織效能或組織績效；依據父母管教態度、家庭氣氛、學生同儕關係等來預測學生的人格發展情形等。在上述變項中作為預測的變項，就稱做「預測變項」(predictor)，被預測的變項，稱做「效標變項」(criterion) 或結果變項，以學生的智力、在學學業成就預測其未來聯考的成績為例，預測變項為學生智力、在學學業成就；效標變項為聯考成績，如果二個變項 X 與 Y 是直線關係，而以單一變項 X 去預測效標變項 Y，則稱為「簡單迴歸分析」(simple regression analysis)；如果自變項不只一個，而有數個預測變項 X_1、X_2、X_3、……，此時迴歸方程式中同時包含數個自變數對依變數的影響，則稱為「多元迴歸分析」(multiple regression analysis)。迴歸分析程序中，常發生單獨預測變項與依變項間有中高度的相關，但在迴歸模式中對依變項的解釋量變得很低，此種情形乃是自變項間有某種程度關聯所造成。以二個年齡及體重來預測成年人的血壓為例，預測變項為年齡 (X_1) 及體重 (X_2)，依變項為血壓 Y，二個預測變項間有某種程度相關，二個預測變項與依變項個別間也有顯著相關，三個變項間的關係以下圖表示 (Warner, 2008, 429)，依變項 Y 的總變異量為 a＋b＋c＋d＝1 (100%)：

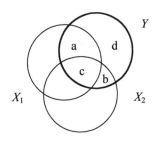

上述圖示中：

　　預測變項 X_1 與依變項 Y 重疊部份為 a＋c，此面積為 X_1 與 Y 變項積差相關係數的平方 r^2_{X1Y}，預測變項 X_2 與依變項 Y 重疊部份為 b＋c，此面積為 X_2 與 Y

變項積差相關係數的平方 r^2_{X2Y}。

面積 a 區塊 sr^2_1：當預測變項 X_2 統計控制或淨排除後，預測變項 X_1 單獨可以解釋效標變項 Y 的變異部份。

面積 b 區塊 sr^2_2：當預測變項 X_1 統計控制或淨排除後，預測變項 X_2 單獨可以解釋效標變項 Y 的變異部份。

面積 c 區塊：預測變項 X_2 與預測變項 X_1 二者共同可以解釋效標變項 Y 的變異部份 (未包含二個預測變項可以單獨解釋依變項 Y 變異部份)，其變異量 c = 1 － a － b － d。

面積 a ＋ b ＋ c 區塊 $R^2_{Y.12}$，為預測變項 X_2 及預測變項 X_1 二個可以解釋效標變項 Y 變異量面積 a ＋ b ＋ c 區塊的全部變異部份。

面積 d 區塊 $1 － R^2_{Y.12}$，為預測變項 X_2 及預測變項 X_1 二個無法解釋效標變項 Y 變異量變異的部份，此為疏離係數的平方。

從歷史發展來看，預測的問題之研究還要早於相關量數的發展。英國學者高爾登 (Francis Galton, 1822-1911) 首先將迴歸應用到生物學和心理學的資料，高爾登在 1855 年發表了《Regression towards mediocrity in hereditary stature》論文，在文章中分析了孩童身高與父母身高之間的關係，他發現：父母的身高與子女的身高有密切關係存在，父母的身高愈矮或愈高時，其子女的身高會較一般孩童為矮或高；但父母的身高有極端傾向時，其子女的身高反而會不如父母親身高的極端化，而朝向平均數移動，亦即，身高高於平均數的父母傾向有身高高於平均數的子女，但子女的身高則不如他們父母的身高；身高低於平均數的父母傾向有身高低於平均數的子女，但子女的身高則通常會高於他們父母的身高，高爾登稱此種現象為「迴歸朝向平凡」(regression toward mediocrity)，也就是二極端的分數會有退回到平均數的現象，或二極端的分數往平均數迴歸的現象 (regression toward the mean)，這是為什麼統計學上把某一變項「預測」另一變項的問題，稱為「迴歸」的典故。高爾登亦創造相關係數 r 且取名為「相關」(林清山，民 81；邱皓政，民 89，吳忠武等譯，民 94)。

迴歸分析依據自變數的數目，分為簡單迴歸分析 (simple regression analysis) 與多元迴歸分析 (multiple regression analysis)(或稱複迴歸分析)。

⇒ 一、簡單迴歸

當二個變項具有線性關係時,可以將此二變項的直線關係以一個直線型迴歸函數表示,在簡單迴歸分析中,依變項為 Y、一個預測變項為 X、其模式如下:

$$Y_i = a + bX_i + e_i (\text{ 或表示為 } Y_i = b_0 + b_1 X_i + \varepsilon)$$

i = 1,2,3,……,n,表示第 i 個樣本,Y_i 是第 i 個觀察值的效標變數;X_i 是自變項,為第 i 個觀察值的自變數;a 和 b 是統計量估計值,其中 a 是常數項 (截距項)(intercept),b 是迴歸係數 (regression coefficient),$e_i(\varepsilon)$ 是隨機誤差項 (random error),隨機誤差項 e_i 的期望值或平均數為 0,即 $E(e_i) = 0$、隨機誤差項變異數 $\sigma^2(e_i) = \sigma^2$。迴歸模式中的參數 b 是迴歸直線的斜率 (slope),它表示每單位 X 的變動所引起 Y 機率分配平均的變動;截距項 a 是表示迴歸直線在 Y 軸上的截點與原點之間的距離 (吳宗正,民 85)。

上述 $Y_i = a + bX_i + e_i$ 的線性迴歸模型有以下幾個假設或限制 (林惠玲、陳正倉,民 92):

1. $E(e_i) = 0$

是指在 $X = X_i$ 條件下,每一組的隨機誤差項的平均數或期望值為 0,公式可表示為 $E(e_i|X_i) = 0 = E(Y_i) = E(a + bX_i + e_i) = a + bX_i$。

2. $V(e_i) = \sigma^2$ (變異數齊一性)

指自變項在任一 X_i 數值的情況下,隨機誤差項 e_i 的變異數都等於 σ^2,即每一組的誤差項之數異數均相等,此種特性稱之為變異數齊一性或變異數同質性。

3. $Cov(e_i, e_j) = 0$,i ≠ j,i, j = 1, 2, ..., n

任何一組 e_i 與 e_j 的共變數為 0,即 e_i 與 e_j 間沒有關係,簡單線性迴歸分析的假設之一是任何二個自變項測量值 X_i、X_j 所對應的測量誤差項 e_i 與 e_j 間互為獨立。

4. $Cov(e_i, X) = 0$ 或 $E(e_i X) = 0$,i = 1, 2, ..., n

即測量誤差項 e_i 與預測變項 X 間沒有關係。

5. e_i 為常態分配，而 Y_i 也為常態分配

簡單線性迴歸分析的假設之一為測量誤差項 e_i 的分配為常態分配，以符號表示為：$e_i \sim N(0, \sigma^2)$。

一般迴歸最常使用的是最小平方法 (method of least square)，讓所得出來的迴歸線，其誤差 (預測值與實際值) 的平方和最小的意思 (馬信行，民 88)。所謂最小平方法，其目的在找出一條直線，讓這條直線能夠通過這些資料點所構成的重心，並使得每個資料點到這條直線之平行於縱軸 (即 Y 軸) 且垂直於橫軸 (即 X 軸) 的距離之平方和變為最小 (余民寧，民 86)。一般而言，求出迴歸線的步驟即在求斜率 (slope) 與截距 (intercept) 的歷程。

斜率在迴歸程序中又稱為係數 (coefficient)，是指多個自變項的迴歸係數值，迴歸係數也稱為迴歸加權值 (weight)，因而迴歸斜率、迴歸係數、迴歸加權指的是同一估計值，這些估計值可以將一系列自變項組合為一新變項，新變項分數間加權線性總和即為迴歸方程式，迴歸方程式中的截距項又稱為常數，迴歸方程式所導出的依變項預測值與實際依變項真實分數間的差異稱為誤差或殘差 (Spicer, 2005)。

如以特定變項 X 去預測一個效標變項 Y 的大小，所求的迴歸係數如為 b、常數項為 a，則迴歸方程式通常以下列形式表示：$\hat{Y} = a + bX$ (部份統計書籍表示為 $Y' = a + bX$)，則最小平方法在使下列之值最小：$\sum(Y - a - bX)^2 =$ 最小值，誤差項 $e_i = Y - \hat{Y}$，誤差項 e 值愈大表示預測正確性愈低。最小平方法在找出一條最適合的直線，此直線稱為迴歸線 (regression line) 或最適合線 (best-fit line) 或最佳適配迴歸線，此線是利用觀察值實際於依變項 Y 的測量值與預測的 $\hat{Y}$ 值間的垂直距離的平方方為最小。根據 X 變數預測 Y 變數的簡單迴歸方程式：$\hat{Y} = a_{y.x} + b_{y.x}X$ 中，$b_{y.x}$ 為斜率，亦即根據 X 變數來預測 Y 效標變數時的迴歸係數 (regression coefficient)，它的值正好等於 X 變數和 Y 變數的共變數除以 X 變數的變異數 (林清山，民 81)：$b_{y.x} = \dfrac{C_{xy}}{SS_x} = \dfrac{\Sigma(X_i - \overline{X})(Y_i - \overline{Y})}{\dfrac{\Sigma(X_i - \overline{X})^2}{N}} = r \times \dfrac{S_y}{S_x}$，迴歸模型中估計標準誤為 $ES_{y.x} = \sqrt{\dfrac{\Sigma(Y - \hat{Y})^2}{N - 2}}$。

預測值分數與真實分數的差異值為估計誤差值，最小平方法在於找出一條自變項組合的最佳直線，讓所有誤差值總和為最小，以符號表示為 (Stevens, 2002, pp.82-83)：

$$e_1^2 + e_2^2 + \cdots\cdots + e_n^2 = \sum_{t=1}^{n} e_i^2 = 最小值，其中 e_i = y_i - \hat{y}_i = 真實分數 - 預測分數$$

最小平方法的圖示說明如下：

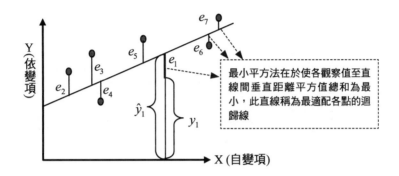

如以國中學生家庭社經地位為自變數 (X 變項)，而以學生學業成就為依變項 (Y 變項)，由學生家庭社經地位變項預測其學業成就，原始分數測量值間的迴歸方程式如下為：學業成就＝ b× 社經地位＋ α 或 b_1× 社經地位＋ b_0。

範例自變項 X 為國中學生的社經地位，依變項 Y 為學生的學業成就，以社經地位預測學業成就的非標準化迴歸方程式為：$\hat{Y} = \beta_0 + \beta_1 X$，左邊的算式通常為母群體的迴歸方程式，迴歸方程式是一條直線，根據學生社經地位可以預測學生的學業成就 Y，預測值 $\hat{Y}$ 與實際學生的學業成就間通常會有差異，實際量測值 Y 與預測值 $\hat{Y}$ 間的差異 $(Y - \hat{Y})$ 就是隨機誤差項 e，當實際量測值 Y 與預測值 $\hat{Y}$ 間的差異值為 0，表示預測隨機誤差值為 0。

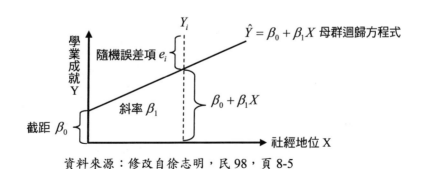

資料來源：修改自徐志明，民 98，頁 8-5

推論統計程序中，母體的參數通常無法真正得知，必須由抽樣樣本之統計

量加以估計，估計母體迴歸線斜率與截距的方法一般使用最小平方法 (ordinary least squares methods;[OLS])，樣本觀察值得到的迴歸方程式可表示為：$\hat{y} = b_0 + b_1X$，此方程式為估計的迴歸方程式 (estimated regression equation) 或迴歸方程式，其中 b_0 與 b_1 稱為估計的迴歸係數 (estimated regression coefficient) 或迴歸係數，由估計迴歸方程式估計所得的依變項預測值 $\hat{y}$ 與樣本觀察值 Y 真正量測值間的差異稱為估計誤差項或稱殘差值。

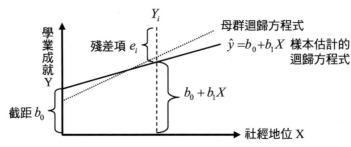

資料來源：修改自徐志明，民 98，頁 8-7

由於原始分數與標準分數之間存有某種直線轉換關係，因此，可以將原始分數迴歸方程式轉換成標準分數迴歸方程式，亦即迴歸方程式除了可以使用原始分數表示外，也可以使用標準分數表示 (余民寧，民 86)，其型式通常以下式表示：$Z_Y = B \times Z_X$；其中 β (Beta) 稱為標準化迴歸係數 (standardized regression coefficient)。由於原始迴歸係數 b 值的大小會隨著 X 與 Y 二變項的單位之使用而沒有一定的範圍，如果將原始迴歸係數 b 值乘以 X 變項的標準差再除以 Y 變項的標準差：$\beta = b \dfrac{S_x}{S_y}$，即可去除單位的影響，並控制二個變項的分散情形 (邱皓政，民 89)，根據標準化迴歸係數 β 值所劃出的直線，會通過原點，因而沒有截距，使得截距 (α) 之值等於 0，標準化迴歸係數的絕對值愈大，表示預測力愈佳，其中的正負號只表示預測變項與效標變數的關係方向，迴歸係數為正，表示預測變項對依變項的影響為正向；相對的，迴歸係數為正，表示預測變項對依變項的影響為負向。

迴歸分析的模式中，如以變異數來看則改為下式表示：

Y 變項的總變異量＝隨機變異量 (誤差變異量)＋可解釋的變異量 (可解釋的變異量＝總變異量－隨機誤差變異量)，以符號表示為：SST = SSE + SSR，

或 $1 = \dfrac{SSE}{SST} + \dfrac{SSR}{SST}$，即可解釋的變異量比值加上誤差變異量比值等於 1 (100%)，

其中 $\dfrac{SSR}{SST} = 1 - \dfrac{SSE}{SST}$；$\dfrac{SSR}{SST}$ ＝可解釋的變異量 ÷ 總變異量，此比值又稱為決定係數 (或譯為判定係數)(coefficient of determination)，決定係數簡稱為 R^2 (R square)，R^2 是一個比值，而非是一個機率值或相關係，決定係數表示的依變項的總變異量中可以被自變項解釋的變異部份為多少百分比，決定係數的數值介於 0.00 至 1.00 中間。　開根號後即得多元相關係數 R，在簡單迴歸分析時，多元相關係數即為二個變數間之積差相關係數 (簡單相關)，在複迴歸分析中，多元相關係數表示多個自變項與一個效標變數間的多元相關。

以國中學生社經地位預測學業成就的簡單迴歸為例：

社經地位	學業成就 Y	預測學業成就 $\hat{Y}$	誤差項 $Y - \hat{Y}$	$(\hat{Y} - \overline{Y})^2$	$(Y - \hat{Y})^2$	$(Y - \overline{Y})^2$
5	10	9.92	0.08	15.37	0.01	16
5	9	9.92	-0.92	15.37	0.85	9
4	10	8.06	1.94	4.26	3.75	16
4	9	8.06	0.94	4.26	0.88	9
3	7	6.21	0.79	0.04	0.63	1
3	8	6.21	1.79	0.04	3.21	4
2	4	4.35	-0.35	2.72	0.12	4
2	7	4.35	2.65	2.72	7.02	1
2	3	4.35	-1.35	2.72	1.82	9
1	1	2.49	-1.49	12.30	2.23	25
1	2	2.49	-0.49	12.30	0.24	16
1	4	2.49	1.51	12.30	2.27	4
5	9	9.92	-0.92	15.37	0.85	9
3	5	6.21	-1.21	0.04	1.46	1
4	8	8.06	-0.06	4.26	0.00	4
2	6	4.35	1.65	2.72	2.72	0
2	2	4.35	-2.35	2.72	5.52	16
3	4	6.21	-2.21	0.04	4.87	4
總和 52	108	108	0	109.58	38.46	148.00
平均 3	6	6	0	[A]	[B]	[C]

[A]：$(\hat{Y} - \overline{Y})^2$ 欄的總和 109.58 為迴歸模型的變異量 (SSR)。
[B]：$(Y - \hat{Y})^2$ 欄的總和 38.46 為隨機誤差項的變異量 (SSE)。
[C]：$(Y - \overline{Y})^2$ 欄的總和 148.00 為依變項 Y 的總變異量 (SST)，依變項的平均 $\overline{Y} = 6$。

執行功能表列「分析 (A)」/「迴歸 (R)」/「線性 (L)」程序的結果如下：

模式摘要

模式	R	R 平方	調過後的 R 平方	估計的標準誤
1	.860[a]	.740	.724	1.550

a. 預測變數：(常數)，社經地位。

決定係數 R 平方為 .740，表示依變項學業成就總變異量中可以被社經地位自變項解釋的比例為 74.0%，其餘 26.0% (1 − .740 = .260) 是自變項無法解釋的變異部份。

Anova[b]

模式		平方和	df	平均平方和	F	顯著性
1	迴歸	109.542	1	109.542	45.574	.000[a]
	殘差	38.458	16	2.404		
	總數	148.000	17			

a. 預測變數：(常數)，社經地位。
b. 依變數：學業成就。

迴歸分析檢定的虛無假設與對立假設如下：

虛無假設：$\beta_1 = 0$、對立假設：$\beta_1 \neq 0$，迴歸係數顯著性檢定採用 F 值統計量，如果 F 值統計量達到 .05 顯著水準 (p < .05)，表示迴歸方程式中迴歸係數 β_1 顯著不等於 0，當迴歸係數 β_1 顯著不等於 0，自變項對依變項的預測力或解釋量 R 平方便顯著不為 0；相對的，若是 F 值統計量未達到 .05 顯著水準 (p > .05)，表示迴歸方程式中迴歸係數 β_1 顯著等於 0，自變項對依變項沒有顯著的預測力。範例中，迴歸方程式迴歸係數顯著性檢定 F 值統計量為 45.574，顯著性 p < .001，表示自變項社經地位 X 的迴歸係數顯著不等於 0 ($\beta_1 \neq 0$)，迴歸方程式具有解釋能力。

從 ANOVA 摘要表可以取得：SSR = 109.542、SSE = 38.458、SST = 148.000、

$$R^2 = \frac{SSR}{SST} = 1 - \frac{SSE}{SST} = \frac{109.542}{148.000} = 1 - \frac{34.548}{148.000} = .740$$ 。上述資料表中預測學業成就 $\hat{Y}$ 值是根據下列未標準化係數之「B 之估計值」欄的迴歸係數估計值與截距項估計而得，SSR 為 109.58，ANOVA 摘要表中的 109.542 的差異值在於小數點

的選取與進位造成的 (迴歸方程式中的截距項與斜率估計值只呈現到小數第三
位)。

係數 [a]

模式		未標準化係數		標準化係數	t	顯著性
		B 之估計值	標準誤差	Beta 分配		
1	（常數）	.636	.875		.728	.477
	社經地位	1.857	.275	.860	6.751	.000

a. 依變數：學業成就。

未標準化迴歸方程式為：$\hat{Y} = .636 + 1.857 \times$ 社經地位

標準化迴歸方程式為：$Z_Y = .860 \times$ 社經地位

⊃ 二、多元迴歸

簡單迴歸是根據一個自變數去預測一個效標變數，但在實際的研究分析中，
研究者擬定的自變數通常不只一個，也就是為了使預測更能正確，常會根據二個
以上的自變數來預測另一個效標變數，此時簡單迴歸方程式無法說明變項間的關
係，需另外建立較為複雜的迴歸方程式，此迴歸方程式須同時考量多個自變項，
以能正確說明對依變數的影響，此種同時由多個自變數來預測一個效標變數的方
法稱為「多元迴歸」(multiple regression) 或稱為複迴歸，進行多元迴歸分析時求
得的相關稱為「多元相關」(multiple correlation)，多元相關係數通常以大寫的 R
表示，又稱為複相關係數。

多元迴歸分析之原始化迴歸方程式為：

$Y = b_0 + b_1X_1 + b_2X_2 + b_3X_3 + \cdots\cdots + b_kX_k$，其中 b_0 為截距、b_k 為原始迴
歸係數。

標準化迴歸方程式為：

$Z_Y = B_1Z_{X1} + B_2Z_{X2} + B_3Z_{X3} + \cdots\cdots + B_kZ_{Xk}$，其中 B_k 為標準化迴歸係數。

多元迴歸整體顯著性檢定在評估所有進入迴歸方程式之 k 個預測變項對依變
項 Y 的預測分數，個別預測變項斜率顯著性檢定，在於統計控制所有其餘預測
變項後，某一預測變項對依變項 Y 是否有顯著預測力，多元迴歸分析有以下幾
個特性 (Warner, 2008, p.549)：

1. 迴歸程序中包含數個預測變項，預測變項的選取要根據理論，其目標可能是對結果變項 (outcome variable) 分數的預測或影響。

2. 個別自變項預測效用的檢定必須在統計控制其餘自變項後，才能得知個別預測變項對結果變項的預測力有多大。

3. 愈多的預測變項愈能有效預測結果變項的分數，但選取的預測變項愈多愈有可能膨脹第一類型的錯誤率，因而預測變項的選取應把握以下原則：(1) 有完備的理論支持選取的預測變項是影響結果變項的因變項；(2) 根據經驗法則得知變項是個有效用的預測變項；(3) 當控制其餘變項後選取的變項對結果變項有重要的影響。

4. 迴歸分析程序中自變項 X 與依變項 Y 間的曲線關聯可能是直線、二次或三次，若是自變項與依變項間的關聯情形不是線性關係，可不宜採用傳統線性迴歸法。

以三個具有預測變數的迴歸方程式為例，如研究者探究學生的數學焦慮、數學態度、數學投入動機是影響其數學成就的三個變數，則效標變數 (criterion) 為數學成就 (Y 變數)，而數學焦慮 (X_1)、數學態度 (X_2)、數學投入動機 (X_3) 就稱為預測變項 (predictors)。此時所建立的迴歸方程式如下：

$$Y = b_0 + b_1X_1 + b_2X_2 + b_3X_3$$

數學成就＝ b_0 ＋ b_1 × 數學焦慮＋ b_2 × 數學態度＋ b_3 × 數學投入動機，上述三個迴歸係數 b_1、b_2、b_3 即代表以這三個變數去預測效標變數時的權數。標準化迴歸方程式為：$Z_{數學成就} = B_1 × Z_{數學焦慮} + B_2 × Z_{數學態度} + B_3 × Z_{數學投入動機}$，從標準化迴歸方程式中的標準化迴歸係數 β 係數絕對值的大小，可以判別自變項對依變項影響的重要性，β 係數值介於 -1.00 至＋ 1.00 之間，係數絕對值愈接近 1，表示自變項對依變項的影響愈重要 (預測力或解釋變異量會愈大)。上述圖示架構的徑路模式圖如下：

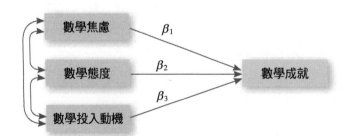

整體迴歸方程式之顯著性檢定採用 F 值統計量，F 值統計量的公式如下：

$F = \dfrac{SS_{regression}/k}{SS_{residual}/(N-k-1)}$，N 為觀察值個數、k 為自變項的個數，如果以 R 平

表示，F 值統計量的公式為：$F = \dfrac{R^2/k}{(1-R^2)/(N-k-1)}$。虛無假設為：$b_1 = b_2 = b_3$

$= b_k = 0$ (所有迴歸係數均等於 0)，或 $\beta_1 = \beta_2 = \beta_3 = \beta_4 = 0$ (或 R = 0)。對
立假設：k 個迴歸係數中至少有一個迴歸係數 $b_i \neq 0$，當整個整體迴歸方程式檢
定 F 值統計量的顯著性 p＜.05，表示 k 個迴歸係數中至少有一個自變項的迴歸
係數不等於 0 或全部迴歸係數不等 0，自變項的迴歸係數顯著不等 0，表示自變
項對依變項的解釋變異量達到顯著。

多元迴歸分析之「逐步迴歸法」(stepwise)，是運用甚為廣泛的複迴歸分析
方法之一，也是多元迴歸分析報告中出現機率最多的一種預測變項的方法。它結
合「順向選擇法」(forward selection) 與「反向剔除法」(backward elimination) 二
種方式的優點。

三、順向選擇法 (forward)

所謂順向選擇法即是自變項一個一個（或一個步驟一個步驟）進入迴歸模式
中，在第一個步驟中，首先進入方程式的自變項是與依變項關係最密切者，亦即
與依變項間有最大正相關或最大負相關者；第二個步驟 (以後每一個次步驟中)
則選取與依變項間的淨相關為最大之自變項，進入迴歸模式中。在每個步驟中，
使用 F 統計 (t 統計的平方) 考驗進入迴歸模式的自變項，如果其標準化迴歸係數
顯著性考驗之 F 值大於或等於內定的標準或 F 值進入的機率值 (probability of F-to
-enter) 小於或等於內定的標準 (.05)，則此變項才可以進入迴歸模式中。

四、反向剔除法 (backwad)

所謂反向剔除法是先將所有自變項均納入迴歸模式中，之後再逐一將對模式
貢獻最小的預測變項移除，直到所有自變項均達到標準為止。剔除的標準有二，
一為標準化迴歸係數顯著性考驗的 F 值最小；二為最大的 F 機率值 (maximum
probability of F)。PASW 內定剔除標準的最小 F 值為 2.71、最大的 F 機率值為
0.10。如果研究者發現預測變項間相關較高，可將剔除 F 值 (F-to-remove) 設為大

些，而將 F 機率值設為較小些。

逐步迴歸法包含了以上二種方法，此方法分析的簡要步驟是：

1. 在模式中原先不包括任何的預測變項，而與效標變項相關最高者，首先進入迴歸方程式。

2. 其次是控制迴歸方程式中變項後，根據每個預測變項與效標變項間之「淨相關」(partial correlation) 的高低來決定進入方程式的順序，而進入方程式的標準在於預測變項的標準化迴歸係數必須通過 F 值或 F 機率值規定之標準。

3. 已被納入方程式的預測變項必須再經過反向剔除法的考驗，以決定該變項是否被保留，進入迴歸方程式的變項若符合剔除標準，則會被淘汰。

此外，在多元迴歸分析中，強迫輸入法 (Enter) 也是一種常見的方法，強迫輸入法即一般所稱的複迴歸分析法。這是一種強迫介入式的複迴歸分析，強迫所有變項有順序進入迴歸方程式，不考慮預測變數間的關係，同時計算所有變數的迴歸係數。在研究設計中，如果研究者有事先建立假設，決定變項重要性層次，則應該使用強迫輸入法較為適宜；強迫輸入法又稱「階層式進入法」(hierarchical enter)。如果迴歸分析時，將變項各自歸類並逐次投入迴歸模式中，則稱為「階層分析法」(hierarchical multiple regression)，如在成人生活滿意度調查研究中，預測變項共有學歷、婚姻狀態、薪資所得、身體健康、家庭幸福感等變項，第一個階段將學歷、婚姻狀態投入迴歸模式中，以求得二個背景變項對生活滿意度的解釋力；第二階段將薪資所得、身體健康、家庭幸福感三個變項投入迴歸模式中，以求得其迴歸方程式及解釋力；第三階段再將學歷、婚姻狀態、薪資所得、身體健康、家庭幸福感五個變項一起投入迴歸模式中，以求其解釋力，如此，可知悉每個階層變項對依變項的預測情形及解釋量的變化狀態。

多元迴歸分析中選取預測變項進入迴歸方程式方法很多，何種最好，學者間觀點也未盡一致，選取方法應用與研究設計及研究規劃有密切關係。學者 Hower (1987) 綜合多人意見，提出以下看法，供研究者參考：

1. 研究者應該優先使用強迫進入法或逐步多元迴歸分析法。

2. 使用強迫進入法時，可根據研究規劃時之相關理論，決定變項投入的順序。

在多元迴歸分析中要留意「共線性」(collinarity) 問題，所謂共線性指的是由

於自變項間的相關太高，造成迴歸分析之情境困擾。如果變項間有共線性問題，表示一個預測變項是其它自變項的線性組合，以二個自變項 X_1、X_2 為例，完全共線性代表的是 X_1 是 X_2 的直線函數，$X_1 = \alpha + BX_2$，所以點 (X_{i1}, X_{i2}) 會在同一條線上，因而稱為「共線性」，如果模式中，有嚴重的共線性存在，則模式之參數就不能完全被估計出來。

自變項間是否有共線性問題，可由下面的數據加以判別：

1. 容忍度

容忍度 (tolerance)(或稱允差) 等於 $1 - R^2$，其中 R^2 是此自變項與其它自變項間的多元相關係數的平方，此時變項之 R^2 值太大，代表模式中其它自變項可以有效解釋這個變項。容忍度的值介於 0 至 1 間，如果一個自變項的容忍度太小，表示此變項與其它自變項間有共線性問題；其值如接近 0，表示此變項幾乎是其它變項的線性組合，這個變項迴歸係數的估計值不夠穩定，而迴歸係數的計算值也會有很大誤差。

2. 變異數膨脹因素

變異數膨脹因素 (variance inflation factor；簡稱為 VIF) 為容忍度的倒數 $\dfrac{1}{tolerance} = \dfrac{1}{(1 - R^2)}$，VIF 的值愈大，表示自變項的容忍度愈小，愈有共線性的問題，一般而言，當 VIF 指標值大於 10 以上時，表示自變項間可能有共線性問題。

3. 條件指標

條件指標 (condition index；簡稱為 CI)。條件指標為最大特徵值 (eigenvalue) 除以第 i 個特徵值的數值開方根，其計算公式為 $CI = \sqrt{\dfrac{\lambda_{max}}{\lambda_i}}$。CI 值愈大，愈有共線性問題，如果 CI 值大於 15，表示自變項間可能有共線性問題，若是 CI 值在 30 以上，表示自變項間可能有中高度的共線性問題。

自變項的共線性檢核除可採用上述三種判斷值外，整體迴歸模式的共線性診斷也可以透過特徵值來判別。當自變項間有高度的線性組合問題時，則少數的幾個特徵值會變大，相對的，其它特徵值會比較接近 0，CI 值就是計算最大特徵值與第 i 個特徵值相對的比值，CI 值愈大，表示分子愈大，自變項間的線性重合

愈嚴重。在自變項相關矩陣之因素分析中,特徵值可作為變項間有多少個層面的指標,如果有數個特徵值接近 0,表示原始變項間有高的內在相關存在,這組自變項間的相關矩陣就是一個「不佳的條件」(ill condition),資料數值如果稍微變動,就可能導致係數估計的大改變。

條件指標為最大特徵值與個別特徵值比例的平方根,學者 Tacq (1997) 認為,條件指標值如果在 15 以上,則表示可能有共線性問題,條件指標值如果在 30 以上,則表示有嚴重的共線性問題,CI 值愈大,愈有共線性問題;而學者 Belsley、Kuh 與 Welsch (1980) 等人認為,CI 值低於 30,表示共線性問題尚可,CI 值在 30 至 100 間,表示迴歸模式具有中度至高度的共線性問題,而 CI 值在 100 以上則表示有嚴重的共線性問題。對於共線性診斷,PASW 另提供變異數比例 (variance proportions) 指標值,此指標值的判別為同一橫列的特徵值中,若有二個或多個自變項的變異數比例值高於 .700 以上,表示這二個或多個自變數間有共線性問題。

自變項間多元共線性問題,以圖示說明如下 (Warner, 2008, p.452):

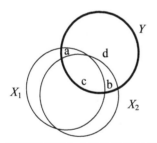 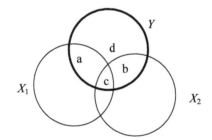

預測變項間有多元共線性的圖示　　　　預測變項間沒有多元共線性的圖示

預測變項 X1 與 X2 間有高度相關,個別變項的預測貢獻度無法被明顯區辨出來,當整體多元相關係數達到 .05 顯著水準時,預測變項對效標變項 R 平方的解釋量是由預測變項 X1 或 X2 造成的,無法明顯判別,可能個別變項迴歸係數均未達顯著,範例中預測變項 X1 對 Y 變項單獨解釋變異 a 區塊的面積很小、預測變項 X2 對 Y 變項單獨解釋變異 b 區塊的面積也很小,造成二個預測變項對效標變項個別的解釋變異量很低,但整體的 R^2 (a + b + c) 卻很高,其中 c 區塊的大面積是二個預測變項高度內在相關所產出的第三個潛在變項對效標變項 Y 的解釋變異量,此部份既無法單獨劃分為預測變項 X1 的貢獻或預測變項 X2 的貢

獻，二個預測變項間有高度相關，表示二個預測變項測得的潛在特質構念是十分接近的，多元共線性問題多是發生於預測變項間有高度相關的時候。

　　Hari Jr. 等人 (2010, pp.202-203) 對於多元共線性問題列舉下列實例加以說明：

受試者	Y	X1	X2
S1	5	6	13
S2	3	8	13
S3	9	8	11
S4	9	10	11
S5	13	10	9
S6	11	12	9
S7	17	12	7
S8	15	14	7

相關 (個數 N = 8)

		Y	X1	X2
Y	Pearson 相關	1	.823[*]	-.977[**]
	顯著性 (雙尾)		.012	.000
X1	Pearson 相關	.823[*]	1	-.913[**]
	顯著性 (雙尾)	.012		.002
X2	Pearson 相關	-.977[**]	-.913[**]	1
	顯著性 (雙尾)	.000	.002	

　　二個預測變項 X1、X2 與效標變項 Y 均有顯著高度相關，預測變項 X1 與效標變項 Y 呈顯著正相關 (r = .823，p = .012＜.05)，預測變項 X2 與效標變項 Y 呈顯著負相關 (r = -.977，p＜.001)。

(一) X1 對依變項 Y 的簡單迴歸

模式摘要

模式	R	R 平方	調過後的 R 平方	估計的標準誤
1	.823[a]	.677	.623	2.930

a. 預測變數：(常數)，X1。

簡單迴歸中預測變項 X1 與效標變項 Y 的多元相關係數為 .823，R^2 值為 .677，表示預測變項 X1 可以單獨解釋效標變項 Y 總變異量中 67.7% 的變異。

係數 [a]

模式		未標準化係數		標準化係數		
		B 之估計值	標準誤差	Beta 分配	t	顯著性
1	（常數）	-4.750	4.354		-1.091	.317
	X1	1.500	.423	.823	3.547	.012

a. 依變數：Y。

簡單迴歸中自變項 X1 預測效標變項 Y 的迴歸方程式為：$\hat{Y} = -4.75 + 1.50 \times X1$，由於迴歸係數為正，表示預測變項 X1 對效標變項 Y 的影響為正向 (正向表示 X1 測量值愈大，Y 變項的測量值也會愈大)。

(二) X2 對依變項 Y 的簡單迴歸

模式摘要

模式	R	R 平方	調過後的 R 平方	估計的標準誤
1	.977[a]	.954	.946	1.111

a. 預測變數：(常數)，X2。

簡單迴歸中預測變項 X2 與效標變項 Y 的多元相關係數為 .977，R^2 值為 .954，表示預測變項 X2 可以單獨解釋效標變項 Y 總變異量中 95.4% 的變異。

係數 [a]

模式		未標準化係數		標準化係數		
		B 之估計值	標準誤差	Beta 分配	t	顯著性
1	（常數）	29.750	1.799		16.534	.000
	X2	-1.950	.176	-.977	-11.105	.000

a. 依變數：Y。

簡單迴歸中自變項 X2 預測效標變項 Y 的迴歸方程式為：$\hat{Y} = 29.75 - 1.95 \times X2$，由於迴歸係數為負，表示預測變項 X2 對效標變項 Y 的影響為負向 (負向表示 X2 測量值愈大，Y 變項的測量值會愈小)。

(三) X1、X2 對依變項 Y 的多元迴歸

模式摘要

模式	R	R 平方	調過後的 R 平方	估計的標準誤
1	.991ᵃ	.982	.975	.762

a. 預測變數：(常數)，X2，X1。

　　多元迴歸模式摘要中，預測變項 X1 與 X2 對效標變項 Y 的多元相關係數為 .991，R^2 值為 .982，表示 X1、X2 二個預測變項對效標變項 Y 的聯合解釋變異量高達 98.2%。

係數 ᵃ

模式		未標準化係數 B 之估計值	標準誤差	標準化係數 Beta 分配	t	顯著性
1	(常數)	44.750	5.525		8.100	.000
	X1	-.750	.269	-.411	-2.785	.039
	X2	-2.700	.295	-1.352	-9.154	.000

a. 依變數：Y。

　　多元迴歸方程式為：$\hat{Y} = 44.75-.75×X1-2.70×X2$，多元迴歸方程式中預測變項 X1 的迴歸係數為負值，表示預測變項 X1 對效標變項的影響為負向，此種結果與先前簡單迴歸之迴歸方程式的結果無法前後呼應 (自變項 X1 與依變項 Y 間的相關為正相關，簡單迴歸之迴歸係數為正數)。此外，預測變項 X2 的標準化迴歸係數 β 值為 -1.352，此參數在理論統計上是不合理的參數或不適當的解值，因為標準化迴歸係數 β 值與相關係數值一樣，係數值介於 -1 至 ＋ 1 中間。複迴歸程序之所以發生這種無法合理解釋的情形，乃是自變項間多元共線性問題導致。原始資料結構中，預測變項 X1 與 X2 間有顯著的高度負相關 (r = -.913，p = .002 < .05)，因為預測變項間有高度相關存在，無法明顯區辨效標變項 Y 變異量是由那個預測變項所解釋的，造成 Y 變項變異量與自變項間的混淆。一般而言，若是自變項間有顯著的高度相關 (相關係數絕對值高於 .80 以上)，則很容易出現多元共線性問題。

　　在迴歸分析中，最好先呈現預測變項間相關矩陣，以探討變項間的相關情形，如果某些自變項間的相關係數太高，可考量只挑選其中一個較重要的變項投

入多元迴歸分析或採用主成份迴歸分析法。多元迴歸分析與變異數分析一樣，有其基本假定存在，如果違反這些假定，則會發生偏誤。線性迴歸的統計分析應用時應符合以下幾個假定 (邱皓政，民 89；Pedhazur, 1982；Kleinbaum et al., 1988)：

1. 存在性 (existence)

就自變項 $X_1, X_2, X_3, \ldots\ldots, X_k$ 的特殊組合而言，Y 變項 (單變量) 是一個隨機變數，具有某種機率分配，有一定的平均數及變異量。

2. 獨立性 (independent)

每一個觀察值彼此間是統計獨立的，觀察值間沒有關聯。

3. 直線性 (linearity) 關係

Y 變項 (自變項 $X_1, X_2, X_3, \ldots\ldots, X_k$ 的線性組合) 的平均數是 $X_1, X_2, X_3, \ldots\ldots, X_k$ 變項間的一個線性函數，此線性函數關係即迴歸方程式。迴歸分析中變項之間的關係為線性關係，如非線性的關係，需將數據進行數學轉換；而類別變項的自變項要轉化為虛擬變項。非直線關係的方程式如：$\hat{Y} = b_0 + b_1X_1 + b_2X_1^2$，其中 b_1X_1 為自變項的線性效果，$b_2X_1^2$ 為自變項的曲線效果。

4. 變異數同質性

就 $X_1, X_2, X_3, \ldots\ldots, X_k$ 的任何一個線合組合，依變數 Y 的變異數均相同。

5. 常態性 (normality)

就任何 $X_1, X_2, X_3, \ldots\ldots, X_k$ 的線合組合而言，依變數 Y 的分配是常態的，預測值與真實值間差異的誤差項 (error term) 分配也呈常態。常態性也就是迴歸分析中所有觀察值 Y 是一個來自常態分配的母群體。

6. 誤差獨立性假設 (independence)

誤差項除了應呈隨機化的常態分配，不同的預測變項所產生的誤差之間應相互獨立，相互獨立表示彼此間沒有相關存在，而誤差項也需要與自變項間相互獨立。

7. 誤差等分散性假設 (homoscedasticity)

特定自變項水準的誤差項，除了要符合隨機化的常態分配外，其變異量應相

等，稱為誤差等分散性。

從所有觀察值的殘差值與被預測變項 Y 所繪出的散佈圖，可以判別資料結構的分配情形與是否符合變異數齊一性的假定 (Tabachnick & Fidell, 2007, p.126)：

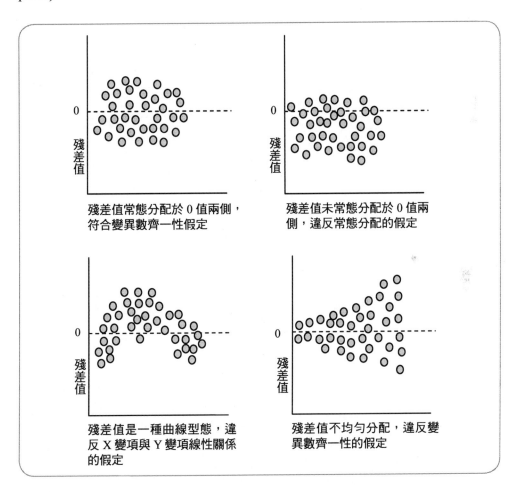

線性關性是迴歸分析重要的基本假設，在進行迴歸分析時，自變數必須是連續變項，如果要將一個間斷變項納入預測變數中，要先將此間斷變項轉換為「虛擬變項」(dummy variable)，以使間斷變項能夠與其它連續變項一同納入自變數中進行預測，此種方法稱為指標編碼 (indicator coding)，指標編碼要界定一個參照類別 (reference category)。相對於指標編碼的另一方法稱為「效果編碼」(effects coding)，效果編碼之虛擬變項以 -1 取代 0。

在虛擬變項的轉換方面，要以「0」、「1」的方式表示，虛擬變項數等於水準數減一，如果是二分變項，便以一個虛擬變項表示，此虛擬變項的二個水準數值直接以「0」、「1」表示即可。如果此間斷變項有三個水準，則應以二個虛擬變項表示，以家庭狀況而言，二個虛擬變項的數值如下表。其中的參照組 (reference group) 為「雙親家庭組」，變項「家庭狀況_D1」表示「單親家庭組與雙親家庭組的對比」、變項「家庭狀況_D2」表示「他人照顧組與雙親家庭組的對比」。

虛擬變項 原變項	家庭狀況_ D1	家庭狀況_ D2	說明：1 表示是，0 表示否
單親家庭組 1	1	0	是單親家庭組，不是他人照顧組
他人照顧組 2	0	1	不是單親家庭組，是他人照顧組
雙親家庭組 3	0	0	不是單親家庭組，也不是他人照顧組即為雙親家庭組

如果間斷變數有四個水準，如地理位置變項為四分名義變項，水準數值 1 表示北部、水準數值 2 表示中部、水準數值 3 表示南部、水準數值 4 表示東部，則投入迴歸分析時要增列三個虛擬變項，三個虛擬變項的值如下。下表中的參照組 (reference group) 為東部，變項「地理_D1」表示「北部與東部的對比」、變項「地理_D2」表示「中部與東部的對比」、變項「地理_D3」表示「南部與東部的對比」。

虛擬變項 原變項	地理_D1	地理_D2	地理_D3	說明：1 表示是，0 表示否
北部 1	1	0	0	是北部，而非中部，也非南部
中部 2	0	1	0	是中部，而非北部，也非南部
南部 3	0	0	1	是南部，而非北部，也非中部
東部 4	0	0	0	非北部、非中部，也非南部，因而是東部

範例表中有三個類別變項：二分名義變項「性別」、三分名義變項「家庭狀況」、四分名義變項「位置」，三個類別變項原始變項與轉換增列的虛擬變項如下：

	原始變項			虛擬變項					
受試者	性別	家庭狀況	位置	性別_D	家庭狀況_D1	家庭狀況_D2	位置_D1	位置_D2	位置_D3
S1	1	1	1	0	1	0	1	0	0
S2	1	1	1	0	1	0	1	0	0
S3	1	1	1	0	1	0	1	0	0
S4	1	1	2	0	1	0	0	1	0
S5	1	2	2	0	0	1	0	1	0
S6	1	2	2	0	0	1	0	1	0
S7	2	2	3	1	0	1	0	0	1
S8	2	2	3	1	0	1	0	0	1
S9	2	3	3	1	0	0	0	0	1
S10	2	3	4	1	0	0	0	0	0
S11	2	3	4	1	0	0	0	0	0
S12	2	3	4	1	0	0	0	0	0

範例表格為一份十二位受試者在性別、家庭狀況、就讀學校所在地之地理位置資料，這三個變項均屬間斷變項／人口變項，在迴歸分析中，如要將這三個自變項投入迴歸方程式中，應改以其代表之虛擬變項：性別_D、家庭狀況_D1、家庭狀況_D2、位置_D1、位置_D2、位置_D3，以 0、1 水準取代原始變項數據編碼，亦即在自變項（預測變項）的選擇上，應選入這些虛擬變項，而非是原來「性別」、「家庭狀況」、「位置」三個人口變項。

類別變項轉換成虛擬變項時，參照組的設定並不一定是類別變項的最後一個水準，作為參照組的水準最好樣本數適中，具數值意義應具體明確，對於參照組的選定，學者 Hardy (1993) 提出以下幾個原則 (王保進，民 91)：

1. 參照組的定義應非常明確。如類別變項中的水準內容為「其它」，就不宜作為參照組，因為「其它」內容的定義不明確。

2. 類別變項若具有次序尺度 (如社經地位)，則有二種選擇參照組的方法：一為選擇等級最高或最低的類別；二為選擇等級居中的類別。前者的方法，可以讓研究者有次序地將各類別的迴歸係數與參照組進行比較；後者的方法，可以讓研究者較有效地檢視達到水準的係數。

3. 參照組的樣本人數應該適中，選擇樣本觀察值過少或較多的水準作為參照組，對於類別中各水準迴歸係數的比較較不適切。

　　多元迴歸分析程序中，最少樣本數或觀察值的總個數與自變項的個數有關。普通而最低的要求準則是觀察值個數與自變項的比值不得低於 5：1；中度的要求準則是是觀察值個數與自變項的比值為 15：1 或 20：1。如果樣本有代表性，增列一個自變項要多抽取 15 至 20 位觀察值，但如果研究者採用的是逐步多元迴歸分析法，因為此法是採用統計法選入或排除自變項，因而統計量數的估算必須有更大的樣本數，最佳的準則是觀察值個數與自變項的比值為 50：1，如迴歸分析中投入迴歸方程式的自變項有五個，則觀察值或樣本數的最低要求為 250 位，若是樣本數少於 250，則應改用標準型迴歸分析。如果樣本數少於 30 位，則不應使用多元迴歸分析，而應改用簡單迴歸 (只投入一個自變項)。同時考量到統計考驗力 (power)、顯著水準 (α)，樣本大小，具統計顯著性的 R^2 最低的數值如下表，表中的統計考驗力為 .80 (Hair Jr. et al., 2010, pp.174-175)。

樣本大小	自變項個數 (顯著水準 $\alpha = .01$)				自變項個數 (顯著水準 $\alpha = .05$)			
	2	5	10	20	2	5	10	20
20	.45	.56	.71	NA	.39	.48	.64	NA
50	.23	.29	.36	.49	.19	.23	.29	.42
100	.13	.16	.20	.26	.10	.12	.15	.21
250	.05	.07	.08	.11	.04	.05	.06	.08
500	.03	.03	.04	.06	.03	.04	.05	.09
1000	.01	.02	.02	.03	.01	.01	.02	.02

註：表中的數字為解釋變異量百分比，NA：沒有應用性。

　　以某研究者進行迴歸程序為例，自變項的個數有五個，界定的顯著水準 α 為 .05、統計考驗力為 .80，則在 50 個觀察值情況下，R^2 的數值若大於 .23，則 R^2 值統計量會達到統計顯著性；如果觀察值總數為 100，R^2 的數值若大於 .12，R^2 值會達到統計顯著性；若是樣本數或觀察值總數在 250 以上，R^2 的數值只要大於 .05，R^2 值統計量即會達到統計顯著性。如果研究者採用傳統第一類型錯誤率與第二類型錯誤率的數值 .05、.20，測量工具有良好的可靠性、資料結構呈常態分配，進行迴歸程序時最少的樣本數為 50 ＋ 8×自變項個數，最佳的樣本數至少為 104 ＋自變項個數，若是測量工具的信效度較低，依變項資料結構未完全符合常態分配，則迴歸分析所需樣本數要更大，如果研究者採用更複雜的迴歸分析法觀察值的個數也要增大 (Spicer, 2005)。

貳、簡單迴歸分析

⊃ 一、研究問題

　　某研究者想探究學生數學焦慮與其數學態度之關係，依據其教學經驗法則與心理學理論，認為學生的數學焦慮會影響其數學態度，因而將數學焦慮變項設為自變項，而學生的數學態度為依變項，則學生的數學焦慮對數學態度的預測力如何？

整體數學焦慮　　　　　預測　　　　整體數學態度

預測變項　　　　　　　　　　　　效標變項
(自變項)　　　　　　　　　　　　(依變項)

⊃ 二、操作程序

「分析 (A)」(Analyze)

　「迴歸 (R)」(Regression)

　　「線性 (L)」(Linear)，開啟「線性迴歸」對話視窗

　　將依變項「整體數學態度」選入右邊「依變數 (D)」(Dependent) 下的方格中

　　將自變項「整體數學焦慮」選入右邊「自變數 (I)」(Independent」下的方格中

　　在右方分析方法 (Method) 選項中選取「輸入」(Enter) 法

　　按『統計量 (S)』(Statistics) 鈕，開啟「線性迴歸：統計量」次對話視窗

　　　　勾選各種統計量

　　　　按『繼續』鈕，回到「線性迴歸」主對話視窗

　　按『確定』鈕

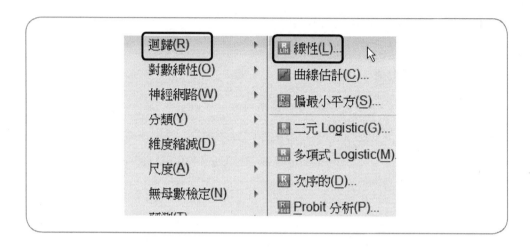

「迴歸」功能表次選單中除包括線性迴歸外，常用者還有二元邏輯斯迴歸、多項式邏輯斯迴歸、Probit 迴歸分析等。

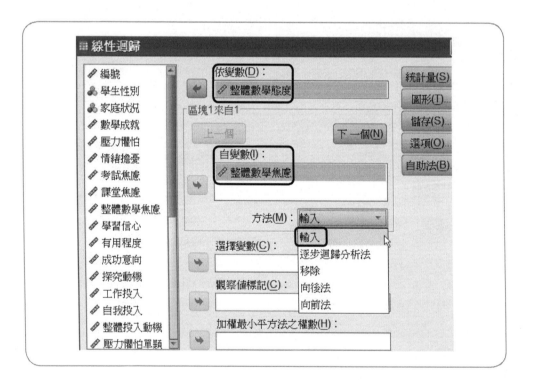

在上述「線性迴歸」(Linear Regression) 主對話視窗中，左邊的原始變項會列出資料檔中所有的變項名稱，右方「依變數 (D)」(Dependent) 下的方格中要選

取一個效標變項；而「自變數 (I)」(Independent) 下的方格至少要選取一個以上的預測變項，如果預測變項為一個，則是簡單迴歸分析；如果自變數二個或二個以上，則形成多元迴歸分析。在「方法」(Method) 欄中，SPSS 提供五種界定迴歸分析的方法：強迫進入變數法 / 輸入法 (Enter)、逐步迴歸分析法 (Stepwise)、刪除法 / 移除法 (Remove)、向後進入法 / 向後法 (Backward)、向前進入法 / 向前法 (Forward)。其中「輸入」法選項為強迫進入變數法，可界定所有的變數同時進入迴歸方程式中，此為 SPSS 內定的選項方法；刪除法可強迫剔除某些變數於迴歸方程式中，逐步迴歸分析法 (Stepwise) 則結合向後進入法 (Backward) 及向前進入法 (Forward)。

「選擇變數 (C)」下的方格可以點選間斷變數，篩選符合條件的觀察值進行迴歸分析，其操作類似選擇觀察值程序。「加權最小平方法之權數 (H)」下的方格，可設定以某個變項之加權值的最小平方和 (weighted least-square) 來產生迴歸模式。作為加權值的變數不能為自變數或依變項，若作為加權值的變數為遺漏值或其數值為 0 或負數，則此觀察值即排除不納入分析之中。

「線性迴歸：統計量」(Linear Regression: Statistics) 次對話視窗中，「迴歸係數」(Regression Coefficients) 包括三種迴歸係數的統計量：估計值 (Estimates)、信賴區間 (Confidence intervals)、共變異數矩陣 (Covariance matrix)。「☑ 估計值 (E)」為 SPSS 內定的選項，可印出迴歸係數與相關的量數，包括原始的迴歸係數的估計值及其標準誤、標準化的迴歸係數 (Beta)、迴歸係數的 t 檢定值及其雙側考驗之顯著機率值。此外，也會呈現未進入迴歸方程式的統計量，包括變數進入迴歸方程式時之 Beta 值、Beta 值的 t 檢定值、顯著性、排除已進入迴歸方程式之變數的影響後，變數與效標變項的淨相關係數、共線性統計量 (最小的容忍度)。「共變異數矩陣」為未標準化迴歸係數的變異數－共變數矩陣。矩陣的對角線是變異數，下三角形部份是共變數，上三角數值是相關係數。

其它統計量包括：「模式適合度 (M)」(Model fit)、「R 平方改變量 (S)」(R squared change)、「描述性統計量 (D)」(Descriptives)、「部份與偏相關 (P)」(part and partial correlatiion)、「共線性診斷 (L)」(Collinearity diagnostics)。「模式適合度」為 SPSS 內定的選項，可呈現多元相關係數 (R)、決定係數 (R^2)、調整後的 R^2 及估計的標準誤，此外，也會呈現完成後的變異數分析摘要表。「描述性統計量」可印出變數的平均數、標準差、有效觀察值的個數、所有變數間的相關矩陣。「多元共線性診斷」選項會印出共線性診斷的統計量，如變異數膨脹因素、交乘積矩陣的特徵值、條件指標及變異數分解的比例。

「殘差」(Residuals) 方盒中，包括二個選項：「Durbin-Watson (U)」、「全部觀察值診斷 (C)」(Casewise diagnostics)，包括殘差值與極端值的分析，極端值的判別中 SPSS 內定為「3」作為決斷標準；「Durbin-Watson」即「Durbin-Watson」檢定量，檢定相鄰的二誤差項之相關程度的大小，當誤差之間完全沒有線性相關時，此值接近 2；此外，也印出標準化及未標準化殘差和預測值的摘要統計量 (張紹勳等人，民 93b)。

「線性迴歸：選項」(Linear Regression：Options) 對話視窗中，「步進條件」準則 (Stepping Method Criteria) 方盒中包括二個選項：

(1) 「使用 F 機率值 (P)」(Use probability of F)：「登錄 (E)」(Enter) 後面的方格內定為 .05、「刪除 (A)」(Remove) 後面的方格內定為 .10；前者表示進行逐步迴歸分析時，自變數被選入迴歸方程式的顯著性機率值，即 F-to-enter 時，PIN 值等於 0.05；而後者表示迴歸參數之顯著機率值大於 .10 時，變數會被剔除於迴歸方程式之外，即 F-to-remove 時，POUT 值等於 0.10。

(2) 「使用 F 值 (F)」(Use F value)：改為 F 值作為選取變數與剔除變數的標準，如果 F 值在內定 3.84 (FIN) 以上，則自變項會被選入迴歸模式之中；如果 F 值小於內定的 2.71 (FOUT)，變數會從迴歸模式中被剔除掉。如自訂「登錄 (E)」(Enter) 與「刪除 (A)」(Remove) 臨界標準之 F 值，有二個條件須滿足：一為二個 F 值的數值大小均須大於 0；二為選取進入迴歸模式變數的 F 值臨界標準值須大於淘汰變數 F 值的臨界標準值。

　　在「線性迴歸：圖形」(Linear Regression: Plots) 次對話視窗中，可繪製迴歸方程式中各種殘差值之散佈圖。在左上方的變數清單中會出現依變項 (DEPENDNT) 及下列預測變數和殘差變數：標準化預測值 (*ZPRED)、標準化殘差值 (*ZRESID)、刪除後標準化殘差值 (*DRESID)、調整後的預測值 (*ADJPRED)、Studentized 殘差值 (*SRESID)、Studentized 刪除後的殘差值 (*SDRESID)。要繪製殘差值之散佈圖，必須選取一個變數為垂直軸 (Y) 中、一個變數為水平軸 (X) 中，若要再繪製其它圖形，則須再按『下一個 (N)』(Next) 鈕，重新選取垂直軸 (Y)、水平軸 (X) 中的變數。

　　在標準化殘差圖 (Standardized Residual Plots) 選項中，包括二個選項，此二個選項可同時選取：「直方圖 (H)」(Histogram)，可繪出殘差值的直方圖，並畫出常態曲線；「常態機率圖 (R)」(Normal probability plot)，可畫出標準化殘差的常態機率圖。「產生所有淨相關圖形 (P)」(Produce all partial plots) 選項，可印出每個自變數與依變數的殘差散佈圖，此選項可偵測是否出現極端值。

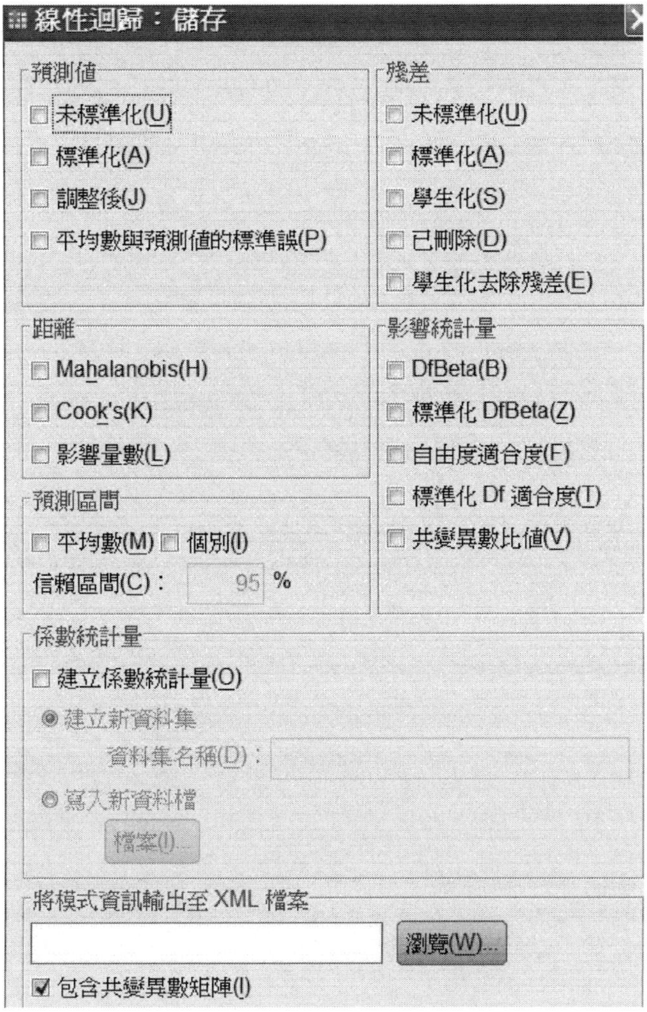

在「線性迴歸：儲存」(Linear Regression: Save) 次對話視窗中，可以將預測值、殘差和其它統計量加以儲存以便診斷，每選一次，SPSS 都會在現行的資料檔中，新增一個 (或以上) 變數。「線性迴歸：儲存」對話視窗中的選項共包含五大項：

1. 預測值 (Predicted Value)

• 未標準化 (Unstandardized)：儲存未標準化的預測值。

- 標準化 (Standardized)：儲存標準化的預測值。
- 調整後 (Adjusted)：儲存調整後的預測值。
- 平均數與預測值的標準誤 (S.E. of mean predictions)：儲存預測值的標準誤。

2. 距離 (Distance)

- Mahalanobis：馬氏距離殘差值，即觀察值與自變數平均數的距離之量數，可測得極端值，其數值愈大，表示此觀察值愈有可能是具影響力的觀察值。
- Cook's：Cook's D 距離值：Cook D 距離值是刪除第 i 個觀察值後之迴歸係數改變值，其值大約呈 $F_{(1-a;\ k+1,\ N-k-1)}$ 分配，如果其百分比等級大於 10 或 20，則表示可能是具影響力的觀察值 (Neter et al., 1989)。Cook D 距離可以時時檢測來自預測變項及效標變項具影響力的觀察值 (陳正昌等人，民 92)。
- Leverage values：槓桿值。槓桿值只能測出在預測變項上的極端值，對於效標變項上的極端值不能檢測出來 (陳正昌等人，民 92；Pedhazur, 1997)。

3. 預測區間 (Prediction Intervals)

包含平均數 (Mean)、個別值 (Individual)、信賴區間 (Confidence Interval)。平均值儲存平均數上下限區間範圍、個別值儲存單一觀察值預測區間的上下限、信賴區間可儲存平均數和個別的信賴區間，內定的信賴區間為 95%。

4. 殘差 (Residuals)

- 未標準化 (Unstandardized)：未標準化的殘差值。
- 標準化 (Standardized)：標準化的殘差值。
- 學生化 (Studentized)：t 化殘差值。
- 已刪除 (Deleted)：刪除後標準化的殘差值。
- 學生化去除殘差 (Studentized deleted)：刪除後 t 化殘差值。

5. 影響統計量 (Influence Statistics)

- DfBeta：迴歸係數的差異量 (即在排除某一特殊的觀察值之後，迴歸係數的改變量)。
- 標準化 DfBeta (Standardized DfBeta)：標準化迴歸係數的差異量。
- 自由度適合度 (DfFit)：預測值的差異量。

- 標準化 Df 適合度 (Standardized DfFit)：標準化預測值的差異量。
- 共變異數比值 (Covariance ratio)：共變數的比值 (排除某特定觀察值的共變數矩陣之行列式與包括所有觀察值在內的共變數矩陣之行列式二者之比值)。

而「儲存至新檔案」(Save to New File) 選項，會將迴歸係數存入指定的檔案內。

三、結果分析

迴歸 (Regression)

敘述統計

	平均數	標準離差	個數
整體數學態度	101.8600	17.48560	300
整體數學焦慮	83.7800	23.82064	300

上表為描述性統計量，依變項整體數學態度的平均數、標準差分別為 101.8600、17.48560；自變項整體數學焦慮的平均數、標準差分別為 83.7800、23.82064；二者有效觀察值個數均為 300 位。

相關

		整體數學態度	整體數學焦慮
Pearson 相關	整體數學態度	1.000	-.530
	整體數學焦慮	-.530	1.000
顯著性 (單尾)	整體數學態度	.	.000
	整體數學焦慮	.000	.
個數	整體數學態度	300	300
	整體數學焦慮	300	300

為各變項的相關矩陣，整體數學焦慮與整體數學態度變項的 Pearson 積差相關係數 r 為 -.530，達 .05 顯著水準 ($p < .001$)，有效觀察值個數為 300。

選入 / 刪除的變數 [b]

模式	選入的變數	刪除的變數	方法
1	整體數學焦慮 [a]	.	選入

a. 所有要求的變數已輸入。
b. 依變數：整體數學態度。

上表為自變項進入迴歸方程式的方法，範例中採取是輸入法 / 強迫進入法 (Enter 法)；依變數為整體數學態度變項，註解 a：「所有要求的變數已輸入」，迴歸程序中因只有一個自變項，所以納入迴歸模型中的自變項為「整體數學焦慮」。

模式摘要 [b]

模式	R	R 平方	調整後的 R 平方	估計的標準誤	變更統計量				
					R 平方改變量	F 改變量	df1	df2	顯著性 F 改變
1	.530[a]	.281	.279	14.84719	.281	116.709	1	298	.000

a. 預測變數：(常數)，整體數學焦慮。
b. 依變數：整體數學態度。

上表為模式摘要表，依序為多元相關係數 (R)、R 平方、調整後的 R 平方、估計的標準誤、R 平方的改變量、淨 F 值 (F 改變量)、分子自由度、分母自由度、F 值改變的顯著性。其中多元相關係數等於 .530、決定係數 R 平方等於 .281。在簡單迴歸分析中，多元相關係數值 (.530) 的絕對值等於變項間積差相關係數 (-.530) 的絕對值。而積差相關係數就是 Beta 值的大小 (標準化迴歸係數)。決定係數等於 .281，表示整體數學焦慮變數可以有效解釋整體數學態度變項總變異量的 28.1% 的變異，亦即整體數學焦慮變項對整體數學態度變項有 28.1% 的解釋力，無法解釋的變異量為 71.9%。

Anova [b]

模式		平方和	df	平均平方和	F	顯著性
1	迴歸	25727.299	1	25727.299	116.709	.000[a]
	殘差	65690.821	298	220.439		
	總數	91418.120	299			

a. 預測變數：(常數)，整體數學焦慮。
b. 依變數：整體數學態度。

　　上表為迴歸係數的變異數分析摘要表，SSR＝25727.299，SSE＝65690.821，SST＝91418.120，離均差平方和 (SS) 欄中，SSR＋SSE＝SST，F 值等於 116.709 (F＝MSR÷MSE＝25727.299÷220.439＝116.709)，p＜.001，達到 .05 顯著水準，拒絕虛無假設：$\beta_1＝0$，接受對立假設 $\beta_1 \neq 0$，表示迴歸方程式中自變項的迴歸係數顯著不等於 0。第四欄為自由度 (degree of freedom, df)，「總和」列的自由度等於 N－1 (300－1＝299)、迴歸 (Regression) 橫列的自由度為自變項的個數 k (k＝1)、殘差 (Residual) 的自由度為 N－k－1 (300－1－1＝298)。SSR÷SST＝25727.299÷91418.120＝.281＝R^2，即為迴歸的決定係數。以 R 平方求自變項迴歸係數是否顯著等於 0 的 F 檢定值為：

$$F = \frac{R^2/k}{(1-R^2)/(N-k-1)} = \frac{.281/1}{(1-.281)/(300-1-1)} = 116.709$$

係數 [a]

模式		未標準化係數		標準化係數				相關			共線性統計量	
		B 之估計值	標準誤差	Beta 分配	t	顯著性	零階	偏	部份	允差	VIF
1	(常數)	134.485	3.139		42.840	.000					
	整體數學焦慮	-.389	.036	-.530	-10.803	.000	-.530	-.530	-.530	1.000	1.000

a. 依變數：整體數學態度。

　　上表為迴歸分析的各係數值，常數項等於 134.485，未標準化的迴歸係數 (Unstandardized Coefficients) 欄中整體數學焦慮的參數等於 -.389，標準化的迴歸係數 (Standardized Coefficients) 欄中 Beta 值等於 -.530，迴歸係數顯著性檢定 t 統計量為 -10.803，顯著性 p＜.001，達到 .05 顯著水準，表示學生的數學焦慮愈高，其數學態度愈消極、負向；或學生的數學焦慮愈低，其數學態度愈積極、正向。簡單迴歸分析中，因只有一個預測變項，標準化迴歸係數 (-.530)，等於零階相關係數，也等於偏相關係數、部份相關係數。

原始迴歸方程式：$\hat{Y} = 134.485 - .389 \times X = 134.485 - .389 \times$ 整體數學焦慮
標準化迴歸方程式：$\hat{Z}_Y = -.530 \times Z_X$ (或 $\hat{Z}_{整體數學態度} = -.530 \times Z_{整體數學焦慮}$)

　　根據原始迴歸方程式可以根據觀察值在整體數學焦慮 (X) 的得分，來預測其整體數學態度的可能分數 $\hat{Y}$，由於預測分數 $\hat{Y}$ 是根據直線方程式 $\hat{Y} =$ 134.485 − .389×X 估計而來，估計所得的分數與觀察值在整體數學態度的真正分數 Y 之間會有差異，此差異為殘差值或誤差項。

共線性診斷 [a]

模式	維度	特徵值	條件指標	變異數比例	
				（常數）	整體數學焦慮
1	1	1.962	1.000	.02	.02
	2	.038	7.185	.98	.98

a. 依變數：整體數學態度。

　　上表為共線性診斷表，因為是簡單迴歸分析，只有一個自變數，因而沒有共線性問題。

第二節　二個以上預測變項的迴歸分析

　　進行迴歸分析時，如果投入的自變項有二個以上，則此迴歸分析程序稱為複迴歸或多元迴歸分析；如果自變項有二個，則迴歸方程式為：$\hat{Y} = b_0 + b_1X_1 + b_2X_2$。如果自變項間之交互作用項對依變項有影響，自變項對依變項間可能有調節效果值存在，此時，迴歸方程式為：$\hat{Y} = b_0 + b_1X_1 + b_2X_2 + b_3X_1X_2$，其中 b_1X_1 為自變項 X_1 的線性效果、b_2X_2 為自變項 X_2 的線性效果、$b_3X_1X_2$ 為自變項 X_1 在 X_2 上調節效果。

　　以不同學生性別、數學焦慮、數學態度與數學投入動機等變項對數學成就是否有顯著預測作用的研究問題為例，投入的自變項共有十一個。學生性別為二分名義變項，為間斷變項要轉化為虛擬變項，而數學焦慮包含四個構面變項：「壓力懼怕」、「情緒擔憂」、「考試焦慮」、「課堂焦慮」；數學態度變項包含四個構面變項：「學習信心」、「有用程度」、「成功意向」、「探究動機」；數學投入動機包含二個構面變數：「工作投入」、「自我投入」。自變項選取方面，如果是以量表的層面作為預測變項，就不應再將量表層面加總後的變項作為另一自變項，而同時投入多元迴歸分析中，以上述研究問題為例，各以數學焦

慮四個構面、數學態度四個構面、數學投入動機二個構面作為自變數，就不應同時再將整體數學焦慮、整體數學態度、整體投入動機三個變項投入於迴歸模式中。

Tabachnick 與 Fidell (2008, pp.136-138) 指出多元迴歸有三種主要型態：一為標準性多元迴歸 (standard multiple regression) 或稱同時進入模式迴歸法；二為系列迴歸分析 (sequential multiple regression)，系列多元迴歸分析又稱階層迴歸分析 (hierarchical regression) 或使用者決定迴歸 (user-determined regression)；三為統計迴歸 (又稱逐步迴歸)(statistical regression/stepwise regression)。標準性多元迴歸又稱為一次全部進入 (all-in) 迴歸、同時 (simultaneous) 迴歸、直接 (direct) 迴歸，表示自變項一次或同時進入到迴歸估計程序中；系列迴歸指的是各自變項依理論文獻或之前相關研究，依序選入迴歸程序中，以檢核各系列 (各階層) 被選入迴歸模式的自變項對依變項的貢獻程度 (R 平方改變量)，系列迴歸法或使用者決定進入迴歸順序法，各系列被選取的自變項 (一個或多個) 必須根據理論文獻或合理性準則。以範例學生數學成就的預測而言，研究者分三個系列 (階層) 選入自變項：第一階層為學生性別及數學焦慮四個構面；第二階層為數學態度四個構面；第三階層為數學投入動機二個構面。系列迴歸中自變項的增列情形如下：

	階層一	階層二	階層三
自變項	學生性別	學生性別	學生性別
	壓力懼怕	壓力懼怕	壓力懼怕
	情緒擔憂	情緒擔憂	情緒擔憂
	考試焦慮	考試焦慮	考試焦慮
	課堂焦慮	課堂焦慮	課堂焦慮
		學習信心	學習信心
		有用程度	有用程度
		成功意向	成功意向
		探究動機	探究動機
			工作投入
			自我投入
累積 R^2	R_1^2	R_2^2	R_3^2
階層自變項貢獻部份 ΔR^2	R_1^2	$R_2^2 - R_1^2 = \Delta R_2^2$	$R_3^2 - R_2^2 = \Delta R_3^2$

至於統計迴歸分析又稱為逐步迴歸法 (又稱資料導向迴歸)，藉由統計控制

的準則設定選入自變項或排除自變項，統計迴歸法跟自變項被選入迴歸模型的順序無關，逐步迴歸法在多數論文又稱為逐步多元迴歸分析。

三種不同型態的迴歸舉例及圖示，以三個預測變項為例，三個預測變項的變數名稱分別為 IV1、IV2、IV3，依變項為 DV。

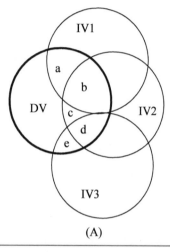

(A)

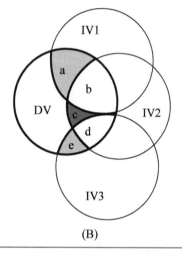

(B)

圖示 (A) 中三個自變項 IV1、IV2、IV3 對依變項單獨的解釋量為 a、c、e，區塊 b 是 IV1、IV2 共同解釋部份，也可能是 IV1 或 IV2 個別的影響；區塊 d 是 IV2、IV3 共同解釋部份，也可能是 IV2 或 IV3 個別的影響。自變項IV1、IV2 與依變項 DV 三個變數間有較高的相關，自變項 IV3 與依變項 DV 間的關聯程度相對較低。

圖示 (B) 為標準型多元迴歸，所有預測變項同時進入模型中，當控制所有其餘自變項的影響後，每個進入模型的自變項會被評估，三個自變項個別的貢獻程度分別為區塊 a、c、e，區塊 b、區塊 d 沒有被歸於是任一單獨自變項的影響，範例中自變項 IV2 的重要性可能被排除，因為區塊 c 面積最小，由於 IV1、IV3 的進入，區塊 b、區塊 d 可能變成 IV1、IV3 的獨特貢獻。標準性多元迴歸要同時考量到自變項間的相關與對依變項的獨特貢獻。

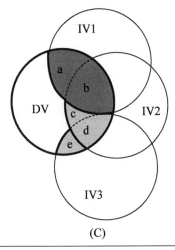

(C)

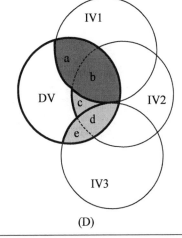

(D)

圖示 (C) 為系列型多元迴歸。假設自變項進入迴歸模型的順序為 IV1、IV2、IV3，三個變項對依變項 DV 貢獻度的評估為：a＋b 區塊歸因於自變項 IV1、c＋d 區塊歸因於自變項 IV2、e 區塊歸因於自變項 IV3。如果系列迴歸分析先投入的自變項為 IV2，則 IV2 的影響重要性提高，b＋c＋d 區塊均歸因於自變項 IV2 的貢獻，自變項 IV1 的貢獻度只剩區塊 a、自變項 IV3 的貢獻度為區塊e。如果先投入的自變項為 IV2，則 IV2 的貢獻部份為區塊 b＋c＋d，再投入 IV1、IV3，二個自變項的貢獻部份分別為區塊 a、區塊 e。

圖示 (D) 為逐步多元迴歸。由於 IV1、IV2 與 DV 的相關較高，因而 IV1、IV2 會被選入，但 IV1 與 DV 的相關又較 IV2 與 DV 的相關，因而優先被選入的自變項為 IV1，其貢獻的部份為區塊 a＋b，此時 IV2 的貢獻部份為區塊 c＋d、IV3 的貢獻部份為區塊 e＋d，區塊 e＋d 貢獻的 R 平方大於區塊 c＋d 的貢獻，因而 IV2 被評估是否從模型移除，如 IV2 被排除，進入迴歸模型的自變項為 IV3，IV3 的貢獻部份為區塊 e＋d，最後自變項 IV2 對依變項 DV 的貢獻部份只剩區塊 c。

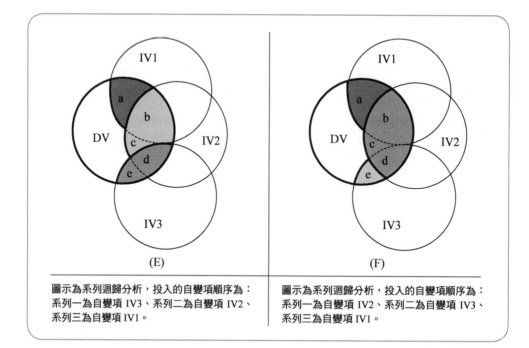

(E)

(F)

圖示為系列迴歸分析，投入的自變項順序為：系列一為自變項 IV3、系列二為自變項 IV2、系列三為自變項 IV1。

圖示為系列迴歸分析，投入的自變項順序為：系列一為自變項 IV2、系列二為自變項 IV3、系列三為自變項 IV1。

壹、標準型迴歸分析

標準型迴歸分析的目的在於解釋，採用的方法是強迫進入法，「輸入法」指的是不論自變項對依變項的解釋變異是否達到顯著，都會進入迴歸方程式中。其迴歸執行步驟只執行單一迴歸分析，從 k 個自變項中來預測依變項 Y，以統計控制其餘自變項間的線性關聯後，探討個別自變項 對依變項的貢獻情形，當自變項的個數少於 4 個時，迴歸方法最好直接採用標準型迴歸較佳。

在一項校長教學領導、教師專業成長與學校效能關係之研究中，研究者擬探討校長教學領導五個構面對整體學校效能的預測情形。校長教學領導五個構面分別為：型塑學校願景目標、確保課程教學品質、提升教師專業成長、督促學生學習進步、發展支持教學環境，五個構面變數分別以「願景目標」、「教學品質」、「專業成長」、「學習進步」、「教學環境」表示；整體學校效能為受試者在「學校效能量表」題項的總得分，量表經因素分析萃取五個構面 (因子)：行政效能、教師效能、學生效能、文化效能、社區效能。教師專業成長為受試者在「教師專業成長量表」題項的總得分，量表經因素分析萃取四個構面：課程設

計與教學、班級經營與輔導、研究發展與進修、敬業精神及態度，四個構面的變數名稱分別為「設計教學」、「經營輔導」、「發展進修」、「精神態度」(修改自王家瑞，民 97)。研究變項間之研究架構圖如下：

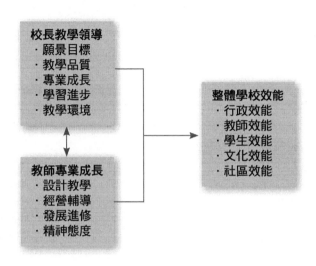

【研究問題】

　　校長教學領導五個構面：「願景目標」、「教學品質」、「專業成長」、「學習進步」、「教學環境」對「整體學校效能」(Y) 是否有顯著的解釋力，其聯合解釋變異量多少？

　　研究問題建構的迴歸方程式為：

$$\hat{Y} = b_0 + b_1 \times 願景目標 + b_2 \times 教學品質 + b_3 \times 專業成長 + b_4 \times 學習進步 + b_5 \times 教學環境$$

虛無假設為 $H_0: \beta_1 = \beta_2 = \beta_3 = \beta_4 = \beta_5 = 0$，或 R = 0 ($R^2 = 0$)

對立假設為 $H_1: \beta_1 \neq 0$ (i = 1 至 5)(至少有一個迴歸係數不為 0)，或 R ≠ 0

　　如果建構的迴歸方程式所預測的依變項分數 (predicted scores) 與真實 Y 分數 (actual Y scores) 間的差異愈小，則多元相關係數的平方值會愈大；相對的，預測依變項分數與真實 Y 分數間的差異愈大，多元相關係數的平方值會小。R 平方值愈大時，誤差值 (error value) 或殘差項 (residual) 愈小，表示無法解釋的變異部份愈小，自變項的預測正確率愈大。

⊃ 一、操作程序

1. 功能表執行「分析 (A)」/「迴歸方法 (R)」/「線性 (L)」程序,開啟「線性迴歸」對話視窗。

2. 在左邊變數清單中選取效標變項「整體學校效能」至右方「依變數 (D)」下的方格中。

3. 在左邊變數清單中選取投入迴歸模式的五個預測變項:「願景目標」、「教學品質」、「專業成長」、「學習進步」、「教學環境」,將之點選至右邊「自變數 (I)」下的方格中。

4. 在「方法 (M)」右邊的下拉式選單中選取強迫進入變數法「輸入」選項。

5. 按『統計量 (S)』鈕,開啟「線性迴歸:統計量」次對話視視窗,勾選「☑估計值 (E)」、「☑模式適合度 (M)」、「☑R 平方改變量 (S)」、「☑共線性診斷 (L)」等選項,在「殘差」方盒中勾選「☑Durbin-Watson(U)」選項,按『繼續』鈕,回到「線性迴歸」對話視窗。

   註:選取「模式適合度」選項可輸出被選入模式和從模式中移除的變數,並顯示多元相關係數 R^2、調整過後的 R^2 和變異數分析摘要表;勾選「R 平方改變量」,結果會列出 R 平方改變量,F 的改變量和 F 改變量的顯著性;勾選「估計值」選項可輸出迴歸係數 B 及其標準誤、迴歸係數的顯著性考驗 t 值及 p 值、標準化迴歸係數等,勾選「共線性診斷」選項可輸出共線性診斷的統計量。採用強迫進入法最好勾選「共線性診斷 (L)」選項,以檢核自變項間是否有多元共線性問題,若是研究者採用逐步多元迴歸分析法,由於逐步多元迴歸分析法本身可以排除自變項間多元共線性問題,因而可以不用勾選「共線性診斷 (L)」選項。

6. 按「圖形 (L)...」鈕,開啟「線性迴歸:圖形」次對話視窗,在左邊方格清單中選取「*ZPRED」(標準化之預測值) 至右邊「X(X):」提示軸的右方格中,選取「*ZRESID」(標準化之殘差值) 至右邊「Y(Y):」提示軸的右方格中。在「標準化殘差圖」方盒中勾選:「☑直方圖 (H)」、「☑常態機率圖 (R)」二個選項,按『繼續』鈕,回到「線性迴歸」對話視窗,按『確定』鈕。

　　解釋型迴歸分析中，若是之前沒有進行自變項間之積差相關程序，於「線性迴歸：統計量」對話視窗中可以勾選「共變異數矩陣 (V)」選項，以檢核自變項之相關情形。

⊃ 二、採用輸入法之報表

　　輸入法是強迫所有預測變數要一次全部進入迴歸方程式，而不考慮個別變數的顯著與否。

選入 / 刪除的變數 [b]

模式	選入的變數	刪除的變數	方法
1	教學環境，教學品質，專業成長，願景目標，學習進步 [a]	.	選入

a. 所有要求的變數已輸入。
b. 依變數：整體學校效能。

在迴歸分析中，由於採用強迫進入變數法 / 輸入法 (Enter 法)，此法是強迫所有的預測變項均要進入迴歸模式中，因而五個預測變項均會進入迴歸模式，其進入的順序依次為：「教學環境」、「教學品質」、「專業成長」、「願景目標」、「學習進步」，被選入的自變項順序與自變項對效標變項的重要性無關。

模式摘要 [b]

模式	R	R 平方	調整後的 R 平方	估計的 標準誤	變更統計量					Durbin-Watson 檢定
					R 平方 改變量	F 改變	df1	df2	顯著性 F 改變	
1	.729[a]	.532	.527	9.587	.532	129.124	5	569	.000	1.561

a. 預測變數：(常數)，教學環境，教學品質，專業成長，願景目標，學習進步。
b. 依變數：整體學校效能。

上表為迴歸模型之模式摘要表，每個模式包括多元相關係數 (R)、多元相關係數的平方 (R Square)、調整後的 R 平方 (Adjusted R Squar)、估計的標準誤 (Std. Error of the Estimate)、R 平方改變量 (R Square Change)、F 改變值 (F Change)、分子自由度 (df1)、分母自由度 (df2)、F 改變量的顯著性 (Sig. F Change)、「Durbin-Watson 檢定統計量」。由表中可知五個預測變項與整體學校效能依變項的多元相關係數為 .729、決定係數 (R^2) 為 .532、調整後的 R^2 為 .527，迴歸模式誤差均方和 (MSE) 的估計標準誤為 9.587。由於是採用「強迫進入變數法」，只有一個迴歸模式，因而「R^2 改變量」等於整體 R^2 統計量＝ .532，表示五個預測變項共可解釋「整體學校效能」效標變項總變異量 53.2% 的變異。決定係數 (R^2) 為 .532

也可以由下列變異數分析摘要表中估算：$R^2 = \dfrac{SS_{regression}}{SS_{total}} = \dfrac{59344.304}{111645.913} = .532$，若將

「整體學校效能」依變項的總變異量設為 1 (100.0)，則五個自變項可以解釋的變異量為 53.2%，圖示說明如下：

依變項總變異量為 100.0%

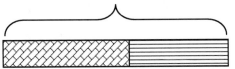

R 平方值＝53.2%　　　　無法解釋的變異量
(可以解釋的變異部份)　　部份 (46.8%)

「Durbin-Watson 檢定」統計量可以檢定模型中是否存在自我相關 (autocorrelation)，即觀察體獨立性 (independence) 的考驗，係指各預測變項之樣本觀察值間具有某種程度之直線關係，其相關係數不為 0。當 DW 統計量數值愈接近 2 時，表示相關係數愈接近 0，殘差項間無自我相關；當 DW 統計量值愈接近 0，表示相關係數愈接近 1，殘差項間愈呈現正向自我相關；當 DW 統計量值愈接近 4，表示相關係數愈接近 -1，殘差項間愈呈現負向自我相關。DW 統計量通常用於縱貫性的資料檔分析，如時間數列分析，若是資料屬於橫斷性的資料檔，此統計量的高低影響不大，範例中 Durbin-Watson 檢定統計量為 1.561。

一般而言，DW 統計量的數值範圍介於 0-2 之間表示誤差項間的相關為正相關，DW 統計量的數值範圍介於 2-4 之間表示誤差項間的相關為負相關，DW 統計量的數值剛好等於 2 時誤差項間的相關為零相關，而當 DW 統計量的數值介於 2 + DW 上限值、2- DW 上限值下限值間，表示誤差項間無自我相關，至於 DW 上限值與 DW 下限值二個數值必須查 Durbin-Watson 之檢定表方能得知。

在抽樣分配中樣本統計量 R 及 R 平方統計量數值可能被高估，因而推估至母群體的 R 值及 R 平方值統計量必須加以調整，調整的 R 平方值統計量一般稱為 $\tilde{R}^2$。其數值運算式如如：$\tilde{R}^2 = 1 - (1 - R^2)(\frac{N-1}{N-k-1})$，其中 N 為樣本大小、k 為自變項個數、$R^2$ 為多元相關係數平方值，範例中 N = 575、k = 5、R^2 = .532，調整後的 R 平方值為：$\tilde{R}^2 = 1 - (1 - .532)(\frac{575-1}{575-5-1}) = .527$，標準型的迴歸分析程序中，最好採用調整後 R^2 及標準化迴歸係數來進行對依變項的解釋。

Anova [b]

模式		平方和	df	平均平方和	F	顯著性
1	迴歸	59344.304	5	11868.861	129.124	.000[a]
	殘差	52301.609	569	91.918		
	總數	111645.913	574			

a. 預測變數，(常數)，教學環境，教學品質，專業成長，願景目標，學習進步。
b. 依變數：整體學校效能。

　　迴歸模式之變異數分析摘要表中變異量顯著性考驗的 F 值為 129.124、顯著性考驗的 p 值為 .000 (實際的數值不是 0，可能是接近 .000 的正數，如 .00003 或 .000005)，小於 .05 的顯著水準，表示迴歸模式整體解釋變異量達到顯著水準。迴歸模式的整體性統計考驗之 F 值達到顯著，有足夠證據拒絕虛無假設 $H_0：\beta_1 = \beta_2 = \beta_3 = \beta_4 = \beta_5 = 0$ (虛無假設也可表示為 R = 0)，接受對立假設 $H_1：\beta_i \neq 0$ (至少有一個迴歸係數不為 0)，表示迴歸方程式中，至少有一個迴歸係數顯著不等於 0 (迴歸方程式中有五個斜率係數，表示至少有一個自變項的迴歸係數不等於 0 或五個迴歸係數均不等於 0)，迴歸係數顯著不等於 0，即該自變項對效標變項有顯著的解釋力或預測力，至於是那些迴歸係數達到顯著，則要從下述的「係數」摘要表中的迴歸係數、相對應顯著性考驗的 t 值及其顯著機率值加以判別。如果迴歸係數顯著性整體考驗的 F 值未達 .05 顯著水準，則必須接受虛無假設：R = 0，多元相關係數為 0，多元相關係數為 0，即 R 平方值為 0，表示所有預測變項對依變項均沒有顯著的預測力或解釋量。

係數 [a]

模式		未標準化係數		標準化係數			共線性統計量	
		B 之估計值	標準誤差	Beta 分配	t	顯著性	允差	VIF
1	(常數)	29.148	2.748		10.606	.000		
	願景目標	.343	.281	.067	1.219	.223	.273	3.662
	教學品質	1.100	.300	.199	3.665	.000	.279	3.578
	專業成長	.280	.300	.052	.932	.352	.263	3.800
	學習進步	.956	.344	.176	2.775	.006	.205	4.876
	教學環境	1.426	.292	.297	4.879	.000	.222	4.510

a. 依變數：整體學校效能。

　　上表為迴歸模式的迴歸係數及迴歸係數的顯著性考驗，包括非標準化的迴歸係數 (Unstandardized Coefficients，B 之估計值欄)、標準化的迴歸係數 (Standardized Coefficients，Beta 分配欄或稱 beta coefficient)、迴歸係數顯著性考驗的 t 值及顯著性機率值、共線性診斷的統計量 (Collinearity Statistics)，包括允差 (容忍度) 及變異數膨脹係數 (VIF)。標準化迴歸係數 (β) 的絕對值愈大，表示該預測變項對整體學校效能效標變項的影響愈大，其解釋依變項的變異量也會愈大。從係數摘要表中可以得出未標準化迴歸方程式如下：

　　「整體學校效能＝ 29.148 ＋.343× 願景目標＋ 1.100× 教學品質＋.280× 專業成長＋.956× 學習進步＋ 1.426× 教學環境」，以符號表示為：

$$\hat{Y} = 29.148 + .343X_1 + 1.100X_2 + .280X_3 + .956X_4 + 1.426X_5$$

　　將樣本在五個變項原始得分代入上述公式，可以得到每位樣本觀察值在「整體學校效能」效標變項的「預測值」，而將觀察樣本在「整體學校效能量表」上測得的實際分數之「實際值」減去「預測值」，即可得出每位樣本觀察體的「殘差值」(residual)，未標準化迴歸係數 (B 係數) 通常用於以迴歸方程式來估計樣本的預測值，較偏重實務取向面，但由於非標準化迴歸係數包含常數項 (截距)，自變項測量值的單位間不同，無法直接進行預測變項相對重要性的比較，因而通常會將原始迴歸方程式再轉化為標準化迴歸方程式，標準化迴歸模式如下：

　　「整體學校效能＝.067× 願景目標＋.199× 教學品質＋.052× 專業成長＋.176× 學習進步＋.297× 教學環境」，以符號表示為：

$$\hat{Z}_Y = .067Z_{X1} + .199Z_{X2} + .052Z_{X3} + .176Z_{X4} + .297Z_{X5}$$

　　標準化迴歸係數 β 係數因為已去除單位的影響，因而可作為自變項間解釋力的比較，標準化迴歸係數的絕對值愈大，表示自變項對效標變項的影響愈大，和 B 係數相較之下，β 係數較偏重於學術取向。由標準化迴歸方程式中可以看出，五個預測變項中以「教學環境」及「教學品質」二個自變項對依變項的影響較大，其次是「學習進步」變項，重要性相對較低的二個預測變項為「願景目標」與「專業成長」，由於五個自變項的標準化迴歸係數值均為正數，表示其對依變項的影響均為正向，標準化迴歸係數 β 所呈現的正負值與積差相關係數所呈現

的正負值相同，二者顯著自變項對效標變項的影響均為正向。願景目標、教學品質、專業成長、學習進步、教學環境五個自變項迴歸係數顯著性考驗的 t 值統計量分別為 1.219 (p = .223)、3.665 (p < .001)、.932 (p = .352)、2.775 (p = .006)、4.879 (p < .001)，迴歸係數未達顯著的自變項有「願景目標」與「專業成長」，達到 .05 顯著水準的自變項有「教學品質」、「學習進步」、「教學環境」三個。

在迴歸分析中，未達顯著水準的預測變項，不一定與效標變項沒有顯著關係，從下列相關矩陣摘要表可以得知：願景目標、教學品質、專業成長、學習進步、教學環境五個自變項與整體學校效能依變項間的積差相關係數分別為 .638 (p < .001)、.659 (p < .001)、.634 (p < .001)、.677 (p < .001)、.692 (p < .001)， 其相關均達到 .05 顯著水準，且其相關程度均為中度關係，在迴歸模式中「願景目標」與「專業成長」二個預測變項的迴歸係數卻未達顯著水準，表示這二個自變項與其它自變項間可能有某種程度的關係 (顯著的中高度相關存在)。在迴歸分析中，若是自變項間也有中高度的相關存在，則某些與依變項有關係的變項會被排除於迴歸模式之外，標準型迴歸分析個別自變項對依變項解釋程度的多少，要同時考量到自變項間的相關情形及自變項與依變項間相關的高低。

容忍度是以某一自變項為效標變項，而以其餘自變項為預測變項，當 R 平方值愈高，表示其餘自變項可以共同解釋此一自變項的變異程度愈大，自變項間有高度的關聯，此時 $1 - R^2$ 的數值會愈小，$1 - R^2$ 的數值即為允差或容忍度統計量。以「願景目標」自變項的允差統計量的估算為例，迴歸分析中以「願景目標」為結果變項，以「教學品質」、「專業成長」、「學習進步」、「教學環境」四個自變項為預測變項。

模式摘要

模式	R	R 平方	調過後的 R 平方	估計的標準誤
1	.853[a]	.727	.725	1.428

a. 預測變數：(常數)，教學環境，教學品質，專業成長，學習進步。

「教學品質」、「專業成長」、「學習進步」、「教學環境」四個變項與「願景目標」的多元相關係數為 .853，R^2 值為 .727，$1 - R^2$ 值為 $1 - .727 = .273$，.273 為「允差」欄的數值，「允差」欄數值的倒數 $\frac{1}{1-R^2} = \frac{1}{.273} = 3.662$，

3.662 為「VIF」欄的指標值。

◉ **表 X** 五個預測變項及效標變項間的積差相關矩陣摘要表 (N = 575)

		願景目標	教學品質	專業成長	學習進步	教學環境	整體學校效能
願景目標	Pearson 相關	1					
	顯著性 (雙尾)						
教學品質	Pearson 相關	.778**	1				
	顯著性 (雙尾)	.000					
專業成長	Pearson 相關	.736**	.776**	1			
	顯著性 (雙尾)	.000	.000				
學習進步	Pearson 相關	.775**	.794**	.828**	1		
	顯著性 (雙尾)	.000	.000	.000			
教學環境	Pearson 相關	.814**	.767**	.783**	.835**	1	
	顯著性 (雙尾)	.000	.000	.000	.000		
整體學校效能	Pearson 相關	.638**	.659**	.634**	.677**	.692**	1
	顯著性 (雙尾)	.000	.000	.000	.000	.000	

** 在顯著水準為 0.01 時 (雙尾)，相關顯著。

　　由相關係數矩陣摘要表可以看出：願景目標構面與其它四個構面間的相關係數分別為 .778、.736、.775、.814；專業成長構面與其它四個構面間的相關係數分別為 .736、.776、.828、.783，五個構面間相關均呈顯著中高度正相關。較佳的迴歸模式為自變項間彼此的相關不高，但每個自變項與效標變項 (結果變項或依變項) 間有中高度的相關。

　　從容忍度 (Tolerance) 及變異數膨脹係數 (VIF) 可檢核多元迴歸分析是否有多元共線性問題，容忍度值愈接近 0 時，表示變項間愈有線性重合問題 (多元共線性問題愈嚴重)，一般的判別準則臨界值為小於 .10；而變異數膨脹係數值如大於 10(當容忍度為 .10 時，VIF 指標值為 10)，則表示變項間愈有線性重合問題。上述五個自變項的容忍度值介於 .205 至 .279 間，變異數膨脹係數值介於 3.578 至 4.876 間，容忍度的數值均大於臨界值 .100，VIF 的數值未大於臨界指標值 10，表示進入迴歸方程式的自變項間沒有多元共線性的問題。

共線性診斷 [a]

模式	維度	特徵值	條件指標	變異數比例					
				（常數）	願景目標	教學品質	專業成長	學習進步	教學環境
1	1	5.958	1.000	.00	.00	.00	.00	.00	.00
	2	.020	17.422	.85	.02	.00	.00	.00	.05
	3	.008	28.017	.03	.47	.01	.36	.05	.04
	4	.006	30.544	.09	.06	.57	.00	.02	.42
	5	.005	35.023	.00	.43	.38	.41	.02	.23
	6	.004	39.273	.02	.03	.05	.22	.90	.26

a. 依變數：整體學校效能。

　　上表為預測變項共線性診斷各種統計量，所謂多元共線性即數學上的線性相依 (linearly dependent)，係指在迴歸模式中預測變項本身間有很高的相關。多元共線性的評鑑指標常用者如：容忍度 (tolerance；TOL 值)、變異數膨脹因素 (variance inflation factor；VIF 值)、條件指標 (condition index；CI 值)、特徵值 (eigenvalue)。在迴歸模式中如果 TOL 值小於 .10、VIF 值大於 10、CI 值大於 30、特徵值小於 .01，則預測變項間可能存有多元共線性問題；相對的，在迴歸模式中如果 TOL 值大於 .10、VIF 值小於 10、CI 值小於 30、特徵值大於 .01，則預測變項間多元共線性問題就不存在。範例中有五個預測變項，包含常數項共可求出六個特徵值，六個特徵值中小於 .01 者有四個，相對應的條件指標值大於 30 者有三個，最大的 CI 值為 39.273，從此二個指標檢核，自變項間有輕微共線性問題。

　　在共線性診斷統計量中，變異數比例 (Variance Proportions) 為一個特徵值個數所構成的方形矩陣，因為有 6 個特徵值，所形成的特徵向量為 6×6 矩陣，每一個縱行六個變異數比例的總和均為 1，當二個預測變項在同一橫列特徵值上的變異數比例值愈接近 1，表示變項間的關係愈密切，此時特徵值的數值會愈小，這二個變項愈有多元共線性問題。從變異數比例來看，未同時有二個變項在某一個特徵值上的變異數比例值高於 .800 或 .700 以上，表示自變項間的線性重合並不嚴重，此結果與上述採用變異數膨脹係數 (VIF) 及容忍度值 (允差欄) 所得的結果相同。

殘差統計量 [a]

	最小值	最大值	平均數	標準離差	個數
預測值	49.70	111.24	94.44	10.168	575
殘差	-42.821	24.272	.000	9.546	575
標準預測值	-4.401	1.652	.000	1.000	575
標準殘差	-4.466	2.532	.000	.996	575

a. 依變數：整體學校效能。

　　線性迴歸要符合誤差項變異數同質性假定、誤差項獨立性假定、誤差項分配常配性假定。上表為殘差統計量，包括預測值、殘差、標準化預測值、標準化殘差的描述性統計量 (最小值、最大值、平均數、標準差、有效樣本數)，最小化的殘差值為 -42.821、最大化殘差值為 24.272，轉化為標準化殘差值後，最小的標準化殘差值為 -4.466、最大的標準化殘差值為 2.532，殘差分數與依變項一樣，必須符合常態分配，標準化殘差值多數要介於 -3.00 至＋3.00 之間。

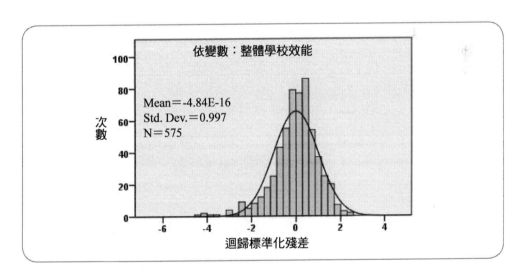

　　上圖為迴歸標準化殘差值的直方圖 (Histogram)，此直方圖可以檢核樣本觀察值是否符合常態性的基本假定，鐘形曲線為理論上之完全常態分配曲線，當標準化殘差值的次數分配愈接近鐘形曲線時，樣本愈符合常態分配，由圖中標準化殘差值的直方圖分配情形，樣本觀察值大致符合常態性的假定，迴歸標準化殘差值多數在三個標準差範圍內，沒有極端值出現。

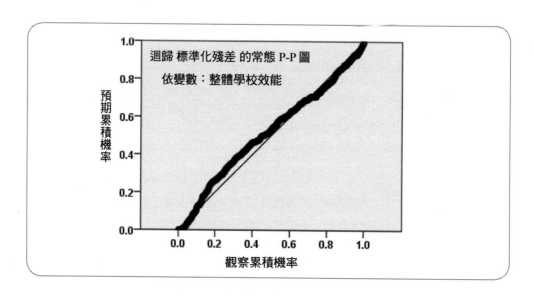

　　上圖為樣本標準化殘差值的常態機率分佈 P-P 圖 (Normal P-P Plot of Regression Standardized Residual)，如果觀察值標準化殘差值的累積機率分佈呈一條左下至右上的四十五度角直線，則樣本觀察值的資料結構即符合常態性假定，圖示四十五度角直線是理論的累積機率分佈線 (期望直線)。由圖中可知，標準化殘差值的累積機率點 (觀察值累積直線) 大致分佈在四十五度角的直線附近，因而樣本觀察值十分接近常態分配的假定。

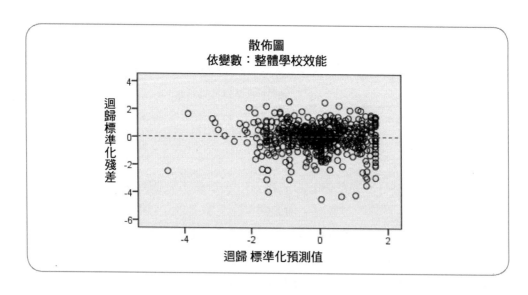

上圖為標準化殘差值 (Standardized Residual) 與標準化預測值 (Standardized Predicated Value) 之交叉散佈圖 (Scatterplot)，此圖可以檢定樣本觀察值是否符合常態性的假定及檢定殘差值是否符合變異數齊一性的假定。若散佈圖的點在 0 值上下呈水平的隨機分佈時，表示樣本觀察值符合常態性及變異數齊一性的假定，圖示中殘差值大致均勻分佈於 0 的二側，表示資料結構未違反變異數同質性的假定。

上述標準型迴歸分析輸出報表，可以統整為以下表格：

【表格範例】

◯ 表 X　校長領導五個構面對整體學校效能之複迴歸分析摘要表

預測變項	B（未標準化迴歸係數）	標準誤	β（標準化迴歸係數）	t 值
截距	29.148	2.748		10.606
願景目標	.343	.281	.067	1.219 ns
教學品質	1.100	.300	.199	3.665***
專業成長	.280	.300	.052	.932ns
學習進步	.956	.344	.176	2.775**
教學環境	1.426	.292	.297	4.879***

R = .729　R^2 = .532　調整後 R^2 = .527　F = 129.124***

ns p > .05　**p < .01　***p < .001

從上述複迴歸分析摘要表可以發現：「願景目標」、「教學品質」、「專業成長」、「學習進步」、「教學環境」等五個自變項與「整體學校效能」效標變項的多元相關係數為 .729，多元相關係數的平方為 .532，表示五個自變項共可解釋「整體學校效能」變項 53.2% 的變異量，調整後的 R^2 值為 .527，表示五個自變項可以解釋依變項總變異中 52.7% 的變異量，無法解釋的變異量為 47.3%。五個自變項的標準化迴歸係數均為正數，表示五個自變項對「整體學校效能」效標變項的影響均為正向，在迴歸模式中，對「整體學校效能」效標變項有顯著影響預測變項為「教學品質」、「學習進步」、「教學環境」三個，從標準化迴歸係數來看，三個迴歸係數達到顯著的自變項中，「教學環境」與「教學品質」的 β 係數絕對值較大，表示這二個預測變項對整體學校效能變項有較高解釋變異量，「願景目標」與「專業成長」二個預測變項的迴歸係數均未達顯著，表示這二個預測變項對企業組織效能變項的解釋變異甚小。

貳、預測型迴歸分析 (逐步多元迴歸法的應用)

在使用強迫輸入法時，由於要求所有預測變項一次進入迴歸方程式中，因而如果預測變項間彼此有很高的相關，可能會發生多元共多線性的問題。某些預測變項與其它自變項間因多元共線性關係，因而相對應的標準誤變大，使得迴歸係數沒有達到統計上的顯著水準而被忽略，如果在多元迴歸分析中，研究者主要目的在於描述或解釋 (如階層迴歸分析)，則要注意多元共線性的問題。逐步迴歸法是一種統計迴歸法或資料導向迴歸，藉由設定的統計準則反複進行變項的選取及移除，因而若是自變項的個數太多，可能增加第一類型的錯誤率。

多元線性迴歸的目的，如果在於預測 (prediction)，即從數個自變項中找出對效標變項最具預測力的自變項，以建構一個最佳的迴歸分析模式，則研究者可以採用「逐步多元迴歸分析」(stepwise multiple regression analysis)，「逐步多元迴歸」也稱為「統計迴歸分析」(statistical regression analysis)，因為此法是根據統計準則 (statistical criteria) 依序選取自變項以進入迴歸模式中。「逐步多元迴歸分析」也是一種探索性的複迴歸方法，此方法同時使用「前進選取」法 (forward method) 與「後退刪除」法 (backward method) 二種方法，運用電腦特性與準則篩選出一個最佳的複迴歸分析模式，藉由統計方法挑選對依變項解釋量最大的自變項，次對其餘自變項進行比較，挑選解釋變異量次大的自變項，若是被選入迴歸模式自變項的貢獻度較小，則此自變項會從模式中被排除，以讓貢獻度較大的自變項進入迴歸模式中，根據準則臨界值，反覆進行自變項的選取及移除。

「逐步多元迴歸分析」也可作為解決多元共線性問題的策略之一，只是其主要目的在於預測，與解釋型複迴歸分析不同，適合做探索性的研究使用，但如果自變項間有極高度的共線性問題，即使採用統計迴歸的方法，所選取的自變項間之 β 係數也有可能產生無法解釋的現象。如相關理論中 X 變項與效標變項間的相關為正相關，顯示 X 變項對 Y 變項的影響是正向的，但於迴歸模式中 X 變項的 β 係數值卻為負數，此時於迴歸方程式中 X 變項對 Y 變項影響的解釋和之前理論或經驗法則之結果剛好相反，二者呈現矛盾現象，如果研究者採用統計迴歸法選取進入迴歸模式自變項的迴歸係數正負值與之前進行積差相關分析的相關係數統計量符號材相反，則此自變項最好採用人為控制，將自變項從迴歸方程式中移除。採用逐步迴歸分析法時，被選取進入迴歸模式的自變項對效標變項的預測

力均會達到顯著性，個別迴歸係數顯著性考驗的 t 值或增加的解釋變異量之 F 值的顯著性 (p 值) 均會小於 .05，而沒有進入迴歸模式的自變項，其對效標變項均沒有顯著的預測力。

　　由於統計迴歸採用統計準則進行自變項的篩選，可能會有非抽樣誤差 (機遇誤差) 或過度適配資料 (overfit data) 問題，因而抽樣的樣本數或有效觀察值總數要較大；另外一個問題是模式估計所得的 R^2 值可能不是最適當的解值，當多個自變項一起進入迴歸模式時會過估 R^2 值，此時可以改用調整後的 R^2 值作為自變項間對依變項的預測力或採用系列或區組迴歸分析法 (Tabachnick & Fidell, 2007)。

【研究問題】

　　校長教學領導五個構面：「願景目標」、「教學品質」、「專業成長」、「學習進步」、「教學環境」對「整體學校效能」是否有顯著的預測力？

　　研究問題中的自變項共有五個：「願景目標」、「教學品質」、「專業成長」、「學習進步」、「教學環境」，效標變項為「整體學校效能」，採用的方法為複迴歸方法中的逐步迴歸分析法。

⊃ 一、操作程序

1. 執行功能表列「分析 (A)」/「迴歸方法 (R)」/「線性 (L)」程序，開啟「線性迴歸」主對話視窗。
2. 在左邊變數清單中選取效標變項「整體學校效能」至右方「依變數 (D)」下的方格中。在左邊變數清單中選取投入迴歸模式的五個預測變項：「願景目標」、「教學品質」、「專業成長」、「學習進步」、「教學環境」，選取後點選至右邊「自變數 (I)」下的方格中。
3. 在「方法 (M)」右邊的下拉式選單中選取「逐步迴歸分析法」。
4. 按『統計量 (S)』鈕，開啟「線性迴歸：統計量」次對話視視窗，勾選「☑估計值 (E)」、「☑模式適合度 (M)」、「☑R 平方改變量 (S)」、「☑共線性診斷 (L)」等選項，按『繼續』鈕，回到「線性迴歸」主對話視窗。

5. 按「圖形 (L)...」鈕，開啟「線性迴歸：圖形」次對話視窗，在左邊方格清單中選取「*ZPRED」(標準化之預測值) 至右邊「X(X):」提示軸的右方格中，選取「*ZRESID」(標準化之殘差值) 至右邊「Y(Y):」提示軸的右方格中。在「標準化殘差圖」方盒中勾選：「☑ 直方圖 (H)」、「☑ 常態機率圖 (R)」二個選項，按『繼續』鈕，回到「線性迴歸」主對話視窗，按『確定』鈕。

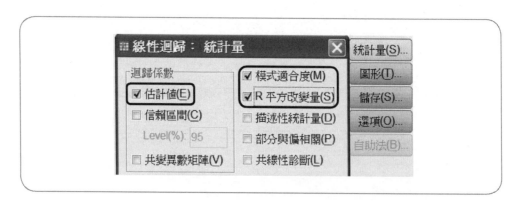

「方法 (M)」右邊下拉式選單選項內定方法為「輸入」法，範例中為選取「逐步迴歸分析法」。

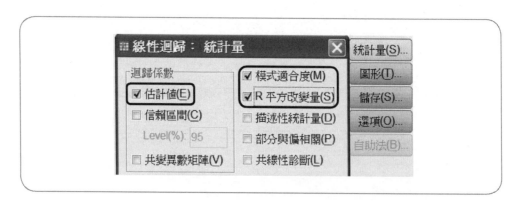

　　複迴歸統計程序中若是選用「逐步迴歸分析法」，於「線性迴歸：統計量」次對話視窗，最好勾選「☑ R 平方改變量 (S)」選項，如此，可呈現有顯著預測力之自變項個別的解釋變異量 (R 平方改變量欄數據)。至於「共線性診斷 (L)」選項是否勾選則由研究者自行決定，因為採用「逐步迴歸分析法」可以排除自變項間多元共線性問題 (少數資料結構若是自變項間的相關很高，多元共線性問題較嚴重，即使採用逐步迴歸分析法也會產生不合理或無法解釋的參數)。

◉ 二、結果報表

選入 / 刪除的變數 [a]

模式	選入的變數	刪除的變數	方法
1	教學環境	.	逐步迴歸分析法 (準則 :F- 選入的機率 ＜ ＝ .050，F- 刪除的機率 ＞ ＝ .100)。
2	教學品質	.	逐步迴歸分析法 (準則 :F- 選入的機率 ＜ ＝ .050，F- 刪除的機率 ＞ ＝ .100)。
3	學習進步	.	逐步迴歸分析法 (準則 :F- 選入的機率 ＜ ＝ .050，F- 刪除的機率 ＞ ＝ .100)。

a. 依變數：整體學校效能。

　　選入迴歸模式的變項順序依序是「教學環境」、「教學品質」、「學習進步」。迴歸模式 1 中被選入的自變項只有「教學環境」；迴歸模式 2 中被選入的自變項有「教學環境」、「教學品質」二個；迴歸模式 3 中被選入的自變項有「教學環境」、「教學品質」、「學習進步」三個。每個模式中被選入的準則是預測變項迴歸係數顯著性 p ＝ ＜.050，預測變項從模式中被移除的標準是迴歸係數顯著性 p＞ ＝ .100。

模式摘要 [d]

模式	R	R 平方	調整後的 R 平方	估計的 標準誤	變更統計量				
					R 平方 改變量	F 改變	df1	df2	顯著性 F 改變
1	.692[a]	.479	.478	10.078	.479	526.292	1	573	.000
2	.720[b]	.519	.517	9.692	.040	47.525	1	572	.000
3	.728[c]	.529	.527	9.592	.011	13.036	1	571	.000

a. 預測變數：(常數)，教學環境。
b. 預測變數：(常數)，教學環境，教學品質。
c. 預測變數：(常數)，教學環境，教學品質，學習進步。
d. 依變數：整體學校效能。

　　模式摘要表中第一欄「模式」為三個迴歸模式程序，迴歸模式 1 中被選入的自變項為「教學環境」，迴歸模式 2 中被選入的自變項為「教學環境」與「教學品質」二個，迴歸模式 3 中被選入的自變項為「教學環境」、「教學品質」、「學習進步」三個。至於願景目標、專業成長二個構面則未選入迴歸模式內，其餘相關統計量的意義如下：

1. 第二欄 R 稱為多元相關係數 (multiple correlation coefficient)。在簡單迴歸時，多元相關係數等於積差相關係數；在多元迴歸分析中，多元相關係數反映了多個自變項與一個依變項間的多元相關情形。

2. 第三欄 R 平方 (R^2) 又稱為多元決定係數 (multiple determination coefficient)。在迴歸分析中，決定係數反映了自變項與依變項間所構成的線性迴歸模式的配適度，R 平方的數值表示的迴歸模式中的自變項可以解釋依變項的聯合解釋變異量。

3. 第四欄「調整後的 R 平方」(Adjusted R^2) 為調整後的決定係數 (adjusted coefficient of determination)。當進行不同個數的自變項所構成之迴歸方程式的比較時，或進行不同樣本大小所構成之迴歸方程式的比較時，由於每個模式的自由度不同，採用調整後的 R^2 指標值比 R^2 指標值更適切 (Hair, Jr. 2010)。調整後的 R^2 指標值的求法為：Adjusted $R^2 = 1-(1-R^2) \times (\frac{N-1}{N-p-1})$，調整後的 R^2 也可以以下式表示：

調整後 $R^2 = R^2 - \dfrac{p(1-R^2)}{N-p-1}$，計算式中：N 為樣本總人數，p 為迴歸方程式的自變項的個數 (有時用 k 表示自變項的個數)。R^2 和調整後的 R^2 也可以定義成：$R^2 = 1 - \dfrac{SS_{residual}}{SS_{total}}$，調整後的 $R^2 = 1 - \dfrac{SS_{residual}/(N-p-1)}{SS_{total}/(N-1)}$。

以模式 3 為例，R 平方等於 .529、調整後的 R 平方等於 .527，調整後的 R 平方求法如下：$Adjusted\ R^2 = 1 - (1 - .529) \times (\dfrac{575-1}{575-5-1}) = .527$。

在迴歸分析中，如果自變項的個數很多，有時候就要以調整後的決定係數代替原先的決定係數，因為增加新的自變項後，均會使 R^2 變大，這種 R^2 會有高人為操控的機制在內 (Tacq, 1997)，此時以調整後的 R^2 表示較佳。此外，以樣本的 R^2 估計母群參數時，常常會有高估傾向，為了避免高估之偏誤情形發生，應採用調整後的 R^2 值，因為調整後的 R^2 是迴歸模式中變項數與樣本大小的函數，以調整後的 R^2 來估計母群性質，才不會有錯誤。

以樣本統計量推導出來的 R^2 來評估整體模式的解釋力，並進而推論到母群體時，會有高估的傾向，樣本數愈小，則容易發生高估的現象，使得解釋力膨脹效果愈明顯；而當樣本數愈大時，解釋力膨脹情形會愈輕微。因此，如將樣本大小的影響納入考量，則高估的情形便可改善。將 R^2 公式中離均差的平方和除以自由度，也可算出調整後的 R^2，如此便可減少因為樣本估計帶來 R^2 膨脹效果的現象，當樣本數較小時，最好採用調整後的 R^2(邱皓政，民 89)。

4. 第六欄 R 平方改變量 (R Square Change) 為 R^2 的增加量，R^2 的改變量為排除之前進入迴歸模式的變項後，新投入變項單獨對依變項的個別解釋變異量，其值等於第 M 個模式的 R 平方值減掉第 M-1 個模式的 R 平方值；第 2 個迴歸模式中，R^2 的改變量 = .519 - .479 = .040；第 3 個迴歸模式中，R^2 的改變量 = .529 - .519 = .010 (表格數據為 .011，小數點第三位的差異為四捨五入進位造成的誤差值)。

5. 第七欄 F 改變數據為 R 平方改變量的顯著性檢定，即排除之前進入迴歸模式自變項對依變項的影響後，新進入迴歸模式之個別變項的 R 平方值的顯著性考驗 (以統計控制其餘自變項的影響後，個別自變項對依變項的貢獻度)，由於採用的是逐步迴歸分析法，進入迴歸模式之預測變項對依變項的

個別解釋變異量均會達到顯著，範例中，進入迴歸模式三個預測變項個別的解釋量分別為 .479、.040、.011，相對應的顯著性統計量 F 值分別為 526.292 (p＜.001)、47.525 (p＜.001)、13.036 (p＜.001)，均達到 .05 顯著水準。

Anova[d]

模式		平方和	df	平均平方和	F	顯著性
1	迴歸	53451.070	1	53451.070	526.292	.000[a]
	殘差	58194.843	573	101.562		
	總數	111645.913	574			
2	迴歸	57915.332	2	28957.666	308.275	.000[b]
	殘差	53730.581	572	93.935		
	總數	111645.913	574			
3	迴歸	59114.587	3	19704.862	214.186	.000[c]
	殘差	52531.326	571	91.999		
	總數	111645.913	574			

a. 預測變數：(常數)，教學環境。
b. 預測變數：(常數)，教學環境，教學品質。
c. 預測變數：(常數)，教學環境，教學品質，學習進步。
d. 依變數：整體學校效能。

上表為三個迴歸模式的整體顯著性考驗，由於採用的是逐步多元迴歸分析法，因而每個迴歸分析模式之整體顯著性考驗的 F 值均會達到顯著水準 (p＜.05)，迴歸模式整體考驗之 F 統計量達到顯著水準，表示在每個迴歸分析模式中，進入迴歸方程式的預測變項對「整體學校效能」效標變項的解釋力全部達到顯著，即進入迴歸方程式的所有自變項其迴歸係數均顯著不等於 0 (或多元相關係數 R 顯著不等於 0)。三個迴歸分析模式之整體顯著性考驗的 F 值分別為 526.292 (p＜.001)、308.275 (p＜.001)、214.186 (p＜.001)，均達到 .05 顯者水準。

ANOVA 摘要中的「平和方」欄的數值可以求出各模式的 $R^2 = 1 - \dfrac{SSE}{SST} = \dfrac{SSR}{SST}$，以模式 3 為例，SSR = 59114.587、SSE = 52531.326、SST = 111645.913，$R^2 = 1 - \dfrac{52531.326}{111645.913} = 1 - .471 = .529 = \dfrac{59114.587}{111645.913}$。

變異數分析的 F 統計量可以檢定整個迴歸模式是否達到統計上的顯著性，以

模式 3 而言，在迴歸方程式中有三個自變項，其迴歸方程式為：$\hat{Y} = b_0 + b_1X_1 + b_2X_2 + b_3X_3 + e$ (或 $\hat{Y} = \beta_0 + \beta_1X_1 + \beta_2X_2 + \beta_3X_3 + \varepsilon$)，整體迴歸方程式顯著性考驗之變異數分析的 F 值達到顯著，表示至少有一個迴歸係數對效標變項的影響達到顯著，因為採用的統計迴歸法，進入迴歸模式的自變項有三個，表示五個自變項的迴歸係數中有三個迴歸係數顯著不等於 0。

係數 [a]

模式		未標準化係數		標準化係數	t	顯著性	共線性統計量	
		B 之估計值	標準誤差	Beta 分配			允差	VIF
1	(常數)	42.101	2.320		18.147	.000		
	教學環境	3.319	.145	.692	22.941	.000	1.000	1.000
2	(常數)	32.821	2.606		12.596	.000		
	教學環境	2.173	.217	.453	10.021	.000	.412	2.428
	教學品質	1.724	.250	.312	6.894	.000	.412	2.428
3	(常數)	29.993	2.695		11.129	.000		
	教學環境	1.622	.263	.338	6.165	.000	.274	3.653
	教學品質	1.291	.275	.233	4.698	.000	.334	2.997
	學習進步	1.137	.315	.209	3.610	.000	.245	4.074

a. 依變數：整體學校效能。

上表為三個迴歸模式的迴歸係數及迴歸係數的顯著性考驗，包括非標準化的迴歸係數 (B) 及其標準誤、標準化的迴歸係數 (β)、迴歸係數顯著性考驗的 t 值及顯著性機率值，共線性診斷的統計量包括容忍度 (允差) 及變異數膨脹係數 (VIF)。從容忍度及 VIF 指標值可檢核多元迴歸分析是否有多元共線性問題，容忍度值愈接近 0 時，表示變項間愈有線性重合問題 (多元共線性問題愈嚴重)；而變異數膨脹係數值如大於 10，則表示變項間愈有線性重合問題。

上述第三個迴歸分析模式的容忍度值 (允差欄數值) 介於 .245 至 .334 間，VIF 數據中最大值為 4.074，未有大於臨界指標值 10，表示進入迴歸方程式的自變項間沒有線性重合 (多元共線性) 的問題，進入迴歸方程式的自變項間之沒有線性重合的問題，乃在進行迴歸方析方法時，使用的迴歸分析法為逐步迴歸分析法之故。每個模式表示進入迴歸方程式的自變項，從三個模式中可以看出被選入的自變項的順序依次為「教學環境」、「教學品質」、「知識創新」、「學習進步」，被排除於迴歸模式之外的預測變項為「願景目標」、「專業成長」。

在迴歸分析中如果研究者直接採用逐步迴歸 (stepwise regression) 分析法，再來進行自變項間線性重合的診斷，即判別自變項間是否有線性重合的問題，是較沒有實質的意義的，因為此時發生共線性間的自變項已被選入迴歸模式中，因而被選入迴歸模式的預測變項中，可能某些自變項與效標變項間的相關很低，而某些與效標變項相關甚高的預測變項被排除於迴歸模式中。此外，也可能發生被選入迴歸模式的預測變項無法對效標變項做出合理的詮釋，如在積差相關中二者為顯著正相關，但在迴歸模式中，標準化迴歸係數卻是負值，或是預測變項標準化迴歸係數的方向 (正負號) 呈現與理論假設或經驗法則相互矛盾的現象。

在迴歸分析中，多元共線性的診斷結果若發現中高度的線性重合問題，較常使用的解決方法為：剔除預測變項間呈現顯著高度相關的變項、採取逐步迴歸分析法、採用主成份迴歸分析 (principal component regression) 或再增加樣本觀察值人數，因而採用逐步迴歸分析法乃是用來校正變項間發生多元共線性問題，研究者若是使用了逐步迴歸分析法後，再來檢核自變項間線性重合的問題是沒有必要的，而且也沒有實質意義。

排除的變數 [d]

模式		Beta 進	t	顯著性	偏相關	共線性統計量 允差
1	願景目標	.222[a]	4.336	.000	.178	.337
	教學品質	.312[a]	6.894	.000	.277	.412
	專業成長	.238[a]	5.018	.000	.205	.387
	學習進步	.328[a]	6.171	.000	.250	.303
2	願景目標	.097[b]	1.768	.078	.074	.280
	專業成長	.120[b]	2.329	.020	.097	.312
	學習進步	.209[b]	3.610	.000	.149	.245
3	願景目標	.070[c]	1.277	.202	.053	.274
	專業成長	.056[c]	1.007	.315	.042	.264

a. 模式中的預測變數：(常數)，教學環境。
b. 模式中的預測變數：(常數)，教學環境，教學品質。
c. 模式中的預測變數：(常數)，教學環境，教學品質，學習進步。
d. 依變數：整體學校效能。

排除的變數摘要表為迴歸模式排除變項的順序，最後一個模式 (模式 3) 為確定的模型，迴歸模式中被排除的預測變項為「願景目標」、「專業成長」二

個。在實務應用上,研究者對於「排除的變數」表格可以省略不看。

【表格範例】

上述預測型多元逐步迴歸之結果統整如下摘要表:

○ 表X 校長領導五個構面對整體學校效能之逐步多元迴歸分析摘要表

投入變項順序	多元相關係數	決定係數 (R^2)	增加量 (ΔR^2)	F 值	淨 F 值 (ΔF)	B	Beta(β)
截距						29.993	
1 教學環境	.692	.479	.479	526.292***	526.292***	1.622	.338
2 教學品質	.720	.519	.040	308.275***	47.525***	1.291	.233
3 學習進步	.728	.529	.011	214.186***	13.036***	1.137	.209

***p<.001

在上述逐步多元迴歸分析摘要表中可以發現:五個預測變項對「整體學校效能」有顯著的預測力的變項共有三個,依序為「教學環境」、「教學品質」、「學習進步」,三個預測變項與「整體學校效能」依變項的多元相關係數為 .728、決定係數 (R^2) 為 .529,最後迴歸模式整體性考驗的 F 值統計量為 214.186 (p<.001),因而三個預測變項共可有效解釋「整體學校效能」效果變項 52.9% 的變異量。

從個別變項預測力的高低來看,對「整體學校效能」最具預測力者為「教學環境」自變項,其個別解釋變異量為 47.9%,其次為「教學品質」、「學習進步」,其個別解釋變異量分別為 4.0%、1.1%。從標準化的迴歸係數來看,迴歸模式中的三個預測變項之 β 值分別為 .338、.233、.209,β 值均為正數,表示其對「整體學校效能」變項的影響均為正向。

非標準化迴歸方程式如下:

「整體學校效能 = 29.993 + 1.622× 教學環境 + 1.291× 教學品質 + 1.137× 學習進步」

標準化迴歸方程式如下:

「整體學校效能 = .338× 教學環境 + .233× 教學品質 + .209× 學習進步」

　　上述「校長教學領導、教師專業成長與學校效能關係之研究」範例中，如果研究者要同時探究校長教學領導五個構面、教師專業成長四個構面對學校效能的預測情形，效標變項「學校效能」除了五個構面外，也包含五個構面的加總分數「整體學校效能」，因而研究者要進行六次複迴歸統計程序。六次複迴歸統計程序中自變項與依變項如下：

依變項 (D) 下的方格變項	自變項 (D) 下的方格變項
行政效能	願景目標、教學品質、專業成長、學習進步、教學環境、設計教學、經營輔導、發展進修、精神態度
教師效能	願景目標、教學品質、專業成長、學習進步、教學環境、設計教學、經營輔導、發展進修、精神態度
學生效能	願景目標、教學品質、專業成長、學習進步、教學環境、設計教學、經營輔導、發展進修、精神態度
文化效能	願景目標、教學品質、專業成長、學習進步、教學環境、設計教學、經營輔導、發展進修、精神態度
社區效能	願景目標、教學品質、專業成長、學習進步、教學環境、設計教學、經營輔導、發展進修、精神態度
整體學校效能	願景目標、教學品質、專業成長、學習進步、教學環境、設計教學、經營輔導、發展進修、精神態度

註：「線性迴歸」對話視窗中，「依變數 (D)」下的方格每次只能點選一個依變項 (效標變項)，因而研究者總共要分開執行六次的複迴歸統計程序。

　　校長教學領導五個構面 (型塑學校願景目標、確保課程教學品質、提升教師專業成長、督促學生學習進步、發展支持教學環境) 的加總分數變項為「整體教學領導」；教師專業成長四個構面 (課程設計與教學、班級經營與輔導、研究發展與進修、敬業精神及態度) 的加總分數變項為「整體專業成長」，迴歸模式程序中以二個量表構面為自變項，就不可再把構面加總變項：「整體教學領導」、「整體專業成長」二個作為預測變項，因為這樣違反觀察值量測分數獨立性的假定，校長教學領導五個構面的量測值是彼此獨立的、教師專業成長四個構面的量測值也是彼此獨立的，因為這些構面含括的測量變項或題項均是不同的，但「整體教學領導」變項是五個構面變數量測值的加總，「整體專業成長」變項是四個構面變數量測值的加總，變項量測值之分數是重疊的。

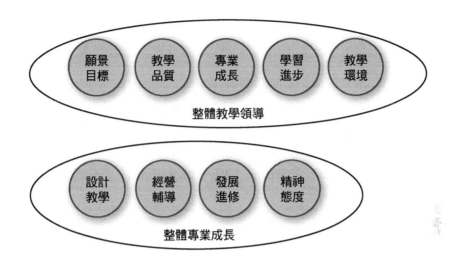

在下面範例中,以校長教學領導五個構面及教師專業成長四個構面等九個自變項預測「行政效能」構面效標變項為例,採用的逐步迴歸分析法。

依變項 (D) 下的方格變項	自變項 (D) 下的方格變項
行政效能	願景目標、教學品質、專業成長、學習進步、教學環境、設計教學、經營輔導、發展進修、精神態度

模式摘要

模式	R	R 平方	調整後的 R 平方	估計的標準誤	變更統計量				
					R 平方改變量	F 改變	df1	df2	顯著性 F 改變
1	.714[a]	.510	.509	2.289	.510	596.850	1	573	.000
2	.736[b]	.542	.540	2.216	.031	39.204	1	572	.000
3	.746[c]	.556	.554	2.182	.015	19.024	1	571	.000
4	.748[d]	.560	.557	2.175	.004	4.961	1	570	.026
5	.751[e]	.563	.560	2.169	.003	4.139	1	569	.042

a. 預測變數:(常數),教學環境。
b. 預測變數:(常數),教學環境,教學品質。
c. 預測變數:(常數),教學環境,教學品質,精神態度。
d. 預測變數:(常數),教學環境,教學品質,精神態度,發展進修。
e. 預測變數:(常數),教學環境,教學品質,精神態度,發展進修,學習進步。

九個預測變項中對「行政效能」構面效標變項具有顯著預測力的自變項有五個,依個別解釋量的大小排列依序為教學環境、教學品質、精神態度、發展

進修、學習進步。這五個變項與「行政效能」構面效標變項的多元相關係數為 .751、聯合解釋變異量為 56.3%，調整後的 R 平方值為 .560；就「R 平方改變量」欄的數據來看，以「教學環境」構面的預測力最大，其解釋變異量高達 51.0%。

係數 [a]

模式		未標準化係數		標準化係數		
		B 之估計值	標準誤差	Beta 分配	t	顯著性
5	(常數)	2.163	.758		2.855	.004
	教學環境	.442	.060	.393	7.357	.000
	教學品質	.239	.063	.184	3.779	.000
	精神態度	.127	.062	.083	2.050	.041
	發展進修	.124	.055	.090	2.252	.025
	學習進步	.146	.072	.114	2.034	.042

a. 依變數：行政效能。

就「係數」摘要表來看，標準化迴歸係數欄沒有出現絕對值大於 1 的不合理參數，五個達顯著水準的預測變項，其 β 係數均為正值，與積差相關矩陣符號相同，沒有出現無法解釋的參數。教學環境、教學品質、精神態度、發展進修、學習進步五個預測變項的標準化迴歸係數分別為 .393、.184、.083、.090、.114。

在下面範例中，以校長教學領導五個構面及教師專業成長四個等九個構面為自變項外，又將二個量表加總分數變項：「整體教學領導」、「整體專業成長」投入於自變項中，複迴歸方法採用的是逐步迴歸分析法。

依變項 (D) 下的方格變項	自變項 (D) 下的方格變項
行政效能	願景目標、教學品質、專業成長、學習進步、教學環境、設計教學、經營輔導、發展進修、精神態度、整體教學領導、整體專業成長 (範例中自變項中點選的變數不符合複迴歸量測值獨立的假定)

模式摘要

模式	R	R 平方	調整後的 R 平方	估計的 標準誤	變更統計量				
					R 平方 改變量	F 改變	df1	df2	顯著性 F 改變
1	.728ᵃ	.530	.529	2.243	.530	644.907	1	573	.000
2	.739ᵇ	.546	.545	2.205	.017	20.937	1	572	.000
3	.747ᶜ	.558	.556	2.177	.012	15.974	1	571	.000
4	.751ᵈ	.564	.560	2.166	.005	6.585	1	570	.011

a. 預測變數：（常數），整體教學領導。
b. 預測變數：（常數），整體教學領導，整體專業成長。
c. 預測變數：（常數），整體教學領導，整體專業成長，教學環境。
d. 預測變數：（常數），整體教學領導，整體專業成長，教學環境，專業成長。

　　十一個預測變項中對「行政效能」構面效標變項具有顯著預測力的自變項有四個，依個別解釋量的大小排列依序為整體教學領導、整體專業成長、教學環境、專業成長。這四個變項與「行政效能」構面效標變項的多元相關係數為 .751、聯合解釋變異量為 56.4%，調整後的 R 平方值為 .560；就「R 平方改變量」欄的數據來看，以「整體教學領導」構面的預測力最大，其解釋變異量為53.0%。選入迴歸模式的自變項與自變項 R 平方改變量數據與之前未投入構面總分變項差異極大。

係數ᵃ

模式		未標準化係數		標準化係數	t	顯著性
		B 之估計值	標準誤差	Beta 分配		
4	（常數）	1.804	.796		2.266	.024
	整體教學領導	.153	.031	.567	4.997	.000
	整體專業成長	.074	.015	.170	4.823	.000
	教學環境	.258	.087	.230	2.979	.003
	專業成長	-.219	.085	-.174	-2.566	.011

a. 依變數：行政效能。

　　就迴歸模式「係數」摘要表來看，標準化迴歸係數欄沒有出現絕對值大於 1 的不合理參數；但四個達顯著水準的預測變項，其 β 係數值卻有一個出現負值（專業成長），與積差相關矩陣符號剛好相反，此種參數是一種無法解釋資料的參數，因為其解釋結果無法呼應積差相關結果，造成前後矛盾的現象。

參、預測變項為類別變項 (虛擬變項的應用)

複迴歸程序中，研究者如果要把間斷變項 (名義變項或次序變項) 投入迴歸方程式中，必須將間斷變項轉換為虛擬變項，虛擬變項的個數為原先間斷變項的水準個數減一，如間斷變數有四個水準數值 (四個群組)，則轉換增列的虛擬變項有三個 (4 − 1 = 3)。範例中，「擔任職務」為三分類別變項，水準數值 1 為兼行政組群體、水準數值 2 為導師組群體、水準數值 3 為專任老師組群體，參照組設為水準數值 3 專任老師組群體。

	間斷變項			虛擬變項		
				職務 _D1	職務 _D2	
	擔任職務	次數	百分比	兼行政 & 專任對比	導師 & 專任對比	備註
有效的	1 兼行政	202	35.1	1	0	
	2 導師	227	39.5	0	1	
	3 專任	146	25.4	0	0	參照組
	總和	575	100.0			

「學校規模」為三分類別變項，水準數值 1 為小型學校組群體、水準數值 2 為中型學校組群體、水準數值 3 為大型學校組群體，參照組設為水準數值 2 中型學校組群體。

	間斷變項			虛擬變項		
				規模 _D1	規模 _D3	
	學校規模	次數	百分比	小型 & 中型對比	大型 & 中型對比	備註
有效的	1 小型學校	159	27.7	1	0	
	2 中型學校	214	37.2	0	0	參照組
	3 大型學校	202	35.1	0	1	
	總和	575	100.0			

⊃ 一、操作程序

人口變項 / 背景變項轉換為虛擬變項的操作如下：

1. 執行功能表列「轉換 (T)」/「計算變數 (C)」程序，開啟「計算變數」主對話視窗。

2. 「目標變數 (T)」與對應的「數值運算式 (E)」如下表：

「目標變數 (T)」	「數值運算式 (E)」	變數「標記 (L)」
職務_D1	擔任職務＝1	兼行政＆專任對比
職務_D2	擔任職務＝2	導師＆專任對比
規模_D1	學校規模＝1	小型＆中型對比
規模_D3	學校規模＝3	大型＆中型對比

註：擔任職務因子有三個水準，水準數值 3 專任群體為參照組，因而虛擬變項不用設定「職務_D3」；學校規模因子有三個水準，水準數值 2 中型學校群體為參照組，因而虛擬變項不用設定「規模_D2」。以「目標變數 (T)」下方格「規模_D3」為例，「數值運算式 (E)」中設定「學校規模＝3」，表示「學校規模」類別變項中設定的邏輯條件為符合水準數值編碼等於 3 的觀察值，這些觀察值於「規模_D3」新變項中的水準數值編碼為 1，不符合條件觀察值者，在「規模_D3」虛擬變項的水準數值編碼為 0。

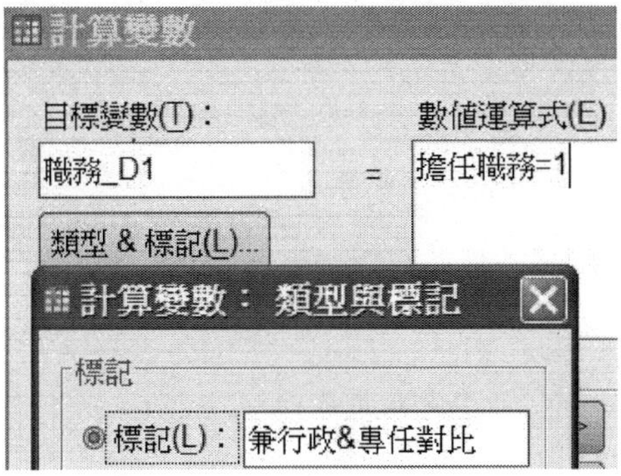

圖示範例中表示的當觀察值「擔任職務」變項的水準數值編碼等於 1」(兼行政組群體) 的觀察值，「職務_D1」變項的水準數值為 1，「擔任職務」變項的水準數值編碼不是為 1」的觀察值，「職務_D1」變項的水準數值均為 0。

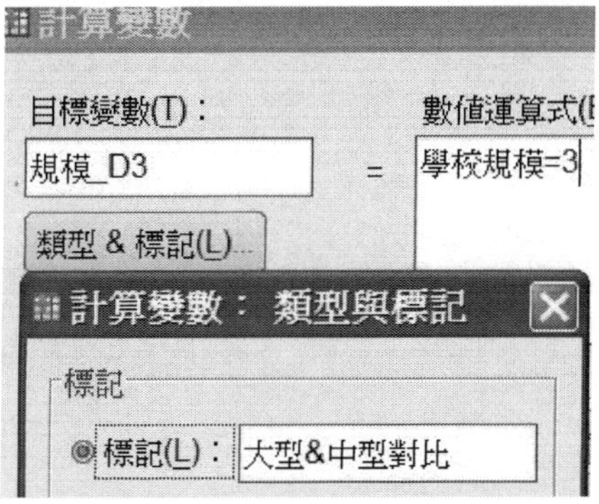

圖示範例中表示的當觀察值「學校規模」變項的水準數值編碼等於 3 (大型學校組群體) 的觀察值，「規模_D3」變項的水準數值為 1，「學校規模」變項的水準數值編碼不是為 3 的觀察值，「規模_D3」變項的水準數值均為 0。

	名稱	類型	寬度	小數	標記	值
23	整體學校效...	數字的	8	0		無
24	擔任職務	數字的	11	0		{1, 兼行政}...
25	學校規模	數字的	11	0		{1, 小型學...
26	職務_D1	數字的	8	0	兼行政&專任對比	無
27	職務_D2	數字的	8	0	導師&專任對比	無
28	規模_D1	數字的	8	0	小型&中型對比	無
29	規模_D3	數字的	8	0	大型&中型對比	無

資料檢視 　變數檢視

「變數檢視」工作表視窗，新增四個虛擬變項：「職務_D1」、「職務_D2」、「規模_D1」、「規模_D3」，四個虛擬變項的標記分別為「兼行政&專任對比」、「導師&專任對比」(參照類別為專任群組)、「小型&中型對比」、「大型&中型對比」(參照類別為中型學校群組)。

以觀察值「擔任職務」、「學校規模」二個人口變項為預測變項，而以「行政效能」得分為效標變項進行複迴歸分析時，於「線性迴歸」主對話視窗，選入「自變數 (I)」下方格的預測變項為「職務_D1」、「職務_D2」、「規模_D1」、「規模_D3」等四個，點選至「依變數 (Y)」下方格的效標變項為「行政效能」。

⊃ 二、報表說明

複迴歸分析部份結果如下：

模式摘要

模式	R	R 平方	調過後的 R 平方	估計的標準誤
1	.560[a]	.313	.309	2.717

a. 預測變數：(常數)，導師 & 專任對比，小型 & 中型對比，大型 & 中型對比，兼行政 & 專任對比。

「職務_D1」(變數標記為兼行政 & 專任對比)、「職務_D2」(變數標記為導師 & 專任對比)、「規模_D1」(變數標記為小型 & 中型對比)、「規模_D3」(變數標記為大型 & 中型對比)等四個虛擬變項與效標變項「行政效能」的多元相關係數為 .560，R 平方值為 .313，調整後的 R 平方值為 .309。

Anova[b]

模式		平方和	df	平均平方和	F	顯著性
1	迴歸	1921.311	4	480.328	65.072	.000[a]
	殘差	4207.461	570	7.382		
	總數	6128.772	574			

a. 預測變數：(常數)，導師 & 專任對比，小型 & 中型對比，大型 & 中型對比，兼行政 & 專任對比。
b. 依變數：行政效能。

迴歸模式之變異數分析摘要表中變異量顯著性考驗的 F 值為 65.072、顯著性的 p 值 $<.001$，小於 .05 的顯著水準，表示迴歸模式整體解釋變異量達到顯著水準。迴歸模式的整體性統計考驗之 F 值達到顯著，表示迴歸方程式中至少有一個迴歸係數顯著不等於 0，或者四個自變項的迴歸係數均顯著不等於 0，亦即四個預測變項中至少有一個預測變項對效標變項的解釋量會達到 .05 顯著水準。

係數[a]

模式		未標準化係數		標準化係數		
		B 之估計值	標準誤差	Beta 分配	t	顯著性
1	(常數)	20.945	.278		75.368	.000
	小型 & 中型對比	-2.900	.286	-.397	-10.132	.000
	大型 & 中型對比	-3.448	.271	-.504	-12.745	.000
	兼行政 & 專任對比	1.261	.298	.184	4.224	.000
	導師 & 專任對比	-.359	.288	-.054	-1.244	.214

a. 依變數：行政效能。

四個預測變項中解釋量達到顯著的有三個：「小型 & 中型對比」、「大型 & 中型對比」、「兼行政 & 專任對比」，三個虛擬變項的標準化迴歸係數分別為 -.397、-.504、.184，迴歸係數顯著性考驗的 t 統計量分別為 -10.132 (p＜.001)、-12.745 (p＜.001)、4.224 (p＜.001)。從標準化迴歸係數值的正負號來看，「小型 & 中型對比」、「大型 & 中型對比」二個虛擬變項的 β 值為負，表

示比較組在效標變項的平均數顯著的低於參照組 (中型學校) 在效標變項的平均數，即與中型學校群體之觀察值比較之下，小型學校群體觀察值感受較低的行政效能；與中型學校群體之觀察值比較之下，大型學校群體觀察值也感受較低的行政效能。「兼行政＆專任對比」虛擬變項的 β 值為正，表示比較組 (兼行政群體) 在效標變項的平均數顯著的高於參照組 (專任教師群體) 在效標變項的平均數，與專任教師群體比較之下，兼行政教師群體感受的行政效能顯著較高。

肆、系列迴歸法 (階層迴歸分析)

系列迴歸法是研究者根據理論文獻或之前相關研究，以不同區組或階層投入自變項，而非一次或同時將所有自變項投入迴歸模式中，或是直接採用統計迴歸法，依據統計準則來選取自變項，被優先選入的自變項區組由研究者決定，自變項區組被選入的優先順序不同，各區組對依變項的解釋變異量會有所不同，但最後的整體解釋變異量會一樣，系列迴歸分析又稱使用者決定迴歸法。以三個自變項及一個依變項的系列迴歸而言，各系列的迴歸方程式如下 (Warner, 2008, pp.567-568)：

1. 系列一：進入的自變項為 X_1

迴歸方程式為：$\hat{Y} = b_0 + b_1X_1$，R 平方增加量為 $R^2_{系列1} - R^2_{系列0} = R^2_{系列1} - 0 = R^2_{系列1}$

2. 系列二：進入的自變項為 X_2，系列二中的自變項有 X_1、X_2 二個

迴歸方程式為：$\hat{Y} = b_0 + b_1X_1 + b_2X_2$，R 平方增加量為 $R^2_{系列2} - R^2_{系列1} = \Delta R^2_{系列2}$

3. 系列三：進入的自變項為 X_3，系列三中的自變項有 X_1、X_2、X_3 三個

迴歸方程式為：$\hat{Y} = b_0 + b_1X_1 + b_2X_2 + b_3X_3$，R 平方增加量為 $R^2_{系列3} - R^2_{系列2} = \Delta R^2_{系列3}$

【研究問題】

在迴歸模式程序中，效標變項為「行政效能」，研究者將自變項分成三大區組投入迴歸方程式中，區組一為「擔任職務」、「學校規模」二個人口變項；區組二投入校長教學領導五個構面：「願景目標」、「教學品質」、「專業成

長」、「學習進步」、「教學環境」；區組三加入教師專業成長四個構面：「設計教學」、「經營輔導」、「發展進修」、「精神態度」。三個區塊或階層中的自變項投入順序如下：

階層變項	階層一預測變項	階層二預測變項	階層三預測變項
人口變項	小型 & 中型對比	小型 & 中型對比	小型 & 中型對比
	大型 & 中型對比	大型 & 中型對比	大型 & 中型對比
	兼行政 & 專任對比	兼行政 & 專任對比	兼行政 & 專任對比
	導師 & 專任對比	導師 & 專任對比	導師 & 專任對比
校長教學領導五個構面		願景目標	願景目標
		教學品質	教學品質
		專業成長	專業成長
		學習進步	學習進步
		教學環境	教學環境
教師專業成長四個構面			設計教學
			經營輔導
			發展進修
			精神態度

階層迴歸分析法中，研究者在決定自變項的階層時最好能依據相關的理論、文獻或經驗法則，以決定自變項進入的順序，在迴歸模式的解釋上，如果進入的自變項階層順序不同，則對效標變項的影響也會不同；相對的，在研究解釋上也會有所差異。階層迴歸分析方法主要是使用「輸入法」，在迴歸方程式中，不論個別自變數的迴歸係數是否達到顯著，均會出現於迴歸模式之中，研究者所關注的是多元線性迴歸整體性考驗是否達到顯著，如果多元線性迴歸整體性考驗的 F 值達到顯著，表示所有自變項對效標變項的 R 及 R^2 不是機率或抽樣誤差所造成的，從各區組的 R^2 可以知道各區組對效標變項的解釋變異的情形。

○ 一、操作程序

1. 執行功能表「分析 (A)」/「迴歸方法 (R)」/「線性 (L)」程序，開啟「線性迴歸」主對話視窗。
2. 在左邊變數清單中選取效標變項「行政效能」至右方「依變數 (D)」下的

方格中。次在左邊變數清單中點選區組一四個虛擬變項至右邊「自變數 (I)」下的方格中：職務_D1、職務_D2、規模_D1、規模_D3。「方法 (M)」右邊的下拉式選單中選取內定「輸入法」。

3. 在「區塊1來自1」的方盒中，按『下一個(N)』鈕，出現「區塊2來自 2」的方盒，設定第二個區組的五個自變項。在左邊變數清單中點選區組 二之五個預測變項至右邊「自變數(I)」下的方格：「願景目標」、「教 學品質」、「專業成長」、「學習進步」、「教學環境」。

4. 在「區塊2來自2」的方盒中，按『下一個(N)』鈕，出現「區塊3來自 3」的方盒，設定第三個區組的四個自變項。在左邊變數清單中點選區組 三之四個預測變項至右邊「自變數(I)」下的方格：「設計教學」、「經 營輔導」、「發展進修」、「精神態度」。

5. 按『統計量(S)...』鈕，開啟「線性迴歸：統計量」次對話視視窗，勾選 「☑估計值(E)」、「☑模式適合度(M)」、「☑R平方改變量(S)」等 選項，按『繼續』鈕，回到「線性迴歸」主對話視，按『確定』鈕。

註：「線性迴歸」的對話視窗中，如要回到前一個區組設定的自變數方 盒，按『上一個』鈕，跳到下一個區組，按『下一個(N)』鈕。各區 組的自變項，包括之前所有區組加入的自變項，如區組二的自變項 包括之前區組一選入的四個虛擬變項及區組二本身選入的五個計量 變數。

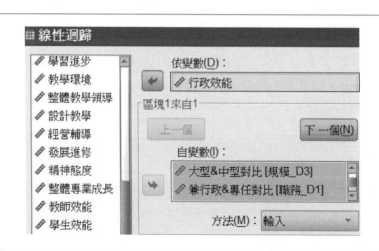

於「線性迴歸」主對話視窗中,按『下一個(N)』鈕,方盒提示語由「區塊1來自1」變為「區塊2來自2」,「區塊1來自1」的自變數點選階層一的四個虛擬變項。

於「線性迴歸」主對話視窗中,按『下一個(N)』鈕,方盒提示語由「區塊2來自2」變為「區塊3來自3」,「區塊2來自2」方盒中點選的自變數為階層二投入的五個計量變項:「願景目標」、「教學品質」、「專業成長」、「學習進步」、「教學環境」。

「區塊3來自3」方盒中點選的自變數為階層三投入的四個計量變項:「設計教學」、「經營輔導」、「發展進修」、「精神態度」。

⇒ 二、報表說明

模式摘要

模式	R	R 平方	調整後的 R 平方	估計的標準誤	變更統計量				
					R 平方改變量	F 改變	df1	df2	顯著性 F 改變
1	.560ᵃ	.313	.309	2.717	.313	65.072	4	570	.000
2	.794ᵇ	.630	.624	2.002	.317	96.861	5	565	.000
3	.803ᶜ	.645	.636	1.971	.014	5.602	4	561	.000

a. 預測變數：(常數)，導師 & 專任對比，小型 & 中型對比，大型 & 中型對比，兼行政 & 專任對比。
b. 預測變數：(常數)，導師 & 專任對比，小型 & 中型對比，大型 & 中型對比，兼行政 & 專任對比，願景目標，專業成長，教學品質，教學環境，學習進步。
c. 預測變數：(常數)，導師 & 專任對比，小型 & 中型對比，大型 & 中型對比，兼行政 & 專任對比，願景目標，專業成長，教學品質，教學環境，學習進步，發展進修，經營輔導，精神態度，設計教學。

　　第一個區塊四個虛擬變項對行政效能結果變項的解釋變異量為 31.3%，第二個區塊九個預測變項對行政效能結果變項的解釋變異量為 63.0%，排除四個虛擬變項對效標變項的影響後，校長教學領導五個構面單獨對行政效能依變項可以解釋的變異量為 31.7%，第三個區塊十三個預測變項對行政效能結果變項的聯合解釋變異量為 64.5%，排除第二區塊九個預測變項對依變項的影響後，四個教師專業成長構面單獨對行政效能依變項可以解釋的變異量為 1.4%，三個區組投入的自變項對行政效能的解釋變異的改變量 ΔR^2 均達 .05 顯著水準，三個 ΔF 值分別為 65.072 (p＜.001)、96.861 (p＜.001)、5.602 (p＜.001)。

Anova[d]

模式		平方和	df	平均平方和	F	顯著性
1	迴歸	1921.311	4	480.328	65.072	.000[a]
	殘差	4207.461	570	7.382		
	總數	6128.772	574			
2	迴歸	3863.258	9	429.251	107.052	.000[b]
	殘差	2265.514	565	4.010		
	總數	6128.772	574			
3	迴歸	3950.267	13	303.867	78.251	.000[c]
	殘差	2178.505	561	3.883		
	總數	6128.772	574			

a. 預測變數：(常數)，導師 & 專任對比，小型 & 中型對比，大型 & 中型對比，兼行政 & 專任對比。
b. 預測變數：(常數)，導師 & 專任對比，小型 & 中型對比，大型 & 中型對比，兼行政 & 專任對比，願景目標，專業成長，教學品質，教學環境，學習進步。
c. 預測變數：(常數)，導師 & 專任對比，小型 & 中型對比，大型 & 中型對比，兼行政 & 專任對比，願景目標，專業成長，教學品質，教學環境，學習進步，發展進修，經營輔導，精神態度，設計教學。
d. 依變數：行政效能。

　　上表為各階層整體解釋變異量顯著性考驗，亦即三個階層迴歸方程式的顯著性檢定。三個階層整體解釋變異量顯著性考驗的 F 值統計量分別為 65.072、107.052、78.251，顯著性機率值 p＜.001，均小於 .05 的顯著水準，表示三個階層模式整體解釋變異量均達到顯著水準。各迴歸模式的整體性統計考驗之 F 值達到顯著，表示各迴歸方程式中，至少有一個迴歸係數不等於 0 (或者全部迴歸係數均不等於 0)，亦即至少有一個預測變項會達到顯著水準。各階層中至於是那些預測變項的迴歸係數達到顯著，則要從下述的係數表中的迴歸係數參數值、相對應顯著性考驗的 t 值統計量及其顯著性機率值加以判別。

係數[a]

模式		未標準化係數		標準化係數		
		B 之估計值	標準誤差	Beta 分配	t	顯著性
1	(常數)	20.945	.278		75.368	.000
	小型 & 中型對比	-2.900	.286	-.397	-10.132	.000
	大型 & 中型對比	-3.448	.271	-.504	-12.745	.000
	兼行政 & 專任對比	1.261	.298	.184	4.224	.000
	導師 & 專任對比	-.359	.288	-.054	-1.244	.214

模式	未標準化係數		標準化係數		
	B 之估計值	標準誤差	Beta 分配	t	顯著性
2 （常數）	7.797	.682		11.427	.000
小型 & 中型對比	-1.962	.216	-.269	-9.088	.000
大型 & 中型對比	-1.795	.214	-.263	-8.378	.000
兼行政 & 專任對比	.543	.223	.079	2.438	.015
導師 & 專任對比	-.248	.213	-.037	-1.166	.244
願景目標	.108	.059	.090	1.840	.066
教學品質	.201	.063	.155	3.192	.001
專業成長	-.059	.063	-.047	-.945	.345
學習進步	.140	.072	.110	1.944	.052
教學環境	.398	.062	.354	6.461	.000
3 （常數）	5.716	.833		6.863	.000
小型 & 中型對比	-1.907	.213	-.261	-8.963	.000
大型 & 中型對比	-1.723	.212	-.252	-8.142	.000
兼行政 & 專任對比	.563	.224	.082	2.519	.012
導師 & 專任對比	-.257	.212	-.038	-1.211	.226
願景目標	.113	.058	.094	1.945	.052
教學品質	.158	.063	.122	2.491	.013
專業成長	-.093	.062	-.074	-1.496	.135
學習進步	.124	.071	.097	1.737	.083
教學環境	.369	.061	.329	6.060	.000
設計教學	.059	.068	.036	.872	.384
經營輔導	-.025	.059	-.016	-.416	.678
發展進修	.083	.055	.060	1.512	.131
精神態度	.128	.061	.084	2.083	.038

a. 依變數：行政效能。

上表為三個迴歸方程式 (三個階層) 的迴歸係數估計值，包括進入模式的變項名稱、未標準化的迴歸係數 (Unstandardized Coefficients) 與標準誤、標準化迴歸係數 β (Standardized Coefficients)、個別變項顯著性考驗的 t 值統計量及顯著性 p。

1. 階層一投入四個虛擬變項，迴歸係數顯著不等於 0 (有顯著預測力者) 的自變項有「小型 & 中型對比」、「大型 & 中型對比」及「兼行政 & 專任對比」三個。

2. 階層二投入九個預測變項，迴歸係數顯著不等於 0 (有顯著預測力者) 的自變項有「小型 & 中型對比」、「大型 & 中型對比」及「兼行政 & 專任對比」、「教學品質」、「教學環境」等五個。

3. 階層三投入十三個預測變項，迴歸係數顯著不等於 0 (有顯著預測力者) 的自變項有「小型 & 中型對比」、「大型 & 中型對比」及「兼行政 & 專任對比」、「教學品質」、「教學環境」、「精神態度」等六個。

【表格範例】

茲將以上階層迴歸分析結果報表統整如下：

階層變項	階層內預測變項	階層一 β	階層一 t 值	階層二 β	階層二 t 值	階層三 β	階層三 t 值
人口變項	小型 & 中型對比	-.397	-10.132***	-.269	-9.088***	-.261	-8.963***
	大型 & 中型對比	-.504	-12.745***	-.263	-8.378***	-.252	-8.142***
	兼行政 & 專任對比	.184	4.224***	.079	2.438*	.082	2.519*
	導師 & 專任對比	-.054	-1.244ns	-.037	-1.166 ns	-.038	-1.211 ns
校長教學領導五個構面	願景目標			.090	1.840 ns	.094	1.945 ns
	教學品質			.155	3.192**	.122	2.491*
	專業成長			-.047	-.945 ns	-.074	-1.496 ns
	學習進步			.110	1.944 ns	.097	1.737 ns
	教學環境			.354	6.461***	.329	6.060***
教師專業成長四個構面	設計教學					.036	.872 ns
	經營輔導					-.016	-.416 ns
	發展進修					.060	1.512 ns
	精神態度					.084	2.083*
迴歸模式摘要	F 值	65.072***		107.052***		78.251***	
	R^2	.313		.630		.645	
	ΔF 值	65.072***		96.861***		5.602***	
	ΔR^2	.313		.317		.014	

註：ns p＞.05　*p＜.05　　***p＜.001

人口變項四個虛擬變項對「行政效能」結果變項的聯合解釋變量為 31.3%，二個人口變項與校長教學領導五個構面對「行政效能」結果變項的聯合解釋變量為 63.0%，排除人口變項的影響後，校長教學領導五個構面對「行政效能」可

以解釋的變異量為 31.7%，二個人口變項、校長教學領導五個構面及教師專業成長四個構面對「行政效能」結果變項的聯合解釋變量為 64.5%，排除二個人口變項、校長教學領導五個構面等變項對「行政效能」結果變項的影響後，教師專業成長四個構面可以解釋「行政效能」的變異量只有 1.4%。

伍、徑路分析

「徑路分析」(path analysis) 又稱「結構方程式模式」(structure equation models) 或「同時方程式考驗模式」(simultaneous equation models)，因為它同時讓所有的預測變項進入迴歸模式之中。徑路分析中研究者不僅關注變數間的相關，更關注變數間的因果關係。在徑路分析中，以雙向箭號表示二個變數間的相關，此種相關是沒有因果關係的，以單向箭號表示因果關係，箭號的起始變數為自變數 (因)、箭號所指的方向為依變數 (果)，自變數又稱「外因變項」或「外衍變項」(exogenous variable)，依變數又稱為「內因變項」或「內衍變項」(endogenous variable)。

徑路分析中二個變數間的徑路係數為「標準化迴歸係數」，其間的效果稱為直「接效果」(direct effect)，如果自變數經由中介變項 (mediated variable) 而對依變數產生影響，則稱為「間接效果」(indirect effect)，直接效果值加上間接效果值則稱為「總效果值」。在徑路分析中自變項對依變項可以解釋的變異量稱為決定係數 (R^2)，而依變項變異量中無法被自變項解釋的部份稱為殘差的解釋量 ($1 - R^2$)，殘差的係數稱為「疏離係數」(coefficient of alienation)，其值等於 $\sqrt{1 - R^2}$。二個變項間的因果關係有下列可能三種情形：

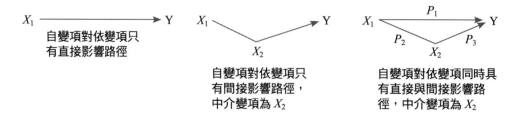

自變項對依變項的直接影響路徑，稱為直接效果值，範例中的圖示自變項 X_1 對依變項 Y 的直接效果值為 P_1，自變項對依變項的間接影響路徑 (其影響路徑透過一個以上的中介變項)，稱為間接效果值範例中的圖示自變項 X_1 對依變項

Y 的間接效果值為 $P_2 \times P_3$，自變項 X_1 對依變項 Y 影響的總效果值為直接效果值加上間接效果值＝ $P_1 + P_2 \times P_3$ 。以有三個預測變項 X_1、X_2、X_3 及一個依變項 Y 的徑路圖為例，自變項 X_2、X_3 為中介變項：

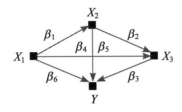

範例圖自變項中 X_1 對其餘三個變項的直接效果有三條路徑，中介變項 X_2 對變項 X_3 及 Y 變項有直接影響路徑，中介變項 X_3 對 Y 變項有直接影響，如果六條影響路徑均達 .05 顯著水準，則自變項 X_1 對依變項 Y 的間接效果值有以下三條：

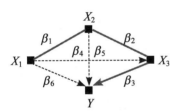

圖 A：間接影響路徑一

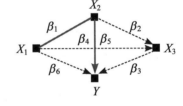

圖 B：間接影響路徑二

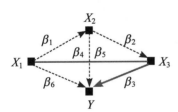

圖 C：間接影響路徑三

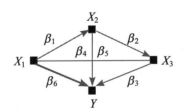

圖 D：直接影響路徑

圖 A 自變項 X_1 對依變項 Y 影響的間接效果值為：$\beta_1 \times \beta_2 \times \beta_3$

圖 B 自變項 X_1 對依變項 Y 影響的間接效果值為：$\beta_1 \times \beta_4$

圖 C 自變項 X_1 對依變項 Y 影響的間接效果值為：$\beta_5 \times \beta_3$

圖 D 自變項 X_1 對依變項 Y 影響的直接效果值為：β_6

自變項 X_1 對依變項 Y 影響的總效果值＝ $(\beta_1 \times \beta_2 \times \beta_3) + (\beta_1 \times \beta_4) + (\beta_5 \times \beta_3) + \beta_6$

範例中以國中學生家庭社經地位、父母期望水準、學生自我概念、學習投入意向與學業成就的因果關係路徑圖為例，假設模型中的外因變項 (自變項) 為「社經地位」、「期望水準」，中介變項為「自我概念」、「投入意向」，內因變項 (依變項) 為「學業成就」。

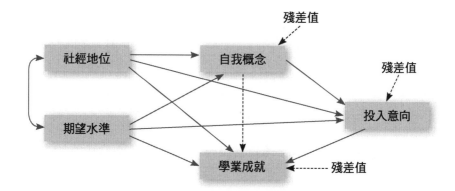

初始徑路分析圖中「自我概念」對「學業成就」有直接效果值，但經複迴歸統計程序考驗後，此條直接影響路徑不顯著，因而修正徑路分析圖中，將「自我概念」對「學業成就」影響的直接路徑刪除。修訂的徑路分析圖如下：

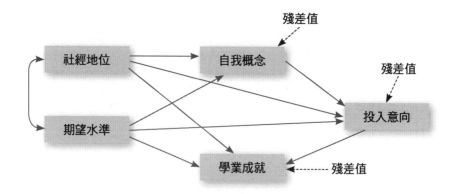

修訂後的徑路分析圖包含三個複迴歸程序：

1. 第一個複迴歸分析圖示：自變項為「社經地位」、「期望水準」，依變項為「自我概念」。

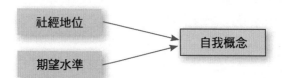

2. 第二個複迴歸分析圖示：自變項為「社經地位」、「期望水準」、「自我概念」，依變項為「投入意向」。

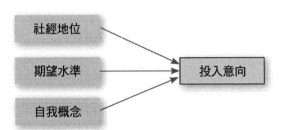

3. 第三個複迴歸分析圖示：自變項為「社經地位」、「期望水準」、「投入意向」，依變項為「學業成就」。

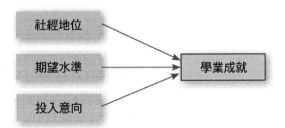

◯ 一、操作程序

「線性迴歸」主對話視窗中的變數界定如下：

「依變數 (D)」下方格點選的變數	「自變數 (I)」下方格點選的變數	「方法 (M)」選單中選取的迴歸方法
1. 第三個複迴歸程序		
「自我概念」	「社經地位」、「期望水準」	輸入法
2. 第三個複迴歸程序		
「投入意向」	「社經地位」、「期望水準」、「自我概念」	輸入法
3. 第三個複迴歸程序		
「學業成就」	「社經地位」、「期望水準」、「投入意向」	輸入法

⊃ 二、報表說明

相關 (個數等於 600)

		社經地位	期望水準	自我概念	投入意向	學業成就
社經地位	Pearson 相關	1				
	顯著性 (雙尾)					
期望水準	Pearson 相關	.627**	1			
	顯著性 (雙尾)	.000				
自我概念	Pearson 相關	.688**	.666**	1		
	顯著性 (雙尾)	.000	.000			
投入意向	Pearson 相關	.629**	.726**	.747**	1	
	顯著性 (雙尾)	.000	.000	.000		
學業成就	Pearson 相關	.605**	.768**	.580**	.670**	1
	顯著性 (雙尾)	.000	.000	.000	.000	

　　五個變數間的相關數矩陣呈現，所有配對變項的相關均呈顯著的中高度正相關，相關係數介於 .580 至 .768 中間。

(一) 第一個複迴歸程序結果

模式摘要

模式	R	R 平方	調過後的 R 平方	估計的標準誤
1	.751[a]	.564	.562	.43944

a. 預測變數：(常數)，期望水準，社經地位。

　　第一個複迴歸的迴歸分析模式中，自變數為期望水準、社經地位二個；依變數為自我概念。複迴歸分析的 R^2 等於 .564，表示依變項可以被二個自變數解釋的變異量為 56.4%，無法解釋的變異量為 43.6%，「疏離係數」為 $\sqrt{1-R^2}$ $= \sqrt{1-.564} = .660$。

係數 [a]

模式		未標準化係數		標準化係數		
		B 之估計值	標準誤差	Beta 分配	t	顯著性
1	(常數)	-.159	.148		-1.075	.283
	社經地位	.488	.038	.445	12.835	.000
	期望水準	.492	.044	.387	11.140	.000

a. 依變數：自我概念。

第一個複迴歸分析中的迴歸方程式中，社經地位、期望水準二個自變項的迴歸係數均達 .05 顯著水準，表示二個迴歸係數均顯著不等於 0，社經地位、期望水準二個自變項的標準化迴歸係數分別為 .445 (p ＜ .001)、.387 (p ＜ .001)，表示社經地位、期望水準二個自變項對自我概念依變項的直接效果值分別為 .445、.387，其影響均為正向。

(二) 第二個複迴歸程序結果

模式摘要

模式	R	R 平方	調過後的 R 平方	估計的標準誤
1	.810[a]	.656	.654	.42131

a. 預測變數：(常數)，自我概念，期望水準，社經地位。

第二個複迴歸的迴歸分析模式中，自變數為期望水準、社經地位、自我概念三個，依變數為投入意向。複迴歸分析的 R^2 等於 .656，表示投入意向依變項可以被三個自變數解釋的變異量為 65.6%，無法解釋的變異量為 34.4%，「疏離係數」為 $\sqrt{1-R^2} = \sqrt{1-.656} = .587$。

係數 [a]

模式		未標準化係數 B 之估計值	未標準化係數 標準誤差	標準化係數 Beta 分配	t	顯著性
1	(常數)	-.238	.142		-1.675	.094
	社經地位	.114	.041	.096	2.767	.006
	期望水準	.523	.047	.381	11.241	.000
	自我概念	.460	.039	.426	11.716	.000

a. 依變數：投入意向。

第二個複迴歸分析中的迴歸方程式中，社經地位、期望水準、自我概念三個自變項的迴歸係數均達 .05 顯著水準，表示三個迴歸係數均顯著不等於 0，社經地位、期望水準、自我概念三個自變項的標準化迴歸係數分別為 .096 (p ＝ .006 ＜ .01)、.381 (p ＜ .001) 、.426 (p ＜ .001)，表示社經地位、期望水準、自我概念三個自變項對投入意向依變項的直接效果值分別為 .096、.381、.426，其影響均為正向。

(三) 第三個複迴歸程序結果

模式摘要

模式	R	R 平方	調過後的 R 平方	估計的標準誤
1	.793[a]	.629	.627	.32126

a. 預測變數：(常數)，投入意向，社經地位，期望水準。

第三個複迴歸的迴歸分析模式中，自變數為期望水準、社經地位、投入意向三個，依變數為學業成就。複迴歸分析的 R^2 等於 .629，表示學業成就依變項可以被期望水準、社經地位、投入意向等三個自變數解釋的變異量為 62.9%，無法解釋的變異量為 37.1%，「疏離係數」為 $\sqrt{1-R^2} = \sqrt{1-.629} = .609$。

係數 [a]

模式		未標準化係數		標準化係數		
		B 之估計值	標準誤差	Beta 分配	t	顯著性
1	(常數)	.948	.108		8.747	.000
	社經地位	.131	.029	.151	4.447	.000
	期望水準	.544	.039	.540	14.100	.000
	投入意向	.135	.028	.184	4.795	.000

a. 依變數：學業成就。

第三個複迴歸分析中的迴歸方程式中，社經地位、期望水準、投入意向三個自變項的迴歸係數均達 .05 顯著水準，表示三個迴歸係數均顯著不等於 0，社經地位、期望水準、投入意向三個自變項的標準化迴歸係數分別為 .151 (p = .006 < .01)、.540 (p < .001)、.184 (p < .001)，表示社經地位、期望水準、投入意向念三個自變項對學業成就依變項影響的直接效果值分別為 .151、.540、.184，三個自變項對學業成就的影響均為正向，標準化迴歸係數值的符號與積差相關係數值的符號前後呼應。

增列標準化迴歸係數值與顯著性 p 值的徑路圖如下：

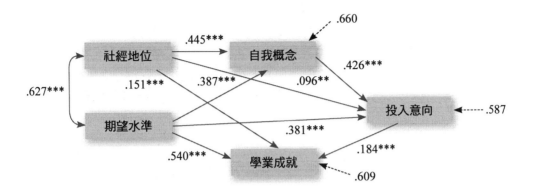

間接效果是變項對變項的影響透過第三個變項而產生，使二個變項產生影響的中間的變項稱為「中介變項」(medated variables)，所有個別間接效果值的總和稱為總間接效果值(簡稱間接效果值)，間接效果值加上直接效果值即為變項影響間的總效果值。以自變項「期望水準」對依變項「學業成就」影響的間接效果而言，有下列二條間接效果影響路徑：

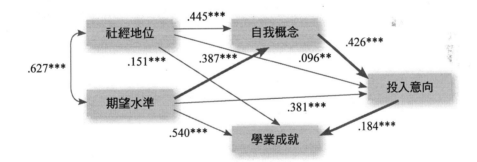

第一條間接效果值＝ .387×.426×.184 ＝ .0303。

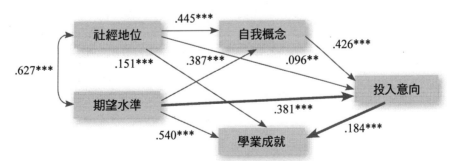

第二條間接效果值＝ .381×.184 ＝ .0701，至於「期望水準」自變項對「學業成就」影響的直接效果值為 .540(p ＜ .001)，直接影響路徑如下：

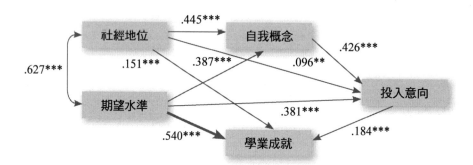

全部間接效果值等於 .0303 ＋ .0701 ＝ 0.1004。自變項 (外因變項) 「期望水準」對依變項 (內因變項) 「學業成就」影響的直接效果值等於 .540，總效果值＝總間接效果值＋直接效果值＝ .1004 ＋ .540 ＝ .6404 ≒ .640。

徑路分析模型圖中變數間之直接效果值摘要表

	社經地位	期望水準	自我概念	投入意向
自我概念	.445	.387	.000	.000
投入意向	.096	.381	.426	.000
學業成就	.151	.540	.000	.184

徑路分析模型圖中變數間之直接效果值摘要表

	社經地位	期望水準	自我概念	投入意向
自我概念	.000	.000	.000	.000
投入意向	.190	.165	.000	.000
學業成就	.053	.100	.078	.000

徑路分析模型圖中變數間之總效果值摘要表

	社經地位	期望水準	自我概念	投入意向
自我概念	.445	.387	.000	.000
投入意向	.286	.546	.426	.000
學業成就	.203	.640	.078	.184

【表格範例】

徑路分析模型圖變項影響間之直接效果、間接效果與總效果值摘要表

	直接效果	間接效果	總效果值
社經地位→自我概念	.445	.000	.445
社經地位→投入意向	.096	.190	.286
社經地位→學業成就	.151	.053	.203
期望水準→自我概念	.387	.000	.387
期望水準→投入意向	.381	.165	.546
期望水準→學業成就	.540	.100	.640
自我概念→投入意向	.426	.000	.426
自我概念→學業成就	.000	.078	.078
投入意向→學業成就	.184	.000	.184

學習經驗問卷中研究者建構的徑路分析圖如下：

研究分析徑路圖如下所示：

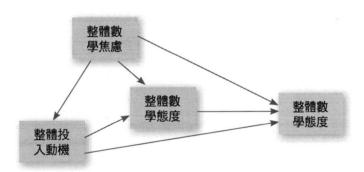

變項間因果關係影響路徑共有六條：

1. 整體數學焦慮變項對數學成就的影響路徑有三條：一為整體數學焦慮直接影響數學成就，此為直接效果；二為以整體數學態度為中介變項，而影響數學成就，此為間接效果；三為整體數學焦慮影響整體投入動機，次而影響整體數學態度，進而再影響學生數學成就，此條路徑為間接效果。

2. 整體數學投入動機變項對數學成就的影響路徑有二條：一為整體投入動機直接影響數學成就，此為直接效果；二為以整體數學態度為中介變項，而影響數學成就，此條路徑為間接效果。

3. 整體數學態度變項直接影響學生的數學成就，此為直接效果。

此一研究徑路圖，要進行三個複迴歸方析：

1. 第一個複迴歸：效標變項為「數學成就」，預測變項為「整體數學焦慮」、「整體數學態度」、「整體投入動機」。
2. 第二個複迴歸：效標變項為「整體數學態度」，預測變項為「整體數學焦慮」、「整體投入動機」。
3. 第三個複迴歸：效標變項為「整體投入動機」，預測變項為「整體數學焦慮」。

陸、多元共線性與曲線迴歸分析

○ 一、多元共線性議題

多元迴歸分析程序中如果自變項間的相關太高，會發生多元共線性 (multicollinearity) 問題，造成迴歸分析之迴歸係數整體考驗結果很難拒絕虛無假設，但個別自變項迴歸係數估計不顯著的情形，或是出現不適當解值的迴歸係數 (如迴歸係數的正負號與相關係數相反，或標準化迴歸係數絕對值大於 1.00 的情況)。迴歸分析多元共線性簡易判定的準則是：自變項間的相關係數如高於 .71 (表示二個自變項間可以分享的變異數超過 50.0%)，或是容忍度指標值小於 .10 (相對的此時 VIF 指標值會大於 10)，表示自變項與其餘自變項間的多元相關係數為 .95，自變項被其餘自變項共同解釋的變異量 $R^{2*} = .90$。如果迴歸分析中發生多元共線性問題，最簡單的處理方法是將相關較高的自變項從迴歸程序中刪除，這些自變項間只保留一個與依變項相關最高的自變項即可，其次是採用脊迴歸 (ridge regression) 或主成份迴歸法。

範例中為五十位觀察值在組織認同、工作投入、期許標準、努力動機與績效表現間的相關矩陣，四個自變項 (組織認同、工作投入、期許標準、努力動機) 與依變項 (績效表現) 間均有顯著高度正相關，表示四個自變項個別對依變項均有顯著的正向高度影響。

變項	績效表現	組織認同	工作投入	期許標準	努力動機
績效表現	1				
組織認同	.889***	1			
工作投入	.888***	.965***	1		
期許標準	.800***	.917***	.879***	1	
努力動機	.867***	.910***	.918***	.866***	1

*** $p < .001$

(一) 第一次標準型迴歸分析

模式摘要

模式	R	R 平方	調過後的 R 平方	估計的標準誤
1	.905[a]	.819	.802	1.285

a. 預測變數：(常數)，努力動機，期許標準，工作投入，組織認同。

　　組織認同、工作投入、期許標準、努力動機四個預測變項與依變項「績效表現」間的多元相關係數為 .905，R 平方值為 .819、調整後的 R 平方值為 .802，表示四個預測變項可以共同解釋「績效表現」依變項總變異量中 81.9% 的變異，四個自變項的預測力很高。

Anova[b]

模式		平方和	df	平均平方和	F	顯著性
1	迴歸	335.274	4	83.819	50.734	.000[a]
	殘差	74.346	45	1.652		
	總數	409.620	49			

a. 預測變數：(常數)，努力動機，期許標準，工作投入，組織認同。
b. 依變數：績效表現。

　　迴歸方程式之四個迴歸係數顯著性整體考驗的 F 值統計量為 50.734、顯著性 p 值 $< .001$，小於 .05 顯著水準，有足夠證據拒絕虛無假設 $H_0: \beta_1 = \beta_2 = \beta_3 = \beta_4 = 0$，接受對立假設 $H_1: \beta_i \neq 0$ (至少有一個迴歸係數不為 0)，表示迴歸方程式中，至少有一個迴歸係數顯著不等於 0，即四個自變項的迴歸係數中至少有一個迴歸係數顯著不等於 0，迴歸係數顯著不等於 0 的自變項，表示此自變項對依變項有顯著的預測力。

係數 ᵃ

模式		未標準化係數		標準化係數	t	顯著性	共線性統計量	
		B 之估計值	標準誤差	Beta 分配			允差	VIF
1	（常數）	-.506	.533		-.949	.347		
	組織認同	.578	.331	.506	1.744	.088	.048	20.849
	工作投入	.302	.317	.250	.953	.346	.058	17.105
	期許標準	-.181	.195	-.153	-.930	.357	.150	6.672
	努力動機	.377	.206	.310	1.830	.074	.141	7.095

a. 依變數：績效表現。

從係數估計值摘要表可以發現：組織認同、工作投入、期許標準、努力動機四個預測變項的迴歸係數 b_1、b_2、b_3、b_4 估計值分別為 .578、.302、-.181、.377，顯著性檢定 t 值統計量分別為 1.744 (p ＝ .088＞.05)、.953 (p ＝ .346＞.05)、-.930 (p ＝ .357＞.05)、1.830 (p ＝ .074＞.05)，四個自變項的迴歸係數均未達 .05 顯著水準，表示沒有一個自變項對依變項的預測力達到顯著，此結果與上述迴歸係數顯著性整體考驗的結果及模式摘要表結果無法契合。之所以造成此種矛盾現象，乃由於多元共線性問題造成的，從相關矩陣摘要表可以發現：四個自變項間的相關係數介於 .866 至 .965 之間，自變項彼此間均呈顯著高度正相關，由於自變項間有高度相關存在，因而會形成嚴重多元共線性的問題。

從共線性統計量的允差及變異數膨脹因素 (VIF) 二個指標來看，組織認同、工作投入二個自變項的允差值分別為 .048、.058，容忍度數值非常小，VIF 指標值分別為 20.849、17.105，均高於臨界值 10，表示自變項有中度的多元共線性問題。

範例中允差值 (容忍度) 的計算，以工作投入為例，乃以工作投入變項為依變項，而以其餘自變項為預測變項進行多元迴歸分析，得到的 R^{2*} ＝ .942，工作投入自變項的容忍度為 $1 - R^{2*}$ ＝ 1 － .942 ＝ .058，如果 R^{2*} 值愈大 ($1 - R^{2*}$ 值愈小)，表示其餘自變項可以解釋工作投入自變項的變異愈大，工作投入自變項與其餘自變項間有很高的關聯，自變項間關聯愈高，愈有可能發生多元共線性問題。

模式摘要

模式	R	R 平方	調過後的 R 平方	估計的標準誤
1	.970[a]	.942	.938	.598

a. 預測變數：(常數)，努力動機，期許標準，組織認同。

上表為以工作投入自變項為效標變項，而以其餘三個自變項為預測變項之多元迴歸分析結果，$R^{2*} = .942$，容忍度為 $1 - R^{2*} = 1 - .942 = .058$，VIF 值容忍度指標值的倒數，數值計算為 $\dfrac{1}{1-R^{2*}} = \dfrac{1}{.058} = 17.105$。

共線性診斷 [a]

模式	維度	特徵值	條件指標	變異數比例				
				（常數）	組織認同	工作投入	期許標準	努力動機
1	1	4.807	1.000	.00	.00	.00	.00	.00
	2	.143	5.797	.64	.00	.00	.02	.01
	3	.028	13.154	.02	.00	.02	.66	.33
	4	.018	16.538	.06	.14	.11	.16	.60
	5	.005	31.989	.27	.85	.88	.16	.05

a. 依變數：績效表現。

從特徵值指標來看，第 3、第 4、第 5 維度的特徵值分別為 .028、.018、.005，均非常接近 0；從條件指標值來看，第 5 維度的 CI 值為 31.989 高於 30，表示自變項間可能有中高度的多元共線性問題，從變異數比例指標值來看，第 5 維度橫列中組織認同、工作投入二個自變項的變異數比例值分別為 .85、.88，數值均高於 .70，表示組織認同、工作投入二個自變項間有高度相關。

(二) 第二次標準型迴歸分析

由於組織認同、工作投入二個自變項間有高度相關 (相關係數為 .965)，在多元迴歸中可以只挑選一個自變項，範例中將「工作投入」自變項移除，多元迴歸分析程序中的自變項為「組織認同」、「期許標準」、「努力動機」三個，標準型迴歸分析結果如下：

模式摘要

模式	R	R 平方	調過後的 R 平方	估計的標準誤
1	.903[a]	.815	.803	1.284

a. 預測變數：(常數)，努力動機，期許標準，組織認同。

　　組織認同、期許標準、努力動機三個預測變項與依變項「績效表現」間的多元相關係數為 .903，R 平方值為 .815、調整後的 R 平方值為 .803，與第一次標準型迴歸分析結果，R 平方值由 .819 變為 .815，調整後的 R 平方值由 .802 變為 .803，可見以組織認同、期許標準、努力動機三個自變項來預測「績效表現」依變項的解釋量與使用組織認同、期許標準、努力動機、工作投入四個自變項來預測「績效表現」依變項的解釋量差不多。

Anova[b]

模式		平方和	df	平均平方和	F	顯著性
1	迴歸	333.773	3	111.258	67.476	.000[a]
	殘差	75.847	46	1.649		
	總數	409.620	49			

a. 預測變數：(常數)，努力動機，期許標準，組織認同。
b. 依變數：績效表現。

　　迴歸方程式之四個迴歸係數顯著性整體考驗的 F 值統計量為 67.476、顯著性 p 值 <.001，小於 .05 顯著水準，有足夠證據拒絕虛無假設 $H_0: \beta_1 = \beta_2 = \beta_3 = 0$，接受對立假設 $H_1: \beta_i \neq 0$(至少有一個迴歸係數不為 0)，表示迴歸方程式中，至少有一個迴歸係數顯著不等於 0，即三個自變項的迴歸係數中至少有一個迴歸係數顯著不等於 0，迴歸係數顯著不等於 0 的自變項，表示此自變項對依變項有顯著的預測力。

係數 [a]

模式		未標準化係數		標準化係數			共線性統計量	
		B 之估計值	標準誤差	Beta 分配	t	顯著性	允差	VIF
1	(常數)	-.202	.427		-.474	.638		
	組織認同	.812	.223	.710	3.642	.001	.106	9.443
	期許標準	-.207	.192	-.174	-1.074	.288	.153	6.542
	努力動機	.454	.190	.372	2.393	.021	.166	6.018

a. 依變數：績效表現。

從係數估計值摘要表可以發現：組織認同、期許標準、努力動機三個預測變項的迴歸係數 b_1、b_2、b_3 估計值分別為 .812、-.207、.454，顯著性檢定 t 值統計量分別為 3.642 (p ＝ .001＜.05)、-1.074 (p ＝ .288＞.05)、2.393 (p ＝ .021＜.05)，三個自變項的迴歸係數中有二個達 .05 顯著水準，二個有顯著預測力的自變項為組織認同與努力動機。共線性統計量中的容忍度值分別為 .106、.153、.166，沒有小於 .100 者，VIF 指標值分別為 9.443、6.542、6.018，沒有高於 10.000 者，表示自變項間沒有共線性問題。

○ 二、曲線迴歸

如果二個連續變項間非呈直線相關，則不宜採用積差相關與線性迴歸分析。在一份組織員工之「工作壓力」與「績效表現」的調查研究中，研究者發現低度工作壓力的員工，其績效表現較差；而高度工作壓力的員工，其績效表現也欠佳，與前二者員工相較之下，中度工作壓力感受的員工，其績效表現最好。此種關係並非是之前的線性關係，二個變項若呈顯著線性關係，變項間的關係不是正相關就是負相關，如為負相關，表示工作壓力愈大之員工，其績效表現愈差；工作壓力愈小的員工，其績效表現愈佳，但搜集的資料呈現的關係並非如此，而是「工作壓力愈大」或「工作壓力愈小」的員工，其績效表現均愈差，此種非線性關係的變項，如直接採用積差相關與線性迴歸會獲致錯誤結果。

二次曲線模式表示自變項與依變項間的關係，呈現二次方程式的型態，此方程式可以下式表示：$Y = b_0 + b_1 X_1 + b_2 X_2^2$；如果自變項與依變項的關係為直線關係，則其線性函數關係如下：$Y = b_0 + bX$。

工作壓力與績效表現二個變項間的相關矩陣如下：

相關 (觀察值 N ＝ 100)

		工作壓力	績效表現
工作壓力	Pearson 相關	1	.040
	顯著性 (雙尾)		.696

由積差相關係數矩陣可以看出，組織員工工作壓力與其績效表現的相關係數等於 .040，顯著性機率值 p ＝ .696＞.05，未達 .05 顯著水準，接受虛無假設，表示組織員工工作壓力與其績效表現間沒有顯著的相關存在。根據統計分析結

果,研究者可能會作出拒絕對立假設的結論,由於研究者沒有檢核二個變項是否為線性關係,研究結論並不正確,因為積差相關的假定是二個變項間呈線性關係,若是變項間的關係未呈線性關係,則不能採用積差相關進行變項間關係的推估。

要檢核組織員工工作壓力與績效表現間的觀察值的分佈情況,可以使用「散佈圖」來檢核。

執行功能表列「統計圖 (G)」(Graphs)/「歷史對話記錄 (L)」/「散佈圖 / 點狀圖 (S)」程序,開啟「散佈圖 / 點形圖」對話盒,點選「簡單散佈」圖示鈕,按『定義』鈕,開啟「簡單散佈圖」對話視窗,將「工作壓力」變項選入右邊「X 軸 (X)」下的方格,將「績效表現」變項選入右邊「Y 軸 (Y)」下的方格,按『確定』鈕。

「簡單散佈圖」視窗中,選入「Y 軸」與「X 軸」方格內的變數可以對調,呈現的圖形是相同的,只是將原先圖形進行旋軸而已。

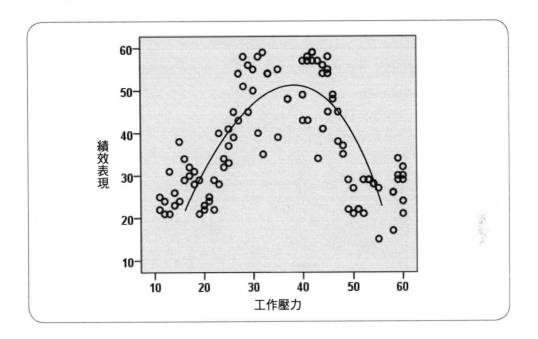

上圖為以工作壓力為橫軸 (X 軸)，以績效表現為縱軸 (Y 軸) 所繪製的散佈圖，由此圖大致可以看出觀察值的分佈情形大致成一個倒 U 型，工作壓力低群體的觀察值在績效表現較低，工作壓力高群體的觀察值績效表現也較低，工作壓力得分為中等程度的觀察值群體 (中度工作壓力的員工) 其組織績效表現較高。如果執行線性迴歸程序，於「線性迴歸：圖形」次對話視窗，增列「＊ZRESID」(標準化殘差值) 與「＊ZPRED」(預測變項標準化) 的分佈圖，可以檢核是否有偏離值與標準化殘差值是否符合變異數同質性及常態性假定。

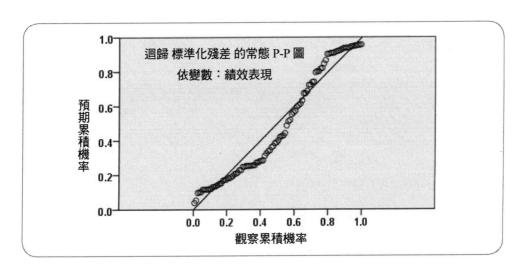

迴歸標準化殘差的常態 P-P 圖顯示，圖中標準化殘差的觀察累積機率圖偏離預期累積機率直線，小圈圈 ○ 分佈的圖示偏離四十五度的直線。

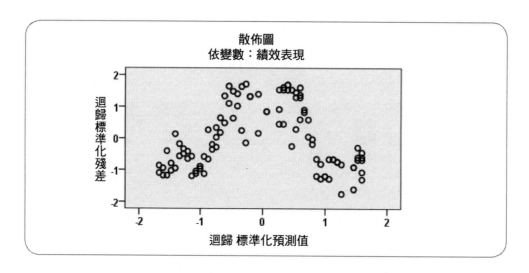

迴歸標準化預測值與迴歸標準化殘差值構成的散佈圖沒有偏離值，但明顯呈非線性關係，與之前採用自變項與依變項原始分數構成的散佈圖情況相同，均顯示資料結果是一種倒 U 字型的型態。

⊃ 三、二次曲線模式

由於組織員工的工作壓力與績效表現間非呈線性關係，因而在分析上可採二次曲線模式來分析，其操作程序如下：

1. 執行分能表列「分析 (A)」/「迴歸 (R)」/「曲線估計 (C)」(Curve Estimates) 程序，開啟「曲線估計」對話視窗，將「工作壓力」自變項選入右邊「變數 (V)」下的方格中，將「績效表現」依變項選入右邊「依變數 (D)」下的方格中。
2. 在「模式」(Models) 方盒中，勾選「☑ 線性 (L)」(Linear)、「☑ 二次曲線模式 (Q)」(Quadratic) 選項，勾選最下方「☑ 顯示 ANOVA 摘要表 (Y)」(Display ANOVA table)，按『確定』鈕。

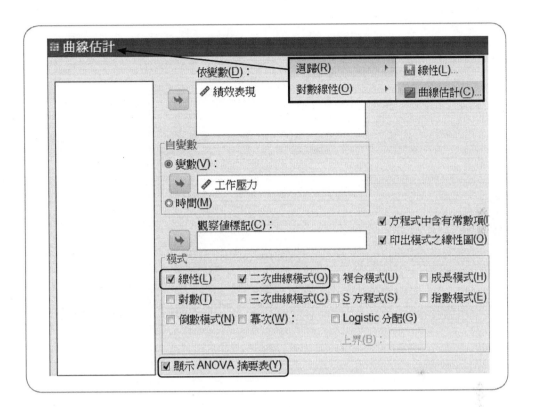

「曲線估計」主對話視窗，「模式」(Models) 方盒中包括以下幾種：線性 (Linear)、二次曲線模式 (Quadratic)、複合模式 (Compound)、成長模式 (Growth)、對數模式 (Logarithmic)、三次曲線模式 Cubic)、S 方程式 (S)、指數模式、倒數模式 (Inverse)、冪次 (Power)、Logistic 分配 (Logistic)。對每一種模式而言，其統計量有：迴歸係數、複相關係數 R、R^2、調整過後的 R^2、估計值的標準誤、變異數分析表、預測值、殘差和預測區等。

下面為執行曲線模式結果。

線性

模式摘要

R	R 平方	調過後的 R 平方	估計的標準誤
.040	.002	-.009	12.902

註：自變數是工作壓力。

線性迴歸中工作壓力與組織績效的多元相關係數為 .040，線性迴歸之 R 平方值為 .002，數值甚小，表示工作壓力自變項可以解釋組織績效的解釋變異非常低 (此統計量數是沒有意義的，R 平方值視為 .000)。

ANOVA

	平方和	df	平均平方和	F	顯著性
迴歸	25.496	1	25.496	.153	.696
殘差	16312.504	98	166.454		
總數	16338.000	99			

註：自變數是工作壓力。

迴歸係數顯著性整體考驗的 F 值為 .153，顯著性 p = .696＞.05，接受虛無假設 $\beta_1 = 0$，迴歸係數等於 0，表示自變項對依變項沒有顯著的影響，R 平方統計的數值視為 0。

係數

	未標準化係數		標準化係數		
	B 之估計值	標準誤	Beta 分配	t	顯著性
工作壓力	.034	.086	.040	.391	.696
(常數)	35.780	3.375		10.603	.000

上表為線性迴歸模式摘要表，迴歸係數 b_1 等於 .034，迴歸係數顯著性檢定的 t 值統計量為 .391，顯著性 p = .696＞.05，接受虛無假設，迴歸係數 b_1 為 0，簡單迴歸分析，迴歸係數整體顯著性檢定的 F 值之顯著性 p＞.05，表示自變項的迴歸係數為 0，自變項對依變項完全沒有預測力或解釋量；多元迴歸分析，迴歸係數整體顯著性檢定的 F 值之顯著性 p＞.05，表示所有自變項的迴歸係數均為 0，沒有一個自變項對依變項有顯著的預測力或解釋量。範例採用線性迴歸分析方法，研究者的結論為工作壓力對組織績效表現完全沒有顯著的預測力。

二次方

模式摘要

R	R 平方	調過後的 R 平方	估計的標準誤
.734	.539	.530	8.810

註：自變數是工作壓力。

二次曲線迴歸中，工作壓力與組織績效的多元相關係數為 .734，R 平方值為 .539，調整後的 R 平方值為 .530，表示二次曲線方程式中，工作壓力自變項線性效果與曲線效果對組織績效的解釋變異量為 53.9% 或 53.0%。

ANOVA

	平方和	df	平均平方和	F	顯著性
迴歸	8809.952	2	4404.976	56.759	.000
殘差	7528.048	97	77.609		
總數	16338.000	99			

註：自變數是工作壓力。

二次曲線迴歸模式之迴歸係數顯著性檢定的 F 值為 56.759，顯著性 p＜.001，達到 .05 顯著水準，表示一次項 (自變項的直線效果) 或二次項 (自變項的曲線效果) 的迴歸係數至少有一個顯著不等於 0。

係數

	未標準化係數		標準化係數		
	B 之估計值	標準誤	Beta 分配	t	顯著性
工作壓力	3.539	.335	4.134	10.573	.000
工作壓力 ** 2	-.049	.005	-4.160	-10.639	.000
(常數)	-16.342	5.414		-3.019	.003

一次項未標準化迴歸係數為 3.539、標準化迴歸係數為 4.134，迴歸係數顯著性檢定之 t 值統計量為 10.573，顯著性 p＜.001，一次項迴歸係數顯著不等於 0；二次項未標準化迴歸係數為 -.049、標準化迴歸係數為 -4.160，迴歸係數顯著性檢定之 t 值統計量為 -10.639，顯著性 p＜.001，二次項迴歸係數顯著不等於 0。工作壓力自變項預測績效表現的直線效果顯著、曲線效果也顯著，二次迴歸方程式如下：

未標準化迴歸方程式：$\hat{Y} = -16.342 + 3.539 \times X_1 - .049 \times X_1^2$

標準化迴歸方程式：$Z_{\hat{Y}} = 4.134 \times Z_X - 4.160 \times Z_X^2$

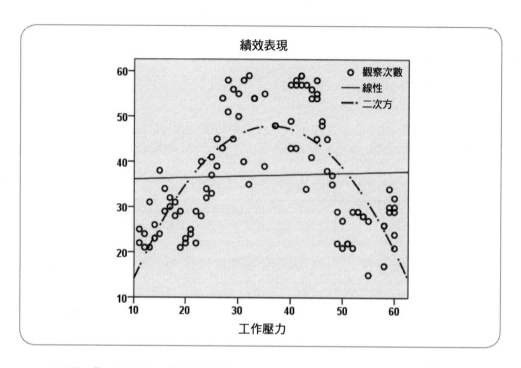

　　上圖為「工作壓力」與「績效表現」之曲線關係圖，由此圖可以看出：樣本觀察值的分佈狀況 (一個○符號表示一位觀察值) 比較符合二次曲線模式，並不符合傳統之線性關係，因而不適合採線性迴歸或線性相關的統計分析模式。

參考書目

王文中 (民 89)。**統計學與 Excel 資料分析之實習應用**。台北：博碩文化。

王文科 (民 80)。**教育研究法**。台北：五南。

王保進 (民 91)。**視窗版 SPSS 與行為科學研究**。台北：心理。

王國川 (民 91)。**圖解 SAS 在變異數分析上的應用**。台北：五南。

王瑞安 (民 87)：**公立非正規成人教育機構員工工作壓力、工作倦怠與學習需求之關係研究**。高師大成人教育研究所碩士論文 (未出版)

朱經明 (民 92)。**教育及心理統計學**。台北：五南。

余民寧 (民 84)。**心理與教育統計學**。台北：三民。

吳冬友、楊玉坤 (民 92)。**統計學**。台北：五南。

吳明隆 (民 100)。**論文寫作與量化研究 (第三版)**。台北：五南。

吳明隆 (民 91)。**SPSS 統計應用實務**。台北：松崗。

吳明隆 (民 99)。**SPSS 操作與應用──問卷統計分析實務 (第二版)**。台北：五南。

周文欽 (民 93)。**研究方法實徵性研究取向**。台北：心理。

林生傳 (民 91)。**教育研究法**。台北：心理。

林清山 (民 81)。**心理與教育統計學**。台北：東華。

林清山 (民 92)。**多變項分析統計法 (五版)**。台北：東華。

林惠玲、陳正倉 (民 92)。**統計學──方法與應用 (下)**。台北：雙葉。

邱皓政 (民 89)。**量化研究與統計分析──SPSS 中文視窗版資料分析範例解析**。台北：五南。

徐志明 (民 98)。**統計方法與資料分析：Excel 在問卷分析之應用**。台北：藍海文化。

張紹勳、張紹評、林秀娟 (民 93a)。**SPSS For Windows (上冊) 統計分析──初等統計與高等統計**。台北：松崗。

張紹勳、張紹評、林秀娟 (民 93b)。**SPSS For Windows (下冊) 統計分析──初等統計與高等統計**。台北：松崗。

張漢宜 (民 92)。**教學實驗中的考驗力分析**。國立高雄師範大學教育學系博士論文 (未出版)。

梁遠如 (民 100)。**大高雄地區國中生依附風格、失落經驗與生活適應之相關研究**。國立高雄師範大學輔導與諮商研究所碩士論文 (未出版)。

莊文忠譯 (民 98)(R. L. Miller, C. Acton, D. A. Fullerton, & J. Maltby 著，2002)。
SPSS 在社會科學的應用。台北：五南。

郭生玉 (民 76)。心理與教育測驗。台北：精華書局。

陳正昌、程炳林、陳新豐、劉子鍵 (民 92)。多變量分析方法──統計軟體應
用。台北：五南。

陳明華 (民 93)。高中職學校行政主管時間管理現況及其策略運用之研究。國立
高雄師範大學成人教育研究所組織發展與領導專班碩士論文 (未出版)。

陳英豪、吳裕益 (民 80)。測驗與評量 (修訂一版)。高雄：復文。

傅粹馨 (民 87a)。影響積差相關係數與信度係數之因素。教育學刊，14，193-
206。

傅粹馨 (民 91a)。主成份分析和共同因素分析相關議題之探究。教育與社會研
究，3，107-132。

傅粹馨 (民 91b)。信度、Alpha 係數與相關議題之探究。教育學刊，18，163-
184。

彭仁信 (民 83)。李克特式量表中選項問題之探究──以學生在疏離量表上的反
應為研究案例。國立高雄師範大學教育研究所碩士論文 (未出版)。

儲全滋 (民 81)。抽樣方法。台北：三民。

謝季宏、涂金堂 (民 87)。t 考驗的統計考驗力之研究。教育學刊，14，93-114。

Borg, W. R., & Gall, M . D. (1983). *Educational Research: An introduction* (4th ed.).
New York: Longman.

Bryman, A., & Cramer, D. (1997). *Quantitative Data Analysis with SPSS for
Windows*. London: Routledge.

Cliff, N. (1988). The eigenvalue-greater-than-one rule and the reliability of
components. *Psychological Bulletin, 103,* 276-279.

Cohen, J. (1988). *Statistical power analysis for the behavioral sciences* (2nd ed).
Hillsdale, NJ: Eribaum.

Comrey, A. L. (1973). *A first course in factor analysis*. New York: Academic Press.

Comrey, A. L., (1988). Factor analytic methods of scale development in personality
and clinical psychology. *Journal of Consulting and Clinical Psychology, 56,*
754-761.

Conover, (1980). *Practical Nonparametric Statistics (2nd ed.)*. New York: Wiley & Sons.

Cowles, M., & Davis, C. (1982). On the origins of the .05 level of statistical significant. *American Psychologist,* 37, 553-558.

Cureton, E. E. (1957). The upper and lower twenty-seven percent rule, *Psychometrika, 22,* 293-296.

DeVellis, R. F. (1991). *Scale Development Theory and Applications.* London: SAGE.

Fan, X., & Thompson, B. (2001). Confidence intervals about score reliability coefficient please: An EPM guidelines editorial. *Educational and Psychological Measurement, 61* (4), 517-531.

Ford, J. K., MacCllum, R. C., & Tait, M. (1986). The application of exploratory factor analysis in applied psychology: A critical review and analysis. *Personnel Psychology, 39,* 291-314.

Gardner, P. L. (1995). Measuring attitudes to science: Unidimensionality and internal consistency revisited. *Research in Science Education, 25* (3), 283-289.

Gay, L. R. (1992). *Educational Research Competencies for Analysis and Application.* New York: Macmillan.

Girden, E. R. (1992). *ANOVA: Repeated measures.* Newbury Park: Sage Publication.

Gorsuch, R. L. (1983). *Factor Analysis.* Hillsdale, NJ: Lawrence Erlbaum.

Greenhouse, S. W., & Geisser, S. (1959). On methods in the analysis of profile data. *Psychometrika, 24*, 95-122.

Hair, J. F. , Black, W. C, Babin, B. J. , & Anderson, R. E. (2010). *Multivariate data analysis: A Global Perspective.* Upper Sadder River, NJ: Prentice-Hall.

Hardy, M. A. (1993). *Regression with dummy variable.* Newbury Park: Sage.

Harman, H. H. (1960). *Modern factor analysis.* Chicago: The University of Chicago Press.

Hays, W. L. (1994). *Statistics. (5th ed.)*. Orlando, FL: Holt, Rinehart and Winston.

Henson, R. K. (2001). Understanding internal consistency reliability estimates: A conceptual primer on coefficient alpha. *Measurement and Evaluation in Counseling and Development, 34*, 177-189.

Huberty, C. J. (1993). Historical origins of statistical testing practices: The treatment of Fisher versus Neyman-Pearson views in textbooks. *Journal of experimental education, 6,* 317-333.

Huynh, H., & Feldt, L. (1976). Estimation of the Box correction for degrees of freedom from sample data in the randomized block and split plot designs. *Journal of Educational Statistics, 1,* 69-82.

Kaiser, H. F. (1960). The application of electronic computers to factor analysis. *Educational and Psychological Measurement, 20,* 141-151.

Kazdin, A. E., & Bass, D. (1989). Power to detect differences between treatments in comparative psychotherapy outcome research. *Journal of Consulting and Clinical Psychology, 57,* 138-147.

Kelley, T. L. (1939). The selection of upper and lower groups for the validation of test items. *Journal of Educational Psychology, 30,* 17-24.

Kenny, D. A. (1987). *Statistics for social and behavioral science.* Boston: Little, Brown and Company.

Kiess, H. O. (1989). *Statistical concepts for the behavioral science.* Boston: Allyn & Bacon.

Kirk, R. E. (1992). *Experimental Design Procedures for the Behavior Sciences.* Belmont, CA: Brooks-Cole.

Kirk, R. E. (1995). *Experimental Design Procedures for the Behavior Sciences* (3rd ed.). Pacific Grove, CA: Brooks/Cole.

Kleinbaum, D. G, Kupper, L. L., & Muller K. E. (1988). *Applied Regression Analysis and Other Multivariable Methods (2nd ed.).* Boston: PWS-KENT.

Loo, R. (2001). Motivational orientations toward work: An evaluation of the Work Preference Inventory (Student form). *Measurement and Evaluation in Counseling and Development, 33,* 222-233.

MacDonald, R. P. (1999). *Test theory: A unified treatment.* Mahwah, NJ: Lawrence Erlbaum.

Merrian, S. B. (1988). *Case study research in education: A qualitative approach.* San Francisco & London: Jossey-Bass Publishers.

Pedhazur, E. J. (1982). *Multiple regression in behavior research: Explanation and prediction (2nd ed.).* New York: Holt, Rinehart & Winston.

Reinhart, B. (1996). Factors affecting coefficient alpha: A mini Monte Carlo study. In B. Thompson (Ed.), *Advanced in Social Science Methodology* (Vol. 4, pp.3-20). Greenwich, CT: JAI Press.

Rossi, J. (1990). Statistical power of psychological research: What have we gained in 20 years? *Journal of Consulting and Clinical Psychology, 58,* 646-656.

Sadlmeier, P., & Gigerenzer, G. (1989). Do studies of statistical power have an effect on power of studies? *Psychological Bulletin, 105,* 309-316.

Sax, G., & Newton, J. W. (1997). *Principles of educational and psychological measurement(4th ed .).* Belmont, CA: Wadsworth.

Siegel, S., & Castellan, N. J. Jr. (1988). *Nonparametric statistics for the behavioral science.* New York: McGraw-Hill.

SPSS(1999). *SPSS Base 10.0 Applications guide.* Chicago: Editor.

Stevens, J. (1992). *Applied Multivariate Statistics for the Social Sciences (2nd ed.).* Hillsdale, NJ: Lawrence Erlbaum.

Sudman, S. (1976). *Applied Sampling.* New York: Academic Press.

Tabachnick, B. G., & Fidell, L. S. (2007). *Using multivariate statistics.* New York: Allyn and Bacon.

Tacq, J. (1997). *Multivariate analysis techniques in social science research.* London: SAGE.

Thompson, B. (1994). Guideline for authors. *Educational and Psychological Measurement, 54,* 837-847.

Tinsley, H. E. A., & Tinsley, D. J. (1987). Uses of factor analysis in counseling psychology research. *Journal of Counseling Psychology, 34,* 414-424.

Tzeng, O. S. (1992). On reliability and number of principal components jojinder with Cliff and Kaiser. *Perceptual and Motor Skill, 75,* 929-930.

Warner, R. M. (2008). *Applied statistics: From bivariate through multivariate techniques.* Thousand Oaks, CA: Sage.

Zwick, W. R., & Velicer, W. F. (1986). A comparison of five rules for determining the number of factors to retain. *Psychological Bulletin, 99,* 432-442.

國家圖書館出版品預行編目資料

SPSS(PASW)與統計應用分析 I／吳明隆，張毓
仁著.－－初版.－－臺北市：五南，2011.10
　　面；　公分
ISBN 978-957-11-6377-2（第1冊：平裝）

1.統計套裝軟體　2.統計分析

512.4　　　　　　　　　　　100014942

1H72

SPSS (PASW) 與統計應用分析 I

作　　者 ─ 吳明隆(60.2)、張毓仁

發 行 人 ─ 楊榮川

總 編 輯 ─ 王翠華

主　　編 ─ 張毓芬

責任編輯 ─ 侯家嵐

文字編輯 ─ 余欣怡

封面設計 ─ 盧盈良

出 版 者 ─ 五南圖書出版股份有限公司

地　　址：106台北市大安區和平東路二段339號4樓

電　　話：(02)2705-5066　　傳　　真：(02)2706-6100

網　　址：http://www.wunan.com.tw

電子郵件：wunan@wunan.com.tw

劃撥帳號：01068953

戶　　名：五南圖書出版股份有限公司

台中市駐區辦公室/台中市中區中山路6號

電　　話：(04)2223-0891　　傳　　真：(04)2223-3549

高雄市駐區辦公室/高雄市新興區中山一路290號

電　　話：(07)2358-702　　傳　　真：(07)2350-236

法律顧問　林勝安律師事務所　林勝安律師

出版日期　2011年10月初版一刷
　　　　　2014年 6 月初版二刷

定　　價　新臺幣850元